Lilian Fried & Susanna Roux

Pädagogik der frühen Kindheit

Handbuch und Nachschlagewerk

Lilian Fried und Susanna Roux

Pädagogik der frühen Kindheit

Beltz Verlag · Weinheim und Basel

Ihre Wünsche, Kritiken und Fragen richten Sie bitte an:
Verlagsgruppe Beltz, Verlagsbereich Frühpädagogik,
Werderstraße 10, 69469 Weinheim

ISBN 13 978-3-407-56283-8
ISBN 10 3-407-56283-7

Alle Rechte vorbehalten

© 2006 Beltz Verlag Weinheim und Basel
1. Auflage 2006

06 07 08 09 10   5 4 3 2 1

Das Werk und seine Teile sind urheberrechtlich geschützt. Jede Nutzung in anderen als den gesetzlich zugelassenen Fällen bedarf der vorherigen schriftlichen Einwilligung des Verlages. Hinweis zu § 52 a UrhG: Weder das Werk noch seine Teile dürfen ohne eine solche Einwilligung eingescannt und in ein Netzwerk eingestellt werden. Dies gilt auch für Intranets von Schulen und sonstigen Bildungseinrichtungen.

Planung und Konzept: Ulrike Bazlen, Weinheim
Lektorat: Sigrid Weber, Freiburg
Herstellung: Uta Euler, Weinheim
Satz: WMTP, Birkenau
Druck und Bindung: Druckpartner Rübelmann GmbH, Hemsbach
Umschlaggestaltung: glas ag, Seeheim-Jugenheim
Titelfotografie: Nature Alphabet Letters © sandved.com
Printed in Germany

**Weitere Informationen finden Sie im Internet unter
www.beltz.de und www.kleinundgross.de**

Inhalt

Inhalt 5

Vorwort 7

Zwischen Wissenschaft und
Ausbildung 13
Lilian Fried & Susanna Roux

I Kind und Kindheit

Das Bild des Kindes in der Pädagogik der
frühen Kindheit 22
Norbert Kluge

Der Bildungsbegriff in der Pädagogik der
frühen Kindheit 33
Gerd E. Schäfer

Ökonomische, rechtliche und
fachpolitische Rahmenbedingungen der
Kindertagesbetreuung 44
Thomas Rauschenbach & Matthias Schilling

Zur Bedeutung der Familie 55
Matthias Petzold

Zur Bedeutung der Peerkultur 65
Susanne Viernickel

Entwicklungs- und Sozialisationsrisiken
bei jungen Kindern 75
Lieselotte Ahnert

Möglichkeiten und Grenzen der
Früherziehung aus
entwicklungspsychologischer Sicht 85
Rainer Dollase

II Programmatik

Funktionen der institutionellen
Früherziehung: Bildung, Erziehung,
Betreuung, Prävention 96
Hans-Joachim Laewen

Klassiker der Pädagogik der frühen
Kindheit 107
Karl Neumann

Moderne Ansätze der Pädagogik der
frühen Kindheit 118
Tassilo Knauf

Frühpädagogische
Qualitätskonzepte 129
Susanna Roux

Frühpädagogische
Präventionskonzepte 139
Michael Fingerle

Rahmenpläne für die Bildungsarbeit 145
Käthe-Maria Schuster

Elternarbeit 157
Bernhard Wolf

III Konzepte zu speziellen Bildungs- und Erziehungsbereichen

Sozialerziehung 168
Rainer Strätz

Sprachförderung 173
Lilian Fried

Kognitive Förderung *178*
Gisela Kammermeyer

Ästhetische Bildung *184*
Gerd E. Schäfer

Bewegungserziehung *189*
Renate Zimmer

Musikerziehung *194*
Gunter Kreutz

Naturwissenschaftliche Bildung *200*
Gisela Lück

Mathematische Bildung *205*
Erich Ch. Wittmann

Integrative Erziehung *211*
Ulrich Heimlich & Isabel Behr

Interkulturelle Erziehung und Bildung *216*
Otto Filtzinger

Geschlechtsbewusste Erziehung *223*
Hannelore Faulstich-Wieland

IV Professionelle Hilfen

Beobachtung in der Praxis *232*
Hans Rudolf Leu

Frühpädagogische Evaluations- und Erfassungsinstrumente *243*
Wolfgang Tietze

Schuleingangsdiagnostik *253*
Gisela Kammermeyer

V Institutionen

Geschichte frühpädagogischer Institutionen *268*
Jürgen Reyer

Institutionelle Übergänge in der Frühpädagogik *280*
Hans-Günther Roßbach

Erziehungsberatung *292*
Georg Hörmann

Krippen *302*
Lieselotte Ahnert & Hertha Schnurrer

Kindergarten *312*
Karin Beher

Integrative Institutionen *323*
Ulrich Heimlich & Isabel Behr

Familienbildung *334*
Christiane Papastefanou

VI Beruf und Professionalisierung

Geschichte der Erzieherinnenausbildung als Frauenberuf *348*
Adalbert Metzinger

Berufliche Sozialisation von Erzieherinnen *358*
Barbara Dippelhofer-Stiem

Zur Reform der Erzieherinnen- und Erzieher(aus)bildung im internationalen Vergleich *367*
Pamela Oberhuemer

VII Ausblick

Zur Pädagogik der frühen Kindheit im 21. Jahrhundert – Desiderata *378*
Lilian Fried & Susanna Roux

Personenregister *383*

Sachregister *391*

Autorenverzeichnis *398*

Vorwort

Am Rande der gemeinsamen Arbeit im Vorstand der Kommission »Pädagogik der frühen Kindheit« innerhalb der Deutschen Gesellschaft für Erziehungswissenschaft (DGfE) entwickelten wir bereits im Spätjahr 2003 die Idee, die Frühpädagogik durch ein aktuelles, theoretisch fundiertes, umfassendes Überblicks- und Nachschlagewerk in ihren zentralen Inhaltsbereichen zu stärken. Dieses Handbuch sollte nicht an ein bestimmtes theoretisches Grundverständnis gebunden sein, sondern das breite Feld frühpädagogischer Fragestellungen, Aufgaben und Ansätze widerspiegeln.

Im Frühjahr 2005 nahmen die Vorstellungen konkrete Gestalt an, das Konzept wurde erarbeitet, die Autorinnen und Autoren angesprochen, so dass das Werk nun – bereits nach einem guten Jahr – der interessierten Fachöffentlichkeit vorgestellt werden kann. Ausgangspunkt des Bandes ist in erster Linie die frühpädagogische Theorie und Praxis, berücksichtigt werden aber auch frühpädagogisch relevante Erkenntnisse anderer Disziplinen. Das thematische Spektrum umfasst über vierzig Einzelbeiträge fachlich ausgewiesener Kolleginnen und Kollegen zu fünf Perspektiven auf die Pädagogik der frühen Kindheit. In den Einzelbeiträgen werden schwerpunktartig Themen behandelt, die als Bausteine für ein modernes Verständnis von früher Kindheit und damit auch als Zielperspektiven für eine Pädagogik der frühen Kindheit anzusehen sind. Zielgruppe sind vor allem Lehrende (Hochschule, Fachhochschule, Fachschulen) und Forschende, in der Ausbildung Befindliche und in der Praxis Tätige.

Im ersten Teil des Bandes geht es um **Kinder** bzw. **Kindheit**. Hier haben wir uns dafür entschieden, einerseits traditionelle (pädagogisch-anthropologische) Sichtweisen einzubringen und andererseits aktuelle soziale, rechtliche und ökonomische Gegebenheiten vor Augen zu führen. Deshalb sind hier auch Beiträge zu den Sozialisations- und Entwicklungsbedingungen vertreten, denen die Frühpädagogik mehr oder minder Rechnung tragen muss.

Einleitend erläutert *Norbert Kluge* zentrale Konzepte der pädagogischen Anthropologie. Er verweist auf verschiedene Arten der Hinwendung zum Kind als individuellem Subjekt und das Ernstnehmen des jungen Menschen als einer dem Erwachsenen gleichwertigen Person. Insbesondere charakterisiert er historische und gegenwärtige Kindbilder. *Gerd E. Schäfer* setzt sich mit dem Bildungsbegriff auseinander, also der zentralen pädagogisch-anthropologischen Grundkategorie, die das eigenwillige und selbstständige Handeln des Individuums in seinen Lernprozessen in den Mittelpunkt sowie deren Integration in einen übergreifenden soziokulturellen Zusammenhang stellt. Es geht darum, klarer zu bestimmen, was gemeint ist, wenn man sagt, Bildung beginne mit der Geburt. *Thomas Rauschenbach* und *Matthias Schilling* stellen fest, dass inzwischen kein wirklicher Dissens mehr besteht über die wachsende Bedeutung der öffentlichen und institutionellen Räume als familienergänzende Orte und Gelegenheiten der Bildung, Betreuung und Erziehung. Wie wenig der strukturelle Kontext, also die ökonomischen, rechtlichen und bildungs- bzw. fachpolitischen Rahmenbedingungen dieser Debatte bislang beleuchtet und beachtet worden sind, halten sie deshalb für umso erstaunlicher. Ihr Beitrag schafft diesbezüglich Abhilfe, indem er differenzierte Informationen zu den Rahmenbedingungen familialer, vor allem aber öffentlicher Betreuung, Erziehung und Bildung junger Kinder im Lichte des 12. Kinder- und Jugendberichts bereitstellt. *Matthias Petzold* beschäftigt sich mit der ersten und (zunächst) bedeutsamsten sozialen Umwelt des Kindes, nämlich der Familie. Er zeigt auf, was sich in den vergangenen Jahrhunderten grundlegend in der Familie verändert hat und erläutert, was diese Wandlungen für das Leben junger Kinder bedeuten. Indem er die ökopsychologischen Merkmale heutiger Familien herausarbeitet, ermöglicht er ein vertieftes Verständnis für die große Vielfalt alternativer Familienformen. *Susanne Viernickel* geht auf die in ihrer Bedeutsamkeit für die Entwicklung und Sozialisation junger Kinder lange Zeit nicht hinreichend beachtete Peerkultur ein. Mit den Erfahrungen, die Kinder unter ihresgleichen machen, sind nämlich eigenständige Entwicklungsprozesse verbunden. Erwachsene werden diese spezifische »Kinderkultur« aber nur schwerlich wahrnehmen und begreifen, wenn sie nicht versuchen, die ihr immanenten Regeln und Bedeutungsstrukturen aufzuspüren und deren Sinnhaftigkeit nachzuvollziehen. *Lieselotte Ahnert* betrachtet Entwicklung und Sozialisation als Phasen ausgeprägter Beeinflussbarkeit und Vulnerabilität, denen junge Kinder in den Anfängen ihrer Individualentwicklung ausgesetzt sind. Aus dieser besonderen Gefährdungslage heraus erscheint es ihr einerseits schlüssig, Risikofaktoren aus Sozialisationsbedingungen abzuleiten, die die kindliche Entwicklung behindern oder gar psychopathologische Entwicklungsveränderungen auslösen. Andererseits ist es für sie aber auch unstrittig, dass selbst Säuglinge, Klein- und Vorschulkinder in ihre Lebenswirklichkeit aktiv hineinwirken und damit Risikofaktoren außer Kraft setzen bzw. ihren Einfluss abmildern können. Ihr kommt es deshalb darauf an, von einer defizitorientierten Bewertung zu einer ganzheitlichen Betrachtung der Frühsozialisation des Kindes zu gelangen, die neben den Gefährdungen durch suboptimale Sozialisationsbedingungen auch die Chancen der betroffenen Kinder auf eine ungestörte Entwicklung in den Blick nimmt. *Rainer Dollase* hebt hervor, dass es die Entwicklungspsychologie ist, die die längste wissenschaftliche Tradition der Untersuchung von Kindern hat, den Eigenwert der Kindheit entdeckt und sich mittlerweile weltweit konsensuell auf Methoden-, Publikations- und Dokumentationsstrategien geeinigt hat, so dass ein Korpus von gesichertem Wissen über die Entwicklung kleinster und kleiner Kinder vorliegt. Diese Erkenntnisse und die manchmal daraus abgeleiteten kontroversen und provokativen Thesen, so sein Vorschlag, sollten von der Frühpädagogik stärker genutzt werden, um sich über die Möglichkeiten und Grenzen der Früherziehung aus entwicklungspsychologischer Sicht klar zu werden.

Der zweite Teil des Bandes widmet sich Aspekten der **Programmatik.** Hier war es uns wichtig, verschiedene Dimensionen zu berücksichtigen. Deshalb wird auf programmatische Festlegungen in den rechtlichen Vorgaben ebenso eingegangen, wie auf historische Pädagogiken und aktuelle Konzepte sowie auf curriculare Rahmenbedingungen.

Eingangs kritisiert *Hans-Joachim Laewen*, dass die Bedeutung der Begriffe Bildung und Erziehung für das Vorschulalter lange Zeit ungeklärt waren, so dass sie über zehn lange Jahre lediglich Leerformeln deutscher Vorschulpädagogik blieben. Das ist für ihn einer der Gründe dafür, dass die Entwicklungen in der Bundesrepublik gegenüber den Nachbarländern in Verzug geraten sind. In seinem Text stellt er exemplarisch dar, worin die gegenwärtige Herausforderung besteht und wie eine (fachliche) Lösung des Problems aussehen kann. Für *Karl Neumann* ist die Pädagogik der frühen Kindheit durch eine vergleichsweise hohe Fragmentierung in ihren theoretischen Begründungskonzepten und curricularen Programmatiken sowie ein hohes Bewusstsein der eigenen ideengeschichtlichen Tradition gekennzeichnet. Angesichts dessen plädiert er für die historiographische Pflege ihres Erbes in Gestalt ihrer Klassiker, weil diese ihre Anschlussfähigkeit für die Pädagogik in Theorie und Praxis insofern unter Beweis gestellt haben, als sie modellhaft pädagogische Probleme und exemplarische Lösungen demonstrieren, die eine weltweite Resonanz hervorgerufen haben. Auch *Tassilo Knauf* ist davon überzeugt, dass die überlieferten pädagogischen Ansätze wertvolle Hinweise bergen, die zu nutzen er für empfehlenswert hält. Für die heutige elementarpädagogische Praxis im deutschsprachigen Raum scheinen ihm für die Entstehung pädagogischer Ansätze vor allem zwei Epochen der Pädagogikgeschichte produktiv: die reformpädagogische Bewegung vor allem im ersten Drittel des 20. Jahrhunderts und die Kindergartenreformen der 60-er bis 80-er Jahre des 20. Jahrhunderts. Er charakterisiert ausgewählte Ansätze im Hinblick auf die Entstehungsgeschichte, die Erziehungsziele, das Kindbild und die Erzieherrolle. *Susanna Roux* geht auf aktuelle pädagogische Ansätze ein, nämlich die Qualitätskonzepte. Sie arbeitet heraus, wie es zu diesen Ansätzen gekommen ist, was unter pädagogischer Qualität verstanden wird und in welchen unterschiedlichen Ansätzen zur Qualitätserfassung und -verbesserung sich das niedergeschlagen hat. Dabei tritt zutage, dass die deutschsprachige Qualitätsforschung trotz kostenintensiver bundesweiter Initiativen immer noch am Anfang steht, und mehr quantitative sowie qualitative Forschungsstudien zur Fundierung bisheriger Erkenntnisse vonnöten sind. *Michael Fingerle* beschäftigt sich speziell mit Präventionskonzepten. Diese haben insofern an Bedeutung gewonnen, als man heute angesichts der beobachtbaren Häufung emotionaler und sozialer Probleme bei Kindern eher die Notwendigkeit sieht, diese bereits frühzeitig durch geeignete pädagogische Angebote im Kindergarten abzufangen und zu kompensieren. Er macht deutlich, dass die bisherigen Erfahrungen mit vorschulischen Präventionsprogrammen optimistisch stimmen, aber auch vor Augen führen, dass Einrichtungen über hinreichende Rahmenbedingungen verfügen müssen, um damit erfolgversprechend arbeiten zu können. *Käthe-Maria Schuster* geht auf Entwicklungen ein, die dazu geführt haben, dass sich Bund und Länder 2002 verpflichteten, die Bildungschancen junger Kinder unabhängig von den Zufälligkeiten der Lebensorte sowie den sozioökonomischen und kulturellen Lebensbedingungen der Familien zu gewährleisten. Zu diesem Zweck haben sie sich über Wege und Ziele frühkindlicher Bildung in Kindertageseinrichtungen verständigt und für Deutschland allgemein verbindliche Ziele aufgestellt. Die daraus resultierenden Bildungsrahmenpläne werden von ihr beispielhaft erörtert. *Bernhard Wolf* geht auf eine zentrale Aufgabe von Kindertageseinrichtungen ein, nämlich die Gestaltung der Erziehungspartnerschaft zwischen Eltern und Erzieherinnen im Sinne einer offenen, vertrauensvollen und intensiven Zusammenarbeit zwischen beiden Seiten bei der gemeinsamen Erziehung und Bildung von Kindern. Er entfaltet das Spektrum der Zielvorstellungen der »Elternarbeit im Elementarbereich« mit Hilfe von drei idealtypischen Kennzeichnungen. In seinem Forschungsüberblick zeigt er die Stärken und Schwächen gegenwärtiger Elternarbeit auf.

Der dritte Teil des Bandes vermittelt Einblicke in **Konzepte** zu **speziellen Bildungs- und Erziehungsbereichen**. Angesichts der Fülle von erörterungswürdigen Erziehungsaspekten und Bildungsbereichen war es unumgänglich, eine Auswahl zu treffen. Hier haben wir besonderen Wert darauf gelegt, die Bereiche zu berücksichtigen, zu denen aktuelle Forschungsbefunde vorliegen.

Im ersten Beitrag befasst sich *Rainer Strätz* mit der Sozialerziehung. Er charakterisiert historische Entwicklungen und aktuelle Ansätze bzw. Materialien, welche die Vermittlung (pro-)sozialer Kompetenzen anstreben mit dem Ziel, Kindern die Teilhabe an der Gemeinschaft bzw. Gesellschaft zu eröffnen. *Lilian Fried* erörtert die Situation der Sprachförderung. Sie verweist auf die Chancen und Probleme historischer und aktueller Spracherfassungsverfahren und Sprachförderkonzepte. Außerdem zeigt sie, dass Sprachförderung vor allem dann gelingt, wenn Erzieherinnen über eine ausdifferenzierte Sprachförderkompetenz verfügen. *Gisela Kammermeyer* beschäftigt sich mit der Entwicklung der kognitiven Förderung, also mit historischen und aktuellen Bestrebungen, den Aufbau innerer Vorstellungen bzw. Repräsentationen bei jungen Kindern zu fördern. Es werden zentrale Bereiche der kognitiven Entwicklung beschrieben und grundlegende Maßnahmen der kognitiven Förderung genauer betrachtet. *Gerd E. Schäfer* betont, dass ästhetische Bildung mehr ist als der Umgang mit »Staffelei oder Werktisch«. Vielmehr umfasst sie alle sinnlichen Bereiche, das Auge, das Ohr, die Nase oder den Tast- und Bewegungssinn. Deshalb wird für ihn die Bildung der ästhetischen Wahrnehmungs- und Erfahrungsmöglichkeiten zu einer Angelegenheit, die nicht nur an bestimmten Orten erfolgt, sondern alle Bereiche des kindlichen Alltags umfasst. *Renate Zimmer* macht deutlich, dass Bewegungserziehung aufgrund der Veränderungen in der kindlichen Lebenswelt zu keinem Zeitpunkt so wichtig war wie heute. Vor diesem Hintergrund diskutiert sie die Förderung der Bewegungsentwicklung im Kontext frühpädagogischer Ansätze bzw. Konzepte und zeigt Perspektiven für eine künftige frühpädagogische Arbeit auf. *Gunter Kreutz* betrachtet die ersten Lebensjahre als entscheidend für die allgemeine wie auch für die spezifisch musikalische Entwicklung. Sein Beitrag verdeutlicht, dass musikalische Erziehung am wissenschaftlichen Kenntnisstand zur Entwicklung des Säuglings und seinen spezifisch auditorischen und vokalen Fähigkeiten ansetzen muss. Denn jedes Kind entwickelt mit geeigneter erzieherischer und pädagogischer Unterstützung profunde musikalische Fähigkeiten und Fertigkeiten, sofern seine individuellen Potenziale ausreichend beachtet werden. Ausgehend von Fragen, inwiefern naturwissenschaftliche Themen im Elementarbereich Eingang finden, entfaltet *Gisela Lück* die Bedeutung dieses Bildungsbereichs und die sich ergebenden Anforderungen zur Umsetzung in der pädagogischen Praxis. Als Grundlage naturwissenschaftlicher Bildung hebt sie das Experiment und seine kindgerechte Deutung hervor, für deren Umsetzung gegenwärtig insbesondere instruktive Vermittlungsformen geeignet scheinen. *Erich Ch. Wittmann* beleuchtet den heutigen Stand der mathematischen Frühförderung vom Grundsatz her. Darüber hinaus stellt er konkrete Ansätze zur mathematischen Frühförderung vor und eröffnet Perspektiven für weitere Forschungen und Entwicklungsarbeiten. *Ulrich Heimlich* und *Isabel Behr* zeigen auf, dass inzwischen in allen Bundesländern gesetzliche Grundlagen für die integrative Erziehung in Kindertageseinrichtungen geschaffen worden sind. Sie gehen auf Integrationskonzepte ein und verweisen darauf, dass alle Kinder besonders auf der Ebene der sozialen Kompetenzen von der gemeinsamen Erziehung profitieren und die beteiligten Kinder keine Nachteile in ihrer Entwicklung und Förderung nehmen. *Otto Filtzinger* beschreibt interkulturelle Bildung und Erziehung als die pädagogische Antwort auf die als multiethnisch, multinational, multilingual, multireligiös, zusammenfassend als multikulturell beschreibbare Gesellschaft. Er arbeitet die Bedeutung und Funktion interkultureller Bildung heraus. *Hannelore Faulstich-Wieland* begreift die Bezeichnung »geschlechtsbewusste Erziehung« als einen Sammelbegriff für verschiedene Ansätze, die sich mit dem Thema Geschlecht in der frühkindlichen Pädagogik befassen. Sie charakterisiert drei unterschiedliche Konzepte für eine geschlechtsbewusste Erziehung, die zwar letztlich keineswegs trennscharf sind, aber durch bestimmte Akzentsetzungen voneinander abgegrenzt werden können.

Im vierten Teil des Bandes werden **professionelle Hilfen** thematisiert. Damit wird den in jüngster Zeit zu verzeichnenden Bestrebungen entsprochen, das pädagogische Personal konsequenter zu professionalisieren, zum Beispiel indem man mehr Möglichkeiten bietet, auf (geeignete) professionelle Instrumente zurückzugreifen.

Hans Rudolf Leu weist das Beobachten als wichtigen Teil des pädagogischen Handelns aus und zeigt die derzeit gegebenen Möglichkeiten, aber auch Grenzen auf, die Beobachtungsaufgabe mit Hilfe geeigneter Instrumente zu professionalisieren. *Wolfgang Tietze* gibt einen Überblick zu Evaluations- und Erfassungsinstrumenten, die der Feststellung unterschiedlicher, frühpädagogisch relevanter Sachverhalte dienen. Dabei arbeitet er insbesondere heraus, dass der instrumentelle Wert dieser Hilfen davon abhängt, wie zuverlässig und inhaltlich korrekt sie die intendierten Sachverhalte erfassen. *Gisela Kammermeyer* charakterisiert Schulfähigkeitsdiagnostik als das Insgesamt der pädagogisch-psychologischen Theorien, Modelle und Methoden, die im zeitlichen Umfeld des Schulbeginns eingesetzt werden, um Handlungen oder Entscheidungen in der Schule vorbereiten, unterstützen oder begründen zu können. Sie zeichnet die Entwicklung der Schuleingangsdiagnostik nach und beleuchtet spezifische Aspekte, die durch neuere Erkenntnisse der entwicklungspsychologischen Forschung zu Vorläuferfähigkeiten künftig eine größere Rolle in der Schuleingangsdiagnostik erhalten sollten.

Der fünfte Teil des Bandes befasst sich mit den **Institutionen** in der Pädagogik der frühen Kindheit. Hier war es uns zunächst wichtig, die Entwicklung und die Erscheinungsform der Institutionen zu kennzeichnen, welche junge Kinder besuchen (können). Angesichts aktueller Überlegungen und Entwicklungen schien es uns auch geboten, Probleme (und Lösungsansätze) einzubeziehen, die sich aus der gegenseitigen Abschottung von Institutionen ergeben. Nicht ganz vernachlässigen wollten wir auch Institutionen, die sich an Erwachsene wenden, die vor der Aufgabe stehen, junge Kinder zu erziehen.

Als erstes macht *Jürgen Reyer* deutlich, dass die Geschichte frühpädagogischer Institutionen nicht als Teil der Bildungsgeschichte, sondern als Teilbereich der Geschichte der Kinder- und Familienhilfe geschrieben wurde. Für ihn stellt sich die Geschichte der institutionellen Kleinkinderziehung in Deutschland als langwieriger Prozess der Lockerung ihres funktionalen Bezugs zur Familie dar sowie als parallel dazu verlaufende allmähliche Verallgemeinerung des Kindergartenbesuchs. *Hans-Günther Roßbach* lenkt den Blick darauf, dass junge Kinder nicht nur Übergänge zwischen Bildungsstufen (z.B. Übergang Kindergarten – Grundschule), sondern auch den Eintritt in das institutionelle Bildungssystem (Übergang Familie – Krippe oder Familie – Kindergarten) zu bewältigen haben. Außerdem betont er, dass mit der Ausweitung von institutionellen Betreuungen für unter dreijährige Kinder die Übergänge von der Familie in die Krippe und von der Krippe in den Kindergarten zunehmen. Dem gilt es zukünftig mehr Aufmerksamkeit zu schenken. *Georg Hörmann* verzeichnet insoweit eine Etablierung der Erziehungsberatung in institutionellen Formen, als eine quantitative Zunahme von Einrichtungen der Erziehungsberatung und eine gestiegene Nachfrage nach Erziehungsberatung zu verzeichnen ist. Er weist nach, wie sich die Adressaten, Inhalte und Konzepte der Beratung verändert haben und macht gleichzeitig auf etliche Entwicklungsaufgaben aufmerksam, wie z.B. die Unterrepräsentation von Kindern mit Migrationshintergrund. *Lieselotte Ahnert* und *Hertha Schnurrer* beschreiben öffentliche Betreuungsangebote für Säuglinge und Kleinkinder in ihrer heutigen Variabilität (einschließlich der Krippen). Dabei nehmen sie die Verbreitung und Funktion dieser neuen Betreuungspraxis für Kinder unter drei Jahren in den Blick, fragen nach den Konsequenzen für die Entwicklung des Kindes und beginnen mit einer Diskussion darüber, ob und wie den Entwicklungserfordernissen eines Säuglings und Kleinkindes jenseits einer mütterlichen Betreuung entsprochen werden kann. *Karin Beher* macht deutlich, wie sich der Kindergarten im Schatten von Schule und Familie seit den 1970-er Jahren für den überwiegenden Teil der Heranwachsenden zur dritten Sozialisationsinstanz und nahezu selbstverständlichen Station im kindlichen Lebenslauf entwickelt hat; so dass er – im Unterschied zu den 1950-er und 1960-er Jahren – in der Fachöffentlichkeit heute als grundlegender Sozial-, Lern- und Entwicklungsort für Kinder gilt. *Ulrich Heimlich* und *Isabel Behr* machen darauf aufmerksam, dass sich gegenwärtig in allen Bundesländern die Aufgabe stellt, Angebote der integrativen Erziehung bedarfsgerecht auszubauen. Sie zeigen, wieweit die Zielsetzung bereits erfüllt ist, dass alle Eltern, die das wünschen, ihre Kinder mit besonderen Bedürfnissen in der Kindertageseinrichtung des Wohnquartiers anmelden können. *Christiane Papastefanou* kennzeichnet die Situation der Bildungsarbeit zu familienrelevanten Themen bzw. Qualifizierung für Familienarbeit näher. Sie stellt u.a. heraus, dass Familienbildung zunehmend an Bedeutung gewinnt, was sich einerseits in der steigenden Nachfrage von Familien nach Unterstützung zeigt, und andererseits in dem größeren Stellenwert äußert, den Familienbildung durch ihre Verankerung im Kinder- und Jugendhilfegesetz erhalten hat.

Im letzten Teil des Bandes geht es um Fragen der **Berufe** bzw. der **Professionalisierung** in der Pädagogik der frühen Kindheit. Hier haben wir uns entschieden, die Beiträge auf den Erzieherinnenberuf zu konzentrieren, damit differenziert aufgezeigt werden kann, wo die Probleme, aber auch die Perspektiven liegen. Eingangs skizziert *Adalbert Metzinger* die wichtigsten Phasen in der Geschichte der Erzieherinnenausbildung als Frauenberuf. Anschließend zeigt er mehrere mögliche Entwicklungstendenzen und Positionen für die Qualifizierung des pädagogischen Personals in der Frühpädagogik auf. *Barbara Dippelhofer-Stiem* widmet sich insbesondere der beruflichen Sozialisation von Erzieherinnen, so dass das dynamische Zueinander von institutioneller Vermittlung und subjektivem Erwerb entsprechender Kenntnisse und Fähigkeiten genauer in den Blick gerät. In diesem Rahmen erläutert sie Genese, Bedingungsgefüge und Erscheinungsformen der Fachlichkeit von Erzieherinnen. Schließlich geht *Pamela Oberhuemer* auf die Notwendigkeit und die Möglichkeiten der Reform der Erzieherinnenausbildung ein. Dabei ist ihr daran gelegen, die Erzieherinnenbildung in Deutschland in einen international vergleichenden Rahmen zu stellen. Außerdem stellt sie Professionalisierungsansätze für das Arbeitsfeld der Tageseinrichtungen für Kinder vor der Pflichteinschulung vor.

Die Erstellung dieses Handbuches wäre nicht möglich gewesen ohne tatkräftige Unterstützung. Wir möchten an dieser Stelle einen herzlichen Dank aussprechen:

- Den Autorinnen und Autoren für interessante und anregende Beiträge
- Unserer Lektorin Frau Sigrid Weber, die das Werk begleitet und zu einem gelungenen Ende geführt hat, für ihre unermüdliche Geduld, Unterstützung und freundliche Ermahnung
- Dem Beltz-Verlag, der die Realisierung dieses Werkes ermöglichte
- Den Kolleginnen und Kollegen in Dortmund, Landau und Gießen für ihre fachkundige Unterstützung.

Aus Gründen der besseren Lesbarkeit sowie um der Tatsache Rechnung zu tragen, dass die Mehrzahl der Tätigen in der frühpädagogischen Praxis Frauen sind, wird die jeweils weibliche Form verwendet (z.B. Erzieherinnen). Selbstverständlich sind die Männer immer mitgemeint.

Wir wünschen uns, dass das vorliegende Handbuch der weiteren Profilbildung der Pädagogik der frühen Kindheit dient, insbesondere in einer Zeit, in der frühpädagogische Fragestellungen Hochkonjunktur haben.

Dortmund und Gießen, im April 2006
Lilian Fried und Susanna Roux

Zwischen Wissenschaft und Ausbildung

Lilian Fried & Susanna Roux

Wissenschaft hat innerhalb der Gesellschaft eine Aufgabe zu erfüllen, zu der nur sie allein in der Lage ist, die ihr kein anderes gesellschaftliches System abnehmen kann. Diese besteht darin, zwischen scheinbaren und wahren Sachverhalten bzw. zwischen alltäglichen Annahmen und wissenschaftlicher Erkenntnis zu unterscheiden (vgl. Fried, 2002). Das von der Wissenschaft als »wahr« markierte Wissen erfüllt vielfältige Funktionen und kann nicht zuletzt außerwissenschaftlichen Nutzen haben. So bedienen sich zentrale gesellschaftliche Systeme, wie Erziehung, Politik, Wirtschaft, Recht, wissenschaftlicher Erkenntnisse, wenn es ratsam oder hilfreich scheint, die Wahrnehmung und Behandlung unübersichtlicher Tatbestände zu versachlichen bzw. ihnen Eindeutigkeit zu verleihen. Beispiele dafür sind die programmbezogene Anwendungsforschung, die Beratung durch wissenschaftliche Experten, der Wissenstransfer in die Politik, die wissenschaftliche Ausbildung von pädagogischem Personal oder die wissenschaftliche Fundierung von professionellen Instrumentarien und Methoden zur Bearbeitung von Erziehungsproblemen.

Allerdings kann sich die Gesellschaft wissenschaftlicher Einsichten nur bedienen, wenn sie davon Kenntnis hat. Deshalb muss die Wissenschaft ihre Wissenszugewinne zugänglich machen. Gemeinhin gelingt ihr das im Medium von Publikationen (Luhmann, 1992). Insofern kommt der Verbreitung von Schriften eine eigenständige, wesentliche Bedeutung zu. Allerdings müssen die – in diesem Fall – erziehungswissenschaftlichen Publikationen so ausgearbeitet sein, dass sie auch Erzieherinnen, Lehrern, Politikern, Wirtschaftsfachleuten, Juristen, also auch Nicht-Wissenschaftlern Erkenntnisgewinn verschaffen. Unter dieser Voraussetzung können Erkenntnisse ins öffentliche Bewusstsein dringen und auf diese Weise dem pädagogischen, politischen sowie gesellschaftlichen Handeln eine Orientierung geben.

Die deutsche Pädagogik der frühen Kindheit hat seit den 70-er Jahren des 20. Jahrhunderts etliche wissenschaftliche Erkenntnisse generiert bzw. integriert (vgl. Fried et al., 2003). Diese Wissenszugewinne sind aber nur spärlich dokumentiert. Es fehlt an Publikationen, die einen systematischen Überblick vermitteln, wie z.B. Handbücher mit aktuellen Zusammenfassungen der wichtigsten Erkenntnisse in den einschlägigen Bereichen. Diesem Mangel wollen wir mit dem hier vorgelegten Werk abhelfen. Es soll helfen, einzelne Personen und Gruppen fachlich aktuell zu orientieren bzw. die Diskussionen um den Zustand und die Reform der Frühpädagogik fachlich besser zu fundieren.

Pädagogik der frühen Kindheit als Teildisziplin der Erziehungswissenschaft ■

Wissenschaftliche Disziplinen konstituieren sich in einem sozialhistorischen Prozess. Dabei findet sowohl eine Ausdifferenzierung gegenüber dem Alltagswissen als auch eine Binnendifferenzierung gegenüber bereits disziplinförmigem Wissen statt (Helm et al., 1990, S. 30). Das geschieht im Verlauf gegenstandsbezogener Kommunikationen und mündet in gegenstandsspezifischem Wissen, das gemäß eigener Standards (Theorien, Methoden) ausgebildet wird. Die deutsche Erziehungswissenschaft hat sich erst relativ spät als autonome Wissenschaft etabliert. Zwar gibt es schon seit dem späten 18. Jahrhundert erste Anfänge. Aber diese frühen Bestrebungen sind insofern nicht autonom, als sie noch an die praktischen Organisationsformen und die Standards der pädagogischen Profession oder an die Theologie bzw. Philosophie gebunden sind (Helm et al., 1990, S. 31 f.). Den Status einer Disziplin erreicht die

Erziehungswissenschaft erst im 20. Jahrhundert. In dieser Zeit wächst sie über rein philosophisch-kontemplative und hermeneutische Zugänge zur Erziehungswirklichkeit hinaus. Allerdings hat sie bis heute kaum internationale Wirkung gezeigt, weil verfehlt worden ist, die Theorie- und Forschungsgrundlagen für die wissenschaftliche Auseinandersetzung mit Erziehung zu schaffen. Infolgedessen ist die deutsche Erziehungswissenschaft lange Zeit nur von der nationalen Historiographie kontinuiert worden (Oelkers, 2002). Die Subdisziplin »Pädagogik der frühen Kindheit« ist durch diese Spezifität geprägt. Sie orientiert sich auch heute noch stark an normativen bzw. dogmatischen Wissensbeständen, wie z.B. tradierten pädagogischen Ansätzen. Noch dazu hat sie die »realistische Wende« der Erziehungswissenschaft in den 70-er Jahren des 20. Jahrhunderts nur bedingt mitvollzogen. Das zeigt sich u.a. darin, dass frühpädagogische Forschungen, die empirisch-analytischen Standards genügen, bis heute eine Ausnahme darstellen. Dementsprechend mangelt es an forschungsbasierten Theorien. Ansatzweise ausgearbeitet sind zum einen Konzepte zu ausgewählten Strukturen der Bildungsarbeit im Kindergarten, wie z.B. Curricula, Technologien, und zum anderen Konzepte zur pädagogischen Qualität des Kindergartens, wie z.B. Prozesse, Orientierungen, Strukturen (vgl. Fried et al., 2003). Mit diesen Ansätzen kann man aber die Früherziehung entweder nur in Ausschnitten oder nur grob kennzeichnen. Was somit aussteht, sind großformatigere Theorien, mit denen sich z.B. die Familienpädagogik, Kleinkindpädagogik, Kindergartenpädagogik erfassen ließe. Insofern steht die Pädagogik der frühen Kindheit vor einer gewaltigen Entwicklungsaufgabe. Diese wird sie nur bewältigen können, wenn es ihr gelingt, international Anschluss zu finden sowie interdisziplinäre Wissensbestände zu integrieren.

Vor diesem Hintergrund ist das vorliegende Handbuch zu sehen. Es gibt einen Überblick über die wissenschaftlichen Erkenntnisse, die von der Pädagogik der frühen Kindheit bislang generiert worden sind. So erklärt sich z.B., dass historischen Tatbeständen ein relatives Gewicht zukommt. Dessen ungeachtet wurde durch die entsprechende Auswahl der Autorinnen und Autoren dafür Sorge getragen, dass einschlägige internationale sowie interdisziplinäre empirische Forschungsergebnisse so weit als möglich erfasst wurden.

Pädagogik der frühen Kindheit als Professionswissenschaft ■ Die Erziehungswissenschaft hat im Kontext von Reformvorhaben immer wieder näheren Kontakt zu den pädagogischen Professionen und ihren Tätigkeitsfeldern gehabt. Sie nutzt die Professionen, um ihren Gegenstand weiterzuentwickeln, und sie bietet ihr Wissen an, damit sich die Professionen weiterentwickeln. Insofern hat sie den Charakter einer Professionswissenschaft. Die mit dieser Bezeichnung markierte Wechselbeziehung kann sowohl fruchtbar als auch konfliktträchtig sein. So kann es zum Beispiel zu einer Vermischung bzw. Verfälschung der professionellen Identität kommen, wenn Wissenschaftler in ihren Vorhaben die Distanz zur Praxis verlieren oder Praktiker bei ihren Maßnahmen anfangen, sich wie Forscher aus dem Geschehen herauszuziehen. Damit ist jedoch ein Scheitern vorprogrammiert. Denn die sich stellenden Aufgaben und Probleme lassen sich sowohl von der Erziehungswissenschaft gegenüber den pädagogischen Praktikern als auch von den Pädagogen gegenüber ihren Adressaten nur dann sachgerecht entwickeln und ausüben, wenn der jeweilige Bezug nicht aus den Augen verloren und die Autonomie in beiderseitigem Respekt geachtet wird.

In jüngerer Zeit hat sich dieses konfliktreiche Verhältnis zwischen Theorie und Praxis und damit zwischen wissenschaftlicher und praktischer Profession der Pädagogik zu einem der zentralsten Gegenstandsbereiche der Erziehungswissenschaft allgemein und der Pädagogik der frühen Kindheit im Besonderen entwickelt. Man hat gelernt, dass wissenschaftliche Erkenntnisse bestenfalls zur Handlungsorientierung, nicht jedoch zur Handlungsanleitung von Praktikern taugen, und dass man Praktiker nur dann unterstützen kann, wenn genauer erforscht wird, wie das Professionswissen erfolgreicher praktischer Pädagogen aussieht bzw. welches Wissen sie am ehesten nutzen können, um ihre Expertise bzw. berufliche Handlungskompetenz auszubauen.

Aktuelle öffentliche Diskurse legen nahe, dass die forschungsbasierten Erkenntnisse der Pädagogik der frühen Kindheit (als Subdisziplin der Erziehungswissenschaft und als Professionswissenschaft) zukünftig noch an Bedeutung gewinnen werden. Deshalb wird im Weiteren noch genauer auf die frühpädagogische Forschungslandschaft eingegangen.

Frühpädagogische Forschungslandschaft ■ Die Anfänge der (früh-)pädagogischen Forschung sind eng verwoben mit bildungs- sowie sozialpolitisch bestimmten sehr wechselhaften Konjunkturen. Meist sind sie nicht genuin frühpädagogisch initiiert, was auch der nach wie vor desolaten Forschungsinfrastruktur im frühpädagogischen Bereich geschuldet ist. Vielmehr speisen sie sich aus u.a. allgemein erziehungswissenschaftlichen, psychologischen oder mitunter auch soziologischen Forschungsaktivitäten.

Forschungsrahmenbedingungen ■ Im Zentrum der wenigen frühpädagogisch initiierten Forschungsaktivitäten steht die so genannte angewandte Forschung oder Anwendungsforschung, die unter Rückgriff auf Erkenntnisse aus der Grundlagenforschung eher enge Forschungsziele mittels praxisbezogener Fragestellungen verfolgt. Eine Grundlagenforschung, die offene Forschungsziele aufweist, bei der wissenschaftliches Erkenntnisinteresse im engeren Sinn im Vordergrund steht, um wissenschaftliche Theorien zu entwickeln, die nicht nach Nutzen oder Anwendungsmöglichkeiten der Forschungsergebnisse fragt, findet dagegen kaum statt. Formen einer Interventions- bzw. Evaluationsforschung mit eingegrenzten Forschungsinteressen und gebundenen Forschungszielen, die die Entwicklung von Maßnahmen und die Überprüfung ihrer Wirkung verfolgen (u.a. Bortz & Döring, 2003, S. 103), stehen ebenfalls bislang eher im Hintergrund.

Die vorfindbare frühpädagogische Anwendungsforschung ist entweder staatlich initiiert oder gesteuert, wie z.B. durch Bundes- oder Landesministerien, die Bund-Länder-Kommission, die Deutsche Forschungsgemeinschaft. Sie kann auch privat initiiert oder gesteuert sein, z.B. durch Stiftungen wie die Bertelsmann-Stiftung, die Robert-Bosch-Stiftung. Schließlich kann sie auch durch eine Kombination beider initiiert oder gesteuert sein (z.B. in einem Verbund von Wirtschaftsunternehmen und Ländern). Insgesamt zeigt dieses Wechselspiel deutlich, dass die Forschung (auch) im (früh-)pädagogischen Bereich durch eine Reaktion staatlicher wie nicht-staatlicher Instanzen auf u.a. Krisenphänomene im nationalen Bildungssystem motiviert sein und kaum je getrennt davon gesehen werden kann (vgl. Liegle, 2006).

Zur Entwicklung der frühpädagogischen Forschung ■ Der Beginn der systematischen empirisch-pädagogischen bzw. empirisch-psychologischen Forschung (auch im Elementarbereich) im engeren Sinne lässt sich auf den Anfang des 20. Jahrhunderts datieren, eng gekoppelt an Erkenntnisse der experimentellen Pädagogik und Didaktik (vgl. Rost, 2005, S. 9) sowie u.a. an Namen wie Stern (Umwelteinfluss auf die Individualentwicklung), Bühler, Hetzer, Gesell (erste Entwicklungstests) oder Montessori (Untersuchungen zu theoretischen und praktischen Überlegungen zur Erziehung Behinderter). Allerdings sind diese frühen Arbeiten methodisch größtenteils sehr offen gehalten und eher unsystematisch durchgeführt worden. Durch den Nationalsozialismus wurden die Forschungsaktivitäten in Deutschland jäh unterbunden, nennenswerte Forschungserkenntnisse, die auch die Frühpädagogik betrafen, wurden im vor allem englischsprachigen Ausland weiter bearbeitet und mit einer zeitlichen Verzögerung in Deutschland bekannt.

Trotz solcher Ansätze gab es bis zur Bildungsreform Ende der 60-er Jahre des letzten Jahrhunderts, die die (wenn auch formal bis heute nicht konsequent vollzogene) Etablierung des Kindergartenbereichs als Elementarstufe zum Bildungswesen mit sich brachte, im Wesentlichen keine Forschungsinfrastruktur für die Frühpädagogik und demzufolge auch keine eigenständige Forschung innerhalb dieser Teildisziplin. Erst im Zuge der darauf folgenden frühpädagogischen »Expansionsphase« (vgl. Fried, Roßbach, Tietze & Wolf, 1992, S. 199) wurde die deutsche frühpädagogische Forschungsinfrastruktur u.a. durch die Gründung dreier Institute sowie durch die Einrichtung weniger Professuren nachhaltig geprägt. Ab 1967 wurden eigene (früh-)pädagogische Forschungsaktivitäten im Deutschen Jugendinstitut in München aufgenommen, das 1961 gegründet wurde und 1963 seine Arbeit aufnahm. Wenige Jahre später folgte die Aufnahme von Forschungsaktivitäten im 1972 gegründeten bayerischen Staatsinstitut für Frühpädagogik in München. Als drittes bedeutendes Institut, das auch frühpädagogische Forschungsarbeiten aufgenommen hat, ist das Sozialpädagogische Institut für Kleinkind- und außerschulische Erziehung des Landes Nordrhein-Westfalen in Köln zu nennen, das 1979 gegründet wurde.

Forschungsinhalte ■ Der Rückblick auf die Forschungsaktivitäten der letzten vierzig Jahre seit der Bildungsreform mit Betonung der inhaltlichen Akzente lässt unterschiedliche, mehr oder weniger klar unterscheidbare Forschungsphasen bzw. -strömungen erkennen.

Hinsichtlich inhaltlicher Fragestellungen war die Ausrichtung der Forschungsaktivitäten zunächst Ende der 1960-er/Anfang der 1970-er Jahre stärker auf psychologisch motivierte lerntheoretische Fragestellungen mit starkem Förderbezug rund um die zentralen Begriffe Begabung und Intelligenz orientiert, wobei die Erkenntnisse mitunter sehr umstritten waren (Stichwort: kompensatorische Erziehung). Im Zuge dieser Forschungsarbeiten wurden etwa Trainingsprogramme zur »(…) Förderung einzelner kognitiver Funktionen, von denen ein besonderer Beitrag zur Schulreife erwartet wurde« (Fried et al., 1992, S. 200) oder die Steigerung der Intelligenz durch Frühlese-Programme angestrebt (u.a. Schmidt-Denter, 1987, 2002).

In den 1970-er Jahren traten dann einerseits bildungsreformerische Fragestellungen rund um die Entwicklung vorschulischer Erziehungsprogramme stärker in den Vordergrund, wie Untersuchungen zu einer schulbezogenen Förderung oder der Vergleich unterschiedlicher institutioneller Formen im Elementarbereich (Vorklasse, Kindergarten, Eingangsstufen usw.) zeigten (vgl. Fried et al., 1992). In diesem Zusammenhang entwickelten sich, u.a. auch als kritische Antwort auf eher kognitiv orientierte bzw. lerntheoretisch fundierte Ansätze der Funktionsdidaktik, zunehmend Aktivitäten, um auf der Basis der Handlungsforschung sozialisationstheoretisch begründete Erziehungskonzepte zu entwickeln – u.a. bestimmt vom Ziel der Chancengleichheit für alle Kinder. Neben einrichtungsbezogenen Fragestellungen zum Erzieherinnenverhalten und zum Sozial- und Spielverhalten der Kinder wurde der Blick auch auf Handlungsroutinen innerhalb frühpädagogischer Institutionen gelenkt. So legte beispielsweise Barres (1972) eine erste Studie zum Alltagsgeschehen in Kindergruppen von Kindergärten vor mit dem Ziel, pädagogisch und psychologisch relevante Verhaltensvariablen der Gruppenleiterinnen (wie Aufforderungen, Ermahnungen, Lob), der Kinder (wie Aggression, Sachfragen, Wünsche) sowie darauf wirkende strukturelle Variablen (wie Organisationsform oder Gruppengröße) über systematische, nicht-teilnehmende Beobachtungen zu erfassen.

Die bis dahin umfassenden staatlichen Fördermittel im Rahmen der Bildungsreform wurden Ende der 1970-er Jahre zeitgleich mit dem Auslaufen des überregionalen Erprobungsprogramms (1975–1978) – auch durch gesamtgesellschaftliche Entwicklungen – eingestellt, was eine erhebliche Reduzierung der staatlich unterstützten Forschungsaktivitäten im frühpädagogischen Bereich mit sich brachte. Inhaltlich waren in der Folge die 1980-er Jahre durch soziale und individuenbezogene Fragestellungen geprägt.

Die 1990-er Jahre standen im Zeichen der Betonung qualitätsbezogener Fragestellungen, wobei hier zunächst strukturelle Qualitätsindikatoren diskutiert wurden und erst allmählich der Blick auf kontextuelle Bedingungen früher Elementarbildung, u.a. prozessual bestimmte Qualitätskriterien, gelenkt wurde.

Seit Beginn des neuen Jahrtausends werden – flankiert durch Erkenntnisse der empirischen Bildungsforschung international bedeutsamer Studien, wie das Programme for International Student Assessment (PISA), die Third International Mathematics and Science Study (TIMSS) oder die Internationale Grundschul-Leseuntersuchung (IGLU) sowie durch Ergebnisse aus benachbarten Disziplinen (z.B. der Grundschulpädagogik) – wieder stärker bildungsbezogene Fragen gestellt. Diese heben einerseits bildungsprogrammatische wie auch bildungsstrukturelle Akzente hervor (z.B. in Forschungsstudien zum Übergang vom Kindergarten in die Grundschule), andererseits greifen sie aber auch verstärkt Aktivitäten zu kognitiven Bildungsinhalten auf. Zusätzlich gibt es einen starken Trend, sich sprachpädagogischen Fragen zuzuwenden, sie empirisch zu erkunden und in Sprachförderkonzepte zu übertragen.

Frühpädagogische Forschungsmethoden
Das derzeitige Wissen über die Erforschung systematischer Tendenzen, etwa in Entwicklungsprozessen und Erziehung, ist nach Rost (2005, S. 9) noch zu gering. Selbst wenn zugestanden wird, dass sich die komplexe Erziehungswirklichkeit auch nicht annähernd empirisch erfassen lässt (Rost, 2005, S. 9), muss (auch für die Frühpädagogik) ein quantitativer sowie ein qualitativer Ausbau der Forschungsbemühungen gefordert werden. Schließlich stehen – in Abhängigkeit von der Fragestellung – prinzipiell sämtliche Methoden sozialwissenschaftlicher Forschung auch für frühpädagogische Fragestellungen zur Verfügung.

Methodisch genutzt werden in der (früh-)pädagogischen Forschung einerseits Ansätze quantitativer (z.B. klassische Befragungsstudien mittels standardisierter Fragebögen) als auch qualitativer Verfahren der Sozialforschung (z.B. qualitatives Interview). Hier, wie in der Sozialforschung generell gilt, dass die geeigneten Methoden aufgrund der Forschungsziele sowie des Forschungsgegenstands zu bestimmen, daher nie im Voraus festlegbar und auch nicht streng voneinander abgrenzbar sind. Grundvoraussetzung aber ist, dass die eingesetzten Verfahren die zentralen Gütekriterien erfüllen, um objektive, verlässliche und gültige Daten erfassen zu können.

Mit Blick auf die Adressatengruppe zeigt sich, dass die weitaus meisten Informationen zur Frühpädagogik noch immer über Aussagen beteiligter Erwachsener gewonnen werden, weitaus seltener aus direkten Informationen über das Kindverhalten (z.B. durch nicht-teilnehmende Beobachtung), aus Kindbefragungen oder Tests. Dies lässt sich auch darauf zurückführen, dass Erhebungen im frühen Kindesalter aufgrund des Alters der Adressatengruppe methodisch sehr anspruchsvoll sind und Kinder daher bislang als Forschungssubjekte eine eher untergeordnete Rolle spielten.

Immer noch eher im Hintergrund stehen längsschnittliche Erhebungen, etwa zur Entwicklung von Vorläuferfähigkeiten im Laufe der Kindergartenzeit bis in die Grundschulzeit bzw. zum Einfluss des frühpädagogischen Anregungsgehaltes in Familie und Institutionen auf die weitere Entwicklung von Kindern.

Informationsquellen
Wichtige Informationsquellen bzw. Datengrundlagen in der Frühpädagogik sind die amtlichen Kinder- und Jugendhilfestatistiken, die alle vier Jahre erhoben werden sowie die Daten aus dem jährlichen – ebenfalls bundesweit erhobenen – Mikrozensus, einer Repräsentativstatistik, selbst wenn diese Statistiken Mängel aufweisen. Ihnen wird u.a. vorgeworfen, dass der Erhebungsabstand zu groß sei, die Institution als Erhebungsperspektive grundgelegt werde und sie sich in zentralen Ergebnissen, z.B. in Aussagen zur Versorgungsquote, unterscheiden. Darüber hinaus lassen sich Informationen zur Lebenssituation von Kindern in der Bundesrepublik (u.a. zur vorschulischen Erziehung) auch dem alle vier Jahre erscheinenden, von einer unabhängigen Sachverständigenkommission erstell-

ten Jugendbericht entnehmen sowie dem Sozio-ökonomischen Panel (SOEP), einer seit 1984 durchgeführten repräsentativen Wiederholungsbefragung privater Haushalte in Deutschland. In inhaltsbezogenen Auswertungen werden diese Statistiken für (früh-)pädagogische Fragestellungen aufbereitet (u.a. Rauschenbach & Schilling, 1997) und einer breiten Leserschaft zugänglich gemacht.

Aktuelle frühpädagogische Forschungsschwerpunkte ■ Gegenwärtig lassen sich innerhalb der Frühpädagogik vielfältige (Forschungs-)Ansätze ausmachen. Diese akzentuieren einmal *inhaltliche* Schwerpunkte, die im weitesten Sinne vor allem bildungsprogrammatisch, sprachpädagogisch oder elementardidaktisch fokussiert sind:

Unter *bildungsprogrammatischen* Ansätzen sind all jene zu verstehen, die curriculare Aspekte früher Bildung untersuchen, wie die frühpädagogisch ausgerichtete Bildungsforschung, u.a. in größerem Forschungsverbund und interdisziplinär ausgerichtet, oder Forschungen zur Umsetzung der Bildungspläne im Rahmen von Implementationsstudien.

Sprachforschungsansätze zeigen sich gegenwärtig in unterschiedlichen Facetten: Einerseits beschäftigen sich diese Ansätze sowohl mit der Entwicklung von Sprachstandserhebungsverfahren (im Überblick Fried, 2004), andererseits wird der Schwerpunkt in der Entwicklung von Sprachförderansätzen gesehen. Diese fokussieren wiederum die Förderung kindlicher Sprachfähigkeit *mittelbar* über Interventionsprogramme bzw. Sprachförderkonzepte, aber auch *unmittelbar* über die Förderung sprachdidaktischer Kompetenzen der Erzieherinnen.

Neuerdings zeigt sich auch ein zunehmendes Interesse an *elementardidaktisch* ausgerichteten Forschungen. Inwiefern es hier gelingt, diese ersten Ansätze zu einem eigenständigen, modernen Profil frühpädagogischer Lehr-Lernformen zu entwickeln, ohne den Gefahren der 1970-er Jahre mit dem Vorwurf einseitig kognitiver Ausrichtung, Überforderung von Kindern, Nicht-Kindgemäßheit der Methoden wieder zu erliegen, bleibt abzuwarten. Entwicklungen, u.a. aus der Bindungsforschung (z.B. Ahnert, 2004) zeigen, dass es sehr positive Ansätze dazu gibt.

Neben den – quantitativ weitaus prominenter erscheinenden inhaltlichen Ausrichtungen der Forschungsansätze – existieren wenige, die stärker *methodische* Fokussierungen verfolgen. Das zeigt sich beispielsweise in einer stärkeren Berücksichtigung vielfältigster methodischer Zugänge, die z.B. eine Verknüpfung qualitativer und quantitativer Methoden suchen oder stärker kindgemäße Vorgehensweisen in den Blick nehmen.

Aus der Summe derjenigen Arbeiten, die vorgeben, frühpädagogische Forschung zu betreiben, lassen sich etliche identifizieren, die nicht den Anforderungen wissenschaftlichen Erkenntnisgewinns entsprechen. Diese Anforderungen sind jedoch gleichermaßen für frühpädagogische Forschung bindend. Dazu gehören im engeren Sinne eine solide theoretische und methodische Fundierung und Offenlegung, intersubjektive Überprüfbarkeit, die Einhaltung der Gütekriterien qualitativer und quantitativer Forschung.

Aktuelle Entwicklungsaufgaben ■ Der bisherige Überblick zeigt, dass eine eigenständige Infrastruktur für die Pädagogik der frühen Kindheit erst mit der Bildungsreform der 1960-er und 1970-er Jahre des vergangenen Jahrhunderts nennenswert initiiert wurde. Diese Errungenschaften wirken bis in die gegenwärtigen bildungsreformerischen Anstrengungen; die frühpädagogische Forschung schöpft nach wie vor aus den Ressourcen der

- Wenigen, aber bis heute sehr wichtigen Forschungsinstitute, die (auch) frühpädagogische (Forschungs-)Aufgaben wahrnehmen
- Wenigen frühpädagogisch ausgerichteten Professuren an Universitäten und Hochschulen sowie der
- Sehr eingegrenzten einschlägigen Grundlagenliteratur zur Frühpädagogik.

Zugleich ist eine nur mäßig aktive Vernetzung frühpädagogischer Wissenschaftlerinnen und Wissenschaftler in nationalen, geschweige denn internationalen Wissenschaftsverbänden zu verzeichnen. Dies zeigt sich auch darin, dass es bisher nicht gelang, eine wissenschaftsorientierte Zeitschrift für die Pädagogik der frühen Kindheit zu etablieren. Auch fast zwanzig Jahre nach einer ersten kritischen Zusammenfassung des Stands der empirischen Forschung in der Frühpädagogik ist es somit noch nicht nachhaltig gelungen, die im Zuge der Bildungsreform der 1960-er und 1970-er Jahre entstandene »bescheidene Standardinfrastruktur für empirische pädagogische Forschung (weiter; die Autorinnen) aufzubauen und auch über die Ausbildung von Nachwuchskräften die personellen Voraussetzungen für empirische Forschungen zur Elementarerziehung zu sichern« (Fried et al., 1992, S. 242).

Zukünftig geht es darum, Forderungen nach zielgerichteter Forschung (Bundesministerium für Familie, Senioren, Frauen & Jugend, 2003) zu erfüllen. Dazu gehören z.B. (experimentelle) Längsschnittuntersuchungen zu aktuellen Themen der Frühpädagogik, die auch differentielle Entwicklungsverläufe berücksichtigen und zudem eine Bedeutung für die frühpädagogische Praxis haben (u.a. Trautner & Wieneke, 2001, S. 184).

■ Literatur

Ahnert, L. (Hrsg.) (2004). Frühe Bindung. Entstehung und Entwicklung. München: Reinhardt.

Barres, E. (1972). Erziehung im Kindergarten. Weinheim: Beltz.

Bortz, J. & Döring, N. (2003). Forschungsmethoden und Evaluation für Human- und Sozialwissenschaftler (3. Aufl.). Berlin: Springer.

Bundesministerium für Familie, Senioren, Frauen und Jugend (Hrsg.) (2003). Auf den Anfang kommt es an! Perspektiven zur Weiterentwicklung des Systems der Tageseinrichtungen für Kinder in Deutschland. Weinheim: Beltz.

Fried, L. (2002). Pädagogisches Professionswissen und Schulentwicklung. Eine systemtheoretische Einführung in die Grundkategorien der Schultheorie. Weinheim: Juventa.

Fried, L. (2004). Expertise zu Sprachstandserhebungen für Kindergartenkinder und Schulanfänger. Eine kritische Betrachtung. http://www.dji.de/bibs/271_2232_ExpertiseFried.pdf (01.06.2004).

Fried, L., Dippelhofer-Stiem, B., Honig, M.-S. & Liegle, L. (2003). Einführung in die Pädagogik der frühen Kindheit. Weinheim: Beltz.

Fried, L., Roßbach, H.-G., Tietze, W. & Wolf, B. (1992). Elementarbereich. In: K. Ingenkamp, R.S. Jäger, H. Petillon & B. Wolf (Hrsg.), Empirische Pädagogik 1970–1990. Eine Bestandsaufnahme der Forschung in der Bundesrepublik Deutschland (S. 197–263). Weinheim: Deutscher Studien Verlag.

Helm, L., Tenorth, H.-E., Horn, K.-P. & Keiner, E. (1990). Autonomie und Heteronomie. Erziehungswissenschaft im historischen Prozeß. Zeitschrift für Pädagogik, 36, 29–49.

Liegle, L. (2006). Konjunkturen vorschulischer Forschung im Spannungsfeld von bildungspolitischer Steuerung und wissenschaftlicher Eigendynamik. Vortrag anlässlich des Symposions der Kommission Pädagogik der frühen Kindheit »Soziale Ungleichheit in der Frühpädagogik. Beteiligung, frühe Selektion und gesellschaftliche Implikationen« innerhalb des 20. Kongresses der Deutschen Gesellschaft für Erziehungswissenschaft (DGfE) am 21. März 2006 in Frankfurt/Main.

Luhmann, N. (1992). Beobachtungen in der Moderne. Opladen: Westdeutscher Verlag.

Oelkers, J. (2002). Die Internationalisierung der pädagogischen Theoriebildung. Vortrag in der Arbeitsgruppe Internationalisierung anlässlich des 19. Kongresses der Deutschen Gesellschaft für Erziehungswissenschaft am 25. März in der Universität München.

Rauschenbach, T. & Schilling, M. (1997). Die Kinder- und Jugendhilfe und ihre Statistik. 2 Bde. Neuwied: Luchterhand.

Rost, D.H. (2005). Interpretation und Bewertung pädagogisch-psychologischer Studien. Weinheim: Beltz.

Schmidt-Denter, U. (1987). Kognitive und sprachliche Entwicklung im Vorschulalter. In: R. Oerter & L. Montada (Hrsg.), Entwicklungspsychologie (2. neubearb. Aufl.)(S. 814–853). Weinheim: Psychologie Verlags Union.

Schmidt-Denter, U. (2002). Vorschulische Förderung. In: L. Oerter & L. Montada (Hrsg.), Entwicklungspsychologie (5. Aufl.)(S. 740–755). Weinheim: Beltz.

Trautner, H. M. & Wieneke, J. (2001). Entwicklung und Förderung. Angewandte Entwicklungspsychologie. In: L. Roth (Hrsg.), Pädagogik. Handbuch für Studium und Praxis (S. 184–199). München: Oldenbourg.

I Kind und Kindheit

Das Bild des Kindes in der Pädagogik der frühen Kindheit

Norbert Kluge

Welche Vorstellungen die Erwachsenen von Kindern und Kindheit in den vergangenen Jahrhunderten entwickelt haben, darüber geben in konzentrierter Form die einzelnen Kindbilder Auskunft. Dass sie für Erziehung, Sozialisation und das politische Handeln in jeder Hinsicht einflussreich waren, wird kaum bestritten. In diesem Beitrag soll nach einer Begriffsklärung auf eine kleine Auswahl solcher manifest gewordener Anschauungen, die in der Regel bei Erwachsenen anzutreffen waren und sind, näher eingegangen werden. Nach der differenzierten Betrachtung der verschiedenen Kindbilder werden Themen behandelt, die als Bausteine für ein modernes Verständnis von früher Kindheit und damit auch als Zielperspektiven für eine Pädagogik der frühen Kindheit anzusehen sind. Abschließend wird in einem Ausblick auf aktuelle Probleme aufmerksam gemacht, die die Prinzipien der Kinderfreundlichkeit und Kindgerechtigkeit erneut gefährden.

Begriffsklärung ■ Von Kindheit als eigenständiger Entwicklungsphase des Menschen, in der die Schutzbedürftigkeit und Förderabsicht im besonderen Interesse der Erwachsenen liegen, kann bei uns erst ab dem 18. Jahrhundert gesprochen werden. Der Begriff Kindbild fasst alle Vorstellungen und Auffassungen zusammen, die Erwachsene in ihrer Zeit vom jungen Menschen hatten, der dem Altersabschnitt der Kindheit angehört. Er wird in diesem Beitrag in gleicher Bedeutung wie der Ausdruck »Bild des Kindes« verwendet. Kindheit gilt heute als eigene, in jeder Hinsicht (körperlich, seelisch, geistig) produktive Lebensphase, die aus entwicklungspsychologischer Sicht von der Geburt bis zur Pubertät bzw. sexuellen Reife reicht. Da die Pubertätsentwicklung bei jedem Menschen zu einem unterschiedlichen Zeitpunkt (gegenwärtig bei Mädchen zwischen acht und 14 Jahren, bei Jungen zwischen zehn und 16 Jahren) beginnt, können folglich das Ende der Kindheit und der Beginn des Jugendalters generell nicht genau bestimmt werden. Die Juristen haben hingegen die Zäsur zwischen beiden Lebensaltern präzise festgelegt. Nach deutschem Recht endet das Kindesalter mit dem vollendeten 14. Lebensjahr und mündet dann in das Jugendalter ein.

Der Ausdruck Kind in dem zusammengesetzten Substantiv Kindbild wurde mit Bedacht gewählt; denn nicht der Zeitabschnitt oder die Entwicklungsstufe der Kindheit wird in diesem Terminus zunächst angesprochen, sondern die Auffassung vom Kinde schlechthin während einer bestimmten Zeit oder Geschichtsepoche. Kindbilder unterliegen dem gesellschaftlichen bzw. geschichtlichen Wandel. Sie enthalten vornehmlich die Vorstellungen von Erwachsenen, nicht von Kindern über Kinder. Aus der Vielzahl der bekannt gewordenen Kindbilder westeuropäischer Herkunft werden hier solche herausgegriffen, die vor allem in den Gesellschaftswissenschaften (Psychologie, Soziologie und Pädagogik) beschrieben worden sind.

Kindbilder – eine Auswahl ■ Die Auswahl der vorzustellenden Kindbilder orientiert sich vor allem an zwei Kriterien: Sie sollten sich zum einen maßgeblich voneinander unterscheiden, zum anderen die Entwicklung zu einer kindgerechteren Auffassung im Verlauf der letzten Jahrhunderte deutlich werden lassen. Der Überblick vermittelt zugleich die Erkenntnis, dass die älteren hier genannten Kindbilder keineswegs der Vergangenheit angehören, sondern durchaus noch in der Gegenwart angetroffen werden können.

Folgende Kindbilder wurden für diesen Beitrag ausgewählt und werden nun im Verständnis des *gesamten* Kindesalters näher erläutert:

■ Das Kind als kleiner Erwachsener
■ Das Kind als Erfüllungsgehilfe unerfüllter Wünsche Erwachsener
■ Das Kind als Objekt erzieherischer Maßnahmen

- Das Kind als Subjekt seines Erziehungsvorgangs
- Das Kind als Partner in sozialen und pädagogischen Interaktionen.

Das Kind als kleiner Erwachsener ■ Eines der ältesten und langlebigsten Kindbilder, die in den europäischen Gesellschaften bis etwa zum 18./19. Jahrhundert vorgeherrscht haben, war die Vorstellung der Erwachsenen, Kinder als *kleine* Erwachsene zu betrachten. Kindheit enthält stets einen direkten Bezug zu den Menschen, die bereits die Schwelle des Jugendalters überschritten hatten und als mündig galten. Das Attribut »klein« bedeutet, dass die Angehörigen des ersten Lebensalters noch keine Erwachsenen sind, sich aber wohl auf dem Wege ins Erwachsenenalter befinden. Das Noch-Nicht-Erwachsensein impliziert häufig etwas Defizitäres sowohl in der allgemeinen Wertschätzung als auch sozialen Rangordnung. Kinder sind in diesem Verständnis nicht als vollwertige, d.h. entwicklungsmäßig noch unreife und rechtlich unmündige Wesen anzusehen.

Das Merkmal des Unfertigen wurde andererseits beispielsweise im ökonomischen Sinne genutzt: das Kind als preiswerte oder kostenlose Arbeitskraft in Bergwerken, Fabriken, auch in anderen Produktionsstätten sowie in häuslichen Betrieben einzusetzen. Das führte nicht selten dazu, dass Kinder durch die von außen aufgezwungenen Arbeiten nicht mehr in der Lage waren, ihre emotionalen, sozialen und geistigen Fähigkeiten weiter zu entwickeln. Sie wurden um wirtschaftlicher Ziele willen, die auch im Interesse der Eltern lagen, missbraucht und der Chance einer allseitigen und kontinuierlichen Entwicklung beraubt. Abbildung 1 verdeutlicht die soziale Stellung von Erwachsenem und Kind im Verständnis des dargestellten Kindbildes.

Der Pfeil im Schema weist auf die einseitige Sicht der Erwachsenen hin. Der übermächtige Erwachsene steht dem noch in jeder Hinsicht entwicklungsbedürftigen und rechtlich unmündigen Kind frontal gegenüber, das den Erwartungen, Wünschen, Forderungen und Befehlen der sozialen Umwelt Folge zu leisten hat. Diese Prozesse des Miteinander und manchmal auch des Gegeneinander finden vor allem im Rahmen der Sozialisation statt, die freilich auch konkrete

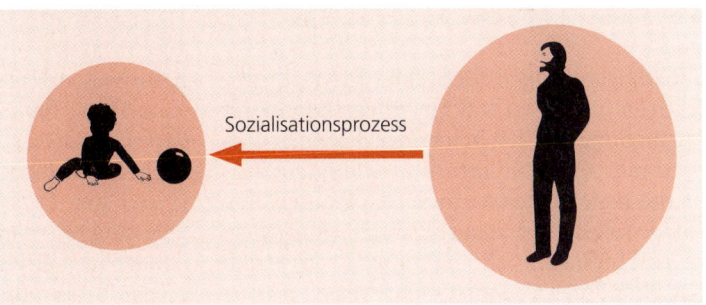

Abb. 1 Das Kind als *kleiner* Erwachsener

Erziehungsmaßnahmen sporadisch mit einbezieht.

Das Kindbild vom kleinen Erwachsenen drückt sich ebenso durch Äußerlichkeiten aus: Kinder tragen die gleiche Kleidung wie Erwachsene und weisen auch sonst mit den älteren Personen viel Gemeinsames auf, nur eben, dass bei ihnen alles en miniature anzutreffen ist. So zeigt sich das »Kleine« am Kinde ostentativ im verkleinerten Maßstab, das stets die reale Einschätzung der Erwachsenen unterstreicht. Auf älteren Gemälden, Zeichnungen und Fotos ist dies z.B. gut zu beobachten.

Bei einem anderen Kindbild tritt die Erwartungshaltung gegenüber den Schutzbefohlenen in hohem Maße zutage – in der Vorstellung Erwachsener, Kinder als Erfüllungsgehilfen der eigenen Interessen zu betrachten.

Das Kind als Erfüllungsgehilfe unerfüllter Wünsche Erwachsener ■ Auch dieses Kindbild ist so alt, wie sich Erwachsene für die Aufzucht ihrer Nachkommen verantwortlich fühlen. Sie sehen in der Zuständigkeit für Pflege, Fürsorge und Förderung manchmal zusätzlich die Chance, daraus eigenen Nutzen zu ziehen und spannen die von ihnen

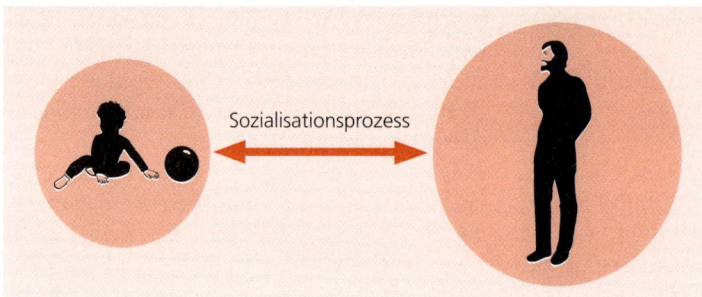

Abb. 2 Das Kind als *Erfüllungsgehilfe* unerfüllter Wünsche Erwachsener

abhängigen jungen Menschen für ihre subjektiven Interessen ein. Sie erliegen dann der Versuchung, das leibliche oder das ihnen anvertraute Kind für ihre unbewältigten Probleme heranzuziehen, in der Hoffnung, eine für sie selbst zufrieden stellende Lösung herbeizuführen. Im Schema (Abb. 2) lässt sich das Phänomen wie folgt darstellen:

Ein Kind wird in der Situation des Erfüllungsgehilfen zum bevorzugten Gegenstand von Wünschen, Sehnsüchten, unerreichten Lebenszielen meist nahestehender Erwachsener. Der junge Mensch soll die ihm zugedachte Rolle uneingeschränkt übernehmen und sie so lange spielen, wie es dem anderen nützt. Dass sich aus einem solchen Verhältnis kurz- oder langfristig handfeste Probleme aufseiten des Noch-Nicht-Erwachsenen ergeben, liegt auf der Hand. Im Grunde wird der junge Mensch in seiner Persönlichkeit missachtet, indem er gezwungen wird, die Probleme eines Erwachsenen zu lösen. Dabei wird die Schutzfunktion, die aus dem Abhängigkeitsverhältnis Schutzbefohlener entsteht, bewusst oder unbewusst ignoriert. Beide Pfeilrichtungen deuten einerseits den direkten Anspruch des Erwachsenen, andererseits die unbedingt erwartete Entsprechung des Kindes an. Solche unzulässigen Erwartungen Erwachsener lassen sich nicht nur in pädagogischen Bezugsverhältnissen, sondern auch im engeren und weiteren Umfeld des jungen Menschen feststellen.

Horst-Eberhard Richter hat schon in den 1960er Jahren aus psychoanalytischer und psychiatrischer Sicht auf das soeben allgemein beschriebene Phänomen u.a. mit zahlreichen Fallbeispielen aufmerksam gemacht (Richter, 1969). Er unterscheidet zwischen zwei konkreten Verfahrensweisen der Erwachsenen: der Übertragung und der Projektion. Bei der *Übertragung* wird dem Kind eine Rolle zugemutet, die eigentlich ein(e) erwachsene(r) Partner(in) hätte übernehmen müssen. So wird der unmündige Teil des Beziehungsverhältnisses, ohne es zu wollen, zum Ersatz (Substitut) für einen ihm unbekannten anderen. In dieser Rolle ist der junge Mensch freilich überfordert.

Bei der *Projektion* geht es um ureigene Sehnsüchte, Wunschvorstellungen, Zielsetzungen des Erwachsenen. Meistens möchte er das beim jungen Menschen verwirklicht sehen, was ihm selbst bislang versagt blieb oder erstrebenswert erscheint (z. B. Traumberuf, Weiterführung des eigenen Betriebes). Die »narzisstische Projektion« lebt von dem Wunsch des älteren Bezugspartners, das ideale Selbst möge sich doch wenigstens beim Heranwachsenden realisieren lassen. Dem Kinde wird nicht – wie bei der Übertragung – die Ersatzfunktion eines Partners oder einer Partnerin zugemutet, sondern es wird in die Rolle eines anderen idealen Selbst gezwungen. Ein junger Mensch wird zur Zielscheibe von negativen, ja repressiven Maßnahmen, wenn der Erwachsene vor übermächtigen Interaktionspartnern zurückschreckt und stattdessen auf die noch unmündige, d.h. schwächere Bezugsperson ausweicht, um seine Frustration los zu werden. Das Kind gerät so unverschuldet in die Rolle des Sündenbocks, mit der es ebenso überfordert sein muss wie bei der Übertragung. Richter schildert anschaulich die pathologischen Folgen solcher kindlicher Überforderungen an einigen Fallbeispielen aus seiner psychotherapeutischen Praxis.

Auch in der Erziehungspraxis sind seit langem Kindbilder anzutreffen, von denen hier nur drei knapp beschrieben werden sollen. Dem ersten Kindbild liegt die Auffassung vom Kinde als Objekt, dem zweiten als bewusstem Subjekt des Erziehungsvorgangs zugrunde. Und das dritte kindliche Menschenbild zeichnet sich dadurch aus, dass der junge Mensch als personal gleichwertiger Partner in dem pädagogischen Interaktionsgeschehen angesehen wird.

Das Kind als Objekt erzieherischer Maßnahmen

Als erziehungsbedürftiges Wesen galt in der Theorie und Praxis der Pädagogik bis zu den reformpädagogischen Bestrebungen im 18. und 19. Jahrhundert das Kind als Objekt jeglicher Erziehungsmaßgaben und -nahmen. Bis dahin war es stets Adressat der Maßnahmen, die von dem übermächtigen Erwachsenen ausgingen. Wie der Zu-Erziehende auf die Aktivitäten der Erziehenden reagiert und welche eigenen Handlungen er zum Gelingen des Erziehungsprozesses einzubringen vermag, schien jahrhundertelang weniger beachtenswert. Der prometheische Grundgedanke, allein dem natürlichen und professionellen Erzieher obliege es, junge Menschen nach *seinem* Bilde zu formen und sie zum nützlichen Glied der Gesellschaft werden zu lassen, erschien schließlich wie ein unumstößliches Dogma.

Im Schema (Abb. 3) zeigt sich uns eine solche Erziehungsauffassung vereinfacht wie folgt:

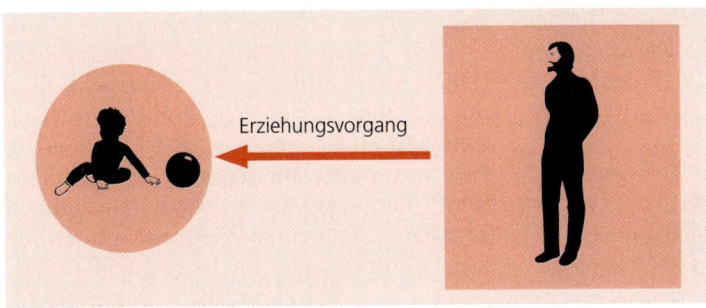

Abb. 3 Das Kind als *Objekt* der Erziehung

Erzieher und Erzieherinnen betrachten im Zu-Erziehenden den hauptsächlichen Gegenstand ihrer pädagogischen Bemühungen. Die einseitige Pfeilrichtung zeigt dies an. Auf Reaktionen und Gegen-Aktionen des Kindes wird weitgehend verzichtet. Auch geraten offensichtliche und geheime Miterzieher aus dem engen Blickfeld. Denn der absolute Machtanspruch, der mit dem unbedingten Gehorsam einhergeht, lässt andere wirksame Einflussfaktoren in den Hintergrund treten oder kaum beachtenswert erscheinen. Schließlich war es ja die oberste Aufgabe von Erziehungsmaßnahmen, die hilfsbedürftige Entwicklungsphase der Kindheit zu überwinden und das Kind zur körperlichen und sittlichen Reife zu führen, die im Erreichen des Erwachsenenalters, der Volljährigkeit, erblickt wurde.

Das Kind als Subjekt seines Erziehungsvorgangs

Eine solch einseitige Blickrichtung des Erziehungsvorgangs konnte bei kritischen Erziehungstheoretikern und -praktikern irgendwann nicht unwidersprochen bleiben. Vor allem seit dem Zeitalter der Aufklärung gab es unterschiedliche Versuche, das Kind als *Subjekt* und damit zum Mitgestalter seines Erziehungsprozesses einzuplanen und es auch in dieser neuen Rolle ernst zu nehmen. Diese fortschrittliche Denkweise in der Pädagogik profitierte von Vorstellungen, die man nach und nach durch praktische Erfahrungen gewann (vgl. im 18. Jahrhundert die Philanthropen [u.a. J. B. Basedow, C. Salzmann], im 19. Jahrhundert u.a. F. Fröbel, im 20. Jahrhundert die pädagogische Bewegung »vom Kinde aus« [u.a. M. Montessori, B. Otto, J. Korczak], A. S. Neill, die Kinderladenbewegung der 1970er Jahre, die Humanistische Psychologie/Pädagogik [u.a. C. Rogers, T. Gordon]). So wurde beispielsweise die Kindheit als eigenständige und pädagogisch höchst effektive Lebensphase entdeckt. In anthropobiologischen und entwicklungspsychobiologischen Studien (z.B. Papoušek, 1994)) wurde erkannt, dass das Kind schon unmittelbar nach der Geburt imstande ist, sich aktiv an Interaktionsprozessen zu beteiligen. In der Kunsterziehungsbewegung im ausgehenden 19. Jahrhundert sieht man Kinder als von Natur aus kreative »Künstler« (Götze, 1898) und betont insgesamt den Erwerb künstlerischer Fähigkeiten in den ersten Lebensabschnitten des Bildungsprozesses.

Eine solche Aufwertung des Kindbildes macht freilich die Reduktion von direkten Erziehungsmaßnahmen notwendig. Zudem setzt sich als Grundprinzip das der »nachgehenden« statt allein der »vorschreibenden« Erziehung (Fröbel, 1826, 1951) durch. Altersgenossen und Umwelt werden als bedeutsame Miterzieher bewertet und in die geplanten Erziehungsvorgänge mit einbezogen.

Das Schema in Abbildung 4 kann den entscheidenden Aspekt des neueren Kindbildes vor Augen führen.

Der gestrichelte Pfeil kennzeichnet gegenüber dem vorherigen Erziehungsmodell die veränderten Erziehungsaufgaben der Erwachsenen. Der durchgezogene Pfeil verdeutlicht zum einen die personale Gleichwertigkeit des Zu-Erziehenden und symbolisiert zum anderen die Ausgangsposition des pädagogischen Interaktionsgeschehens »vom Kinde aus«. Dieses Motto war seit der vorletzten Jahrhundertwende der Hauptimpuls für eine breit gefächerte und international zu beobachtende pädagogische Reformbewegung.

Die Weiterführung dieses Denk- und Praxisansatzes sowie die Entstehung differenzierter Denkmodelle führten zum letzten hier vorzustellenden Kindbild, wie es in nicht wenigen Erziehungsinstitutionen heutzutage praktiziert wird.

Das Kind als gleichwertiger Bezugspartner in der pädagogischen Interaktion ■ Wer einem Kind von Anfang an Person-Sein zubilligt, wird es auch als gleichwertigen Bezugspartner akzeptieren. Eine solche Einschätzung ignoriert nicht das auf dieser Altersstufe noch existierende Reifungsgefälle oder den sozialen Status eines im juristischen Sinne minderjährigen bzw. unmündigen Heranwachsenden. Gleichwertigkeit bedeutet auch nicht zugleich die Gleichberechtigung bei der Zuweisung von erzieherisch für notwendig gehaltenen Aufgaben. Die Gleichwertigkeit eines jeden jungen Menschen leitet sich – wie bei jedem menschlichen Individuum – ab aus der anthropologischen Tatsache seiner Individualität, den individuell zu respektierenden Wertmaßstäben und der daraus resultierenden Menschenwürde.

Diese Grunderkenntnis war einer der zentralen Beweggründe, die zur Formulierung und Beschlussfassung der »UN-Konvention über die Rechte des Kindes« (1989) führte und weltweit allen Kindern Sonderrechte gegenüber den Erwachsenen einräumte. Auch wenn es an der praktischen Umsetzung dieser kindlichen Grundrechte (z.B. Recht auf Leben, Wohl des Kindes, Gleichbehandlung, freie Meinungsäußerung) in manchen Ländern noch hapert, so ist diese international gültige Konvention ein Meilenstein auf dem Wege zu einer allgemeinen Anerkennung des kindlichen Eigenlebens und der Wertschätzung eines Kindes im sozialen und politischen Bereich (Kluge, 2003).

Das pädagogische Interaktionsmodell (Ulich, 1976; Joppien, 1981) übersieht nicht das jederzeit bestehende Kompetenzgefälle zwischen Zu-Erziehenden und Erziehenden. Aber es spricht dem Erwachsenen nicht einseitig Kompetenzen zu und dem jungen Menschen generell ab. Vielmehr werden soziale Kompetenzen auf beiden Seiten gleichermaßen vorausgesetzt und von Situation zu Situation neu gewichtet und eingefordert. So zeigt sich das pädagogische Interaktionsmodell nicht so sehr an den Personen der Erwachsenen orientiert wie noch ältere Denkmodelle, z.B. »pädagogischer Bezug« (Nohl), »Erziehungsverhältnis« (Langeveld),

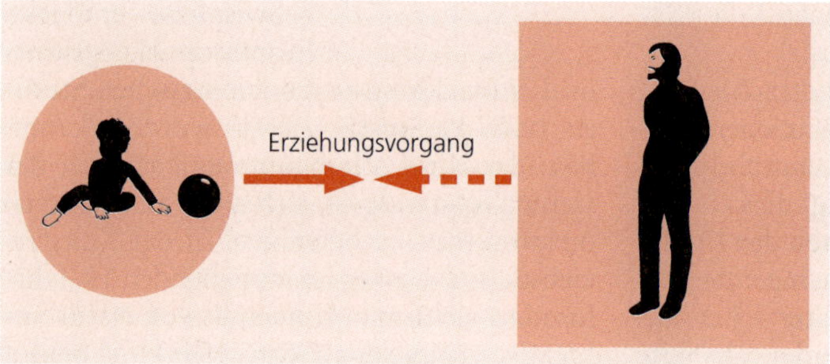

Abb. 4 Das Kind als *Subjekt* der Erziehung

»pädagogisches Verhältnis« (Klafki). Es überzeugt durch seine dynamische Grundstruktur und die hohe Wertschätzung des Kindes und Jugendlichen. Die gleichwertige Partnerschaft von denen, die am Erziehungsvorgang beteiligt sind, bringen u.a. die Pfeile in Abbildung 5 zum Ausdruck.

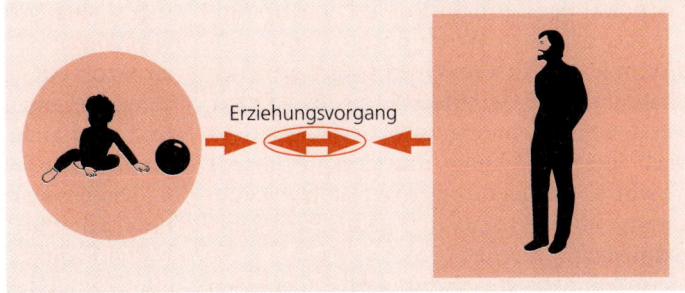

Abb. 5 Das Kind als *gleichwertiger Partner* in der pädagogischen Interaktion

Das Neue, was die Abbildung darzustellen versucht, liegt darin, dass sich in dem pädagogischen Interaktionsmodell der personal gleichwertigen Partnerschaft Erwachsene und Heranwachsende nicht mehr in prinzipiell ungleicher Wertschätzung als Erwachsene und Kinder gegenüberstehen, sondern der Erziehungsvorgang als ein gemeinsames Vorhaben der Partner aufgefasst wird, in dem Geben und Nehmen, Wollen und Sollen, Aktivität und Rezeptivität etwas Selbstverständliches bedeuten oder wenigstens als erstrebenswert angesehen werden.

Die Grundeinsichten, die aufgrund der hier dargestellten Kindbilder gewonnen wurden, werden in den weiteren Ausführungen anhand einzelner Themenschwerpunkte konkretisiert und aus der Sicht neuerer Forschungsbefunde aktualisiert. Die Aussagen werden gemäß der Themenstellung auf die frühe Kindheit, der Kinder zwischen der Geburt und dem vollendeten siebten Lebensjahr angehören, eingegrenzt.

Bausteine für ein modernes Verständnis von früher Kindheit und pädagogische Aufgaben

■ Für ein zeitgemäßes Kindbild auf der frühkindlichen Altersstufe sind einige Entwicklungslinien aufzuzeigen. Dazu gehören neuere Erkenntnisse der Humanwissenschaften, vor allem der Anthropologie, Einblicke in die kontinuierlichen Entwicklungsabschnitte der frühen Kindheit und die neueren Befunde der Hirn- und entwicklungspsychobiologischen Forschung. Die nun darzustellenden Teilaspekte verfolgen im Verständnis von Bausteinen die Aufgabe, die bereits vorgestellten Kindbilder, vor allem die zuletzt aufgezeigte Auffassung vom Bild des Kindes als eines gleichwertigen Partners in der pädagogischen Interaktion, zu ergänzen und zu vertiefen.

Auf folgende vier Schwerpunktthemen wird Bezug genommen:

- Der »be-geistete« Körper – eine anthropologische Grunderkenntnis
- Entwicklungsabschnitte der frühen Kindheit
- Vielseitiges Lernen als primäre Entwicklungsaufgabe
- Spielformen.

Der »be-geistete« Körper – eine anthropologische Grunderkenntnis ■ In der Vergangenheit wurden Körper und Geist des Menschen häufig nicht nur isoliert, sondern auch als unvereinbare Gegensätze betrachtet. Der Körper oder Leib galt einigen Autoren als »Fessel« oder »Widersacher« der Seele bzw. des Geistes, dem bestenfalls eine dienende Funktion zugebilligt wurde. Der Geist (Vernunft, Verstand) wurde als *das* Merkmal menschlicher Existenz verabsolutiert, so dass dem Organismus allenfalls die Attribute »Hülle«, »Sitz« oder »Gefäß« eingeräumt wurden.

In Weiterführung der darwinschen Evolutionslehre formulierte der deutsche Zoologe Ernst Haeckel in der zweiten Hälfte des 19. Jahrhunderts das so genannte »Biogenetische Grundgesetz«, nach dem die individuelle Entwicklung eines Menschen (Ontogenese) die stammesgeschichtliche Entwicklung der Menschheit (Phylogenese) kurz und gedrängt wiederhole. Dabei würden insbesondere in der Embryonalzeit tierhafte Entwicklungsabschnitte durchlaufen, so dass zum

Zeitpunkt der Befruchtung von einem originär menschlichen Wesen noch nicht die Rede sein könne. Erst in seinen vorgeburtlichen Phasen wachse der Mensch zu dem heran, was diese Bezeichnung verdiene. Längere Zeit blieb diese Auffassung unwidersprochen, ja sie wurde von herausragenden Biologen zum Dogma erhoben und in Fachbüchern jahrzehntelang verbreitet.

Ab Mitte des 20. Jahrhunderts widerlegten Forscher vor einem erfahrungswissenschaftlichen Hintergrund Haeckels Doktrin und bezeichneten sie als »Jahrhundertirrtum«. Unter ihnen traten vor allem der Baseler Zoologe Adolf Portmann sowie der Freiburger Anatom und Humanembryologe Erich Blechschmidt hervor. Ersterer stellte aufgrund seiner überzeugenden Studien lapidar fest: »Die Besonderheit des Säuglings ist das Ergebnis einer eigenständigen Menschenentwicklung vor der Geburt: Auch die frühe Entwicklung ist ›Ontogenese des Menschen‹, nicht eine Art schematischer Primatenbildung, in der sie wie im Stufenschema der Klassifikation die Stadien des Tiersystems folgen.« (Portmann, 1960, S. 59 f.) Und an anderer Stelle fasst er seine Erkenntnisse zusammen: »Unser gesamter Werdegang ist human. Jede Einzelheit ist dieser Lebensform zugeordnet. Nur in dieser Zuordnung zu den Besonderheiten dieses Humanen sind die Einzelheiten unserer Ontogenese sinnvoll, nur in diesem System bilden sie Glieder einer Einheit.« (Portmann, 1998, S. 61)

Blechschmidt zieht aufgrund seiner intensiven Beschäftigung mit menschlichen Embryonen, die auch zu einer einzigartigen »Dokumentationssammlung« mit Schnittserienrekonstruktionen führte, Konsequenzen für die embryonale Entwicklung des Menschen, wenn er es beispielsweise ablehnt, von einem Morulastadium zu sprechen, da dies nur auf Amphibien zutreffe (Blechschmidt, 1974, S. 12). Oder im Unterschied zu der tierischen Blastozyste als dem blasenförmigen Keim spricht er bewusst, um den Unterschied zwischen beiden Lebensformen sprachlich zu verdeutlichen, bei der menschlichen Frühentwicklung von *dem* »Blastocyst«. Schließlich kommen beide Forscher zu dem Ergebnis, dass bereits der einzellige menschliche Keim einen individuellen, ja einmaligen Organismus in seiner Grundstruktur darstellt, der nach dem Befruchtungsvorgang eigene Entwicklungsaufgaben, und zwar nicht der Mensch*werdung*, sondern des Mensch-*Seins* übernimmt.

Diese neuere anthropologische Sichtweise unterstützt auch die Grundeinsicht von der Individualität des Kindes, und zwar vom Beginn seines Lebens an. Damit wird keineswegs die genetische Grunderkenntnis von der Übereinstimmung mancher Merkmale aller Lebewesen geleugnet. Vielmehr wird hier das typisch Menschliche in seiner artspezifischen Dimension vor dem Hintergrund des aktuellen Forschungsstandes erneut hervorgehoben.

Vor dem Hintergrund dieser Erkenntnisse werden nun Entwicklungsabschnitte der frühen Kindheit des Menschenkindes aufgezeigt, die einige ausgewählte Hinweise auf Wachstumsfortschritte und den Erwerb einzelner Fähigkeiten enthalten.

Entwicklungsabschnitte der frühen Kindheit ■ Die bisher dargestellten Verhaltensweisen in der frühkindlichen Entwicklung lassen deutlich werden, dass der junge Mensch von Anfang an eine Fülle von Lernprozessen zur rechten Zeit, in den »sensiblen Phasen« (Montessori, 1964), zu bewältigen hat, wenn sein Leben in einem anthropologisch vorgezeichneten Verständnis erfolgreich verlaufen soll.

In der Fachliteratur orientiert man sich an unterschiedlichen Einteilungsprinzipien frühkindlicher Entwicklung. Das hier verwendete Entwicklungsschema reicht vom ersten extrauterinen Lebenstag bis zum vollendeten sechsten Lebensjahr eines Kindes. Als einzelne Entwicklungsabschnitte werden innerhalb dieses Zeitraumes unterschieden: Neugeborenen-, Säuglings-, Kleinkind-, Kindergarten- bzw. Vorschulalter. Bei den Zeitangaben ist zu berücksichtigen, dass individuelle Abweichungen von der Durchschnittsnorm meistens zu tolerieren sind, da jedes Kind sein eigenes Entwicklungstempo hat und daher von einer natürlichen Variationsbreite der erzielten Entwicklungsaufgaben auszugehen ist. Es ist aus diesem Grund auch schwierig, allgemeine Angaben über eventuelle Risikobeeinträchtigungen zu machen.

Neugeborenenalter (erster Lebensmonat): Das Neugeborenenalter wird nach Festlegung der WHO präzise mit 28 Lebenstagen nach der Geburt angegeben. Mit der Geburt verfügt ein Kind schon über eine beachtliche Grundausstattung. Bereits während der Embryonalzeit beginnt die Entwicklung des Gehirns und Nervensystems. Während der Fetalperiode erlangt das junge Leben schon bald die unverwechselbare Körperform eines Menschen. Im sensorischen Bereich dominiert zunächst der Tastsinn, der seinen sichtbaren Ausdruck in ersten Greifbewegungen findet. Gehör- und Gesichtssinn sind so weit entwickelt, dass bereits per Ultraschall entsprechende Reaktionen von Feten zu beobachten sind. In den vorgeburtlichen Phasen sind überdies die fünf Sinne voll funktionsfähig geworden und die Grundstrukturen von Psyche und Intelligenz haben sich schon herausgebildet. Ansätze zur Lern- und Erinnerungsfähigkeit zeigen sich zwischen dem dritten und neunten Schwangerschaftsmonat.

Zu den Grundbedürfnissen eines Neugeborenen zählen ausgedehnte Schlafperioden, oftmalige Nahrungsaufnahme, Ausscheidung von Urin und Kot sowie der offenkundige Aufbau einer festen Beziehung zu einer ständigen Bezugsperson, die in der Regel die leibliche Mutter ist, deren Rolle jedoch auch von anderen Erwachsenen übernommen werden kann. Dabei stehen Zärtlichkeiten, andere körperliche Berührungen sowie verbale Äußerungen im Vordergrund. Der Greifreflex ist vorhanden und wird auch reichlich genutzt. Mit der Zeit nimmt er jedoch merklich ab und wird durch andere Wahrnehmungs- und Ausdrucksformen ergänzt.

Säuglingsalter (erstes Lebensjahr): Das Säuglingsalter, welches das gesamte erste Lebensjahr umfasst, ist durch die vergleichsweise hohe Zunahme der Körperlänge und des Körpergewichts gekennzeichnet. Bei der Geburt wiegen Babys heute im Durchschnitt 3.400 g. Die Körperlänge liegt im Mittel bei 50 cm. Die meisten Kinder erreichen im vierten Lebensjahr die doppelte Körpergröße und ein Gewicht, das bei 16 kg liegt. Die beiden Mediziner I. Brandt und L. Reinken fanden in ihrer Langzeitstudie (1988) heraus: »In keinem Lebensalter ist die jährliche Wachstumsgeschwindigkeit so groß wie im ersten Lebensjahr. Selbst in den nächsten zwei Lebensjahren liegt die Wachstumsgeschwindigkeit (50. Perzentile) noch deutlich über derjenigen der Pubertät. So liegt der Mittelwert für die Wachstumsgeschwindigkeit der Mädchen bei 24,0 cm und der Jungen bei 25,3 cm im Säuglingsalter. Im zweiten Lebensjahr sinkt er bei den Mädchen auf 11,9 cm und bei den Jungen auf 11,3 cm. Bis zum 16. Lebensjahr liegen die jährlichen Zuwächse bei beiden Geschlechtern zwischen 1,7 und 9,3 cm pro Jahr.« (Brandt & Reinken, 1988, S. 452)

In der weiteren Entwicklung des Säuglings steht die Ausprägung der Organsysteme (z. B. Gehirn, Nieren). Die Nachreifung des pränatalen Gehirns macht von Geburt an rasante Fortschritte. Dies lässt sich insbesondere an der Weiterentwicklung des frontalen Kortex aufzeigen, der bekanntlich für die höheren geistigen Fähigkeiten des Menschen zuständig ist (Spitzer, 2003, S. 235). Ab Mitte des ersten Lebensjahres setzt die Zahnbildung (Milchgebiss) ein, die ungefähr am Ende des zweiten Lebensjahres ihren Abschluss findet. Überdies ist zu diesem Zeitpunkt ein starker Bewegungsdrang zu beobachten. Ansätze der Sprachentwicklung im vorsprachlichen Stadium zeigen sich ab dem dritten Lebensmonat (erste Lalllaute). Des weiteren werden bald Geräusche der nahen Umgebung nachgeahmt und genussvoll wiederholt.

Kleinkindalter (zweites bis drittes Lebensjahr): Mit eineinhalb Jahren sind Babys in der Lage, allein zu gehen oder Treppen zu steigen. Als Drei- und Vierjährige lernen die Kinder ihre Blase und ihren Darm zu kontrollieren. Ich-Bewusstsein und Identitätsbildung machen weiterhin Fortschritte. Beim kontinuierlichen Spracherwerb ist zu beobachten, dass viele Kinder einfache Sätze bilden können. Der Wortschatz ist schon respektabel. Im dritten Lebensjahr teilen sich Kleinkinder in ganzen Sätzen mit. Es ist auch die Zeit gekommen, in der sie nicht mehr den Rat der engsten Kontaktpersonen befolgen, sondern mit Ablehnung und Trotz (erstes Trotzalter) reagieren. Diese zweite negative Phase in der kindlichen Entwicklung nach dem Fremdeln gegen Mitte des ersten Lebensjahres steht im Dienste der Ich-Werdung und des Individualitätsprozesses. Spielpartner werden entdeckt und bevorzugt. Damit ergeben sich erste Voraussetzungen für Formen des Sozialspiels.

Kindergarten-/Vorschulalter (viertes bis sechstes Lebensjahr): Kindergarten-/Vorschulalterkinder spielen gleichermaßen gerne mit anders- und gleichgeschlechtlichen Partnern. Das eigene Geschlecht wird noch nicht – wie etwas später – favorisiert. Es ist die hohe Zeit der Mutter-Kind- und Doktorspiele. Spielen ist nun die häufigste Tätigkeitsform. Gegen Ende dieses Entwicklungsabschnitts werden Übergänge zu Arbeitsformen sichtbar und von den Kleinkindpädagogen gefördert.

Auf dem Wege zur Selbstständigkeit lernen die Kinder, allein auf die Toilette zu gehen. Ferner entsteht ein Leistungsbewusstsein, werden Ansätze des moralischen Denkens beobachtet sowie Merkmale eines Selbstbildes mehr und mehr erkennbar. Allgemein auffällig auf dieser Entwicklungsstufe ist der Tätigkeitsdrang, der meistens vom Kinde selbst ausgeht und von Eltern und Erzieherinnen pädagogisch genutzt wird.

Vielseitiges Lernen als primäre Entwicklungsaufgabe ■ Einen weiteren Baustein für das neue Bild des Kindes liefert die moderne Gehirnforschung. Sie hat inzwischen die Theorie der »Neuroplastizität« entwickelt, die in allgemeiner Bedeutung »die Anpassungsvorgänge im Zentralnervensystem an die Lebenserfahrung eines Organismus« (Spitzer, 2003, S. 94) beschreibt. Einige der Folgerungen für die Entwicklung des Kindes werden im übernächsten Abschnitt dargestellt.

Der Mensch ist nicht nur ein von Beginn an lernbegabtes Lebewesen, das seine spezifischen Fähigkeiten, Fertigkeiten und höheren geistigen Leistungen in zahlreichen kontinuierlichen Lernvorgängen erwirbt, sondern auch ein Leben lang auf natürliche, von außen gesteuerte und selbst organisierte Lernprozesse angewiesen bleibt. Im Vergleich mit den Großen Menschenaffen, die uns bekanntlich in genetischer Hinsicht am nächsten stehen, sind Kindheit und Jugendzeit des Menschen auffallend ausgedehnt, wenn beide frühen Entwicklungsabschnitte zusammen etwa 20 Jahre dauern. Bei den Orang-Utans und Schimpansen sind sie dagegen nur halb so lang (Kluge, 2006).

Manfred Spitzer nennt die Besonderheiten des Gehirns, das einen erheblichen Anteil an der spezifisch menschlichen Entwicklung hat, wenn er feststellt: »Im Gegensatz zu allen vom Aussterben bedrohten Tieren jedoch ist der Mensch dank seines Gehirns nicht auf eine Sache besonders spezialisiert, sondern kann sich auf die verschiedensten Umgebungen, Aufgaben und Probleme einstellen. Kurz: Er kann lernen, und zwar besser als alle anderen Lebewesen auf der Welt. Und das Organ, mit dem dies geschieht, sind nicht Zähne, Muskeln, Fell, Flossen oder Flügel, sondern das Gehirn.« (Spitzer, 2003, S. 14)

Diese neurobiologische Erkenntnis weist auf zwei grundlegende Tatsachen hin: den engen Zusammenhang von Lernprozessen und Veränderungsvorgängen in der leiblich-seelisch-geistigen Entwicklung des Menschen sowie die Grundannahme einer Neuroplastizität, die prägnant mit den »neuronalen Veränderungen, die bei Lernvorgängen stattfinden«, beschrieben werden kann (Spitzer, 2004, S. 24). Die Neuroplastizität kennzeichnet in Kindheit und Jugendzeit eine unvergleichliche natürliche Lernbereitschaft mit einer hervorragenden Lerngeschwindigkeit, die mit dem Älterwerden des Individuums stetig abnimmt.

Ein anderes Beispiel für die vielseitige Lernfähigkeit des Säuglings und Kleinkindes ist die Aneignung der Sprache. Damit der Mensch die ihm adäquate Sprache erlernt, müssen zumindest drei Voraussetzungen gegeben sein: Erstens muss der sensomotorische Bereich des menschlichen Individuums in den vorgeburtlichen Phasen spezifische Fähigkeiten entwickelt haben; nach der Geburt ist zweitens eine intensive und kontinuierliche Beziehung (soziale Interaktion) zu garantieren und drittens sollte das Gehirn einen bestimmten Reifegrad erreicht haben, sodass es in der Lage ist, die Steuerfunktion der Sprachentwicklung zu übernehmen.

Nach neueren Forschungsergebnissen ist jedes Neugeborene weltweit imstande, unmittelbar nach der Geburt eine der über 8.000 geschätzten Sprachen, die Muttersprache, zu erlernen (OECD, 2005, S. 54ff.). Die hohe Zeit der frühkindlichen Sprachentwicklung geht einher mit der ebenso rasant verlaufenden emotionalen, motorischen, sozialen und geistigen Entwicklung des Säuglings und Kleinkindes. Alle diese Entwicklungsprozesse sind abhängig von der kontinuierlichen Beziehung einer Pflegeperson, die meistens mit der leiblichen Mutter identisch ist. Grundlage einer erfolgreichen Sprachförderung ist daher ein verlässliches und intensives Beziehungsverhältnis zwischen Mutter oder Ersatzperson und Kind. Dass ein Säugling schon in den ersten Lebenstagen nach der Geburt hierzu die besten Voraussetzungen mitbringt, zeigen die zahlreich entwicklungspsychobiologisch orientierten Arbeiten des Forscherehepaars Hanuš und Mechthild Papoušek. M. Papoušek formuliert in ihrer wegweisenden Monografie zur Thematik: »Der menschliche Säugling ist im biologischen Vergleich in Bezug auf seine integrativen und kommunikativen Fähigkeiten ein *Frühentwickler*, der aus dem frühen dyadischen Austausch optimal profitieren kann, wenn dieser auf seine Fähigkeiten und Grenzen und Entwicklungsprozesse abgestimmt ist.« (Papoušek, 1994, S. 34)

Gegenüber den intelligentesten Tierarten ist nur der Mensch fähig, sich mündlich oder schriftlich zu artikulieren. Das Sprechen von vollständigen Sätzen ist ihm schon deshalb möglich, weil er als einziges Lebewesen über einen eigenen Sprechapparat verfügt. Die besondere Lage des Kehlkopfs ermöglicht es ihm, Laute zu produzieren und ihn zu einer Stimme finden zu lassen, die ihn von allen anderen Mitmenschen unterscheidet.

Um auf die Vielseitigkeit des Lernens in der frühen Kindheit (Knußmannn, 1996, S. 187ff.) noch einmal hinzuweisen, braucht nur an die zahlreich erworbenen Fähigkeiten und Fertigkeiten erinnert zu werden, die im vorherigen Kapitel näher beschrieben worden sind. Zusammengefasst handelt es sich hierbei um kontinuierliche und für die Persönlichkeitsentwicklung unverzichtbare Lernvorgänge, die in den Bereichen der motorischen, sensorischen, sozialen und sprachlichen Entwicklung des jungen Menschen liegen. Sie werden teilweise schon in den vorgeburtlichen Phasen des Kindes angebahnt.

Eine kindspezifische Form des natürlichen Lernens ist das Spiel. Es entwickelt sich ab dem Säuglingsalter zu intellektuell anspruchsvollen Spielformen weiter, ohne dass jedoch im Laufe der kindlichen Entwicklung auf die ersten Errungenschaften ganz verzichtet wird.

Spielformen ■ Die kindliche Spielentwicklung und der kontinuierliche Erwerb der Muttersprache sowie anderer Sprachen sind insbesondere von den vom jungen Menschen selbst eingeleiteten und von außen organisierten Lernprozessen abhängig. Während einfache Spielformen, wie z. B. Funktions-/Übungsspiele, Nachahmungsspiele auch im Tierreich beobachtet werden, finden wir die anspruchsvolleren Spielformen, z. B. soziales Rollenspiel, Regelspiel, Konstruktionsspiel, Explorationsspiel, Planspiel, nur beim Menschen, da diese Formen kognitiv-rational orientierte Handlungsstrategien voraussetzen. So spielt der Mensch nicht nur, wenn momentane Lust und Spaß am Tun dazu herausfordern, sondern er erfindet und plant auch Spiele, wenn mit ihnen Lerneffekte erzielt werden sollen.

So zeigt sich bei der frühesten Spielform im Leben eines Säuglings und Kleinkindes, dem Funktionsspiel (Ch. Bühler) oder Übungsspiel (J. Piaget), das Spiel als lustbetontes Übungsfeld für sensomotorische Abläufe und als sinnvolles Betätigungsfeld für die Einübung von Fähigkeiten, die in der Ernstsituation des Alltags äußerst nützlich sein können. Hier stehen zunächst die Bewegungen der eigenen Gliedmaßen durch lustvoll erlebtes Tasten und Greifen und daher in zahlreichen Wiederholungen wahrnehmbar, Springen, Klettern und Tanzen im Mittelpunkt des spielerischen Handelns. Der Spielende selbst ist also Objekt und Ziel der Spieltätigkeit.

Nachahmungs-/Imitationsspiele stellen bald den Bezug zur kindlichen Umgebung her und bilden sie zugleich fiktiv ab. In der eigenen Realität Erlebtes und Beobachtetes werden in subjektives Handeln umgesetzt und damit kindgemäß verarbeitet. Dabei wird mitmenschliches Verhalten nicht nur nachgeahmt. Die einfachen Rollenspiele bieten dem Kleinkind auch die Gelegenheit, sich mit Lebenssituationen und deren Problemen direkt und probeweise auseinander zu setzen.

Während diese von ihrer Struktur her offenen Spielformen rudimentär ebenso bei jungen Säugetieren angetroffen werden, finden sich andere Spielformen nur beim Menschen, die schließlich einzelnen Entwicklungsstufen zuzuordnen sind. Sie setzen eine weitere Intelligenzentwicklung beim jungen Menschen voraus. Zu nennen sind beispielsweise Regel- und Konstruktionsspiele.

Im Vergleich mit den Formen des freien Spiels haben andere Spiele eine vorgegebene oder von Spielern erfundene und gemeinsam vereinbarte Spielstruktur. Sie zeigt sich beim Regelspiel in den vorliegenden Spielregeln, die erst einmal gekannt, akzeptiert und während der Spieltätigkeit konsequent angewandt werden müssen. Zu dieser Spielform gehören die bekannten Gesellschaftsspiele und überhaupt die strategischen Spiele unterschiedlicher Art. Wer gegen eine Spielregel verstößt, wird zum Spielverderber.

Soziale Aspekte des Spiels gehören auch zu den Wesensmerkmalen des Konstruktionsspiels, die am spielerischen Umgang mit Basismaterialien (z.B. Sand, Knetmasse, Papier) oder Einzelteilen (z.B. Holz-, Plastikelemente) wahrgenommen werden können. Am Ende dieser Spielform steht meistens als Ergebnis ein Produkt, das von den Spielern als gelungen oder weniger gelungen beurteilt wird. Ob eine solche Beschäftigung mit realen Gegenständen letztendlich als Spiel einzustufen ist, hängt von allgemeinen Spielkriterien (Freiwilligkeit, Gestaltungsmöglichkeit, Prozessbedeutsamkeit, Spaß, Freude, Vergnügen) ab, die in dem aktuellen Vorhaben sichtbar geworden sind (vgl. u.a. Kluge, 2003, S. 173 ff.).

Während die ersten Spielformen des Kindes Momente der Spieltätigkeit enthalten (z.B. Funktionslust, Einübung, Nachahmung), die auch bei den Spielen der Jungtiere nicht weniger Spezies zu beobachten sind, ist Sprache im engeren Sinne und ihr frühkindlicher Erwerb nur dem Menschen eigentümlich. Sprache in ihrer einfachen Bedeutung und im weiteren Sinne als Informationssystem beherrschen jedoch ebenso Tiere, insbesondere Säugetiere, wenn sie sich beispielsweise gegenseitig mit ihren artspezifischen Lauten (Laute mit Signalfunktion) auf unmittelbar drohende Gefahren oder nur auf sich selbst aufmerksam machen. Intelligente Schimpansen und Bonobos haben in Experimenten gezeigt, dass sie Befehle ihrer vertrauten Kontaktpersonen verstehen und ausführen können. Auch verstehen sie Elemente der Symbol-, Gebärden- und Körpersprache und wenden sie an.

Ausblick: Leitlinien für frühpädagogisches Handeln ■

Das Bild des Kindes in Sozialisation und Erziehung der letzten Jahrhunderte zeigte insgesamt unterschiedliche Betrachtungsweisen. Wenn wir heute der Person des jungen Menschen einen höheren Rang, z.B. als Mitgestalter von Lern- und Interaktionsprozessen, beimessen, so ist diese allmählich gewachsene Wertschätzung u.a. auf neuere Erkenntnisse der Humanwissenschaften zurückzuführen. Neueste Forschungsarbeiten vermitteln indes den Eindruck, dass längst nicht überall in der Bevölkerung die moderne positive Sichtweise des Kindes von den Erwachsenen erkannt und vor allem in entsprechendes Handeln umgesetzt wird. Stattdessen stellt die damalige Familienministerin, Renate Schmidt, am Muttertag 2005 in der »Welt am Sonntag« vom 8. Mai fest: Bei uns »werde ständig auf abfällige Weise über Kinder geredet«, »Kinder gelten als Mühsal, Plage und Armutsrisiko«. In zunehmendem Maße werden Kinder als größtes Hindernis auf der beruflichen Karriereleiter betrachtet.

Die früher auch von auflagenstarken Blättern der Tagespresse propagierte Kinderfreundlichkeit (»Ein Herz für Kinder«)

scheint zurzeit nicht allzu weit verbreitet zu sein, wenn Bevölkerungsforscher in einer im Jahre 2005 veröffentlichten Studie zum Ergebnis kommen, dass in der Bundesrepublik Deutschland der Wunsch nach Kindern kontinuierlich abgenommen hat, ja die Tendenz bei jungen Erwachsenen, bewusst auf Nachwuchs zu verzichten, sich weiter fortsetzt. So sprechen sich 18 Prozent der Befragten Deutschen gegen eigenen Nachwuchs aus. Und dies bedeutet weiterhin, dass im europäischen Vergleich der 14 untersuchten Länder der Kinderwunsch in Deutschland am wenigsten ausgeprägt ist (vgl. hierzu: Bundesinstitut für Bevölkerungsforschung/Robert-Bosch-Stiftung: The demographic Future of Europe. Facts, Figures, Policies, 2005).

Auch wenn der Staat erst in den letzten Jahren die Probleme junger Familien erkannt hat und bereit war, zu deren Lösung mit unterschiedlichen Maßnahmen beizutragen, so behalten die Leitlinien für frühpädagogisches Handeln, die in den einzelnen Kapiteln des Beitrags zwischen den Zeilen erkannt werden können, ihre Gültigkeit. Leser und Leserinnen sind aufgerufen, das eigene Verständnis von Kindheit und Kindbild selbstkritisch zu überprüfen sowie Maßnahmen für kindgerechtes Handeln zu formulieren.

■ Literatur

Blechschmidt, E. (1974). Humanembryologie. Stuttgart: Hippokrates.
Brandt, I. & Reinken, L. (1988). Die Wachstumsgeschwindigkeit gesunder Kinder in den ersten 16 Lebensjahren: Longitudinale Entwicklungsstudie Bonn – Dortmund. Klinische Pädiatrie, 200, 451–456.
Bründel, H. & Hurrelmann, K. (1996). Einführung in die Kindheitsforschung. Weinheim: Beltz.
Bühler, Ch. (1928). Kindheit und Jugend. Leipzig: Hirzel.
Fried, L., Dippelhofer-Stiem, B., Honig, M.-S. & Liegle, L. (2003). Einführung in die Pädagogik der frühen Kindheit. Weinheim: Beltz.
Fröbel, F. (1951). Ausgewählte Schriften, hrsg. von E. Hoffmann. 2. Bd.: Die Menschenerziehung. Berlin: Küpper.
Götze, C. (1898). Das Kind als Künstler. Hamburg: Boysen & Maasch.
Honig, M.-S. (1999). Entwurf einer Theorie der Kindheit. Frankfurt/ M.: Suhrkamp.
Joppien, H.-J. (1981). Pädagogische Interaktion. Bad Heilbrunn: Klinkhardt.
Kluge, N. (1981). Spielen und Erfahren. Bad Heilbrunn: Klinkhardt.
Kluge, N. (1992). Wann beginnt menschliches Leben? St. Augustin: Academia.
Kluge, N. (2003). Anthropologie der Kindheit. Bad Heilbrunn: Klinkhardt.
Kluge, N. (2006). Sexualanthropologie. Frankfurt: Lang.
Knußmann, R. (1996). Vergleichende Biologie des Menschen. (2. Aufl.). Stuttgart: Fischer.
Largo, R.H. (1993). Babyjahre. Hamburg: Carlsen.
Montessori, M. (1964). Kinder sind anders (7. Aufl.). Stuttgart: Klett.
OECD (Hrsg.) (2005). Wie funktioniert das Gehirn? Stuttgart: Schattauer.
Papoušek, M. (1994). Vom ersten Schrei zum ersten Wort. Bern/Göttingen: Huber.
Piaget, J. (1969). Nachahmung, Spiel und Traum. Stuttgart: Klett-Cotta.
Portmann, A. (1960). Zoologie und das neue Bild des Menschen. Reinbek: Rowohlt.
Portmann, A. (1998). Biologie und Geist (3. Aufl.). Göttingen: Burgdorf.
Richter, H.-E. (1969). Eltern, Kind, Neurose. Reinbek bei Hamburg: Rowohlt.
Rutschky, K. (1983). Deutsche Kinder-Chronik. Köln: Kiepenheuer & Witsch.
Shulamith, S. (2003). Kindheit im Mittelalter (3. Aufl.). Düsseldorf: Patmos.
Spitzer, M. (2003). Lernen: Gehirnforschung und Schule des Lebens. Heidelberg: Spektrum.
Spitzer, M. (2004). Nervensachen. Stuttgart: Schattauer.
Ulich, D. (1976). Pädagogische Interaktion. Weinheim: Beltz.
Ullrich, H. (1999). Das Kind als schöpferischer Ursprung. Bad Heilbrunn: Klinkhardt.
Weber-Kellermann, I. (1989). Die Kindheit. Kleidung und Wohnen, Arbeit und Spiel. Eine Kulturgeschichte. Frankfurt/M.: Insel.

Der Bildungsbegriff in der Pädagogik der frühen Kindheit

Gerd E. Schäfer

Im folgenden Beitrag wird weder versucht, den Bildungsbegriff systematisch und quasi zeitlos zu definieren, noch seine vielfältig möglichen Verwendungszusammenhänge zu durchleuchten. Vielmehr soll eine ausgewählte Traditionslinie des Bildungsbegriffs – bezogen auf die frühe Kindheit – herausgearbeitet werden. Wenn der Bildungsbegriff nicht – wie in der gegenwärtigen Debatte um Bildung in der frühen Kindheit – völlig beliebig für alles herhalten soll, was mit frühkindlichem Lernen zu tun hat, dann sollte klarer bestimmt werden, was gemeint ist, wenn man sagt, dass Bildung mit der Geburt beginne.

Wurzeln des Bildungsbegriffs

Während unter Erziehung in der Regel ethisch vertretbare Formen eines absichtsvollen Einwirkens auf andere verstanden wird, rückt der Bildungsbegriff eher das eigenwillige und selbstständige Handeln des Individuums bei seinen Lernprozessen in den Mittelpunkt sowie deren Integration in einen übergreifenden soziokulturellen Zusammenhang.

Bilstein (2004) hat drei Traditionen herausgearbeitet, die den Bildungsbegriff prägen:
- Einer metaphorisch-mystischen Traditionslinie liegt die Idee von der bildhauerischen Formungsarbeit am Inneren eines Menschen, gedacht als Seele, zugrunde
- Eine aufgeklärte Denklinie setzt an die Stelle Gottes die Leitfigur des »virtuoso«. Vorbild ist der »uomo universale« der Renaissance (das Universalgenie, wie es z. B. Leonardo da Vinci verkörperte), herunter transformiert auf den englischen Gentleman der Adelskultur
- Der Gebildete des ausgehenden 18. Jahrhunderts orientiert sich an diesem Leitbild des »virtuoso« und verbürgerlicht es. »Dabei werden – gerade am Ende der Aufklärung – die im 18. Jahrhundert entwickelten Ästhetiken immer wichtiger. ›Bildung‹ wird zunehmend mit ›Schönheit‹ zusammengedacht, wird auf einen letztlich nicht steuerbaren und von außen nicht herstellbaren inneren Genius bezogen, wird als Prozess gedacht, der aus dem Inneren der Seele nach außen führt, nicht aber von außen das Innere des Seele gestaltet.« (Bilstein, 2004, S. 432)

Wilhelm von Humboldt denkt diese Traditionen nun so weiter, dass seine Grundgedanken bis heute als eine Art regulative Idee des Bildungsgedankens betrachtet werden können, an der sich die Diskussion zu messen hat. Für ihn stellt Bildung ein Verhältnis zwischen dem individuellen Ich und der Welt her. Dabei wird Individualität nur durch die Auseinandersetzung mit dieser Welt gewonnen. Das Subjekt braucht ein Gegenüber, durch das es sich bilden kann.

Bildung wird nicht durch Aneignung von Inhalten oder die Anhäufung von Kenntnissen erreicht, sondern sowohl durch die Verbesserung und Veredelung der individuellen Kräfte der eigenen Natur, als auch durch die Verbesserung der Werkzeuge, mit deren Hilfe sich das Subjekt mit der Welt auseinander setzt. Ziel ist dabei die höchste und »proportionierlichste« (Humboldt) Bildung der Kräfte zu einem Ganzen, was nur gelingen kann, wenn die Aufgabe des Menschen nicht mit seinen Funktionen in der Gesellschaft und seinem Nutzen für die Gesellschaft in eins gesetzt wird.

Das bedeutet nicht, dass die gesellschaftlich-kulturellen Kräfte ignoriert werden – im Gegenteil, sie sind es ja, die das Subjekt herausfordern –, sondern dass sie nicht als einzige und ausschlaggebende die Bildung des Menschen bestimmen dürfen. Aus diesen Überlegungen lassen sich zusammenfassend einige Merkmale ableiten, die auch heute noch als wesentlich für das Verständnis des Bildungsbegriffs gelten können und die folgenden Überlegungen leiten:
- Bildung ist durchweg mit einer Vorstellung von der Selbsttätigkeit des Individuums verbunden. Sie ist etwas, was der Mensch selbst verwirklichen muss und kann nicht von außen erzeugt werden. Dabei geht es in erster Linie um die Person selbst und nicht um die Verwirklichung von Bildungszielen der Gesellschaft
- Bildung hat einen umfassenden Anspruch. Sie integriert Handeln und Denken, Wissenschaft und Kunst oder Können, Wissen und Ästhetik
- Das Ergebnis hat etwas mit einer subjektiven Form zu tun, mit einer (Selbst-)Gestaltung, in der dieser umfassende Anspruch auf eine individuelle Weise immer wieder neu ausbalanciert wird. Sie wird in der Auseinandersetzung mit kultureller und sozialer Wirklichkeit gewonnen.

Die Verwirklichung von Selbsttätigkeit, integrativem Handeln und Denken, von Formfindung auf der Grundlage eines zeitgemäßen Menschen- oder Kinderbilds, sollte auch für die frühe Kindheit nachzuweisen sein, wenn man dort von Bildung sprechen möchte. Die Begriffe »Selbsttätigkeit«, »Integration von Können, Wissen und Ästhetik« sowie »eine Form finden« werden wie ein Leitfaden die Diskussion der verschiedenen Ansätze gliedern.

Fröbel, Pionier des Bildungsgedankens in der frühen Kindheit
Fröbel ging über bereits vorhandene Ideen seiner Zeit – die der Spiel- und Warteschulen oder der Bewahranstalten sowie über die der reinen Familienerziehung – hinaus. Er entwarf einerseits den Kindergarten als einen Ort frühkindlicher Bildung, unabhängig von den sozialen Notwendigkeiten einer institutionellen Betreuung. Andererseits verstand er auch die Familie als einen Ort der allseitigen Bildung des Kindes. Er gilt als *der* frühpädagogische Bildungstheoretiker und -praktiker.

Selbsttätigkeit
Fröbel legt seinen Bildungsvorstellungen ein weitgehend spekulatives Bild vom Kind zugrunde. Dennoch enthält es einige Elemente, die bis heute wesentliche Aspekte des Bildungsgedankens in der frühen Kindheit bilden. In seinen theoretischen Schriften gesteht er dem Kind dabei ein hohes Maß an Selbsttätigkeit zu. Seine »Spielgaben« und »Beschäftigungsmittel« waren zunächst als »Selbstbelehrungsmittel«, als autodidaktisches Material für die Familie gedacht. Die didaktischen Vorstellungen sind jedoch widersprüchlich. Die eine Konzeption geht vom frei erfindenden Explorieren des Kindes mit den Spielgaben aus. Die zweite didaktische Struktur trägt die Züge von Unterricht im Sinne von Vor- und Nachmachen (Heiland, 1982).

Integration von Können, Wissen und Ästhetik
Im Umgang mit den von ihm entwickelten Spielgaben sollen die Kinder unter Anleitung und Mittun der Mutter die Welt als lebenspraktische, ästhetische und mathematische Ordnung erfassen. Das erste kindliche Verständnis von der Welt erwächst damit aus der Auslegung seiner körperlich-sinnlichen Erfahrungen sowie den daraus entstehenden Vorstellungen. Das theoretische Modell für die Auslegung bietet die »Philosophie der Sphären«. In ihr ist es nicht die lebende Natur, sondern die Natur der Kristalle – also eine stereometrisch-mathematische Vorstellung –, die das Vorbild für ein integrierendes Denkmodell zum Aufbau der Welt abgibt (Heiland, 1982).

Eine Form finden
Die »Philosophie der Sphären« begründet auch Fröbels Vorstellungen, wie das Kind zur Erkenntnis von der Gesetzlichkeit der Welt gelangt und damit zu einer inneren Form findet: Es erkennt die innere Ordnung des Geistes in der äußeren Ordnung und erfasst umgekehrt seine innere Geisteswelt als Ordnung in der äußeren Welt. Im gleichen Maße, in dem sich das Äußere im Inneren zeigt, verwirklicht sich auch das Innere im Äußeren. Diese ungehinderte Vermittlung von Innen und Außen kann gelingen, weil Mensch und Natur, so Fröbel, den gleichen inneren – kristallinen – Gesetzmäßigkeiten folgen.

Fröbels Auslegung von frühkindlicher Bildung
Fröbel gab der Bildungsdiskussion für die nächsten anderthalb Jahrhunderte die folgenden Stichpunkte vor: frühe Kindheit als Bildungszeit, Spiel- und Beschäftigungsmaterialien, welche die Kinder in die – mathematische – Ordnung der Wirklichkeit einführen, das selbsttätige Handeln des Kindes bei seinem Bildungsprozess, die Einbettung der kindlichen Tätigkeit in ein übergreifendes, kosmisches Modell. Darüber hinaus formulierte er erstmals einen weiteren Aspekt frühkindlicher Bildung in den »Mutter- und Koseliedern« aus und zwar den der zwischenmenschlichen Beziehungen, die den Bildungsprozess des Kindes tragen, strukturieren und herausfordern, der bis heute uneingeschränkt Bedeutung hat.

Maria Montessori – Der Bildungsgedanke auf eine empirische Basis gestellt

Selbsttätigkeit
Maria Montessori denkt Fröbels Vorstellung von der Selbsttätigkeit

des Kindes konsequent weiter. Für sie zeigt sich die Selbsttätigkeit von Anfang an im »absorbierenden Geist«, einer Fähigkeit des kleinen Kindes, die Verhältnisse, die es in seiner Umwelt vorfindet, unbewusst wie ein Schwamm aufzusaugen und zum Ausgangspunkt einer Ordnung des Geistes zu machen. Diesen absorbierenden Geist beschreibt Montessori zunächst als nebelhafte Potenzialität (»Nebule«), die in den »sensiblen Phasen« im Austausch mit der Welt verwirklicht wird. Sie bezeichnet deshalb das kleine Kind als »geistigen Embryo« und die ganze Zeit der frühen Lebensjahre als eine »sensible Periode«, die dem Kind »eine wahrhaft wunderbare Fähigkeit« verleiht, »sich Bilder aus der Umwelt anzueignen« (Montessori, 1952, S. 92–93). Montessori bringt das Verständnis von dieser Selbsttätigkeit insofern auf den Stand der wissenschaftlichen Kenntnisse zu Beginn des 20. Jahrhunderts, als sie, ausgehend von den Vorarbeiten Itards und Seguins, auf der Basis von Beobachtungen ein autodidaktisches Material entwickelt, das Kinder selbstständig benutzen können, um ein Verständnis von der Welt zu gewinnen. Dies geschieht in erster Linie über Sinnesmaterialien. Dem positivistischen Geist ihrer Zeit folgend entwickelt sie dieses Material so, dass die Kinder entlang elementarisierter Lernschritte einzelne sinnliche, lebenspraktische oder geistige Funktionen (wie Schreiben, Lesen oder Mathematik) selbst entwickeln können. Die Hilfen der Erwachsenen zum kindlichen Bildungsprozess – die sie, ähnlich wie Fröbel, zum Ordnen der Welt für unabdingbar hielt – wurden dabei als Hilfen zur Selbsthilfe verstanden.

Integration von Können, Wissen und Ästhetik ■ Montessori integriert Sinneserfahrung und Denken. Voraussetzung für eine höhere Denktätigkeit ist die Entwicklung der Sinne. Durch ihre Verfeinerung ergibt sich »eine immer zuverlässigere und reichhaltigere Grundlage für die Entwicklung der Intelligenz« (Montessori, 1952, S. 112). Die Verbindung von Sinneserfahrung und Denken erfolgt durch die Polarisation der Aufmerksamkeit. Darunter versteht Montessori eine Art der Vertiefung des Kindes in eine Sache, bei der es nicht gestört werden will. Sie geht aus dem selbsttätigen Zusammenspiel der geistigen Kräfte des Kindes mit einer Umgebung hervor, die so strukturiert ist, dass das Kind selbstständig Erkenntnisse gewinnen kann. In dieser Konzentration setzt das Kind zum einen seine Wahrnehmungsfähigkeit, sein bisheriges Können und Wissen ein. Zum anderen organisiert sich dabei das bislang Ungeordnete zu einer inneren Form.

Eine Form finden ■ Montessori geht davon aus, dass das Kind in den ersten zwei bis drei Jahren zwar viele Eindrücke »absorbiert«, aber mit diesem »Reichtum« noch nichts anfangen kann. Erst unter der wissenschaftlichen Führung der Erwachsenen wird aus dem Zufälligen eine Ordnung (vgl. Montessori, 1969, S. 113). Dazu werden ihm geeignete Materialien an die Hand gegeben, mit deren Hilfe es die notwendigen Ordnungen entdecken kann. Die Erzieherin »führt« das Kind zu einer inneren Ordnung, indem sie ein Material »sprechen lässt«, das sie vorbereitet hat. Führung geht also nicht von ihr als Person aus, sondern von der Sache selbst. Auf diese Weise entsteht – ähnlich, wie es Fröbel gedacht hat – aus äußerer Ordnung innere Ordnung. Der verbindende Faktor zwischen ihnen ist die Vernunft. Es scheint, als gäbe es so etwas wie eine naturmäßig vorgegebene Harmonie zwischen äußerer und innerer Ordnung, die von der Vernunft erkannt wird.

Bildung – von Fröbel zu Montessori ■

Die Anthropologien ■ Während Fröbels Anthropologie weitgehend in einer philosophischen Auslegung seiner eigenen biografischen Erfahrungen bestand, ergänzt durch Beobachtungen von Kindern, folgt Montessori als ausgebildete Ärztin dem positivistisch-empirischen Denken ihrer Zeit. Das bringt einerseits mit sich, dass sie ihre pädagogischen Ideen auf der Grundlage empirischer Beobachtungen formuliert und ihr Handeln an die Beobachtung seiner Auswirkungen in der Praxis bindet. Sie versucht also, ihre theoretische und praktische Arbeit auf eine erfahrungswissenschaftliche Grundlage zu stellen. Das führt allerdings auch zu einer Spaltung in ihrem Werk: Während sie theoretisch an einem ganzheitlichen, ja kosmischen Zusammenhang festhält, zerlegt sie praktisches Handeln in elementare Einzelteile, die sich zwar eng an die Alltagspraxis anlehnen, deren Einbettung in übergreifende Sinnzusammenhänge für Kinder aber nicht mehr unmittelbar nachvollziehbar ist.

Soziale Einbettung des Bildungsgeschehens ■ Obwohl die soziale Einbettung von Bildungsprozessen kein ausführlicher diskutiertes Thema ist, könnte man Fröbels und Montessoris Beiträge hierzu als Gegensätze charakterisieren. Fröbel – besonders deutlich in den »Mutter und Koseliedern« – versteht die Mutter-Kind-Beziehung als tragende Basis und emotionale Unterstützung für die Aufgaben, die das Kind bewältigt. Montessori hingegen distanziert die Erzieherin vom Kind und schiebt das Material dazwischen. Die Erzieherin arrangiert nur das Material, lässt dieses sprechen und bleibt in ihrer Fürsorge für das Kind im Hintergrund.

Die Reform der 1970-er Jahre ■

Entwicklungs- und wissenschaftsorientierte Ansätze ■ Ein nächster innovativer Schritt in der Entwicklung des Bildungsgedankens für die frühe Kindheit erfolgte in der Bundesrepublik erst wieder durch die Bildungsreform in den 70-er Jahren des 20. Jahrhunderts, die durch den Sputnikschock, die zunehmende Bewusstwerdung der sozialen Ungerechtigkeit im Bildungswesen und die bildungspolitischen Notwendigkeiten des Wirtschaftswachstums angestoßen wurde. Sie erfasste auch die Zeit vor der Schule, denn hier schien einerseits Bildungszeit vergeudet zu werden, andererseits konnte hier die soziale Ungerechtigkeit des Bildungswesens durch die frühzeitige Förderung von benachteiligten Kindern unterlaufen werden.

Der Trend, das Wissen über Kinder nicht nur der persönlichen Intuition zu überlassen, sondern auf eine empirische Basis zu stellen, setzte sich fort. Er wurde von der Entwicklungspsychologie übernommen, deren Ergebnisse zu Normwerten wurden, die bei Entwicklungs- und Lernprozessen als Orientierungslinie dienten. Allen voran war es die kognitive Psychologie Piagets, welche die Teilschritte für eine kindgemäße Entwicklung vorzugeben versprach. Ein umfassender Bildungsanspruch ging dabei allerdings verloren. Entwicklungsorientierte Curricula befassten sich mit einzelnen psychischen, hauptsächlich kognitiven Funktionen, wie mathematischem oder sprachlichem Denken. Daneben gab es Stufen der sozialen Entwicklung. Emotionale oder ästhetische Lernbereiche verloren an Bedeutung. Kindorientierung erschöpfte sich in der Orientierung am entwicklungspsychologisch beschriebenen Allgemeinkind, das reale Kind wurde darauf reduziert.

Der zweite Entwicklungsstrang von frühpädagogischen Bildungs- und Lernkonzepten orientierte sich an den elementaren Schritten einzelner Wissens- oder Wissenschaftsbereiche, der Mathematik, dem Lesen und Schreiben oder den elementaren Formen von Naturwissenschaft. Bildung in der frühen Kindheit wurde zur elementaren Einführung in diese Bereiche, die der Systematik der jeweiligen Wissensbereiche folgte.

Der Bildungsgedanke – wie er eingangs skizziert wurde – entfaltete sich nach der Bildungsreform eher außerhalb wissenschafts- oder entwicklungsorientierter Curricula. Für die deutsche Diskussion lassen sich drei wesentliche Diskussionslinien ausmachen:
■ Einflüsse der Psychoanalyse auf die Frühpädagogik
■ Hervorhebung der Einbettung von Bildung in soziale Sinnzusammenhänge in den Varianten des Situationsansatzes
■ Einfluss der Reggio-Pädagogik auf die deutschen Kindergärten ab Beginn der 1980-er Jahre.

Individuum und Gesellschaft im Bildungsprozess – der Beitrag der Psychoanalyse ■ Der Einfluss der Psychoanalyse auf die (Früh-)Pädagogik hatte in der Bildungsdiskussion der 1960-er und 1970-er Jahre eine Hochzeit. Die spektakulärsten Debatten wurden in der Kinderladenbewegung geführt.

Ihre Pädagogik geht von zwei Polen aus: »Einerseits liegen ihr die Wahrnehmung und die Einsicht zugrunde, daß pädagogisches Handeln in gesellschaftlichen Kontexten stattfindet. Andererseits aber geht auch die Kinderladenpädagogik von der Anerkenntnis der besonderen Bedürfnisse des Kindes auf Selbständigkeit aus.« (Palm & Winkler, 1995, S. 96) Die Pädagogik der Kinderläden speist sich aus zwei Quellen: der Psychoanalyse und der marxistischen Gesellschaftstheorie. Die Psychoanalyse bot ein Instrument zur Beschreibung der individuellen psychischen Formations- und Deformationsprozesse. Die marxistische Gesellschaftstheorie war das Werkzeug einer gesellschaftlichen Analyse, das geeignet schien, Prozesse der Unterdrückung ausfindig und beschreibbar zu machen. Der treibende Grund für die Verbindung von biografischer und gesellschaftlicher Analyse war die Frage nach der »autoritären Persönlichkeit« (Adorno, 1973; Horkheimer, 1988), also nach der Persönlichkeit, die sich einerseits widerstandslos und unter Aufgabe ihres eigenen Gewissens für einen scheinbar übergeordneten politischen Zweck oder eine Ideologie vereinnahmen lässt, und die andererseits bereit ist, unter einem ebensolchen ideologischen Deckmantel andere skrupellos und gewaltsam für politische und eigene Zwecke zu missbrauchen. Die Erfahrung der Verleugnung von Menschlichkeit bis hin zu millionenfacher Vernichtung während der Diktatur Hitlers konnte nicht mehr nur als neurotische Fehlentwicklung einzelner Individuen erklärt werden, aber auch nicht nur als politisch-ökonomische Strategie. Stattdessen wurde die Frage aufgeworfen, wie denn beides im Individuum lebensgeschichtlich zusammenwirkt. Es war die Psychoanalyse, die einen Verständnisrahmen dafür bot, wie gesellschaftliche Verhältnisse über zwischenmenschliche Beziehungen die individuelle Psyche der Kinder prägen konnten. Sie war auch die erste, die die Bedeutung der frühen Lebensjahre im Sozialisationsprozess hervorhob. Über eine repressionsfreie Erziehung in der frühen Kindheit sollte der Grundstein für eine repressionsfreie Gesellschaft gelegt werden.

Die psychoanalytisch inspirierte institutionelle Früherziehung verfolgte drei Ziele:
- Die Befreiung des individuellen Kindes durch die Anerkennung seiner Entwicklungsbedürfnisse
- Die Befreiung der Gesellschaft von repressiven Strukturen durch Menschen, die diese Repressionen nicht bereits in den frühesten Lebensjahren verinnerlichen mussten und – gewissermaßen als Drehscheibe für diese beiden Perspektiven –
- Die Befreiung der Familie und das hieß die Befreiung der Frauen aus der Pflicht zur Mutterrolle.

Der Situationsansatz holte sich – gerade was seinen emanzipativen Anspruch betrifft – entscheidende Anregungen aus dieser Diskussion.

Situationsansätze – Bildung als sozialer Prozess ■ Weil es *den* Situationsansatz nicht gibt, sondern eher unterschiedliche Varianten, wird hier der »Situationsansatz« des Deutschen Jugendinstituts (DJI; vgl. Zimmer, 1985) mit dem »Situationsorientierten Ansatz« in Nordrhein-Westfalen (Militzer et al. 1999) verglichen. Bei vielen Gemeinsamkeiten scheint ihr wesentliches Unterscheidungsmerkmal zu sein, dass sich der erstere vorwiegend an der Lebenssituation, letzterer mehr am einzelnen Kind orientiert.

Selbsttätigkeit ■ Im Situationsansatz des DJI wird Kindern Selbsttätigkeit sozusagen »programmatisch unterstellt«. Das Kind eignet sich aktiv seine Umwelt an, wobei der Aneignungsbegriff inhaltlich unausgeführt bleibt. Alltagsnahe Konkretisierung selbsttätigen Kinderhandelns sucht man vergebens. Im situationsbezogenen Ansatz aus Nordrhein-Westfahlen verbinden sich Piagets Verständnis von der Beteiligung des Kindes an seiner Entwicklung und Bronfenbrenners (Bronfenbrenner 1980) Auffassung, nach der das Kind untrennbar mit den spezifischen Gegebenheiten seines Lebensumfeldes verbunden ist. Diese sind Teil seiner Person, seiner Individualität (vgl. Militzer et al., 1999, S. 23). Im situationsbezogenen Ansatz konnte sich eine Kultur des individuellen, alltagsbezogenen Lernens entwickeln.

Integration von Können, Wissen und Ästhetik ■ Ein psychisches Modell zu einer solchen Integration auf einer Ebene der subjektiven Tätigkeit des Kindes – wie bei Fröbel oder Montessori – sucht man in beiden Versionen vergebens. Allerdings soll die Lebenswirklichkeit der Kinder nicht in Fach- oder Wissenschaftsdisziplinen aufgeteilt werden. Weiter wird darauf bestanden, dass Kinder unter Berücksichtigung ihrer subjektiven Lebenssituation in Alltagszusammenhängen lernen. Die Integrationsaufgabe wird also soziologisch, nicht psychologisch formuliert. Die kognitiven, emotionalen, ästhetischen oder sozialen Leistungen des Kindes beim Erfahrungswissen bleiben im Dunkeln. Der Bezug, den die Arbeit in den Kindertagesstätten zur Lebenswelt der Kinder hat oder zumindest fordert, wird herausgearbeitet, während der Bezug zur »Er-Lebenswelt« der Kinder abstrakt bleibt.

Die Form – eine ungelöste Aufgabe in den Situationsansätzen ■ Der Anspruch auf eine personale Integration der Lern- oder Bildungsprozesse ist aufgegeben. Stattdessen dominiert ein Anknüpfen an partielle Theoriegebäude, deren Heterogenität nicht immer verschleiert werden kann. Im Situationsansatz des DJI sind Ich-, Sozial- und Sachkompetenz die Form, in die kindliches Lernen münden soll. Im situationsbezogenen Ansatz NRW taucht – eher im Hintergrund – in Anlehnung an Langeveld (1960) ein Bild auf, das sehr wohl in der Lage wäre, dem Bildungsprozess eine zeitgemäße Form zu geben: Bildung ist der Weg des Kindes. Dieser Gedanke wird allerdings von Militzer et al. (1999) nicht entfaltet.

Der Bildungsgedanke der Situationsansätze im historischen Kontext ■ Ein explizites Bild des Kindes wird in der DJI-Fassung des Situationsansatzes nicht gezeichnet. Auch der situationsbezogene Ansatz hat kein Bild, sondern sucht es – mit Korczak – »(…) in einem unermüdlichen Erkundungsprozess, bei dem die Unterschiede und Einzigartigkeiten der Erscheinungsweisen bedeutsamer sind als allgemeine Aussagen, die für alle Kinder gelten« (Militzer et al., 1999, S. 20). Dieses individualisierende Bild des Kindes, verbunden damit, es in seiner Fremdheit bzw. Andersartigkeit wahrzunehmen, wird nun – und das ist die Gemeinsamkeit der Situationsansätze – in den Kontext der sozialen, kulturellen und sachlichen Lebensräume der Kinder eingebettet. Die lebensweltlichen Kontexte prägen die Persönlichkeitsstruktur des Kindes – in welchem Ausmaß und auf welche Weise bleibt allerdings unreflektiert.

Das Bild vom selbsttätigen Kind und die Verbindung des individuellen Lernens mit den sozialen, kulturellen und gesellschaftlichen Kontexten fügen die Konzepte der Situationsansätze in den hier skizzierten Bildungsgedanken ein. Mit der Akzentsetzung auf eine soziale Struktur der Bildungsprozesse wird eine Dimension des Bildungsgedankens besonders unterstrichen, die ihn nicht nur an die subjektive Tätigkeit des Kindes bindet. Gleichzeitig – und besonders deutlich im situationsbezogenen Ansatz NRW – wird die Anonymisierung des kindlichen Subjekts in den psychologischen Entwicklungs- und Lerntheorien überwunden. Es wird eine neue Aufgabe wahrnehmbar, dem Kind sowohl in seiner soziokulturellen Vernetzung, wie auch in seiner individuellen Differenz im Bildungsprozess zu begegnen. Dafür hat die Reggio-Pädagogik ein weltweit anerkanntes Konzept entwickelt, das seit den 1980-er Jahren die Bildungsdiskussion in der frühen Kindheit in Deutschland zunehmend beeinflusst.

Reggio-Pädagogik – auf die hundert Sprachen der Kinder hören ■

Selbsttätigkeit ■ »Jedes Kind ist (…) eine Konstruktion (selbst-konstruiert und sozial-konstruiert), die auf einen spezifischen Kontext und eine Kultur bezogen ist.« (Rinaldi, 2001, S. 39; Übersetzung vom Verfasser) *Selbstkonstruktion* meint, dass Kinder »als aktive Konstrukteure ihres eigenen Lernens und als Produzenten origineller Ansichten über die Welt« (Cagliari et al., 2004, S. 29) wahrgenommen werden. Sie entwickeln sich, indem sie neugierig und forschend Erfahrungen machen. Daraus formen sie ein Bild von der Welt und von sich selbst. Von *sozialer Konstruktion* wird insofern gesprochen, als dass sich Kinder für die »Selbstkonstruktionen« der Möglichkeiten bedienen, die sie in ihrem sozialen und kulturellen Umfeld vorfinden. Ihre Bildungsprozesse vollziehen sich, selbst wenn jedes Kind ganz für sich selbst tätig wäre, in einem sozialen Rahmen. Im Beisein von anderen gleicht die »Selbstkonstruktion« eher einem Ping-Pong-Spiel von gegenseitigem Nehmen und Geben.

Daraus entstehen *Weltkonstruktionen* als innerer Aufbau von der Welt, die sich immer wieder verändern. Durch ihre Verbindungen mit den sozialen Konstruktionen, d.h. weil sie im Austausch mit anderen entwickelt werden, sind diese Weltkonstruktionen überindividuell und denen anderer Kinder vergleichbar. Als schöpferische Erzeugnisse, die einer individuellen Lebensgeschichte entspringen, sind sie vielfältige individuelle Abwandlungen dieser Allgemeinheit. Soziale Konstruktionen sowie individuelle Selbst- und Weltkonstruktionen verhalten sich wie Thema und Variationen in der Musik. In zahlreichen Projektdokumentationen aus Einrichtungen in Reggio können Originalität und Reichtum solcher Themen mit Variationen nachvollzogen werden.

Integration von Können, Wissen und Ästhetik
Die Metapher von den »hundert Sprachen der Kinder« (oder des Kindes, beide Übersetzungsvarianten werden angetroffen und machen Sinn) ist der deutlichste Ausdruck einer Integration der Werkzeuge des Handelns, Denkens, Vorstellens, Empfindens und Fühlens. Sie besagt, dass jedes dieser Werkzeuge gleichwertig ist. Sie macht aber auch anschaulich, dass jedes Ausdrucksmittel dafür benutzt werden kann, »Sprache« zu werden. Es gibt kein minderwertiges Denkwerkzeug und keine Ausdrucksmöglichkeit, die man ausschließen sollte. Gerade in der Vielfalt von Werkzeugen und Ausdrucksmöglichkeiten erschießt sich der Reichtum im Umgang mit der Welt. Und dieser Reichtum ist die Voraussetzung für das Erfinden von Variationen des Weltverständnisses. Die leitende Funktion dieser Integration von Denkwerkzeugen und Ausdrucksmöglichkeiten ist die Ästhetik.

Die »Form« in der Reggio-Pädagogik
Ästhetik als Muster, das verbindet (Bateson, 1981), stiftet die Form, in der das subjektive und das soziale Geschehen verbunden werden. Das Versuchslaboratorium dafür ist das Atelier. Die sprachliche Form ist die der Geschichten. So kann z.B. die Projektarbeit in Reggio »als eine Serie von kleinen Geschichten verstanden werden, Geschichten, die schwer auf additive Weise miteinander verbunden werden können« (Dahlberg & Moss, 2006, S. 15). Ihre Verbindung ähnelt vielmehr einem Rhizom, einem Wurzelgeflecht, das sich verzweigt und an vielen Stellen eine neue Pflanze wachsen lässt (vgl. hierzu Deleuze & Guattari, 1977).

Die Bildungsaufgabe im historischen Kontext
Stärker noch als die Situationsansätze hat die Reggio-Pädagogik den Wert und die Bedeutung der individuellen Vielfalt herausgearbeitet und mit dem Gedanken der sozialen Vernetztheit allen Denkens und Tuns nahtlos verknüpft. Diese Verbindung zieht sich als Grundgedanke durch die Projektarbeit in der Reggio-Pädagogik. In deren Dokumentationen zeigt sich, dass der individuelle Reichtum kindlichen Denkens und Handelns gleichzeitig den Grundstock für den Variationsreichtum und das rhizomhafte Wachstum der Projektarbeit legt. Das Kind wird als reiches Kind verstanden, das heißt aber auch, dass der Reichtum sich vergrößert, wenn mehrere Kinder zusammenarbeiten. Mit dieser Verbindung von Individualität und sozialem Zusammenspiel hat die Reggio-Pädagogik den Grund gelegt für eine neue Facette des Bildungsgedankens: Bildung als biografischer Prozess in dem sich die individuellen Aspekte des Bildungsprozesses mit den soziokulturellen entlang des Lebenswegs auf eine persönliche Weise verbinden.

Die Notwendigkeit, individuelle Differenz in Lern- und Bildungsprozessen zu berücksichtigen, ist nun auch eines der wichtigsten Ergebnisse der derzeitigen Kognitionsforschung. Sie gibt damit Anstoß zu einer weiterführenden Facette der Bildungsdiskussion, welche die historischen Schwerpunkte aufnimmt und weiter denkt.

Bildung, ein biografischer Prozess – die Verbindung von Selbstkonstruktion und sozialer Konstruktion als neue Aufgabe ■

Selbsttätigkeit ■

Theoretische Grundlagen
Durch die Erkenntnisse der Säuglings- und Kleinkindforschung, Entwicklungspsychologie, Hirnforschung und Sprachforschung hat die Idee vom Kind, das etwas kann und das seine Entwicklung, eingebettet in soziale und kulturelle Bezüge, in hohem Maße mitbestimmt, seit den 1990-er Jahren neue Unterstützung bekommen.

Insbesondere war es eine »konstruktivistische Wende« innerhalb der Wissenschaften, die es heute notwendig macht, die Weisen der Selbsttätigkeit des Kindes, seine inneren Verarbeitungsmöglichkeiten wirkungsvoller in den Bildungsprozess einzubeziehen. Die Biologen Maturana und Varela (1987) hoben hervor, dass jeder Organismus in sich eine Einheit bildet. Diese Einheit muss sich – zum einen – in jedem Augenblick selbst erzeugen. Tut sie das nicht, stirbt der Organismus. Zum zweiten muss der Organismus dauerhaft eine Verbindung zur Umwelt eingehen, um sich von dort das zu holen, was er zum Leben braucht. So gesehen gestaltet sich der Organismus selbst, zum einen auf Grund einer gegebenen biologischen Organisation, zum anderen dadurch, dass diese Organisation einen Austausch mit der vorhandenen Umwelt ermöglicht. Der Organismus wird nicht von außen gemacht, sondern er entwickelt sich selbst mit den Mitteln, die ihm durch seine (biologische) Organisation und seine Umwelt zur Verfügung stehen. Er ist gleichzeitig autonom, indem er sich selbst aufbaut, wie auch abhängig, weil er dazu auf das angewiesen ist, was seine Umwelt möglich macht.

Überträgt man dieses Denkmodell auf die psychische Entwicklung des Menschen, dann bildet sich der Mensch selbst, aber eben in der Auseinandersetzung mit den Einflüssen der gegebenen Umwelt.

Die Hirnforschung hat diesen Gedanken weiter geführt. Sie konnte, wenigstens für die ersten Lebensjahre des Menschen, zeigen, dass wir nicht nur mit bestimmten Programmen geboren werden, die uns ermöglichen, aus dem soziokulturellen Vorrat zu lernen. Vielmehr programmiert sich das Gehirn – ausgehend von den vorhandenen Programmen – selbst weiter, entsprechend den Anforderungen, welche die soziokulturelle Umwelt stellt. Die Programme wachsen also mit den Anforderungen mit. In gewisser Weise spiegelt damit das individuelle Gehirn die Möglichkeiten wider, die es im Laufe seiner Geschichte erfahren hat.

Konsequenzen für die Frühpädagogik
Die Selbst- und Weltkonstruktion des Kindes lassen sein Handeln gleichzeitig vertraut und fremd erscheinen. Vertraut ist es gerade in seinen sozialen – also den nicht individuellen – Anteilen, fremd, manchmal sehr fremd, kann es in den individuellen Variationen erscheinen. Man braucht eine pädagogische Haltung des »Zuhörens«, um die individuellen Versionen der Gedanken, Theorien oder Antworten von Kindern zu bemerken und zu verstehen. Zuhören meint hier ein »Hören« mit allen Sinnen. Dies ist die Grundlage für die Bedeutung der Beobachtung im frühkindlichen Bildungsprozess.

Integration von Können, Wissen und Ästhetik ■

Wissenschaftliche Erkenntnisse
Den äußeren Einwirkungen auf das Kind stehen vielfältige innere Verarbeitungsprozesse gegenüber, die sich im Laufe der frühen Kindheit entwickeln. Kinder ziehen von Anfang an Schlüsse aus komplexen Alltagszusammenhängen. Das können sie – jenseits des Bewusstseins – weil ihnen, lange vor der Sprache, Formen eines szenischen, bildhaften und emotionalen Denkens zur Verfügung stehen. In diesem Denken spielen Wahrnehmungs- und Handlungsformen, Erinnerungen, Vorstellungen, nichtsprachliches

Protodenken, gefühlsmäßige Bewertung – Können, Wissen und Ästhetik – unmittelbar zusammen. Kinder erfassen ihren Lebensalltag in typischen sinnlich-motorisch-emotionalen Mustern, die sich wiederholen. Sie werden als »Ereignisrepräsentationen« gespeichert (General Event Repräsentations, GERs, Nelson, 1996; vgl. den Beitrag »Ästhetische Bildung« in diesem Band). In diesem Denken wird die Welt und ihre Wahrnehmung nicht aus einzelnen Elementen aufgebaut, sondern durch Einschränkung: Zunächst werden Dinge sehr allgemein und global erfasst, dann immer genauer und detailreicher. Das lässt sich z. B. am Zusammenwirken von vorsprachlicher und sprachlicher Entwicklung gut nachvollziehen.

Pädagogische Folgen

Damit dies gelingt, müssen Kinder die Gelegenheit zum Erfassen von Zusammenhängen haben. Normalerweise bietet dies der kindliche Alltag. Kleine Kinder lernen in komplexen Zusammenhängen, nicht getrennt nach einzelnen Funktionen. Die Aufgliederung des Denkens nach Funktionen ist ein Ergebnis kultureller Einwirkungen. Allerdings dürfen Situationen nicht so komplex sein, dass sie für das Kind unüberschaubar werden. Deshalb »rahmen« Erwachsene Alltagssituationen so, dass sie für die Kinder einerseits einen vielfältigen Sinnzusammenhang bilden, andererseits nicht chaotisch werden. Das Ziel ist dabei, die Situationen der Kinder so zu strukturieren, dass sie darin selbsttätig Erfahrungen machen können. In der Krippe oder in der Kindertagesstätte führt dies dazu, dass anregende Räume und Materialien die erste Voraussetzung für die Entwicklung von kindlichen Bildungsprozessen sind. Die zweite didaktische Grundlage dafür bildet die Arbeit in Projekten.

Eine Form finden ■ Diese komplexen Zusammenhänge können theoretisch in einer »Ökologie des Geistes« (Bateson, 1981) modellhaft gefasst werden. Dabei wird die Dynamik einer äußeren – ökonomisch-sozialen – Ökologie auf die einer körperlich-psychischen Ökologie – die eines dynamischen Zusammenhangs der inneren Verarbeitung – bezogen. Deren Wechselwirkung folgt nicht funktionalen oder kausalen Einflüssen, sondern einem Zusammenspiel vielfältiger Kräfte zu einem mehr oder weniger stabilen situationsbezogenen Gesamtmuster. Das bedeutet, das Subjekt antwortet aus seiner eigenen Gesamtdynamik einer inneren Welt auf eine Dynamik, die als Herausforderung oder Störung in der äußeren Welt wahrgenommen wird. Entwicklung erfolgt nicht linear, sondern als Evolution von Gesamtentwürfen in einem biografischen Zusammenhang.

Eine Metapher für den kindlichen Bildungsprozess ■ Überblickt man eine Dünenlandschaft, so findet man in ihr ein Netz von Wegen, das von den dort lebenden Tieren, gleichsam durch den täglichen Gebrauch, angelegt wurde. Es verbindet – scheinbar planlos – die Orte der Nahrung mit denen des Rückzugs, der Flucht oder des Miteinanders. Es ist das freie Zusammenspiel von örtlichen Bedingungen und den Gewohnheiten einzelner Individuen oder Gruppen, die dieses Netzwerk hervorbringen. Die Bildungswege der Kinder scheinen auf ähnliche Weise zustande zu kommen – als individuelle Varianten in einem soziokulturellen Netzwerk, das dem Einzelnen viele Bewegungsmöglichkeiten wie zur Auswahl vorschlägt. In diesem Sinne ist Bildung der biografische Weg des Kindes.

Fazit ■ Seit Fröbel hat sich das anthropologische Grundverständnis für den Bildungsgedanken verändert. Bestand sein Bildungsdenken in der frühen Kindheit noch in der spekulativen Ausdeutung seiner eigenen, biografischen Erfahrungen, ergänzt durch passende Beobachtungen, wurde durch Montessori das Bildungsgeschehen zunehmend auf eine breitere empirische Basis gestellt. Dabei trat bei ihr, und später in der Entwicklungspsychologie, zunehmend eine allgemeine Entwicklungstheorie des Kindes in den Vordergrund. Das individuelle Kind wurde in ein Allgemeinkind verwandelt. In den letzten Jahrzehnten verlagerte sich das wissenschaftliche und das pädagogische Interesse zunehmend auf die Erfahrung und Berücksichtigung individueller Differenz.

Mit dieser Entwicklung wandelten sich auch die Vorstellungen von der Selbsttätigkeit des Kindes: Sie führen von einem Kind, das tätig nachahmt, was Erwachsene – kindgemäß – anbieten, zu einem Kind, das zunehmend eigenständiger die Welt erforscht, zu einem Kind also, das Fragen stellt und sich Hypothesen ausdenkt, die sich aus seinen vergangenen Erfahrungen herleiten; zu einem Kind, das Antworten sucht und dafür die sozialen und kulturellen Instrumentarien zu nutzen lernt, die ihm sein Umfeld zur Verfügung stellt.

Damit wandelt sich auch die Rolle der Erwachsenen im kindlichen Bildungsprozess. Sie werden heute weniger dazu gebraucht, den Kindern das Wissen vorzuordnen, das sie für die Bewältigung ihrer Zukunft zu benötigen scheinen, als dafür, dass sie ihnen den Rahmen vorstrukturieren, innerhalb dessen sie selbstständig handeln und denken können sowie die geistigen und kulturellen Werkzeuge zugänglich machen, mit welchen sie sich ihr Können und Wissen von Anfang an selbst erarbeiten.

Während der tätige Nachvollzug einer vorgeordneten Welt erlaubt, als wichtigstes Instrument die Vernunft zu betonen, nötigt die selbsttätige Erforschung der Wirklichkeit zum Gebrauch *aller* körperlichen und geistigen Instrumente, die der menschlichen Natur und Kultur zur Verfügung stehen. Die Vernunft ist nur eines davon. Ermöglichen von Selbsttätigkeit und »Ganzheitlichkeit« des Vorgehens gehören also im Bildungsprozess zusammen.

Die Reflexion über Bildungsprozesse sichert noch kein entsprechendes pädagogisches Handeln. Eine kritische Durchsicht der gegenwärtigen öffentlichen Bildungsdiskussion im Frühbereich, insbesondere auch der Pläne und Empfehlungen der Bundesländer, macht deutlich, dass Reflexionen und Handlungsvorstellungen vielfach nicht zusammenpassen, ja dass die Reflexionen dazu gebraucht werden, wie ein wohlgemeinter Deckmantel die eigentlichen pädagogischen Handlungsabsichten eher zu verschleiern. Der Sinn einer solchen Reflexion wie der vorliegenden liegt daher darin, ein Instrument zu schaffen, das geeignet ist, die pädagogische Praxis kritisch evaluierend zu befragen.

■ Literatur

Adorno, Th. (1973). Studien zum autoritären Charakter. Frankfurt/M.: Suhrkamp.
Bateson, G. (1981). Ökologie des Geistes, Frankfurt/M.: Suhrkamp.
Bilstein, J. (2004). Bildung: Über einen altehrwürdigen Grundbegriff und seinen anhaltenden Charme. In: Bildung und Erziehung, 57, 4, 425–431.
Bronfenbrenner, U. (1980). Die Ökologie der menschlichen Entwicklung. Stuttgart: Klett-Cotta.
Cagliari, P., Barozzi, A. & Guidici, C. (2004). Gedanken, Theorien und Erfahrungen für ein Erziehungsprojekt mit Beteiligung. In: Kinder in Europa, Beiheft von klein & groß, 28–30.
Colberg-Schrader, H., Krug, M. & Pelzer, S. (1991). Soziales Lernen im Kindergarten. München: Kösel.
Dahlberg, G. & Moss, P., (2006). Introduction: Our Reggio Emilia. In: C. Rinaldi (Ed.), In Dialogue with Reggio Emilia (pp. 1–22). London: Routledge.
Deleuze, G. & Guattari, F. (1977). Rhizom. Berlin: Merve.
Fröbel, H. & Pfaehler, D. (1982). Kommt, laßt uns unsern Kindern leben – Friedrich Fröbels Mutter- und Koselieder. Neustadt a.d. Saale: Mitteldeutsche Verlagsgesellschaft.
Heiland, H. (1982). Fröbel und die Nachwelt. Bad Heilbrunn: Klinkhardt.
Heiland, H. (1991). Maria Montessori. Reinbek bei Hamburg: Rowohlt.
Horkheimer, M. (1988). Autorität und Familie. Frankfurt/M.: Suhrkamp.
Langeveld, M. (1960): Die Schule als Weg des Kindes. Braunschweig: Westermann.
Maturana, H. R. &,Varela, F. J. (1987). Der Baum der Erkenntnis. Bern: Scherz.
Militzer, R., Demandewitz, H. & Solbach, R. (1999). Tausend Situationen und mehr! Münster: Votum.
Montessori, M. (1952). Kinder sind anders. Stuttgart: Klett-Cotta.
Montessori, M. (1969). Die Entdeckung des Kindes. Freiburg: Herder.
Montessori, M. (1972). Das kreative Kind. Freiburg: Herder.
Nelson, K. (1996). Language in cognitive development. Cambridge: Cambridge University Press.
Palm, R. & Winkler, M. (1995). Der Kinderladen – Eine Alternative im elementarpädagogischen Bereich. In: anonym, Beiträge zum 155. Gründungsjahr der Institution Kindergarten. Friedrich-Fröbel-Museum (S. 81–102). Bad Blankenburg: Friedrich-Fröbel-Museum.
Rinaldi, C. (2001). Infant-toddler Centers and Preschools as Places of Culture. In: Reggio Children (Ed.). Making learning visible – children as individual and group learners (pp. 38–46). Reggio Emilia.
Rockstein, M. (2004). Kindergarten. Bad Blankenburg: Bd. 1 der Schriften des Friedrich-Fröbel-Museums.

Schäfer, G. E. (2005a). Bildung beginnt mit der Geburt (2. veränd. Aufl.). Weinheim, Basel: Beltz.
Schäfer, G. E. (2005b). Bildungsprozesse im Kindesalter (3. Aufl.). Weinheim, München: Juventa.
Zimmer, J. (1985). Der Situationsansatz als Bezugsrahmen der Kindergartenreform. In: Enzyklopädie Erziehungswissenschaft. Bd. 6, Erziehung in früher Kindheit, 21–38. Stuttgart: Klett-Cotta.

Ökonomische, rechtliche und fachpolitische Rahmenbedingungen der Kindertagesbetreuung

Thomas Rauschenbach & Matthias Schilling

Das Aufwachsen von Kindern ist in Deutschland zu einem politischen und öffentlichen Thema geworden. Lange Zeit war es dem mehr oder minder vorhandenen Geschick der Eltern, insbesondere den Müttern und Großmüttern überlassen, ihre Kinder zu erziehen. Ergänzt wurde die familiale Erziehung und Betreuung durch den auf einige wenige Stunden am Vormittag beschränkten Kindergarten und die deutsche Halbtagsschule. Inzwischen besteht jedoch kein wirklicher Dissens mehr in der wachsenden Bedeutung öffentlicher und institutioneller Institutionen als familienergänzende Orte und Gelegenheiten der Bildung, Betreuung und Erziehung.

Wesentliche Impulse mit Blick auf die ersten Lebensjahre erfolgten in jüngster Zeit aus zwei ganz unterschiedlichen Richtungen und Beweggründen:

- Auf der einen Seite wurde infolge einer ebenso intensiven wie aufgeregten Debatte im Anschluss an die für Deutschland wenig schmeichelhaften Ergebnisse der ersten PISA-Studie das Thema »Bildung von Anfang an« (vgl. Fthenakis u.a., 2003; Schäfer, 2003) als vermeintliche Lösung des Rätsels präsentiert.[1] Man müsse in Sachen Bildung, so der Tenor, nur früher und intensiver anfangen und schon würde vieles besser. Infolgedessen war es nicht sonderlich erstaunlich, dass als konkrete Vorschläge eine stärkere »Verschulung« der Kindertageseinrichtungen, eine lehramtsanaloge Ausbildung der einschlägigen Fachkräfte oder – noch weitergehender – eine Einschulung der Kinder mit vier Jahren (vgl. Lenzen, 2003) als probate Lösungsmittel ins Spiel gebracht wurden.
- Auf der anderen Seite war seit den frühen 1990-er Jahren der Ruf nach einem Ausbau der *Betreuung* in Kindertageseinrichtungen nicht mehr verstummt. Auch wenn der 1992 nur widerwillig beschlossene Kindergartenrechtsanspruch zunächst für eine gewisse Beruhigung in dieser Hinsicht sorgte, wurde doch im Lichte einer Debatte um »work-life-balance« deutlich, dass diese erste Ausbaustufe nur einen (kleineren) Teil des Problems fehlender Betreuungsangebote auffangen konnte. Infolgedessen haben sich – in dieser Deutlichkeit erstmalig in Deutschland – auch Wirtschaftsunternehmen bzw. ihre Stiftungen lautstark hinter die Forderung einer verbesserten Versorgung mit Betreuungsangeboten gestellt, um damit die Lage für berufstätige Mütter nachhaltig zu verbessern.[2]

Mehr Bildung *und* mehr Betreuung sind mit Blick auf die Gestaltung eines künftigen öffentlichen Angebots für Kinder in den ersten Lebensjahren zu den beiden Eckwerten geworden. In Anbetracht dieser aktuellen Ausgangslage ist es schon erstaunlich, wie wenig der strukturelle Kontext, also die ökonomischen, rechtlichen und bildungs- bzw. fachpolitischen Rahmenbedingungen dieser Debatte bislang beleuchtet und beachtet worden sind. So haben wir bis heute eine bildungspolitisch zerklüftete Landschaft, in der einerseits die Kultushoheit für länderspezifische Besonderheiten und andererseits – dazu quer liegend – ein starker Einfluss freigemeinnütziger Anbieter für ein trägerspezifisches Profil sorgt. Infolgedessen verwundert

---

[1] Insbesondere für die Altersphase vor der Schule, auch wenn die erste PISA-Studie dies gar nicht untersucht hat.

[2] Vgl. das Interview mit McKinsey-Chef Prof. Dr. Jürgen Kluge in: Die Zeit, 60 (44), 96.

es letztlich nicht, dass das empirische Wissen über die öffentliche Kinderbetreuung allenfalls als rudimentär bezeichnet werden kann (vgl. Bien, Rauschenbach & Riedel, 2006). Verstärkt wird dieses Defizit durch den ebenfalls kaum nachvollziehbaren Umstand, dass die hierfür zur Verfügung stehenden wissenschaftlichen Ressourcen in der deutschen Hochschul- und Forschungslandschaft in einem krassen Missverhältnis zur Größe und Relevanz dieses Themenbereichs stehen.

Vor diesem Hintergrund werden nachfolgend zunächst die rechtlichen und anschließend die ökonomischen Rahmenbedingungen der Kindertagesbetreuung dargestellt, bevor dann auf die bildungs- bzw. fachpolitischen Herausforderungen der Thematik im Lichte des 12. Kinder- und Jugendberichts (vgl. BMFSFJ, 2005) eingegangen wird.

Der rechtliche Rahmen der bundesdeutschen Kindertagesbetreuung ■

Zentrale bundesgesetzliche Grundlage für die Tagesbetreuung für Kinder ist das Achte Sozialgesetzbuch (SGB), wodurch die Tagesbetreuung in Deutschland im Unterschied zu vielen anderen europäischen Ländern in die Kinder- und Jugendhilfe und damit in einen stärker familienbezogenen Kontext eingebunden ist (vgl. Oberhuemer & Ulich, 1997).[3] Allerdings ist das SGB VIII nicht die einzige Rechtsgrundlage für die Bildung, Betreuung und Erziehung von Kindern in Tageseinrichtungen und Tagespflege. Darüber hinaus gibt es noch viele Rechtsgebiete, die teilweise als Grundvoraussetzung oder als untergeordnet anzusehen sind. Diesbezüglich führt Prott (2005) mehrere Beispiele auf: So wird durch die Verfassung die Verantwortung und die Zuständigkeit von Eltern und Staat, Bund und Ländern, freien und öffentlichen Trägern geregelt. Im Rahmen des Bürgerlichen Rechts und des Verwaltungsrechts ergeben sich darüber hinaus Rechtsfolgen für die Gestaltung von Verträgen in punkto Verantwortung und Haftung sowie mit Blick auf den pädagogischen Auftrag und seine Ausgestaltung. Aus dem Haushaltsrecht ergeben sich Folgen für Finanzierungswege und -umfang, für Kostenregelungen und die Auswirkungen auf die Struktur des Gesamtangebots. Dies sind nur einige Beispiele, die aber deutlich machen, dass vielfältige gesetzliche Regelungen direkte und indirekte Auswirkungen auf die Tagesbetreuung für Kinder haben (vgl. ausführlich Prott, 2005).

Unbestreitbar ist jedoch das SGB VIII die zentrale bundesgesetzliche Grundlage für die Bildung, Betreuung und Erziehung von Kindern in Tageseinrichtungen und Tagespflege. Insbesondere die §§ 22–26 des SGB VIII regeln in dieser Hinsicht die wesentlichen Aspekte der Tagesbetreuung. Daneben sind aber auch die allgemeinen Vorschriften (§§ 1–10 SGB VIII), die §§ 69–84 SGB VIII über die Träger der Jugendhilfe, ihre Zusammenarbeit und jeweilige Verantwortung sowie der § 90 SGB VIII als Voraussetzung für die Beteiligung der Eltern an den Kosten für die Tagesbetreuung von Bedeutung (vgl. Wiesner, 2006).

In den allgemeinen Vorschriften des SGB VIII wird hervorgehoben, dass die Zielsetzung des Gesetzes darin besteht, die Entwicklung von Kindern zu fördern und die Familien dabei zu unterstützen. Die allgemeine Förderung der Kinder erfolgt allerdings nicht auf der Grundlage eines Rechtsanspruchs des Kindes auf Förderung, sondern der Eltern auf Unterstützung bei der Erziehung ihrer Kinder. Dieser Grundsatz hat für die Angebote in Tageseinrichtungen und Tagespflege zur Konsequenz, dass es sich um *familienergänzende* Angebote handelt, die von den Eltern gewünscht werden müssen. Somit kann es keine Verpflichtung zum Besuch der Kindertageseinrichtungen bzw. Kindertagespflege wie im Falle der Schule geben. Ebenfalls ergibt sich aus dem Vorrang des Elternrechts, dass die von den Personensorgeberechtigten bestimmte Grundrichtung der Erziehung in der Ausgestaltung des pädagogischen Angebots zu beachten ist (vgl. § 9 SGB VIII). Neben diesem grundsätzlichen Rechtsverhältnis zwischen Staat und Eltern

---

3 Zu den Gründen, warum die Kindertagesbetreuung trotz ihres Bildungscharakters in Deutschland historisch dennoch nicht im Bildungssystem angesiedelt wurde, vgl. Münder u.a. 2003, vor § 22 RZ 4. Zur Einbindung der deutschen Kinderbetreuung in den internationalen Kontext vgl. BMFSFJ/DJI 2004.

ist weiterhin die Philosophie des SGB VIII dadurch gekennzeichnet, dass eine Vielfalt von Anbietern und Angeboten erreicht werden soll, um den Wünschen und Lebenslagen von Eltern, Kindern und Jugendlichen entsprechen zu können (vgl. §§ 3–5 SGB VIII).

Die Verantwortung für die Kinder- und Jugendhilfe und damit auch für die Tageseinrichtungen und Tagespflege ist gemäß den Vorgaben des Grundgesetzes föderalistisch aufgebaut, so dass hierin sowohl der Bund als auch die Länder und nicht zuletzt die Kommunen einbezogen sind. Der Bund »soll die Tätigkeit der Jugendhilfe anregen und fördern, soweit sie von überregionaler Bedeutung ist und ihrer Art nach nicht durch ein Land allein wirksam gefördert werden kann« (§ 83 Abs. 1 SGB VIII). Auch die Länder müssen anregen und fördern sowie einen gleichmäßigen Ausbau der Einrichtungen und Angebote auf Länderebene unterstützen (§ 82 SGB VIII). Ihre Verantwortung erstreckt sich im Wesentlichen auf die Umsetzung und Weiterentwicklung in Form von Landesausführungsgesetzen (vgl. Wiesner 2006, vor § 22, RZ 30 ff.). Alle Bundesländer haben deshalb im Anschluss an das SGB VIII nach und nach Landesausführungsgesetze verabschiedet, die immer wieder den wechselnden Anforderungen angepasst wurden. Daher sind die meisten Gesetze nicht älter als fünf Jahre (vgl. Prott, 2005, S. 28).

In den Gesetzen werden üblicherweise folgende Gesichtspunkte geregelt: Auftrag und Aufgaben der Tageseinrichtungen (einschließlich der gemeinsamen Förderung behinderter und nicht-behinderter Kinder), qualitative Mindestanforderungen (z.B. die räumliche und personelle Ausstattung sowie die Gruppengrößen), die Rechte von Eltern und Kindern in Einrichtungen, die Anforderungen an das Personal und deren Fortbildung, die Finanzierung der Einrichtungen einschließlich der Elternbeiträge, Schutz und Gesundheit der Kinder einschließlich der Betriebserlaubnis für die Einrichtungen und gegebenenfalls Besonderheiten der Tagespflege (vgl. hierzu auch die Zusammenstellung der Länderspezifika in DJI, 2005).

Die eigentlich verantwortlichen Organe für die Kinder- und Jugendhilfe sind die so genannten Träger der öffentlichen Jugendhilfe (§ 69 SGB VIII), die zur Wahrnehmung ihrer Aufgaben Jugendämter bzw. Landesjugendämter einrichten müssen. Dabei werden überörtliche Träger der öffentlichen Jugendhilfe von örtlichen Trägern unterschieden. Letztere sind die Kreise und kreisfreien Städte, ausnahmsweise auch kreisangehörige Gemeinden; wer überörtlicher Träger ist – wie auch weitere Organisationsfragen –, bestimmt das jeweilige Landesrecht (§ 69 Abs. 2, 4 und 5 SGB VIII). Den Trägern der öffentlichen Jugendhilfe obliegt somit die Gesamtverantwortung, einschließlich der Planungsverantwortung, damit Einrichtungen und andere Jugendhilfeangebote rechtzeitig, ausreichend und auch für unvorhergesehene Bedarfe zur Verfügung stehen (§§ 79 und 80 SGB VIII). Damit sind überörtliche und örtliche Träger verantwortlich für die Angebotsqualität. Dazu üben sie Genehmigungs- und Aufsichtsfunktionen (§ 45 SGB VIII) aus und sorgen z.B. für Fortbildungs- und Beratungsangebote, um die fachliche Qualität des Personals einschließlich der ehrenamtlich Tätigen zu sichern (§§ 72, 73 SGB VIII).

In den spezifischen Paragraphen für Tageseinrichtung und Tagespflege, §§ 22 und 23 SGB VIII, werden die Grundsätze der Förderung dargelegt; die §§ 24 und 24a SGB VIII regeln zudem den Umfang und die Qualitätsanforderungen. Durch die Änderungen des SGB VIII im Rahmen des Tagesbetreuungsausbaugesetzes (TAG) im Jahre 2004 und dem Kinder- und Jugendhilfeentwicklungsgesetz (KICK) im Jahre 2005 soll erreicht werden, dass insbesondere die Qualität verbessert und der Umfang der Angebote erhöht wird.

Die *Qualität* soll dadurch verbessert bzw. sichergestellt werden, dass die Einrichtungen künftig verpflichtet sind, Maßnahmen zur Sicherstellung und Weiterentwicklung der Qualität einzuführen. »Dazu gehören die Entwicklung und der Einsatz einer pädagogischen Konzeption als Grundlage für die Erfüllung des Förderungsauftrags sowie der Einsatz von Instrumenten und Verfahren zur Evaluation der Arbeit in den Einrichtungen.«

(§ 22a SGB VIII). Die Qualität der Kindertagespflege soll dadurch gesteigert werden, dass verbindliche Qualitätskriterien für die Beratung, Vermittlung und Qualifizierung der Tagespflegepersonen im § 23 SGB VIII festgelegt sind. Um diesen Verpflichtungscharakter zu bestärken und überprüfbar zu machen, wurde durch das KICK eine konditionierte Erlaubnispflicht für die Kindertagespflege in § 43 SGB VIII (wieder) eingeführt.

Im Rahmen der *quantitativen Ausweitung* sollen die Angebote für unter Dreijährige in den westlichen Bundesländern bis zum Jahre 2010 bedarfsgerecht ausgebaut werden. Die Bedarfsgerechtigkeit wird dabei an folgende Kriterien gebunden: die Erwerbs- bzw. Ausbildungssituation der Erziehungsberechtigten oder die Teilnahme an einer Maßnahme zur Eingliederung in Arbeit. Darüber hinaus besteht nach dem Gesetz auch dann ein Bedarf, wenn ohne die Tagesbetreuung eine dem Wohl des Kindes entsprechende Förderung nicht gewährleistet ist. Unter dem Strich wird erwartet, dass aufgrund dieser Kriterien das aktuelle Angebot für die unter Dreijährigen in den westlichen Bundesländern von ca. 4 % im Jahre 2002 auf rund 17 % im Jahre 2010 ausgeweitet werden muss.

Wenngleich niemand ernsthaft bezweifelt, dass dieser Ausbau notwendig ist, wird von vielen die Meinung vertreten, dass diese Zielperspektive höchstens der erste Schritt in die richtige Richtung ist. Vielfach wird ein genereller, uneingeschränkter Rechtsanspruch auf einen Betreuungsplatz – wie zuletzt von der Sachverständigenkommission des 12. Kinder- und Jugendberichts (vgl. ausführlich Abschnitt 4) – gefordert, der dann zu einem mindestens doppelt so hohen Angebotsbedarf führen würde wie in den Modellrechnungen des TAG. Der zentrale Punkt bei der Umsetzung eines konditionierten oder aber eines uneingeschränkten Rechtsanspruchs ist ohne Zweifel das Thema Finanzierbarkeit. Dieser Rechtsanspruch dürfte sich kurzfristig nicht anders realisieren lassen, als dass der Bund im Zuge seiner Rahmengesetzgebung die Kommunen in dem Bemühen finanziell unterstützt, diese gesetzliche Leistung umzusetzen. Ob dabei die »Gegenfinanzierung« der Mehrausgaben, die durch das TAG entstehen, tatsächlich durch eine entsprechende Entlastung im Rahmen der Hartz IV-Gesetze auf kommunaler Ebene erreicht werden kann, wird sich erst in Zukunft zeigen. Für die Umsetzung eines uneingeschränkten Rechtsanspruchs müssten in jedem Fall darüber hinaus andere Wege beschritten und zusätzliche Finanzquellen erschlossen werden.

Die ökonomische Seite der Kindertagesbetreuung ■

Die Kindertagesbetreuung hat sich in den letzten Jahren in ökonomischer Hinsicht zu einem nicht unerheblichen Faktor entwickelt. Dies gilt zweifellos hinsichtlich der öffentlichen Ausgaben, die für das System der Bildung, Betreuung und Erziehung insgesamt aufgewendet werden; es gilt aber auch mit Blick auf den volkswirtschaftlichen Nutzen, den ein gutes Angebot für Kinder nach sich zieht. Beide Aspekte werden im Folgenden kurz behandelt.

Die kontinuierliche Ausweitung des Platzangebots in Kindertageseinrichtungen hat zwangsläufig dazu geführt, dass analog dazu auch die Ausgaben für diesen Aufgabenbereich gestiegen sind. Wurden beispielsweise in den westlichen Flächenländern 1992 noch 3,9 Mrd. € von der öffentlichen Hand für Tageseinrichtungen als »reine Ausgaben« bzw. Netto-Ausgaben, d.h. nach Abzug der Einnahmen, aufgewendet, so waren es zuletzt im Jahre 2003 bereits 6,7 Mrd. €. Angesichts versiegender zusätzlicher Einnahmequellen für die öffentlichen Kassen muss diese, vor allem für die Kommunen spürbare Kostensteigerung inzwischen weitaus stärker begründet und legitimiert werden, als dies früher der Fall war.

Gesamtausgaben für Tageseinrichtungen ■

Die Darstellung und Analyse der Kosten der Tageseinrichtungen für Kinder sind kein einfaches Thema (vgl. ausführlich Diller, Leu & Rauschenbach, 2004). Dies hängt damit zusammen, dass die Finanzierung der Tageseinrichtungen lange Zeit in Deutschland nicht ausschließlich als öffentliche Aufgabe verstanden wurde. Die Kirchen und die Wohlfahrtsverbände beteiligten sich aus einem ge-

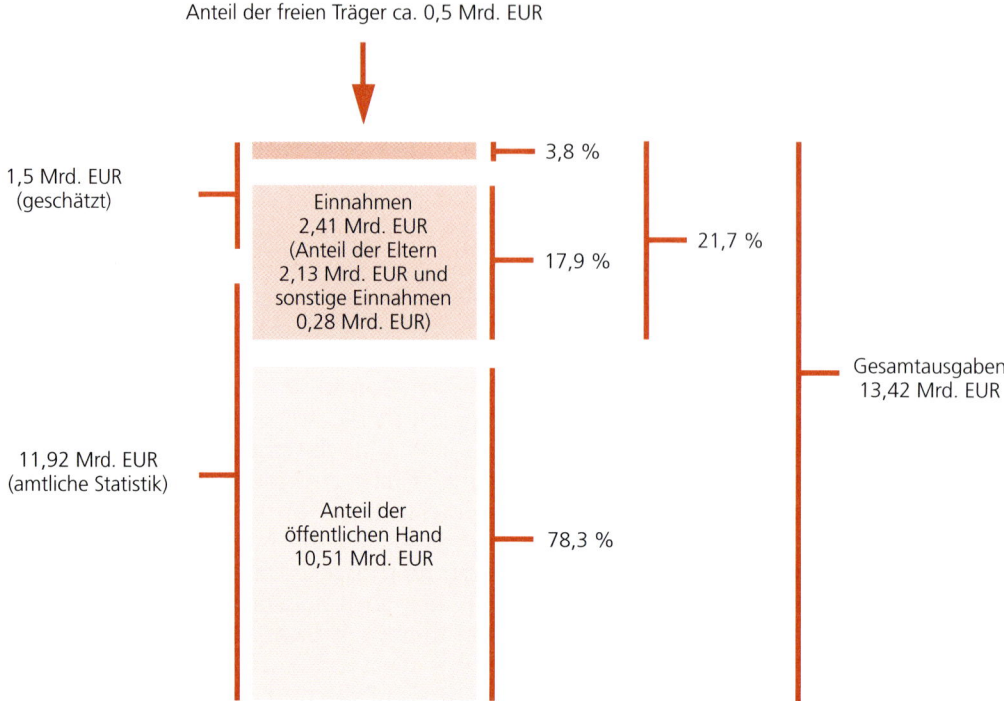

Abb. 6 Kosten der Tageseinrichtungen für Kinder nach Kostenträgern in Deutschland 2003 (Angaben in Mrd. €). Quelle: Statistisches Bundesamt: Statistiken der Kinder- und Jugendhilfe, Ausgaben und Einnahmen der Kinder- und Jugendhilfe, Wiesbaden 2004; eigene Berechnungen

wissen Eigeninteresse an der Finanzierung der Angebote; hinzu kommen die Eigenbeiträge der Eltern. Aufgrund der nicht unerheblichen Anteilsfinanzierung durch Elternbeiträge und Träger der freien Jugendhilfe muss zwischen »Kosten« – im Sinne von Gesamtaufwendungen – und »Ausgaben« – für die jeweilige Gruppe (Eltern, Träger, öffentliche Hand) – unterschieden werden.

Ein empirisch vergleichsweise gut gesichertes Wissen ist über die Ausgaben der öffentlichen Hand sowie die Elternbeiträge verfügbar, die von der öffentlichen Hand eingezogen werden,[4] da diese rechenschaftlich in den Rechnungsergebnissen der kommunalen und staatlichen Haushalte jährlich aufgeführt werden müssen (→ Abb. 6). Kein exaktes Wissen existiert demgegenüber über die Höhe jener Elternbeiträge, die direkt an die Träger der freien Jugendhilfe gezahlt werden, sowie über die Höhe der aufgewendeten Eigenleistungen der Träger der freien Jugendhilfe (vgl. Kolvenbach, 1997; Statistisches Bundesamt, 2004). Schätzungen lassen vermuten, dass sich die nicht nachgewiesenen Elternbeiträge, die direkt von den freien Trägern vereinnahmt werden und somit nicht in den öffentlichen Haushalten auftauchen, bundesweit auf etwa 1 Mrd. € belaufen.[5] Darüber hinaus liegen die finanziellen Eigenleistungen der freien Träger nach vorsichtigen Schätzungen des Statistischen Bundesamts bei einer Größenordnung von rund 0,5 Mrd. €; bezogen auf die Gesamtkosten für Tageseinrichtungen (einschließlich der Einrichtungen der öffentlichen Träger) handelt es sich somit um einen Anteil von wahrscheinlich 3,8 %.

---

4 In der Regel werden in den öffentlichen Haushalten nur die Beiträge jener Eltern gebucht, die den Platz eines öffentlichen Trägers nutzen. Lediglich in Nordrhein-Westfalen werden einheitlich alle Elternbeiträge über die Jugendämter eingezogen und tauchen auch dort in den Rechnungsergebnissen auf.

5 Die nachgewiesenen Elternbeiträge belaufen sich im Jahre 2003 auf 1,13 Mrd. €.

In der Summe ist davon auszugehen, dass sich die Gesamtkosten für die Tageseinrichtungen im Jahre 2003 auf etwa 13,4 Mrd. € beliefen (→ Abb. 1), von denen 10,5 Mrd. € von der öffentlichen Hand getragen wurden. Hinzu kamen Einnahmen in Höhe von 2,4 Mrd. €, die sich hauptsächlich aus Elternbeiträgen zusammensetzten (2,13 Mrd. €). Die Träger der freien Jugendhilfe erbrachten Eigenmittel schätzungsweise in einer Höhe von rund 0,5 Mrd. € (vgl. auch Schilling, 2005b).

Sofern man von diesen Eckwerten ausgeht, heißt das, dass der privat finanzierte Anteil, also die Eigenmittel der Träger zuzüglich der Elternbeiträge, an den Gesamtkosten für bundesdeutsche Kindertageseinrichtungen bei knapp 22 % liegt. Dies ist eine Größenordnung, die in keinem anderen europäischen Land erreicht wird (vgl. OECD, 2005, S. 220; McKinsey & Company, 2005). Neben der zu geringen Versorgungsquote liegt eine Herausforderung für Deutschland im europäischen Vergleich mithin nicht so sehr in der Höhe der Ausgaben für Tageseinrichtungen, sondern vor allem in dem vergleichsweise hohen Anteil, der von den Eltern an Gesamtkosten aufgebracht wird.

Setzt man die öffentlichen Netto-Ausgaben für die Kindertageseinrichtungen in Höhe von 10,5 Mrd. € für das Jahr 2003 ins Verhältnis zu den Gesamtausgaben der öffentlichen Haushalte, dann ergibt dies einen Anteil von 1,1 %; bezogen auf das Bruttoinlandsprodukt entspricht dies einem Anteil von 0,5 %.[6]

Die Entwicklung der Ausgaben zwischen 1992 und 2003 ■ Für die Analyse der zeitlichen Entwicklung ist es notwendig, die Ausgaben zwischen den westlichen und den östlichen Bundesländern getrennt darzustellen, da ansonsten die gegenläufigen Entwicklungen zwischen Ost und West nicht sichtbar werden (vgl. ausführlich Schilling, 2005a).

Da die in den Rechnungsergebnissen der öffentlichen Haushalte nachgewiesenen Ausgaben für Tageseinrichtungen nur einen Anteil der Ausgaben darstellen und somit die Gesamtausgaben immer nur geschätzt werden können, lassen sich für die Analyse der zeitlichen Entwicklung lediglich die Netto-Ausgaben (Ausgaben abzüglich aller Einnahmen) der öffentlichen Hand heranziehen. Da die Entwicklung in den Stadtstaaten nur eingeschränkt mit den Flächenländern vergleichbar ist, werden diese gesondert ausgewiesen.

In den westlichen Flächenländern beliefen sich die Netto-Ausgaben der öffentlichen Hand für Tageseinrichtungen im Jahre 1992 auf 3,85 Mrd. € (→ Tab. 1). Aufgrund der Umsetzung des Rechtsanspruchs auf einen Kindergartenplatz stiegen die Ausgaben bis zum Jahre 2003 auf 6,37 Mrd. €; somit erhöhten sich die Ausgaben um 75 %. Im gleichen Zeitraum stiegen allerdings auch die Preise nach Angaben des Statistischen Bundesamts um 21 % (allgemeine Preissteigerung). Rechnet man diese Preissteigerung heraus, um die echten Mehrkosten zu bestimmen, so ergibt sich eine preisbereinigte Ausgabensteigerung von 44 %. In den östlichen Ländern sind die Ausgaben im gleichen Zeitraum von 2,34 Mrd. € auf 1,97 Mrd. € gesunken, was einen Ausgabenrückgang von 0,37 Mrd. € bedeutet. Prozentual entspricht dies einem Rückgang von 16 %, preisbereinigt um 30 %. In den Stadtstaaten lässt sich in diesem Zeitraum ein Ausgabenanstieg von 31 % bzw. preisbereinigt von 8 % beobachten.

Die Ausgaben pro Platz ■ In einer weiteren wichtigen, bislang jedoch meist vernachlässigten Auswertungsperspektive ist zu fragen, ob die Entwicklung der gewachsenen Ausgaben und der steigenden Platzzahlen in etwa analog verlaufen ist.[7] Dies lässt sich prüfen, wenn man aus der Anzahl der Plätze und den Netto-Ausgaben einen Durchschnittswert für

---

6 Der Anteil am Bruttoinlandsprodukt mit 0,5 % wurde bereits im Jahre 1992 erreicht. Im Jahre 1980 lag der Anteil bei noch ca. 0,2 % und zehn Jahre zuvor bei ca. 0,1 %.

7 Unter methodischen Gesichtspunkten kann lediglich die Entwicklung für die Zeitpunkte 1994, 1998 und 2002 verglichen werden, da nur hierfür Angaben zu den verfügbaren Plätzen in der Differenzierung nach Ganztags- und Halbtagsplätzen vorliegen. Aufgrund methodischer Abgrenzungsschwierigkeiten (die Ausgaben stehen immer nur für Gesamtberlin zur Verfügung) wird nur zwischen den westlichen Bundesländern ohne Berlin und den östlichen Bundesländern unterschieden.

	Netto-Ausgaben der öffentlichen Hand (ohne Einnahmen)			
	Deutschland*	Westliche Flächenländer*	Östliche Flächenländer	Stadtstaaten
	In Mrd. €			
1992	7,093	3,850	2,335	0,907
1994	8,681	5,109	2,501	1,070
1996	8,804	5,496	2,301	1,004
1998	8,669	5,630	1,898	1,138
2000	8,751	5,789	1,845	1,113
2002	9,589	6,509	1,935	1,140
2003	9,886	6,729	1,969	1,183
	Veränderung zwischen 1992 und 2003			
N	2,793	2,879	-0,367	0,276
%	+39,400	+74,800	-15,700	+30,500
%**	+14,800	+44,000	-30,500	+7,500

* In den Ergebnissen von Bayern sind die Personalkostenzuschüsse sowie investive Zuschüsse für Kindergärten freier Träger nach dem Bayerischen Kindergartengesetz nicht enthalten. Diese beliefen sich zuletzt im Jahre 2003 auf 0,625 Mrd. €.
** Preisbereinigte prozentuale Veränderungen.

Tab. 1 Entwicklung der Netto-Ausgaben für Tageseinrichtungen für Kinder in Deutschland zwischen 1992 und 2003 (Angaben in Mrd. €). Quelle: Statistisches Bundesamt: Statistiken der Kinder- und Jugendhilfe – Ausgaben und Einnahmen der öffentlichen Jugendhilfe, versch. Jahrgänge; eigene Berechnungen

die Ausgaben pro Platz ermittelt (vgl. Tabelle 2). Um der leichten Zunahme der Ganztagsplätze im Westen Rechnung tragen zu können, werden die Vor- und/oder Nachmittagsplätze mit und ohne Mittagessen auf Ganztagsäquivalente umgerechnet. Somit ergeben sich die Kosten für einen fiktiven Ganztagsplatz. Dieser belief sich in den westlichen Ländern (ohne Berlin) 1994 auf 3.392 € pro Platz, verringerte sich zwischenzeitlich leicht und hat inzwischen den Wert von 3.649 € erreicht; insofern scheinen die Kosten pro Platz leicht zugenommen zu haben.[8] Betrachtet man jedoch die inflationsbereinigte Entwicklung, so zeigt sich, dass die Ausgaben zwischen 1994 und 2002 pro Platz sogar um 4 % zurückgegangen sind.

Im Osten zeigt sich eine relativ konstante Ausgabenentwicklung der Platzkosten, die ohne Preisbereinigung seit 1998 bei gut 2.800 € pro Ganztagsplatzäquivalent liegt. Im Jahre 2002 sind die Platzkosten leicht auf fast 3.000 € gestiegen. Preisbereinigt muss allerdings auch hier ein Rückgang von 5,8 % festgestellt werden. Die Ergebnisse für beide Landesteile müssen dahingehend interpretiert werden, dass sich zum einen die personelle wie sachbezogene Ausstattung der Angebote leicht verschlechtert hat, sich zum anderen aber aufgrund dieser Rechnung zum ersten Mal zeigt, dass die rechnerischen Durchschnittskosten eines Ganztagsplatzes im Westen um rund 20 % höher liegen als im Osten.

---

8 Der Einbruch im Jahre 1998 kann so interpretiert werden, dass im Zuge der Erfüllung des Rechtsanspruchs auf einen Kindergartenplatz zunächst Übergangslösungen geschaffen wurden, z.B. Aufstockung der Gruppenstärke von 25 Kinder auf 28 Kinder pro Gruppe, die nicht so kostenintensiv waren. Im Zuge der Konsolidierung nach 1998 wurden dann die Standards wieder hergestellt, so dass wieder höhere Kosten entstanden sind. Zugleich wurde das Ganztagsangebot im Westen ausgebaut, was ebenfalls zu höheren Platzkosten führte.

	Plätze in Kindertageseinrichtungen		Netto-Ausgaben in Mrd. €	Ausgaben pro Platz in €	
	Anzahl	Ganztagsplatz-äquivalente*		Netto-Ausgaben	Preisbereinigt**
Westliche Länder (ohne Berlin)					
1994	2.038.240	1.515.111	5,140	3.392	3.800
1998	2.300.481	1.715.554	5,615	3.273	3.453
2002	2.361.745	1.801.120	6,573	3.649	3.649
Veränderung zw. 1994 und 2002 (in %)	+15,9	+18,9	+27,9	+7,6	-4,0
Östliche Länder (ohne Berlin)					
1994	863.191	834.896	2,357	2.823	3.163
1998	662.191	640.551	1,803	2.815	2.970
2002	637.137	615.437	1,833	2.978	2.978
Veränderung zw. 1994 und 2002 (in %)	-26,2	-26,3	-22,2	+5,5	-5,8

* Folgende Faktoren wurden zu Grunde gelegt: Ganztagsplatz 1,0; Vor- und Nachmittagsplatz 0,75; Vormittagsplatz mit Mittagessen 0,6; Vor- oder Nachmittagsplatz 0,5.
** Aufgrund der allgemeinen Preisentwicklung ist von einer Preissteigerung zwischen 1994 und 2002 von 12,0 % auszugehen; Gesamtindex für Verbraucherpreise 1994 = 92,3; 2002 = 103,4.

Tab. 2 Netto-Ausgaben für Tageseinrichtungen für Kinder und durchschnittliche Platzkosten nach westlichen (ohne Berlin) und östlichen Bundesländern zwischen 1994 und 2002 (Angaben in Mrd. €). Quelle: Statistisches Bundesamt: Statistiken der Kinder- und Jugendhilfe – Ausgaben und Einnahmen der öffentlichen Jugendhilfe, versch. Jahrgänge; eigene Berechnungen

Volkswirtschaftlicher Nutzen der Tagesbetreuung für Kinder ■ Die Darstellung der (betrieblichen) Ausgabenseite stellt bei einem öffentlichen Gut wie der Kindertagesbetreuung nur die eine Seite der Medaille dar. Vielfach wird vernachlässigt, dass die Schaffung von Plätzen in Tageseinrichtungen volkswirtschaftlich zugleich zu nennenswerten Einnahmeeffekten bzw. Renditen führt. Hierzu wurde im Jahre 2002 erstmals für Deutschland von Bock-Famulla eine kleinere Untersuchung und Modellrechnung durchgeführt (vgl. Bock-Famulla, 2002). In der Studie werden die Betriebskosten von Tageseinrichtungen für Kinder den Erträgen gegenübergestellt, die vor allem durch die Berufstätigkeit der Mütter und der zusätzlich benötigten Erzieherinnen (insbesondere durch die Einkommenssteuer) sowie die Vermeidung von Frauenarbeitslosigkeit erzielt werden. Den Ergebnissen der Studie folgend zeigt sich, dass durch die jährliche Investition von 5.200 €[9] in einen Platz in einer Tageseinrichtung unter dem Strich als Gegenleistung rund 20.000 € an volkswirtschaftlicher Wertschöpfung per anno erzielt werden können. Oder plakativ formuliert: Der volkswirtschaftliche Ertrag der Investitionen beläuft sich für einen investierten Euro auf bis zu vier Euro. Analoge Untersuchungen, die sich allerdings nur auf den volkswirtschaftlichen Wert des geplanten Ausbaus der Angebote für Kinder unter drei Jahren beziehen, kommen zu ähnlichen Ergebnissen (vgl. BMFSFJ, 2002; BMFSFJ, 2005, S. 335 f.).

---

9 Der Unterschied zu den weiter oben erwähnten Durchschnittskosten für einen Ganztagsplatz in Höhe von 3.650 € für die westlichen Bundesländer ergibt sich dadurch, dass es sich dabei nicht um die Gesamtkosten eines Platzes handelt, sondern um die Netto-Kosten der öffentlichen Hand. Wenn man den Elternbeitrag (15 %–20 %) und die Trägeranteile (5 %–10 %) hinzuaddiert, ergibt sich ebenfalls eine Größenordnung von 5.200 €.

Insgesamt muss bei der Betrachtung der gesamten Aufwendungen für die Tageseinrichtungen für Kinder mithin beachtet werden, dass dafür nicht nur rund 3 Mio. Kindern eine regelmäßiges und qualifiziertes Bildungs-, Betreuungs- und Erziehungsangebot unterbreitet werden kann, sondern dass damit zugleich für rund 375.000 Personen standortgebundene Arbeitsplätze zur Verfügung stehen und dass auf diese Weise – in der Altersphase der eigenen Kinder – immerhin rund 1,6 Mio. Frauen wenigstens zu bestimmten Zeiten des Tages einer Erwerbstätigkeit nachgehen und damit ein eigenes Einkommen erwirtschaften können.

Fachpolitische Herausforderung für die Kindertagesbetreuung ■ Die anstehenden bildungs- bzw. fachpolitischen Herausforderungen bis zum Jahre 2010 wurden für die Kindertagesbetreuung auch von der Sachverständigenkommission des 12. Kinder- und Jugendberichts herausgearbeitet (vgl. BMFSFJ, 2005).[10] Die Berichtskommission hebt in ihrer Analyse der aktuellen Lage hervor, dass Kinder heutzutage von Anfang an Gelegenheiten brauchen, sich im Verlauf ihrer Entwicklung jene Kompetenzen anzueignen, die sie für eine selbständige Lebensführung und ein verantwortliches Zusammenleben als Erwachsene in unserer Gesellschaft benötigen. Dabei macht der 12. Kinder- und Jugendbericht nicht die institutionelle Verfasstheit der gegenwärtigen Bildungs-, Betreuungs- und Erziehungsangebote zum Ausgangspunkt seiner Überlegungen, sondern stellt die personale Seite und die biographischen Verstrebungen des Aufwachsens im Horizont einer Topographie realer Bildungs-, Betreuungs- und Erziehungsverhältnisse, in denen sich Kinder auf dem Weg des Erwachsenwerdens bewegen, in den Mittelpunkt.

Dabei basiert der Bericht auf mehreren Annahmen, die für die Kindertagesbetreuung von Relevanz sind:[11]

■ Bildungsprozesse von Kindern können nicht auf jene Bildungsorte und Altersphasen eingeengt werden, die gesellschaftlich dafür vorgesehen sind. Bildung lässt sich nicht eingrenzen, Bildungsprozesse geschehen potenziell immer und überall, Bildungsprozesse beginnen – spätestens – mit der Geburt und dauern ein Leben lang an (vgl. Schäfer, 2003)

■ Die Horizonte der Bildung weisen deutlich über die Themen des Schulunterrichts und über die curricular gestaltete Wissensvermittlung hinaus. Es geht vielmehr um elementare Formen einer mehrdimensionalen »Weltaneignung« und um die Entwicklung »kultureller, instrumenteller, sozialer und personaler Kompetenzen« (vgl. BMFSFJ, 2005, S. 112 ff.). Dem Bericht liegt somit ein in praktischer Absicht konsequent erweiterter Bildungsbegriff zugrunde

■ Der Bericht verweist auf verschiedene Bildungsmodalitäten und -gelegenheiten, unterscheidet dabei zwischen Bildungsorten und Lernwelten mit geringeren und höheren Graden der Standardisierung und sortiert Bildungsprozesse danach, ob sie gezielt und geplant hervorgerufen oder aber eher zufällig, nebenher und kaum bemerkt zustande gekommen sind (vgl. BMFSFJ, 2005, S. 129 ff.)

■ Bildungsprozesse können nur im Modus der Ko-Konstruktion angemessen umschrieben werden, also in Form eines Herstellungsprozesses, an dem immer mehrere Akteure beteiligt sind. Es braucht dabei der aktiven Mitwirkung der Lernenden (ohne die kein Bildungsprozess zustande kommt), es ist aber auch der Impuls von außen, von dritter Seite notwendig, um Bildungsprozesse anzustoßen und überhaupt wahrscheinlich zu machen

■ Neben diesem erweiterten Bildungsbegriff muss die Trias von Bildung, Betreuung

---

10 Der Kinder- und Jugendbericht wird alle vier Jahre auf der Basis von § 84 SGB VIII von einer jeweils unabhängigen Sachverständigenkommission erstellt. Der 12. Kinder- und Jugendbericht behandelte die »Bildung, Betreuung und Erziehung vor und neben der Schule«.

11 Weitere, hier nicht aufgeführte Annahmen beziehen sich auf die Bildungsanforderungen in der Schule und die informellen Lernsettings im Jugendalter (vgl. BMFSFJ 2005).

und Erziehung auch jenseits der Kindertagesbetreuung weitaus mehr beachtet werden, als dies bisher der Fall ist. Positiv und idealtypisch formuliert: Erst das Zusammenspiel von Bildung in einem erweiterten Sinne mit einer Form der Betreuung, die mehr als Aufsicht und Bewahrung ist, die vielmehr Bindung, Zuwendung und Sorge (»care«), aber auch Anerkennung und individuelle Begegnung umfasst, gepaart mit einem modernen Verständnis von Erziehung, bei dem die Herstellung von personaler Identität, moralischer Integrität sowie die Fähigkeit zur eigenen Urteilskraft zu zentralen Parametern werden, erst dieses Ineinander der drei Dimensionen wird zu einem erfolgversprechenden Soziotop, das jene Nebenwirkungen des heutigen Erziehungs- und Betreuungssystems überwinden könnte, die seit PISA neu ins Bewusstsein getreten sind

- Bildungsprozesse können für Kinder und Jugendliche auf der einen Seite erst in einem gelungenen Zusammenspiel unterschiedlicher Bildungsgelegenheiten ihr ganzes Potenzial entfalten, und auf der anderen Seite ist Bildung die vermutlich einzige Chance, um den Teufelskreis von sozialer Herkunft und individueller Zukunft zu durchbrechen, um möglichst allen Kindern jene Chancen zu eröffnen, die sie von zu Hause nicht in jedem Fall mitbringen.

Vor dem Hintergrund dieser Annahmen fragt der 12. Kinder- und Jugendbericht danach, wie Bildung organisiert sein muss, damit die Maximen eines solchen Bildungsbegriffs umgesetzt werden können. Als Antwort plädiert er dafür, die verschiedenen Bildungsorte und Lernwelten so einzubeziehen, dass diese sich wechselseitig verstärken und ihre Vielfalt genutzt werden kann. Statt eines unverbundenen Nacheinanders der unterschiedlichen institutionellen Bildungsorte geht es demzufolge um ein stärkeres Mit- und Ineinander der unterschiedlichen Bildungsakteure.

Auf dieser Basis entfaltet der Bericht für die Kindertagesbetreuung mehrere politische Handlungsempfehlungen. Der Ausbau der Kindertagesbetreuung sollte konsequent weiter geführt werden, um möglichst rasch ein familienergänzendes und -unterstützendes, durchgehendes Bildungs-, Betreuungs- und Erziehungsangebot zu gewährleisten. Der Bericht empfiehlt deshalb eine sukzessive Ausweitung des Rechtsanspruchs: ab dem Jahre 2008 einen Rechtsanspruch ab Vollendung des zweiten Lebensjahres, ab dem Jahre 2010 einen uneingeschränkten Rechtsanspruch. Nur durch diese rechtliche Verankerung kann den Eltern und potenziellen Eltern die notwendige Verlässlichkeit und Erwartbarkeit für ein Bildungs-, Betreuungs- und Erziehungsangebot garantiert werden. Schätzungen zufolge, so der Bericht, ist zu erwarten, dass in Westdeutschland bei einem uneingeschränkten Rechtsanspruch ca. 600.000 zusätzliche Plätze in Tageseinrichtungen für Kinder und der Kindertagespflege ab dem Jahre 2010 notwendig sein werden. Neben der quantitativen Ausweitung bei den unter Dreijährigen wird zugleich die Erhöhung der Anzahl der Ganztagsplätze auf 50 % aller Kindergartenplätze empfohlen. Dies würde bedeuten, dass rechnerisch zusätzlich 250.000 Halbtagsplätze in Ganztagsplätze umgewandelt werden müssten.

Der Bericht spricht sich damit indirekt auch für den Vorrang des infrastrukturellen Ausbaus vor weiteren monetären Leistungen für Kinder und ihre Familien aus. Die Gebührenfreiheit der Kindertageseinrichtung und ein Konzept möglicher Lohnersatzleistungen für Eltern im ersten Lebensjahr des Kindes wäre dem Bericht zufolge unter übergeordneten Gesichtspunkten zwar ebenfalls anzustreben. Vorrang sollte aber der zügige Ausbau der Kindertagesbetreuung in Westdeutschland haben. Nur so würde eine nachhaltige Verbesserung der familienergänzenden Leistungen in Deutschland insgesamt erreicht, nur so wäre eine konsequente Verbesserung von Bildung, Betreuung und Erziehung vor der Schule denkbar.

Um dieses Ziel möglichst zeitnah zu erreichen wird eine moderate Vorverlegung des Einschulungszeitpunktes von gegenwärtig etwa 6,7 Jahren innerhalb der nächsten Jahre auf 6,0 Jahre vorgeschlagen. Der Einschulungsstichtag soll dabei schrittweise um jeweils einen Monat pro Jahr nach vorne verlegt werden.

Durch die moderate Vorverlegung des Einschulungszeitpunktes soll zugleich auch einer Verschulung des Kindergartens bzw. einer erheblichen Vorverlegung der Schulpflicht z.B. ab dem fünften Lebensjahr entgegengewirkt werden. Stattdessen wird ein »familiennahes Bildungskonzept« favorisiert, das dadurch gekennzeichnet ist, dass es sich an den Bildungsprozessen in der Familie bzw. im Alltagslernen ausrichtet sowie alters- und kindgerechtes, spielerisches, indirektes Lernen in den Vordergrund rückt, ohne dabei jedoch die Idee der »gestalteten Lernorte« aus dem Auge zu verlieren.

Um dieses anspruchsvolle Konzept zu realisieren, muss die künftige Kindertagesbetreuung in Deutschland nicht nur mengenmäßig ausgebaut, sondern auch qualitativ weiter entwickelt werden, etwa durch

- Verbesserung und zumindest partielle Anhebung der Ausbildungsstandards für die Fachkräfte in der Kindertagesbetreuung
- Gezielte qualitative Weiterentwicklung der »Tagespflege« unter Zugrundelegung von Mindeststandards (vgl. Jurczyk et al., 2004)
- Bewusstere Hinwendung zu den Bildungs- und Lerngelegenheiten in der frühen Kindheit (vgl. Leu, 2002)
- Stärkung all jener qualitätsverbessernden Elemente, die zu einer Qualitätsentwicklung beitragen, z.B. mit Instrumenten der »Qualitätssicherung« oder der (Peer-)Evaluation (vgl. BMFSFJ, 2005)
- Bewusstere Auseinandersetzung mit den Fragen, über welche Kompetenzen und Fähigkeiten, über welches Wissen und Können Kinder – bei Zugrundelegung eines breiten Bildungsbegriffs – am Ende von Kindertagesbetreuung und Kindergarten durchschnittlich verfügen sollten, nicht als Vorbereitung auf die Schule, sondern als Grundstock ihrer eigenen Bildungsbiographie
- Weiterentwicklung der bislang eher eindimensional ausgerichteten Kindertageseinrichtungen in Deutschland zu mehrdimensionalen, multifunktionalen »Eltern-Kind-Zentren«, die zu lokalen Kristallisationspunkten, zu Lern- und Begegnungsorten für Kinder und Eltern werden, die mithin Eltern – so gut es auch immer geht – aktiv in ihr Konzept einbeziehen (nicht nur in Form von Elternabenden), die so für Kinder und für Eltern zu attraktiven Orten der Begegnung und zu »Häusern des Lernens« werden (vgl. DJI, 2004).

Bilanziert man die rechtlichen und ökonomischen Aspekte der bundesdeutschen Kindertagesbetreuung, so zeigt sich, dass der bislang vollzogene Platzausbau erheblicher öffentlicher Anstrengungen bedurfte, aber dennoch in hohem Maße funktional für die Gestaltung der Rahmenbedingungen für Familien und das Aufwachsen der Kinder ist. Dennoch wird es die aktuelle Lage in Deutschland, so das Fazit des 12. Kinder- und Jugendberichts, unumgänglich machen, das Bildungs-, Erziehungs- und Betreuungsangebot für Kinder unter sieben Jahren noch weiter auszubauen. Manches spricht dafür, dass die Kindertageseinrichtungen in absehbarer Zeit für das Aufwachsen von Kindern genauso selbstverständlich werden wie es die Schule schon lange ist, obwohl sie, oder vielleicht auch gerade: *weil* sie kein Pflichtangebot sind und ohne Unterricht und Zensuren auskommen.

■ Literatur

Bien, W. / Rauschenbach, Th. & Riedel (Hrsg.) (2006). Wer betreut Deutschlands Kinder? Weinheim: Beltz (im Druck).

Bock-Famulla, K. (2002). Volkswirtschaftlicher Ertrag von Kindertagesstätten. Gutachten im Auftrag der Max-Traeger-Stiftung der Gewerkschaft Erziehung und Wissenschaft (GEW), http://www.gew.de/Binaries/Binary3011/gutachten_kita.pdf (letzter Zugriff am 03.11.05).

Bundesministerium für Familie, Senioren, Frauen und Jugend (BMFSFJ) (Hrsg.) (2002). Elfter Kinder- und Jugendbericht. Bericht über die Lebenssituation und die Leistungen der Kinder- und Jugendhilfe in Deutschland. Bonn: Bundestagsdrucksache 14/8181.

Bundesministerium für Familie, Senioren, Frauen und Jugend (BMFSFJ) & Deutsches Jugendinstitut (DJI) (Hrsg.) (2004). OECD Early Childhood Policy Review 2002–2004. Hintergrundbericht Deutschland. Berlin: BMFSFJ Eigenverlag.

Bundesministerium für Familie, Senioren, Frauen und Jugend (BMFSFJ) (Hrsg.) (2005). Zwölfter Kinder-

und Jugendbericht. Bildung, Betreuung und Erziehung vor und neben der Schule. Berlin: Bundestagsdrucksache 15/6014.

Deutsches Jugendinstitut (DJI) (Hrsg.) (2004). Häuser für Kinder und Familien, erstellt von Ch. Peucker & B. Riedel. München: Verlag Deutsches Jugendinstitut.

Deutsches Jugendinstitut (DJI) (Hrsg.) (2005). Zahlenspiegel 2005. Kindertagesbetreuung im Spiegel der Statistik. München: Verlag Deutsches Jugendinstitut.

Diller, A., Leu, H.-R. & Rauschenbach, Th. (2004). Kitas und Kosten. Die Finanzierung von Kindertageseinrichtungen auf dem Prüfstand. München: Verlag Deutsches Jugendinstitut.

Fthenakis, W. u.a. (2003). Auf den Anfang kommt es an! Perspektiven zur Weiterentwicklung des Systems der Tageseinrichtungen für Kinder in Deutschland. Herausgegeben vom Bundesministerium für Familie, Senioren, Frauen und Jugend (BMFSFJ). Weinheim: Beltz.

Jurczyk, K. u.a. (2004). Von der Tagespflege zur Familientagesbetreuung. Zur Zukunft öffentlich regulierter Kinderbetreuung in Privathaushalten. Weinheim: Beltz.

Kolvenbach, F.-J. (1997). Die Finanzierung der Kinder- und Jugendhilfe. Zur Empirie eines vernachlässigten Themas. In: Th. Rauschenbach & M. Schilling (Hrsg.), Die Kinder- und Jugendhilfe und ihre Statistik. Band 2: Analysen, Befunde und Perspektiven (S. 367–402). Neuwied: Luchterhand.

Lenzen, D. (2003). Bildung neu denken! Das Zukunftsprojekt. Herausgegeben von der Vereinigung der Bayerischen Wirtschaft (vbw). Opladen: Leske & Budrich.

Leu, H.-R. (2002). Bildungs- und Lerngeschichten. Ein Weg zur Qualifizierung des Bildungsauftrags im Elementarbereich 2. DISKURS, 12, 2, 19–25.

McKinsey & Company (2005). Eine Chance für die Neugier. Materialien zur frühkindlichen Bildung. Weinheim: Beltz.

Münder, J. u.a. (Hrsg.) (2003). Frankfurter Kommentar zum SGB VIII: Kinder- und Jugendhilfe. Weinheim: Beltz.

Oberhuemer, P. & Ulich, M. (1997). Kinderbetreuung in Europa. Tageseinrichtungen und pädagogisches Personal. Weinheim: Beltz.

Organisation for Economic Co-operation and Development (OECD) (2005). Bildung auf einen Blick 2005. Paris: OECD Eigenverlag.

Prott, R. (2005). Rechtsgrundlagen und finanzielle Regelungen für Erziehung, Bildung und Betreuung von Kindern in Tageseinrichtungen und Tagespflege. In: Deutsches Jugendinstitut (DJI) (Hrsg.), Zahlenspiegel 2005 (S. 15–43). München: Verlag Deutsches Jugendinstitut.

Schäfer, G. (Hrsg.) (2003). Bildung beginnt mit der Geburt. Weinheim: Juventa.

Schilling, M. (2005a). Mehr Leistungen kosten auch mehr. Die Ausgabenentwicklung in der Kinder- und Jugendhilfe von 1992 bis 2003. In: Th. Rauschenbach & M. Schilling (Hrsg.), Kinder- und Jugendhilfereport 2. Analysen, Befunde und Perspektiven (S. 29–38). Weinheim: Juventa.

Schilling, M. (2005b). Ausgaben für Tageseinrichtungen für Kinder. In: Deutsches Jugendinstitut (DJI) (Hrsg.), Zahlenspiegel 2005 (S. 207–214). München: Verlag Deutsches Jugendinstitut.

Statistisches Bundesamt (2004). Budget für Bildung, Forschung und Wissenschaft in der Durchführungsbetrachtung 2002 und 2003. http://www.destatis.de/download/d/biwiku/budget2003.pdf (letzter Zugriff am 03.11.05).

Wiesner, R. (Hrsg.) (2006). SGB VIII – Kinder- und Jugendhilfe (3. Aufl.). München: Beck.

Zur Bedeutung der Familie

Matthias Petzold

Die Familie hat sich in den vergangenen Jahrhunderten grundlegend verändert. Im Rahmen der industriellen Revolution und der Entstehung der Städte sind mehr und mehr Familien vom Land in die Stadt gezogen. Dies hatte weit reichende Konsequenzen für die Struktur der Familie, die sich aus verschiedenen Formen der Großfamilie zur Vater-Mutter-Kind-Familie gewandelt hat. Auch wenn die vollständige Kernfamilie immer noch als Norm gilt, ist sie heute nicht mehr die dominierende Familienform (vgl. Petzold, 2001).

Gesellschaftliche Individualisierung und Pluralisierung wirken sich ebenfalls auf das Familienleben aus. Nicht nur Väter, sondern zunehmend auch Mütter (wenn auch meist nur teilzeit) sind berufstätig. Wachsende Scheidungsraten lassen immer mehr Kinder bei Alleinerziehenden aufwachsen. Hinzu kommen der stetige Rückgang der Kinderzahl und die gleichzeitige Steigerung der Anzahl älterer Menschen. Lag im Jahre 1900 in Deutschland der Anteil der Kinder bei 35 % der Gesamtbevölkerung, wird er im Jahr 2020 lediglich 13 % ausmachen (vgl. Boh, Bak, Clason & Pankratowa, 1989; Petzold, 1999). Der Anteil der Kinder an der Gesamtbevölkerung wird von einem Drittel auf ein knappes Achtel schrumpfen.

In manchen Innenstadtbezirken der Großstädte ist das Leben mit Kindern heute schon zur Ausnahme geworden. Gerade in diesen Wohnlagen dominiert die Form des Ein- oder Zweipersonenhaushalts. Familien bevorzugen dagegen Wohnlagen am Stadtrand (nicht zuletzt wegen der Mietkosten). Aber auch insgesamt zeigen die neueren Daten des Mikrozensus, dass das Leben als Single die heute häufigste Lebensform in Deutschland ist. Von den insgesamt 35,7 Millionen Haushalten sind 33,6 % Einpersonenhaushalte ohne Kinder, hinzu kommen 5,3 % Haushalte von Alleinerziehenden mit Kindern. Dagegen leben in weniger als einem Drittel (31,9 %) der Haushalte Elternpaare mit Kindern zusammen (Statistisches Bundesamt, 2004). Dabei dominiert die Einkind-Familie mit 51 %; in 37 % der Familien gibt es zwei, in 12 % der Familien drei und mehr Kinder.

Zu dieser Vielfalt von Lebensformen kommen neue Generationenbeziehungen hinzu. Mit dem Anstieg des durchschnittlichen Lebensalters wächst die Zahl älterer Menschen in der Gesellschaft. Und obwohl immer weniger Kinder geboren werden, nimmt die sonst nur den Großfamilien zugeschriebene Bedeutung von Großeltern für das Leben mit Kindern zu. Noch nie hatten so viele Kinder wie heute über viele Jahre hinweg im Alltag Beziehungen zu ihren eigenen Großeltern (BMFSFJ, 2003).

Familie heute ■ Auch wenn die Familie als Basisinstitution der Gesellschaft gilt, gehen die Auffassungen über die sie kennzeichnenden Merkmale weit auseinander. Heute gibt es nicht mehr nur Vater-Mutter-Kind-Familien, sondern auch Ein-Eltern-Familien und Fortsetzungsfamilien oder neue Formen des Zusammenlebens in gleichgeschlechtlichen Lebensgemeinschaften oder Lebensabschnittspartnerschaften, die auf Zeit geschlossen werden. Die im heutigen alltäglichen öffentlichen Sprachgebrauch benutzten Definitionen der Familie kommen aus unterschiedlichen Richtungen:
- Im Volksmund werden »Familie« und »Verwandtschaft« häufig synonym gebraucht
- Im Sinne eines genealogischen Ansatzes umfasst Familie verschiedene Dimensionen verwandtschaftlicher Beziehungen
- Im bürgerlichen Recht werden Ehe und Familie verbunden, aber nicht gleichgesetzt
- Im heutigen Sozialrecht wird Familie dagegen nicht nur nach Verwandtschaft, sondern auch nach dem gemeinsamen Lebensvollzug bestimmt.

Weit verbreitet ist die Gleichsetzung von Familie mit der vollständigen Vater-Mutter-Kind-Gemeinschaft. Diese Reduktion auf die Ehegemeinschaft mit Kindern entspricht der konservativen Rechtsauffassung, wie sie z.B. von dem Kölner Familienrechtler Wolfgang Rüfner (1989, S. 63) formuliert wurde: »Familie im Sinne des Grundgesetzes ist nicht jede beliebige Gruppe, die sich zu einer familienähnlichen Gemeinschaft zusammentut, sondern die Gemeinschaft von Eltern und Kindern, also die Kleinfamilie moderner Prägung (…). Das Grundgesetz sieht dabei die Ehe als alleinige Grundlage einer vollständigen Familiengemeinschaft an.« Der Familienpsychologe Klaus A. Schneewind (2002) weist in der Kritik dieser Auffassung darauf hin, dass in der öffentlichen Diskussion mit Bezug auf das Grundgesetz zu dieser Definition häufig noch weitere Implikationen hinzukommen, nämlich die lebenslange Permanenz der Ehe, exklusive Heterosexualität sowie die Dominanz des Mannes als primärer Ernährer.

Häufig wird bei der Definition der Familie auf die Blutsverwandtschaft hingewiesen. Dies stellt insbesondere in der Sozialpolitik die Grundlage für viele Entscheidungen dar (vgl. Süssmuth, 1981). So wird Kindergeld im Prinzip nur für leibliche Kinder gezahlt, unabhängig davon, wo sie tatsächlich leben. Im gleichen Sinne bezieht das Bundessozialhilfegesetz weitere Verwandte in die Berechnung mit ein und zwar Verwandte ersten Grades auch dann, wenn sie nicht im selben Haushalt leben. Das gemeinsame Zusammenleben in einem Haushalt ist in dieser Definition also sekundär.

Dagegen basiert die Statistik des Statistischen Bundesamtes auf einer dreifachen Unterscheidung aller Haushalte der Gesellschaft in (1) öffentliche Haushalte, (2) Privathaushalte im Allgemeinen und (3) solche mit Kindern. Privathaushalte umfassen »Personengemeinschaften, die gemeinsam wohnen und wirtschaften, auch Einzelpersonen, die alleine wohnen und wirtschaften (nicht aber Anstalten)« (Statistisches Bundesamt, 1995). Familien unterscheiden sich dann nur noch dahingehend, dass ledige Kinder in diesem Haushalt leben müssen: »Elternpaare bzw. alleinstehende Elternteile zusammen mit ihren im gleichen Haushalt lebenden ledigen Kindern gelten im Folgenden als ›Familie‹« (Statistisches Bundesamt, 1995). Ob diese Menschen juristisch gesehen verheiratet sind oder nicht oder ob sie intime Beziehungen haben, interessiert die amtliche Statistik nicht, wenn Aussagen über die Familie getroffen werden sollen.

Ökopsychologische Definition der Familie

Diese neueren Sichtweisen verdeutlichen, dass auch in Deutschland die klassische Form der Vater-Mutter-Kind-Familie nicht mehr allein als »die Familienform« bezeichnet werden kann. Mit dem ökopsychologischen Modell von Urie Bronfenbrenner (1981; 1986) kann Familie systematischer erfasst werden. In einer systemisch-ökopsychologischen Sichtweise, die Ende der siebziger Jahre begründet und dann weiterentwickelt worden ist, übernimmt Bronfenbrenner zunächst die in der Soziologie schon lange übliche Unterscheidung einer Mikro- und Makro-Ebene, fächert aber die beiden Ebenen noch weiter auf, da das einzelne Individuum in einer mehrschichtigen Umwelt lebt. Er beschreibt fünf Ebenen, die im Sinne der Systemtheorie als die Subsysteme (Makro-, Exo-, Meso-, Mikro- und Chrono-System) bezeichnet werden können.

Unter Berücksichtigung der für die Familie relevanten Aspekte kann das ökopsychologische Modell wie folgt skizziert werden:

- Das *Mikrosystem* ist das unmittelbare System, in dem eine Person lebt. Die heutige Kleinfamilie mit ihren dyadischen bzw. triadischen Strukturen gilt als ein typisches Mikrosystem. Die Ökopsychologie berücksichtigt jedoch nicht nur die personellen Beziehungen, sondern auch physische und materielle Bedingungen, z. B. die Wohnverhältnisse
- Das *Mesosystem* stellt die nächst höhere Ebene dar und beinhaltet die Bezüge zwischen zwei oder mehreren Mikrosystemen. Dabei stehen die Wechselbeziehungen im Vordergrund. Im Hinblick auf die Familie umfasst das Mesosystem z. B. Beziehungen zwischen der eigenen Kernfamilie und der Familie der Eltern, zwischen der Kernfamilie und dem System der Tagesbetreuung des Kindes oder zwischen der Kernfamilie und der Schule des Kindes
- Das *Exosystem* besteht aus einem oder mehreren Mikro- bzw. Mesosystemen, denen das Individuum nicht als handelnde Person angehört, die aber indirekt mit dem Individuum in Wechselwirkung stehen. Dies ist z. B. für das Kleinkind die von den älteren Geschwistern besuchte Schule
- Das *Makrosystem* bezieht sich als höchstes System auf gesamtgesellschaftliche Zusammenhänge, wie z. B. die Rahmenbedingungen für die Erziehung von Kindern, Möglichkeiten zu familienergänzenden Betreuungsformen oder die allgemeinen Festlegungen für berufliche Arbeit (Ganztagsarbeit als Norm, Achtstundentag usw.). Darüber hinaus gehören auch allgemein gesellschaftlich geteilte Rollenerwartungsmuster (Väter als »Brötchenverdiener«, Mütter als »Hausfrauen«) zum Makrosystem
- Mit dem *Chronosystem*, wie es von Bronfenbrenner (1986) ergänzend eingeführt wurde, wird zusätzlich die Zeitdimension einbezogen, da sie für das Verständnis von Entwicklungsprozessen unabdingbar ist. Mit Hilfe dieser Dimension wird nun auch die Entwicklung familiärer Zusammenhänge in Abhängigkeit vom Alter beschreibbar.

Auf dieser Grundlage lassen sich zwölf Merkmale primärer Lebensformen bestimmen, die sich auf vier Systemebenen beziehen. Im Unterschied zu den offiziellen Definitionen können mit diesen Merkmalen und den verschiedenen Kombinationen alle Lebensformen von heute möglichen und realisierten Familientypen tatsächlich beschrieben werden.

Gesellschaftliche Rahmenbedingungen (Makrosystem)
- Eheliche oder nichteheliche Beziehung
- Gemeinsame oder getrennte wirtschaftliche Verhältnisse
- Zusammenleben oder getrennte Wohnungen.

Soziale Verpflichtungen (Exosystem)
- Verpflichtungen durch Verwandtschaft oder Ehe
- Selbstständigkeit oder Abhängigkeit des anderen
- Kulturell/religiös gleich oder unterschiedlich ausgerichtet.

Kinder (Mesosystem)
- Mit oder ohne Kind(er)
- Leibliche(s) oder adoptierte(s) Kind(er)
- Leibliche oder stiefelterliche Eltern-Kind-Beziehung.

Partnerschaftsbeziehung (Mikrosystem)
- Lebensstil als Single oder in Partnerschaft
- Hetero- oder homosexuelle Beziehung
- Dominanz des einen oder Gleichberechtigung.

Dieses Definitionsraster ermöglicht ein Verständnis für eine große Vielfalt heutiger alternativer Familienformen, indem zahlreiche Merkmale miteinander kombiniert werden können. Allerdings gibt es auch einige wenige einander ausschließende Charakteristika. So können in einer Familie sowohl eigene Kinder als auch Adoptivkinder oder Kinder aus früheren Partnerschaften zusammenleben. Es mag auch Familien geben, die formal auf der Basis der Heterosexualität aufgebaut sind, bei denen aber im realen Leben zumindest der eine der beiden Partner auch oder ausschließlich gleichgeschlechtlich orientiert ist. Selbst die von der Bundesstatistik benutzte Gleichsetzung von allen Familien mit gemeinsamen Haushalten ist nicht stimmig. Ganz abgesehen von der expliziten Form des Living-apart-together gibt es Familien, in denen z.B. der Mann auswärts arbeitet und dann die Woche über in einem zweiten Haushalt real getrennt lebt.

Subjektive Definition von Familie

In der Familiensoziologie und der Familienpsychologie wurde in den letzten Jahren über eine Neudefinition des Begriffs Familie nachgedacht und vorgeschlagen, von »wahrgenommenen Familien« auszugehen und die subjektive Wahrnehmung der Betroffenen von dem, was sie als Familie empfinden, in ein wissenschaftliches Verständnis von Familie mit aufzunehmen. Der Familiensoziologe Hans Bertram hob dazu hervor (Bertram, 1991, S. 43): »Familienmitglieder sind meist Verwandte, müssen es aber nicht sein. Aus der Sicht der Befragten sind jedoch nicht alle, die zur Familie gehören könnten, auch tatsächlich Mitglieder ihrer Familie. Andererseits werden Personen zur eigenen Familie gerechnet, die nach dem allgemeinen Verständnis nicht dazu gehören.« Dies gilt gerade auch für die Kinder, die Familie anders wahrnehmen. Ulich, Oberhuemer und Soltendieck (1992) arbeiteten beispielsweise heraus, wie Kinder in ganz eigener Weise einen subjektiven Familienbegriff entwickeln, der sich nicht mit dem Rechtsbegriff und den Vorstellungen der Erwachsenen deckt.

Auf der Suche nach Zugangsweisen bietet sich in diesem Sinne zunächst an, von der intimen Paarbeziehung auszugehen, wobei es unerheblich ist, ob es sich juristisch um eine Ehe oder um eine nicht-eheliche Zweierbeziehung handelt. In diesem Sinne versteht Voss (1989) die Familie als eine Sonderform einer sozialen Beziehung zweier Menschen, die sich durch eine spezifische Bindungsqualität von anderen Beziehungen unterscheidet. Für diese besondere Bindung in der Paarbeziehung kann man auch den Begriff der Intimität benutzen und mit Schneewind (2002) die Familie als eine »intime Lebensgemeinschaft« definieren.

Eine solche psychologische Definition ist zwar ein guter Ausgangspunkt, ist aber für ein tieferes Verständnis von Familie nicht ausreichend. Denn Familie kann auf keinen Fall nur auf die Basis der Intimität zweier Menschen beschränkt werden, sondern schließt die Sorge um die nächste Generation mit ein. Auf dem Hintergrund der gesellschaftlichen Verantwortung im Rahmen des Generationenvertrags wurde in diesem Sinne bereits von der früheren Familienministerin Süssmuth (1981) postuliert, dass eine Zweierbeziehung ohne Kinder keine Familie ausmachen könne. Die Familiensoziologin Rosemarie Nave-Herz (1989) spricht in diesem Zusammenhang von »intergenerationellen Beziehungen«.

Aus entwicklungspsychologischer Sicht wird betont, dass es im psychischen Spannungsfeld Familie nicht nur um die Beziehungen zwischen Eltern und ihren Kindern geht, sondern auch um die der Eltern zu ihren eigenen Eltern. Leben Menschen aus verschiedenen Generationen in einer Gemeinschaft zusammen, macht dies den Kern einer Familie aus. Damit wird die genealogische Definition erweitert, ohne auf die juristische Form der Ehe Bezug zu nehmen. Familie kann also aus psychologischer Sicht als eine soziale Beziehungseinheit bezeichnet werden, die durch Intimität und intergenerationelle Beziehungen geprägt ist (vgl. Petzold, 1999; 2001).

In einer Familie zu leben, kann aus der subjektiven Wahrnehmung heraus unterschiedlichste Orientierungen im Rahmen der gesamtgesellschaftlichen Normen- und Wertvorstellungen zur Grundlage haben. Die Analyse der verschiedenen subjektiven Sichtweisen familiären Lebens kann besser erfasst werden, wenn man systemtheoretische Überlegungen zu Grunde legt. Dabei wird zunächst davon ausgegangen, dass der Sichtweise eines jeden Familienmitglieds normative Regeln und ein gewisses normatives Ideal zu Grunde liegen. Weiterhin herrscht in der öffentlichen Meinung das Gebot, Familie sei durch Eheschließung zu begründen. Schließlich wird der Familie gesellschaftlich die Aufgabe angetragen, durch Elternschaft die nächste Generation zu produzieren. Die Familie könnte also durch drei systemische Dimensionen gekennzeichnet werden: (1) Normorientierung an einer idealen Vater-Mutter-Kind-Familie, (2) Familienleben mit Ehe und Partnerschaft als Basis, (3) Familienleben als Realisierung von Elternschaft.

Diese drei systemischen Dimensionen haben – je nachdem, wie sie zusammenwirken – verschiedene Auswirkungen auf die Art des je nach subjektiver Sichtweise unterschiedlichen familialen Lebensentwurfs. Wenn man mit Hilfe dieser drei subjektiven Dimensionen die oben skizzierten ökopsychologischen Merkmale gruppiert, kann man aus der großen Zahl individueller Lebensentwürfe die folgenden sieben primären Lebensformen differenzieren:

- »Normale« Kernfamilie (traditionelle Vater-Mutter-Kind-Beziehung)
- Familie als normatives Ideal (Alleinstehende mit Orientierung an einem normativen Familienideal)
- Kinderlose Paarbeziehung, unfreiwillig oder auf Grund eigener Entscheidung kinderlose Paare
- Nichteheliche Beziehung mit Kindern mit normativem Familienideal (moderne Doppelverdiener-Familie mit Kind/ern)
- Postmoderne Ehebeziehung ohne Kinder mit Normorientierung (z. B. auf Berufskarriere und intime Partnerschaft bezogene Ehe ohne Kinder)
- Nichteheliche Elternschaft ohne Orientierung an einer Idealnorm (z. B. Wohngemeinschaften mit Kindern, Ein-Elter-Familien)
- Verheiratete Paare mit Kindern ohne normatives Ideal (z. B. alternativ orientierte Eltern, die dennoch verheiratet sind).

Innerhalb einer solchen Definition der Familie ist eine große Vielfalt von Familienformen möglich. Dabei zählt nicht die statistische Häufigkeit, vielmehr geht es darum, den verschiedensten subjektiv gewählten Alternativen familiären und familienähnlichen Lebens Raum zu gewähren. Eine zukunftsorientierte Arbeit mit Familien sollte gerade diese Pluralität in ihrer ganzen Spannweite begreifen.

Wechselseitige Beeinflussungsbeziehungen

Der kontinuierliche Rückgang der Geburtenrate hat zur Folge, dass die Zahl der Familien mit nur einem Kind zunimmt. Ein-Kind- und Mehr-Kind-Familien unterscheiden sich jedoch sehr deutlich, und zwar nicht nur in der Anzahl der Personen, sondern auch in der Struktur. Zunächst einmal ist klar, dass in einer Familie mit zwei Erwachsenen und einem Kind ein eindeutiges

Übergewicht der Erwachsenen besteht, das manchmal allerdings ins Gegenteil verkehrt wird, wenn das Einzelkind verhätschelt wird. Bei drei oder mehr Kindern sind dann die Kinder in der Mehrheit. Ob in Mehr-Kind-Familien familiäre Strukturen entstehen, die als eindeutig kindzentriert zu bezeichnen sind, hängt sehr von den Erziehungseinstellungen der Eltern ab.

Diese strukturellen Unterschiede führen dazu, dass es zu einer unterschiedlich starken Zunahme von Dyaden und Triaden kommt. Dabei zeigt sich, dass im Vergleich zur Ein-Kind-Familie eine Zwei-Kind-Familie schon mehr als doppelt so viele Beziehungseinheiten beinhaltet, nämlich vier Triaden und sechs Dyaden, und eine Drei-Kind-Familie umfasst sogar zehn Triaden und zehn Dyaden. Der Übergang von der Zwei-Kind- zur Drei-Kind-Familie ist nun besonders deshalb interessant, weil der Zuwachs an Triaden größer ist als der Zuwachs an Dyaden (plus sechs bzw. plus vier). Darüber hinaus erhöht sich die Stabilität des Familiensystems noch dadurch, dass unter den Geschwistern von den Eltern unabhängige Triaden entstehen. Die Erfahrung einer solchen reinen Kinder-Triade fehlt den Kindern von Zwei-Kind-Familien.

Die Familie beschränkt sich nicht auf eine einzelne intime Zweierbeziehung, sondern umfasst mehrere Familienmitglieder mit unterschiedlichen familiären Positionen. Sie ist deshalb als eine besondere Form einer sozialen Kleingruppe anzusehen, da sie aus einer großen Zahl von verschiedenartigen Zweierbeziehungen (Dyaden) und Dreierbeziehungen (Triaden) besteht, die sich aus den Interaktionen der Familienmitglieder ergeben. Belsky (1984) entwarf drei Ebenen, auf denen solche transaktionalen Prozesse ablaufen. Die *erste Ebene* beschreibt, wie sich der Erziehungsstil auf die Entwicklung des Kindes auswirkt und wie die Persönlichkeit des Kindes wiederum das Erziehungsverhalten der Eltern beeinflusst. Auf der *zweiten Ebene* wird analysiert, wie sich die Entwicklung des Kindes und seiner Persönlichkeit auf die Beziehung der beiden Elternteile untereinander auswirkt, und umgekehrt, wie die Qualität der Ehebeziehung Einfluss auf die Entwicklung des Kindes hat. Schließlich umfasst die *dritte Ebene* die Frage, welchen Einfluss die Qualität der Partnerbeziehung auf den Erziehungsstil der Eltern hat, und ob die Erziehungsstile der beiden Elternteile Rückwirkungen auf deren Verhältnis zueinander haben. Die psychologischen Prozesse auf diesen drei Ebenen und ihre transaktionale Vernetzung sollen nun im Einzelnen beschrieben werden.

Erziehungsstil und Kindesentwicklung

Die Erkenntnis, dass die Art der Erziehung die Entwicklung des Kindes beeinflussen kann, gehört inzwischen zum Allgemeinwissen der heutigen jungen Elternschaft. Strafen führen nicht unbedingt dazu, dass das unerwünschte Verhalten des Kindes verschwindet. Nicht nur die Erziehungsmethode, sondern auch wie eine Erziehungsperson auftritt, wirkt sich auf die Entwicklung des Kindes aus. Eine sehr distanzierte Erzieher-/Elternpersönlichkeit wird bei einem Kind eher soziale Zurückgezogenheit fördern; narzisstische Eltern werden auch bei ihren Kindern selbstbezogene Einstellungsmuster verstärken. Diese komplexeren Prozesse sind nicht nur auf einen Handlungsfaktor beschränkt, sondern basieren auf differenzierteren Persönlichkeitsmustern.

Die transaktionalen Prozesse in den Wechselwirkungen zwischen Erziehung und Entwicklung wirken auch in umgekehrter Richtung. So wird z. B. ein behindertes Kind bei Eltern häufiger ein überbehütendes oder resignatives Einstellungsmuster bestärken als ein nicht-behindertes Kind. Es sind also nicht nur die Eltern, die die Kinder prägen, sondern auch die Kinder, die die Eltern und deren Erziehungsstil beeinflussen.

Um die Wirkung solcher Beeinflussungsbeziehungen in der Praxis differenziert erkennen zu können, sind drei Aspekte zu berücksichtigen:

- Verbal deklarierte Erziehungsziele
- Verinnerlichte Erziehungseinstellungen, die mit Persönlichkeitsmustern verbunden sind und häufig gar nicht bewusst werden
- Die tatsächlich realisierte Erziehungspraxis.

Die Erziehungsstilforschung der letzten Jahrzehnte (vgl. Fuhrer, 2005) konnte insbesondere folgende Zusammenhänge belegen: Ein aufmerksames, warmes, stimulierendes, aufgeschlossenes und wenig restriktives mütterliches Erziehungsverhalten fördert die intellektuelle Entwicklung des Kleinkindes und trägt auch zu einer gesunden sozial-emotionalen Förderung bei. Kleinkinder, deren Mütter kindliche Bedürfnisse berücksichtigen und die Grenzen der Entwicklungsmöglichkeiten kennen, bauen eine sichere Persönlichkeit auf. Mütterliche Sensitivität scheint bei all diesen Faktoren ausschlaggebend zu sein.

In Bezug auf den Vater hat die noch jüngere Forschung bisher keine so klaren Ergebnisse erbracht. Unbestritten ist, dass auch der Vater für die Entwicklung des Kleinkindes wichtig ist, gerade im sozial-emotionalen Bereich. Das gegenüber der Mutter unterschiedliche Spielverhalten von Vätern scheint stark geschlechtstypisch verankert zu sein. Väter haben wohl auch auf die Entwicklung der Söhne größeren Einfluss als auf die der Mädchen. Außerdem scheinen Väter besonders dazu beizutragen, dem Kleinkind die außerfamiliäre Welt zu erschließen.

Kindesentwicklung und Partnerbeziehung ■
Berichte über Kinder aus Scheidungsfamilien zeigen, dass Kinder nicht nur als Gewinner aus solchen Trennungen gehen. Weniger bekannt ist, dass es nicht das Ereignis der Scheidung bzw. Trennung selbst oder die dann folgenden meist schlechteren Lebensbedingungen allein sind, die die Entwicklung des Kindes beeinträchtigen. Nach neueren Forschungen sind es vielmehr die heftigen Auseinandersetzungen vor der Trennung der Eltern, die für die Kinder eine Gefahr darstellen. Das heißt, dass sich die Partnerbeziehung selbst auf die psychische Entwicklung des Kindes auswirkt.

Umgekehrt ist aber auch zu beachten, dass die Kinder und ihre Entwicklung die Beziehung der Erwachsenen zueinander beeinflussen. Das wird nicht nur daran deutlich, dass sich die Zweierbeziehung des jungen Paares nach der Geburt des ersten Kindes in eine Dreierbeziehung gewandelt hat, sodass Liebe und Zuwendung nicht mehr nur innerhalb der Paarbeziehung ausgetauscht werden. Auch die Art der kindlichen Persönlichkeit spielt hierbei eine Rolle. Ein ruhiger Säugling, der in den ersten Lebensmonaten nachts nur selten seine Eltern beansprucht, strapaziert deren Geduld weniger als ein nachtaktiver agiler Säugling, der dem Paar kaum Ruhe füreinander lässt. Die Partnerbeziehung wird umso mehr belastet, je problematischer das Temperament des Kleinkindes ist. Ergebnisse verschiedener Studien belegen, dass Eltern mit behinderten Kindern im Unterschied zu Eltern mit nichtbehinderten Kindern öfter Eheschwierigkeiten (bis hin zu Scheidungen) hatten. Allerdings wurde in anderen Studien auch nachgewiesen, dass die gezielte Beschäftigung mit ihrem Kind in diesen Familien zu einer Verbesserung der Elternbeziehung führen kann.

Die Auswirkung der ehelichen Interaktion auf Kinder hat man bisher meist nur in Bezug auf pathologisches, d.h. aggressives oder antisoziales Verhalten von Kindern untersucht. Die Art der ehelichen Beziehung scheint aber auch in positiver Hinsicht für die kindliche Entwicklung wichtig zu sein, insbesondere im Hinblick auf die Entwicklung der Persönlichkeit im Schulalter. Hier zeigt sich, dass es wichtig ist, komplexere Prozesse zu berücksichtigen. Wenn das Kleinkind durch sein Verhalten zu Konflikten der Eltern beigetragen haben könnte, was wiederum die Erziehungsprobleme der Eltern verschärft, dann könnte dies gerade wiederum zu weiteren Verhaltensproblemen des Kindes führen.

Partnerbeziehung und Erziehungsstil ■
Unterschiedliche Akzente im Erziehungsverhalten sowie unterschiedliche Erziehungsstile können sich ebenfalls auf die Beziehung der Eltern untereinander auswirken. Stößt ein Paar, das sich bis vor der Geburt gut verstanden hat, danach auf die Tatsache, dass beide in Bezug auf Erziehungsfragen ganz verschiedene, ja vielleicht sogar konträre Auffassungen haben und wird hierzu keine Lösung gefunden, dann ist die Partnerbeziehung fundamental gefährdet.

In einer eher aggressiv geführten Ehebeziehung wird auch der Umgang mit den Kindern durch ein gewisses Maß an Aggressivität gekennzeichnet sein. Eine gestörte Partnerschaft ist häufig mit Identitätsproblemen des einen oder anderen Partners (oder von beiden) verbunden (vgl. Petzold, 1999). Ein solcher Elternteil kann in der Erziehung des Kindes keine gefestigte in sich ruhende Haltung einnehmen, woraus unter Umständen ein inkonsistenter Erziehungsstil resultiert, der wiederum ein Entwicklungsproblem des Kindes verursachen kann.

Diese dritte Dimension ist bisher in der Forschung stark vernachlässigt worden, wenn auch durch die neuere Väterforschung einige Fragen angerissen wurden. So fand man heraus, dass die Fähigkeit der Mutter, sich mit Freude und Zuwendung ihrem Kind zu widmen, sehr stark von der Qualität der Beziehung zum Partner abhängt. Man konnte z. B. feststellen, dass in Familien mit häufiger Kommunikation über den Säugling die Beteiligung des Vaters an der Betreuung/Versorgung stärker ist. Andererseits zeigte sich, dass Kritik und Beschuldigungen des Vaters gegenüber der Mutter deren Verhältnis zu dem fünfmonatigen Kind beeinträchtigte. Schließlich gibt es auch Hinweise aus verschiedenen Studien, dass bei einer unbefriedigenden Paarbeziehung kompensatorisch viel in Erziehung investiert wird, wie es zum Beispiel an überbehütenden Müttern deutlich wird.

Probleme elterlicher Erziehung ergeben sich beim Übergang zur Elternschaft häufig daraus, dass die neuen Rollenverpflichtungen nicht so leicht von den jungen Eltern eingelöst werden können. Nach der Geburt eines Kindes sehen sich Eltern nicht nur der Aufgabe gegenüber, im Freundeskreis oder am Arbeitsplatz ihre Rolle zu behaupten, sie müssen auch ihre neue elterliche Rolle erfüllen. Dies kann zu einem Rollenkonflikt bzw. zu einer Krise führen, die durch Probleme in der ehelichen Interaktion noch verschärft wird. Allerdings konnte auch gezeigt werden, dass Eltern bei der Übernahme und Diskussion der gemeinsamen Verantwortung für das Kind auch ein höheres Maß an ehelicher Zufriedenheit erreichen können. Natürlich hängt dies auch wieder mit dem explorativen Verhalten des Säuglings und dessen wachsender Kompetenz zusammen.

Über diese Zusammenhänge innerhalb der drei verschiedenen Ebenen hinaus wirkt auch noch eine Zirkularität dieser transaktionalen Prozesse untereinander, wobei folgender theoretischer Zusammenhang vermutet werden könnte: Elterliches Erziehungsverhalten beeinflusst die eheliche Interaktion, diese wiederum die Art der Erziehung des Kindes, die dann die Entwicklung des Kindes beeinflusst, und schließlich wirkt dies zurück auf das Verhältnis der beiden Elternteile zueinander.

Pädagogische Beratung von Eltern

Erziehungsprobleme nehmen immer mehr zu. Das Statistische Bundesamt (2004) berichtete, dass sich die Zahl der Familienhilfen seit 1994 mehr als verdoppelt hat. Im Jahr 2003 wurden insgesamt 41.900 Familien mit 94.500 Kindern und Jugendlichen durch sozialpädagogische Familienhilfe unterstützt. Bei 16.150 Familien wurde die Hilfe im Laufe des Jahres 2003 beendet, für 25.750 Familien dauerte sie über den Jahreswechsel 2003/2004 an. Gegenüber 1994, als zum ersten Mal der Internationale Tag der Familie begangen wurde, hat sich die Zahl der betreuten Familien (25.000) und die der betreuten Kinder (52.000) mehr als verdoppelt. Wurden 1994 vor allem kinderreiche Familien mit dieser Hilfe unterstützt – 43 % der betreuten Familien hatten damals drei oder mehr Kinder – so sank der Anteil dieser Familien bis 2003 auf 35 %. Erhöht hat sich dagegen der Anteil der unterstützten Familien mit einem Kind, nämlich von 26 % (1994) auf 33 % (2003).

Gerade bei jungen Eltern ist die Verunsicherung in Erziehungsfragen in den ersten Jahren des Lebens mit dem Kind noch sehr groß. Sie suchen in Selbsthilfegruppen (Krabbelgruppe, Eltern-Kind-Gruppe) und in allen Medien (Elternzeitschriften, Elternratgeber-Broschüren bzw. -Büchern, Eltern-TV, Kursen in der Volkshochschule oder Familienbildungsstätten) nach Hilfen und Unterstützung. Bei Eltern von Kindern im

Kleinkind- und Vorschulalter besteht noch eine sehr große Motivation zur Beratung und Reflexion in Bezug auf ihre Erziehung. Gleichzeitig ist eine wachsende Verunsicherung in Hinblick auf das große Hilfs- und Beratungsangebot festzustellen. Allein die Menge an Ratgebern erschlägt viele Eltern und lässt das eigentlich vorhandene Interesse sinken, obwohl das eigentliche Beratungsbedürfnis nicht erfüllt bzw. befriedigt worden ist. Auch die vielen Fernsehformate, wie z. B. Talk-Shows, TV-Ratgeber, Reality-Shows (wie z. B. die »Super-Nanny«) können dem individuellen Beratungsbedürfnis nicht gerecht werden, sondern tragen mit zur Überflutung mit allgemeinen Ratschlägen bei.

Wenn Familien Probleme in der Erziehung haben, ist oft der erste Schritt der schwierigste, nämlich dies anzuerkennen und professionelle Hilfe zu suchen. Eltern haben vor der Beratung durch Fachleute oft Ängste und/oder zu hohe Erwartungen. Diese können nur im direkten Kontakt überwunden werden. Für Gespräche zwischen Eltern und Lehrern bzw. Erzieherinnen in Schule und Kindergarten ist es wichtig, drei grundlegende Merkmale einer hilfreichen Gesprächsführung zu beachten.

Grundlegende Voraussetzung für jedes fruchtbare Gespräch ist zunächst die Schaffung einer emotional warmen, zugewandten Atmosphäre in Verbindung mit einer positiven Wertschätzung des Partners, die diesen als eigenständige und selbstverantwortliche Person akzeptiert. Nur wenn Pädagogen den Eltern in jeder Situation positiv zugewandt begegnen, werden diese ein zunächst mehr oder weniger großes Misstrauen überwinden können und zunehmend bereit sein, über ihre tatsächlichen Probleme zu sprechen.

Zum zweiten sollten sich Erzieherinnen ebenso wie Berater oder Therapeuten nicht nur äußerlich gekünstelt um eine freundliche, verständnisvolle Haltung bemühen. Vielmehr sollten sie sich in allem, was sie sagen und tun, so natürlich verhalten, dass sie sich im Einklang mit ihrer Wahrnehmung der Gesprächspartner befinden. Dabei dürfen sie auch die eigenen Gefühle keineswegs verleugnen, die das Gegenüber bei ihnen auslöst. Im Gegenteil, sie sollen sie ruhig zum Ausdruck bringen, selbstverständlich in einer respektierenden, taktvollen Weise. Diesem Merkmal der Echtheit oder Kongruenz des Verhaltens kommt nach entsprechenden Untersuchungen für den erfolgreichen Verlauf eines jeden hilfreichen Gesprächs eine zentrale Bedeutung zu.

Nicht zuletzt ist es für einen positiven Gesprächsverlauf von elementarer Bedeutung, ob und inwieweit sich Erzieherinnen in die Wahrnehmungs-, Gedanken- und Gefühlswelt von Eltern hineinversetzen können, d.h. ob sie ihre äußere und innere Welt gleichsam mit den Augen der Gesprächspartner sehen und dies auch entsprechend zum Ausdruck zu bringen vermögen. Dabei müssen sie sich allerdings jeglicher wertenden Stellungnahmen enthalten. Die Verwirklichung eines solchen einfühlenden Verstehens stellt zweifellos hinsichtlich einer effektiven Gesprächsführung die größten Anforderungen.

Über diese allgemeinen drei Aspekte der Gesprächsführung hinaus möchte ich noch auf typische Fehler hinweisen, die in dem Buch von Eppel, Hittmeyer, Nuwordu, Plate und Rathmann (1996) hervorragend charakterisiert wurden. Hier wird deutlich, wie Erzieherinnen und Eltern gemeinsame Problemlösungen erarbeiten können.

Das traditionelle Muster geht von der Sichtweise aus: »Ich weiß besser, was eure Kinder brauchen«. Dies macht schon von vornherein partnerschaftliches Arbeit unmöglich, weil keine Gleichberechtigung zugelassen wird. Dadurch verstellt man sich aber den Zugang zu den je nach familiärer Lebensform unterschiedlichen individuellen Problemen, und es können keine individuellen Lösungen gefunden werden. Wer meint, dass er wegen einer pädagogischen Ausbildung alles besser weiß, kann keine individuelle Erziehung verwirklichen, sondern höchstens gleichförmige Lösungen erzwingen.

Demgegenüber betonen Eppel u.a. (1996) ein partnerschaftliches Herangehen im Sinne von »Gemeinsam finden wir eine Lösung«. Wenn man von der unterschiedlichen Ausgangslage in den verschiedenen Familien ausgeht, diese Lebenswelt respektiert und die Eltern als Experten akzeptiert, die auch selbst

Wissen beisteuern können, dann lassen sich gemeinsam individuelle Lösungen erarbeiten. Die Eltern sind dann die Feld-Experten, die Erzieherinnen die Modell-Experten, die sich als Gleichberechtigte treffen.

Diese Wege und Irrwege der Elternarbeit beschreiben Eppel u.a. (1996) als einen Lösungsprozess in mehreren Schritten, wobei auf Wegen und Umwegen eine Lösung gefunden wird:

- 1. Schritt: »Es gibt ein Problem.« Das Problem muss zunächst als solches identifiziert werden. Die Pädagogin nimmt ein Problem mit dem Kind oder der Zusammenarbeit mit den Eltern wahr. Die Eltern sind mit dem Problem nicht vertraut
- 2. Schritt: »Zusammen finden wir eine Lösung.« Auf einer partnerschaftlichen Grundlage wird gemeinsam das Problem betrachtet, auf beiden Seiten besteht zunächst eine Bereitschaft, sich damit auseinander zu setzen
- 3. Schritt: »Die Pädagogin wirft den Eltern das Problem an den Kopf.« Wenn die Eltern sich nicht – oder nicht schnell genug – in der Lage fühlen, sich mit dem Problem auseinander zu setzen, dann kommt es oft dazu, dass die Erzieherin ungeduldig wird und den Eltern das Problem anlastet
- 4. Schritt: »Die Eltern mauern.« Die Eltern fühlen sich dann häufig bedroht und versuchen sich zu schützen, dem Problem selbst widmen sie sich nicht mehr als vorher, sie mauern und sind nicht anzusprechen
- 5. Schritt: »Die Pädagogin beschießt die Mauer – Die Eltern schießen zurück.« Wenn Erzieherinnen nun versuchen, ihre Hilflosigkeit zu überwinden, kommt es manchmal zu unglücklichen Kämpfen, die noch mehr von dem Problem selbst ablenken. Erzieherinnen erkennen die Barriere zwischen sich und den Eltern und möchten diese abreißen, sie fordern und beschuldigen die Eltern. Die Eltern, die die Mauer zu ihrem Schutz aufgebaut haben, verteidigen sich und ihre Mauer, fühlen sich persönlich angegriffen
- 6. Schritt: »Die Pädagogin umgeht die Mauer – Das Problem bleibt ungelöst.« Die Erzieherin merkt, dass die Mauer nicht das Problem ist, unterlässt die Angriffe und geht auf die Eltern zu, um sich mit ihnen zu versöhnen. Dabei vergisst sie aber das Problem. Das dann liegen gebliebene Problem bleibt ungelöst hinter der Mauer.
- 7. Schritt: »Die Pädagogin umgeht die Mauer und nimmt das Problem mit.« Wenn die Pädagogin aber die Mauer umgeht, mit Ich-Botschaften ihre eigene Problemsicht verständlich macht, und so das Problem mitnimmt, dann kann eine gemeinsame Problemlösung gelingen.

Exkurs: Elterntrainingsprogramme

Besser als Ratgeber können interaktive Trainingsprogramme Eltern helfen, Erziehungsprobleme besser zu bewältigen. Während klassische Ratgeber nur in einer Richtung einen Rat abliefern, den der Klient annehmen oder verwerfen kann, können neue interaktive Programme die Rückmeldung der Eltern direkt aufgreifen. Es gibt eine große Zahl solcher Trainingsprogramme für Eltern und Erzieherinnen. Besonders für Eltern mit aufmerksamkeitsgestörten bzw. hyperaktiven Kindern werden oft Verhaltenstrainings empfohlen.

Als ältestes Programm kann das von Thomas Gordon entwickelte Elterntraining angesehen werden. Seine Bücher (z. B. »Familienkonferenz«) hatten in den USA jahrelang Millionenauflagen, aber auch in Deutschland. Aufbauend auf diesem Konzept werden von unterschiedlichsten Organisationen Kurse angeboten. Als renommierteste gilt die Internationale Gordon-Akademie (weitere Infos im Internet unter: www.gordonmodell.de).

Aufbauend auf Gordon, aber auch mit Bezug auf kommunikationspsychologische Konzepte wurde ebenfalls in den USA das »STEP-Elterntraining« entwickelt. Es wird in Deutschland von verschiedenen Institutionen als Kurs angeboten. Wissenschaftlich am besten begleitet wurde es von Prof. Dr. K. Hurrelmann und durchgeführt vom Deutscher Kinderschutzbund (weitere Infos unter: www.instep-online.de).

Das zurzeit am meisten verbreitete Elterntrainings-Programm ist das Triple-P-Programm. Das dreifache »P« steht dabei für: »Positive Parenting Program«. Es wurde in Australien von Familienpsychologen entwickelt und basiert weitgehend auf verhaltenstherapeutischen Erkenntnissen. In Deutschland wurde es sehr gut weiter entwickelt und wissenschaftlich evaluiert von Prof. Dr. K. Hahlweg (weitere Infos unter: www.triplep.de).

Weniger bekannt ist das erst vor zwei Jahren vorgestellte Erziehungstraining »Freiheit in Grenzen«. Es stützt sich auf Erkenntnisse der systemischen Familientherapie und -psychologie und wurde speziell in Deutschland von Prof. Dr. K. A. Schneewind entwickelt. Es kann auch zum Selbststudium (auf CD-ROM) eingesetzt werden (weitere Infos unter: www.freiheit-in-grenzen.org).

Ausblick ■ Die Familie wird sich in Zukunft noch weiter verändern. Auch in Deutschland ist die klassische Form der Vater-Mutter-Kind-Familie nicht mehr die dominante Lebensform. Bei dieser Entwicklung ist zwar noch kein Trend zu einer allgemeinen Alternative zur Familie zu erkennen, es entsteht vielmehr eine große Vielfalt von anderen primären Lebensformen. Dabei wird die Sehnsucht und Suche der Menschen nach Intimität und Geborgenheit bestehen bleiben oder sogar – angesichts wachsender gesellschaftlicher Krisen – noch stärker werden. Die Pluralität der verschiedenen Formen von Familienleben hat zugenommen und wird sich vermutlich noch weiter entwickeln.

■ **Literatur**

Belsky, J. (1984). The determinants of parenting: A process model. Child Development, 55, 83–96.
Bertram, H. (Hrsg.) (1991). Die Familie in Westdeutschland. Opladen: Leske und Budrich.
Boh, K., Bak, M., Clason, C. & Pankratova, M. (eds.) (1989). Changing patterns of European Family Life. London: Routledge.
BMFSFJ (2003). Die Familie im Spiegel der amtlichen Statistik. Berlin: Bundesministerium für Familie, Senioren, Frauen und Jugend.
Bronfenbrenner, U. (1981). Die Ökologie der menschlichen Entwicklung. Stuttgart: Klett.
Bronfenbrenner, U. (1986). Ecology of the family as a context for human development: Research perspectives. Developmental Psychology, 22, 723–742.
Eppel, H., Hittmeyer, S., Nuwordu, I., Plate, P. & Rathmann, R. (1996). Mit Eltern partnerschaftlich arbeiten (Elternarbeit neu betrachtet). Freiburg: Herder.
Fuhrer, U. (2005). Lehrbuch Erziehungspsychologie. Bern: Huber.
Nave-Herz, R. (1989). Zeitgeschichtlicher Bedeutungswandel von Ehe und Familie in der Bundesrepublik Deutschland. In: R. Nave-Herz & M. Markefka (Hrsg.), Handbuch der Familien- und Jugendforschung (Band 1: Familienforschung, S. 211–222). Neuwied: Luchterhand.
Petzold, M. (1999). Entwicklung und Erziehung in der Familie. Baltmannsweiler: Schneider Hohengehren.
Petzold, M. (2001). Familien heute – sieben Typen familialen Zusammenlebens. TelevIZIon (Heft 14), 1, 16–19.
Rüfner, W. (1989). Familie heute und alternative Lebensformen. In: M. Wingen (Hrsg.), Familie im Wandel – Situation, Bewertung, Schlussfolgerungen (S. 58–91). Bad Honnef: Verlag des Katholischen Sozialen Instituts.
Schneewind, K. A. (2002). Familienpsychologie (3. Aufl.). Stuttgart: Kohlhammer.
Statistisches Bundesamt (1995). Im Blickpunkt: Familien heute. Stuttgart: Metzler-Poeschel.
Statistisches Bundesamt (2004). Leben und Arbeiten in Deutschland – Ergebnisse des Mikrozensus 2003 (http://www.destatis.de/presse/deutsch/pk/2004/mikrozensus_2003i.pdf; 15.12.2005).
Süssmuth, R. (1981). Familie. In: H. Schiefele & A. Krapp (Hrsg.), Handlexikon zur Pädagogischen Psychologie (S. 124–129). München: Ehrenwirth.
Ulich, M., Oberhuemer, P. & Soltendieck, M. (1992). Familienkonzepte von Kindern. Psychologie in Erziehung und Unterricht, 39 (1), 17–27.
Voss, H. G. (1989). Entwicklungspsychologische Familienforschung und Generationenfolge. In: H. Keller (Hrsg.), Handbuch der Kleinkindforschung (S. 207–228). Neuwied: Luchterhand.

Zur Bedeutung der Peerkultur

Susanne Viernickel

Nicht nur dem Kind nahe stehende, erwachsene Personen bilden die Sozialwelt, in der sich ein Kind bewegt. Bereits in der zweiten Hälfte des ersten Lebensjahres werden andere Kinder, sofern sie verfügbar sind, als soziale Interaktionspartner interessant. Ebenso wie die Geschwisterbeziehung, die sich allerdings auf den Dimensionen Intensität, Ambivalenz, Rivalität und Intimität von anderen

Beziehungen deutlich abhebt, stellen Peer-Beziehungen einen Sozialisationskontext dar, der wichtige Erfahrungen bereit hält und soziale Anpassungsvorgänge stimuliert und beeinflusst. Als »Peers« werden dabei Kinder bezeichnet, die auf einem ähnlichen kognitiven und sozio-moralischen Entwicklungsstand stehen, gegenüber Institutionen und ihren Repräsentanten (z. B. Kindergarten, Schule) eine gleiche Stellung einnehmen, gleiche Entwicklungsaufgaben und normative Lebensereignisse (z. B. Schuleintritt) zu bewältigen haben und einander im Wesentlichen gleichrangig und ebenbürtig sind (vgl. von Salisch, 2000, S. 347 ff.).

Die wissenschaftliche Beschäftigung mit dem sozialen Austausch zwischen Kindern, der Bildung von Peergruppen und Freundschaftsbeziehungen sowie ihren Determinanten und Entwicklungsauswirkungen wurde erstmals systematisch während der Blüte der Entwicklungspsychologie in den 20-er und 30-er Jahren des 20. Jahrhunderts etabliert. Im deutschsprachigen Raum wurden Beobachtungsstudien zu sozialen Interaktionen und Spielkontakten zwischen Kindern am damaligen Wiener Psychologischen Institut u.a. von Charlotte Bühler und Hildegard Hetzer durchgeführt. In der amerikanischen Entwicklungspsychologie gab es zur gleichen Zeit ebenfalls ein hohes Interesse an der Entwicklung kindlichen Sozialverhaltens, das jedoch bald zugunsten sozialisationstheoretischer Fragestellungen und der Betrachtung von Interaktionen und Beziehungen zwischen Erwachsenem und Kind in den Hintergrund trat. Seit den 1970-er Jahren wurden dann erneut zahlreiche Studien durchgeführt, die sich mit Peer-Beziehungen und Peer-Interaktionen beschäftigten, allerdings hauptsächlich im anglo-amerikanischen Sprachraum. Dabei wurden auch Peer-Beziehungen in der frühen Kindheit thematisiert.

Peer-Beziehungen und Peer-Kultur als Entwicklungskontexte

■ In der pädagogisch-soziologischen Teildisziplin der Kindheitsforschung spricht man von einer speziellen »Kinderkultur«, die Erwachsene nur schwerlich begreifen, wenn sie nicht versuchen, die ihr immanenten Regeln und Bedeutungsstrukturen aufzuspüren und deren Sinnhaftigkeit nachzuvollziehen (Corsaro & Eder, 1990). Mit den Erfahrungen, die Kinder unter ihresgleichen machen, sind – wie mittlerweile vielfältige Studien belegen können – eigenständige Entwicklungsprozesse verbunden (vgl. Hartup, 1992).

Die Integration in eine Peer-Gruppe und der Aufbau individualisierter freundschaftlicher Beziehungen gelten dabei sowohl als Merkmale sozialer Kompetenz als auch als Voraussetzungen, um persönliche und soziale Fähigkeiten zu erwerben und zu festigen. Dagegen ist Ablehnung von Seiten der Peer-Gruppe assoziiert mit negativen Entwicklungserfahrungen wie schulischem Versagen oder psychischen Problemen.

Peer-Beziehungen

■ Ein Merkmal, das Peer-Beziehungen im Allgemeinen charakterisiert und zum Verständnis der speziellen Anregungen, die sie bieten, als besonders bedeutsam hervorgehoben wird, ist die Gleichartigkeit oder zumindest Ähnlichkeit der Interaktionspartner, was Vorwissen, Status und das Verfügen von Macht über den anderen angeht.

Vor allem die Arbeiten von James Youniss (1980) haben dazu beigetragen, die Peer-Sozialwelt als besonderen und fruchtbaren Lernkontext zu beschreiben und theoretisch zu fundieren. Youniss versteht Entwicklung aus einer konstruktivistischen Perspektive heraus und sieht das Individuum als ein Produkt seiner Erfahrungen in sozialen Beziehungen. Danach werden in den sozialen Beziehungen zu Gleichaltrigen dem Kind vielfältige Realitätssichten präsentiert, im Gegensatz zur »partikularistischen« Realitätssicht der Eltern, deren Unvollständigkeit bzw. Einseitigkeit das Kind jedoch lange nicht erkennen kann. Während die Interaktionen und Beziehungen zwischen Erwachsenen und Kindern asymmetrisch strukturiert sind, werden Aushandlungen zwischen Gleichaltrigen von »symmetrischer Reziprozität« geprägt, die sich durch zwei Merkmale auszeichnet. Erstens sind Handlungen des einen Partners durch die Reaktionen des anderen bedingt und umgekehrt, und zweitens kann jeder Aushandlungsbeitrag des einen Kindes mit einem gleichwertigen Beitrag oder Gegenargument des anderen beantwortet werden. Da weiterhin das Kompetenz- und Machtverhältnis zwischen den Individuen in Peer-Beziehungen relativ ausgeglichen ist, sei die Chance gegeben, dass widersprüchliche Ansichten und entstehende Konflikte so lange und so intensiv verhandelt werden, bis eine umfassendere Perspektive in »Ko-Konstruktion« gebildet werden kann. Der Begriff der »Ko-Konstruktion« umschreibt Youniss' Überzeugung, dass Kinder nicht nur lernen, die Sichtweisen des Anderen zu übernehmen, also Perspektiven zu teilen, sondern dass sie in einer echten gemeinsamen Konstruktionsleistung Perspektiven entwickeln.

Peer-Gruppe und Peer-Kultur ■ Kinder machen im sozialen Kontakt mit Peers qualitativ andere Erfahrungen als in der Interaktion mit Erwachsenen. Dies zeigt sich
- Im Umgang von Kindern untereinander
- An den Themen, die von Bedeutung sind
- An den Maßstäben, nach denen Verhalten beurteilt wird und wodurch sich die Stellung Einzelner in der Gruppe entscheidet.

Sobald sie in relativ stabilen sozialen Gruppen zusammentreffen, produzieren Kinder eine eigenständige Kinderkultur mit eigenen Verfahren, Aushandlungsprozessen und Regeln. Mit dem Begriff der Kinderkultur ist dabei sowohl die aktive Leistung der Kinder beim Vorantreiben der eigenen Entwicklung als auch die Einbettung dieser Vorgänge in soziokulturelle Zusammenhänge angesprochen. Sie muss somit abgegrenzt werden von der »Kultur für Kinder«, womit die von Erwachsenen für Kinder hergestellten und angebotenen Institutionen, Produkte und Ereignisse gemeint sind.

Nach Corsaro und Eder (1990) haben Kinder zwei zentrale Anliegen in der Kinderkultur zu bewältigen. Das erste Thema ist Kontrolle. Hierunter ist das Bestreben nach Kompetenz und Unabhängigkeit gefasst, aber auch nach Kontrolle über gemeinsame Aktivitäten, Rituale und symbolische Akte. Vergleich und Konkurrenz untereinander helfen den Kindern zu erfahren, wer sie selbst sind und was sie können. Das zweite, zur Kontrolle in einer Wechselbeziehung stehende Thema ist Teilhabe: das Gewinnen von verlässlichen Spielpartnern und vertrauten Freunden, das Herstellen und Bewahren von Gemeinsamkeit und das Finden und Beanspruchen eines bestimmten Platzes in der Gruppe.

Soziale Positionen in der Peer-Gruppe ■ Wie dieser Platz innerhalb der Peer-Gruppe für einzelne Kinder aussieht, mit welchem Einfluss und welcher Anerkennung er verbunden ist, kann über soziometrische Wahlen erfasst werden. Die Soziometrie beschäftigt sich mit der Struktur einer Gruppe bzw. mit deren »emotionalem Beziehungsgeflecht«. Für den Einsatz in Kindergarten- bzw. Vorschulgruppen haben sich zwei Grundformen etabliert. Bei soziometrischen Nominierungsverfahren wird jedes Gruppenmitglied gebeten, einige Kinder zu nennen, die am liebsten bzw. am wenigsten gemocht werden, oder die andere interessierende Merkmale aufweisen (z.B. kämpft häufig mit anderen, spielt oft allein). Soziometrische Ratingverfahren fordern, dass alle Kinder der jeweiligen Gruppe vom Befragten in eine von mehreren Kategorien eingeordnet werden (z.B. »Mit x spiel ich sehr gerne« – »weder gern noch ungern« – »überhaupt nicht gerne«). Um die Zuverlässigkeit der kindlichen Aussagen zu erhöhen, werden die Befragungen mit Hilfe von Fotos oder einfachen Symbolen (lachende – neutrale – traurige Gesichter) unterstützt.

Bei Anwendung des Nominierungsverfahrens können über die Anzahl und Relation der positiven und negativen Wahlen Statusgruppen gebildet werden. So gelten Kinder mit vielen positiven und wenig negativen Nennungen als »beliebt« bzw. »populär«, Kinder mit vielen negativen und wenig positiven Wahlen als »abgelehnt«. Kinder mit vielen positiven und vielen negativen Wahlen sind zwar »umstritten«, haben aber einen hohen sozialen Einfluss auf die Gruppe; dagegen sind Kinder mit nur sehr wenig Wahlen insgesamt »isoliert« bzw. »vernachlässigt«.

Für Kinder im Schulalter konnte in verschiedenen Studien gezeigt werden, dass es Zusammenhänge zwischen sozialem Status in der Peer-Gruppe (hier ist normalerweise die Schulklasse gemeint) und der Intelligenz, Schulleistung sowie internalisierenden und externalisierenden Verhaltensproblemen gibt. Beliebte Kinder
- Scheinen im Durchschnitt einen höheren Intelligenzquotienten aufzuweisen
- Zeigen bessere Schulleistungen
- Werden als sozial kompetent und seltener als aggressiv oder störend beschrieben
- Berichten weniger Selbstwertprobleme und depressive Symptome (vgl. von Salisch, 2000).

Kinder, die von ihren Mitschülern abgelehnt werden, fallen dagegen häufiger durch aggressive Verhaltensproblematiken auf und berichten in stärkerem Ausmaß über depressive Verstimmungen. Kinder mit einem niedrigen sozialen Status schreiben eigene Misserfolge inneren Ursachen zu, gehen von feindlicheren Einstellungen anderer aus und finden weniger effektive Lösungen für soziale Probleme oder Konflikte. Als »vernachlässigt« bzw. »isoliert« eingestufte Kinder zeigen sich im Vergleich zu anderen Kindern schüchterner und sondern sich mehr ab.

Es ist allerdings schwierig zu beurteilen, ob diese Verhaltensmerkmale Ursache oder Auswirkung des problematischen Peer-Status´ darstellen. Was die Stabilität der Zuordnung zu einer der genannten Gruppen angeht, scheinen abgelehnte Kinder länger in diesem kritischen sozialen Status zu verbleiben als vernachlässigte Kinder. Dies gilt auch über die Zeit und Situation hinweg, also unabhängig von der Zusammensetzung der Peer-Gruppe. Die Ergebnisse soziometrischer Nominierungen können deshalb erste Hinweise auf Risiken für Anpassungsprobleme oder psychische Schwierigkeiten geben.

Zur Entwicklung von Peer-Beziehungen ■

Peerkontakte in den ersten beiden Lebensjahren ■ Bereits sehr junge Kinder nehmen einander als Ziele ihrer sozialen Signale wahr und zeigen Gleichaltrigen gegenüber ein deutlich anderes Verhalten als gegenüber Erwachsenen oder materiellen Objekten. Babys unter einem Jahr versuchen, Gleichaltrige anzulächeln, Laute zu äußern, sich anzunähern und zu berühren. Im letzten Viertel des ersten Lebensjahrs können erste Interaktionen, u.a. der Austausch von Spielobjekten, gegenseitige Nachahmung und erste einfache Spiele – wie einen Ball hin- und herrollen – bereits regelmäßig beobachtet werden. Gleichzeitig beginnen die Kleinkinder, um Spielzeug zu streiten, und auch aggressives Verhalten tritt auf.

Das zweite Lebensjahr ist eine Periode, in der sich im Verhalten gegenüber Gleichaltrigen vielfältige Entwicklungen vollziehen (vgl. Viernickel, 2000). Wenn sie Gelegenheit dazu haben, treten Kleinkinder zunehmend öfter in den Kontakt und sozialen Austausch mit anderen Kindern ein. Die steigende Komplexität der Peer-Interaktionen zeigt sich in ihrer Organisation um bestimmte Thematiken und darin, dass die Kinder bestimmte Rollen einnehmen und diese miteinander koordinieren, wenngleich diese einfachen sozialen Spiele (Fangen, Kuckuck) noch keinem Vergleich mit den späteren elaborierten sozialen Rollenspielen standhalten. Die Sprache spielt in Peer-Interaktionen im zweiten Lebensjahr noch eine untergeordnete Rolle. Dagegen werden Spielzeuge oder, allgemeiner gesagt, Gegenstände für Kinder im zweiten Lebensjahr förmlich zu »Mittlern« sozialer Kontakte, und das Anbieten bzw. Überreichen eines Spielobjekts ist eine häufige Kontaktstrategie. Gegen Ende des zweiten Lebensjahres sind Kinder unter bestimmten Umständen in der Lage zu kooperieren, und zwar sowohl im gemeinsamen Spiel als auch um Probleme zu lösen. Sie zeigen sich gegenseitig Mitgefühl und entwickeln in häufigen, aber meist kurzen Auseinandersetzungen Regeln für Besitzfragen und -konflikte.

Dabei vollzieht sich der soziale Austausch zunächst überwiegend in einer Zweier-Konstellation, denn das Spiel zu mehreren übersteigt sowohl die kognitiven als auch die sozialen Fähigkeiten sehr junger Kinder. Aufgrund der noch rudimentär ausgeprägten

Fähigkeit zur sprachlichen Verständigung nutzen Kleinkinder verstärkt mimische und gestische Ausdrucksmittel. Eine zentrale Rolle spielt dabei die Imitation bzw. Nachahmung des Verhaltens anderer Kinder, über die es gelingt, auch längere Interaktionssequenzen aufrecht zu erhalten. Kinder erleben sich in diesen Situationen nicht nur als kompetent und effektiv im sozialen Austausch, sondern demonstrieren einander Gleichartigkeit und Verbundenheit. Nicht ohne Grund wird die gegenseitige Imitation gelegentlich als die »Sprache« von Kleinkind-Freundschaften bezeichnet.

Offensichtlich formieren Kleinkinder, sobald sie regelmäßig in einem vertrauten Kontext aufeinander treffen, auch erste Beziehungsmuster. Schon Babys unter einem Jahr verteilen ihre Aufmerksamkeit unterschiedlich auf die anwesenden Peers. Meist erhalten eher ältere und damit in ihrem Verhalten kompetentere Kinder mehr Blicke und Kontaktangebote als andere Kinder (vgl. Rauh, 1985). Bald kommt es in stabilen Gruppen zu einer nachweisbaren Bevorzugung bestimmter Interaktionspartner. Die meisten Kinder präferieren ein oder zwei andere Kinder der Gruppe und treten mit diesen verstärkt in einen sozialen Austausch, während zu anderen wenig oder kein Kontakt entsteht. Diese Tendenz verstärkt sich im Verlauf der weiteren Lebensjahre. Auch die Qualität der Interaktionen variiert in Abhängigkeit vom Partner. Es können dyadische Beziehungen entstehen, die sich dadurch auszeichnen, dass die aneinander gerichteten Kontaktinitiativen meist erfolgreich sind, ihre Interaktionen mit positiven Gefühlsäußerungen einhergehen und in Länge und Komplexität die Interaktionen anderer Kind-Kind-Dyaden übertreffen.

Entwicklung des sozialen Spiels zwischen zwei bis sechs Jahren und die Entwicklung von Freundschaften ■ Kontakte und Interaktionen zwischen Kindern im Alter von zwei bis sechs Jahren vollziehen sich überwiegend im Rahmen sozialen Spiels. Dabei können verschiedene Spielformen unterschieden werden. Als immer noch richtungweisend gilt die bereits 1932 veröffentlichte Beobachtungsstudie von M. B. Parten, in der fünf Spielformen bei Kindern im Alter zwischen zwei und fünf Jahren beschrieben werden. Bis auf das Alleinspiel enthalten alle der aufgeführten Spielformen soziale Elemente:

- Als »Zuschauer« sieht das Kind anderen Kindern beim Spielen zu, ohne aktiv mitzuspielen
- Beim »Parallelspiel« spielen Kinder nebeneinander und unabhängig, aber mit dem gleichen oder zusammengehörigen Spielzeug und gelegentlichen Blickkontakten und nachahmenden Verhaltensweisen. Dieser Spielform wird heute eine Brückenfunktion für die Entwicklung von nicht sozialem zu sozialem Spiel zugeschrieben
- Assoziatives Spiel umschreibt das Spiel mit anderen Kindern, wobei Spielzeug getauscht wird und gleiche oder sehr ähnliche Aktivitäten verfolgt werden, jedoch ohne sich über ein gemeinsames Ziel zu verständigen
- Beim kooperativen Spiel schließlich sind die Kinder in einander ergänzende Aktivitäten mit geplanten Spielhandlungen und einem gemeinsamen Ziel involviert.

Die zuletzt genannten, komplexeren sozialen Spielformen sind häufiger bei älteren Kindergartenkindern zu beobachten. Sie beinhalten regelmäßig symbolische Elemente (»Tun-als-ob-Spiel«). Aber schon zweijährige Kleinkinder scheinen die fiktiven Handlungen ihrer Mitspieler zu verstehen. Sie beginnen, Themen, Rollen und Regeln zu vereinbaren wie auch fortlaufend zu erweitern. Spielthemen haben in diesem Alter einen engen Bezug zu den Alltagserfahrungen der Kinder und reflektieren anfänglich hauptsächlich die beobachteten mütterlichen Aktivitäten. Kinder werden in solchen Spielen auf doppelte Weise in ihrer Entwicklung herausgefordert. Sie müssen zum einen ihre eigenen Spielhandlungen und Spielthemen mit denen der Interaktionspartner abstimmen und koordinieren (sozialer Aspekt) und sie erbringen gleichzeitig kognitive Leistungen, indem sie imaginäre und symbolische Inhalte in ihr Spiel integrieren, Handlungspläne verfolgen und komplexe Szenarien entwickeln. In mehreren Studien konnte gezeigt werden, dass soziales und imaginäres Spiel einer verschränkten Entwicklungsabfolge unterliegt, in der soziales Symbolspiel immer etwas später auftritt als soziales Spiel ohne symbolische Inhalte oder imaginäres Alleinspiel (vgl. z. B. Howes & Matheson, 1992).

Im sozialen Spiel vollziehen sich weitere soziale und sozial-kognitive Lernprozesse. Im Austausch mit seinen Peers und in der Konfrontation mit ihren oftmals von den eigenen abweichenden Spielideen und Situationsinterpretationen ist das Kind beständig aufgefordert, die eigenen Ideen und Handlungen zu erproben, zu begründen, zu verteidigen oder aber zu überprüfen, zu verändern und anzupassen. Dabei werden u. a. die Kommunikationsfähigkeit, die Fähigkeit zur Perspektivenübernahme und die Entwicklung sprachlicher Kompetenzen stimuliert, aber auch so grundlegende soziale Fertigkeiten erworben wie abwarten können, eigene Interessen vertreten, ohne die der anderen zu missachten, oder Frustrationen und Unklarheiten aushalten zu können. Spezifische interaktive Fähigkeiten werden sowohl gefordert als auch gefördert. Angefangen von der Einigung auf ein Thema und die Aufgaben oder Rollen der einzelnen Kinder kann kooperatives Spiel nur weitergehen, wenn die zeitliche Abfolge der einzelnen Handlungsbeiträge abgestimmt wird und Unterbrechungen oder Themenänderungen bewältigt werden können. Kinder müssen lernen, den Kontext einer Situation als »Spiel« oder als »kein Spiel« zu identifizieren. Sie müssen das dem Spiel zugrunde liegende Organisationsmuster erfassen und schließlich auch das Thema der Interaktion erkennen und zu seiner Aufrechterhaltung beitragen. Howes und Matheson (1992) fanden heraus, dass Kinder, die elaborierte soziale Spielformen zu einem früheren Zeitpunkt entwickelten, als es ihrem Alter nach zu erwarten gewesen wäre, geselliger, prosozialer, weniger zurückgezogen und weniger aggressiv waren und von den Betreuerinnen als problemloser im Umgang mit Peers eingeschätzt wurden als Kinder, die diese Spielformen später zeigten. Komplexes soziales Spiel kann also als ein Indikator für die soziale Kompetenz eines Kindes gelten.

Im Alter von drei Jahren benutzen Kinder bereits den Begriff des Freundes und benennen bestimmte Kinder als Freunde. Diese Wahlen sind allerdings noch nicht sehr stabil und erst ältere Kinder entwickeln Vorstellungen darüber, was eine Freundschaft ausmacht. Das zentrale Freundschaft konstituierende Thema in der frühen Kindheit zwischen drei und sechs Jahren ist die Maximierung von Anregung, Aufregung und Spaß. Gemeinsam verbrachte Spielzeit, gemeinsame Spielthemen und die einseitig eingeforderte »Nettigkeit« des anderen sind für Kinder bis zum Alter von ca. acht Jahren Motive für ihre Freundschaftsbeziehungen (Selman, 1975/1984). Ab ca. acht oder neun Jahren gewinnen Persönlichkeitseigenschaften und ideelle Werte wie Vertrauen und Intimität an Bedeutung. Auf der Verhaltensebene zeigen sich aber bereits früher Unterschiede zwischen befreundeten und nicht befreundeten Kindern. Kinder, die sich als beste Freunde auswählen, schaffen es besonders gut, in sozialen Spielen ihre Emotionen zu kontrollieren, eigene Handlungsimpulse mit den Bedürfnissen des Spielpartners abzustimmen und Konflikte nicht eskalieren zu lassen. Es gelingt ihnen, ein Klima gegenseitigen Einverständnisses und der Solidarität zu schaffen.

Die Ko-Konstruktion von Wissen in Peer-Beziehungen ▪ Ausgehend vom erkenntnistheoretischen Standpunkt interaktionistisch-konstruktivistischer Entwicklungstheorien ist alles, was wir wissen, ein Resultat der Teilhabe an sozialen Interaktionsprozessen und deren kognitiver Verarbeitung. Auch unter Kindern vollziehen sich soziale Konstruktionsprozesse, werden Bedeutungen geteilt und Beziehungen geformt, sobald Gelegenheiten dazu geschaffen werden. Aufgrund der oben erläuterten strukturellen Unterschiede in Erwachsenen-Kind- und Peer-Beziehungen ist davon auszugehen, dass sich die Wissens-Ko-Konstruktionen zwischen Kindern anders vollziehen als zwischen Kind und Erwachsenem, sich auf andere Wissens- und Erfahrungsbereiche erstrecken bzw. andersartiges, sowohl ergänzendes als auch widersprüchliches Wissen über bestimmte Bereiche generieren.

Frühe Ko-Konstruktion geteilter Bedeutungen ■ Die Anfänge dieser Prozesse liegen auf der nichtsprachlichen Ebene: im Austausch von Handlungen als »elementarer Form der Reziprozität« (Youniss, 1986/1994, S. 47), durch die gemeinsame geteilte Bedeutungen etabliert werden können.

Im zweiten Lebensjahr verfügen Kinder bereits über vielfältige Möglichkeiten, um ihre Absichten zu verdeutlichen, ohne sich auf den verbalen Austausch stützen zu müssen. Sie teilen Bedeutungen z.B. über den Ausdruck von Emotionen und über Gesten und Lautäußerungen miteinander und signalisieren den Wunsch nach Kontakt durch wiederholte Handlungen, die Teil eines bekannten Spiels sind, durch das Überreichen von Gegenständen oder einfach durch Annähern und Abwarten oder sich den Aktionen des Partners anschließen. Interaktionsbedeutungen, die Kinder vor dem dritten Lebensjahr miteinander teilen können, lassen sich den drei großen Kategorien »Spiel« (mit imitativer und komplementär-reziproker Struktur, mit funktionalem oder symbolischem Charakter), »Auseinandersetzung« (Besitz- und Raumkonflikte, Aggressionen) und »Vergesellung« (prosoziale Interaktionen wie anderen helfen, sie trösten oder einfach Zuneigung zeigen; die Übergabe und der Austausch von Objekten) zuordnen (vgl. ausführlich Viernickel, 2000).

Als Erklärung für das Entstehen geteilter Bedeutung im sozialen Austausch wird die Fähigkeit zur *sozialen Rollenübernahme* angeführt. Sie kann erreicht werden, wenn Kleinkinder über gemeinsame Erfahrungen in bestimmten sozialen Kontexten verfügen. Aufgrund der ähnlichen Erfahrungen können die Kinder spezifischen Situationen die gleiche Bedeutung verleihen und so zu aufeinander abgestimmtem Handeln gelangen. Kleinkinder bilden also durch Erfahrungs- und Lernprozesse in alltäglichen Situationen Verhaltenserwartungen aus und entwickeln darüber nach und nach Fähigkeiten zur Perspektivenübernahme.

Bei etwas älteren Kindern treten Interaktionen im Rahmen von sozialen Spielen mit ausgeprägten imaginären Anteilen stark in den Vordergrund (siehe oben). In einem assoziativ-kreativen Prozess, der Spielhandlungen ebenso umfasst wie den sprachlichen Austausch über den Spielverlauf, die Spielinhalte und Rollen der einzelnen Akteure (Meta-Kommunikation), schaffen sich Kinder ab ca. vier Jahren einen gemeinsamen »dramatischen Rahmen«. Dabei greifen sie auf bereits vorhandene Wissensbestände darüber zurück, welche Ereignisse bzw. Aktivitäten allgemein und in üblicher Abfolge in bestimmten Situationen auftreten, so genannte *Skripts*. Fried (2004, S. 65) konnte in einer Analyse von teilstandardisierten Freispielsituationen mit Handpuppen als angebotenem Spielmittel beispielsweise zeigen, dass sich die sprachliche Repräsentation der kindlichen Skripts bzw. Wissensbestände sowohl auf vielfältige Alltagsroutinen, soziale Beziehungen, Berufe und besondere Ereignisse erstreckte als auch auf Inhalte aus kinderkulturellem Bestand wie Reime, Märchenvarianten, Elemente aus Bilderbüchern und Fantasiegestalten. Die Skripts werden wiederum im spielerischen Austausch mit Peers bestätigt und ausdifferenziert, aber auch verfremdet oder in Frage gestellt.

Ko-Konstruktion von Geschlechtsidentität und von Wissen über Geschlechterrollen ■ Die Aneignung von differenziertem Wissen über Geschlechterrollen und die Herausbildung einer stabilen Geschlechtsidentität sind wichtige Entwicklungsaufgaben des Kindes- und Jugendalters. Beides vollzieht sich im komplexen Zusammenspiel von biologischen, sozialen und individuellen Faktoren, wobei aus interaktionistisch-konstruktivistischer Theorieperspektive der Ansatz des »doing gender« hervorgehoben werden muss. Dieser Ansatz sieht Geschlecht als soziale Kategorie, die in sozialen Interaktionsprozessen hergestellt und intersubjektiv mit Bedeutung versehen wird. Zum »doing gender« gehört, dass dem Gegenüber ein bestimmtes Geschlecht zugeschrieben wird, jegliches Verhalten geschlechtsstereotyp kodiert und beurteilt wird und daraus entsprechende Verhaltenserwartungen in spezifischen Situationen und in verallgemeinerter Form abgeleitet werden (Rabe-Kleberg, 2003, S. 68). Entsprechende Prozesse vollziehen sich auch und vor allem im Kontext von Peer-Gruppen, insbesondere wenn es sich um feste Gruppen wie in Kindertageseinrichtungen handelt. Bereits vor Vollendung des zweiten Lebensjahres unterscheiden Kinder klar zwischen Jungen und Mädchen und ordnen auch sich selbst einem der Geschlechter zu; sie zeigen in ihrem Spielverhalten geschlechtstypische Spielzeugpräferenzen und bevorzugen gleichgeschlechtliche Spielpartner. Diese Bevorzugung führt im Kindergartenalter zu einer ausgeprägten Geschlechtersegregation. Jungen und Mädchen finden sich überwiegend in geschlechtshomogenen Spielgruppen zusammen (Maccoby & Jacklin, 1987).

Erfahrungen in geschlechtshomogenen Spielgruppen sind bedeutsam für die mit der Entwicklung von Geschlechtsidentität verbundene Erprobung, Beurteilung und Verfestigung geschlechts«typischer« Verhaltensweisen. Kinder inszenieren und verbalisieren in ihren Spielgruppen Unterschiede zwischen den Geschlechtern und vollziehen soziale Praktiken, die speziell auf die Herausstellung der Geschlechterdifferenz und der Geschlechterhierarchie zielen (u.a. Völkel, 2002). Die Kinder ko-konstruieren so ihr Wissen über die mit den beiden Geschlechtern kulturell assoziierten Verhaltensweisen, Persönlichkeitseigenschaften und äußeren Erscheinungsformen. Sie experimentieren damit, was es bedeuten könnte, ein Mädchen bzw. ein Junge zu sein. Die Geschlechterkonzepte und die geschlechtsbezogenen Einstellungen und Präferenzen sind in dieser Entwicklungsphase sehr rigide. Die Kinder sanktionieren untereinander »unpassendes« Verhalten und bestätigen sich damit gleichzeitig in ihrem Rollenverständnis.

Darüber hinaus erwerben Jungen und Mädchen in gleichgeschlechtlichen Spielgruppen unterschiedliche soziale und kognitive Fertigkeiten. Vieles spricht auch dafür, dass durch den relativ einseitigen und sich selbst verstärkenden Einfluss der geschlechtsgleichen Peer-Gruppe unterschiedliche Beziehungsformen begünstigt werden. Mädchen erwerben in ihren Peer-Gruppen soziale Sensitivität und streben stärker ein harmonisches Miteinander an, was später die Wertschätzung und Fähigkeit zu interpersonaler Nähe erleichtert. Das von Dominanz- und Wettbewerbsorientierung geprägte soziale Milieu der Jungengruppe bringt dagegen vermutlich stärker Kompetenzen wie Durchsetzungsfähigkeit und Sicherheit im Umgang mit Konkurrenz und Abgrenzung hervor. Geschlechtsspezifische Unterschiede im sozialen Verhalten und in der Art, Beziehungen zu definieren und zu erleben, sind also zu einem gewissen Teil in der gleichgeschlechtlichen Kinder-Sozialwelt erworben und gefestigt worden.

Ko-Konstruktion von moralischen Werten wie Fairness und Gerechtigkeit ■ In vielfältigen Aushandlungssituationen im Rahmen von sozialen Spielen sammeln Kinder auch Erfahrungen mit moralischen Prinzipien wie Fairness und Gerechtigkeit. Jean Piagets frühe Studien zur sozialen Organisation und Regelvereinbarung im Murmelspiel (Piaget, 1932/1954) deuten darauf hin, dass die Teilhabe an Aushandlungsprozessen über Regeln und deren Einhaltung und Abänderung die moralische Entwicklung der Kinder vorantreibt. Sie gelangen von einer *heteronomen Moral*, bei der die Spielregeln von den individuellen Überzeugungen des Kindes oder von der Autorität dessen abhängen, von dem sie aufgestellt wurden, zu einer *autonomen Moral*, wo Spielregeln auf Absprachen der Kinder gründen und das Ringen um solche Vereinbarungen mit gegenseitiger Achtung und Kooperationsbereitschaft einhergehen. Die Konstruktion moralischer Werte besitzt also nicht nur eine kognitive, sondern auch eine affektive Komponente. In der sozialen Interaktion mit Gleichrangigen erkennt das Kind zum einen, dass andere unterschiedliche moralische Urteile fällen und begründen können. Gleichzeitig erfährt es, dass es darauf angewiesen ist, dass seine Meinung bzw. seine moralischen Urteile von anderen geachtet und ernst genommen werden. Folglich ist es aufgefordert, auch den Meinungen und Urteilen seiner Interaktionspartner mit grundsätzlicher Achtung zu begegnen. Unter den Voraussetzungen von symmetrischer Reziprozität und gegenseitiger Achtung können in Peer-Interaktionen bzw. im sozialen Spiel

Begriffe wie Gerechtigkeit oder Freundschaft konstruiert werden (Oerter & Noam, 1999, S. 74). Dies geschieht in alltäglichen Spielsituationen, z. B. bei der Lösung des Problems, wie sieben Spielzeugautos gerecht auf zwei Mitspieler verteilt werden können, oder anlässlich der moralischen Entscheidung, ob beim Memoryspiel mit der besten Freundin geschummelt werden darf, um sich einen Vorteil zu verschaffen (vgl. Völkel, 2002). Über die beständige Herausforderung, die Sichtweisen oder Perspektiven der anderen Mitspieler mit der eigenen zu integrieren, kommt es in einem mehrjährigen Prozess dazu, dass letztlich auch ein generelles Bewusstsein des gesellschaftlichen Sinn- und Normensystems entwickelt werden kann. So lernen Kinder zunehmend Werte und Normen ihres Kulturkreises kennen und beachten und integrieren diese in ihr eigenes Identitätskonzept (Mead, 1956/1990).

Frühpädagogische Ansätze zur altersgemischten Betreuung, Bildung und Erziehung

Auch und vor allem Kindertageseinrichtungen sind Orte, an denen sich die beschriebenen Prozesse vollziehen, denn dort begegnen sich Kinder in stabilen Gruppen, über längere Phasen des Tages und kontinuierlich über Zeiträume von mehreren Monaten oder Jahren. Eine noch offene Frage ist, ob Kinder in altersgemischten Gruppenformen stärker als in altershomogenen Gruppen voneinander profitieren können.

Mehrere Organisationsformen sind zu unterscheiden. Neben der altershomogenen Gruppe gibt es Mischungen von ein oder zwei Jahrgängen bis hin zu so genannten »weiten« Altersmischungen. Die »kleine« Altersmischung umfasst dabei die gemeinsame Betreuung von Kindern vom ersten Lebensjahr bis zum Schuleintritt. In der »großen« Altersmischung werden zusätzlich auch die Schulkinder integriert (Textor, 1998). Von 1998 bis 2002 ist die Zahl der Einrichtungen mit altersgemischten Gruppen in den westlichen Bundesländern stark gestiegen, was darauf zurückzuführen sein dürfte, dass sich zahlreiche Einrichtungen für Kinder unter drei Jahren geöffnet haben. In den östlichen Bundesländern ist dagegen aktuell eine Abkehr vom Modell der Altersmischung zu beobachten, nachdem dieses nach der Wende in breiter Form eingeführt worden war (vgl. BMFSFJ, 2005, S. 288).

Altersgemischten Betreuungsformen wird von ihren Befürwortern eine Reihe positiver Einflüsse auf die kindliche Entwicklung unterstellt. Allerdings finden sich kaum aussagekräftige empirische Studien. Die Mehrzahl der Erkenntnisse beruht auf Erfahrungsberichten von Fachkräften, die auf altersgemischte Gruppenformen umgestellt haben. Entwicklungsanregungen, die sich die Kinder gegenseitig zu geben imstande sind, werden v.a. durch die Modellfunktion der Älteren erwartet, und zwar sowohl im sozialen als auch im sprachlichen Bereich und in der Selbständigkeitsentwicklung. Die älteren Kinder würden profitieren, weil sie Rücksichtnahme und Einfühlungsvermögen erwerben und ihr eigenes Wissen durch die Weitergabe an die jüngeren sichern und weiterentwickeln. Durch das mehrjährige Zusammensein würden längerfristige Freundschaften unter den Kindern ermöglicht. Kritische Einschätzungen beziehen sich vor allem auf die eingeschränkte Verfügbarkeit der von Kindern als attraktiv empfundenen ähnlich alten und gleichgeschlechtlichen Spielpartner, was zu einer generellen Abnahme von Sozialkontakten führen könnte. Tatsächlich zeigte eine der wenigen vergleichenden Studien in Deutschland, dass in vielen Gruppen mit großer Altersmischung die Kinder, die am Rande der Altersverteilung lagen, deutlich weniger Kontakt zu anderen Kindern hatten als die Kinder in der Mitte der Altersverteilung (Minsel, 1996). In einer aktuelleren Untersuchung wurde jedoch deutlich, dass Kinder nicht vorzugsweise altersgleiche Kinder als Spielpartner auswählen, sondern vergleichbar häufig auch mit leicht oder sogar wesentlich älteren und jüngeren Kindern Spielpartnerschaften eingehen (Riemann & Wüstenberg, 2004, S. 76).

Ausblick

Ohne sich in der Frage der Alterszusammensetzung für die eine oder andere Variante auszusprechen, bleibt festzuhalten, dass das Potenzial für Beziehungserfahrungen, Wissenskonstruktionen und Persönlichkeitsbildung, das in den Spielen und Aushandlungen der Kinder untereinander liegt, insgesamt sicherlich noch unterschätzt wird. Während die Integration in eine Peer-Gruppe und der Aufbau freundschaftlicher Beziehungen für ältere Kinder eindeutig als entwicklungsförderlich angesehen werden, gilt die frühe Kindheit immer noch als eine Phase, die durch die hohe, wenn nicht alleinige Bedeutung von engen Bindungsbeziehungen zu erwachsenen Bezugspersonen geprägt ist. Sobald Kleinkinder jedoch Zugang zur Sozialwelt der Peers erhalten, bildet diese einen weiteren Entwicklungskontext, in dem sie auf spezifische Weise kognitiv, sozial und emotional herausgefordert werden. Über diese informellen Bildungsprozesse, die sich meist ohne direkte pädagogische Steuerung, spontan und in lebensweltlichen Zusammenhängen vollziehen, wissen wir noch zu wenig. In den aktuellen Diskussionen um die Bildungsaufgaben von Kindertageseinrichtungen und kindlichen Bildungsmöglichkeiten in institutionellen Settings sollten Interaktionen und Beziehungen zwischen den dort betreuten Kindern stärker als bisher in den Aufmerksamkeitsfokus gelangen. Gerade für die Zeit der frühen Kindheit müssen hierzu auch die Rollen und Aufgaben von Erzieherinnen und Erziehern im Hinblick auf die Gestaltung von Rahmenbedingungen, unter denen sich Peer-Kultur und Peer-Beziehungen entfalten können, hinterfragt und neu bestimmt werden.

■ Literatur

Bundesministerium für Familie, Senioren, Frauen und Jugend (BMFSFJ) (Hrsg.) (2005). Bericht über die Lebenssituation junger Menschen und die Leistungen der Kinder- und Jugendhilfe in Deutschland – Zwölfter Kinder- und Jugendbericht. Berlin.

Corsaro, W. A. & Eder, D. (1990). Children's peer culture. Annual Review of Sociology, 16, 197-220.

Fried, L. (2004). Kindergartenkinder ko-konstruieren ihr Wissen über die soziale Welt. Eine Exploration inszenierter Handpuppenspiele. In: L. Fried & G. Büttner (Hrsg.), Weltwissen von Kindern. Zum Forschungsstand über die Aneignung sozialen Wissens bei Krippen- und Kindergartenkindern (S. 55–77). Weinheim und München: Juventa.

Hartup, W. W. (1992). Peer relations in early and middle childhood. In: V.B. VanHasselt & M. Hersen (Hrsg.), Handbook of Social Development. A Lifespan Perspective (S. 257–281). New York: Plenum Press.

Howes, C. & Matheson, C. C. (1992). Sequences in the development of competent play with peers: Social and social pretend play. Developmental Psychology, 28 (5), 961–974.

Maccoby, E. E. & Jacklin, C. N. (1987). Gender segregation in childhood. In: E.H. Reese (Hrsg.), Advances in child development and behaviour, Vol. 20. (S. 239–287). New York: Academic Press.

Mead, G. H. (1956/1990). Spielen und Spiele als Beiträge zur Genese des Ich. In: H. Scheuerl (Hrsg.), Das Spiel. Theorien des Spiels. Band 2 (S. 112–123). Weinheim: Beltz.

Minsel, B. (1996). Modellversuch Weiterentwicklung von Kindertageseinrichtungen. Abschlussbericht. Manuskript. München: Staatsinstitut für Frühpädagogik.

Oerter, R. & Noam, G. (1999). Der konstruktivistische Ansatz. In: R. Oerter, C. von Hagen, G. Röper & G. Noam (Hrsg.), Klinische Entwicklungspsychologie (S. 45–78). Weinheim: Beltz.

Parten, M.B. (1932). Social participation among preschool children. Journal of Abnormal and Social Psychology, 27, 243–269.

Piaget, J. (1932/1954). Das moralische Urteil beim Kinde. Zürich: Rascher.

Rabe-Kleberg, U. (2003). Gender mainstreaming und Kindergarten. Weinheim: Beltz.

Rauh, H. (1985). Soziale Interaktion und Gruppenstruktur bei Krabbelkindern. In: Ch. Eggers (Hrsg.), Bindungen und Besitzdenken beim Kleinkind (S. 204–232). München: Urban & Schwarzenberg.

Riemann, I. & Wüstenberg, W. (2004). Die Kindergartengruppe für Kinder ab einem Jahr öffnen? Eine empirische Studie. Frankfurt: Fachhochschulverlag.

Selman, R. (1975/1984). Die Entwicklung des sozialen Verstehens. Entwicklungspsychologische und klinische Untersuchungen. Frankfurt/Main: Suhrkamp.

Textor, M. (1998). Weite Altersmischung. In: I. Becker-Textor & M.R. Textor (Hrsg.), Der offene Kindergarten – Vielfalt der Formen (S. 35–38). Freiburg: Herder.

Viernickel, S. (2000). Spiel, Streit, Gemeinsamkeit. Einblicke in die soziale Kinderwelt der unter Zweijährigen. Landau: Verlag Empirische Pädagogik.

Völkel, P. (2002). Geteilte Bedeutung – Soziale Konstruktion. In: H.-J. Laewen & B. Andres (Hrsg.), Bildung und Erziehung in der frühen Kindheit (S. 159–207). Weinheim: Beltz.

Von Salisch, M. (2000). Zum Einfluss von Gleichaltrigen (Peers) und Freunden auf die Persönlichkeitsentwicklung. In M. Amelang (Hrsg.), Determinanten individueller Unterschiede (S. 345–405). Göttingen: Hogrefe.

Youniss, J. (1980). Parents and Peers in Social Development: A Piaget-Sullivan Perspective. Chicago: University of Chicago Press.

Youniss, J. (1986/1994). Entwicklung von Reziprozität durch Freundschaft. In: L. Krappmann & H. Oswald (Hrsg.), James Youniss. Soziale Konstruktion und psychische Entwicklung (S. 78–109). Frankfurt/Main: Suhrkamp.

Entwicklungs- und Sozialisationsrisiken bei jungen Kindern

Lieselotte Ahnert

Junge Kinder sind in ihrer Entwicklung und Sozialisation einer ausgeprägten Beeinflussbarkeit und Vulnerabilität (Verwundbarkeit) ausgesetzt. Aus dieser besonderen Gefährdungslage heraus erscheint es einerseits schlüssig, Risikofaktoren aus Sozialisationsbedingungen abzuleiten, die die kindliche Entwicklung behindern oder gar psychopathologische Entwicklungen auslösen. Andererseits ist es jedoch auch unstrittig, dass selbst Säuglinge, Klein- und Vorschulkinder aktiv in ihre Lebenswirklichkeit hineinwirken und damit Risikofaktoren außer Kraft setzen bzw. ihren Einfluss mildern können. Deshalb ist es wichtig, von einer defizitorientierten Bewertung zu einer ganzheitlichen Betrachtung der Frühsozialisation des Kindes zu gelangen, die neben den Gefährdungen durch suboptimale Sozialisationsbedingungen auch die Chancen der betroffenen Kinder auf eine ungestörte Entwicklung in den Blick nimmt.

Der Beitrag beginnt mit einer theoretischen Betrachtung von Entwicklung und Sozialisation und beschäftigt sich dann mit den Bedingungen für die Frühsozialisation in der Moderne. Dabei kann nur eine Auswahl aus der großen Vielfalt von Frage- und Problemstellungen zu diesem Thema bearbeitet werden, die sich vornehmlich am normativen Spektrum der Lebenslagen junger Kinder in Deutschland orientieren (Leu, 2002). Extreme Sozialisationsbedingungen von häuslicher Gewalt, kindlicher Vernachlässigung, Misshandlung und Missbrauch werden ausgeklammert.

Entwicklung und Sozialisation ■ Unter Sozialisation werden komplexe Prozesse der Mensch-Umwelt-Interaktion verstanden, die zur Anpassung an das Werte- und Normensystem der Gesellschaft führen. Wesentlich hierfür ist die Erziehung, aber auch ungewollte soziale Einwirkungen sind sozialisationswirksam (Hurrelmann, 2002). Für die Pädagogik ist es wichtig, möglichst umfassend zu bestimmen, welche Einflüsse das soziale Geschehen auf die langfristigen Veränderungen in der Verhaltens- und Persönlichkeitsstruktur hat, welche davon die Kompetenzentwicklung und Verhaltensanpassung befördern und welche Fehlanpassungen und Störungen erzeugen. Sozialisationsmechanismen und Sozialisationsrisiken sind damit nicht mit monokausalen Modellen beschreibbar, stattdessen muss die Mensch-Umwelt-Interaktion in ihrer Komplexität auf die unterschiedlichsten Lebens- und Entwicklungsphasen und Kontexte bezogen werden, insbesondere auf *Beziehungskontexte*. Zur Erforschung der Frühsozialisation sind vor allem kindheitssoziologische, pädagogische und erziehungspsychologische Theorien hilfreich, aber auch verhaltensgenetische und bindungstheoretische Ansätze, die die Sozialisationsprozesse der Früh- und Vorschulzeit vorrangig auf die Kind-Umwelt-Passung orientieren und Entwicklungsrisiken aus dem Wechselspiel von Vulnerabilität und Resilienz erklären

Die Kind-Umwelt-Passung ■ Es ist immer wieder erstaunlich, mit welcher Verlässlichkeit in der Frühsozialisation Entwicklungsvoraussagen getroffen werden können und sich definierte Entwicklungsresultate mit bestimmbaren Zeitangaben verknüpfen lassen. Über lange Zeit war damit die Vorstellung verbunden, dass im Wesentlichen die genetischen Anlagen des Kindes diese frühen Entwicklungsprogramme durchsetzen. Spezielle Sozialisationsbedingungen konnten demnach die Entwicklung lediglich verzögern oder befördern und nur unter extremen Umständen auch qualitativ verändern (z. B. im Fall von Kindesaussetzungen).

Die moderne Verhaltensgenetik versteht jedoch Entwicklung als kontinuierliche Wechselwirkung von umweltbezogenen und genetischen Faktoren, die beide verändernd aufeinander einwirken (vgl. Asendorpf, 2004). Richtig ist zwar, dass Gen*strukturen* ausschließlich über pathogene Umwelteinflüsse (z. B. Strahlenbelastungen) veränderbar sind, ohne weiteres aber kann die Gen*aktivität* beeinflusst werden. Danach legen bereits individuelle intrauterine Umgebungsbedingungen (etwa bedingt durch einen hohen Stresspegel während der Schwangerschaft) die vorgeburtliche Hirnaktivität verschieden aus, bringen unterschiedlichste Verhaltenstendenzen und Fähigkeiten zum Tragen und befähigen nach der Geburt ein jedes Kind in einer ganz spezifischen Weise zur postnatalen Anpassung. Hier beginnt dann ein langer und komplizierter Sozialisationsprozess, der auch störanfällig ist. Das Kind lernt auf bestimmte Weise seine Fähigkeiten einzubringen, indem es dazu angehalten, ermutigt oder auch gedrängt wird, einige davon stärker zu entwickeln, auf manche Dinge besser zu achten und dabei auch bestimmte Gefühle eher zuzulassen als andere (Hüther & Krens, 2005).

Diese Erfahrungen beeinflussen die Bedingungen der weiteren Entwicklung, zu deren Beschreibung ursprünglich das Modell der Kind-Umwelt-Passung eingeführt wurde. Passung entsteht dann, wenn die Sozialisationsbedingungen so gestaltet werden, dass sie den vorhandenen Verhaltenstendenzen und Fähigkeiten des Kindes entsprechen. Unter dieser Voraussetzung können Fähigkeiten weiter entfaltet und damit wiederum die Umwelt so stimuliert werden, dass Umweltantworten ausgelöst werden, die auf diese Fähigkeiten Bezug nehmen (z.B. zeigt das Kind musikalische Fähigkeiten, bekommt es Gelegenheit zu musikalischer Betätigung). Fehlpassungen entstehen nach diesem Modell, wenn (1) Fähigkeiten stimuliert werden sollen, für die es kaum eine Grundlage gibt oder (2) die erziehende Umwelt auf vorhandene Fähigkeiten nicht reagiert oder ihnen sogar entgegen steht.

Vorstellungen zur Kind-Umwelt-Passung sind vor allem in der Diskussion um das so genannte »schwierige« Kind entwickelt worden. Danach wird die erziehende Umwelt bei Temperamentskonstellationen mit überwiegend negativer Stimmungslage, hoher Intensität der Reaktionen bei jedoch niedrigem Aktivitätsniveau, Unzugänglichkeit und Anpassungsunfähigkeit des Kindes in einer besonderen Weise herausgefordert, die Kind-Umwelt-Passung herzustellen. Im Ergebnis dieser Diskussion wurde deutlich, dass schwierige Kinder kaum über Temperamentsprofile allein definiert werden können, sondern nur in Relation zu dem Ausmaß, mit dem diese Verhaltenscharakteristiken sozial angenommen werden (Plomin, Reiss, Hetherington & Howe, 1994). Infolgedessen signalisieren Fehlpassungen bereits Sozialisationsrisiken, da sie das betroffene Kind von einer gestörten Anpassung in eine Fehlentwicklung hineinführen können.

Vulnerabilität und Resilienz ■ Annahmen über die Entstehung von Fehlentwicklungen werden heute aus dem Verhältnis von vulnerablen und protektiven Faktoren abgeleitet. Unter Vulnerabilität wird eine generelle, aber auch spezifische Eigenschaft oder Neigung verstanden, die zu einer dysfunktionalen Verarbeitung von Informationen und gestörter Anpassung prädisponieren und sowohl genetisch angelegt als auch umweltbedingt sein kann. Beispielsweise kann eine temperamentsbedingte Unzugänglichkeit ein Kind höchst vulnerabel für eine Umwelt machen, die soziale Aufgeschlossenheit erfordert (z.B. die Betreuung in einer Kindergruppe). Selbst hochbegabte Kinder können wegen ihrer Übersensibilitäten (overexcitabilities; ausführlich in Rohrmann & Rohrmann, 2005) im Erleben und Verarbeiten von Informationen sowie ihrer überhöhten Sinnesleistungen Minderwertigkeitsgefühle und Blockaden entwickeln, die ihre Entwicklung behindern, anstatt das ungewöhnliche Leistungspotenzial auszuformen. Vulnerabilität kann damit in bestimmten Lebensphasen und durch entsprechende Sozialisationsbedingungen verstärkt oder gemildert werden und ist folglich veränderbar, selbst wenn es sich um eine genetische Prädisposition handelt.

Ferner besteht Konsens darüber, dass störende Einflüsse auf Anpassungs- und Entwicklungsprozesse trotz vorhandener Vulnerabilität minimierbar sind, wenn auf protektive Faktoren zurückgegriffen werden kann. Von daher wird angenommen, dass Fehlentwicklungen umso wahrscheinlicher werden, je weniger Resilienz- und Unterstützungsfaktoren dem Störprozess entgegenwirken. *Resi-*

lienzfaktoren sind Kompetenzen und Bewältigungsstrategien, die als subjektive Faktoren eine angemessene Adaptation trotz ungünstiger Lebensumstände ermöglichen und die Entwicklung positiv beeinflussen. *Unterstützungsfaktoren* beziehen sich dagegen unmittelbar auf die Sozialisationsbedingungen und zielen als objektive Umweltfaktoren insbesondere auf die Ressourcenlage aus den Beziehungskontexten der Kinder ab (vgl. Petermann, Niebank & Scheithauer, 2000).

Entwicklungsfördernde Beziehungskontexte ■ Unterstützungsfaktoren werden über die Beziehungskontexte des Kindes wirksam. Von Geburt an ist das Kind auf diese Beziehungsspezifik vorbereitet, allerdings zunächst nur mit recht globalen Verhaltensmustern (wie Lächeln, Vokalisieren und Schreien), die die Betreuungspersonen in differenzierter Weise beantworten müssen, um eine Beziehung entstehen lassen zu können. In einer Art »Dialog« nehmen dann Betreuungsperson und Kind auf die Signale des anderen wechselseitigen Bezug. Damit sich jedoch die kindliche Beziehungsfähigkeit entwickelt, muss der Säugling erkennen, dass es seine Handlung war, die die unmittelbar daraufffolgende Reaktion ausgelöst hat. Dieses Phänomen der Kontingenz wird in der Regel von den Eltern intuitiv richtig gehandhabt, seine Missachtung aber führt zu ausgeprägten kindlichen Emotionsschwankungen, Quengeln und Schreien und auch dazu, dass Säuglinge Blickkontakte zunehmend vermeiden und weniger aufmerksam ihre Umwelt explorieren.

Wegen der herausragenden Bedeutung der kindlichen Beziehungsfähigkeit müssen die Betreuungspersonen lernen, einen entwicklungsfördernden Beziehungskontext aufzubauen, indem sie sensitiver als bisher die kindlichen Signale und Verhaltensintentionen beantworten (ausführlich in Papoušek, Schieche & Wurmser, 2004). Gefordert sind dabei sensitive Betreuungsmuster, emotional positive Zuwendungsformen sowie das Ausüben ausgeprägter Sicherheits- und Schutzfunktionen. Damit die Beziehungskontexte jedoch auch im weiteren Verlauf der Kindheit diese entwicklungsfördernden Eigenschaften beibehalten, ist es nötig, das Konzept der emotionalen Sicherheit um Erziehungsprinzipien zu erweitern, die sich den entwickelnden Kompetenzen und Bedürfnissen des Kindes fortlaufend anpassen. Dazu gehören neben der (1) Aufrechterhaltung von Bindungssicherheit und liebevoller Zuwendung (2) die Achtung vor der Individualität und den zunehmenden Autonomiebestrebungen des Kindes, (3) Orientierung an verbindlichen Verhaltenserwartungen, (4) Bereitstellung vielfältiger Anregungs- und Fördermöglichkeiten sowie (5) die Ermutigung zur Partizipation an der gemeinsamen Lebensgestaltung. Mithilfe dieser Erziehungsprinzipien kann das Kind Handlungskompetenzen entwickeln und gestaltungsfähig werden (Überblick in Tschöpe-Scheffler, 2003).

Die entwicklungsfördernden Beziehungskontexte unterstützen die kindlichen Anpassungs- und Entwicklungsprozesse und bilden gleichzeitig die Grundlage für die Entwicklung der kindlichen Resilienz. Sind in Belastungs- und Risikosituationen die kindlichen Ressourcen erschöpft, garantieren *sichere Bindungsbeziehungen* dem Kind zunächst einmal Unterstützung. Da Bindungssicherheit jedoch langanhaltend in die Identitätsentwicklung eines Kindes eingreift und die positive Wahrnehmung der eigenen Kompetenzen bewirkt, werden diese Kinder zunehmend zur Aktivierung ihrer eigenen Ressourcen ermutigt und beginnen, Resilienzfaktoren aufzubauen. Kindliche Resilienz zeigt sich vornehmlich in der Fähigkeit, Angst und Frustrationen zu regulieren, sich auf relevante Situationsmerkmale zu konzentrieren und schließlich soziale und kognitive Bewältigungsstrategien (wie beispielsweise Kommunikationsfähigkeiten und Fertigkeiten zur Selbsthilfe; vgl. Garmezy, 1993) bereitzustellen.

Allerdings machen Kinder im normalen Alltag auch unsichere Bindungserfahrungen, die keine resilienzbildenden Wirkungen haben. Da diese Kinder viele Herausforderungen weitgehend ohne Unterstützung angehen müssen, besteht die Gefahr der Überforderung, die die eigenen Kompetenzen in einem negativen Licht erscheinen lässt und die eigentlichen Bewältigungsprozesse eher blockiert (ausführlich in Ahnert, 2004).

Aufwachsen in der Moderne ■ Kindheitssoziologische Analysen legen nahe, dass gesellschafts- und sozialpolitische Prozesse der letzten Jahrzehnte die Lebenswirklichkeit von Kindern in Deutschland zwar signifikant verändert, Kindheit jedoch nicht gänzlich aus ihrer tradierten Verankerung herausgelöst haben. Vielmehr scheinen neben modernen Kindheitsmustern auch traditionelle zu existieren. Das Phänomen, dass Kinder früh in kulturelle Laufbahnen, Bildungskarrieren und Lernerfolgsstress gedrängt werden, verweist auf vielfältige familienexterne Einflüsse in der Sozialisation des Kindes. Die Entwicklung des Kindes findet heute stärker als bisher in Wechselwirkung mit Sozialisationsinstanzen statt, die aus den unterschiedlichsten sozialen Wirklichkeiten stammen. Bronfenbrenner (1977, S. 514) bezeichnet dies als »nested arrangements«. In seinem Sozialisationsmodell wird die Kind-Umwelt-Interaktion (Mikrosystem) aus dem unmittelbaren Familienkontext hinausgeführt und um Einflüsse aus Nachbarschaft und institutioneller Betreuung (Mesosysteme) wie auch den Arbeitsstätten der Eltern, den Aktivitäten in der Region (Exosysteme) bis hin zu den Werten und Normen der Kultur (Makrosystem) erweitert. Danach bieten vor allem die Wechselbeziehungen im Mesosystem (wie etwa zwischen Familie, Nachbarschaft und Kindereinrichtung) besondere Anregungs- und Fördermöglichkeiten für junge Kinder, stellen aber auch hohe Herausforderungen an deren Autonomie- und Partizipationsbestrebungen. Mit diesen Herausforderungen werden schließlich Individuationspozesse ausgelöst, die sich durch die zunehmende Mediatisierung kindlicher Lebenswelten, aber auch in vielfältigen Akkulturationsprozessen noch verstärken (vgl. Markefka & Nauck, 1993).

Insgesamt kann festgestellt werden, dass die Moderne neue Kindheitsmuster hervor gebracht hat, die Kinder nicht nur früher und intensiver in die Individuation drängen, sondern sie auch stärker als bisher vielfältigen sozialen Substrukturen aussetzen, deren Kontraste und Übergänge Entwicklungs- und Sozialisationsrisiken bergen. Tatsächlich haben Entwicklungs- und Verhaltensstörungen in den letzten Jahrzehnten signifikant zugenommen, die als Lern-, Aufmerksamkeits- und Aktivitätsstörungen, emotionale Regulationsstörungen und Gewaltbereitschaft sowie sprachliche und kognitive Defizite vorrangig nach dem Schuleintritt registriert werden. Es liegt jedoch nahe, die Ursachen dieser so genannten »neuen Kinderkrankheiten« schon in der veränderten Frühsozialisation zu suchen. Da diese auch heute maßgeblich in der Familie verankert ist und familiäre Beziehungskontexte den Bezugsrahmen für die Bewertung von kindlicher Vulnerabilität und Resilienz wie auch der Entstehung von Fehlentwicklungen darstellen, ist das familieninterne Beziehungsgefüge genauer zu betrachten.

Beziehungskontext Familie ■ Beziehungsgefüge und -kontexte entstehen in der Familie zwangsläufig durch die Beteiligung ihrer Mitglieder an einer gemeinschaftlichen Lebensgestaltung. Sie können zum einen im Hinblick auf Interaktionsprozesse, affektiv-emotionale Austauschbeziehungen und Spannungsregulationen zwischen den Familienmitgliedern betrachtet und im Sinne eines Beziehungsklimas beschrieben werden. Zum anderen können sie danach charakterisiert werden, welche Beziehungserfahrungen von jedem einzelnen Familienmitglied aufgenommen und mental repräsentiert werden (vgl. Schneewind, 1999).

Durch die anhaltenden Verpflichtungen im Zusammenleben mit Kindern kann das familiäre Beziehungsklima signifikant belastet sein. Insbesondere in der Frühsozialisation wird ein hohes elterliches Engagement abverlangt, das viele elterliche Ressourcen bindet und die eigenen Bedürfnisse dabei zeitweilig unbefriedigt lässt. So verweisen verschiedene Untersuchungen darauf, dass nach der Geburt des ersten Kindes die Partnerschaftsbeziehungen zum Teil massiv beeinträchtigt werden (z. B. Gloger-Tippelt, Rapkowitz, Freudenberg & Maier, 1992). In Familien mit Kindern kommt es deshalb darauf an, die vielfältigen Sozialisationsaufgaben über Funktionsverteilung und -umverteilung zwischen den Eltern gut zu verhandeln sowie Erziehungsprinzipien dafür zu entwickeln. Dies geht in der Regel mit einer Binnenstrukturierung des familiären Beziehungskontextes einher, innerhalb dessen sich die Beziehungen des Kindes zu Mutter und Vater unterschiedlich entwickeln. Die aktuelle Bindungsforschung beginnt dies gerade wahrzunehmen. So wird die Mutter-Kind-Beziehung vor allem anhand ihrer sicherheitsgebenden und stressreduzierenden Funktion beschrieben, für die die mütterliche Feinfühligkeit mit prompten und angemessenen Reaktionen auf die Schutzbedürfnisse des Kindes konstitutiv ist. Auch wird die spätere Fähigkeit des Kindes zur emotionalen Selbstregulation wie auch dessen »Erziehbarkeit« (compliance; Orientiertheit an verbindlichen Verhaltenserwartungen) mit dieser Art von Beziehungserfahrungen verbunden. Die kindliche Beziehung zum Vater scheint sich dagegen typischerweise in Anregungs- und Beschäftigungssituationen herauszubilden und vorrangig durch motorische Stimulationen geprägt zu sein. Außerdem setzt die Vater-Kind-Beziehung auf die Autonomie- und Partizipationsbestrebungen des Kindes und wird mit der Entwicklung kindlicher Exploration und Neugier verbunden (ausführlich in Ahnert, 2004).

Diese unterschiedlichen Beziehungsmuster können in einer bestimmten Familienkonstellation und -situation auch in einer völlig anderen Weise erfahrbar werden. Beispielsweise rekurrieren alleinerziehende Väter auch auf die stressreduzierenden und sicherheitsgebenden Merkmale typischer mütterlicher Betreuungsmuster. Insgesamt kann man davon ausgehen, dass die Betreuungsmuster von Müttern und Vätern die Grundlage von Beziehungserfahrungen darstellen, die für eine normale Sozialentwicklung des Kindes in unserer Kultur notwendig sind und infolgedessen Defizite in diesen Bereichen abweichende Sozialentwicklungen des Kindes bewirken können.

Familien unter schwierigen Lebensbedingungen ■ Von bestimmten Familienkonstellationen und -situationen wird a priori angenommen, dass sie nur suboptimale Sozialisationsbedingungen bieten können. Dazu gehören Familien, die von nur einem Elternteil getragen (z. B. bei Alleinerziehenden) bzw. funktionstüchtig gehalten werden (z. B. bei schwerer Erkrankung eines Elternteils oder nach Elternverlust durch Tod). Entwicklungs- und Sozialisationsrisiken werden auch in Familien vermutet, die schwierigen Lebensbedingungen, Konflikten (z. B. bei Scheidung) oder einer materiellen Ressourcenverknappung (z. B. Armut) ausgesetzt sind. Im Folgenden wird deshalb diskutiert, inwieweit diese Familienkonstellationen und -situationen die Vulnerabilität des Kindes erhöhen und Fehlentwicklungen provozieren, aber auch gefragt, welche Ressourcen unter diesen Umständen für eine gesunde Entwicklung zur Verfügung stehen.

Alleinerziehende ■ Etwa 15 % der Kinder leben in Deutschland mit nur einem Elternteil. Es handelt sich dabei um Mütter oder Väter, die ledig, verwitwet, dauerhaft getrennt lebend oder geschieden sind. Das Kind hat dabei nur eine unmittelbare Bezugsperson, in der überwältigenden Mehrheit der Fälle ist es die Mutter. Mit dem anderen Elternteil gibt es oft nur sporadische Besuchskontakte, die damit als Sozialisationseinflüsse wenig relevant sind. Leben im Haushalt der/des Alleinerziehenden noch andere Personen (z. B. Großeltern des Kindes, neuer Lebenspartner des Elternteils), bilden diese als Mehrgenerationen- oder »Patchwork-Familie« den Beziehungskontext, der für das Kind sozialisationswirksam wird und gleichzeitig ein relevantes Unterstützungssystem für die Alleinerziehenden darstellen.

Alleinerziehende leben häufiger als verheiratete Eltern unter ökonomisch ungünstigeren Bedingungen. Dies muss jedoch nicht zu kindlichen Fehlentwicklungen führen, insbesondere wenn soziale Netzwerke und Unterstützungssysteme vorhanden sind (die in der Regel auch institutionelle Betreuung einschließen). Bis auf wenige Ausnahmen scheinen Alleinerziehende die Unterstützungssysteme mehr als andere Eltern zu brauchen, da sie zumeist durch kritische Lebensereignisse (ungewollte Schwangerschaft, Scheidung oder Verwitwung) erst in die Situation der Einelternschaft gekommen sind. Unterstützungssysteme können ihnen bei der Verarbeitung dieser Erfahrungen sehr behilflich sein, aber auch die alltäglichen Belastungen abfangen (ausführlich in Fegert & Ziegenhain, 2003). Von daher wurde ein deutlich positiver Zusammenhang zwischen dem Ausmaß und der Funktion von Unterstützungssystemen und der Qualität mütterlicher Betreuung in mehreren Studien aufzeigt, der durch eine gut entwickelte mütterliche Erziehungskompetenz, ausgeprägte Sensitivität und Sicherheit in der Mutter-Kind-Beziehung erklärt wurde (vgl. Ahnert, 2004).

Unterstützungssysteme erweitern aber auch die Mutter-Kind-Beziehung und bieten dem Kind neue Anregungen und Fördermöglichkeiten, wie sie beispielsweise auch im Rahmen außerfamiliärer Tagesbetreuung umgesetzt werden können. Für die Entwicklung der geschlechtlichen Identität des Kindes sind gemischtgeschlechtliche private soziale Netze ebenfalls wichtig.

Insgesamt gesehen sind Kinder von alleinerziehenden Eltern dann einem erhöhten Sozialisationsrisiko ausgesetzt, wenn die Eineltern-Kind-Beziehung unsichere Bindungsmerkmale aufweist und über keine oder nur eingeschränkte soziale Netze und Unterstützungssysteme verfügt. Dieses Risiko erhöht sich um ein Vielfaches, wenn die alleinerziehenden Mütter sehr jung sind (zwölf bis vierzehn Jahre alt), da in der Regel ihre Autonomie und ihre Identität noch nicht vollständig ausgeprägt sind und sie auch noch keine tragfähigen sozialen Netzwerke aufgebaut haben. Insofern sind sie noch zu wenig vorbereitet für die Betreuung eines Kindes (vgl. Fegert & Ziegenhain, 2003).

Erkrankung von Eltern und Elternverlust durch Tod ■ Als ein ernstzunehmendes Sozialisationsrisiko in der Frühsozialisation von Kindern ist in den letzten Jahren die postpartum Depression (Wochenbett-Depression) von Müttern in den Blickpunkt gerückt, deren Prävalenzrate mittlerweile mit etwa 13 % angegeben wird. Diese Erkrankung macht den so wichtigen Aufbau eines optimalen Beziehungskontextes mit Geburt eines Kindes nahezu unmöglich. Zunächst ist dabei die mangelhafte Ansprechbarkeit der Mutter sowie ihre Unfähigkeit bezeichnend, sensibel auf den Säugling eingehen und seine Emotionen regulieren zu können. Später können sogar ausgeprägte Feindseligkeiten und negative Bewertungen dem Kind gegenüber dominieren. Derartige Interaktionserfahrungen (die auch mit Betreuungspersonen gemacht werden, die an bipolaren Störungen, Sucht-, Angst-, Zwangs- und Persönlichkeitsstörungen erkrankt sind) führen zumeist zu desorganisierten Bindungskontexten, die zu Fehlentwicklungen mit signifikanten emotionalen Regulationsstörungen und Aggressionsproblemen führen, wenn nicht kindliche Beziehungserfahrungen jenseits dieser Mutter-Kind-Dyaden diese Entwicklung verhindern (Weissman, Warner, Wickramaratne, Moreau & Olofson, 1997).

Elternverlust durch Tod eines Elternteils kann ebenfalls Entwicklungsstörungen nach sich ziehen, die sich in Abhängigkeit vom Alter des Kindes zum Zeitpunkt des Verlustes manifestieren und zu massiven Verhaltensstörungen – vorrangig als Rückzugsverhalten, Konzentrationsstörungen, Desinteresse und kindliche Depressionen – ausweiten können. Außerdem können die Entwicklungsstörungen ähnlich denen von Kindern depressiver Eltern sein (siehe oben), wenn der hinterbliebene Elternteil eine Depression entwickelt.

Scheidung ■ Gegenwärtig sind 30 % aller deutschen Familien von Scheidung betroffen, wobei eine solche nach einer mittleren Ehedauer von fünf Jahren vollzogen wird und damit in etwa der Hälfte dieser Trennungsfamilien auch auf Vorschul- und Grundschulkinder trifft. Diese Kinder nehmen unmittelbar an Zerfall und Neuordnung eines Beziehungsgefüges teil, von dem sie selbst ein Teil sind. In den ersten zwei Jahren nach der Trennung der Eltern können Verhaltensauffälligkeiten auftreten, die zumeist vorübergehend sind. Wenn das innerfamiliäre Beziehungsklima allerdings für das Kind weiterhin belastend ist, z. B. durch mangelnde Zuwendung des betreuenden Elternteils oder anhaltende Konflikte mit dem getrennt lebenden Elternteil, bleiben auch die kindlichen Verhaltensauffälligkeiten bestehen bzw. verstärken sich. Insgesamt gesehen stellt die Zerrüttung der elterlichen Partnerschaft eine große Belastungssituation für das Kind dar, die emotionale Unsicherheit, Unruhe, eine schlechtere Anpassung, emotionale Labilität und eine schwerere Zugänglichkeit bewirken kann. Das heißt nicht zuletzt, dass die Konflikte zwischen den Eltern stärkere Belastungsfaktoren als die eigentliche Scheidung sein können und das Kind somit langfristig von der Auflösung einer solch problematischen Ehe profitiert (Schmidt-Denter, 2001).

Armut ■ Armut bezeichnet eine Lebenssituation, die einem Minimalstandard nicht genügt. Die Festlegung der Armutsgrenze variiert weltweit beträchtlich, sie liegt nach EU-Angaben von 2003 in Deutschland mit 60 % des mittleren Einkommens bei 938 Euro pro Monat. Neben mangelhaften materiellen Ressourcen gelten als weitere Merkmale der Armut die unzulängliche Qualität des Soziallebens, eingeengte Erfahrungsmöglichkeiten sowie Gesundheitsbelastungen durch Ernährung und Wohnbedingungen. Armut in Deutschland wird weniger durch eine stabile Unterschicht repräsentiert als vielmehr von der Dynamik des Ein- und Ausstiegs in Armut durch wechselnde Lebensläufe und Lebensrisiken bestimmt. Arbeitslosigkeit, Trennung, Scheidung, Ablehnung der Versorgerehe, missglückte Studienablaufpläne und Berufseinstiege können Armutssituationen erzeugen (Dettling, 1996).

Vor diesem Hintergrund interessiert neben den generellen Folgen von Armut für die kindliche Entwicklung die Frage, wie sich Armut in bestimmten Entwicklungsphasen des Kindes auswirkt. Hierbei ist eine der aktuellen Mega-Studien (NICHD Early Child Care Research Network, 2005) aufschlussreich, die die Entwicklung von der Geburt bis zum neunten Lebensjahr unter Armutsbedingungen untersucht hat. Danach bestätigt sich, dass Armut mit ungünstigen Familiensituationen und Entwicklungsquotienten verbunden ist: Kinder in Armut zeigten kognitive Defizite und mehr Verhaltensprobleme als Vergleichskinder, die keine Armut kannten. Die schlechten Entwicklungsergebnisse wurden dabei maßgeblich auf das inadäquate Elternverhalten und das schlechte Beziehungsklima in der Familie zurückgeführt. Darüber hinaus zeigten jedoch Entwicklungsvergleiche von Kindern, die Armut entweder nur im Alter von null bis drei Jahren oder erst im Alter von vier bis neun Jahren erfahren hatten, dass die späteren Erfahrungen von Armut sich gegenüber den früheren ungünstiger auf ihre Entwicklung auswirken.

Damit kann zusammenfassend festgestellt werden, dass mit Armut nicht nur mangelhafte ökonomische Ressourcen, sondern auch Mängel in der Sozialisation und Interaktion des Kindes im familiären Beziehungsgefüge verbunden sind. Die altersabhängigen Auswirkungen weisen außerdem auf defizitäre Beziehungserfahrungen des Kindes hin, die umso verheerender sind, je weniger sie den wachsenden Bedürfnissen und Kompetenzen des Kindes entsprechen.

Familiäre Beziehungskontexte im Spannungsfeld familienexterner Einflüsse ■ Die Diskussion um die Frage, ob und wie die heutige Familie ihrer Sozialisationsfunktion gerecht wird, wird allerdings nicht nur für Familien mit mangelhafter Ressourcenlage geführt. Auch Familien mit guten ökonomischen Ressourcen und hohem Bildungsstand sind Einflüssen ausgesetzt, die umso wirksamer sind, je mehr sie mit einer zeitweiligen Auslagerung von bestimmten Sozialisationsfunktionen aus dem unmittelbaren familiären Beziehungsgefüge verbunden werden. Diese familienexternen Außenbezüge sind insbesondere bei der Nutzung von Medien, der Inanspruchnahme von außerfamiliären Betreuungsangeboten und mit Orientierungen nach neuen Werten und Normen in Akkulturationsprozessen beobachtbar.

Medien ■ Aktuelle Forschungsstudien bestätigen gegenwärtig erstmals Befürchtungen, wonach ausgeprägter Fernsehkonsum bei Kindern im Alter von null bis drei Jahren zu Entwicklungsdefiziten führt. Danach stellen Kleinkinder beim Fernsehen unscharfe Zusammenhänge zwischen den visuellen Eindrücken und der sprachlichen Belegung her und bilden damit nur unpräzise Begriffsstrukturen und semantische Netze aus, die sich vor allem in kognitiven und sprachlichen Defiziten niederschlagen. In der alltäglichen sozialen Interaktion vermitteln Betreuungspersonen dem Kind die Informationen normalerweise gefiltert, bewertet und der individuellen Geschwindigkeit der kindlichen Informationsverarbeitung angepasst, so dass dies in die bereits bestehenden Wissensstrukturen mit Wiederholungen und Korrekturen gut integriert werden kann. Aktives kindliches Handeln spielt dabei ebenfalls eine große Rolle, so wie es sich vornehmlich über Zeigegesten, Nachverfolgen von Gezeigtem und eigenem Handeln beobachten lässt (vgl. Ahnert, 2006). Kinder vorm Fernsehgerät aber können diese Handlungskompetenzen kaum einsetzen, wenn sie mit einem Informationsangebot konfrontiert werden, das zu komplex ist, um ohne Vermittlung erfasst zu werden. Aus einer neuropsychologischen Perspektive wird deshalb Fernsehen im Kleinkindalter auch als Reizüberlastung angesehen und – neben den Risiken für die kognitive und sprachliche Entwicklung – im Kontext mangelnder Aufmerksamkeits- und Aktivitätsstörungen sowie emotionaler Fehlregulationen und Entgleisungen bewertet (Hüther & Krens, 2005).

Demgegenüber können Kinder im Alter von drei bis fünf Jahren auf mentale Kompetenzen zurückgreifen, die bereits die Verarbeitung komplexer Bildsequenzen mit hoher Informationsdichte ermöglichen, so dass in diesem Alter positive Effekte des Fernsehens auf die Sprachkompetenz nachgewiesen werden konnten. Allerdings bleibt die kindliche Verarbeitungsleistung auch in diesem Alter noch deutlich an die Anschauung gebunden, so dass die daraus resultierenden »Denkfehler« ebenfalls in vermittelnden Interaktionsprozessen bearbeitet werden müssen. Herausragende mediale Angebote (z.B. Sesamstraße, Die Sendung mit der Maus) integrieren bereits interaktive Problemlösestrategien, die dieser Tatsache Rechnung tragen. Bei wahllosem und exzessivem Fernsehkonsum kann es allerdings auch in diesem Alter zu Reizüberlastungen und ihren Folgen kommen. Es genügt jedoch keinesfalls, Kinder lediglich vor unangemessenem Fernsehkonsum zu bewahren. Vielmehr muss früh begonnen werden, sie zu einer eigengesteuerten Mediennutzung zu befähigen. Wenn das Medienklima in der Familie insgesamt von einer kritischen Auswahl medialer Angebote getragen ist, die genauso diskutiert werden wie alternative Angebote familiärer Lebensgestaltung, wenn Eltern mit ihren Kindern diese Angebote gemeinsam wahrnehmen, sie besprechen und im Alltag an geeigneter Stelle darauf Bezug nehmen, wird auch die Mediennutzung mit Selbstverständlichkeit als nur eine von vielen Anregungsbedingungen vom Kind angesehen (ausführlich in Ahnert, 2006).

Institutionelle Betreuung ■ Institutionelle Betreuungsangebote entstanden ursprünglich aus dem Bedürfnis, Eltern bei der Betreuung ihrer Kinder zu unterstützen, richten sich jedoch heute vorrangig nach den Bedürfnissen der Kinder. Trotz dieses Perspektivenwandels unterscheidet sich die Betreuungspraxis von familiärer und institutioneller naturgemäß nach wie vor. Dies gibt immer wieder Anlass zu der Annahme, dass institutionelle Betreuung die Anpassungsfähigkeit junger Kinder überfordern und vor allem die emotionale Entwicklung des Kindes in Mitleidenschaft ziehen könnte. Störungen in der Eltern-Kind-Beziehung sowie Verhaltensentwicklungen, die eher durchsetzend-aggressiv als prosozial-empathisch sein könnten, scheinen als potenzielle Folgen auf.

Tatsächlich zeigen aktuelle Studien, dass die sozialen Erfahrungen mit Personen außerhalb der Familie sowie mit fremden Kindern in Kindertageseinrichtungen oder Tagespflege anfangs emotional sehr belastend sein können. Diese Anfangsphase darf in der Tat als ein kritisches Lebensereignis betrachtet werden, das zu einem Sozialisationsrisiko werden kann, wenn die Integration des Kindes in diesen neuen Betreuungskontext nicht gelingt. Deshalb ist es für das Kind wichtig, die neu aufzubauenden Beziehungen in ein stabiles Gefüge bestehender Beziehungen integrieren zu können. Dazu müssen die primären Familienbeziehungen in ihrer Qualität weitgehend erhalten bleiben, auch wenn mit Inanspruchnahme einer institutionellen Betreuung (und zumeist gleichzeitiger Wiederaufnahme der Erwerbstätigkeit der Mutter) der Familienalltag neu strukturiert wird. Studien zur Eingewöhnung haben gezeigt, dass die Eltern-Kind-Beziehung gesichert ist, wenn die Eltern diese Phase sensitiv begleiten (vgl. Ahnert & Schnurrer in diesem Band).

Der neue Beziehungskontext kann allerdings auch noch nach erfolgreicher Anfangsphase zu einem Entwicklungsrisiko werden, das durch emotionale Regulationsstörungen und aggressive Verhaltenstendenzen angezeigt wird. Erzieherin-Kind-Beziehungen haben zwar analog zur mütterlichen Betreuung ebenfalls eine zuwendende und auch sicherheitsgebende Funktion, zeichnen sich jedoch vorrangig durch Assistenz und Impulsgebungen für die kindlichen Aktivitäten aus. Die Kinder sehen deshalb in ihren Erzieherinnen eher den Spielpartner und Unterstützer beim eigenen Wissenserwerb als einen Trostspender. Von daher sind die Beziehungskontexte in den Kindereinrichtungen kein Ersatz für Eltern-Kind-Bindungsbeziehungen, sondern Teil eines erweiterten Beziehungsnetzes, das sich in Wechselwirkung von familiären und institutionellen Sozialisationsbedingungen ausformt. Da auch bei guten Beziehungen zwischen Eltern und Erzieherinnen differente Betreuungs- und Beziehungsmuster bestehen bleiben, ist es wichtig, dass das familiäre Zeitbudget für das Zusammensein mit dem Kind nicht zu knapp gehalten wird, um die unterschiedlichen kindlichen Bedürfnisse zu befriedigen und dabei die vielfältigen Facetten der Entwicklungsförderung auszunutzen (ausführlich in Ahnert & Schnurrer in diesem Band).

Gesellschaftliche Umbrüche und Akkulturation ■ Akkulturationsprozesse (Anpassungen an neue Werte und Normen einer Kultur) wirken so umfassend auf familiäre Beziehungsstrukturen, dass ihre Einflüsse auf die kindliche Entwicklung bislang durch Forschungsarbeiten nur unzureichend erfasst werden konnten. Die Themen sind nach wie vor beliebig und unverbindlich. Die detailliertesten Untersuchungen liegen in Deutschland über türkische Familien vor, die sich mit ihrer Migration nach Deutschland auch einem besonders kontrastierenden kulturellen Anpassungsprozess stellen. Dabei zeigte sich beispielsweise, dass türkische Eltern mit der besseren schulischen Ausbildung und Beherrschung der deutschen Sprache, den ausgeprägteren Kontakten in der deutschen Nachbarschaft und den geringeren religiösen Bindungen auch gegenüber Neuorientierungen in der Sozialisation ihrer Kinder offen waren. Ihre veränderte Betreuungspraxis korrespondierte deutlich mit der in Deutschland üblichen: Die Kinder wurden schon als Säuglinge regelmäßig ärztlich betreut und erhielten strikte Ernährungsregimes bei allerdings verkürzter Stilldauer, im Kleinkinderalter wurde die Reinlichkeitserziehung früher abgeschlossen und die institutionalisierte Betreuung häufiger in Anspruch genommen als dies bei türkischen Eltern mit niedrigem Bildungstand und mangelhafter Akkulturation der Fall war (ausführlich in Markefka & Nauck, 1993). Weitgehend ausnahmslos zeigten die türkischen Familien allerdings eine nahezu unrealistisch hohe Bildungserwartung und Berufsaspiration für ihre Kinder. Dies wurde auf die ökonomisch-utilitaristischen Nutzenerwartungen und Loyalitätsanforderungen an Kinder der türkischen Kultur zurückgeführt, von denen erwartet wird, dass sie die Eltern später unterstützen. Sollten diese Erwartungen jedoch im Widerspruch zu der späteren Lebenswirklichkeit der Kinder stehen, könnte ein erfolgreicher Akkulturationsprozess die Kinder aus dem kulturellen Kontext ihrer Herkunft heraussozialisieren. Danach würden durch innerfamiliäre Beziehungsstörungen familiäre Ressourcen als Unterstützungsfaktoren nicht nur wegbrechen, sondern ein Sozialisationsrisiko darstellen (vgl. Markefka & Nauck, 1993).

Derartige Entwicklungs- und Sozialisationsrisiken konnten auch in Ostdeutschland während der Wende berichtet werden, in der die ostdeutschen Familien sich den gesellschaftlichen Veränderungen anpassen mussten. Obwohl die Familien zunächst strukturell erhalten blieben (die Scheidungsraten waren auf ein Minimum gesunken), wurden in Konfrontation mit den neuen gesellschaftlichen Werten und Normen auch die Sozialisationsfunktionen neu bestimmt. Untersuchungen zeigten, dass dabei das Kind zunächst aus dem familiären Zentrum gerückt und Elternschaft eher improvisiert wurde (vgl. Ahnert & Schmidt, 1995). Mängel in der familiären Interaktion wurden vorrangig auf die Identitätsprobleme der Mütter zurückgeführt, insbesondere wenn sie sich selbst leicht erregbar und mit geringer Frustrationstoleranz beschrieben. In Konsequenz dieser Beziehungsgestaltung machten die Kinder der Wendezeit eher unsichere Bindungserfahrungen, während die Mutter-Kind-Beziehung der Vor-Wendezeit sich durch Bindungssicherheit auswies. Eine vergleichende Untersuchung der Nach-Wendezeit ließ jedoch den Schluss zu, dass die familienexternen Faktoren der gesellschaftlichen Neuorientierung an Einfluss auf den familiären Beziehungskontext verloren hatten (ausführlich in Ahnert & Schmidt, 1995).

Wie diese Beispiele zeigen, sind Kinder aus Familien, die sich in Akkulturationsprozessen befinden, zusätzlichen Sozialisationsrisiken ausgesetzt. Unter dem Druck zunehmender Globalisierung und Migration hat die Frühpädagogik bereits angefangen, die Wirkungen dieser besonderen Sozialisationsprozesse als neue Herausforderungen anzunehmen.

Zusammenfassung ■ Entwicklung und Sozialisation beziehen sich auf ein multifaktorielles soziales Geschehen, das langfristige Veränderungen in der Verhaltens- und Persönlichkeitsstruktur und dabei auch Fehlanpassungen und Entwicklungsstörungen erzeugt. Im vorliegenden Beitrag wurde der Versuch unternommen, einige dieser komplizierten Wirkzusammenhänge in der Frühsozialisation von Kindern der Moderne exemplarisch zu analysieren. Für die Darstellung von Sozialisationsrisiken wurden dabei unterschiedliche Familienkonstellationen und -situationen aufgesucht. Daraus abzuleitende Gefährdungen für die kindliche Entwicklung wurden allerdings aus einer Ressourcenorientierung abgeschätzt, da die aktive Mitgestaltung der Kinder an ihrer Lebenswirklichkeit (im normalen Spektrum der Variation von Sozialisationsbedingungen) es nahezu unmöglich macht, die Risken a priori festzulegen. Als wichtigste Ressourcen wurden die entwicklungsfördernden familiären Beziehungskontexte thematisiert, die durch Bindungssicherheit bestimmt sind, die kindliche Resilienz prägen und emotionale wie kognitive Bewältigungsmechanismen verfügbar machen. Danach entwickeln sich selbst höchst vulnerable Kinder (z.B. mit »schwierigem« Temperament oder mit Hochbegabung) am optimalsten in derartigen Beziehungskontexten. Aber auch Kinder von Alleinerziehenden, Kinder mit Verlust- und Armutserfahrungen sowie Krankheitserfahrungen eines Elternteils sind nicht unbedingt Fehlentwicklungen ausgeliefert. Dies ist nur dann der Fall, wenn Resilienz kaum entwickelt werden konnte und Unterstützungsfaktoren fehlen. Familiäre Außenbezüge, die mit großer Selbstverständlichkeit in die familiären Lebensmuster eingepasst werden, wirken nur dort entwicklungsfördernd, wo sie auch zielgerichtet eingesetzt werden. Im Engagement um die Gestaltung entwicklungsfördernder Umwelten für Kinder eröffnet sich damit aber auch die Möglichkeit, mangelhafte familiäre Ressourcen kompensieren und familienexterne Bedingungen für eine gesunde kindliche Entwicklung schaffen zu können.

■ **Literatur**

Ahnert, L. (Hrsg.) (2004). Frühe Bindung. Entstehung und Entwicklung. München: Reinhardt.

Ahnert, L. (2006). Möglichkeiten und Grenzen der Nutzung audiovisueller Medien im Kindesalter: Einflüsse auf die kindliche Kompetenzentwicklung. In: H. Theunert (Hrsg.). Bilderwelten im Kopf: Interdisziplinäre Zugänge. München: Reinhardt.

Ahnert, L. & Schmidt, A. (1995). Familiäre Anpassungsbelastungen im gesellschaftlichen Umbruch: Auswirkungen auf die frühkindliche Entwicklung. In: H.

Möglichkeiten und Grenzen der Früherziehung aus entwicklungspsychologischer Sicht

Rainer Dollase

Die Psychologie wurde im 19. Jahrhundert von Karl Otto Beetz als das »Auge der Pädagogik« bezeichnet. Man hat jedoch den Eindruck, dass in der Bildungsplanung und Bildungspolitik des Elementarbereichs Soziologie, Politikwissenschaft, Volkswirtschaft oder Betriebswirtschaft phasenweise einen fast höheren Stellenwert hatten und bis heute haben. Dabei ist es die Entwicklungspsychologie, die die längste wissenschaftliche Tradition in der Beschäftigung mit Kindern hat, den Eigenwert der Kindheit entdeckt und sich mittlerweile weltweit konsensuell auf Methoden-, Publikations- und Dokumentationsstrategien geeinigt hat, so dass ein Korpus von gesichertem Wissen über die Entwicklung kleinster und kleiner Kinder vorliegt. Dieser Korpus ist derartig groß, dass selbst umfangreiche Lehrbücher wie das von Laura Berk trotz ihres Umfangs von 1.066 Seiten und rund 3.700 Literaturzitaten nur rund 0,04 % der tatsächlichen entwicklungspsychologisch relevanten Untersuchungen (von 1887 bis 2000 erschienen rund 120.000 Arbeiten, Datenbank Psyclit) zitieren kann (Berk, 2005).

Die Praxisrelevanz der Entwicklungspsychologie ■

Um eine relevante Auswahl von Ergebnissen zu gewinnen, ist also eine Art Bedienungsanleitung für entwicklungspsychologische Aussagen nötig. Die Entwicklungspsychologie befasst sich, einer allgemein akzeptierten Definition gemäß, mit der »Beschreibung und Erklärung der Entwicklung von Verhalten und Erleben während der menschlichen Lebensspanne« (Dollase, 1985). Das konzentriert ihre Aussagen auf zwei Bereiche: den Verlauf von Entwicklungsprozessen (Was ist und was wird?) und die Ursachen von Entwicklungsprozessen (Frage: Wie ist das Phänomen entstanden?) (Montada, 1995).

Die Erforschung des Verlaufs von Entwicklungsprozessen liefert wesentliche Informationen für die Diagnose und Bewertung von Erscheinungen – z.B. Harmlosigkeit, Normalität bzw. Anzeigerfunktion für problematische Entwicklungen –, aber auch Informationen über die Prognose von Entwicklungen. Bei den Verlaufsuntersuchungen fallen Altersportraits an, die dem Verstehen der unterschiedlichen Altersgruppen dienen, es handelt sich also um kinderpsychologische Aussagen. Insofern ist die Kinderpsychologie ein Kind der Entwicklungspsychologie.

Die Erforschung der Ursachen von Entwicklungsprozessen liefert Informationen zu Prävention, Intervention, zur Optimierung von Entwicklungen, aber auch zur Entwicklung von Heuristiken (Kern- oder Leitsätzen, die das Handeln im Alltag leiten) und Modellen bzw. Theorien der Entwicklungspsychologie, die für die unzähligen und nicht systematisierbaren praktischen Anforderungen eine Art Richtschnur des Handelns darstellen können.

Zuallererst aber ist die Entwicklungspsychologie eine empirische Wissenschaft, d.h. sie führt quantitative und qualitative Studien durch. Typische Designs sind: Längsschnittstudien, Altersquerschnitte, Zeitwandeluntersuchungen, interkulturelle Vergleichsstudien, retrospektive Studien, Zwillingsstudien und entwicklungspsychologische Experimente. Nicht nur reaktive Messverfahren (subjektiv verfälschbare, z.B. Einstellungen im Fragebogen), sondern auch nichtreaktive Verfahren (so genannte »unobtrusive« Verfahren: z.B. Videostudien und -analysen, in denen das Verhalten von kleinen Kindern minutiös analysiert werden kann), werden verwendet. Wichtiger als die einzelnen verwendeten Verfahren ist aber die Tatsache, dass es auch experimentelle Studien gibt, in denen Bedingungsfaktoren isoliert werden können, indem eine Zufallsaufteilung der Kinder auf Experimental- und Kontrollgruppe stattfindet und sich die Bedingungen der beiden Gruppen nur in einem wichtigen Faktor unterscheiden dürfen. Nur mit experimenteller Forschung ist die Aussage über zweifelsfreie Ursachen möglich.

Die Entwicklungspsychologie beschäftigt sich damit, was ist. Dabei entdeckt sie eine große Varianz, d.h. Streuung und Verschiedenheit, der einzelnen Kinder. Die durch Begriffe wie »das Kind« oder »die Kindheit« oder »der Dreijährige« suggerierte Homogenität liegt in der Realität nicht vor, es gibt viele Unterschiede. Auch über pädagogische Zielvorstellungen kann die entwicklungspsychologische Tatsachenforschung Aussagen machen. Indem über die Streuung und ihre Auswirkungen geforscht wird, ist es möglich, Faktoren anzugeben, die zu einer guten Entwicklung, und andere, die zu einer schlechten Entwicklung führen. Die Herausarbeitung entwicklungspsychologischer Modellvorstellungen und Theorien wiederum erlaubt Voraussagen über die möglichen Auswirkungen pädagogischer Ideen, die noch nicht getestet worden sind. Schließlich experimentiert die Entwicklungspsychologie mit Faktoren der Umgebung und ist deshalb in der Lage, auch über optimale Bedingungen der Früherziehung Aussagen zu treffen. So entsteht eine manchmal durchaus gespannte und kontroverse Position zwischen empirischen Wissenschaften und einer sich normativ verstehenden Pädagogik der frühen Kindheit.

Kind und Kindheit ■ In dem schon erwähnten Lehrbuch der Entwicklungspsychologie (Berk, 2005) wird die frühe Kindheit in drei Phasen eingeteilt: 1. Pränatale Entwicklung und Neugeborenenalter; 2. Die ersten zwei Jahre und 3. Die frühe Kindheit von zwei bis sechs Jahren. Eine solche Periodisierung ist abhängig von gesellschaftlichen Setzungen, aber auch von empirischen Erfahrungen mit dem heranwachsenden Kleinkind. Die Setzungen sind also nicht willkürlich und beliebig, sondern reflektieren sowohl naturgemäße Entwicklungen wie auch gesellschaftliche Aufgaben und Interessen. Das Mischkonzept »Entwicklungsaufgaben« (Havighurst, 1948, 1956) formuliert solche prototypischen Anforderungen oder Lernaufgaben, die im Einklang mit der tradierten

Erfahrung über das, was Kinder normalerweise können, formuliert worden sind. Die moderne Entwicklungspsychologie versucht allerdings immer auch so genannte »Shifts« in der Entwicklung zu bestimmen – deutliche Einschnitte bzw. Sprünge, die dann als Anfang oder Ende einer Etappe, Phase oder Stufe dienen könnten. Es existiert eine Vielzahl von empirischen Untersuchungen, die prüfen, ob es zwischen fünf und sieben Jahren einen qualitativ und quantitativ erheblichen Wechsel und einen eher abrupten Wandel in der Psyche des Kindes geben könnte – was ja z. B. für das Einschulungsalter relevant wäre.

Eine entwicklungspsychologische Modellvorstellung des Aufwachsens kleiner Kinder ■

Es gibt Kindheitskonstruktionen, die aus der gesellschaftlichen und kulturellen Entwicklung zu erklären sind: Mal wurden die Kinder wie kleine Erwachsene betrachtet, mal stärker in ihrem Eigenwert erkannt (Reinert, 1976). An letztgenannter Vorstellung hat die Entwicklungspsychologie des 19. Jahrhunderts kräftig mitgewirkt. Welche Bilder von Kindheit sich auch in Zukunft durchsetzen werden, hängt davon ab, inwieweit es eine Gesellschaft zulässt, dass die wissenschaftliche Empirie zu Worte kommt und nicht die reine Zweckrationalität. Früher antwortete man auf die Frage nach einem Modell von Entwicklung meist nur mit Faktorengruppenmodellen, wie zum Beispiel, dass Anlage *und* Umwelt *und* das Selbst eine Art Steuerungsfunktion für die Entwicklung des Menschen und des kleinen Kindes haben. Meist wurden Schätzungen der genetischen Varianz aus Zwillingsstudien beigefügt – sehr zum Missverständnis vieler Pädagogen, die aufgrund des genetischen Anteils an der Entwicklung auf pädagogische Unwirksamkeit geschlossen haben. Darum geht es jedoch nicht in der Bestimmung des genetischen Anteils an menschlichen Eigenheiten (Borkenau, 1993). Ziel ist vielmehr der »artgerechte« Umgang mit dem Kind, die Konstruktion von passenden Erziehungs- und Förderungsmethoden sowie das Arrangement günstiger Entwicklungsbedingungen und -umgebungen auch dann, wenn genetische Defekte oder Behinderungen unklarer und nicht feststellbarer Ursachengruppen vorliegen sollten. Schließlich hat die Anlage-Umwelt-Debatte dazu geführt, dass man nicht mehr annehmen kann, dass das Kind eine »tabula rasa« im Sinne der Behavioristen ist, also an alles anpassbar wäre. Die evolutionäre Psychologie (Buss, 2004) machte erhebliche Fortschritte in der Bestimmung des »Menschlichen«.

Schon seit Ende der 1950-er Jahre geht es in der Anlage-Umwelt-Debatte eigentlich mehr um die Art und Weise des Zusammenwirkens von Faktorengruppen (Anastasi, 1958): so z. B. um eine aktive, passive oder reaktive Genom-Umwelt-Kovarianz. Aktiv ist sie, wenn sich etwa ein sportlich begabtes Kind mit zunehmendem Lebensalter immer mehr sportlich betätigt. Passiv ist sie, wenn die Eltern ebenfalls sportlich begabt sind (was mit großer Wahrscheinlichkeit so ist) und das Kind ohne weitere Aktivitäten in eine sportliche Umwelt hineinwächst, und reaktiv ist sie, wenn die Umgebung eine besondere sportliche Begabung diagnostiziert und entsprechend reagiert (Fuhrer, 2005). Ähnliches würde für den Fall einer genetisch determinierten Minderbegabung gelten. Solche Faktorengruppenmodelle sind abstrakt und ebenso die Schlussfolgerungen daraus, die letztlich auf die Praxisrelevanz eines multifaktoriellen Modells hinauslaufen (vgl. hierzu eine Ableitung pädagogischer Maßnahmen aus dem multifaktoriellen Modell bei Dollase, 1985).

Eine größere praktische Relevanz haben heuristische Modelle (Leitsätze für das praktische Handeln), aus denen man sowohl wissenschaftliche wie auch praktische Fragestellungen und Handlungsratschläge ableiten kann, wie z. B. »individuals as producers of their own development« (Lerner & Busch-Rossnagel, 1981) (Kinder als Akteure ihrer Entwicklung), »das produktiv realitätsverarbeitende Subjektmodell« (Hurrelmann, 1983), »das Kind als Forscher«, »Entwicklung als Konstruktion«, »das Kind als Nesthocker«, »das Kind als tabula rasa« oder »Das Gehirn lernt immer« (Spitzer, 2002). Interessant sind Heuristiken, die von einer optimalen Entwicklung aus der Sicht des Individuums ausgehen. Brandtstädter (1980) hat ein solches Modell formuliert bzw. innerhalb der Entwicklungspsychologie konsensfähige Teilbereiche in einem Modell zusammengefasst. Man könnte sagen, der Mensch will im Laufe seiner Entwicklung ein realistisches Bild von sich selbst und der Umwelt erwerben, damit er in dieser Umwelt effektiv handeln kann. Deswegen sind wir von Natur aus zur Selbststeuerung unserer Entwicklung fähig – bereits Kleinkinder initiieren den größten Teil ihrer Interaktionen mit der sächlichen und personalen Umwelt selbst (White, Kaban, Shapiro & Antonucci, 1976) – und wir lernen Relevantes von Irrelevantem zu unterscheiden. Zugleich steht uns aufgrund eines evolutionären Tricks eine Bezugsperson im Normal- bzw. Idealfall zur Verfügung, die unsere Probleme dann löst, wenn wir nicht selbst dazu in der Lage sind. Bindung an kleine Kinder ist keine »Gefühlsduselei«, sondern eine angeborene Reaktion des Menschen, die vernünftig ist. Immer dann, wenn sich der Mensch/das Kind in einer Situation von Unsicherheit befindet, wendet er/es sich an eine Bezugsperson, an jemanden, der sich auskennt und kompetent ist und ihm über diese Klippe hilft. Kinder entwickeln nach und nach immer mehr Interessen, das Relevanzspektrum der äußeren Erscheinungen verändert sich abhängig von der erreichten Entwicklung immer wieder und die Orientierung verlagert sich auf immer unterschiedlichere Lebensbereiche. Die Heuristik von der »Suche nach dem realistischen Selbst- und Weltbild« erklärt auch, warum die Eltern nicht alleine die Entwicklung des Kindes beeinflussen, sondern sämtliche Erfahrungen des Kindes mit Medien, mit dem Personal in öffentlichen Einrichtungen sowie auch mit Gleichaltrigen. Das Modell erklärt auch, dass das kindliche Lernen nicht geplant stattfindet, sondern selbstgesteuert nach Interesse und situationsorientiert. Dass sich die erwachsene Aufbereitung der Welt in Form einer Wissenschaftssystematik oder einer Fachdidaktik vom naturwüchsigen Lernen des Kindes unterscheidet, leuchtet aus der Beobachtung der kindlichen Entwicklungsprozesse unmittelbar ein. Zu diesem Modell gehört auch, dass es individuelle genetische Unterschiede im Stil der Auseinandersetzung mit der Umwelt geben kann: eher aktiv, eher passiv, eher gehemmt oder eher offen versus verschlossen etc., wie die moderne Temperamentsforschung nahe legt (Zentner, 1993).

Darüber hinaus zeigt die entwicklungspsychologische Forschung, dass kleine Kinder mit einer hohen »resilience«, einer Widerstandsfähigkeit, ausgestattet sind. Dies hilft ihnen dabei, dass sie Abweichungen vom optimalen Entwicklungsweg tolerieren können, sich erstaunlich gut an unterschiedliche Situationen gewöhnen können, dass sie bis zu einem gewissen Grad plastisch sind, und dass sie, so klein wie sie sind, auch die Macht haben, ihre Sozialisatoren zu beeinflussen. Der letztere Themenbereich ist von der »child effect« Forschung (Dollase, 1985) bzw. der »retroaktiven Sozialisation« (Klewes, 1983) untersucht worden. Klar ist auch, dass der Mensch eher auf das Aufwachsen in Kleinstgruppen, wie Familien oder Mehrgenerationenkollektive, programmiert ist, und nicht unbedingt auf eine 25-er Gruppe von Gleichaltrigen. Die Kollektivierung hat, da sie von »artgerechten« Aufwachsbedingungen abweicht (z. B. feste Bezugspersonen) immer auch mit gewissen Nachteilen zu kämpfen. Das Aufwachsen der Kinder in Institutionen von Gleichaltrigen hat nicht nur negative Auswirkungen auf den Spracherwerb (Harper & Huie, 1987), die Entstehung von Aggressivität (Grammer, 1988), sondern auch auf die innere Repräsentation der institutionalisierten Welt, eine pädagogisch zugerichtete, die von der Welt draußen partiell verschieden ist (Zimmer, 1984). Darum sind immer auch Debatten um die Alltagsorientierung der Arbeit in frühpädagogischen Institutionen geführt worden.

Die Idee, dass das Kind autopoietisch ein realistisches Selbst- und Weltbild entwickelt und dass eine angeborene Selbstständigkeit bzw. angeborene Muster des Vertrauens auf andere den Motor hierfür bilden, stimmt mit vielen Bereichen der Kommunikationsforschung bzw. auch der Sozialpsychologie überein. Der Mensch ist auf »epistemic authorities« angewiesen und seine Orientierung an der Welt draußen, an der sozialen Welt, wird in der Heuristik »consensus implies corrrectness« (was alle tun, muss richtig sein) gefasst (Kruglanski, Pierro, Mannetti & De Grada, 2006). Auch die »guided participation«(Rogoff, Mistry, Göncü & Mosier, 1993), die geführte Teilhabe des Erwachsenen an den kindlichen Interaktionen und Bindung markiert den Weg in die tatsächliche Selbstständigkeit. Dem entspricht der »autoritative Erziehungsstil« als Mischung zwischen Lenkung und warmherziger Zuwendung zum Kind, der die besten Ergebnisse für die Schul- und Lebensanpassung von kleinen Kindern erbringt (Baumrind, 1973; Fuhrer, 2005; Lamborn, Mounts, Steinberg & Dornbusch, 1991).[12]

Angesichts des immensen entwicklungspsychologischen Forschungsstandes erscheinen heuristische Modelle und Heuristiken als relativ armseliges Ergebnis einer umfangreichen Forschung. Wer aber Wissenschaft praktisch machen möchte, kommt an der Kondensation der vielen differenzierenden Einzelbefunde nicht vorbei. Ein praktischer Fortschritt stellt sich nur in einem Fortschritt einfacherer Heuristiken ein, die auch in der Praxis angewendet werden können. Das »Handbook of Parenting« von Bornstein umfasst fünf Bände, eng bedruckt. Es zu lesen, um ein guter Vater, eine gute Mutter oder eine gute Erzieherin zu sein, ist kein Weg zur Verbesserung der Praxis (Bornstein, 2002). Wir benötigen nicht nur Evaluationsforschung und differenzierte Programme, sondern gleichzeitig auch eine Implementationsforschung, eine Reduktion der wissenschaftlichen Vielfalt auf Kernpunkte der Erziehung.

Möglichkeiten und Grenzen der Früherziehung aus entwicklungspsychologischer Sicht

Möglich ist fast alles: Es gibt Kinder, die noch keine sechs Jahre sind und schon zwei Sprachen sprechen, weil sie in einem bilingualen Umfeld aufgewachsen sind; einzelne Fünfjährige können so weit springen wie sonst Achtjährige. Auch beim Körperwachstum kann man Erstaunliches feststellen: Manche Kinder sind mit fünf Jahren winzig, andere schon so kräftig wie ein Schulkind. Nichtsdestoweniger sollen einige Punkte genannt werden, wie in der Früherziehung oder in der Erziehung allgemein eine optimale Entwicklung von Kindern unterstützt werden kann. Sie basieren auf der heuristischen Annahme, dass der Mensch auf der Welt ist, um ein realistisches Bild von sich und der Umwelt aufzubauen, damit er seine Handlungen erfolgreich im Sinne seiner eigenen Interessen daran anpassen kann.

Im Lehrbuch Erziehungspsychologie von Fuhrer (2005) finden sich eine Vielzahl von Möglichkeiten, Heuristiken und einfachen Regeln, abgesehen von der »autoritativen Erziehung« und der »guided participation«, mit denen man die Erziehung erfolgreich gestalten kann. Einige Beispiele dazu:

- »Wer früh gefördert wird, hat lange Vorteile.«
- »Hilf mir, mir selbst zu helfen.« (Montessori hatte diesen Spruch als Heuristik bereits entwickelt)
- »Durch dosierte Anleitung kann man eine Zone der nächsten Entwicklung schaffen, die das Kind anregt, sich weiterzuentwickeln.«
- »Die Kompetenzen, die man einem Kind zutraut, müssen in der Formulierung alterstypischer Aufgaben formuliert werden.«
- »Sowohl Überforderung als auch Unterforderung ist ungünstig für ein Kind.«
- »Entwicklungsaufgaben lenken den Blick auch darauf, was der Schnitt der anderen Kinder in einem bestimmten Alter kann.«
- »Das familiäre Binnengeschehen ist für das Glück der Kinder besonders wichtig.«
- »Ein gutes Familienklima, Anerkennung und Lob erklärt doppelt so viel Varianz des globalen Kindheitsglücks wie 9 soziodemographische Variablen zusammen.« (Bucher, 2001)
- »Verwöhnung und Overprotection ist mit dem Ziel des selbstständigen Handelns in einer Welt, die man sich realistisch ange-

---

[12] Der autoritative Stil ist nicht zu verwechseln mit dem »autoritären«, der durch stärkere Kälte und Vernachlässigung der Bedürfnisse des Kindes gekennzeichnet ist.

eignet hat, und für die man ein realistisches Konzept der eigenen Fähigkeiten besitzt, schädlich.«
- »Ein Übermaß an Zärtlichkeit, Besorgnis, Hilfsbereitschaft, Entlastung, Geschenken ist oft nicht günstig, weil es mit einem Mangel an Zutrauen und Ermutigung, Zuversicht, Forderung, Anstrengung, Ausprobieren und Ausdauer und an entwicklungsgerechter Autonomieunterstützung und Grenzsetzung verbunden ist.«
- »Die Selbstregulationsfähigkeit von Kindern muss gefördert werden. Dadurch muss das Bestreben nach Autonomie und Kompetenz beim Kind unterstützt werden. Auch sollte das Kind sich als sozial eingebunden erleben.« (frei zitiert nach Fuhrer, 2005)

Oder – ein letztes Beispiel: Zur Gestaltung eines entwicklungsförderlichen Kontextes wird empfohlen: aufmerksame Zuwendung, Körperkontakt, verbale Stimulierung, Materialanregung, Responsivität, d.h. die Eltern antworten in unterschiedlicher Weise auf das Verhalten des Säuglings bzw. Kleinkinds, das kann ein Lächeln sein oder aber auch Überraschung etc. und schließlich Wärme (Fuhrer 2005, S. 215).

Selten beschäftigt sich die Pädagogik mit ihren Grenzen, d.h. mit den Grenzen der praktischen Veränderbarkeit des Aufwachsens, der Förderung, der Erziehung, Bildung und Betreuung von kleinen Kindern. Bereits zu den »Kernpunkten der Erziehung« wurde festgestellt, dass Erziehung nicht alles erreicht, was sie will. Es ist ein Gebot der Ehrlichkeit, aber auch realistischer Erwartungen in Öffentlichkeit und bei jungen Eltern, diese Grenzen deutlich zu beschreiben. Nach früheren Veröffentlichungen in den 1920-er Jahren gibt es im Wesentlichen folgende Grenzen (Dollase, 1984):
- **Präskriptionsgrenzen,** d.h. vorgeschriebene Grenzen, formelle und informelle Normen, die Ziele, Mittel und Inhalte der Erziehung begrenzen. Darunter fallen Erlaubtheitsgrenzen, Opportunitätsgrenzen und Ressentimentgrenzen. Bei Erlaubtheit sind formelle und informelle Normen, bei den Opportunitätsgrenzen und bei den Ressentimentgrenzen Vorurteile gegenüber bestimmten Zielen und Mitteln der Erziehung zu nennen
- **Realisierungsgrenzen:** Abgeschwächte bis fehlende Wirksamkeit erzieherischer Maßnahmen aufgrund der Schwierigkeiten des Erziehers, sich gemäß eines erzieherischen Ideals zu verhalten. Hierunter fallen Fähigkeitsgrenzen, Repertoiregrenzen oder auch Anpassungsgrenzen der richtigen Methoden auf den Zögling
- **Wirkungsgrenzen:** Abgeschwächte bis fehlende Wirksamkeit erzieherischer Maßnahmen aufgrund von beeinflussungsrelevanten Charakteristika des Zöglings. Er ist unbeeinflussbar in bestimmten Bereichen bzw. leistet Widerstand gegen Veränderungen
- **Störungsgrenzen:** Abgeschwächte bis fehlende Wirksamkeit erzieherischer Maßnahmen aufgrund von störenden Einflüssen anderer Faktoren, z.B. Hinderungsgrenzen oder Gegenbeeinflussungsgrenzen, die von Widerstandsgrenzen unterschieden werden müssen.

Diese vier Grenzformen wurden aus der Perspektive des erziehenden Menschen formuliert. Zusätzlich gibt es Grenzen unserer Wissenschaft und unserer Reflexion über Erziehung, d.h. die Entwicklung eines Menschen ist nicht perfekt aufklärbar, alle Ratschläge auf wissenschaftlicher Grundlage basieren auf einem nicht vollständig aufgeklärten Geschehen, auch gibt es Zufälle und andere dem Zugriff einer geplanten Erziehung nicht zugängliche Faktoren, die das Ergebnis beeinflussen können.

Entwicklungspsychologische Beiträge zur Frühpädagogik am Beispiel der Früheinschulung

Der größte Früheinschulungsversuch (auf Initiative des Deutschen Bildungsrates 1970) in Deutschland war der »Kindergarten-Vorklassen-Versuch« des Landes Nordrhein-Westfalen, 1970 bis 1977. Das Land hatte 50 Modellkindergärten und 50 Vorklassen (für Fünfjährige) repräsentativ ausgewählt, in denen über fünf Jahre lang nach entsprechenden Bildungsplänen mit entsprechender Fortbildung der Erzieherinnen bzw. Sozialpädagoginnen in den Vorklassen jeweils unterschiedliche Bildungskonzepte realisiert wurden. Im Kindergarten wurde im Wesentlichen auf gelenkte, also direkte Instruktionen verzichtet, d.h. Thematiken wurden nur sehr spärlich aus Curricula und Zielsetzungen abgeleitet, wohingegen in der Vorklasse das schulische Lernen, Einführung ins Lesen, Schreiben und Rechnen neben durchaus spielorientierten Phasen einen erhöhten Stellenwert hatte. Vorklassen wurden von Sozialpädagogen geleitet, also einem Personal mit Fachhochschulabschluss, und durch den gelegentlichen Besuch einer Grundschullehrerin angereichert, während in den Modellkindergärten Erzieherinnen, eine Erst- und eine so genannte Zweitkraft je Gruppe (Gruppengröße in beiden Einrichtungsarten 25 Kinder) geleitet wurde. Der Kindergarten-Vorklassen-Versuch in Nordrhein-Westfalen wurde wissenschaftlich begleitet, und zwar von drei unabhängigen Forschungsgruppen (Dollase, 1978a; Ewert & Braun, 1978; Schmerkotte, 1978; Twellmann & Jendrowiak, 1978; Winkelmann, Holländer, Schmerkotte, & Schmalohr, 1977).

Es ging also nicht nur um die institutionelle Zuordnung, sondern auch um unterschiedliche didaktische Konzepte. Die Vorklassen wiesen immer wieder darauf hin, dass Lernen Spaß machen sollte, dass sie kindgemäß arbeiten, dem Kind auch ihre Freiheit lassen. Sie definierten sich *nicht* als Verschulungsinstanzen. Jeder dachte, dass die Vorklassenkinder im späteren Schulleben besser abschneiden würden als die Modellkindergartenkinder. Die Ergebnisse waren ernüchternd. Otto Ewert schrieb z. B.: »In einer eigenen Erhebung zum Versuch Vorklasse – Modellkindergarten des Landes NRW haben wir festgestellt, dass die Schüler 4. Klassen, die an einer vorschulischen Förderung teilgenommen haben, im Mittel keinen Leistungsvorsprung vor ihren Klassenkameraden haben«. (Ewert 1978, S. 398) Oder Hans Schmerkotte: »Beim Vergleich der kognitiven Entwicklungsfortschritte von Modellkindergartenkindern und Vorklassenkindern im letzten Vorschuljahr ließen sich bei den meisten Testverfahren keine Unterschiede nachweisen.« (Schmerkotte 1978, S. 405) Dollase schrieb (1979, S. 135): »Deutliche Unterschiede zugunsten der Kindergartenkinder in den Beurteilungen der Lehrer bezüglich schulische Leistung und Fähigkeiten, schulische Arbeitshaltung und Persönlichkeit«.... »ehemalige Kindergartenkinder werden als besser im Lesen, Wortschatz, schlussfolgerndem Denken, Einfallsreichtum, Umweltkenntnis und Erfahrung, allgemeinem Wissensstand und in Musik, Singen beurteilt«. Darüber hinaus fanden Schmidt und Strätz in einer sehr umfangreichen Untersuchung deutliche Vorteile der Altersmischung gegenüber den altershomogenen Gruppen der Fünfjährigen (Strätz, Schmidt, & Hospelt, 1982).

Auch in den Head-Start Versuchen und den noch andauernden Evaluationsversuchen zum Vergleich von CI (»child initiated«, entspricht dem situationsorientierten Arbeiten) und DI (»direct instruction«, entspricht eher schulpädagogischem Arbeiten) wurden ähnliche Ergebnisse ermittelt. Am Ende von Head Start fassten Lazar und Darlington (1982) sowie Schweinhart und Weikart (1988) die wesentlichen Ergebnisse erfolgreicher Curricula wie folgt zusammen:

- Es muss sich um ein Konzept handeln, das auf der Entwicklungspsychologie basiert, nicht auf der Fachdidaktik
- Anlass- und situationsorientiertes Lernen, die Initiative geht vom Kinde aus, es gibt einen hohen Freispielanteil und es findet keine Vorverlagerung schulischen Arbeitens statt, es gibt wenig direkte Instruktionen
- Es soll Gruppen mit maximal 20 Kindern geben, die Erzieher-Kind-Relation soll 1:10 sein
- Partnerschaftliche Elternarbeit
- Organisatorische Unterstützung der Arbeit durch Teamplanung und Fortbildung.

Die Effekte einer solchermaßen gestalteten vorschulischen Arbeit sind insbesondere für Kinder aus Slums oder »Low-Income-Families« sinnvoll (Zepeda, 1993). Head Start endet also so wie der Vorklassen- und Kindergartenversuch in Nordrhein-Westfalen. Der Versuch, die Fachdidaktik im Vorschulbereich zu etablieren, war somit national wie international zunächst einmal gescheitert.

Nun hört man immer wieder, dass die Kinder und die Familienverhältnisse damals anders gewesen wären. Zeitwandelstudien bestätigen dies zumeist nicht bzw. ermitteln andere Veränderungen, z.B. höhere Intelligenz, Selbstwertveränderungen etc. Es gibt auch typische, anthropologische Konstanten, die sich nicht in Abhängigkeit von der Gesellschaft ändern. Kinder bleiben Kinder – früher wie heute, hier und in anderen Teilen der Welt (Dollase, 1986; Dollase, 2000). Darüber hinaus ermittelten Puhani und Weber aktuell (2006) einen massiven Vorteil der späteingeschulten Kindern (um sieben Jahre) von fast einer halben Standardabweichung gegenüber früheingeschulten (um sechs Jahre) im vierten Schuljahr. Grundlage der Analyse waren u.a. die IGLU-Daten (die internationale Grundschul-Vergleichsstudie, in der Deutschland – im Unterschied zu PISA – im oberen Drittel landete).

Aktuell lässt sich folgendes Fazit der wissenschaftlichen Studien zur Effektivität früher Bildungsversuche ziehen (vgl Westchester Institut for Human Services 2004; Marcon, 2002). Der child initiated (CI)-Ansatz ist wegen der Langzeitfolgen leicht besser als der direct instruction (DI)-Ansatz. Allerdings führt die direkte Instruktion (DI) bei benachteiligten Kindern zu schnelleren kognitiven Lernerfolgen (Karnes, 1972). Es geht dabei um »faultless communication«, d.h. eine fehlerlose Kommunikation, den Kindern wird sozusagen das Wissen »eingebläut«. Das führt dazu, dass sie dieses Wissen gut beherrschen und ein gewisses Selbstbewusstsein über ihre akademische Leistungsfähigkeit entwickeln. Auch bei den benachteiligten Kindern sind die Langzeitfolgen umstritten. Marcon zeigt deutlich, dass der CI-Ansatz die besseren Langzeitfolgen auch für »disadvantaged pupils«, also für benachteiligte Kinder hat: Im »grade 6« waren überall leichte Vorteile der CI-Kinder gegenüber den DI-Kindern zu beobachten. Erstaunlicherweise ist eine Kombination beider Verfahren, also CI und DI, nicht so erfolgreich wie CI alleine, also sind auch offenbar am Schreibtisch wohlklingende Kompromisse keineswegs realitätsgerecht.

Entwicklungspsychologisch interessant ist nun folgendes Dilemma: Einerseits ist die frühe Lernfähigkeit des kleinen Kindes ein lange bekanntes Faktum, andererseits ist sie mit der bildungskonnotierten Schulpädagogik nicht einzulösen – zu massiv sind die Kontraeffekte einer frühen Einschulung (Puhani & Weber, 2006). Eine Lösung des Dilemmas ist in Sicht. In der Zusammenfassung des »Westchester Institute for Human Research« (vgl. Internet Seite des Instituts: www.westchesterinst.org) heißt es u.a. auch, dass in einem guten Programm die Kinder als aktive Lerner betrachtet werden, d.h. man soll als Erzieherin individualisieren, das eigene Tempo der Kinder beachten, individuelle Entscheidungen ermutigen, loben, Fehler als normal betrachten, flexibel auf die Bedürfnisse eingehen, Spielen und Spielerei als wertvolle Aktivität ansehen, eine Aktivitätsvielfalt anbieten und – jetzt kommt der entscheidende Punkt – »Lerngelegenheiten integrieren«, d.h. sinnvoll in den Alltag der Kinder und in ihre Initiativen einbinden. Das scheint in der deutschen Elementarpädagogik (vgl. Artikel von Hein Retter »Typen pädagogischer und didaktischer Ansätze im Elementarbereich« in Dollase, 1978, S.135 ff.) ein wenig präziser gefasst worden zu sein bzw. auch im Situationsansatz, bei dem man von den Lernbedürfnissen und den Initiativen der Kinder ausgeht (Dollase, 1978b). Man würde dieses Prinzip als *Didaktisierung der Situation* bezeichnen, d.h. wenn die Kinder ein Problem haben oder wenn eine Tätigkeit oder Verhaltensweise dominant ist, dann sollte man versuchen, diese Situation zu didaktisieren, d.h. pädagogische oder didaktisch sinnvolle Inhalte zu transportieren.

Das Prinzip der Didaktisierung der Situation bzw. der Integration von Lerngelegenheiten kann man an einem Beispiel deutlich machen, das ich im Jahre 1977 in einem Essener Kindergarten beobachtet habe: Ein kleines Kind mit der Erzieherin bekannten Sprachrückständen sitzt alleine auf dem Bauteppich, hat ein kleines Auto vor sich, das es hin- und herbewegt, und verbalisiert seine Aktivität mit »brumm, brumm«. Die Erzieherin setzt sich neben dieses Kind, nimmt auch ein Auto, macht ebenfalls »brumm,

brumm« und bewegt das Auto hin und her. Diese Art von Kontaktaufnahme ist entwicklungspsychologisch sinnvoll, weil sie auf die dem Kind mögliche Form des Parallelspiels als Beginn einer Kooperation Bezug nimmt. Nach einiger Zeit des parallelen Spielens übernimmt die Erzieherin die Initiative und spielt wie folgt weiter: »Brumm, brumm, brumm, ich fahre mit dem Auto *um den Stuhl herum*«, dabei fährt sie mit dem Auto um den Stuhl herum. Als weitere Varianten bringt sie ein: »Brumm, brumm, brumm, ich stelle das Auto *auf den Stuhl*, ich stelle das Auto *unter den Stuhl*, ich fliege mit dem Auto *über den Stuhl*«. Fachleute sehen in diesem Spiel eine Sprachförderung, bei der die richtige Verwendung von Präpositionen geübt wird, sowie eine entwicklungspsychologisch außerordentlich geschickte Kontaktaufnahme. Das wäre Qualität frühkindlicher Bildungsprozesse, die auch mit den Forschungsergebnissen nationaler und internationaler Art kompatibel ist: eine Didaktisierung der Situation bzw. eine in den Kita-Alltag integrierte Lerngelegenheit.

Wenn man es recht bedenkt, entspricht das obige Beispiel auch der Natur der angelegten Selbststeuerung von Kindern, die sich Bezugspersonen suchen, um sich die Welt erklären zu lassen bzw. sie zu bewältigen, es entspricht der »guided participation«. Kinder sind von Natur aus sowohl zur selbstständigen Erkundung der Umwelt als auch auf das Lernen durch Bezugspersonen und andere programmiert, lernen also auf beide Arten. Denn: Manche Fakten, Probleme und Denkweisen kann das Kind nicht durch selbstständiges Lernen oder durch Gleichaltrige lernen, z.B. die Sprache, die Kulturtechniken und Ähnliches sind in den Genen nicht angelegt, sondern das Kind benötigt, um die Sprache perfekt zu lernen, eine sprachliche Interaktion mit einem vollständigen Sprachbild eines Erwachsenen. Bereits Untersuchungen in den 1980-er Jahren haben gezeigt, dass Kinder, die zu viel Kontakt mit Gleichaltrigen haben, eine verzögerte Sprach- und Mathematikentwicklung haben (Harper & Hui, 1987). Zwar ist es richtig, dass in der Kindergartengruppe eine Menge von Lernideen auch durch die Gleichaltrigen, durch die Gruppe, durch das Material, durch Medien, auch durch Eltern ausgetauscht werden, aber ein richtiger schneller Fortschritt in Kulturtechniken und den Inhalten, die das Kind nicht durch Selbst- und Peersteuerung vollständig erfassen kann, muss damit nicht gegeben sein. Der Erwachsene steht durch seine Person für das didaktische Lernen in Lebenssituationen. Insofern ist auch aus dieser Überlegung heraus eine Didaktisierung der Situation, wie im Situationsansatz vorgezeichnet, der augenblicklich beste Weg, um aus entwicklungspsychologischer Sicht vorschulische Erziehung und Bildung zu betreiben.

Die Idee der Früheinschulung, die einem linearen Denken entspricht und von einer erheblichen Plastizität der kindlichen Psyche ausgeht, erfährt durch die entwicklungspsychologisch begleiteten Evaluationen und durch die negativen Effekte von zu früher Einschulung eine erhebliche Korrektur: im Detail der Erzieher-Kind Interaktion liegt der Schlüssel zum Erfolg oder Misserfolg früher Bildungsversuche.

■ Literatur

Anastasi, A. (1958). Vererbung, Umwelt und die Frage: »Wie?« In: H. Skowronek (Ed.), Umwelt und Begabung (pp. 9–26). Stuttgart: Klett.
Baumrind, D. (1973). The development of instrumental competence through socialization. In A. Pick (Ed.), Minnesota symposia on child psychology (Vol. 7). Minneapolis: University of Minnesota Press.
Berk, L. (2005). Entwicklungspsychologie. München u.a.: Pearson Studium.
Borkenau, P. (1993). Anlage und Umwelt. Göttingen: Hogrefe.
Bornstein, M. (Ed.). (2002). Handbook of Parenting. Mahwah, NJ: Erlbaum.
Brandtstädter, J. (1980). Gedanken zu einem psychologischen Modell optimaler Entwicklung. Zeitschrift für klinische Psychologie und Psychotherapie, 28(3), 209–222.
Bucher, A. A. (2001). Was Kinder glücklich macht. Weinheim: Juventa.
Buss, D. M. (2004). Evolutionäre Psychologie. München u.a.: Pearson.
Dollase, R. (1978a). Kontinuität und Diskontinuität zwischen vorschulischer und schulischer Sozialisation. Bildung und Erziehung, 31(5), 412–425.
Dollase, R. (Hrsg.) (1978b). Handbuch der Früh- und Vorschulpädagogik. Düsseldorf: Schwann.
Dollase, R. (1984). Grenzen der Erziehung. Düsseldorf: Schwann.

Dollase, R. (1985). Entwicklung und Erziehung. Angewandte Entwicklungspsychologie für Pädagogen. Stuttgart: Klett.

Dollase, R. (1986). Sind Kinder heute anders als früher? Probleme und Ergebnisse von Zeitwandelstudien. Bildung und Erziehung, 39(2), 133–147.

Dollase, R. (2000). Kinder zwischen Familie und Peers. Ergebnisse soziometrischer Zeitwandelstudien in Kindergärten, Grund- und Hauptschulen zwischen 1972 und 1976. In: A. u. a. Herlth (Ed.), Spannungsfeld Familienkindheit. Opladen: Leske & Budrich.

Dollase, R. (2002). Kernpunkte der Erziehung und ihre Vermittlung. In: H. Gesing (Ed.), Katholische Grundschule. Christliches Erziehungsbündnis für die Welt von morgen (pp. 15–54). Essen: Bistum Essen.

Ewert, O. M., & Braun, M. (1978). Ergebnisse und Probleme vorschulischer Förderung. In: Kultusministerium des Landes NRW (Ed.), Modellversuch Vorklasse in NW – Abschlußbericht (pp. 7–51). Köln: Greven.

Fuhrer, U. (2005). Lehrbuch Erziehungspsychologie. Bern: Huber.

Grammer, K. (1988). Biologische Grundlagen des Sozialverhaltens. Verhaltensforschung in Kindergruppen. Darmstadt: Wissenschaftliche Buchgesellschaft.

Harper, L. V., & Huie, K. S. (1987). Relations among Preschool Children's Adult and Peer Contacts and Later Academic Achievement. Child Development, 58, 1051–1065.

Havighurst, R. J. (1948). Developmental tasks and education. New York: David McKay.

Havighurst, R. J. (1956). Research on the developmental task concept. School Review. A journal of Secondary Education, 64, 215–223.

Hurrelmann, K. (1983). Das Modell des produktiv realitätsverarbeitenden Subjekts in der Sozialisationsforschung. Zeitschrift für Sozialisationsforschung und Erziehungssoziologie, 91–103.

Karnes, M. B. e. a. (1972). A Five-Year Longitudinal Comparison of a Traditional versus Structured Preschool Program on Cognitive, Social and Affective Variables.

Klewes, J. (1983). Retroaktive Sozialisation - Einflüsse Jugendlicher auf ihre Eltern. Weinheim: Beltz.

Kruglanski, A. W., Pierro, A., Mannetti, L., & De Grada, E. (2006). Groups as Epistemic Providers: Need for Closure and the Unfolding of Group-Centrism. Psychological Review, 113(1), 84–100.

Lamborn, S. D., Mounts, N. S., Steinberg, L., & Dornbusch, S. M. (1991). Patterns of competence and adjustment among adolescents from authoritative, authoritarian, indulgent, and neglectful parents. Child Development, 62, 1049–1065.

Lazar, J., & Darlington, R. (1982). Lasting effects of early education: a report from the consortium for longitudinal studies. Monographs of the society of research in child development, 47(196).

Lerner, R. M., & Busch-Rossnagel, N. A. (Eds.). (1981). Individuals as producers of their development. New York u.a.: Academic Press.

Marcon, R. A. (2002). Moving up the Grades: Relationship between Preschool Model and Later School Success. Early Childhood Research and Practice, 4(1), Netzversion, ohne Seitenzahlen.

Montada, L. (1995). Fragen, Konzepte, Perspektiven. In R. Oerter & L. Montada (Eds.), Entwicklungspsychologie (pp. 1–83). Weinheim: Psychologie Verlags Union.

Morrison, F. J., Mc Mahon Griffith, E., & Frazier, J. A. (1996). Schooling and the 5 to 7 Shift: A natural Experiment. In: A. J. Sameroff & M. M. Haith (Eds.), The Five to Seven Year Shift (pp. 161 - 186). Chicago: University of Chicago Press.

Puhani, P. A., & Weber, A. M. (2006). Does the Early Bird Catch the Worm? Instrumental Variable Estimates of Educational Effects of Age of School Entry in Germany. Darmstadt: TU Darmstadt.

Reinert, G. (1976). Grundzüge einer Geschichte der Human-Entwicklungspsychologie. In H. Balmer (Ed.), Die europäischen Traditionen (Vol. 1). München: Kindler.

Rogoff, B., Mistry, J., Göncü, A., & Mosier, C. (1993). Guided participation in cultural activity by toddlers and caregivers. Monographs of the Society for Research in Child Development, 8(serial number 236).

Schmerkotte, H. (1978). Ergebnisse eines Vergleichs von Modellkindergärten und Vorklassen in Nordrhein - Westfalen. Bildung und Erziehung, 31(5), 401–411.

Schweinhart, L. J., & Weikart, D. P. (1988). Education for Young Children Living in Poverty: Child-initiated Learning or Teacher-directed Instruction? The Elementary School Journal, 89(2), 213–225.

Spitzer, M. (2002). Lernen. Heidelberg: Spektrum.

Strätz, R., Schmidt, E. A. F., & Hospelt, W. (1982). Die Wahrnehmung sozialer Beziehungen von Kindergartenkindern. Stuttgart: Kohlhammer.

Twellmann, W. & Jendrowiak, H. W. (1978). Frühpädagogische Förderung – Zur Effektivität von Vorklassen und Kindergärten in Nordrhein-Westfalen. In K. d. L. NRW (Ed.), Modellversuch Vorklasse in NW – Abschlußbericht (pp. 53–113). Köln: Greven.

White, B. L., Kaban, B., Shapiro, B., & Attonucci, J. (1976). Competence and Experience. In: I. C. Uzgiris & F. Weizmann (Eds.), The structuring of experience. New York.

Winkelmann, W., Holländer, A., Schmerkotte, H., & Schmalohr, E. (1977). Kognitive Entwicklung und Förderung von Kindergarten- und Vorklassenkindern. Kronberg: Scriptor.

Zentner, M. (1993). Die Wiederentdeckung des Temperaments (2. Aufl. Fischer Taschenbuch Verlag 1998 ed.). Paderborn: Junfermann.

Zepeda, M. (1993). An exploratory study of demographic characteristics, retention, and developmentally appropriate practice in kindergarten. Child Study Journal, 23(1), 57–78.

Zimmer, J. (1984). Der neue Institutionstyp: Anmerkungen zur institutionell verstellten Kindheit und Jugend in der Bundesrepublik Deutschland. In: W. Fthenakis (Ed.), Tendenzen der Frühpädagogik (pp. 217–232). Düsseldorf: Schwann.

II Programmatik

Funktionen der institutionellen Früherziehung: Bildung, Erziehung, Betreuung, Prävention

Hans-Joachim Laewen

Als Institutionen der Früherziehung werden in diesem Beitrag Kindertageseinrichtungen im Sinne des § 22 Absatz 1 Kinder- und Jugendhilfegesetz (KJHG) verstanden. Als Teil der Jugendhilfe waren ihre Aufgaben im früheren Jugendwohlfahrtsgesetz (JWG) im »Kontext einer sicherheits- und ordnungspolitischen Ausrichtung« einerseits und einem »Konzept autoritativer Fürsorglichkeit« (Münder, 1996, S. 14) andererseits definiert. Das KJHG von 1990 veränderte diese Zusammenhänge insofern, als im Gesetzeswortlaut Sozialpädagogik und Sozialleistung in den Vordergrund rückten (Münder, 1996, S. 16). Im § 22 Absatz 2 wurden die Aufgaben der Kindertagesbetreuung neu formuliert: »Die Aufgabe umfasst die Betreuung, Bildung und Erziehung des Kindes. Das Leistungsangebot soll sich pädagogisch und organisatorisch an den Bedürfnissen der Kinder und ihrer Familien orientieren.«

Damit war der Weg bereitet, die Kindertageseinrichtungen aus dem Bereich der öffentlichen Wohlfahrt mit ihren sozialpräventiven Zielen, die seit der Einrichtung der ersten Kleinkindbewahranstalten die Zwecke dieser Einrichtungen wesentlich bestimmten, herauszuführen und mit dem (in Deutschland West) in ungebrochener Tradition idealisierten Erziehungs- und Bildungsmilieu der Familie zu versöhnen. Im Zusammenhang mit der Reform des § 218 des Strafgesetzbuches (StGB) wurde schließlich 1996 ein Rechtsanspruch auf einen Kindergartenplatz für jedes Kind zwischen drei und sechs Jahren realisiert, wobei als eine wichtige Perspektive in diesem Kontext das Ziel gesehen werden muss, die Vereinbarkeit von Beruf und Familie für Mütter mit Kindern in dieser Altersgruppe zu verbessern.

Es mag dieser Geschichte zuzuschreiben sein, dass Kindertageseinrichtungen in den alten Bundesländern den Charakter als Hilfsumgebungen für die eigentlich zuständige Familie bis in die jüngste Zeit hinein nicht verloren haben. Die Initiative des Deutschen Bildungsrates, der Anfang der 1970-er Jahre die Zuordnung des Kindergartens zum Bildungssystem der Bundesrepublik empfahl, hatte sich nicht durchsetzen können und der in dieser Zeit entwickelte Situationsansatz verkümmerte in den Folgejahren wegen fehlender Praxisunterstützungssysteme und mangelnden Möglichkeiten der Weiterentwicklung zu einem Allerweltskonzept, dessen Ansprüchen schließlich jede Praxis genügen zu können glaubte.[13] Auch blieb die Bedeutung der Begriffe Bildung und Erziehung, die durch das KJHG in das Zentrum der Aufgabenbestimmung der Kindertageseinrichtungen gerückt worden waren, für das Vorschulalter ungeklärt, so dass sie über zehn lange Jahre lediglich Leerformeln deutscher Vorschulpädagogik blieben. Daran änderte zunächst auch die wesentlich von der Bundesregierung getragene »Nationale Qualitätsinitiative im System der Tageseinrichtungen für Kinder« nichts, deren Ergebnisse als Beschreibungen bester Qualität ab 2002 vorgelegt wurden (für den Bereich Kindertageseinrichtungen vgl. u.a. Tietze & Viernickel, 2002). Damit sind Kriterien für die Beurteilung der Qualität von Kindertageseinrichtungen geschaffen worden, ohne dass eine Klärung der für pädagogische Prozesse grundlegenden Begriffe erfolgt ist. Erst die Arbeitsergebnisse des Bundesmodellprojekts »Zum Bildungsauftrag von Kindertageseinrichtungen« (vgl. auch Bericht der OECD, 2004, S. 24) führten für den Vorschulbereich zu Arbeitsdefinitionen für diese zentralen Kategorien der deutschsprachigen Pädagogik (Laewen & Andres, 2002a, 2002b).

Die Bundesrepublik ist gegenüber den Nachbarländern in Verzug geraten. Während die anderen westeuropäischen Länder spätestens vor zehn Jahren damit begonnen haben, ihre frühpädagogischen Konzepte entlang bildungsrelevanter Kriterien zu reformulie-

---

13 Dieser Tendenz wird seit einiger Zeit durch ein Angebot von Zertifizierungsmöglichkeiten für das Fachpersonal von Kindertageseinrichtungen entgegen gewirkt.

ren und die Ausbildung des pädagogischen Fachpersonals der Einrichtungen an die Hochschulen und Universitäten zu verlegen, haben erst die Veröffentlichung der Ergebnisse der PISA-Studie im Jahr 2002 in Verbindung mit den Empfehlungen des Forum Bildung vom Januar desselben Jahres dazu geführt, dass Bundes- und Länderpolitik damit begannen, sich der Aufgabe zu stellen.

Vor dem Hintergrund einer gemeinsamen Beschlusslage von Jugend- und Kultusministerkonferenz vom Mai bzw. Juni 2004[14] sind von allen Bundesländern so genannte Bildungs- und Erziehungspläne zumindest als Entwürfe für den Vorschulbereich vorgelegt worden (vgl. den Beitrag von Schuster in diesem Band). Die Pläne sollen die Aufgaben von Kindertageseinrichtungen in wenigen Jahren von Betreuung auf Bildung umsteuern, was wohl als eine eher abenteuerliche Vorstellung gelten muss, solange nicht auf geeignete frühpädagogische Konzepte, die eine solche tiefgreifende Veränderung allenfalls bewirken könnten, zurück gegriffen wird und werden kann. Wolfgang Tietze hat bereits Anfang 2004 auf diesen Sachverhalt hingewiesen: »Bildungspläne allein sind noch keine bessere Bildung.« (Tietze, 2004)

Allerdings wird auch die konzeptionelle Erneuerung der Frühpädagogik keinen grundlegenden Wandel in der Breite der Kitalandschaft bewirken können, wenn die Mittel, die dafür eingesetzt werden, so marginal bleiben, wie sie es zur Zeit sind und das Umfeld einer solchen Umgestaltung des Bildungssystems nicht zeitgleich weiter entwickelt wird (z. B. Forschung, Ausbildung, Weiterbildung, Qualitätsmanagement). Der Weg von einer Institution mit familienergänzenden oder -unterstützenden Funktionen hin zur Elementarstufe des bundesdeutschen Bildungssystems mit eigenständigem Bildungs- und Erziehungsauftrag erfordert einen höheren Einsatz von Ressourcen, als gegenwärtig zur Verfügung stehen.

Im nachfolgenden Text soll exemplarisch dargestellt werden, worin die Herausforderung besteht und wie eine (fachliche) Lösung des Problems aussehen kann. Entlang von Arbeitsdefinitionen der zentralen Begriffe (vgl. Laewen & Andres, 2002a, 2002b) soll zum einen aufgezeigt werden, welche Prozesse im Praxisfeld den Funktionswandel begleiten (müssen), und zum anderen der Aufwand umrissen werden, den eine Realisierung des Wandels verlangt.

Begriffsklärungen

Betreuung ■ Der Betreuungsbegriff wird im öffentlichen Sprachgebrauch einerseits routinemäßig in den Zusammenhang mit der Bildung und Erziehung von Kindern gestellt – hier insbesondere in Kindertageseinrichtungen sowie auch im KJHG –, in seinem Gehalt aber in diesem Kontext kaum reflektiert. Als ein typisches Beispiel für den öffentlichen Gebrauch des Begriffs außerhalb des engeren Rahmens der Kindertagesbetreuung mag ein Argument aus einer Urteilsbegründung des Bundesverwaltungsgerichts dienen, dessen Inhalt einige Fragen aufwirft, ob und gegebenenfalls inwieweit der Betreuungsbegriff in dieser Form mit denen von Bildung und Erziehung noch kompatibel sein kann.

»Der Verwaltungsgerichtshof ist davon ausgegangen, dass Betreuung Pflege einschließt, aber deutlich darüber hinausgeht. Durch Betreuung werde dem auf Grund von Alter, Behinderung oder Krankheit in seiner körperlichen und/oder geistigen Leistungsfähigkeit eingeschränkten Personenkreis allgemein unterstützend zur Seite gestanden und geholfen, die durch die genannten Lebensumstände bedingten Erschwernisse bei der Bewältigung des Alltags zu überwinden.« (BVerwG, Beschluss vom 12. 2. 2004 - 6 B 70. 03)

Betreuung erscheint hier in Bezug auf eine asymmetrische Beziehung, die ein nur eingeschränkt handlungsfähiges Subjekt mit einem anderen verbindet, das ersteres bei der Bewältigung des Alltags unterstützt. Dies passt zum alten Bild vom hilflosen Kind, des-

---

14 Vgl. »Gemeinsamer Rahmen der Länder für die frühe Bildung in Kindertageseinrichtungen – Ergebnisse der Jugendministerkonferenz am 13. und 14. Mai 2004 in Gütersloh« (Jugendministerkonferenz, 2004)

sen Versorgung sich Eltern und Kindertageseinrichtung teilen. Die Beziehung zwischen einem Kind in den ersten Lebensjahren und einer betreuenden, notwendigerweise erwachsenen Person enthält jedoch eine Spezifik, die aus den frühen Bindungsbeziehungen erwächst und nicht hintergehbar ist, wenn Betreuung auch nur in diesem Sinne gelingen soll. Bindungsbeziehungen sind jedoch keine Abhängigkeitsbeziehungen, die ein Verhältnis von Kompetenz zu Hilflosigkeit beschreiben, sondern erlauben es beiden Partnern, wechselseitig aufeinander Einfluss zu nehmen. Das Kind kommt so in die Lage, auch das Verhalten seiner erwachsenen Bindungspersonen in relevanter Hinsicht steuern zu können.

Der Betreuungsbegriff muss deshalb, wenn er in der Kindertageseinrichtung Sinn machen soll, aus seinen Bezügen zu Hilflosigkeit und Abhängigkeit herausgelöst und als Verhältnis wechselseitiger Anerkennung von Bedürfnissen und Interessen reformuliert werden. Betreuung schließt die Bereitschaft von Erwachsenen ein, sich auf die Kinder im Rahmen von Beziehungen wechselseitiger Anerkennung einzulassen, ihnen als »sichere Basis« für ihre Bildungsprozesse zur Verfügung zu stehen. Betreuung heißt also auch, Bindungen zuzulassen, zu ermutigen und zu pflegen (vgl. Laewen, 2002b, S. 69ff.).

Bildung ■ Der Bildungsbegriff geht in seiner modernen Bedeutung auf Wilhelm von Humboldt zurück, der, so können wir bei Hartmut von Hentig nachlesen, Bildung als »die Anregung aller Kräfte eines Menschen, damit diese sich über die Aneignung der Welt in wechselseitiger Ver- und Beschränkung harmonisch-proportionierlich entfalten (…)« verstand (v. Hentig, 1996, S. 40).

Wegen der ausführlichen Behandlung der frühen Bildung bei Gerd E. Schäfer in diesem Band soll an dieser Stelle nicht näher auf eine Begriffsklärung eingegangen, jedoch auf einige Verwendungen des Begriffs in der aktuellen Diskussion hingewiesen werden, die einer praktischen Umsetzung des damit Gemeinten eher hinderlich als förderlich sind. Eines dieser Hindernisse scheint darin zu liegen, dass in vielen der aktuell vorliegenden Bildungs- und Erziehungsplänen Bildung mit Kompetenzerwerb gleichgesetzt wird. Zwar ist nicht zu bestreiten, dass Bildung mit Kompetenzerwerb einhergeht, jedoch mag der darauf fixierte Blick häufig nicht erkennen, dass die so dringlich gewünschten Schlüsselkompetenzen das Ergebnis grundlegender Prozesse sind, in deren Verlauf sich Subjekte erst konstituieren, die dann schließlich gegebenenfalls auch über Kompetenzen der gewünschten Art verfügen.

Bildungsprozesse sind in diesem Verständnis Konstruktionsprozesse, die sich auf die Wahrnehmung des Kindes von sich selbst und seiner Umwelt – der dinglichen und der personalen – stützen und zur Errichtung eines inneren Weltmodells führen, eines Arbeitsmodells von der Welt und sich selbst. Dieses Arbeitsmodell dient dem Kind zur Deutung seiner Erfahrungen und zugleich als Ort, in den seine Erfahrungen integriert und wo sie aufbewahrt werden. Aneignung hieße in diesem Sinne also nicht abbilden, etwas schon Fertiges in Besitz nehmen, sondern Neukonstruktion auf der Grundlage der dem Kind zugänglichen Erfahrungen. Dabei spielen auch die genetisch verankerten und in individuellen Variationen ausgeprägten Anlagen eine Rolle, so dass diese Konstruktionen und ihre Speicherung in einem inneren Weltmodell sowohl vorgegebenen Bahnen folgen als auch individuell variabel sind. Dabei muss davon ausgegangen werden, dass dieses innere Arbeitsmodell nicht nur durch die Funktionalität des Gehirns strukturiert ist, sondern auch eine inhaltliche Struktur besitzt.

Wolf Singer, der inzwischen wohl bekannteste deutsche Hirnforscher, hat sich dazu wie folgt geäußert: »Inzwischen ist doch sehr klar geworden, dass jeder Mensch sein ›Paket‹ an Entwicklungsmöglichkeiten mitbringt. Vom genetisch fixierten Bauplan sind Rahmenbedingungen vorgegeben, innerhalb deren erfahrungsabhängige Weiterbildung möglich ist. Ein junger Mensch tritt mit ganz individuellen, präzisen Fragen an die Umwelt heran, Fragen, die ihm sozusagen von der genetischen Ausstattung vorgegeben sind.« (Singer, 2003, S. 112) Diese Festlegungen bezeichnen seiner Auffassung nach einen Rahmen, der durch Pädagogik ausgeschöpft und strukturiert werden kann. Dabei sind inhaltliche Orientierungen des Kindes von Bedeutung. »Wenn so ein kleiner Kopf sich für Malen oder Musik oder auch für körperliche Aktivität interessiert und raffinierte Bewegungsmuster lernen möchte und wenn er entsprechende Fragen stellt, dann sollte man ihm so viel als möglich nachgeben, weil das offenbar auf individuelle Ressourcen hinweist, die zu erschließen sind.« (Singer, 2003, S. 112)

Bildungsprozesse orientieren sich also offenbar auch an inhaltlich definierbaren Bereichen, die als »Themen der Kinder« Berücksichtigung finden sollten, wenn Pädagogik nicht hohe »Reibungsverluste« und dadurch verursachte Effizienzverluste hinnehmen will. Themen der Kinder zu identifizieren, sie im pädagogischen Handeln aufzugreifen und zu erweitern, sind Kernbereiche frühpädagogischen Handelns. Weiter unten wird beispielhaft auf Verfahrensweisen verwiesen, die einer solchen Forderung gerecht werden können. Der Handlungsfähigkeit des Kindes kommt dabei eine hohe Bedeutung zu, da das Streben danach eine wichtige Quelle der Motivation für ein Kind darstellt. Jerome Bruner, einer der bedeutendsten Sprachforscher unserer Zeit, bietet ein schönes Beispiel dafür, dass auch der Erwerb von Sprache unter dieser Perspektive betrachtet werden kann.

»Wie wir inzwischen wissen, beherrscht das Kind rasch die sprachlichen Formen, mit denen es sich auf Handlungen und ihre Folgen beziehen kann. Und bald danach lernt es, dass das, was man tut, drastisch beeinflusst wird durch die Art, wie man erzählt, was man tut, tun wird oder getan hat. Erzählen wird also nicht nur zu einem Mittel der Sachdarstellung, sondern zu einem rhetorischen Instrument. So zu erzählen aber, dass das eigene Anliegen überzeugend vermittelt wird, braucht es nicht nur die Sprache, sondern auch die Beherrschung der kanonischen Formen, denn das eigene Handeln muss als Erweiterung des Kanonischen erscheinen, transformiert durch mildernde Umstände. Im Prozess des Aufbaus dieser Fertigkeiten lernt das Kind auch, einige der weniger attraktiven Werkzeuge des rhetorischen Geschäfts zu gebrauchen: Täuschung, Schmeichelei und alles übrige. Es lernt aber auch viele der nützlichen Formen der Interpretation und entwickelt damit ein sehr viel tiefer gehendes Einfühlungsvermögen. Und damit tritt es ein in die menschliche Kultur.« (Bruner, 1997, S. 99)

Das Streben nach Handlungsfähigkeit scheint es also zu sein, wodurch Kinder Kompetenzen entwickeln, die zwischen den eigenen Bedürfnissen und Interessen und denen der Umwelt vermitteln. Damit verbunden ist ein Wollen des Kindes, sich die Welt anzueignen und sich wahrnehmend und konstruierend, das heißt sinnstiftend, mit ihr auseinander zu setzen. Dieses Wollen scheint das kostbarste Gut der Pädagogik zu sein, denn damit kommt das Kind dem Pädagogen entgegen und öffnet eine Tür zu seinen Konstruktionen, in denen der Kern der frühen Bildungsprozesse erkennbar wird.

Erziehung ■ Der Erziehungsbegriff als der vermutlich am stärksten belastete Begriff in der deutschsprachigen Pädagogik, muss nun vor diesem Hintergrund rekonstruiert werden. Mit ihm verbunden sind Vorstellungen vom konsequenten Anpassen der nachwachsenden Generation an das Vorgefundene, bis hin zu den Methoden der schwarzen Pädagogik.[15] Trotz dieser Anklänge bleibt Erziehung jedoch als Weitergabe des erreichten Standes gesellschaftlicher Entwicklung an die jüngere Generation legitime Aufgabe jeder Kultur. Wenn jedoch das Wollen des Kindes, sich die Welt anzueignen und sich darin zu verorten, respektiert wird, verändert sich auch die Perspektive von Erziehung. Ihre Aufgabe besteht dann darin, diesem Wollen Ziele anzubieten, die über das ursprüngliche Haben-Wollen hinausreichen und Aneignungsformen wie

---

15 Der Titel des 1977 von Katharina Rutschky im Ullstein Verlag herausgegebenen Sammelbandes »Schwarze Pädagogik – Quellen zur Naturgeschichte der bürgerlichen Erziehung« mit Texten zur Pädagogik des 18. und 19. Jahrhunderts wurde rasch zur Metapher für eine Pädagogik, die kompromisslos auf Unterwerfung der Kinder und ihre Zurichtung auf ein vordemokratisches Gesellschafts- und Herrschaftssystem zielte.

das Wissen-Wollen oder das Können-Wollen herausfordern.

Dazu muss zunächst entschieden werden, welche Sachverhalte und Haltungen, welche Wertorientierungen und Wissensbestände, welche Kompetenzen und welche Formen wechselseitiger Anerkennung für wichtig genug gehalten werden, darüber hinaus für legitimierbar und zukunftsfähig, dass sie dem Streben der Kinder angeboten werden sollen. Kurz, Pädagogen müssen sich über die Ziele klar werden, die sie mit ihrer Arbeit erreichen wollen. Dieser Schritt steht am Anfang von Erziehung, zumindest soweit sie in öffentlicher Verantwortung stattfindet. Erst dann wird es darüber hinaus auch möglich, zwischen Gelingen oder Misslingen von Erziehung zu unterscheiden.

Wenn in diesem Zusammenhang über Ziele gesprochen und Vorstellungen von den frühen Bildungsprozessen der Kinder nicht wieder aufgegeben werden sollen, dann kann das nur heißen, dass durch pädagogische Interventionen Konstellationen geschaffen werden müssen, die solche Konstruktionsprozesse der Kinder wahrscheinlich machen, die mit unseren Zielen kompatibel sind. Anders ausgedrückt: Pädagogische Ziele können nicht unmittelbar erreicht werden, sondern nur über die Konstruktionen der Kinder, auf die die Pädagogen jedoch keinen direkten Zugriff haben. Daraus folgt, dass die Erwachsenen in der Pädagogik die Kooperation der Kinder brauchen, um Zielen, die sie für bedeutsam halten, zumindest nahe kommen zu können. Dabei muss auch über Erziehung und ihre Möglichkeiten nachgedacht werden, wenn Bildung nicht dem zufälligen Auftreten von günstigen oder ungünstigen Bedingungen überlassen bleiben soll.

Erziehungshandeln kann dabei unter den beschriebenen Bedingungen nur noch zwei Formen annehmen: die Gestaltung der Umwelt des Kindes und die Gestaltung der Interaktion mit ihm. In beiden Fällen kommt es einerseits darauf an, dem Wollen der Kinder Themen zuzumuten, die als relevant für unsere Kultur erachtet werden, andererseits müssen die Themen, mit denen das Kind umgeht, wahrgenommen und beantwortet werden. Das ist, wie in der Praxiserprobung des von »infans« entwickelten frühpädagogischen Konzepts an verschiedenen Standorten in Brandenburg und Baden-Württemberg allen beteiligten Mitarbeiterinnen der Kitas im Projektverbund »Bildung in der Kindertageseinrichtung«[16] sehr klar wurde, keine leichte Aufgabe und verlangt einschneidende Veränderungen (nicht nur) im Tagesablauf und im pädagogischen Konzept einer Kindertageseinrichtung. Der pädagogische Prozess kann unter dieser Perspektive nur gelingen, wenn Erzieherinnen einerseits über Kenntnisse zu typischerweise von Kindern zu erwartenden Themen verfügen, die in der Aus- und Weiterbildung erworben werden könnten. Andererseits geht es aber darum, jedes Kind in seinen eigenartigen und unverwechselbaren Zugängen zur Welt wahr- und ernst zu nehmen – ein Wissen, das nur in der Interaktion zwischen Erzieherin und Kind entstehen kann.

Dazu bedarf es genauer Beobachtungen, durch die die Wahrnehmung des Kindes durch die Erwachsenen geschärft und bereichert wird sowie der Dokumentation und Auswertung eben dieser Beobachtungen. Für eine nicht nur subjektive Interpretation der Beobachtungen benötigt jede Erzieherin Zugang zu den Ressourcen ihres Teams, zur Berufs- und Lebenserfahrung ihrer Kolleginnen, ohne deren Kooperation kaum gute Ergebnisse zu erwarten sind. Dieser Zugang ist umso notwendiger, als wissenschaftlich begründbare Konzepte zur Interpretation der Bedeutung des Verhaltens von Kindern, das über die Beobachtungen erfasst und dokumentiert wird, nicht in ausreichendem Umfang vorliegen. Um Themen der Kinder erkennen und beantworten zu können, müssen ihre Handlungen auf ihren subjektiven Sinngehalt hin analysiert werden. Dafür hat sich die Nutzung von Verfahren bewährt, die sich an Methoden der kollegialen Beratung und der objektiven Hermeneutik, wie sie zur Interpretation von Texten angewandt werden, orientieren (vgl. Andres & Laewen, 2005).

Erziehung, die auf Bildung zielt und sich auf Betreuung stützt, muss über Kenntnisse verfügen, die in der Wissenschaft und in bes-

---

16 Insgesamt 68 Kitas in Baden-Württemberg und Brandenburg.

ter Praxis erarbeitet worden sind und zugleich den einzigartigen Wegen der Konstruktion eines Welt- und Selbstmodells jedes einzelnen Kindes folgen. Dazu gehört es zum Beispiel, dass Erzieherinnen darum wissen, dass sich Kinder typischerweise im dritten, spätestens im vierten Lebensjahr für symbolische Darstellungen zu interessieren beginnen. Sie werden deshalb Sprachsymbole im weitesten Sinne, also einschließlich musikalische, mathematische, architektonische Zeichen, dem Kind zur Verfügung stellen und seine Reaktionen darauf in ihre pädagogische Arbeit einbeziehen. Sie werden darauf achten, welche Zeichensysteme das einzelne Kind bevorzugt, um ihm über die Brücke seines Interesses zu folgen und die Ausdifferenzierung seiner Wahrnehmung und seines Handelns herauszufordern. Unter solchen Bedingungen entfalten Kinder ihre Ressourcen auf erstaunliche Weise. Es entstehen künstlerisch anspruchsvolle Arbeiten, wie sie aus der Reggio-Pädagogik bekannt sind, Wartelisten für an Mathematikprojekten interessierte Kinder und lebhafter Schriftverkehr unter den Kindern.

Die soziale Atmosphäre in den Einrichtungen kann durch das zunehmende Interesse der Eltern der Kinder ungemein gewinnen und das auch und gerade in Gebieten mit einem hohen Anteil an Migrantenfamilien. Es entwickeln sich Kindertageseinrichtungen, die jeden Vergleich mit Spitzeneinrichtungen auf europäischem Niveau aushalten.

Prävention ■ In diesem Zusammenhang könnte das Problem der Prävention eine andere Bedeutung gewinnen. Es ginge nicht länger um das Aufspüren von defizitären Entwicklungen, sei es im Bereich der sozialen oder der kognitiven Entwicklung, oder um die Einleitung von Fördermaßnahmen, die häufig mit der zumindest partiellen Separierung der Kinder verbunden sind. Im Zentrum des Erziehungshandelns stünde vielmehr für alle Kinder das Bemühen um die Unterstützung und Herausforderung von Bildungsprozessen auf höchst möglichem Niveau. Die Individualisierung des Erziehungshandelns würde Aussonderung in vielen Fällen vermeiden, wobei für eine konsequent darauf ausgerichtete Pädagogik die gesamte Zeit des Kitabesuchs zur Verfügung stünde und nicht nur das letzte Kindergartenjahr, in dem zur Zeit präventive Fördermaßnahmen in aller Regel erst einsetzen. Es darf jedoch nicht außer Acht gelassen werden, dass insbesondere in schwerwiegenden und aus organischen Störungen resultierenden Fällen weiterhin besondere Angebote zur Verfügung stehen müssen. Das frühe Erkennen solcher Beeinträchtigungen von Bildungsprozessen in den ersten Lebensjahren sollte dabei zum guten Standard jeder Kindertageseinrichtung gehören. Instrumente wie die »Grenzsteine der Entwicklung« (vgl. Michaelis & Niemann, 1999) können hier der Orientierung dienen. Das Instrument ermöglicht es, Risiken der Entwicklung vom ersten Lebensjahr an aufzuspüren und gegebenenfalls eine diagnostische Abklärung zu veranlassen. Inwieweit die Kindertagesstätte in diesen und in weniger schwerwiegenden Fällen jedoch einen substanziellen Beitrag zur Unterstützung der Bildungsprozesse der Kinder leisten kann, hängt von der Qualität der pädagogischen Arbeit in der Einrichtung ab. Fried weist darauf hin, dass die »meisten Kinder mit Bildungsrisiken (…) durch den Besuch eines Kindergartens sozial, sprachlich und kognitiv nicht so gefördert (werden), wie es möglich wäre (…).« (Fried, 2002, S. 346) In diesem Fall stünde eine erhebliche Verbesserung der Qualität der pädagogischen Arbeit in Kindertageseinrichtungen sowohl unter Struktur- als auch unter Prozessgesichtspunkten hinsichtlich einer möglichen präventiven Wirkung sehr weit oben auf der Skala dringlicher Veränderungen, zu der Administration und Politik sich bereit finden müssten.

Dabei wäre der Präventionsbegriff noch zu eng gefasst, wenn er sich nur darauf bezöge, ein Zurückbleiben von Kindern hinter konsensfähige Vorstellungen von Normalität zu verhindern oder zumindest weniger wahrscheinlich zu machen. Der Bedeutungshorizont von Prävention wäre wohl erst ausgeschöpft, wenn sich die mit ihm verbundenen Absichten auch darauf richten würden, nicht hinter den Bildungsressourcen zurück zu bleiben, die jedes einzelne Kind in die Einrichtungen der Tagesbetreuung mitbringt.

Nicht nur ein Zurückbleiben hinter durchschnittliche Erwartungen an die Bildung von jungen Kindern gilt es zu verhindern. Ebenso muss ein Übertreffen solcher Erwartungen systematisch ermöglicht, unterstützt und herausgefordert werden. Prävention im vollen Sinn verlangt auch, die Bildungsmöglichkeiten jedes einzelnen Kindes auf höchst möglichem Niveau entfalten zu helfen. Ein an der Individualität jedes Kindes orientiertes und auf Bildung gerichtetes Erziehungshandeln scheint auch unter präventiven Perspektiven der beste Weg zum Erfolg zu sein.

Der Weg zur Bildungseinrichtung und seine Herausforderungen ■ Wenn die drei zentralen pädagogischen Kategorien in der bezeichneten Weise zueinander in Bezug gesetzt werden, verändern sich fast alle Parameter, an denen sich die pädagogische Arbeit in Kindertageseinrichtungen bislang ausgerichtet hat, mehr oder weniger radikal. Das betrifft ihre interne Organisation und ihre internen und externen Voraussetzungen. In dem Maße, wie Bildung das zentrale Ziel des Erziehungshandelns wird, entsteht in der Regel als erstes ein Bedarf an Umstrukturierungen im Zeitbudget der Einrichtung, was zunächst einmal seine formale Erfassung voraussetzt.

Eine vollständige Überprüfung aller Alltagsroutinen und aller Maßstäbe für pädagogisches Handeln auf ihre Tauglichkeit unter den neuen Prioritäten wird unvermeidbar, auch im Zusammenhang mit der Notwendigkeit zum Aufspüren von Zeitressourcen, um die neuen Methoden der Beobachtung, ihre Dokumentation und Interpretation überhaupt durchführen zu können. Verfügungszeit, also Zeitabschnitte, die nicht der direkten Arbeit mit den Kindern zugeordnet sind, sondern der Reflexion und Vorbereitung pädagogischer Initiativen dienen, gewinnt hier ihre besondere Bedeutung. Schon unter gegebenen Bedingungen zeigt die Forschung, dass darin ein wichtiges Strukturkriterium für die Qualität der pädagogischen Arbeit zu sehen ist (vgl. Tietze, Meischner, Gänsfuß, Grenner, Schuster, Völkel & Roßbach, 1998).

Unter den Voraussetzungen einer reformierten Frühpädagogik dürfte diesem Sachverhalt eine noch erheblich größere Bedeutung zukommen. Die Logik einer solchen Aussage kann sich dabei auf die geltenden Vorstellungen im Schulbereich stützen, wo niemand auf die Idee käme, dass die Tätigkeit von Lehrerinnen und Lehrern sich auf den Unterricht beschränken ließe. Etwa die Hälfte der Arbeitszeit von Lehrerinnen und Lehrern (Schulferien mit eingerechnet) wird außerhalb der Unterrichtssituationen aufgewendet. In dem Maße, wie sich Kindertagesstätten zu Bildungseinrichtungen wandeln, werden sich auch dort die Zeitbudgets in ihrer inhaltlichen Ausgestaltung bis zu einem gewissen Grad den Verhältnissen in der Schule annähern müssen.

Dabei sollen Unterschiede in den Aufgabendefinitionen und den daran orientierten pädagogischen Konzeptionen nicht verwischt werden. Zwar dürfte der eigenen Aktivität in allen Bildungsbereichen und Altersgruppen eine besondere Bedeutung zukommen, aber im Bereich der frühen Bildung spielt sie doch noch einmal eine hervorgehobene Rolle. Ludwig Liegle weist darauf hin, dass bereits früher in der Entwicklung der europäischen Pädagogik und ihrer Grundlagen die Bedeutung betont wurde, die der eigenen Erfahrung und Aktivität in den ersten Lebensjahren zukomme (Liegle, 2002, S. 50f.). Zur Bildung in der frühen Kindheit merkt er selbst an: »Wenn das in den vorausgehenden Thesen entwickelte Verständnis früher Bildungsprozesse anerkannt wird, so ergeben sich daraus Folgerungen für die Konstruktion der Pädagogik der frühen Kindheit. Diese muss in Theorie und Praxis – in radikalerer Weise als die Pädagogik späterer Lebensalter – ihren Ausgangspunkt in der Umwelt des Kindes und deren Anpassung an die Signale, Fragen und Handlungen des Kindes suchen. Mehr und anders als in späteren Lebensaltern muss Erziehung verstanden und gestaltet werden als angemessene (…) Reaktion auf die Tatsache der Selbstbildung und des Selbstunterrichts des Kindes in seinem Aufbau des Subjekt-Welt-Bezugs.« (Liegle, 2002, S. 52)

Die Frage bliebe unter diesen Umständen, welche Vorgehensweisen geeignet erscheinen, den Prozessen der frühen Bildung in Kindertageseinrichtungen Rechnung zu tragen und den Kindern die Entfaltung eines dem Stand der Entwicklung angemessenen Kompetenzniveaus zu ermöglichen, sie darin zu unterstützen und sie unablässig dazu herauszufordern.

Zurzeit werden in der Bundesrepublik vier Konzeptionen erprobt, die sich mit den damit zusammenhängenden Fragen auseinander setzen. Seit 2001 arbeitet man in einer Kindertageseinrichtung des Pestalozzi-Fröbel-Hauses Berlin daran, das Konzept der Early Excellence Centres aus Großbritannien für Deutschland zu adaptieren. Der frühpädagogische Teil des Konzepts arbeitet mit so genannten an Piaget orientierten »Schemas« (vgl. Bruce, 1997), über die den Handlungen der Kinder Bedeutung zugeordnet werden kann. Das Deutsche Jugendinstitut beschäftigt sich im Rahmen eines Modellprojekts seit 2004 damit, das von M. Carr (Carr, 2001) entwickelte Konzept der »Lerngeschichten« in 25 Kindertageseinrichtungen zu adaptieren (Leu, 2005) und in Nordrhein Westfalen wird das von G. Schäfer erarbeitete Bildungskonzept in zehn Kindertagesstätten des Landes erprobt (Schäfer, 2005). Schließlich ist das infans-Konzept in den Jahren 2002 bis 2005 an verschiedenen Standorten in Brandenburg und Baden-Württemberg durch eine intensive Praxiserprobung gegangen, wobei die ersten Ergebnisse in Form einer Handreichung für Erzieherinnen bereits publiziert sind (Andres & Laewen, 2005).[17]

Allen vier Konzepten ist gemeinsam, dass sie mit systematischen Formen der dokumentierten Beobachtung und ihrer Interpretation arbeiten und die pädagogische Interaktion an den Ergebnissen der Auswertung orientieren.[18] Sie greifen damit in jeweils unterschiedlicher Weise die oben angesprochene Fragestellung auf und verstehen die Aktivitäten der Kinder als Grundlagen für ihre frühen Bildungsprozesse, deren Deutung über die Beobachtungen und ihre Auswertung für die pädagogische Arbeit fruchtbar gemacht werden soll. Die eigene Erfahrung aus der Praxiserprobung des infans-Konzepts lässt keinen Zweifel daran, dass eine Neuorientierung der frühpädagogischen Arbeit unter Bildungsgesichtspunkten – welches der vier Konzepte auch immer gewählt wird – sehr viel an Arbeitskraft, Berufserfahrung, Flexibilität und Engagement des Fachpersonals erfordert. Dabei könnte die mit der Zeit mögliche Ergänzung der Teams durch Kolleginnen, die in einem der aktuell erprobten Hochschulstudiengänge ausgebildet wurden, möglicherweise hilfreich sein.

Darüber hinaus erfordert der Funktionswandel von Kindertageseinrichtungen, der ihre Umgestaltung von Betreuungseinrichtungen mit Bildungsauftrag zu Bildungseinrichtungen mit Betreuungsauftrag erzwingt, unter fachlichen Gesichtspunkten neben der Neukonzeptualisierung der Frühpädagogik auch Anleitungsressourcen in Gestalt von Transferstrukturen, wie sie das Forum Bildung bereits Ende 2001 in seine Empfehlungen zur frühen Förderung aufgenommen hat. Jenseits aller fachlichen Argumente sind politische Entscheidungen notwendig, die über das Erstellen von Bildungs- und Erziehungsplänen hinausgehen und (vermutlich durch Umschichtungen) Mittel bereitstellen, die dafür auf mittlere Sicht notwendig werden. Nicht nur die modellhaft an einigen Standorten mit Unterstützung der Robert-Bosch-Stiftung eingeleitete Erprobung von Hochschulausbildungsgängen für Erzieherinnen wird in absehbarer Zeit eine Anhebung der Einkommen der frühpädagogischen Fachkräfte erforderlich machen, auch die bereits erwähnte Ausweitung der Verfügungszeit kann nicht kostenneutral durchgeführt werden.

Dabei sollte verstanden werden, dass diese Mittel den Charakter von Investitionen haben, die sich über längere Zeit auch rechnen. Verschiedene Studien, die in der Schweiz, den USA und der Bundesrepublik

---

17 Die Adressen der 68 beteiligten Kitas sind auf der infans-Website www.infans.net zu finden.

18 Die Tatsache, dass kein Konzept moderner Frühpädagogik ohne Beobachtung und Dokumentation auskommt, hat vielfach zu der irrigen Annahme geführt, dass beide Verfahren für sich bereits sinnvolle Methoden seien. Das ist jedoch nicht der Fall. Beobachtung und Dokumentation sind relativ sinnlose Verfahren, solange sie nicht in ein pädagogisches Konzept eingebunden sind, das ihnen erst Sinn und Bedeutung verleiht.

durchgeführt wurden, kommen übereinstimmend zu dem Ergebnis, dass durch eine Investition in die Tageseinrichtungen für Kinder der drei- bis vierfache Betrag zurückfließt, wenn auch nicht in die selben Töpfe, aus denen die Investitionen bislang bezahlt wurden.[19] In diesem Punkt besteht Handlungsbedarf, um zu einem Kosten-Nutzen-Ausgleich zwischen Bund, Ländern und kommunalen und freien Trägern gelangen zu können.

Was heute schon getan werden kann ■ Eine Schwierigkeit in der Umsetzung der neuen Ansätze besteht darin, dass selbst im internationalen Umfeld nur sehr wenige wissenschaftliche Langzeituntersuchungen zu den Folgen einer frühkindlichen Förderung über ihren unmittelbaren Nutzen hinaus existieren. Aber erst durch Untersuchungen, in denen Kinder unter kontrollierten Bedingungen Kindertagesstätten besuchen, die ausreichende Informationen über die sonstigen Lebensbedingungen in ihren Familien einbeziehen und in deren Rahmen schließlich diese Kinder über zwei oder drei Jahrzehnte weiter beobachtet werden, können wir möglicherweise zuverlässige Aussagen darüber erhalten, welche pädagogischen Verfahrensweisen zu welchen Ergebnissen hinsichtlich der Lebenshaltung und den Kompetenzen der dann erwachsenen Kinder beitragen.

Derartige Studien liegen bislang aber nur in sehr beschränktem Umfang und mit begrenzter Aussagekraft vor. Deshalb können wir uns nur in geringem Umfang auf wissenschaftliche Kenntnisse stützen, wenn wir nach den Langzeiteffekten frühpädagogischer Arbeit fragen.[20] Wenngleich die Wissenschaft hier keinen umfassenden Rat anbietet, so bleibt keineswegs nur der Rekurs auf traditionelle Formen der Kindergartenarbeit oder Gewohnheit. Es gilt, Gebrauch von den zahlreichen wissenschaftlichen Arbeitsergebnissen zu machen, die zu Teilgebieten frühpädagogischer Fragestellungen vorliegen und daraus Schlüsse für die Konzeptualisierung pädagogischen Handelns in Kindertageseinrichtungen zu ziehen. Darüber hinaus jedoch bietet sich ein Rückgriff auf das an, was erwachsene, erzogene und gebildete Menschen selbst über die Wirkung von Pädagogik wissen. Es geht dabei um die Erinnerung daran, was der Erzieherin selbst beim Lernen und Leben als Kind gut getan hat, was eher hinderlich war oder das Lernen gar verleidet hat. Um ein höchst mögliches Maß an Sicherheit zu gewinnen, sollten jedoch nicht nur die eigenen erinnerten Erfahrungen herangezogen werden, sondern auch die anderer Erwachsener, z. B. der Kolleginnen oder Eltern.

Anders ausgedrückt, neben den wissenschaftlichen Teilkenntnissen werden eigene Lebens- und Berufserfahrungen benötigt, ebenso die der anderen Erzieherinnen und der Leiterin und – wo immer möglich – darüber hinaus der Rat von anders ausgebildeten Menschen mit anderen Perspektiven – z. B. Berater/innen, Wissenschaftler/innen, Künstler/innen. Und überall dort, wo wissenschaftlich fundierte Kenntnisse vorhanden sind, müssen sie selbstverständlich berücksichtigt werden.

Ein frühpädagogisches Konzept der neuen Art ■ Das infans-Konzept stützt sich auf eine solche Wissensbasis (vgl. Lae-

---

19 Bereits im Jahr 2000 wurde der volkswirtschaftliche Nutzen der Kindertageseinrichtungen in der Stadt Zürich untersucht. Insgesamt wird das Kosten-Nutzen-Verhältnis von Kindertageseinrichtungen mit mindestens 1:3,5 (untere Bandbreite) bzw. 1:4 (obere Bandbreite) angegeben. D.h., aus volkswirtschaftlicher Sicht fließen pro investierten Franken rund vier Franken an die Gesellschaft zurück. Dieses Verhältnis wird auch von dem Gutachten der Universität Bielefeld aus dem Jahr 2002 bestätigt, das im Auftrag der Gewerkschaft Erziehung und Wissenschaft (GEW) erstellt wurde.

20 Über eine der wichtigsten Studien der Vergangenheit wurde in Laewen & Andres 2002b, S. 36 ff. berichtet. Inzwischen wird in Großbritannien die sogenannte EPPE-Study auf eine Laufzeit von zehn Jahren ausgedehnt, so dass dort rund 3.000 Kinder über diesen Zeitraum beobachtet werden können. Die bisherigen Zwischenergebnisse der Studie stützen das im infans-Konzept vorgesehene Vorgehen als einer Balance zwischen einer Beachtung der Interessen der Kinder und »Zumutungen« der Erwachsenen. Infos (in englischer Sprache) zu dieser Studie über http://k1.ioe.ac.uk/schools/ecpe/eppe/.

wen & Andres, 2002b) und auf einen Erziehungsbegriff, der sich einerseits an den höchst individuellen Bildungsprozessen jedes einzelnen Kindes orientiert und andererseits relevante gesellschaftliche Erwartungen an die Ergebnisse dieser Prozesse in Form von Haltungen und Kompetenzen in seinen Zielen festhält. Über ein aufwändiges Verfahren kollegialer Beratung und unter Nutzung hermeneutischer Verfahren der Sinndeutung werden Erziehungsziele soweit konkretisiert, dass sich pädagogisches Handeln daran orientieren kann. Dabei wird die Subjektposition des Kindes hinsichtlich seiner Bildungsprozesse nicht in Frage gestellt und der erweiterte Betreuungsaspekt in Interaktionsformen berücksichtigt, in denen die Bindungen der Kinder und die Erfahrung der wechselseitigen Anerkennung hervorgehoben werden. Die sorgfältige Beachtung der Interessen der Kinder verbunden mit frühen Herausforderungen komplexer Wahrnehmungs- und Verarbeitungsformen haben offenbar auch präventive Wirkungen (vgl. Landeshauptstadt Stuttgart, 2005, S. 30 f.; Andres & Laewen, 2005).

Das Konzept setzt in der Praxis voraus, dass jede Erzieherin Zugriff auf die Ressourcen des Teams hat und davon Gebrauch macht. Es enthält fünf Module, die miteinander vernetzt sind und spiralförmig, idealerweise auf jeweils höheren Niveaus, immer wieder durchlaufen werden. Bevor das Konzept praktisch werden kann, bedarf es der Entscheidung des gesamten Teams einer Kindertageseinrichtung, sich auf ein solches Projekt einzulassen sowie der Bereitschaft des Trägers, die Einrichtung im Rahmen seiner Mittel dabei zu unterstützen. Dazu gehört in jedem Fall die Beschaffung der notwendigen Materialien (u.a. Ordner für jedes Kind, Kopiermöglichkeiten für die Instrumente, Digitalkameras, Internetanschluss), aber auch die Freistellung von Mitarbeiterinnen für Fortbildungen und interne Fachtage. Eine Ist-Analyse der Raumstrukturen und der vorhandenen Ausstattung leitet den Prozess ein.

Die pädagogische Arbeit im engeren Sinne beginnt mit der Erarbeitung und Konkretisierung von Erziehungszielen, die später die Arbeit in der Einrichtung verbindlich anleiten und immer wieder in die alltäglichen Entscheidungen eingehen. Am Anfang geht es dabei um die persönlichen Ziele der Mitarbeiterinnen. Sie werden formuliert, durch kleine Geschichten erläutert und im Team diskutiert. Im nächsten Schritt werden die Eltern der Kinder einbezogen, die Ziele des Trägers berücksichtigt und schließlich wird der Zielkatalog ergänzt um Orientierungen aus den Bildungs- und Erziehungsplänen sowie gesetzlichen Vorgaben. Das Verfahren ist nach aller Erfahrung außerordentlich fruchtbar und dauert in kompetenten Teams etwa ein Jahr, bis ein vorläufiger Abschluss erreicht ist.

Parallel dazu übt sich das Team im Gebrauch der Beobachtungsinstrumente, die teilweise täglich eingesetzt werden, andere Instrumente nur ein bis zweimal im Jahr. Zu letzteren gehört neben dem Soziogramm insbesondere eine mehrdimensionale Beurteilungsskala, die für jedes Kind aktuell bevorzugte Bildungsbereiche identifiziert (z. B. Sprache, Musik, soziale Beziehungen, Logik und Mathematik). Das Instrument stützt sich auf das Konzept der multiplen Intelligenzen von H. Gardner (2002), das von seiner Orientierung auf die Kompetenzen von Kindern auf ihre Interessen hin verändert wurde. Ergänzt wird das Instrumentarium durch ein an der Tübinger Universitätskinderklinik entwickeltes Grenzstein-Instrument (vgl. Michaelis & Niemann, 1999) zur Früherkennung von Risikoentwicklungen.

Alle Beobachtungen werden dokumentiert und kontinuierlich ausgewertet, wobei die Interpretation des Verhaltens jedes einzelnen Kindes im Zentrum der Arbeit steht. Auf dieser Grundlage werden die Interessen der Kinder identifiziert und im pädagogischen Handeln aufgegriffen. In Abständen von etwa drei Monaten werden alle Informationen des vergangenen Zeitraums zusammenfassend bewertet und ein längerfristig orientiertes individuelles Curriculum für jedes Kind ausgearbeitet.

Neben diesen unmittelbar mit der Arbeit mit den Kindern zusammenhängenden Aktivitäten werden aus dem Vorrat an Dokumentationen, bevorzugt unter Verwendung von Fotos, fachlich kommentierte Bildtafeln zusammengestellt, die in den Fluren der Kitas oder anderen geeigneten Orten an den Wänden hängen und zur Transparenz der Arbeit in der Einrichtung für die Eltern und Besucher aus dem Gemeinwesen beitragen. Die Eltern haben darüber hinaus jederzeit Zugang zum Portfolio ihres Kindes, in dem alle Informationen zusammengeführt werden. Zusätzlich zu diesen Aufgaben haben die meisten Einrichtungen der Erprobungsphase inzwischen Konsultationsfunktionen für das Fachpersonal anderer Kindertageseinrichtungen, der Träger oder von Ausbildungsstätten übernommen. Dies war ursprünglich für die Einrichtungen des regionalen Umfelds gedacht, hat sich aber schnell auf einen Besucherkreis aus der ganzen Bundesrepublik und dem deutschsprachigen Ausland erweitert.

Selbst aus dieser sehr knapp gehaltenen Darstellung sollte deutlich geworden sein, dass sich die pädagogische Arbeit in diesen Einrichtungen sehr weit entfernt hat von den tradierten Betreuungsvorstellungen, von denen anfangs die Rede war. Es sollte auch klar geworden sein, warum dem Aspekt des Zeitmanagements weiter oben eine so große Bedeutung zugeschrieben wurde. Die »neuen« Kindertageseinrichtungen konzentrieren sich stark auf den Bildungsaspekt, ohne dass die Kinder deswegen unglücklich wirkten. Wer eine solche Kita in Stuttgart, Freiburg oder im brandenburgischen Wünsdorf besucht, ist sehr schnell von der Ruhe beeindruckt, die dadurch entsteht, dass viele Kinder sehr konzentriert ihren Interessen nachgehen, die von ihren Erzieherinnen immer wieder aufgegriffen und in einen erweiterten Rahmen gestellt werden. Wo es gelingt, Erziehungshandeln mit den Bildungsinteressen der Kinder in einem lang dauernden Dialog aufeinander zu beziehen, werden erstaunliche Entwicklungen möglich, die sich nicht zuletzt in erweiterten Kompetenzen der Kinder zeigen, aber eben auch – bei Kindern und Erzieherinnen – als gefühltes Glück, erfüllte Tage miteinander verbringen zu können.

Der Funktionswandel von der Betreuungseinrichtung hin zur Bildungsinstitution ist nicht nur mit Herausforderungen für das Fachpersonal verbunden, sondern birgt auch Chancen, die eigene Arbeit noch intensiver und sinnvoller zu erleben. Kaum eine Erzieherin aus unserer Praxiserprobung mag sich vorstellen, je wieder anders zu arbeiten als unter der Herausforderung der neuen frühpädagogischen Konzepte. Allerdings müssen das hohe Engagement auf Seiten des Fachpersonals und die hohen Anforderungen an Konzentration und Weiterbildungsbereitschaft zumindest mittelfristig durch verbesserte Rahmenbedingungen unterstützt werden, um einem Burn-out der Fachkräfte vorzubeugen.

■ Literatur

Andres, B. & Laewen, H.-J. (2005). Elementare Bildung – Handlungskonzepte und Instrumente. In: L. Pesch (Hrsg.), Elementare Bildung (Bd. 2). Weimar: Verlag das Netz.

Bock-Famulla, K. (2002). Volkswirtschaftlicher Ertrag von Kindertagesstätten. Gutachten im Auftrag der M.-Träger-Stiftung. Unveröff. Abschlussbericht. Bielefeld.

Bruner, J. (1997). Sinn, Kultur und Ich-Identität. Heidelberg: Carl-Auer-Systeme.

Bruce, T. (1997). Early Childhood Education. London: Hodder & Stoughton.

Carr, M. (2001). Assessment in Early Childhood Settings. London: Paul Chapman.

Fried, L. (2002). Präventive Bildungsressourcen des Kindergartens als Antwort auf interindividuelle Differenzen bei Kindergartenkindern. In: L. Liegle & R. Treptow (Hrsg.), Welten der Bildung in der Pädagogik der frühen Kindheit und in der Sozialpädagogik (S. 339–348). Freiburg im Breisgau: Lambertus.

Hentig, H. v. (1996). Bildung. München: Hanser.

Jugendministerkonferenz (2004). Gemeinsamer Rahmen der Länder für die frühe Bildung in Kindergeseinrichtungen – Ergebnisse der Jugendministerkonferenz am 13. und 14. Mai 2004 in Gütersloh. http://www.agj.de/pdf/5-6/jmkTOP05_04.pdf (11.01.2006).

Laewen, H.-J. & Andres, B. (Hrsg.) (2002a). Forscher, Künstler, Konstrukteure – Werkstattbuch zum Bildungsauftrag von Kindertageseinrichtungen. Weinheim: Beltz.

Laewen, H.-J. & Andres, B. (Hrsg.) (2002b). Bildungsprozesse in der frühen Kindheit – Bausteine zum Bildungsauftrag von Kindertageseinrichtungen. Weinheim: Beltz.

Landeshauptstadt Stuttgart, Jugendamt (Hrsg.) (2005). Einstein in der Kindertageseinrichtung – Von der Betreuungseinrichtung zur Bildungseinrichtung. Stuttgart.

Leu, H.R. (2005). Stärkung des Lernens – eine zentrale Zielsetzung der Bildungs- und Lerngeschichten. DJI. Projektzeitung Bildungs- und Lerngeschichten, 1, 7–8.

Liegle, L. (2002). Bildungsprozesse in der frühen Kindheit: Der Vorrang von Selbstbildung. In: R. Münchmeier, H.-U. Otto, & U. Rabe-Kleberg (Hrsg.), Bildung und Lebenskompetenz – Kinder und Jugendhilfe vor neuen Aufgaben (S. 49–56). Opladen: Leske & Budrich.

Michaelis, R. & Niemann, G. (1999). Entwicklungsneurologie und Neuropädiatrie (S. 62–70). Stuttgart: Thieme.

Münder, J. (1996). Einführung in das Kinder- und Jugendhilferecht. Münster: Votum.

OECD (2004). Die Politik der frühkindlichen Betreuung, Bildung und Erziehung in der Bundesrepublik Deutschland. Berlin: Pressestelle des BMFSFJ.

Schäfer, G. E. (Hrsg.) (2005). Bildung beginnt mit der Geburt – Ein offener Bildungsplan für Kindertageseinrichtungen in Nordrhein-Westfalen (2. Aufl.). Weinheim: Beltz.

Singer, W. (2003). Ein neues Menschenbild? Frankfurt: stb wissenschaft.

Sozialdepartement der Stadt Zürich (Hrsg.) (2000). Volkswirtschaftlicher Nutzen von Kindertagesstätten. Bern.

Tietze, W., Meischner, T., Gänsfuß, R., Grenner, K., Schuster, K.-M., Völkel, P. & Roßbach, H.-G. (1998). Wie gut sind unsere Kindergärten? Eine empirische Untersuchung zur pädagogischen Qualität in deutschen Kindergärten. Neuwied: Luchterhand.

Tietze, W. & Viernickel, S. (Hrsg.) (2002). Pädagogische Qualität in Tageseinrichtungen für Kinder – Ein nationaler Kriterienkatalog. Weinheim: Beltz.

Tietze, W. (2004). Bildungspläne allein sind noch keine bessere Bildung. In: Ministerium für Bildung, Jugend und Sport des Landes Brandenburg (Hrsg.), Kitadebatte, 1, 50–51.

Klassiker der Pädagogik der frühen Kindheit

Karl Neumann

Die erziehungswissenschaftliche Disziplin der Frühpädagogik ist durch eine vergleichsweise hohe Fragmentierung ihrer theoretischen Begründungskonzepte und curricularen Programmatiken sowie durch ein hohes Bewusstsein der eigenen ideengeschichtlichen Tradition gekennzeichnet. Aus diesem Grund hat die historiographische Pflege ihres Erbes in Gestalt ihrer Klassiker für den disziplinimmanenten Identitätsdiskurs eine zentrale Bedeutung. Klassiker, die ihre Anschlussfähigkeit für die Pädagogik in Theorie und Praxis insofern unter Beweis stellen, als sie modellhaft pädagogische Probleme und exemplarische Lösungen demonstrieren, »leben in der Rezeption, und es ist dafür nicht einmal zwingend, wenn auch vielleicht förderlich, dass sie über die authentische Lesart ihrer Texte leben« (Tenorth, 2003a, S. 12). Offensichtlich ist gerade bei den bekanntesten frühpädagogischen Klassikern, also bei Friedrich Fröbel, Maria Montessori und Rudolf Steiner, die historiographische Rekonstruktion ihrer Texte noch keineswegs abgeschlossen. Gleichwohl ist insbesondere bei ihnen eine weltweite Wirkung zu konstatieren, die zu einem hohen Grad aus den nachhaltigen Aktivitäten der mit ihren Namen verbundenen nationalen oder internationalen Gesellschaften oder Vereinigungen herrühren dürfte, letztlich ihre Virulenz aber nur erhält, weil diese Klassiker tatsächlich weitreichende Veränderungen der pädagogischen Praxis und ihrer Reflexion ins Werk gesetzt haben.

Diese Qualität ist insofern besonders zu würdigen, als sie nicht nur wie die pädagogischen Klassiker generell die ambitiöse Vision der Aufklärung im ›Projekt Moderne‹, nämlich »die Welt als pädagogische Realität zu gestalten« (Tenorth, 2003a, S. 16) und damit für Kindheit und Jugendalter einen eigenen Status im Lebenslauf und Verhältnis der Generationen zu begründen, wesentlich mitgeprägt haben. Darüber hinaus haben sie dies schwerpunktmäßig für die Sockelphase der Sozialisation, also die Entwicklung, Enkulturation und Erziehung *kleiner* Kinder, modellhaft ausgeführt und so dem Postulat einer Autonomie der Erziehung besonderen Nachdruck verliehen. Die im Zeitalter der Aufklärung formulierte These von der Autonomie der Erziehung ist gleichsam die folgerichtige Konsequenz der gesellschaftlichen Entdeckung der Autonomie des Individuums. Im Gegensatz zum traditionellen Verständnis von Erziehung als einem Mittel, mit dem Kinder und Jugendliche dem jeweils für gut erachteten Verhalten angepasst werden können, fragt die Pädagogik seit der Aufklärung ausdrücklich nach dem eigenen Ziel der Erziehung. In diesem Zusammenhang entfaltet sie die These vom »Eigenrecht des Kindes«, die seit Jean-Jacques Rousseau die Pädagogik bestimmende Grundüberzeugung, dass das Kind kein kleiner, unvollkommener Erwachsener ist, sondern ein Wesen, das seine Erfüllung und Reife in sich selber trägt. Die Klassiker der Frühpädagogik konzentrieren sich in diesem Kontext auf die Grundvoraussetzung des kindlichen Sozialisations- und Bildungsprozesses, dass nämlich Erziehung angewiesen ist auf die im lernenden Subjekt selber angelegten Triebkräfte und seinen Gestaltungswillen (Neumann, 1993, S. 195).

Disziplingeschichtlich lässt sich insbesondere bei den Klassikern der Pädagogik der frühen Kindheit das allmähliche Fortschreiten des Identifizierens von Sozialisationsprozessen als Erziehungsprozessen und ihrer theologisch-philosophischen Rahmung beispielhaft rekonstruieren. Paradigma des neuen Verständnisses von Kindheit und Erziehung wurde Rousseaus Erziehungsroman »Emile« (1762). Die von Rousseau konstruierte kindzentrierte Lebenswelt fixierte das moderne Deutungsmuster von Kindheit: »Das Abwägen von Gewährenlassen und Führen, das gegenseitige Infragestellen von Erzieher und Zögling, von Eigenrecht und Fremdbestimmung, von Selbsttätigkeit und Lernarrangement, Entwicklung und Gestaltung, Spontaneität und Reflexion, Menschenbild und bürgerlicher Brauchbarkeit, Herzensbildung und Weltläufigkeit« (Herrmann, 1991, S. 130).

Das sich bereits seit dem 16. Jahrhundert durchsetzende Ideal von der Individualität des Kindes verdichtete sich schon in dieser Zeit zu dem für die moderne Pädagogik konstitutiven Widerspruch von Zwang und Freiheit in der Erziehung. Der Gedanke einer kontrollierten Einwirkung durch Erziehung auch schon auf kleine Kinder wurde im Zeitalter der Aufklärung zum »Jahrhundertprojekt«, weil sich bei den Eltern zum einen das Wissen darüber entfaltete, dass das Verhalten des erwachsenen Menschen eine Konsequenz seiner Entwicklungsmöglichkeiten in der Kindheit ist. Kindheit wurde damit gleichsam als Ressource »entdeckt«, von deren planmäßiger und richtiger Nutzung wie in anderen Bereichen des staatlichen und ökonomischen Lebens das Wohl der (bürgerlichen) Gesellschaft entscheidend abhängig ist. Zum anderen setzte sich, verstärkt durch die sich als Wissenschaft etablierende Pädagogik, bei den Eltern das Bewusstsein durch, dass die Beschränkung auf den privaten Bereich das Kind zu benachteiligen drohte, weil die Familie allein keine Bildung bereitstellen konnte, die einen vollwertigen Ersatz durch die Gemeinschaft hätte bieten können. So vollzog sich ein doppelter Übergang: (1) von Formen der Großfamilie zur Kernfamilie; (2) von einer gemeinschaftlichen und allen zugänglichen Sozialisation in der umgebenden Sozialität zu einer öffentlichen Erziehung, die das Kind, den Gesetzen der Modernisierung folgend, in die Gesellschaft zu integrieren und die Entfaltung seiner Fähigkeiten zu leisten versprach.

Fundamentalmetaphysik und Elementarmethode ■

Johann Amos Comenius (1592–1670) ■ Die erste klassisch zu nennende eigenständige frühpädagogische Programmschrift, das »Informatorium der Mutterschul« (1633) von Johann Amos Comenius, ist eingebettet in eine theologisch-philosophisch begründete umfassende Didaktik. Comenius forderte in seiner »Didactica magna« (1657), »dass allen Menschen alles gelehrt werde: Allen Menschen (omnes: Reichen und Armen, Männern und Frauen, Adeligen und Nicht-Adeligen – auch Behinderten) sollte in einem erneuerten Schulwesen alles (omnia: nicht alles und jedes in seiner betörenden buntfarbigen Fülle, sondern alles als das wohl strukturierte Ganze der einen von Gott ausgegangenen und wieder auf Gott zurückweisenden Schöpfung) zugänglich gemacht werden. Dieses Ganze umschließt Gott, Mensch, Welt (Philosophie), der Menschen Tun und Treiben (Politik) sowie Gottesverehrung (Religion).« (Schaller, 2003, S. 48)

Das Leben auf Erden begreift Comenius als eine Vorbereitung auf das ewige Leben und schlägt in seiner »Allgemeinen Beratung über die Verbesserung der menschlichen Angelegenheiten« (Consultatio catholica, 1645–1670) eine »pansophische Pampaedia« (Allerziehung) vor, und zwar verbunden mit einer viergliedrigen Schulorganisation (Mutterschule, Muttersprachschule, Lateinschule, Universität zu je sechs Jahren). Das Kind in der Mutterschule soll eingeführt werden in die Zusammenhänge der Physik, Optik, Astronomie, Geographie, Chronologie (Geschichte), Ökonomie (Mechanik, Handwerk), Arithmetik und Geometrie, Musik, Grammatik, Rhetorik und Poesie sowie in die Grundtechniken des Malens und Schreibens. Das in dieser Form vorschulisch anmutende frühpädagogische Programm soll gleichwohl kindgemäß und lebensweltorientiert ausgeführt werden, indem »die Übung der Jugend beides den Lehrenden und Lernenden an sich selbst lieblich, anmutig und gleichsam nur wie ein Spiel oder Kurzweil ist« (Heubach, 1962, S. 24).

Die Frühpädagogik bei Comenius ist hinsichtlich der Akzeptanz einer Eigenwelt des Kindes noch durchaus ambivalent. Comenius gibt sogar abrisshaft einen Erziehungsplan für die Kleinstkindpädagogik. Er fordert das Stillen durch die Mutter, nicht durch Ammen, er fordert Diätkost, gesunden Schlaf, kein unmäßiges Wickeln, viel Bewegung und eine liebevolle, unterhaltend anregende Zuwendung durch die Erwachsenen. Das Kind soll gesund bleiben durch körperliches Training und Abhärtung, durch Spiel sowie dann später durch Arbeiten im Haushalt und Handwerk (Heubach, 1962, S. 33 ff.). »Die Erziehungskonzeption Comenius' bietet damit schon alle Bereiche, die später, bei Locke, Rousseau, den Philanthropen, Pestalozzi und Fröbel, wichtig werden. Es geht Comenius um verstandesmäßige Ausbildung, um den Aufbau moralisch-sozialer Einstellungen, einschließlich Arbeitshaltung, um körperliche Ertüchtigung und um religiöse Erziehung. Diese Erziehung insgesamt aber findet überwiegend als abstrahierende Unterweisung statt.« (Heiland, 1987, S. 152 f.)

Johann Heinrich Pestalozzi (1746–1827)

Johann Heinrich Pestalozzis Erziehungskonzeption ist in ein Gesamtwerk politischer, ökonomischer und anthropologisch-theologischer Schriften eingebettet. Sie nimmt den die pädagogische Diskussion seit Rousseau beherrschenden Grundgedanken der »natürlichen Erziehung« auf, verknüpft diesen aber mit einem zugleich kosmologisch-christlichen und familiär-pädagogischen Ordnungsprinzip, das als »Wohnstubenatmosphäre« besonders prägnant dargestellt ist in der Schrift, die Pestalozzis Weltruhm begründete: »Wie Gertrud ihre Kinder lehrt« (1801). In seinem anthropologischen Hauptwerk »Meine Nachforschungen über den Gang der Natur in der Entwicklung des Menschengeschlechts« (1797) versucht Pestalozzi eine Integration des Fichteschen Begriffs der »Selbsttätigkeit« in ein pietistisch-christliches Grundverständnis des Menschen, gegenüber den Sphären der Natur und der Gesellschaft zentriert auf das Motiv innerer Selbstvollendung. »Mitten in den Banden des Fleisches göttlich zu leben« (Pestalozzi, SW 12, S. 125), ist das »Werk« des Menschen im Sinne der ihn leitenden inneren Moralität. Dieses Leitbild einer pädagogisch motivierten Selbst- und Weltgestaltung hat nicht allein durch die veröffentlichten Schriften Pestalozzis, sondern vielmehr durch das persönliche Vorbild gelebter (sozial-)pädagogischer Existenz in zahlreichen, immer vom Scheitern bedrohten pädagogischen Experimenten auf die Nachwelt gewirkt.

Die Bedeutung Pestalozzis in seiner Zeit resultierte insbesondere aus seinem spezifischen Beitrag zu dem das 18. Jahrhundert generell beherrschenden Methodendiskurs. Mit der in den Anstalten von Stans und Burgdorf entwickelten Elementarmethode, einer Anordnung von Unterrichtsmitteln für den Schulgebrauch und andere Anwendungsbereiche mit extrem einfachem Charakter, erregte er in der in jeder Hinsicht auf ökonomische Effizienz erpichten bürgerlichen Gesellschaft rasch ein breites Interesse. Mit der »Methode« werden »Elemente der intellektuellen Äußerungen, der körperlichen Arbeit und schließlich der familiären Beziehungen bestimmt und an diesen vollständig mechanische und repetitive Übungen vollzogen. Bei diesen sich wiederholenden methodischen Übungen soll das lernende Subjekt eine feste äußere Ordnung annehmen, und an der Festigkeit dieser äußeren Ordnung soll es die Kräfte seiner inneren Sittlichkeit selbst bilden, d.h. auf die Sittlichkeit gelenkt werden und selbst nur Ordnung aus sich selbst hervorbringen, auch in Gebieten, die ihm völlig unbekannt sind.« (Osterwalder, 2003, S. 112)

Die drei Grundkräfte in der »Natur« des Menschen, das »Elementare«, entwickeln sich nur optimal, wenn sie anregende Unterstützung durch Erziehung und Unterrichtung, durch »Kunst« als »Methode« erfahren. Die anregend methodische Unterstützung der Grundkräfte der Anschauung, der Fertigkeiten und des Sittlich-Religiösen soll bereits im frühkindlichen Alter einsetzen. Dafür konzipierte Pestalozzi im »Buch der Mutter« (1805) ein schematisch-kategoriales Bildungsprogramm. Beispielsweise wendet sich die Mutter dem kleinen Kind zu und benennt Teile des kindlichen Körpers. Dabei dominiert die kognitive Schulung, indem Körperformen bezeichnet und in zahlenförmigen Verhältnissen in Beziehung zueinander gesetzt werden. Die vierte Übung lautet z. B.: »Das, was am menschlichen Körper nur einfach, das heißt: nur einmal da ist. Der Leib hat einen Kopf, einen Hals und einen Rumpf. Das Haupt hat einen Scheitel, ein Hinterhaupt und ein Angesicht. Das Angesicht hat eine Stirn, eine Nase, einen Mund und ein Kinn...« (Pestalozzi, SW 15, S. 356). Der kindliche Leib ist also nicht primär Erfahrungsgegenstand, sondern dient als Mittel der Veranschaulichung der Kategorien: Zahl (Eins) bzw. Form (Einheit).

Die Stärkung der »Grundkräfte« durch erziehenden Unterricht soll zwar alle Kräfte anregen. Ins Auge springt aber ihr intellektualistischer Schematismus extremer Einfachheit: alphabetische Ordnung eines Wörterbuches, Silbenkombinationen, die jeden Vokal mit jedem Konsonanten verbinden, Tabellen der natürlichen Zahlen und Übungen von endlosen Einheitsadditionen und Teilungen. Kern der Elementarmethode ist die Ausbildung des Intellekts durch das »ABC der Anschauung«. Elementarmethodischer Unterricht soll zu »deutlichen Begriffen« führen, »indem er uns die ineinanderfließenden, verwirrenden Anschauungen in verschiedenen wandelbaren Zuständen vor Augen stellt und endlich dieselben mit dem ganzen Kreis unsres übrigen Wissens in Verbindung bringt. Also geht unsere Erkenntnis von Verwirrung zur Bestimmtheit, von Bestimmtheit zur Klarheit und von Klarheit zur Deutlichkeit über.« (Reble, 1964, S. 62) Form, Zahl und Wort als die drei Elemente des »ABCs der Anschauung« sollen die Welt durch vom Kinde selber nachvollzogene Strukturierung als strukturierte begreifbar machen.

Menschenerziehung durch die Bildung der Kinder als selbsttätige Subjekte ■

Friedrich Fröbel (1782–1852) ■ Friedrich Fröbel ist neben Maria Montessori *der* Klassiker der Pädagogik der frühen Kindheit mit internationaler Ausstrahlung und gilt insbesondere als Begründer einer auf das Spiel konzentrierten frühpädagogischen Didaktik des Kindergartens. Nach allgemeiner Einschätzung wurde er nachhaltig vom Konzept der Elementarbildung Pestalozzis sowie dessen Ansatz einer an der Familiensozialisation und -atmosphäre orientierten Grundbildung angeregt. Wie bei Pestalozzi ist seine Bildungstheorie, ausformuliert in seinem Hauptwerk »Menschenerziehung« (1826), begründet in einer nach Grundsätzen der christlichen Weltanschauung konstruierten Metaphysik. Dabei entwirft Fröbel, beeinflusst von Schelling und Fichte, allerdings ein panentheistisches Welt- und Menschenbild. Jedes Ding und Lebewesen ist demnach Geschöpf Gottes, wird durch göttliche Kraft beseelt und strebt danach, die in ihm wirkende göttliche Kraft, sein inneres Gesetz darzustellen. Diese panentheistische Metaphysik hat Fröbel eigenwillig-eigenständig zu einer »Philosophie der Sphäre« als anthropologisch-philosophisches Bezugssystem seiner Pädagogik weiterentwickelt, nicht zuletzt auch für seine Programmatik der frühkindlichen Pädagogik.

Anthropologische Grundkategorie ist nach der Gesetzmäßigkeit der »Sphäre« die »Vermittlung von Innen nach Außen« oder »Lebenseinigung«. Im Erfassen der Natur beispielsweise, des »Entgegengesetzten«, begreift sich der Mensch selbsttätig als das »Entgegensetztgleiche«. Erziehender, allseitig bildender Unterricht in der Schule bzw. »Spielpflege« in der Familie oder dem Kindergarten soll diesen »natürlichen« Entwicklungsprozess unterstützen. »Es gibt bei Fröbel nie nur Erziehung oder nur Entwicklung, sondern stets nur durch Erziehung sich vollziehende Entwicklung. Fröbel spricht daher auch von ›entwickelnd-erziehender Menschenbildung‹. Aufgrund ihrer Entwicklungsnotwendigkeit muss Erziehung alle Heranwachsenden, Knaben wie Mädchen, erfassen, alle Kräfte, die geistigen wie gefühlshaft-affektiven und manuell-psychomotorischen, ausbilden, also dem Programm Pestalozzis der Ausbildung von ›Kopf‹, ›Herz‹ und ›Hand‹ durch konstruktive Auseinandersetzung des Kindes mit strukturierten Erfahrungs- und Lernbereichen entsprechen. Dieses Programm einer demokratischen Allgemeinbildung allseitiger Kräfteentwicklung wiederholt vielfache Erziehungsforderungen der Aufklärungsepoche, vertieft sie jedoch zu einer Konzeption kategorialer Bildung« (Heiland, 1987, S. 165; Hervorhebung dort) sehr eigenständiger und zukunftsfähiger Prägung.

Das zeigt sich insbesondere in Fröbels Weiterentwicklung der Pädagogik der frühen Kindheit, die er bereits grundlegend in seiner »Menschenerziehung« behandelt, dann aber in der Pädagogik der »Spielpflege« im Kindergarten und in der Kleinstkindpädagogik der »Mutter- und Koselieder« (1844) materialreich und mit für seine Zeit genialen phänomenologischen Analysen weiter differenziert und curricular ausgestaltet. In den »Mutter- und Koseliedern« z.B., einer Art »Elementargymnastik« (Heiland, 1987, S. 166), kombiniert Fröbel Spielliedchen mit Bildtafeln über Handlungen und Erlebnisse aus der kindlichen Umgebung, die im leiblich-anschaulichen Medium von Fingerspielen in dyadischer Kommunikation zwischen Mutter und Kind ausgeführt werden. Er gibt damit sinnfällige Anregungen für das von der Mutter liebevoll gesteuerte und sprachlich kommentierte kindliche Streben nach Trennung und Bindung.

Grundbereiche der Elementarbildung sind bei Fröbel, zunächst schulpädagogisch thematisiert, Mathematik, Natur und Sprache. Dabei erscheint das kreative Potenzial Fröbels im Auffinden von Unterrichts- und später von Spielmitteln, die möglichst autodidaktischen Charakter tragen, nahezu unerschöpflich. Ein Beispiel bietet der »selbstlehrende Würfel« (1836/37), der quasi als Ich den Schüler zur selbsttätigen Auseinandersetzung mit dem Material wie den eigenen kognitiven Prozessen herausfordert:
»Kasten II.F.
1. An jeder Ecke des Würfels liegen 3 Flächen; es sind dreiflächige Ecken.
2. An jeder Würfelecke liegen 3 Kanten; es sind dreikantige Ecken.
3. An jeder Würfelecke liegen 3 Winkel; es sind dreiwinklige Ecken.
4. An jeder Ecke liegt immer ein Punkt; jede Ecke endigt sich in einem Punkt.
5. Was liegt an jeder Würfelecke und wie vielmal liegt es daran?
6. Wodurch wird jeder Würfel bestimmt?« (Heiland, 1993, S. 253).

Die hier demonstrierte Stimulierung mathematisch-stereometrischer und zugleich sprachlicher Kompetenzen, den simplifizierten Schematismus pestalozzischer Elementarbildung weit überbietend, überträgt Fröbel, altersspezifisch modifiziert, in die »Spielpflege« des 1840 als »Modellspielstätte« gegründeten Kindergartens, in dessen Mittelpunkt das Spiel mit »Gaben« und »Beschäftigungsmitteln« steht, zusammen mit »Bewegungsspielen« als Lauf-, Tanz-, Kreis- und Darstellungsspielen, die der Kindergruppe Raum für freie Bewegungsgestalten lassen. Hinzu kommt das Arbeiten im eigenen Gärtchen, wo das Kind die Entwicklung von Pflanzen durch Pflege und so wie in einem Spiegel symbolhaft eigene Entwicklungsprozesse wahrnehmen kann.

Das Zentrum der Kindergartenpädagogik bilden die von Fröbel sorgfältig analysierten Materialien, einfache Gegenstände wie Ball, Kugel, Würfel, Stäbchen. Die wichtigsten »Spielmittel«, »Beschäftigungs- und Bildungsmittel« sind die »Gaben«. »Das Spielmittelsystem zeigt das Sphärengesetz als Entfaltung der Gegensätze aus der Einheit und deren Vermittlung. Das Spiel geht vom Symbol der Einheit (Ball – Kugel) aus und kehrt zu diesem zurück. Fröbel als ausgebildeter Naturwissenschaftler seiner Zeit, als Mathematiker und Kristallograph, ist an stereometrischen, kristallinen Formen orientiert, die er als ›Gabe‹ dem Kind reicht, damit dieses an abstrakten Formen Elemente, Grundbegriffe, Kategorien von Wirklichkeit erfassen solle.« (Heiland, 1987, S. 170; Hervorhebung dort).

Seine Gaben erschöpfen sich aber nicht, wie Fröbel häufig vorgeworfen wurde, in mathematisch-formaler Grundbildung. Mit den Gaben drei bis sechs soll das Kind im Spiel »Lebens-«, »Schönheits-« und »Erkenntnisformen« gestalten. Insbesondere die »Lebensform« enthält ein unerschöpfliches Gestaltungsmaterial, das im pädagogischen Umgang von Kind und Erwachsenen kokonstruktiv auf seine Qualitäten hin entfaltet werden soll. Dabei überwiegt zweifellos die kognitiv-strukturierende Dimension des Lernens. Das Spielmaterial ist nicht Ausgangspunkt freier ästhetischer Erfahrung. Es eignet sich nicht zum »Kuscheln, zur Projektion. (…) So sind die Spielmaterialien Fröbels weder therapeutisch, also zur Projektion subjektiver Erlebnisse geeignet, noch stellen sie ein Lernspiel mit eindeutiger Programmatik dar. Auch dienen sie nicht einem sich selbst überlassenen Kind zum Freispiel.« (Heiland 1987, S. 171 f.) Die Puppe beispielsweise kommt in Fröbels Frühpädagogik nicht vor. Ihre Intention liegt vielmehr in der Ermöglichung und Förderung kategorialer Bildung als strukturierter Aneignung von Welt.

Maria Montessori (1870–1952) ■ Die Grundstruktur der pädagogischen Programmatik Maria Montessoris ähnelt in der Anlage wie in der Zielsetzung durchaus der fröbelschen. Sie ist zum einen bestimmt durch das Fundament der Erforschung von Grundgesetzen der Natur nach wissenschaftlich-systematischer Paradigmatik. Zum anderen ist sie, insbesondere in Montessoris Spätwerk, geleitet vom Idealbild einer Menschenerziehung, der eine kosmisch-theologische Anthropologie zugrunde liegt. »Es sind zwei Dinge zu tun: Erstens eine Kenntnis von Gott und den Dingen der Religion zu geben. Zweitens die verborgene Kraft des Kindes zu erkennen, zu bewundern und ihm zu dienen und demütig zur Seite zu treten, mit der Intention der Mitarbeit, so dass die Personalität des Kindes mit seiner inneren Gegenwart immer vor uns steht.« (Montessori, 1979, S. 124) Das tiefe Eindringen in das Studium des Menschen führt nach Montessori letztlich zur Erkenntnis, dass »die Probleme der Erziehung aufgrund der Gesetze der kosmischen Ordnung gelöst werden, die da reichen von den ewigen Gesetzen des psychischen Aufbaus des menschlichen Lebens bis zu den wandelbaren Gesetzen, die die Gesellschaft bei ihrer fortschreitenden Entwicklung auf der Erde leiten.« (Montessori, 1966, S. 22)

In der Radikalisierung der reformpädagogischen Position einer »Pädagogik vom Kinde aus« stilisiert Montessori das Kind zum »Baumeister der Menschheit« (Montessori 1995, S. 58) bis hin zu emphatisch-mystischer Überhöhung: »Das Kind ersteht immer wieder und kehrt immer wieder, frisch und lächelnd, um unter den Menschen zu leben (…) das Kind ist der ewige Messias, der immer wieder unter die gefallenen Menschen zurückkehrt, um sie ins Himmelreich zu führen.« (Montessori, 1995, S. 303) Während Fröbel die Perspektive des Kindes aus dem Spannungsfeld von naturwissenschaftlich-mathematisch begründeter kategorialer Strukturanalyse der Welt und Philosophie der Sphäre zu erschließen sucht, ist es bei Montessori das Spannungsfeld von biologisch-theologischer Anthropologie, die der Personalität bzw. Personagenese des Kindes auf den Grund kommen will. »Montessoris Erziehungsdenken schwankt damit zwischen der aus dem Positivismus herrührenden Absicht, einen neuen Menschen und eine vollkommene Gesellschaft technisch herzustellen, und einer mystischen Vergöttlichung des Kindes als Inkarnation des kosmischen Lebensdranges.« (Böhm, 2003, S. 81)

Montessori favorisiert das Konzept einer an den Methoden der Experimentalwissenschaften, insbesondere der medizinischen Grundwissenschaften, orientierten Erziehungswissenschaft, z.B. im Kontext eines eigenen Kinderhausexperimentes in Rom. Letztlich sieht sie aber als einzige Methode (Il Metodo della Pedagogica Scientifica, 1909) wissenschaftlicher Pädagogik die Aufdeckung der jedem Kind als »immanenter Bauplan« innewohnenden Entwicklungsgesetze, denen das erziehungspraktische Handeln folgen sollte. Ihrer Zeit weit voraus, ist Montessoris Entwicklungs- und Lerntheorie eng an biologischen und neurobiologischen Denkmustern ausgerichtet. Physische und psychische Entwicklungsvorgänge sind den gleichen naturgesetzlichen Schemata unterworfen. »Aus Embryologie und Zellehre übernimmt sie die Idee eines immanenten Konstruktionsplanes, der ein organisierendes und integrierendes Moment der Autopoiesis in sich trägt, und einer auf seine Aktuierung drängenden Antriebskraft, für die sie den griechischen Namen ›Hormé‹ verwendet. Ergänzt wird dieses Verständnis von Entwicklung durch eine Theorie der selektiven Wahrnehmung, d.h. durch die Vorstellung, dass sich das System der Intelligenzleistung durch die selektive Wahrnehmung und Verarbeitung von äußeren Reizen selbst aufbaut und strukturiert.« (Böhm, 2003, S. 81)

Erziehung kann vor diesem Hintergrund nur als Unterstützung des kindlichen Selbstbildungsprozesses ihre Wirkung entfalten. Die in der Früh- und Schulpädagogik heute inzwischen weit verbreiteten Montessori-Materialien sind deswegen nicht im engeren Sinne didaktisch oder schulpädagogisch zu verstehen, sondern als Arrangement einer lernförderlichen Umwelt, in der das Kind dem »inneren Bauplan« seiner körperlichen wie geistig-seelischen Fähigkeiten folgen kann. »Das fleischgewordene Kind ist ein geistiger Embryo, der auf Kosten seiner Umwelt leben muss. So wie der physische Embryo die besondere Umwelt des Mutterschoßes benötigt, braucht auch der geistige Embryo den Schutz einer lebendigen, von Liebe durchwärmten, an Nahrung reichen Umwelt, in der alles darauf eingerichtet ist, sein Wachstum zu fördern (…). Es kommt zu einem Austausch zwischen dem Individuum, besser gesagt dem geistigen Embryo, und der Umwelt, und in diesem Austausch formt und vervollkommnet sich das Individuum.« (Montessori, 1995, S. 56 f.)

Unter den vorherrschenden Sozialisations- und Erziehungsbedingungen, unter denen das Kind eher Geschöpf und Produkt der Erwachsenenwelt ist, hat das Kind wenig Chancen, sich »normal« zu entwickeln, denn es hat nicht die seinem Entwicklungsrhythmus angemessene »Ruhe« seine Aufmerksamkeit zu »polarisieren«. Nur »die Fähigkeit, sich gemäß der Leitung durch sein Ich zu bewegen und nicht nur gemäß der von äußeren Dingen ausgehenden Anziehungskraft, führt das Kind dazu, sich auf ein einziges Ding zu konzentrieren, und diese Konzentration hat ihren Ursprung in seinem Innenleben. Wahrhaft normal ist eine vorsichtige, nachdenkliche Art, Bewegungen auszuführen, und in ihr drückt sich eine Ordnung aus, die man innere Disziplin nennen darf.« (Montessori, 1995, S. 133 f.)

Steuerungsprinzip des »inneren Bauplans« ist der »absorbierende Geist«, der es dem kleinen Kind gestattet, in spezifischen »sensiblen Perioden« selbsttätig kulturelle Verhaltensweisen aufzubauen. Nach Montessori durchläuft das Kind in seinen ersten Lebensjahren drei sensible Perioden, eine der Bewegung, eine zweite der Ordnung, schließlich eine des Spracherwerbs. Montessori vergleicht diese Perioden der Empfänglichkeit mit einem »Kompass« oder einem »Scheinwerfer«, der einen bestimmten Bezirk des Inneren taghell erleuchtet, vergleichbar auch einem »Zustand elektrischer Aufladung«. Sie sind in der Gestaltung der Lernumwelt unbedingt zu beachten. Hat das Kind nicht die Möglichkeit gehabt, »gemäß den inneren Direktiven seiner Empfänglichkeitsperioden zu handeln, so hat es diese Gelegenheit versäumt, sich auf natürliche Weise eine bestimmte Fähigkeit anzueignen; und diese Gelegenheit ist für immer vorbei« (Montessori, 1995, S. 63 f.).

Im Alltag vieler frühpädagogischer Einrichtungen werden die von Montessori konzipierten speziellen Materialien zur Unterstützung der kindlichen Entwicklung, von Montessori ausdrücklich als »Arbeitsmaterialien« begriffen, gezielt eingesetzt, ohne dass dabei die anthropologischen Grundsätze Montessoris immer Berücksichtigung fänden, und zwar in den Bereichen

- Übungen des praktischen Lebens (z. B. Schnürrahmen, Wasser tragen)
- Sprachförderungsmaterialien (z. B. Sandpapierbuchstaben)
- Mathematisches Material (z. B. Perlenketten, blau-rote Stangen)

- Sinnesmaterialien (Farbtäfelchen, Einsatzzylinder, Tastbrettchen, Geräuschdosen)
- Übungen der Stille und Konzentration.

Dabei geht es darum, einzelne Eigenschaften besonders hervorzuheben, den Kindern Möglichkeiten der Fehlerkontrolle zu bieten, vor allem aber die Anziehungskraft der Materialien zu nutzen, um das Prinzip der Selbsttätigkeit in der »Menschenerziehung« auf dem Weg methodisch angeregter Selbsthilfe Wirklichkeit werden zu lassen.

Polarität zwischen Geist und Trieb

Rudolf Steiner (1861–1925) Die in den zuvor skizzierten Erziehungskonzepten herausgestellte metaphysisch-religiöse Komponente ihrer Anthropologie bzw. ihres Menschenbildes ist bei Rudolf Steiner die »Anthroposophie«. »Ideengeschichtlich gesehen erscheint die anthroposophische ›Geisteswissenschaft‹ Steiners mit ihrer ›lebendigen Logik der Bilder‹, ihrem Animismus, dem Analogienzauber und der Zahlensymbolik« (Ullrich, 2003, S. 66) wie ein erratischer Block in den Lebensformen der Wissenschaftsgesellschaft und den seit der Reformpädagogik ausformulierten frühpädagogischen Programmatiken.

Nach intensiver kritischer Auseinandersetzung mit Kants erkenntnistheoretisch begründetem Vernunftkonzept wendet sich Steiner der Tradition der Gnosis und schließlich der Theosophie einer mystischen All-Einheitserfahrung zu: Das Denken des Wesens der Welt erfährt sich in sich selbst als inkarnierte einzelne Erscheinungsform des Weltwesens. In der »Selbstanschauung des Denkens« kann der Mensch sich mit dem geistigen »Weltgrund selbstlos (wieder)-vereinigen« (Steiner, GA 2, S.125). Der Erkenntnisweg der Anthroposophie führt »das Geistige im Menschenwesen zum Geistigen im Weltall« (Steiner, GA 26, S. 14), zur intuitiven Erfahrung der Reinkarnation sowie der Entsprechung von Makro- und Mikrokosmos. Als »Krone der Schöpfung« sind im Leben des menschlichen Geist-Wesens die »kosmischen Wirkkräfte« als Seinsstufen manifest: als »physischer Leib«, in dem die mechanisch-mineralogischen Gesetze gelten; als »ätherischer« bzw. »Lebens-Leib«, in dem die Wachstums- und Fortpflanzungskräfte wirken; als »astralischer« bzw. »Empfindungs-Leib«, der Träger der Triebe, Begierden und Leidenschaften ist, und schließlich als »Ich-Leib«, der die anderen Glieder gestaltend vergeistigt. Diese Schlüsselbegriffe verbindet Steiner mit der antiken Theorie der vier Elemente, der vier Jahreszeiten und der vier Temperamente.

Aus den Grundsätzen der Anthroposophie entwirft Steiner sein Konzept von Entwicklung und Erziehung. »Aus dem Wesen des werdenden Menschen heraus werden sich wie von selbst die Gesichtspunkte für die Erziehung ergeben.« (Steiner, GA 34, S. 311 f.) Erziehung geht also, auf den ersten Blick ähnlich wie bei Rousseau, der Natur nach. Steiner grenzt sich aber rigide ab von der Neuen Erziehung, insbesondere der von Dewey oder Montessori als Begründungsrahmen bevorzugten empirischen Kinderpsychologie, sondern besteht auf der Konzentration auf die »verborgene Natur« und der stufenweisen Entfaltung des Prozesses von Wachstum und Metamorphosen der mineralischen, vegetativen, animalisch-seelischen und geistigen »Wesenskräfte« nach der kosmisch-spiritualistischen Mikro-Makrokosmos-Analogie, und zwar jeweils in Sieben-Jahres-Schritten.

Mit dem ersten Jahrsiebt wird der Aufbau des »physischen Leibes« durch die Wirkung der »ätherischen« Wachstumskräfte von den Zehenspitzen bis zu den bleibenden Zähnen abgeschlossen. Das Kind wird schulreif, indem die körperlichen Wesenskräfte als Kräfte des Lernens »geboren« werden. Der Ausbildung der menschlichen Wesensglieder ordnet Steiner schematisch die spätantike Temperamentenlehre zu. Er begründet dies damit, dass sich aus dem Übergewicht jeweils einer der vier kosmischen Wesensglieder in der Entwicklung des geistigen Ich ein Temperamentstypus zuordnen lasse: Im Falle des melancholischen Temperamentstypus dominiert der »erdenschwere« physische Leib, beim phlegmatischen der »wässerige« Äther-Leib, beim sanguinischen der »luftige« Astral-Leib und beim cholerischen das »feurige« Ich. Die Konsequenz für die anthropologisch begründete Erziehung ist »die entwicklungsgemäße Pflege und Stärkung der physischen, psychischen und intellektuellen ›Wachstumskräfte‹ der Person und der harmonisierende Ausgleich der Einseitigkeiten von Temperament und Konstitution; die Tätigkeit des Erziehers ähnelt hier der des Gärtners und des Heilkünstlers. Aus der Reinkarnationslehre erhält Erziehung die Aufgabe der Inkarnationshilfe und geistigen Erweckung; der Erzieher wird hier gleichsam zum Priester und Seelenführer des Kindes.« (Ullrich, 2003, S. 67 f.; Hervorhebungen dort)

In den pädagogischen Institutionen, den »Freien Waldorfschulen« und den »Freien Waldorfkindergärten«, werden Curriculum und Einrichtungskultur hochgradig durch die anthropologische Grundlehre determiniert und sogar ritualisiert, z.B. wird schon in der den rechten Winkel meidenden Architektur die jeweilige Einrichtung nach der kosmischen Gliederung der Welt gestaltet. In der Frühpädagogik des ersten Jahrsiebts mit der Konzentration der Erziehung auf die Gesetzmäßigkeiten des »physischen Leibes« liegt das Schwergewicht der Gestaltung auf der Schaffung einer passenden Umwelt durch Vermittlung harmonisch-wohltuender Sinneseindrücke und der Strukturierung des kindlichen Willens. Die frühe Sozialisation als Basis für die weitere Menschenbildung orientiert sich an den Prinzipien der Nachahmung der Erzieher, dem Angebot ihrer Tätigkeiten, der Rhythmisierung der Lernabläufe, der künstlerisch-musischen Angebote und dem Spiel (vgl. Barz, 1993). Das dergestalt differenziert auf die Bedürfnisse der Kinder ausgerichtete Lernarrangement hat offensichtlich für viele Eltern und Familien eine so hohe Attraktivität, dass sich weltweit das Angebot an Waldorfschulen und -kindergärten kontinuierlich ausdehnt, ohne dass in jedem Fall die Anthroposophie als pädagogisches Fundament ausdrücklich akzeptiert würde.

Man kann dem Steinerschen anthroposophischen Erziehungskonzept vieles vorwerfen, schwerlich allerdings mangelnde Komplexität in der Exposition seiner anthropologischen Grundlage. Zweifellos ist der Mystizismus der Anthroposophie ein Skandalon für die Wissenschaftfundiertheit des Selbstverständnisses der Moderne. Dem gegenüber ist die von Steiner angeregte pädagogische Praxis faktisch aber so erfolgreich, dass allein schon die führende Funktion der Waldorfpädagogik in der reformpädagogischen Internationale eine »Einreihung Rudolf Steiners unter die Klassiker der Pädagogik« (Ullrich, 2003, S. 70) rechtfertigt.

Sigmund Freud (1856–1939) ■ Grundverschieden in der Fundierung der anthropologischen Prämissen und in verschiedener Hinsicht noch weitaus vielschichtiger, darüber hinaus in zukunftsweisend innovativer Form wissenschaftsorientiert, ist die psychoanalytische Theorie Sigmund Freuds, die hinsichtlich der Komplexität menschlichen Verhaltens und Handelns beinahe alle relevanten Aspekte aufzunehmen suchte. Weil die Psychoanalyse wie kaum eine andere Theorie den gesamten Prozess individueller Persönlichkeitsbildung berücksichtigt, ist sie seit Beginn des 20. Jahrhunderts zum unverzichtbaren Teil sozialisations- und kulturtheoretischer Konzepte und damit auch paradigmatischer Bestandteil erziehungswissenschaftlicher Theoriebildung geworden. Dabei ist durch Freud selber sein Konzept der Persönlichkeitsentwicklung der pädagogischen Auslegung gleichsam offeriert worden; er selber hat sich zu erziehungswissenschaftlichen Fragen eher zurückhaltend geäußert. Eine psychoanalytisch orientierte Pädagogik ist erst von der großen Schar seiner Schülerinnen und Schüler (beispielsweise August Aichhorn, Siegfried Bernfeld, Bruno Bettelheim, Anna Freud, Fritz Redl oder Wera Schmidt) weiterentwickelt worden. So ist Freud im eigentlichen Sinne kein »Klassiker in der Pädagogik«, sondern ein »Klassiker für die Pädagogik« (Tenorth, 2003a, S. 14), dessen auf der Triebtheorie basierende Anthropologie in konträrem Widerspruch zu metaphysisch-spekulativ oder sogar mystisch-spiritualistisch fundierten Erziehungskonzepten steht, aufgrund seines paradigmatischen Charakters jedoch als Allgemeingut in der

Pädagogik »assimiliert« worden ist (vgl. Bittner, 1979, S. 69 ff.).

Wenn man sich an eine Zusammenfassung der Freudschen psychoanalytischen Persönlichkeitstheorie überhaupt heranwagt, steht man vor dem Dilemma, einen weithin »totzitierten« Autor (vgl. Bittner, 1979, S. 69 ff.) auch noch unzulässig simplifizieren zu müssen. Gleichwohl ist Freuds Trieblehre zum Grundbestand frühpädagogischer Anthropologie geworden, und zwar in einer Selbstverständlichkeit, die bereits von Maria Montessori als offene Herausforderung wahrgenommen wurde (vgl. Heiland, 2003a, S. 95).

Nach Freud wird alles Verhalten durch Triebenergie (im Spätwerk Freuds als Lebens- und Todestrieb unterschieden) erzeugt und gesteuert, die sich, beim Kind noch ungerichtet, wahllos entlädt und im Laufe der Entwicklung in bestimmte Bahnen gelenkt wird. Die dem Lebenstrieb zugrunde liegende psychische Energie, die Libido, sucht nach Triebbefriedigung und durchläuft dabei altersspezifisch bestimmte, nach dem jeweils dominierenden Körperteil benannte Phasen: die orale, anale und die phallische Phase. Die das blinde Streben nach Befriedigung der Triebe, Wünsche und Bedürfnisse beinhaltende Instanz im »psychischen Apparat« nennt Freud das ES, das dem »Lustprinzip« unterliegt. In der Auseinandersetzung mit der Realität entsteht das ICH, Instanz des bewussten Lebens und der unbewussten Auseinandersetzung mit der Wirklichkeit, als Vertreter des »Realitätsprinzips«. Das ÜBER-ICH umfasst die Wert- und Normvorstellungen der umgebenden Kultur. Als Vertreter des »Moralitätsprinzips« führt es das Verhalten und Handeln des ICH im Sinne der geltenden Moral.

Die Entwicklung des ICH steht im Mittelpunkt des Freudschen Persönlichkeitsmodells. Für die Frühpädagogik ist dabei das Durchlaufen der Libidophasen von besonderer Bedeutung. Denn es ist abhängig von der Umwelt, insbesondere von den Bezugspersonen des Kindes, ihrer Erziehung und Bindung an das Kind. Bei einer angemessenen, der Realität angepassten Befriedigung der für die einzelnen Phasen charakteristischen Triebwünsche ist eine seelisch gesunde, »normale« Entwicklung gegeben. Fehlentwicklungen (Fixierungen, Regression) können bei einer nicht angemessenen Entwicklungsförderung in den jeweiligen Phasen eintreten, sodass ein Kind kein »starkes« Ich ausbilden kann. Selbstvertrauen und Selbstmächtigkeit gelten aber als besonders wichtige frühpädagogische Entwicklungs- und Erziehungsziele.

Die in den ersten Jahren der Kindheit aufgebaute Beziehung zur Umwelt ist entscheidend für die Grundeinstellung zum Leben in der weiteren Biographie, also der Frage, ob das Kind Selbstvertrauen und Vertrauen zu seiner Mitwelt aufbringt und damit den Mut, sich entdeckend und lernend mit unbekannten Personen und Gegenständen einzulassen, d.h. überhaupt die Basis für weiter ausgreifende Lernprozesse zu legen.

Ausblick ■ Der Zeitgeist ist für eine intensive Beschäftigung mit den Klassikern der Frühpädagogik, ganz zu schweigen von einem genauen Studium der authentischen Texte, nicht unbedingt günstig. Denn die Anforderungen, vor denen heute nicht zuletzt auch die Frühpädagogik steht, sind deutlich auf den Nachweis messbarer Leistungen als Resultat von Lernprozessen in verschiedenen Domänen von Kompetenzen gerichtet. Aber selbst in dieser Richtung, soviel müsste deutlich geworden sein, hält die Tradition der Klassiker ein Anregungspotenzial bereit, das durchaus befruchtend für die Lernbereiche der verschiedenen auf Standards ausgerichteten Bildungspläne wirken kann, die, verstärkt die internationale frühpädagogische Curriculumentwicklung aufgreifend, derzeit in allen deutschen Bundesländern vorgelegt bzw. bereits umgesetzt werden.

Fröbel-Spielpflege im Kindergarten beispielsweise als Zusammenwirken von Bewegungsspiel (Sprache/Sozialverhalten), Spielpflege mit Materialien (Mathematik/Sachgegenständen) und Gartenpflege (Natur) zielt auf den Erwerb elementarer Kompetenzen. Dabei ist der Erwerb von Handlungskompetenzen unmittelbar verbunden mit in Stufen wachsender bewusster Einsicht, also metakognitiven Lernprozessen, ausgehend von zunächst »ahnendem« Erfassen, weitergeführt zum ausdifferenzierten Begreifen der Strukturen und Gesetzmäßigkeiten der Welt der Dinge und Personen bis hin zum Selbstkonzept einer kategorialen Bildung. Auf den elementarbildenden Charakter der in den frühpädagogischen Einrichtungen bei Maria Montessori geschaffenen »vorbereiteten Umgebung« als Lernarrangement mit »Materialien« für selbstgesteuerte kognitive und soziale Lernprozesse ist oben bereits ausführlicher hingewiesen worden. An der Tradition der Waldorf-Kindergärten ist insbesondere das situative Setting von Freispiel, Arbeit mit ungestaltetem Spielmaterial (Naturstoffe, Holz, Sand, Steine), Erlebnis und Märchen, also das Anregungspotenzial ästhetisch-künstlerischer, rhythmisch-motorischer Gestaltung und Erziehung zur Literalität hervorzuheben, dessen Effekt in hohem Maße auf der Vorbildfunktion der Erziehungsperson beruht. Das Märchen z. B., an mehreren Tagen hintereinander erzählt, gekoppelt mit Rollenspiel und der Anfertigung von Märchenpuppen, regt an zu differenziertem Sprechen und zu sorgfältiger Wortwahl.

Mit Nachdruck ist ferner bei den Klassikern der Frühpädagogik darauf hingewiesen worden, dass die schöpferischen Prozesse des kleinen Kindes in der Aneignung der Welt der Dinge und der Selbstkonstitution der Person nur in einer förderlichen sozialen, gleichsam »familiären« Umwelt wirksam werden können. Damit ist ein Hauptmotiv der psychoanalytisch orientierten Kleinkindpädagogik zeitentsprechend antizipiert worden, dass nämlich kindliche Autonomie sich nur in einer Atmosphäre der Bindung an vertraute Bezugspersonen optimal entfalten kann. Dies belegt bereits zugleich eine Einsicht, die durch die Befunde der Bindungsforschung und der jüngsten neurologischen Forschungen bestätigt worden ist, dass ein Gefühl von Sicherheit und Geborgenheit den Aufbau der auf Erkundung und Aneignung der Welt gerichteten neuronalen Netzwerke begünstigt.

Die Klassiker der Frühpädagogik stimmen ausnahmslos überein in ihrer zukunftsweisenden Übernahme der Perspektive des Kindes, der Voraussetzung der Entwicklungstatsache, dass schon das kleine Kind »Werk seiner selbst« (Pestalozzi, SW 8, S. 192 f.) ist. Dieses Bild vom Kind als aktivem selbstbestimmtem Lerner ist seit Beginn des 20. Jahrhunderts in verschiedener Form Anknüpfungspunkt geworden für Theorien und Befunde der Lern- und Entwicklungspsychologie, der biologischen und soziologischen Systemtheorie sowie der Entwicklungsneurologie und Hirnforschung. Indem die Klassiker der Frühpädagogik Entwicklung ebenso wie Bildung und Lernen als einen selbstorganisierten Prozess konzipieren, und zwar durchaus auch als Grundlage für einen lebenslangen Lernprozess, sind sie als frühe Vorreiter einer qualitätsvollen »Bildung von Anfang an« zu kennzeichnen, auch im bildungs- und gesellschaftspolitischen Sinne eines öffentlich-demokratischen Bildungsauftrags für die Erziehung aller Kinder, der weit hinausreicht über die Aspekte einer familienergänzenden sozialpädagogischen Fürsorge oder Betreuung.

Während sich die Anschlussfähigkeit der Klassiker der Frühpädagogik an die aktuelle bildungstheoretische und bildungspolitische sowie die lerntheoretische und curriculare Diskussion deutlich demonstrieren lässt und in der internationalen Diskussion auch so wahrgenommen wird, ist ein essentieller Aspekt ihrer Werke eher in den Hintergrund des Interesses gerückt, nämlich der metaphysisch-religiös begründete Charakter ihres Menschenbildes, der als holistisch-integrale Anthropologie des Kindes das eigentliche Zentrum ihrer pädagogischen Programmatik ausmacht. Die dominierende Bildungskonzeption der Postmoderne dagegen, bezogen auf ein Weltbild kultureller Diversität, sozialer Komplexität und kontinuierlichen Wertewandels in einer Gesellschaft fragmentierter Lebensbereiche, hat gleichsam der Mut zur Metaphysik verlassen. Die religiös-kosmische Einbettung der kindlich-selbstschöpferischen Tätigkeit, selbstverständliche Prämisse der klassischen frühpädagogischen Konzepte, muss heute beispielsweise als Recht des Kindes auf Religion besonders eingefordert werden. Für die zukünftige Auseinandersetzung mit dem Erbe der Klassiker der Frühpädagogik sollte aber diese Dimension einer metaphysisch-religiösen Begründung des Erziehungsprozesses, von Fröbel in der sprechenden Formel der »Lebenseinigung« zusammengefasst, zum Wohl des Kindes keineswegs vernachlässigt werden.

■ Literatur

Barz, H. (1993). Der Waldorfkindergarten (4. Aufl.). Weinheim/Basel: Beltz.
Bittner, G. (1979). Sigmund Freud (1856–1939). In: Scheuerl, H. (Hrsg.), Klassiker der Pädagogik. Bd.2. Von Karl Marx bis Jean Piaget (S. 46–71). München: C.H. Beck.
Böhm, W. (2003). Maria Montessori (1870–1952). In: Tenorth, Klassiker der Pädagogik. Bd. 2 (S. 74–88). München: C.H. Beck..
Erning, G.,Neumann, K., Reyer, J. (Hrsg.) (1987). Geschichte des Kindergartens. Bd. 2: Institutionelle Aspekte, systematische Perspektiven, Entwicklungsverläufe. Freiburg: Lambertus.
Freud, S. (1940ff.; 2. Aufl. 1964). Gesammelte Werke (GW). Bd. 1-18, (hg. von Anna Freud u.a.), London: Imago Press u. Frankfurt: S. Fischer.
Heiland, H. (1987). Erziehungskonzepte der Klassiker der Frühpädagogik. In: Erning, G., Neumann, K., Reyer, J., Geschichte des Kindergartens. Bd. 2 (S. 148–184), Freiburg: Lambertus.
Heiland, H. (1990). Bibliographie Friedrich Fröbel. Primär- und Sekundärliteratur 1820-1990. Hildesheim: Olms.
Heiland, H. (1993). Die Schulpädagogik Friedrich Fröbels. Hildesheim: Olms.
Heiland, H. (2003). Friedrich Fröbel (1782-1852). In: Tenorth, Klassiker der Pädagogik, Bd. 1 (S. 181–187). München: C. H. Beck.
Heiland, H. (2003a). Maria Montessori (9. Aufl.). Reinbek: Rowohlt.
Herrmann, U. (1991). Historische Bildungsforschung und Sozialgeschichte der Bildung. Programme – Analysen – Ergebnisse. Weinheim/Basel: Beltz.
Heubach, J. (Hrsg.) (1962). Johann Amos Comenius: Informatorium der Mutterschul. Heidelberg: Quelle und Meyer.
Montessori, M. (1966). Über die Bildung des Menschen. Freiburg: Herder.
Montessori, M. (1979). Spannungsfeld Kind – Gesellschaft – Welt. Auf dem Wege zu einer »kosmischen Erziehung«, (hg. von G. Schulz-Benesch), Freiburg: Herder.
Montessori, M. (1995). Kinder sind anders (10. Aufl., hg. von H. Helming). Stuttgart: Klett-Cotta.
Neumann, K. (1993). Zum Wandel der Kindheit vom Ausgang des Mittelalters bis an die Schwelle des 20. Jahrhunderts. In: Markefka, M., Nauck, B. (Hrsg.), Handbuch der Kindheitsforschung (S. 191–205). Neuwied/Kriftel/Berlin: Luchterhand.
Osterwalder, F. (2003). Johann Heinrich Pestalozzi (1746–1827). In: Tenorth, Klassiker der Pädagogik, Bd. 1 (S. 101–118). München: C. H. Beck.
Pestalozzi, J. H. (1927ff.). Sämtliche Werke (SW), (hg. von A. Buchenau u. a.), 29 Bde., Berlin/Leipzig: Walter de Gruyter; ab 1956 Zürich: Orell Füssli.
Reble, A. (Hrsg.) (1964). Johann Heinrich Pestalozzi: Wie Gertrud ihre Kinder lehrt. Bad Heilbrunn: Klinkhardt.
Schaller, K. (2003). Johann Amos Comenius (1592–1670). In: Tenorth, Klassiker der Pädagogik, Bd. 1 (S. 45–59) München: C.H. Beck.
Steiner, R. (1955ff.). Gesamtausgabe seiner Schriften (GA), (hg. von der Rudolf-Steiner-Nachlassverwaltung), Dornach: Rudolf-Steiner-Nachlassverwaltung.
Tenorth, H.-E. (Hrsg.) (2003). Klassiker der Pädagogik. Bd. 1: Von Erasmus bis Helene Lange. Bd. 2: Von John Dewey bis Paulo Freire. (mit ausführlicher Bibliographie der Ausgaben der jeweiligen Klassiker und der Sekundärliteratur). München: C. H. Beck.
Tenorth, H.-E. (2003a). Klassiker in der Pädagogik – Gestalt und Funktion einer unentbehrlichen Gattung. In: Tenorth, H.-E., Klassiker der Pädagogik, Bd. 1 (S. 9–20). München: C. H. Beck.
Ullrich, H. (2003). Rudolf Steiner (1861–1925). In: Tenorth, H.-E., Klassiker der Pädagogik, Bd. 2 (S. 61–73). München: C. H. Beck.

Moderne Ansätze der Pädagogik der frühen Kindheit

Tassilo Knauf

Ein pädagogischer Ansatz kann verstanden werden als ein definiertes System pädagogischer Überzeugungen, das sich bewusst von anderen Ansätzen absetzt und Konsequenzen für eine professionelle pädagogische Praxis formuliert (vgl. Knauf, 1999).

Pädagogische Ansätze entstanden vorrangig zu Zeiten, in denen sich eine Kritik an hergebrachten pädagogischen Alltagspraktiken mit der Neuentwicklung pädagogischer Ideen verband. Historisch betrachtet können solche Epochen schon im Renaissance-Humanismus des 16. und 17. Jahrhunderts (Rabelais, Luther, Ratke, Comenius) und während der Aufklärung sowie im Philanthropismus des 18. und frühen 19. Jahrhunderts (Rousseau, Pestalozzi, Rochow, Salzmann, Campe, Humboldt, Schleiermacher, Herbart, Fröbel) identifiziert werden. Für die heutige elementarpädagogische Praxis im deutschsprachigen Raum, aber auch für die schulpädagogische Innovation, waren vor allem zwei Epochen sehr produktiv. In der reform-

pädagogischen Bewegung vor allem im ersten Drittel des 20. Jahrhunderts entstanden die:
- Montessori-Pädagogik
- Waldorf-Pädagogik
- Freinet-Pädagogik.

In den 60-er bis 80-er Jahren des 20. Jahrhunderts prägten sich, zum Teil im Anschluss an reformpädagogische Ideen, folgende Ansätze aus:
- Reggio-Pädagogik
- Situationsansatz bzw. Situationsorientierter Ansatz
- Offene Kindergartenarbeit
- Ansatz des Waldkindergartens (zusammenfassende Skizzierung bei Knauf, 1999).

Wie in anderen europäischen und auch außereuropäischen Ländern sind reformpädagogische Ansätze in Gestalt von Montessori- und Waldorfkindergärten nahezu in allen größeren Städten Deutschlands präsent. Vor allem eine bildungsnahe, pädagogisch reflektierende Klientel wird von ihnen angesprochen.

Die elementarpädagogische Fachdiskussion und Praxisentwicklung wird allerdings im Wesentlichen von vier jüngeren Ansätzen bestimmt, auf deren Darstellung sich der vorliegende Beitrag konzentriert. Sie entstanden im Kontext bzw. im Gefolge des internationalen pädagogischen Modernisierungsschubes in den Jahren um 1970. Sie lösten ältere, in den 50-er Jahren vorherrschende Konzepte ab, die bewahrpädagogisch orientiert waren und denen es insbesondere um die frühe Anpassung von Kindern an favorisierte Verhaltensnormen ging. In den 1960-er Jahren kamen instruktionstheoretische und behavioristische Einflüsse hinzu, die sich in lebenspraktischen und kognitiven Trainingsprogrammen niederschlagen (»Funktionsansatz«).

Theoretische Grundlagen
Die historisch entwickelten pädagogischen Ansätze sind komplexe elementarpädagogische Überzeugungssysteme, die in Aus- und Fortbildung, durch Lektüre, mündliche Tradierung und vor allem auch durch unmittelbare Praxiserfahrung weiter vermittelt werden. Pädagogische Ansätze enthalten:

- Anthropologische Vorstellungen vom Kind
- Vorstellungen darüber, was die Entwicklung von Kindern fördern kann
- Vorstellungen von der »guten Erzieherin« und ihrer professionellen Rolle
- Vorstellungen von einer wünschenswerten Steuerung sozialer Interaktion und sozialer Erfahrungen
- Vorstellungen von der Bedeutung und der für Kinder förderlichen Nutzung der pädagogischen Kategorien Raum, Zeit, Material
- Werte, Normen und Regeln für die Gestaltung des Alltags in der Kindertageseinrichtung
- Werte, Normen und Regeln für das Selbstverständnis von Kindertageseinrichtungen und für die Gestaltung ihrer Beziehung zu Eltern, Nachbarschaft, Träger, zur erfahrbaren Umwelt und zu sozialen bzw. institutionellen Netzwerken.

Pädagogische Ansätze, wie etwa die Waldorf- oder Montessori-Pädagogik oder auch der Situationsansatz und die Reggio-Pädagogik, sind ganzheitliche Konzepte, die Gesellschaftsvorstellungen, Menschenbilder, Vorstellungen von der Entwicklung des Kindes, von der Erzieherinnenrolle und eine Fülle aufeinander bezogener Handlungsempfehlungen oder auch -regeln enthalten. Sie zeichnen sich einerseits durch Komplexität aus und können daher in sehr vielen Bereichen der elementarpädagogischen Praxis herangezogen werden. Andererseits sind sie – mehr oder weniger eindeutig – auf wenige Grundannahmen zurückzuführen und entsprechen daher in besonderem Maße dem Verständnis handlungsleitender Überzeugungssysteme. Zugleich integrieren pädagogische Ansätze auch zahlreiche Aspekte, wie sie in der aktuellen Diskussion den Dimensionen der Prozess- und Strukturqualität zugeschrieben werden (vgl. Fthenakis, 1998, S. 58 f. sowie allgemein Fried, 2003). Fthenakis führt z. B. als Elemente der Prozessdimension auf: Interaktion, pädagogisches Programm, Ziele, pädagogische Aktionsstile, räumliche Umgebung.

Im Anschluss an die jüngere angelsächsische Forschung hat Wolfgang Tietze (1998,

S. 21 f. und S. 68 ff.) die Kategorie der »pädagogischen Orientierung(en)« in die deutschsprachige elementarpädagogische Qualitätsdiskussion eingeführt. Dabei geht er von einem Qualitätsbegriff aus, der unter einer guten Tagesbetreuung eine Einrichtung versteht, die »das körperliche, emotionale, soziale und intellektuelle Wohlbefinden und die Entwicklung der Kinder in diesen Bereichen fördert und die Familien in ihrer Betreuungs- und Erziehungsaufgabe unterstützt« (Tietze, 1998, S. 20).

Mit der Kategorie der Orientierungsqualität erweitert Tietze die pädagogische Qualitätsdebatte, die sich v.a. auf die strukturelle und prozessuale Dimension konzentrierte (vgl. u.a. Fthenakis, 1998, S. 58 ff.). Mit pädagogischen Orientierungen meint Tietze die »pädagogischen Vorstellungen, Werte und Überzeugungen der an den pädagogischen Prozessen unmittelbar beteiligten Erwachsenen« (Tietze, 1998, S. 22). Er versteht sie als »zeitlich relativ stabile und überdauernde Konstrukte« (ebd.). Sie konkretisieren sich in »Normen und Überzeugssystemen« (ebd., S. 67).

Die Umsetzung pädagogischer Ansätze stellt sich in der Regel als ein von Krisen begleiteter längerfristiger Prozess dar. In einem solchen Prozess werden die Strukturen einer Praxis, die sich aus der Reproduktion gesicherter Routinen ergibt, aufgelöst.

Die Orientierung eines Teams an einem pädagogischen Ansatz kann zur Entwicklung einer »Sinngemeinschaft« und »Vertrauenskultur« beitragen. Denn der Prozess der Annäherung an einen pädagogischen Ansatz im Team verlangt die Regelmäßigkeit von

- (Selbst-)Einschätzung über den Qualifikationsstand des Teams im Hinblick auf die Fähigkeit, pädagogische Ideen zu verstehen und zu praktizieren
- Diskussionen über die Vorzüge und Wertvorstellungen des gewählten pädagogischen Ansatzes, um so die gemeinsame Identifikation aller Teammitglieder mit einem pädagogischen Überzeugungssystem zu stabilisieren
- Kritischen (Selbst-)Prüfungen der Kongruenz von pädagogischen Zielsetzungen und eigener Praxis.

Der Situationsansatz

Entstehungsgeschichte ■ Die ideengeschichtlichen Wurzeln des Situationsansatzes sind weit verzweigt. Maßgeblichen Einfluss übte der Brasilianer Paulo Freire († 1997) aus. Lernen ist nach Freire ein Prozess sozio-politischer Bewusstwerdung oder in den Worten von Jürgen Zimmer: »Lernen ist der Ausstieg aus dem Mythos von der Unabänderlichkeit der Situation und handelnder Einstieg in die Geschichte.« (Zimmer, 1998, S. 84)

Eine weitere ideengeschichtliche Wurzel liegt in der Bewegung der »Community Education«, deren Ziel es ist, Leben und Lernen im Gemeinwesen in Verbindung zu bringen. Als Paten wären hier Henry Morris, Gründer einer der ersten Community Schools in England, und John Dewey, Vater der amerikanischen »progressive education« zu nennen.

Dritter bedeutender Ideenspender ist Saul B. Robinsohn († 1972), ehemaliger Direktor am Max-Planck-Institut für Bildungsforschung Berlin. Ende der 1960-er Jahre war Robinsohn maßgeblich an der Entwicklung des Strukturkonzeptes der Curriculumrevision beteiligt. Ausgangspunkt dieses Bildungskonzeptes sind Situationen, in denen die erworbenen Qualifikationen nützlich werden können. Im Zentrum steht dabei die Rolle des Experten, der die Aufgabe hat, Situationen zu analysieren (vgl. ebd., S. 85).

Die von dem Berliner Erziehungswissenschaftler Jürgen Zimmer geleitete Arbeitsgruppe Vorschulerziehung des Deutschen Jugendinstituts begleitete Anfang bis Mitte der 1970-er Jahre Modellversuche zum Situationsansatz in Rheinland-Pfalz und Hessen. Seit Ende der 1990-er Jahre kam es vor allem in den neuen Bundesländern zu dessen Weiterentwicklung.

Kernstück des Situationsansatzes, wie er in den 1970-er Jahren entwickelt wurde, ist das Curriculum »Soziales Lernen«. Es umfasst 28 so genannte didaktische Einheiten. Jede Einheit greift eine für Kinder relevante Lebenssituation auf und beschreibt exemplarisch pädagogische Handlungsmöglichkeiten, in denen sie lernen können, ihre individuellen Lebenssituationen zu verstehen und zu bewältigen.

Heute gilt in der Bundesrepublik Deutschland der Situationsansatz weithin als favorisierter konzeptioneller Rahmen für Kindergärten. Grundlage bildet ein lebensweltorientiertes Verständnis von Erziehung und Bildung, wonach die sich wandelnden Lebensbedingungen von Kindern immer wieder überprüft und die darauf bezogenen Ziele, Inhalte und Handlungsstrategien der pädagogischen Praxis neu definiert werden sollen. Erziehung und Bildung in diesem Sinne bedeuten Lernen in Erfahrungszusammenhängen, Bezüge zwischen Lerninhalten und konkreten Lebenssituationen herstellen sowie Kompetenzen zur selbstbestimmten Bewältigung der Lebenssituationen vermitteln (vgl. Zehnbauer, 1994, S. 60).

Erziehungsziele ▪ Als der Situationsansatz Anfang der 1970-er Jahre entwickelt wurde, wurde Willy Brandts Formulierung »Mehr Demokratie wagen« in nahezu allen Lebensbereichen als Herausforderung verstanden. Sie ist auch in der Zieldefinition des Situationsansatzes ablesbar.

Das Bild vom Kind ▪ »Kinder verfügen über Möglichkeiten, ihre Entwicklung selbst zu steuern, den aktiven Part im alltäglichen Tun zu übernehmen, soziale Akteure zu sein.« (Zimmer, 1998, S. 18) Ausgangspunkt des Menschenbildes im Situationsansatz ist die Selbstständigkeit des Kindes. Kinder sind von ihrem Wesen her wissbegierig, sie wollen Situationen mitgestalten, äußern ihre Meinung, gehen ihren Phantasien nach und drücken sie im Spiel aus (vgl. Colberg-Schrader, 1995). Dabei wird die frühe Kindheit als entscheidend für die darauf aufbauenden Entwicklungsmöglichkeiten gesehen. Der Situationsansatz stützt sich auf kein eigenes entwicklungstheoretisches Konzept, sondern bezieht sich eher auf die Erkenntnisse der jüngeren internationalen Fachdiskussion, die die Bedeutung der Sinnestätigkeit, der motorischen Aktivitäten sowie der sozialen Beziehungen für die Entwicklung hervorhebt.

Bildung und Lernen ▪ Der Situationsansatz betrachtet das Kind als aktiven Gestalter seiner Entwicklung. Spontaneität, Neugierde und Wissbegier werden durch ein mit Entwicklungsanreizen und Entfaltungsmöglichkeiten gestaltetes Umfeld gefördert. Dies setzt ein ganzheitliches Verständnis vom kindlichen Lernprozess voraus, das den Entwicklungsbereichen Sprache, Motorik, Intelligenz und Kreativität vorrangig im Zusammenhang mit »Schlüsselsituationen« (Zehnbauer, 1994, S. 63) ihre Bedeutung zukommen lässt. Im Mittelpunkt situationsorientierter Pädagogik steht das Lernen in Handlungszusammenhängen, die für Kinder überschaubar sind. Dabei werden Lernprozesse favorisiert, die sich an den Erfahrungen der Kinder orientieren und an praktisches Handeln gebunden sind. Die Kinder organisieren ihre Erkundungen und Aneignungsprozesse vielfach selbst. Merkmale lebensnahen Lernens können in diesem Sinne sein (vgl. Colberg-Schrader & Krug, 1982, S. 43):

- Bezug zur Lebenssituation des Kindes
- Lernen in Erfahrungszusammenhängen
- Elternarbeit
- Generationsübergreifendes Lernen
- Veränderte Rolle der Erzieherin
- Enge Verbindung zwischen Kindergarten und Gemeinwesen.

Die Rolle der Erzieherin ▪ Der Situationsansatz betrachtete die Erzieherin zunächst als pädagogische Expertin, die analytische und praktische Problemstellungen durch eine Schrittfolge pädagogischen Handelns löst:

- Im ersten Schritt gilt es eine Situation wahrzunehmen und im Dialog mit anderen zu analysieren
- Im zweiten Schritt wird zunächst analysiert, welche Anforderungen die Situation an die Kinder stellt und welche Qualifikationen von Bedeutung sind, damit sie die Situation aktiv mitgestalten können. Dann werden Zielvorstellungen erarbeitet und formuliert. Die Forderung nach Autonomie, Solidarität und Kompetenz sollte dabei stets Berücksichtigung finden
- Im dritten Schritt wird erarbeitet, nach welchen Methoden und Prinzipien die Situation gestaltet werden soll
- Im vierten Schritt gilt es die Erfahrungen auszuwerten und über eventuell weiterführende Projekte nachzudenken.

Anspruchsvolle Aufgabe der Erzieherin ist es nun, Schlüsselsituationen zu erkennen und aus dem Alltagsgeschehen herauszufiltern (ebd., S. 31), vor allem jene, die im Zentrum kindlicher Aneignungsprozesse stehen. Später setzte sich eine weniger formalisierte, gleichwohl komplexe Beschreibung der Berufsmodelle der Erzieherin durch: »Sie ist Anregerin, die Entwicklungsbegleiterin, die Forscherin, die Moderatorin, die Mitlernende, die Neugierige, die zwischen Tradition und Innovation Balancierende, die Entdeckerin und Kommunalpolitikerin.« (Zimmer, 1998, S. 72)

Reggio-Pädagogik

Zur Entwicklung der Reggio-Pädagogik

Die Reggio-Pädagogik benennt sich programmatisch nach der norditalienischen Stadt Reggio Emilia. Diese gibt als Träger von derzeit dreizehn Krippen und zwanzig Tageseinrichtungen den juristischen, finanziellen, unternehmerischen, konzeptionellen und auch kulturellen Rahmen für die Praxis der Reggio-Pädagogik ab (vgl. Reggio Children, 2000, S. 6). Die Phase der Entwicklung von Organisationsstruktur und pädagogischer Konzeption der reggianischen Kindereinrichtungen lag in den Jahren zwischen 1962 und 1973 (vgl. Dreier, 1994; Göhlich, 1993, 1997). Seit Beginn der 1980-er Jahre kommen internationale Besuchergruppen nach Reggio, um dort in den städtischen Kindereinrichtungen zu hospitieren. 1981 wurde die (mehrfach überarbeitete) Wanderausstellung »Die 100 Sprachen der Kinder« konzipiert und gestaltet. Sie ist seither in einer Reihe europäischer und außereuropäischer Länder gezeigt worden. 1991 wurden die reggianischen Kindereinrichtungen von der amerikanischen Zeitschrift Newsweek als beste vorschulische Institutionen der Welt ausgezeichnet.

Das Bild vom Kind

In der Reggio-Pädagogik wird das Kind als Konstrukteur seiner Entwicklung und seines Wissens und Könnens betrachtet (u.a. Lingenauber, 2004, S. 18). Es weiß daher am besten, was es braucht und verfolgt mit Energie und Neugierde die Entwicklung seiner Kompetenzen – eine Vorstellung, wie sie ähnlich schon Anfang des 20. Jahrhunderts von Maria Montessori vertreten wurde (vgl. Knauf, 2000, S. 181, 184). Dementsprechend wird davon ausgegangen, dass das Kind »über natürliche Gaben und Potenziale von ungeheuerer Vielfalt und Vitalität« (Reggio Children, 1998 S. 63) verfügt. Die wichtigste Gabe, die die Reggio-Pädagogik Kindern zuschreibt, ist die des Forschers (vgl. Malaguzzi, 1984, S. 4).

- Das Kind will die Welt verstehen und in eine Beziehung zu sich bringen, und das bezieht sich auf Phänomene in seinem Erfahrungsfeld, in Medien oder in seinen Phantasien
- Das Kind will durch Experimente, durch Versuch und Irrtum seine alltagspraktische und soziale Handlungskompetenz erweitern.

Die Bedeutung von Identität und Gemeinschaft

In der Reggio-Pädagogik wird der Mensch als Mitglied von kooperativen Gemeinschaften, wie Familie, Nachbarschaft und Stadt gesehen. Die Qualität des Gemeinwesens resultiert aus der Vielfalt der Kompetenzen, die seine Mitglieder in die Gemeinschaft einbringen.

Das Kind wird wie der Erwachsene als vollständiger und zugleich als sich entwickelnder Mensch betrachtet. Identitätsaufbau ist Teil des Entwicklungsprozesses, in dem das Individuum Wissen, Können, soziale Kompetenzen, Selbstbewusstsein, Deutungsmuster, Interessen und neue Fragestellungen erwirbt und mit Selbst- und Fremdbildern konfrontiert (vgl. Knauf, 2000, S. 187). Darin besteht die »Mächtigkeit des Kindes, (…) sich nicht nur aus dem eigenen Inneren schöpfen zu müssen, sondern seine Identität aus dem wechselseitigen Kommunikationsprozess mit der umgebenden Welt zu entwickeln« (Stenger, 2001, S. 182).

Die Vorstellung von Bildung und Lernen

Die reggianische Vorstellung vom Lernen kommt dem komplexen Bildungsbegriff nahe, wie er vor zwei Jahrhunderten von Wilhelm von Humboldt geprägt wurde, da sie immer die Beteiligung der ganzen Person und eine intensive interaktive Beziehung zwischen Individuum und (Um-)Welt einschließt.

Bedeutungsvoll ist vor allem der Beziehungsaspekt, der zwei Seiten beinhaltet: einerseits den Aufbau emotionaler Identifikationen, das »sich Verlieben« in den Gegenstand des Erkenntnisinteresses (vgl. Stenger, 2001, S. 182), andererseits den Dialog, die Verhandlung. »Grundlage dieser Verhandlungen ist die Tatsache, dass jeder Mensch einzigartig ist und deshalb auch seine je eigene Art hat, die Welt zu sehen und zu verstehen.« (ebd., S. 183)

Im Zentrum des Bildungs- und Lernkonzepts der Reggio-Pädagogik steht die wechselseitige Durchdringung von Wahrnehmung, Beziehungsaufbau, Kommunikation, gegenständlicher Produktion und Dokumentation (vgl. Knauf, 2005, S. 18 ff.). Dabei reflektiert die Reggio-Pädagogik die lerntheoretischen Ansätze der letzten Jahrzehnte:

- Lernen und Kompetenzentwicklung entspringen analog zum »Kompetenzkonzept« Robert Whites aus dem menschlichen Bedürfnis nach Verstehen der Lebenswirklichkeit und nach wirkungsvollem Handeln in realen Lebensbezügen
- Lernen wird im Anschluss an Jean Piaget interpretiert als aktive Auseinandersetzung mit der gegenständlichen und sozialen Umwelt. Dabei bildet der Wunsch nach dem Lösen von Problemen eine wesentliche Triebkraft
- Lernen ist zu einem großen Teil »entdeckendes Lernen« (Jerome Bruner) und forschendes Lernen
- Entsprechend dem von Bruner formulierten System von »Repräsentationsebenen« werden das Aufnehmen, Verarbeiten und Speichern von Informationen handelnd (»enaktiv«), über sinnliche Medien (»ikonisch«) und über Sprache (»symbolisch«) realisiert. Die zentralen Elemente der Reggio-Pädagogik, der Austausch mit der Welt über »100 Sprachen«, das Lernen in Projekten und deren Dokumentation, sind auf die Förderung aller drei »Repräsentationsebenen« bezogen.
- Das von Bateson, Pierce, Watzlawick, von Glasersfeld u.a. entwickelte Paradigma einer konstruktivistischen Weltdeutung und Erkenntnistheorie spiegelt sich in der Vorstellung wider, dass Lernen nie fertiges, sondern nur vorläufiges Wissen konstruiert, das immer wieder neuer Deutungen bedarf. In den »Forschungsprozessen« der Kinder geht es daher nicht um den Erwerb »richtigen« Wissens, sondern um die Erprobung von Strategien für die Annäherung an Wahrheit.

Projekte und Dokumentation ■ In der Reggio-Pädagogik spielen Projekte als Handlungsform zur Gewinnung von alltagsbezogenen Fertigkeiten und vor allem von Selbst- und Weltverständnis eine zentrale Rolle. Die Prozess-Struktur reggianischer Projekte lebt insgesamt von der variierenden Wiederholung der Momente Wahrnehmung – Reflexion – Aktion – Kommunikation.

Projekte entwickeln sich aus Spielhandlungen, Gesprächen oder Beobachtungen der Kinder. In der Morgenversammlung kann über mögliche Projektthemen diskutiert und entschieden werden, auch Erzieherinnen können verbal oder über mitgebrachte Gegenstände Impulse für Projekte geben. Projekte basieren auf dem authentischen Interesse und oft auf konkreten Erlebnissen der Kinder. Die Zahl der Projektteilnehmer hängt daher allein von der Interessenbindung der Beteiligten ab.

Ein zentrales Element der reggianischen Projektpraxis ist die sinnlich-gegenständliche Darstellung der Handlungsprozesse durch großflächige Wanddokumentationen (»sprechende Wände«) oder Heftdokumentationen. Zu ihren Bestandteilen gehören gegenständliche Kinderarbeiten, Kinderäußerungen, Fotos oder auch Videos, die den Aktionsprozess darstellen, Überschriften und kurze Kommentierungen. Die Erzieherinnen sind für Materialauswahl und Gestaltung der Dokumentationen verantwortlich. Vielfach werden die Kinder aber an der Dokumentationserstellung beteiligt. Gestärkt werden dadurch ihre Eigenverantwortlichkeit, Selbstständigkeit und Identifikation mit Prozess und Ergebnis der Dokumentation. Sie verleiht dem Handlungsprozess der Kinder Struktur, vermittelt ihnen Wertschätzung, Rückmeldung, Anlässe zum sich Erinnern und Material zur selektiven Imitation. Auch für die Erzieherinnen und Eltern stellen die Projektdokumentationen eine wichtige Informationsquelle über das Denken, Fühlen, Können der Kinder und deren Entwicklung dar (vgl. Knauf, 2001).

Die Rolle Erwachsener: Eltern und Erzieherinnen ▪ Kinder, Eltern und Erzieherinnen bilden ein Wirkungsgefüge, in dem alle versuchen, für eine optimistische Grundstimmung und eine positive emotionale Beziehung untereinander zu sorgen (vgl. Lingenauber, 2002, S. 53 f.). So sind dann auch Bildung und Erziehung in der Kindertagesstätte eine Gemeinschaftsaufgabe von Erzieherinnen, Eltern und Kindern.

Eltern werden als Experten ihrer Kinder verstanden, die über besonderes Wissen verfügen und daher für die Erzieherinnen wichtige regelmäßige Gesprächspartner sind. Dabei werden Eltern in ihrer Individualität mit ihren unterschiedlichen Vorstellungen und Erwartungen gesehen und ernst genommen (vgl. Rinaldi, 2006, S. 32 ff.).

Der Erzieherin in Reggio Emilia werden nach Lingenauber (2002, S. 31 ff.) drei wesentliche Rollen zugewiesen: Sie ist
- Begleiterin
- Forscherin und
- Zeugin.

Der Terminus der Begleiterin wird in der Reggio-Pädagogik gewählt, um sich von der traditionell anleitenden Erzieherinnenrolle abzugrenzen. Das Kind wird als der eigentliche Akteur und Konstrukteur seiner Entwicklung gesehen.

In diesem Zusammenhang wird die Erzieherin zur Forscherin. Das forschende Begleiten hat kommunikative, reflexive und pragmatische Anteile. Es umschließt das Aufnehmen, Verarbeiten, (kollegiale) Interpretieren der vielfältigen Äußerungen und Ausdrucksformen der Kinder und das darauf aufbauende Bereitstellen ganz unterschiedlicher Ressourcen für die Entwicklung der Kinder (z.B. in Gestalt von Zeit, speziellen Räumlichkeiten, Nähe und Zuwendung, Interesse, herausfordernden Fragen, Ideen oder Gegenständen).

Das pädagogische Planen wird Teil dieses Begleitprozesses, in dem Beobachtungen dokumentiert und im Hinblick auf die Frage interpretiert werden: Was brauchen die konkreten Kinder in dieser Gruppe für ihre Entwicklung und wie können wir ihren Bedürfnissen gerecht werden? So wird die Erzieherin zur »Zeugin«.

Der Raum als »dritter Erzieher« ▪ Wie die erwachsenen Erzieher erfüllt der Raum für Kinder zwei Hauptaufgaben: Er vermittelt ihnen Geborgenheit (Bezug) und ist zum anderen Herausforderung (Stimulation). Der Raum ist in Reggio Teil des pädagogischen Gesamtkonzeptes (vgl. Reggio Children, 2002, S. 40). Er umfasst allerdings mehr als nur die Räume und die Ausstattung der einzelnen Kindereinrichtung. Zum pädagogischen Raum gehört auch das von den Kindern erschließbare Umfeld: die Straßen, Plätze, öffentlichen Gebäude ebenso wie die Reste von Natur in der Stadt und an deren Rand.

Die Öffnung des Kita-Alltags zum Leben in der Stadt wird durch die Architektur der meisten reggianischen Kindereinrichtungen und durch die Gestaltung des Eingangsbereichs zum Ausdruck gebracht: »Der Eingangsbereich ist die Visitenkarte der Einrichtung (…). Alle Besucher sollen sich eingeladen fühlen (…).« (Krieg, 1993, S. 37)

Auch innerhalb der Einrichtung entwickelt sich ein interaktives, dialogisches Verhältnis zwischen den Kindern (aber auch den Erwachsenen) und dem räumlichen Ambiente. Räume übernehmen somit verschiedene pädagogische »Rollen« in den reggianischen Kindereinrichtungen. Sie sollen
- Eine Atmosphäre des Wohlbefindens schaffen, die sowohl Geborgenheit vermittelt als auch aktivierend wirkt
- Die Kommunikation in der Einrichtung stimulieren
- Gegenständliche Ressourcen für Spiel- und Projektaktivitäten bereitstellen
- Impulse geben für Wahl und Bereicherung von Kinderaktivitäten (vgl. Knauf, 1995).

Der offene Kindergarten

Entstehung und Grundannahme ■ Das Konzept des offenen Kindergartens geht insbesondere auf die theoretischen Überlegungen des Erziehungswissenschaftlers Axel Wieland und auf die Praxisberatung des Fachberaters Gerhard Regel zurück. Erprobungen des Konzepts haben vor allem in Nordniedersachsen stattgefunden. Von hier aus strahlte der Ansatz auch auf andere Regionen in der Bundesrepublik aus.

Kennzeichen offener Kindergartenarbeit ist vor allem die vollständige oder zeitweise Auflösung des klassischen Stammgruppenprinzips zu Gunsten des Prinzips der Selbstorganisation und Entscheidungsfreiheit der Kinder. Diese können entsprechend ihren (Entwicklungs-)Bedürfnissen Aktivität, Partner und Raum selber wählen. Voraussetzung dafür ist, dass die herkömmlichen Gruppenräume in Funktionsräume umgewandelt werden.

Grundlegende Bedingung für die offene Kindergartenarbeit ist die prinzipielle Offenheit der pädagogischen Fachkräfte, die ein persönliches Interesse an der Weiterentwicklung und Veränderung ihrer Arbeit haben sollten. Diese Bedingung konkretisiert sich in der offenen Planung. Sie stellt »[…] die Kinder als handelnde, denkende, fühlende und werdende Personen in den Mittelpunkt« (Kazemi-Veisari, 1996, S. 9). Die offene Planung orientiert sich an den Bedürfnissen der Kinder und wird im Diskurs mit ihnen abgestimmt. Auch Zeitplanung und Raumgestaltung sind wichtige Aspekte der offenen Planung.

Die Selbstorganisation der Kinder ist auch die Basis für die in unterschiedlichen Graden realisierbare Öffnung der Kindergartengruppen: »Die »Gruppenbildung« wird also verlagert in die Verantwortung der Kinder und damit losgelöst von den Entscheidungen der Erzieherinnen oder gar der Eltern.« (Vgl. Becker-Textor & Textor, 1997, S. 24)

Die Einrichtung von Funktionsräumen sowie die Nutzung bisher unbeachteter Flächen, wie beispielsweise Flur, Garderobe, Nebenräume, Küche, erweitern das Raumangebot für die Kinder beträchtlich. Funktionsräume sind Aktivitätszentren, die einer bestimmten Funktion dienen, z.B. der Ruheraum, der Bewegungsraum, die Werkstatt, das Malstudio, der Frühstücksraum oder der Flur als Spielraum. Damit für Kinder die ganze Lebenswirklichkeit erfahrbar wird, muss sich der Kindergarten nach außen hin öffnen. Das Umfeld wird zum »Aktionsraum«, der den Kindern sonst verschlossen bliebe.

Wenn in diesem Sinne eine Öffnung gelingen soll, sind Regeln »(…), die die Vielfältigkeit das Alltags strukturieren helfen (…)« (ebd., S. 33), ebenso unverzichtbar wie das grundlegende Vertrauen, das den Kindern entgegengebracht werden muss. Ziel der Öffnung des Kindergartens zur Familie hin ist der Aufbau einer »Erziehungspartnerschaft« mit den Erziehungsberechtigten. Erziehungsmethoden und -ziele sollten im Idealfall von beiden Partnern gemeinsam festgelegt werden.

Bild vom Kind ■ Der offenen Kindergartenarbeit liegt ein Menschenbild zugrunde, welches das Kind als »Akteur und Selbstgestalter seiner Entwicklung« betrachtet. Damit wird den Erziehungskonzepten der Reformpädagogik, wie z.B. bei Maria Montessori, die das Kind als »Baumeister des Menschen« betrachtet, aktuelle Bedeutung verliehen. Erkennbar ist aber auch der Einfluss der Reggio-Pädagogik.

Die Rolle der Erzieherin ■ Die Einstellung zum Kind findet ihre Entsprechung in der Aufgabenzuweisung an die Erzieherin. Sie ist nicht länger Akteurin für die Entwicklung des Kindes, sondern wird zum »Akteur ihrer eigenen Pädagogik« (vgl. Regel, 1996, S. 16). Dabei befindet sie sich in einem ständigen Spannungsfeld von Distanz und Nähe. Einerseits sollte sie Distanz zu den Kindern halten, um ihnen in der Rolle des Partners und Begleiters den nötigen Freiraum zu schaffen. Andererseits gibt sie ihnen die notwendige Nähe, indem sie im Hintergrund beobachtend präsent ist, wenn sie gebraucht wird.

Bedürfnisorientierung ■ Die Bedürfnisorientierung stellt im Erziehungskonzept des offenen Kindergartens ein zentrales Element dar, das auf die Ideen der Reformpädagogik zu Beginn des 20. Jahrhunderts zurückgeht. Pädagogisches Handeln orientiert sich nicht mehr an festgelegten Entwicklungsplänen und Förderzielen, sondern an den Interessen und Entwicklungsbedürfnissen des Kindes sowie an der Art und Weise wie es sich seine Umwelt aktiv aneignet. Dabei geht es um folgende Bedürfnisse:

- Bedürfnis nach Zugehörigkeit und Unabhängigkeit
- Bedürfnis nach Grenzziehung und Orientierung
- Besondere Entwicklungs- und Förderbedürfnisse
- Bedürfnis nach Pflege, Zuwendung und Verletzungsvermeidung.

Psychomotorik im offenen Kindergarten ■ Wesentliche Begründung findet das für den offenen Kindergarten charakteristische Prinzip der Psychomotorik. Eine wichtige theoretische Grundlage bezieht sie aus dem Entwicklungsmodell von Jean Piaget. Er versteht das Kind als aktives, kreatives und selbstorganisiertes Subjekt, das einem komplexen Umfeld gegenübersteht, welches es sich handelnd erschließt.

Die Psychomotorik geht davon aus, dass motorische, sensorische und psycho-soziale Entwicklung in ihren Wechselbezügen und als Ganzheit (Körper, Seele, Geist) betrachtet werden muss. Psychomotorik als Lern- und Erziehungsprinzip sieht die ganzheitliche Förderung des Kindes vor und findet ihre pädagogische Umsetzung in der Umwandlung des »Sitzkindergartens« zum »Bewegungskindergarten«.

Der Waldkindergarten ■ Das pädagogische Konzept des Waldkindergartens will dem Trend zunehmender Entfremdung von der natürlichen Umwelt durch vielfältige Möglichkeiten zur unmittelbaren Naturerfahrung entgegenwirken. Die Kinder sollen die Natur kennen und lieben lernen, sie als schützenswert ansehen und behutsam mit ihr umgehen. Unterschieden werden kann zwischen dem:

- »Klassischen Waldkindergarten«, der über kein festes Gebäude, sondern nur über eine sogenannte Schutzhütte verfügt, die bei extremen Wetterbedingungen aufgesucht werden kann und als Aufbewahrungsort für Materialien dient und dem
- »Integrierten Waldkindergarten«, bei dem Gruppen von Regelkindergärten regelmäßig in den Wald gehen.

Entwicklungsgeschichte ■ Die Idee des Waldkindergartens entstand vor ca. 50 Jahren in Skandinavien: Im dänischen Sollerød gründete Ella Flatau eine Elterninitiative, aus der der erste »Skovbørnehaven« (dänisch: Waldkindergarten) entstanden ist (vgl. Miklitz, 2000, S. 7). 1993 eröffneten zwei Erzieherinnen in Flensburg den ersten deutschen, staatlich anerkannten Waldkindergarten als »Kindergarten ohne Türen und Wände«. Begleitet von kontroversen Diskussionen wurden seit Mitte der 1990-er Jahre weitere Waldkindergärten gegründet.

Das pädagogische Konzept ■ Grundprinzip der pädagogischen Arbeit im Waldkindergarten ist, den Kindern einen großen Freiraum für ihre persönliche Entwicklung zu geben und ihnen das Ausleben ihres natürlichen Bewegungsdrangs zu ermöglichen. Natürliche, differenzierte und lustvolle Bewegungsanlässe fördern die Motorik der Kinder und geben ihnen die Möglichkeit, sich »auszuspielen«. Durch den Besuch des Waldkindergartens sollen Kinder eine natürlich gewachsene, liebevolle Beziehung zu ihrer Umwelt entwickeln (vgl. Mühler, 1997, S. 34).

Das Erleben der jahreszeitlichen Rhythmen und Naturerscheinungen ermöglicht den Kindern Primärerfahrungen, die die Sinneswahrnehmungen fördern und Anlässe zum ganzheitlichen Lernen bieten. Körperliche Belastungsgrenzen werden ebenso erfahrbar wie Momente der Stille. Die Kinder werden sensibilisiert für ökologische Zusammenhänge und lernen die Lebensgemeinschaften in der Natur wertzuschätzen. (vgl. Miklitz, 2000, S. 19)

Das Bild vom Kind ■ Dem pädagogischen Konzept des Waldkindergartens liegt ein Menschenbild zugrunde, das Kindheit als eigene Daseinsform betrachtet. Demnach haben Kinder eigene Ausdrucksformen, eigene Empfindungen, ein eigenes Zeit- und Raumgefühl, eigene Konfliktlösungsstrategien, ein Bedürfnis nach Unabhängigkeit ebenso wie nach Sicherheit und Orientierung.

Lernen im Waldkindergarten ■ Die Erziehung im Waldkindergarten ist ganzheitlich orientiert. Mit »Kopf, Herz und Hand« werden die Kinder sozial, emotional, intellektuell, schöpferisch und körperlich gefördert. Durch die eigenaktive Auseinandersetzung mit Gegenständen, Mitmenschen, Tieren und Situationen sammeln sie selbständig wichtige Erfahrungen und erwerben den größten Teil ihres Wissens. »Die Echtheit von Primärerfahrungen, das Angesprochensein mit allen Sinnen schafft emotionale Bezüge, die Anlass sein können, Fragen zu stellen.« (Miklitz, 2000, S. 50)

Kinder brauchen nicht erst motiviert zu werden, sich mit der Natur zu beschäftigen. Sie sind in der Lage, die Natur unmittelbar und intensiv zu erleben. Der Wald stellt sich für die Kinder als offener Raum dar. Wind und Wetter sowie der Wechsel der Jahreszeiten verändern den Ort ständig und machen ihn so immer wieder neu und interessant. Zugleich hat er eine beruhigende, ausgleichende Wirkung. Das Spielmaterial ist vielfältig und veränderbar. Es drängt sich nicht auf, sondern gewinnt erst durch die kindliche Phantasie seine individuelle Funktion. Durch das intensive Wahrnehmen von Sinneseindrücken werden Regeln deutlich, welche an den jeweiligen Orten Bedeutung haben. Diese Regeln sind für die Kinder konkret begreifbar und tragen zu einem umfassenden Regelverständnis bei. Im Erfahrungsraum Wald lernen sie, sich selbst und ihr direktes Umfeld immer wieder zu erforschen und zu erproben. Dabei nimmt ihre Selbstsicherheit und Handlungskompetenz zu. Die täglichen Erfahrungen im Wald führen zu emotionaler Stabilität. Die Kinder bilden wichtige Kompetenzen aus, die in unserer Konsumgesellschaft sonst nur rudimentär erfahrbar sind (vgl. Mühler, 1997, S. 34).

Die Rolle der Erzieherin ■ Ausgehend vom Umfeld Wald baut sich zwischen Erzieherin und Kindern im Idealfall ein Gefüge von Wechselwirkungen auf, welches das Rollenbild der Erzieherin im Waldkindergarten entscheidend prägt. Sie ist Begleiterin, anteilnehmende Beobachterin, aber auch Mithandelnde, geleitet vom eigenen Interesse (vgl. Miklitz, 2000, S. 47).

Die Erzieherin im Naturraum bildet für die Kinder den Mittelpunkt, der ihnen Orientierung in einem offenen Raum bietet und zu dem sie ständig zurückkehren können. In ihrer Vorbildfunktion, bezüglich des Verhaltens im Wald, legt sie die »Spielregeln« für die Nutzung des Ortes sowie für den Umgang miteinander fest. Getragen von dem Wunsch, die Kinder zu verstehen, ihre Interessen und subjektiven Bewältigungsformen wahr- und anzunehmen, begleitet sie die Kinder mit Zeit und Zuwendung.

Pädagogische Schwerpunkte ■

Naturerfahrung

Im Waldkindergarten haben die Kinder Gelegenheit, jene Naturerfahrungen zu machen, die für ihre Entwicklung von Bedeutung sind. Hier können sie sich als Teil eines natürlichen Systems erleben, dessen Regeln sie unterworfen sind und in dem sie sich einfügen müssen, ohne es zu stören.

Die Ruhe im Naturraum stellt eine Erfahrung dar, die Kinder in heutiger Zeit nur noch selten machen. In einer solchen Atmosphäre werden sie auch aufmerksamer für die kleinen Dinge des Alltags.

Fortbewegung und Spiel auf dem unebenen Waldboden fördern die Koordinationsfähigkeit der Kinder und schaffen Herausforderungen, deren Bewältigung zum Aufbau ihres Selbstbewusstseins beiträgt. In der freien Natur, ohne vorgefertigtes Spielzeug, dafür mit vielfältigem natürlichem Material, werden Phantasie, Kreativität und Eigenaktivität der Kinder in hohem Maße angeregt.

Soziales Lernen

Ruhe, genügend Bewegungsraum und fehlende Reizüberflutung haben dazu geführt, dass der Waldkindergarten von Erzieherinnen als eine der »streit- bzw. aggressionsärmsten« Einrichtungen im Elementarbereich empfunden wird. Die aufgestellten Regeln sind für die Kinder einsichtig, da sie mit dem Erleben unmittelbar verbunden sind.

Schlussbemerkungen

■ Pädagogische Ansätze leben von inhaltlichen Überzeugungen, von einem Menschenbild, einer Vorstellung vom »richtigen« pädagogischen Handeln, über das in einem Team (relative) Übereinstimmung erzielt werden kann. Die Orientierung an pädagogischen Ansätzen verlangt Überzeugung, aber auch Anstrengung. Die Energie hierfür speist sich aus der Faszination über einen unverwechselbaren Ansatz. Diese Faszination ist keine messbare und keine statische Größe. Sie kann verblassen, wenn ein pädagogischer Ansatz für andere Zwecke, zum Beispiel zur Qualitätssicherung, instrumentalisiert wird.

Dennoch gibt es eine Reihe von Argumenten und Indikatoren für die Kongruenz der Orientierung an pädagogischen Ansätzen und der Qualitätsentwicklung: Die Orientierung einer Einrichtung, eines Teams an einem pädagogischen Ansatz stärkt:

- Die Reflexivität der Teammitglieder hinsichtlich ihrer pädagogischen Professionalität
- Das Bewusstsein der Teammitglieder, dass die Güte pädagogischer Arbeit in einem Zusammenhang mit der Kontinuität der Entwicklung und Weiterentwicklung professionellen Handelns steht.

■ Literatur

Becker-Textor, I., Textor, M. (Hrsg.) (1997). Der offene Kindergarten – Vielfalt der Formen. Freiburg: Herder.
Colberg-Schrader, H. (1995). Das Bild vom Kind – Das Bild vom Lernen. In: Kindergarten heute 9/1995. S. 3–13.
Colberg-Schrader, H., Krug, M. (1982). Lebensnahes Lernen im Kindergarten: Zur Umsetzung des Curriculum Soziales Lernen (2. Aufl.). München: Kösel.
Dreier, A. (1994). Was tut der Wind, wenn er nicht weht? Begegnung mit der Kleinkindpädagogik in Reggio Emilia. Berlin: FIPP Verlag.
Fthenakis, W. E. (1998). Erziehungsqualität: Operationalisierung, empirische Überprüfung und Messung eines Konstrukts. In: Fthenakis, W. E./Textor, M. R. (Hrsg.), Qualität von Kinderbetreuung (S. 52–74). Weinheim: Beltz.
Fried, L. (2003). Pädagogische Programme und subjektive Orientierungen. In: Fried, L. u.a. (Hrsg.): Einführung in die Pädagogik der frühen Kindheit (S. 54–85). Weinheim: Beltz.
Göhlich, M. (1993). Reggio-Pädagogik – Innovative Pädagogik heute. Zur Theorie und Praxis der kommunalen Kindertagesstätten von Reggio Emilia (5. Aufl.). Frankfurt a.M.: R.G. Fischer Verlag.
Kazemi-Veisari, E. (1996). Offene Planung im Kindergarten. Freiburg: Herder.
Knauf, T. (1995). Freiräume schaffen – Spielräume entdecken. Orte für Kinder in Reggio Emilia. Klein & groß 1995, Heft 11/12, S. 18–23.
Knauf, T. (1999). Pädagogische Richtungen und Qualitätsentwicklung. In: Kita aktuell MO 3/1999, S. 4–8.
Knauf, T. (2000). Reggio-Pädagogik. In: Fthenakis, W. E./Textor, M. R. (Hrsg.), Pädagogische Ansätze im Kindergarten. Weinheim: Beltz, S. 181–201.
Knauf, T. (2001). Projekte in der Reggio-Pädagogik. In: PÄD Forum 3/2001 (Sonderheft Reggio-Pädagogik), S.15–19.
Krieg, E. (Hrsg.) (1993). Hundert Welten entdecken. Die Pädagogik der Kindertagesstätten in Reggio Emilia. Essen: NDS.
Lingenauber, S. (2002). Einführung in die Reggio-Pädagogik. Kinder, Erzieherinnen und Eltern als konstitutives Sozialaggregat (2. Aufl.) Bochum: Projekt Verlag.
Lingenauber, S. (2004). Bild vom Kind. In: Dies. (Hrsg.), Handlexikon der Reggio-Pädagogik. Bochum: Projekt Verlag, S. 16–20.
Lingenauber, S. (2004a) Kompetente Eltern. In: Dies. (Hrsg.), Handlexikon der Reggio-Pädagogik. Bochum: Projekt Verlag, S. 44–48.
Malaguzzi, L. (1984). Zum besseren Verständnis der Ausstellung: 16 Thesen zum pädagogischen Konzept. Berlin: Senatsverwaltung.
Miklitz, I. (2000). Der Waldkindergarten. Dimensionen eines pädagogischen Ansatzes. Neuwied, Berlin: Luchterhand.
Mühler, U. (1997). Der Waldkindergarten. Die Natur als Erlebnis- und Erfahrungsfeld für Kinder. In: klein&groß 4/1997, S. 32–34.
Regel, G. (1993). Bedürfnisorientierung – Geben und Nehmen in der Beziehung zu Kindern. In: Offener Kindergarten konkret. Hamburg: E.B.-Verl. Rissen.
Regel, G. (1996). Der offenen Kindergarten, eine unendliche Geschichte pädagogischer Akteure. In: Erlebnisorientiertes Lernen im offenen Kindergarten. Hamburg: E.B.-Verlag Rissen.
Reggio Children (Hrsg.) (2002). Hundert Sprachen hat das Kind. Das Mögliche erzählen. Kinderprojekte der städtischen Krippen und Kindergärten von Reggio Emilia. Neuwied: Luchterhand.
Rinaldi, C. (2006). In Dialogue with Reggio Emilia. Listening, researching and learning. Abingdon/New York: Routledge.
Stenger, U. (2001). Grundlagen der Reggio-Pädagogik: Bild vom Kind. In: PÄD Forum 06/2001, S. 181–186.

Zehnbauer, A. (1994). Lebensnahes Lernen oder leben lernen. In: Orte für Kinder. Weinheim: Juventa.
Zimmer, J. (1998). Das kleine Handbuch zum Situationsansatz. Ravensburg: Ravensburger.

Frühpädagogische Qualitätskonzepte

Susanna Roux

Seit Mitte der 1990-er Jahre gewinnt auch in der Frühpädagogik der Diskurs um pädagogische Qualität zunehmend an Bedeutung. Getragen wird diese Entwicklung vor allem durch sozial- und bildungspolitische Neuorientierungen infolge der Kürzung öffentlicher Zuwendungen, der Wiedervereinigung sowie des Rechtsanspruchs auf einen Kindergartenplatz. Aber auch programmatische Entwicklungen tragen dazu bei, wie die Erziehungs- und Bildungspläne der Länder sowie neuere entwicklungspsychologische Erkenntnisse, u.a. die Bedeutung der Erzieherin-Kind-Interaktion oder früher Peerkontakte. Kennzeichnend für die bisherige Debatte ist, dass weder theoretisch ausreichend geklärt ist, was unter frühpädagogischer Qualität zu verstehen ist, noch wie sie hinreichend erfasst und langfristig gefördert bzw. gesichert werden kann. Dies hat verschiedene Gründe. Zum einen lässt das teilweise recht heterogene theoretische Grundlagenverständnis eine Vereinheitlichung unmöglich erscheinen. Zum anderen beruht die Motivation, sich in Theorie und Praxis mit der Qualitätsfrage zu beschäftigen, auf unterschiedlichsten Interessenlagen und ist auf unterschiedlichste Zielgruppen bezogen. Die Beschreibung und Diskussion aktueller frühpädagogischer Qualitätskonzepte muss sich dieser Besonderheit stellen und folgende Ausgangsfragen beantworten:
- Was wird unter (früh-)pädagogischer Qualität bzw. (früh-)pädagogischen Qualitätskonzepten im engeren Sinne verstanden?
- Welche aktuellen (früh-)pädagogischen Qualitätskonzepte lassen sich beschreiben?

Pädagogische Qualität – Entwicklung und Begriff ■ Auch wenn die Qualitätsdiskussion den gesamten Bildungs- und Sozialbereich in den letzten zwei Dekaden stark bestimmt hat, gibt es keine gemeinhin anerkannten und konzeptionell geteilten Vorstellungen zum Qualitätsbegriff. Ein kurzer Rückblick auf die Entwicklung der Qualitätsdiskussion zeigt zudem, wie abhängig diese von kontextuellen Einflüssen, wie z.B. diversen bildungskonjunkturellen Orientierungen ist.

Zur Entwicklung der Qualitätsdiskussion ■ Seit jeher beschäftigt sich die (Früh-)Pädagogik mit qualitätsbezogenen Fragestellungen. Aber erst seit Beginn der Bildungsreform der 60-er Jahre des letzten Jahrhunderts kam es zu einer im engeren Sinne empirischen Analyse wesentlicher Faktoren von Qualität. Zu dieser Zeit begann man nämlich, neben kompensatorischen Ansätzen vor dem Hintergrund der deklarierten Bildungskatastrophe systematisch nach Einflussfaktoren zur Steigerung der Effizienz frühkindlicher Betreuungsformen (u.a. durch kognitive Förderung) zu suchen und daraus Aussagen zur Gestaltung frühpädagogischer Praxis abzuleiten. Diesen ersten Initiativen folgten in den 1970-ern Konzepte, die soziale Aspekte betonten, in den 1980-ern ging es um Individualisierung. Seit den 1990-er Jahren wird die – nun auch unter dieser Bezeichnung geführte – »Qualitäts«diskussion um zunächst vor allem quantitativ ausgerichtete strukturelle Fragen (z.B. Platzzahlen, Erzieherin-Kind-Schlüssel) geführt, später dann stärker auf prozessuale Aspekte (z.B. Erzieherin-Kind-Interaktion) bezogen. Großen Einfluss auf diese Entwicklung hatten internationale Ansätze und Befunde aus Theorie und Forschung zur Kinderbetreuung, die u.a. auf die Bedeutung struktureller und prozessualer Aspekte in der kindlichen Entwicklung verwiesen.

Nicht zuletzt durch die Nationale Qualitätsoffensive (NQI) bekam seit 1999 die bundesdeutsche Qualitätsdiskussion weiteren Auftrieb. Diese wurde als träger- und länderübergreifender Forschungsverbund mit fünf

Teilprojekten[21] in zehn Bundesländern durch das Bundesministerium für Familie, Senioren, Frauen und Jugend (BMFSFJ) initiiert. Ziel der ersten Phase zwischen 1999–2003 lag darin, Kriterien und Verfahren zur internen und externen Messung und zur Weiterentwicklung der Qualität in verschiedenen (früh-)pädagogischen Bereichen zu erarbeiten und erproben. In »(…) der zweiten Phase der NQI sollen nun die Ergebnisse unter Berücksichtigung der inzwischen (parallel) erarbeiteten Bildungspläne der Länder, von Einzelprogrammen (z.B. zur Sprachförderung) und des insbesondere bei den Trägerverbänden vorhandenen Qualitätsmanagements bundesweit verankert werden« (BMFSFJ, 2004, S. 54). Damit zeigt sich, dass die Qualitätsdiskussion mittlerweile eng mit der Bildungsdiskussion zusammen gewachsen ist.

Vor dem Hintergrund dieser Entwicklung lassen sich gegenwärtig folgende Akzentuierungen des Qualitätsdiskurses unterscheiden: Fragen nach der Qualitätsdefinition bzw. dem »qualitätstheoretischen« Grundverständnis, der Qualitätserfassung, der Qualitätsentwicklung und der Qualitätssicherung.

Zum Konstrukt (früh-)pädagogische Qualität ■ Im weiteren Sinne bezieht sich der Begriff »(früh-)pädagogische Qualität« (mitunter auch als Erziehungs- oder Bildungsqualität bezeichnet) auf die Güte von Strukturen und Prozessen institutioneller (Früh-)Erziehung (vgl. Roux, 2002, 2003). Dies umfasst sowohl intentionale Maßnahmen und Methoden der Erziehung, als auch funktionale bzw. nicht-intentionale Einflüsse auf die institutionelle Erziehung. Im engeren Sinne wird neben der Beschaffenheit pädagogischer Qualität (deskriptiver Aspekt), ihre Exzellenz oder Güte (normativer Aspekte) sowie besondere forschungstheoretische oder methodische Zugangsweisen (methodischer Aspekt) unterschieden. Die Bedeutsamkeit dieser Aspekte wird je nach wissenschaftstheoretischer Position mitunter kontrovers diskutiert.

So wird beim *relativistischen* Zugang davon ausgegangen, dass Qualität vor allem Werte, Normen und Bedürfnisse aller in die Kinderbetreuung involvierten Gruppen widerspiegelt und somit auch nur im gemeinsamen demokratischen Austausch definiert werden kann. *Strukturell-prozessuale* Zugänge dagegen explizieren aus Forschungsbefunden sowie Praxisanalysen abgeleitete Qualitätskriterien. Dabei werden die strukturellen und prozessualen Aspekte je unterschiedlich stark gewichtet (u.a. Fthenakis, 1998). Hier werden mitunter auch so genannte *proximale* von *distalen* Einflussfaktoren auf die kindliche Entwicklung unterschieden (wie z.B. die pädagogische Interaktion zwischen Erzieherin und Kind versus strukturelle Rahmenbedingungen).

Ein weiterer Zugang ergibt sich aus einem humanökologischen Modell, das mehrere Ebenen und Dimensionen unterscheidet (vgl. Conrad & Wolf, 1999). Entsprechend diesem Grundverständnis lassen sich folgende Einflussbereiche auf die pädagogische Qualität in frühkindlichen Erziehungsinstitutionen skizzieren:

- Auf der Makroebene (gesamtgesellschaftliche Ebene) Einflussfaktoren wie politische und gesellschaftspolitische, ökonomische, soziale und kulturell-ideologische Bedingungen
- Auf der Exoebene (weiteres Umfeld) strukturell-formale sowie pädagogisch-inhaltliche Bedingungen und Grundlagen
- Auf der Mesoebene (nahes Umfeld) neben direkt betroffenen Mesosystemen auch physikalisch-materielle, soziale und institutionelle Bedingungen
- Auf der Mikroebene personelle, physikalisch-materielle, soziale, programmatisch-inhaltliche und formell-strukturelle Bedingungen.

Zu Qualitätskonzepten im engeren Sinne ■ Unter (früh-)pädagogischen Qualitätskonzepten lassen sich pragmatisch all jene An-

---

21 Teilprojekt I und II: Kinder unter drei Jahren und Kinder von drei bis sechs Jahren (PädQuis gGmbH Berlin; Prof. Dr. Wolfgang Tietze); Teilprojekt III: Kinder über sechs Jahre (SPI, Köln; Dr. Rainer Strätz); Teilprojekt IV: Situationsansatz (INA gGmbH, Berlin; Dr. Christa Preissing) und Teilprojekt IV: Träger (IFP, München; Prof. Dr. Dr. Dr. W.E. Fthenakis) (vgl. www.bildungsserver.de).

sätze bzw. Verfahren subsumieren, die die Qualität der pädagogischen Arbeit in (früh-)pädagogischen Praxisfeldern theoretisch und empirisch zu erfassen, zu sichern und/oder zu fördern suchen. Solche Praxisfelder betreffen beispielsweise die familiäre Erziehungsarbeit, institutionelle Erziehungskontexte für unter Dreijährige, Drei- bis Sechsjährige und über Sechsjährige in je unterschiedlichen Zusammensetzungen, aber auch Familienbildungseinrichtungen oder Formen der Tagespflege. Seit Mitte der 1990-er Jahre wurden unterschiedliche Qualitätskonzepte vorgestellt, deren gemeinsame Schnittmenge stark variiert. Hauptkriterium der Unterscheidung ist das theoretische Grundlagenverständnis, auf dem sich Gegenstand und Ziele im engeren Sinne, die eingesetzten Methoden bzw. Forschungsansätze sowie die ermittelten Forschungsbefunde entfalten. Auch wenn es in einzelnen Konzepten *grundlagenorientierte* Akzente gibt, handelt es sich größtenteils um *anwendungsorientierte* Forschungsarbeiten. Darüber hinaus existiert mittlerweile eine Vielfalt von pragmatischen Qualitätskonzepten von und für die (früh-)pädagogische Praxis, auf die in diesem Beitrag mangels expliziter theoretischer und empirischer Begründung kein Bezug genommen wird.

Bislang vorliegende Qualitätskonzepte für die außerfamiliale institutionelle Frühpädagogik konzentrieren sich einerseits auf umfassende prozessuale und strukturelle Aspekte des Erziehungsalltags einer Einrichtung, andererseits auf Teilaspekte institutioneller Erziehungs- und Bildungsarbeit, wie z. B. ihre programmatischen Orientierungen. Wieder andere Ansätze wenden sich einer dem Erziehungsalltag übergeordneten kontextuellen Ebene pädagogischer Einflüsse zu, z. B. der Träger- oder Ausbildungsqualität (vgl. u. a. die Teilprojekte der NQI).

Frühpädagogische Qualitätskonzepte im Vergleich

■ Auch wenn eine trennscharfe Zuordnung aktueller Qualitätskonzepte kein leichtes Unterfangen ist, sollen in den folgenden Ausführungen solche, die sich ausnahmslos auf die institutionelle Frühpädagogik beziehen und sich teilweise parallel zueinander entwickelten, unter Berücksichtigung der Kriterien Entstehung, theoretischer Hintergrund, Gegenstand und Ziel, Methodik, empirische Befunde sowie praktische Bedeutsamkeit vergleichend betrachtet werden. Es handelt sich hierbei um Qualitätskonzepte,

- Die auf der Grundlage *quantitativ-empirisch* ausgerichteter (früh-)*pädagogischer Forschung*, unter der Prämisse der Orientierung am Kindeswohl und an den Bedürfnissen der Eltern, allgemein gültige Qualitätsstandards entwickeln, erfassen und ihren Einfluss auf die Entwicklung der Kinder erforschen
- Die auf Grundlage der *Handlungsforschung* den Schwerpunkt auf diskursive Qualitätsentwicklung in frühpädagogischen Kindertageseinrichtungen legen. Dabei wird die am Situationsansatz orientierte programmatische Ausrichtung betont und es werden im Wesentlichen professionsimmanente prozessbegleitende Ziele verfolgt
- Die sich auf *feldtheoretische* Perspektiven und *ethnographische* Studien als forschungsmethodische Grundlagenorientierung berufen und im Sinne einer relationalen Qualitätsdeutung in erster Linie nach dem Entstehen von Qualität im pädagogischen Feld fragen
- Die sich einem *Qualitätsmanagement* verpflichtet sehen. Dementsprechend werden Bedürfnisse und Interessen sowohl von Arbeitgebern und Arbeitnehmern als auch von Kunden im frühpädagogischen Kontext in den Blick genommen. Außerdem rücken Strukturen eines Dienstleistungsunternehmens im Rahmen einer Qualitätssicherung in den Mittelpunkt

Quantitativ-empirische pädagogische Forschung

■ Die quantitativ bzw. hypothesenprüfend ausgerichtete empirische pädagogische Forschung leitet sich aus dem logischen Positivismus sowie dem Kritischen Rationalismus ab. Sie sucht nach nomothetischen Aussagen bzw. Erkenntnissen, die sie durch die systematische Auswertung von Erfahrungen zu gewinnen hofft. Diese beziehen sich auf allgemeine, generalisierbare soziale Gesetzmäßigkeiten und wurden früher in Abgrenzung zu so genannten idiographischen Verfahren gesehen, die das Einmalige, Individuelle beschreiben (u.a. Bortz & Döring, 2003, S. 298 f.). Zur Erhebung der dazu notwendigen Informationen dienen beispielsweise standardisierte Befragungen, nicht-teilnehmende Beobachtungsformen, quantitative Inhaltsanalysen.

Vor diesem Hintergrund brachten vor allem die Forschergruppen um Tietze (Tietze, Meischner, Gänsfuß, Grenner, Schuster, Völkel & Roßbach, 1998; Tietze, Roßbach & Grenner, 2005) u.a. im Rahmen der internationalen Vergleichsuntersuchung »International Child Care and Education Project (ICCE)« einen wissenschaftstheoretischen Zugang zur Erfassung pädagogischer Qualität mit empirischer Überprüfung in die deutschsprachige frühpädagogische Qualitätsdiskussion ein. Das Gesamtkonzept wird als deskriptiv-analytischer Zugang zur Erfassung pädagogischer Qualität in Abgrenzung von normativen Konzepten gesehen (Tietze et al., 1998, S. 23). Aus dieser Blickrichtung wird dann von einer qualitativ guten Tagesbetreuung gesprochen, wenn diese das körperliche, emotionale, soziale und intellektuelle Wohlbefinden und die Entwicklung der Kinder in diesen Bereichen fördert sowie die Familie in ihrer Betreuungs- und Erziehungsaufgabe unterstützt (Tietze et al., 1998, S. 20). Die Kriterien zur Erfassung pädagogischer Qualität werden nach Expertenmeinungen und Forschungsergebnissen festgelegt. Auf dieser Grundlage wird die pädagogische Qualität einer Kindereinrichtung als mehrdimensional bestimmtes, empirisch fassbares Phänomen verstanden: »Nur wenn pädagogische Qualität messbar gemacht wird und ihre Beziehungen zum Wohlbefinden und zur Entwicklung von Kindern durchleuchtet werden, können entsprechende Änderungen und Verbesserungen begründet initiiert werden.« (Tietze et al., 1998, S. 10)

In Anlehnung an humanökologische Grundlagen nach Bronfenbrenner (1981) und basierend auf einem Forschungsdesign, das sowohl familiale als auch institutionelle frühpädagogische Lebensumwelten mit einbezieht, wurden zur differenzierten Erfassung der pädagogischen Qualität in Kindereinrichtungen und Familien in Ost- und Westdeutschland über drei Erhebungszeitpunkte folgende Fragen bearbeitet (Tietze, Roßbach & Grenner, 2005, S. 24):

- Wie lässt sich die Beziehung zwischen pädagogischer Qualität im Familien- und Kindergartensetting und dem Entwicklungsstand der Kinder zur Mitte ihrer Kindergartenzeit (mit viereinhalb Jahren) beschreiben (Querschnitt)?
- Welchen Einfluss nimmt die pädagogische Qualität im Familien- und Kindergartensetting auf den kindlichen Entwicklungsstand am Ende der Kindergartenzeit kurz vor dem Schuleintritt, wenn die Kinder ca. sechseinhalb Jahre sind (Längsschnitt)?
- Welchen Einfluss hat die pädagogische Qualität in Familie und Kindergarten während der Vorschulzeit sowie in Familie und Grundschule während der ersten beiden Grundschuljahre auf den kindlichen Entwicklungsstand und ihre Schulleistung am Ende der zweiten Klasse mit ca. achteinhalb Jahren (Längsschnitt)?

Zur Operationalisierung der pädagogischen Qualität wurden drei Qualitätsbereiche unterschieden:

- *Prozessqualität*, die Interaktionen und Erfahrungen der Kinder mit ihrer sozialen und räumlich-materiellen Umwelt beschreibt (z.B. sprachliche Anregungen). Sie wird als Zentralbereich der pädagogischen Qualität gesehen, »(…) über den alle anderen Qualitätsaspekte, also die der Struktur- und Orientierungsqualität, im Sinne von Entwicklungsanregungen an die Kinder weitergegeben werden« (Tietze et al., 1998, S. 225)
- *Strukturqualität*, die sich auf situationsunabhängige, zeitlich stabile Rahmenbedingungen bezieht (z.B. Berufserfahrung der Erzieherin, Erzieher-Kind-Schlüssel)
- *Orientierungsqualität*, die pädagogische Vorstellungen, Werte und Überzeugungen der an der Erziehung Beteiligten repräsentiert (z.B. Vorstellungen über Erziehung).

Zur Bestimmung der Prozessqualität im Kindergarten wird auf die Kindergarten-Einschätz-Skala (KES; Tietze, Schuster & Roßbach, 1997) zurückgegriffen, ein in Amerika entwickeltes (ECERS) und von Tietze et al. (1997) ins Deutsche übertragenes Einschätzinstrument, das sieben Qualitätsbereiche unterscheidet. Das Instrument liegt mittlerweile als revidierte Kindergarten-Skala vor (KES-R; Tietze, Schuster, Grenner & Roßbach, 2001).

Die vorgelegte Untersuchung (vgl. Tietze et al., 2005, S. 269 f.; Tietze et al., 1998, S. 337) erbrachte folgende zentrale Ergebnisse:

- Die erfasste globale Prozessqualität in den beteiligten deutschen Kindereinrichtungen wie auch in den anderen beteiligten Ländern (vgl. Tietze et al., 2005, S. 269) bewegt sich lediglich im Bereich gehobener Mittelmäßigkeit, und es zeigen sich beträchtliche Unterschiede in der pädagogischen Struktur- und Prozessqualität zwischen Halbtags- und Ganztagskindergartengruppen in Ost und West
- Bei viereinhalbjährigen Kindern ist in drei von fünf Entwicklungsmaßen, nämlich im Sprachentwicklungsstand, der Sozialkompetenz und der Bewältigung von Alltagssituationen, ein eigenständiger, statistisch gesicherter und substanzieller Effekt der pädagogischen Qualität auf die kindliche Entwicklung sichtbar
- Dieser Effekt kann auch am Ende der Kindergartenzeit kurz vor dem Schuleintritt mit sechseinhalb Jahren (außer für die Sozialkompetenz) nachgewiesen werden
- Der Vorsprung lässt sich für die Bereiche Sprachentwicklungsstand, höhere Schulleistung, Bewältigung von Alltagssituationen nach Aussage der Lehrer und Sozialkompetenz nach Aussage der Mütter und Lehrer auch noch bei den achteinhalbjährigen Kindern am Ende der zweiten Klasse (teilweise aber nur noch tendenziell) feststellen.

Mit der in diesem Ansatz hervorgehobenen Kindergarten-Einschätz-Skala wird ein trägerübergreifendes Qualitätsfeststellungsverfahren präsentiert, das gleiche Qualitätskriterien für alle anlegt. Die Erfassung pädagogischer Prozesse, Orientierungen und Strukturen zielt auf eine »produktbezogene« Interpretation pädagogischer Qualität.

Der KES wird (ähnlich wie der ECERS) auch Kritik entgegengebracht. So wird mitunter eine »Theorielosigkeit« des Ansatzes beklagt. Weitere Einwände betreffen die Nutzbarkeit. Auch wenn vorgeschlagen wird, die KES zur Selbstevaluation anzuwenden, liegt der Fokus auf der externen Erfassung pädagogischer Qualität anhand strukturierter Kriterien.

Auf der Grundlage der gewonnenen Erkenntnisse werden konkrete Vorschläge gemacht, die einer Weiterentwicklung und Sicherung pädagogischer Qualität dienen sollen. Diese betreffen die Strukturbedingungen in den Einrichtungen (z. B. durch eine Verständigung auf einen empfehlenswerten Erzieherin-Kind-Schlüssel), die fachlichen Orientierungen (z. B. durch eine Verbesserung der beruflichen Aus- und Fortbildung) und die Prozessqualität (u.a. über Fortbildung in Anlehnung an die KES-R; Tietze et al., 2005, S. 271 ff.). Zudem wird die Einführung eines allgemeingültigen trägerunabhängigen pädagogischen Gütesiegels zur Einleitung systematischer Qualitätsverbesserungsmaßnahmen und Systemsteuerung vorgeschlagen (Spieß & Tietze, 2002).

Handlungsforschung ■ Unter Handlungsforschung lässt sich eine in Deutschland ab den 1970-er Jahren aufgegriffene Forschungsrichtung verstehen, deren methodische Grundsätze lauten: a) Aufhebung einer Subjekt-Objekt-Spaltung, b) strenger Praxisbezug und c) Verständnis des Forschungsprozesses als Lern- und Veränderungsprozess. Insofern ist es Ziel, während des Forschungsprozesses selbst die pädagogische Praxis zu verändern und zu verbessern (vgl. Bortz & Döring, 2003, S. 343 f.). Prominentes Beispiel eines auf einer solchen methodologischen Ausrichtung basierenden Qualitätskonzeptes stellt das des Kronberger Kreises für Qualitätsentwicklung in Kindertageseinrichtungen (kurz Kronberger Kreis) dar. In diesem Qualitätskonzept, das neben einer prinzipiellen Offenheit gegenüber weiteren curricularen Aspekten den Situationsansatz als Bezugsrahmen anerkennt, wird in

Anlehnung an die Bedürfnisse der Praxis eine dialogische Qualitätsentwicklung angestrebt (Kronberger Kreis, 1998, S. 10). Aus diesem Grund ist das Konzept als interner Qualitätsansatz beschreibbar, in dem die Handelnden selbst Teil des (früh-)pädagogischen Prozesses sind. Zur Förderung einer Qualitätsentwicklung und -sicherung sind nach Überzeugung des Kronberger Kreises (1998, S. 8 f.) vier Voraussetzungen notwendig:

- Formulierung von Qualitätsstandards unter Berücksichtigung der deutschen Reformgeschichte des Kindergartens
- Durchführung interner und externer Evaluationen zur Überprüfung der Qualitätsstandards
- Schaffung materieller und immaterieller Anreize für Erzieherinnen, Träger, Aus- und Fortbildung, Fachberatung und -aufsicht
- Schaffung eines größeren Autonomiespielraums für Praxiseinrichtungen (z. B. eigener Gesamthaushalt, Entwicklung eines eigenen Profils).

Als Ausgangslage zur Qualitätsbestimmung in der Kindertageserziehung werden professionsbezogene Qualitätsdimensionen (Kronberger Kreis, 1998, S. 22) herausgestellt, nämlich:

- Die Ebene des Bedarfs und der Nachfrage (z. B.: Welche pädagogischen Dienstleistungen werden für die Kinder gebraucht?)
- Die Ebene der Angebote, Ziele, Mittel und Möglichkeiten der Einrichtungen (z. B.: Was wollen und müssen Träger von Tageseinrichtungen für Kinder anbieten?)
- Die Ebene der beruflichen Praxis (z. B.: Welche fachlichen Aufgaben und Ziele stellen sich die Fachkräfte?).

Zur Konkretisierung werden auf sieben zentralen Prozessbereichen insgesamt über 450 Kriterien empfohlen, auf deren Grundlage ein eigener Qualitätskriterienkatalog dialogisch (z. B. mit Fachkräften, Nutzern, Trägern, Organisationen, Leiterinnen der Einrichtungen, Schulen, Politikern) ausgehandelt werden soll. Die zugehörigen detaillierten Indikatoren beschreiben Aussagen zur Programm- und Prozessqualität, zur Leitungsqualität, zur Personalqualität, zur Einrichtungs- und Raumqualität, zur Trägerqualität, zur Kosten-Nutzen-Qualität und zur Förderung von Qualität (Kronberger Kreis, 1998, S. 24 ff.). Neben sechs übergreifenden qualitativen Grundorientierungen pädagogischer Qualität (u.a. Freundlichkeit als persönliche Grundhaltung, Integration, Kontextorientierung) werden darin u.a. folgende Fragen gestellt: Wie werden die Nahrungsbedürfnisse der Kinder erfüllt? Wie gehen die Fachkräfte mit den Bedürfnissen nach Ruhe und Erholung um? Welche Angebote gibt es auf der Ebene von Beratung, Bildung und Service?

Im Kronberger Modell werden die genannten Qualitätsdimensionen und -indikatoren in jeweils drei Schritten präzisiert, nämlich erstens in der Formulierung eines Qualitätsstandards (Qualitätskriterium), zweitens in der Aufstellung einer Reihe von Leitfragen, die diesen Qualitätsstandard erschließen (Qualitätsfragen) und drittens durch Indikatoren, an denen Qualität festgemacht werden kann (Qualitätsindikatoren). Letztere können als Beispiel und mögliche Konkretisierungen dienen (Kronberger Kreis, 1998, S. 91). Die formulierten Qualitätsstandards werden als relativ und wandelbar angesehen. Sie müssen deshalb immer wieder neu reflektiert und erörtert werden.

Der Ansatz des Kronberger Kreises symbolisiert einen umfassenden diskursiv-dialogisch ausgerichteten, streng praxis- und prozessorientierten relativen Qualitätsansatz. Da nicht Ziel des Ansatzes ist, allgemein verbindliche Qualitätskriterien vorzustellen, lassen sich aus den für die Diskussion empfohlenen Kriterien erwartungsgemäß keine Verallgemeinerungen ableiten. Stattdessen wird angestrebt, den Dialog um qualitative Fragen im Team der Einrichtungen sowie ihrem erweiterten Umfeld anzuregen. Dabei wird davon ausgegangen, dass sich Qualität in Kindereinrichtungen nur dann entwickeln kann, wenn die pädagogischen Fachkräfte bereit sind, sich mit der Qualitätsfrage auseinander zu setzen. Die Entwicklung von Qualität wird in diesem Sinne als Professionalisierung, u.a. über systematische Selbstwahrnehmungen bis hin zu Fort- und Weiterbildungen in fachlicher wie auch persönlicher Sicht definiert (Kronberger Kreis, 1998, S. 93 f.). Auch wenn die Durchführung externer Evaluationen als notwendig vorausgesetzt wird, zielt der Ansatz in erster Linie auf eine interne Qualitätsentwicklung bzw. -sicherung ab. Hierzu dient eine »Fachkräfte-Selbst-Befragung«. Insgesamt präsentiert sich mit dem Kronberger Kreis ein Ansatz, der besonders die Haltung der pädagogischen Fachkräfte thematisiert und stark an ihr professionelles Selbstverständnis appelliert.

Ethnographische Forschung ■ Ein anderer, erst vor kurzem in die Qualitätsdiskussion eingebrachter Zugang, versteht sich in Abgrenzung zu den beiden vorherigen Konzepten ausdrücklich weder als »expertokratischer« noch als »demokratischer« Ansatz zur Beschreibung pädagogischer Qualität (Honig, 2004, S. 26). Qualität wird stattdessen als »relationales Konzept« gefasst und ausgehend von einem institutionentheoretischen Ansatz methodologisch unter Zuhilfenahme »feldtheoretischer Perspektiven« in Alltagssituationen erforscht (Honig, 2004, S. 28). Vor diesem Hintergrund wird angestrebt, Veränderungsprozesse zu verstehen, die Unterscheidung von Kindergärten zwischen Bildungs- und Dienstleistungsfunktion zu überwinden und die Erzieherin aus dem Zentrum der Qualitätsdiskussion zu rücken und so zu entlasten (Honig, Joos & Schreiber, 2004, S. 16).

Methodisch lässt sich dieser nicht eindeutig einer einzigen Theorie- bzw. Forschungsrichtung verpflichtete Ansatz der qualitativen Forschung zuschreiben. Der Rückgriff auf ethnographische Forschungsmethoden zeigt an, dass hier ethnomethodologische Fragen dominant sind, in denen es darum geht, aufzuzeigen, »(…) mit welchen Techniken (bzw. Methoden: »methodo«) Menschen (bzw. das Volk: »ethno«) die gesellschaftliche Wirklichkeit und ihr Alltagshandeln mit Bedeutung (bzw. Sinn: »logie«) ausstatten« (Bortz & Döring, 2003, S. 304).

Entgegen einer so genannten Verengung der Qualitätsdebatte auf das Kind, seine Entwicklungsförderung bzw. den Handlungsraum der einzelnen Tageseinrichtung – was anderen Ansätzen implizit vorgeworfen wird – geht es diesem Ansatz darum, auch in Abgrenzung vom »*mainstream*« (Honig et al., 2004, S. 13; Hervorhebung dort) Qualität im Sinne einer »grundlagentheoretischen Problemstellung« als »Urteil« oder »Zuschreibung«[22] (Honig et al., 2004, S. 16) zu verstehen. Insofern greift dieser Ansatz bereits früher geäußerte Überlegungen auf (u.a. Heid, 2000, S. 41 ff.), die Qualität als »(…) Resultat einer Bewertung der Beschaffenheit eines Objektes (…)« verstehen. Gemäß einer erfahrungswissenschaftlichen Bestimmung folgere daraus, nach der Entstehung guter Praxis in der Praxis selbst zu fragen. Dieses Ziel soll durch die empirische Analyse mittels ethnographischer Studien über teilnehmende Beobachtungen im Alltag von Kindereinrichtungen – ausgerichtet an folgenden Fragen – verfolgt werden: »Wie strukturieren Vorstellungen von »guter« oder »besserer« Praxis das Geschehen? Wie verwandeln sie alltägliche Ereignisse und Vollzüge in *pädagogische* Vorgänge?« (Honig et al., 2004, S. 16)

Die bislang vorgelegten Grundlagen zum Ansatz zeugen von einer Positionsbestimmung, die sich bewusst von bisherigen Zugängen abgrenzt. So auch z. B. von der Evaluationsforschung, einem »praxiswissenschaftlichen Missverständnis«, das Pädagogik als Verbesserungswissenschaft betrachte (Honig et al., 2004, S. 16). Der vorgestellte Ansatz postuliert stattdessen ein neues wissenschaftliches Grundverständnis zur Erforschung pädagogischer Qualität, die hier als relationales Konstrukt gesehen wird. In erster Linie richtet er sich an ein wissenschaftliches Publikum. Im Fokus steht, auf die Bedeutsamkeit eines solchen Verständnisses sozialer Genese für ein verändertes Qualitätsmanagement hinzuweisen, in dem Schwierigkeiten und Langwierigkeiten von Veränderungsprozessen als Hinweis auf die Funktionsweise dieser Praxis zu verstehen ist (vgl. Honig et al., 2004, S. 16). Dabei werden vor allem theoretische Grundpositionen vorgestellt und in Abgrenzung bisheriger Qualitätszugänge diskutiert/begründet.

---

22 In Abgrenzung zu einer Wesensbestimmung (vgl. Honig, 2004, S. 18).

Methodisch fällt auf, dass auf der Grundlage von Einzelberichten teilnehmender Beobachter umfassende Vermutungen über das pädagogische Geschehen geäußert/resümiert und in einen sehr großen Kontext gesetzt werden. Dieser Zugang stellt außerordentlich hohe Anforderungen im Blick auf die Gütekriterien im Rahmen qualitativer Forschungszugänge, von der Offenlegung des Forschungsprozesses bis hin zur Interpretation der Daten.

Inwiefern der Ansatz darüber hinaus praktisch bedeutsam ist, lässt sich (noch) nicht absehen, da die Schwerpunkte bislang vor allem auf seiner theoretischen Konzeptualisierung liegen. Es ist noch unklar, inwiefern die im Zentrum liegende Sinnkonstruktion der beteiligten Erwachsenen den pädagogischen Alltag der Erzieherinnen bzw. die pädagogische Praxis beeinflusst. Dies betrifft auch die Frage, inwieweit der Ansatz durch die Lenkung der Aufmerksamkeit auf das pädagogische Geschehen in wenigen Einrichtungen eine bildungspolitische Pointe (Honig et al., 2004, S. 16) setzen kann.

Qualitätsmanagement ■ Unter dem Konstrukt Qualitätsmanagement lassen sich vielfältige heterogene und in der pädagogischen Praxis mitunter heftig umstrittene Konzepte zur Erfassung bzw. Beschreibung oder Aufrechterhaltung (früh-)pädagogischer Qualität finden. Im weiteren Sinne werden darunter Maßnahmen subsumiert, die in der institutionellen Frühpädagogik zur Sicherung fachlicher Qualität nach innen und außen, meist über die Trägerverbände initiiert, systematisch eingeführt werden. Der Begriff ersetzt insofern den früher üblichen der Qualitätssicherung (vgl. Bostelmann & Metze, 2000, S. 162). Diese Entwicklung hängt nach Diller (2005, S. 124) damit zusammen, dass in den sozialen Arbeitsfeldern seit Ende der 1980-er Jahre aufgrund von Verwaltungsreformen eine Neustrukturierung erfolgte. Diese brachte eine zunehmende Orientierung am »output« als Ergebnis fachlichen Handelns mit sich. Der durch diesen Paradigmenwechsel erzeugte Veränderungsdruck auf freie Träger veranlasse diese, ihre Leitlinien neu zu formieren, um als Sozialunternehmen konkurrenzfähig zu bleiben.

Die aufgrund dieser Entwicklungen ergriffenen Maßnahmen zur Verbesserung der Qualität im Rahmen des Qualitätsmanagements betreffen nicht (nur) die pädagogischen Fachkräfte in den Kindereinrichtungen, sondern das »ganze System« (Diller, 2005, S. 125). Aufbauend auf der branchenneutralen Normenfamilie DIN EN ISO 9000:2000[23], sprechen sie neben der Organisation einer Dienstleistung, ihren Ablauf sowie die Dokumentation der eingebrachten Maßnahmen mit dem Ziel der Qualitätssteigerung bei Produkten und Produktionsverfahren an (vgl. Brauer, 2002, S. 7 f.). Die konkreten Ziele werden durch die Organisationen selbst gesetzt bzw. mit Blick auf ihre Angemessenheit beurteilt. Organisationen können sich darüber hinaus von einer unabhängigen, offiziellen Stelle (Zertifizierungsgesellschaft) die Wirksamkeit ihres Qualitätsmanagementsystems zertifizieren lassen (»externes Audit«) oder aber die Überprüfung der System-, Produkt- und Verfahrensqualität durch unabhängige Dritte aus dem eigenen Unternehmen (»internes Audit«) durchführen lassen (vgl. Bostelmann & Metze, 2000, S. 161).

Wie sich Kindertagesstätten »als lernende Unternehmen« im Sinne des Qualitätsmanagements entwickeln und behaupten, kann an einem detaillierten Beispiel von Bostelmann und Metze (2000) nachvollzogen werden: Ausgehend von vier Ebenen zur Steuerung der Qualität in Kindereinrichtungen (Ebene der Fachlichkeit, Ebene des internen und externen Austauschs, Ebene der betrieblichen Organisation und Ebene der Führung) (Bostelmann & Metze, 2000, S. 12 ff.) wird die Durchführung eines Qualitätsmanagementsystems über drei Bausteine realisiert:
■ Aufstellung eines Leitbildes
■ Anwendung des auf eigene Ausgangsfragen konkretisierten und in Einzelziele

---

23 DIN als Abkürzung für Deutsche Industrie Norm (Deutsches Institut für Normung e.V., Berlin), EN für Europäische Norm (Europäisches Komitee für Normung), ISO (International Office of Standardisation, Genf; weltweite Vereinigung nationaler Normungsinstitute).

festgeschriebenen kundenorientierten Neun-Felder-Modells der Euopean Foundation for Quality Management (EFQM; Bostelmann & Metze, 2000, S. 38 ff.), das dem Konzept des Total Quality Management (TQM) entstammt
- Externe und interne Überprüfung anhand der Normelemente eines Qualitätsmanagementsystems nach DIN EN ISO 9000 ff., die für pädagogische Betriebe »übersetzt« wurden.

Danach erfolgt die Beschreibung der Dokumentation im Rahmen der DIN EN ISO 9001 ff. auf drei hierarchisch geordneten Ebenen. Die erste, oberste Ebene repräsentiert die Dokumentation im *Qualitätsmanagementhandbuch* (QMH), das u.a. die Beschreibung der Geschäftsfelder und die Struktur des Unternehmens, seine Qualitätspolitik und -ziele umfasst. Die zweite Ebene bilden die so genannten *Verfahrensanweisungen* (VA). Hier werden beispielsweise die verwendeten Qualitätsrichtlinien (Standards), qualitätskritische Verfahrensweisen sowie die Stellenbeschreibungen detailliert festgelegt. Auf der dritten Ebene geben schließlich *Arbeitsanweisungen* zusätzliche Einzelinformationen wie Pläne, Termine, Ausführungsvorschriften, dazu gehören aber auch *Checklisten* und *Fragebögen* als qualitätsrelevante Dokumente. Alle aufgezählten Dokumente haben im Qualitätsmanagementprozess Weisungscharakter und besitzen Verbindlichkeit (Bostelmann & Metze, 2000, S. 78). Abschließend kann eine Zertifizierung durch eine unabhängige Zertifizierungsgesellschaft erfolgen, die die Struktur des erarbeiteten Qualitätshandbuches und die entwickelten Formulare für die Verfahrensanweisungen frühzeitig akzeptieren sollte. Der Auditor kann eine Vorprüfung anbieten, die sich vor allem auf die Dokumentenprüfung konzentriert. Danach folgt das eigentliche Audit. Es besteht u.a. im normbezogenen Prüfen, ob vorher ermittelte Dokumentenschwächen beseitigt sind, im normbezogenen Untersuchen des Praxishandelns (z.B.: Sind die Arbeiten im Lager, in der Küche, in den Gruppen verständlich und logisch?) sowie einem Abschlussgespräch. Alle Prüfungsunterlagen werden einem Ausschuss vorgelegt, der in der Regel der Empfehlung des Auditors folgt. Erst danach wird das Zertifikat ausgehändigt.

Qualitätsmanagement ist kein im engeren Sinne pädagogisches Verfahren bzw. Konzept zur Erfassung, Beschreibung, Sicherung und/oder Förderung (früh-)pädagogischer Qualität. Es werden vor allem betriebswirtschaftlich fokussierte Facetten von Dienstleistern und ihre Kundenorientierung vor dem Hintergrund selbst spezifizierter Qualitätsziele angesprochen. Dies ist auch eines der Hauptargumente der Kritiker. Dagegen stehen aber Überzeugungen, nach denen gerade Qualitätsmanagementansätze es erlauben würden, in transparenten Verfahren klare Abgrenzungen zwischen Kunden einerseits und fachlichen Standards andererseits einhalten zu können (u.a. Diller, 2005, S. 126). Außerdem wird betont, dass durch die zwar zeitaufwändigen, fachfremden und kostenintensiven Verfahren dennoch ein langfristiger Nutzen erreicht werden kann, da die interne Kommunikation angeregt, die Struktur und Organisation optimiert und die eigenen Ziele langfristig evaluiert werden können, wenngleich mit der einmaligen Erstellung eines Qualitätshandbuchs bzw. der Erlangung des Zertifikats die Arbeit nicht beendet ist (vgl. Bostelmann & Metze, 2000).

Resümé ■ Der Überblick zu derzeit gängigen theorie- und/oder forschungsbasierten (früh-)pädagogischen Qualitätskonzepten zeigt, dass die Fachszene durch eine facettenreiche Heterogenität geprägt ist. Die Frage nun, inwiefern die dargestellten aktuellen Konzepte zur Erfassung, Sicherung und Förderung (früh-)pädagogischer Qualität in Theorie und Praxis auch zukünftig beitragen, lässt sich demzufolge nicht über den direkten Vergleich der Konzepte beantworten.

Das als »Expertenansatz« bezeichenbare Konzept von Tietze et al. (1998, 2005) erlaubt – unter Rückgriff auf fundierte internationale Studien und methodisch versiert – als einziges der beschriebenen Konzepte konkrete Qualitätsindikatoren aus dem familiären und institutionellen Kontext von Kindern mit ihrer Entwicklung in Beziehung zu setzen und widmet sich so einer zentralen Grundfrage (früh-)pädagogischen Interesses. Interessant wäre aufgrund dieser wichtigen Vorarbeiten, die Fragestellung an größeren Stichproben weiter zu verfolgen sowie auf ausdifferenzierte und theoretisch ausgewiesene Bereiche frühpädagogischer Prozesse (z. B. Qualität sprachlicher Interaktionen bzw. kognitiver Anregungen) zu beziehen. Damit könnte auch eine Trennung der schwierigen Erfassung prozessualer und struktureller Aspekte innerhalb der KES gelöst werden. Vielversprechende Vorarbeiten dazu liegen bereits vor.

Zum auf der Handlungsforschung basierenden professionsbezogenen internen Konzept des Kronberger Kreises (1998) werden zukünftig Informationen gebraucht, inwiefern das Konzept Aufnahme, Akzeptanz und Implementation in frühpädagogische Einrichtungen findet und dort die Entwicklung frühpädagogischer Qualität nachhaltig fördert. Außerdem brauchen wir mehr Erkenntnisse dazu, wie unterschiedlich die auf dieser Grundlage entwickelten einrichtungsinternen Qualitätskonzepte aussehen können.

Noch wenig einschätzbar ist die Frage, inwiefern eine »Kenntnis der sozialen Genese pädagogischen Geschehens« im Sinne von Honig (2004, S. 37), über eine grundlagentheoretische Positionsbestimmung bzw. die Vorstellung neuer Zugänge einer qualitativ-empirischen Annäherung an soziale Realitäten hinaus für die Qualitätsdiskussion und letztlich die pädagogische Praxis notwendige Anknüpfungspunkte bietet.

Nicht zuletzt finden sich in den Ansätzen des Qualitätsmanagements neue Sichtweisen auf pädagogische Praxis wieder, die mit Blick auf ihre Dienstleistungsfunktion zukünftig stärkere Bedeutung haben werden. Dies gelingt aber nur dann, wenn organisationsbezogene strukturelle Abläufe zugunsten fachlich fundierter pädagogisch-inhaltlicher Fragestellungen und Zielvorgaben nicht überbetont werden. Auch dazu liegen erste Ansätze vor.

All dies darf aber nicht darüber hinwegtäuschen, dass die deutschsprachige Qualitätsforschung trotz kostenintensiver bundesweiter Initiativen immer noch am Anfang steht, und mehr quantitative sowie qualitative Forschungsstudien zur Fundierung bisheriger Erkenntnisse vonnöten sind. Die Gründe dafür liegen allerdings nicht nur in der nach wie vor beklagenswerten frühpädagogischen Forschungsinfrastruktur in Deutschland. Sie liegen auch – quasi gegenstandsbezogen – darin, dass der dynamische Charakter der Qualitätsdiskussion nicht ausgeblendet werden kann, nämlich die Abhängigkeit von Zeit und Raum, zu Beginn der Ausführungen auch als kontextuelle Abhängigkeit bezeichnet. Die bildungspolitisch stark profilierte Qualitätsdiskussion ist diesem Einfluss im Besonderen ausgesetzt.

■ Literatur

Bostelmann, A. & Metze, T. (Hrsg.) (2000). Der sichere Weg zur Qualität. Kindertagesstätten als lernende Unternehmen. Neuwied: Luchterhand.
Bortz, J. & Döring, N. (2003). Forschungsmethoden und Evaluation für Human- und Sozialwissenschaftler (3. Aufl.). Berlin: Springer.
Brauer, J.-P. (2002). DIN EN ISO 9000:2000ff. umsetzen. Gestaltungshilfen zum Aufbau Ihres Qualitätsmanagementsystems. München: Hanser.
Bronfenbrenner, U. (1981). Die Ökologie der menschlichen Entwicklung. Stuttgart: Klett.
Bundesministerium für Familie, Senioren, Frauen und Jugend (2004). OECD – Early childhood policy review 2002–2004. Hintergrundbericht Deutschland. Fassung 22.11.2004. http://www.bmfsfj.de/RedaktionBMFSFJ/Abteilung5/Pdf-Anlagen/oecd-hintergrundbericht,property=pdf.pdf (29.04.2006)
Conrad, S. & Wolf, B. (1999). Kindertagesstätten in ihrem Kontext - ein humanökologisches Rahmenmodell. Psychologie in Erziehung und Unterricht, 46, 2, 81–95.
Diller, A. (2005). Die Qualitätsdebatte. Thesen zu einer kontroversen Diskussion. In: A. Diller, H. R. Leu & T. Rauschenbach (Hrsg.), Der Streit ums Gütesiegel. Qualitätskonzepte für Kindertageseinrichtungen (S. 121–133). München: DJI.
Fthenakis, W. E. (1998). Erziehungsqualität: Ein Versuch der Konkretisierung durch das Kinderbetreuungsnetzwerk der Europäischen Union. In: D. Sturzbecher (Hrsg.), Kindertagesbetreuung in Deutschland – Bilanz und Perspektiven. Ein Beitrag zur Qualitätsdiskussion (S. 45–70). Freiburg: Lambertus.
Heid, H. (2000). Qualität. Überlegungen zur Begründung einer pädagogischen Beurteilungskategorie. Zeitschrift für Pädagogik, 41. Beiheft, 41–51.
Honig, M.-S. (2004). Wie bewirkt Pädagogik, was sie leistet? Ansatz und Fragestellung der Trierer Kindergartenstudie. In: M.-S. Honig, M. Joos & N. Schreiber (Hrsg.), Was ist ein guter Kindergarten? Theoretische und empirische Analysen zum Qualitätsbegriff in der Pädagogik (S. 17–37). Weinheim: Juventa.
Honig, M.-S., Joos, M. & Schreiber, N. (Hrsg.) (2004). Was ist ein guter Kindergarten? Theoretische und

empirische Analysen zum Qualitätsbegriff in der Pädagogik. Weinheim: Juventa.

Kronberger Kreis für Qualitätsentwicklung in Kindertageseinrichtungen (1998). Qualität im Dialog entwickeln. Wie Kindertageseinrichtungen besser werden. Seelze/Velber: Kallmeyer.

Roux, S. (2002). Wie sehen Kinder ihren Kindergarten? Theoretische und empirische Befunde zur Qualität von Kindertagesstätten. Weinheim: Juventa.

Roux, S. (2003). Pädagogische Qualität. In: L. Fried, S. Roux, A. Frey & B. Wolf (Hrsg.), Vorschulpädagogik (S. 148–188). Baltmannsweiler: Schneider Hohengehren.

Spieß, C. K. & Tietze, W. (2002). Qualitätssicherung in Kindertageseinrichtungen. Gründe, Anforderungen und Umsetzungsüberlegungen für ein Gütesiegel. In: Zeitschrift für Erziehungswissenschaft, 5, 1, 139–162.

Tietze, W., Meischner, T., Gänsfuß, R., Grenner, K., Schuster, K.-M., Völkel, P. & Roßbach, H.-G. (1998). Wie gut sind unsere Kindergärten? Eine empirische Untersuchung zur pädagogischen Qualität in deutschen Kindergärten. Neuwied: Luchterhand.

Tietze, W., Roßbach, H.-G. & Grenner, K. (2005). Kinder von 4 bis 8 Jahren. Zur Qualität der Erziehungs- und Bildungsinstitutionen Kindergarten, Grundschule und Familie. Weinheim: Beltz.

Tietze, W., Schuster, K.-M, Grenner, K. & Roßbach, H.-G. (2001). Kindergarten-Skala. Revidierte Fassung (KES-R). Deutsche Fassung der Early Childhood Environment Rating Scale Revised Edition von Thelma Harms, Richard M. Clifford und Debby Cryer. Neuwied: Luchterhand.

Tietze, W., Schuster, K. M. & Roßbach, H.-G. (1997). Kindergarten-Einschätz-Skala (KES) (Deutsche Fassung der Early Childhood Environment Rating Scale von Thelma Harms & Richard M. Clifford). Neuwied: Luchterhand.

Frühpädagogische Präventionskonzepte

Michael Fingerle

Lange Zeit wurden Kinder, die einem Entwicklungsrisiko aufgrund emotionaler und sozialer Probleme ausgesetzt waren, erst in verhältnismäßig spätem Alter zur Zielgruppe spezifischer pädagogischer Angebote. In der Regel wurde erst dann ein erhöhter Förderbedarf festgestellt, wenn die Probleme bereits deutlich sichtbar wurden. Nicht selten geschah dies erst zu Beginn der Grundschulzeit, womit für die Kinder ein erhöhtes Selektionsrisiko für Rückstellung oder für die Beschulung an einer Sonderschule einherging. So wird beispielsweise die Aufmerksamkeitsdefizit-/Hyperaktivitätsstörung (ADHS) in der Regel erst im Schulalter diagnostiziert (Gimpel & Kuhn, 2000). Doch mehr und mehr gelangt man zu der Erkenntnis, dass sich diese Problematik bereits im Alter von drei bis vier Jahren, möglicherweise sogar schon früher entwickelt (Phillips, Greenson, Collett & Gimpel, 2002). Auch im Bereich der expansiven Verhaltensstörungen scheint es einen ersten Häufigkeitsgipfel im Vorschulalter zu geben (Laucht, Esser & Schmidt, 2000). Da sich aus dieser – noch subklinischen, nicht im engeren Sinne auffälligen – Gruppe von Kindern auch jene (kleinere) Gruppe von Kindern entwickelt, bei der sich dann im Laufe der Schulzeit die Verhaltensprobleme bis hin zum Interventionsbedarf verstärken, liegt der Gedanke nahe, solche Entwicklungsrisiken bereits frühzeitig durch geeignete pädagogische Angebote im Kindergarten abzufangen und zu kompensieren. Nicht zuletzt angesichts der beobachtbaren Häufung emotionaler und sozialer Probleme bei Kindern (vgl. Haffner et al., 2002) und den damit oft einhergehenden schulischen Leistungsproblemen (Süss-Burghardt, 2001) hat die Idee der frühpädagogischen Prävention daher in der aktuellen Diskussion wieder an Stellenwert gewonnen.

Risiken, Schutzfaktoren und frühe Prävention ■ Zur Unterstützung dieser Forderung, aber auch zur Beantwortung der naheliegenden Frage, welche Schwerpunkte die frühpädagogische Prävention in diesem Bereich setzen sollte, bietet sich ein Gebiet der Entwicklungspsychologie bzw. der Entwicklungspsychopathologie an, das in den letzten Jahren ebenfalls in der Pädagogik vermehrt Beachtung fand: die so genannte *Resilienzforschung*. Bei dem Begriff Resilienz handelt es sich um eine Eindeutschung des englischen Wortes *resiliency*, das man in diesem Zusammenhang mit »Widerstandsfähigkeit« übersetzen kann. Es bezieht sich auf das Phänomen, dass ein gewisser Prozentsatz der Kinder, die unter hochgradig riskanten Bedingungen aufwachsen, in ihrer weiteren

Biografie entweder nur vorübergehende Anzeichen psychischer Probleme zeigen oder sogar ohne offenkundige Probleme zu gut integrierten Erwachsenen heranwachsen. Diese psychisch sehr widerstandsfähigen Kinder wurden zum ersten Mal im Rahmen der Auswertung der Kauai-Studie identifiziert und beschrieben, bei der auch zum ersten Mal der Begriff *resiliency* in die Debatte eingeführt wurde (Werner & Smith, 1982). Gegenstand dieser Studie war die Analyse der Auswirkungen von Risikofaktoren auf die psychische Entwicklung der gesamten Geburtskohorte des Jahrgangs 1955 auf der zu Hawaii gehörenden Insel Kauai – insgesamt 698 Kinder. Im Laufe der Studie über die Entwicklung der untersuchten Kinder bis ins Erwachsenenalter (vom ersten bis zum vierzigsten Lebensjahr) schälte sich ein Ergebnis heraus, das von vielen Seiten als erstaunlich eingestuft wurde. Ungefähr ein Drittel dieser Kinder war unter Bedingungen herangewachsen, die vor dem Hintergrund der aus der Risikoforschung bekannten Zusammenhänge als hochriskant eingestuft werden musste. Doch wiederum ca. ein Drittel der Kinder dieser Gruppe schien im weiteren Leben von den Auswirkungen der Entwicklungsrisiken nahezu unbeeinflusst geblieben zu sein.

In der Kauai-Studie wurde als hohes Entwicklungsrisiko eingestuft, wenn die Kinder in chronischer Armut aufwuchsen, wenn es bei der Geburt zu Komplikationen gekommen war und wenn die Kinder in Familien hineingeboren wurden, die durch Disharmonie und/oder Psychopathologie der Eltern gekennzeichnet waren. Dass ungefähr 30 % dieser Kinder dennoch keine oder wenn überhaupt nur vorübergehende psychische Symptome entwickelten und zu leistungsfähigen, selbstbewussten und optimistischen Erwachsenen heranwuchsen, führte zu der Frage, was diese – *resilienten* – Kinder von den anderen Hochrisikokindern unterschied. Sowohl in der Kauai-Studie als auch in anderen, ähnlich angelegten Längsschnittuntersuchungen konnten schließlich bestimmte Personenmerkmale und Umweltmerkmale herausgearbeitet werden, die diesen Unterschied eingehender charakterisierten. Dazu zählten auf der Seite der Umweltfaktoren das Vorhandensein einer stabilen, emotional warmen und sicheren Beziehung zu einem Elternteil oder einer anderen Bezugsperson, ein emotional positives, unterstützendes und strukturgebendes Erziehungsklima und die Verfügbarkeit sozialer Unterstützung außerhalb der Familie (Lösel & Bliesener, 1990). Zu den persönlichen Merkmalen, mit denen sich resiliente Kinder charakterisieren ließen, zählten vor allem ein flexibles und sozial aufgeschlossenes Temperament, kognitive Kompetenzen, ein positives Selbstkonzept und eine aktive, konstruktive Form der Bewältigung von Belastungen. Da diese Umwelt- und Personeneigenschaften offenbar die potenziell schädlichen Effekte der Entwicklungsrisiken abgepuffert hatten, sprach man in diesem Zusammenhang auch von *Schutzfaktoren* oder von *protektiven* Faktoren.

Die weitere Forschung sah sich allerdings gezwungen, den in der Rezeption des Resilienzphänomens entstandenen Optimismus zu relativieren. Es stellte sich heraus, dass es letztendlich nur wenige im engeren Sinne protektive Faktoren zu geben schien. Ein protektiver Faktor sollte gemäss einer engen Definiton immer nur dann einen schützenden oder kompensatorischen Effekt haben, wenn ein Kind Entwicklungsrisiken ausgesetzt ist. In allen anderen Fällen sollte ein protektiver Faktor hingegen keine Wirkung haben. Es zeigte sich nun aber einerseits, dass die wenigen Beispiele »echter« protektiver Faktoren, die bislang gefunden wurden, nur bei recht spezifischen Risikokonstellationen zu wirken scheinen. Die meisten der identifizierten Schutzfaktoren scheinen darüber hinaus generell einen positiven Effekt auf die Entwicklung auszuüben, dessen Stärke lediglich bei einzelnen Gruppen unterschiedlich hoch sein kann und in einigen, sehr speziellen Fällen können sie das Entwicklungsrisiko sogar erhöhen. Auch aufgrund anderer forschungsmethodischer und definitorischer Probleme ist es daher mittlerweile nicht mehr üblich, Resilienz als eine stabile Persönlichkeitseigenschaft anzusehen (Lösel & Bender, 1999). Doch auch wenn Resilienz vor diesem Hintergrund inzwischen nüchterner gesehen werden muss, hatten die Studien zu protektiven Faktoren in zweierlei Hinsicht eine große Bedeutung. Zum einen wiesen sie darauf hin, dass man die Entwicklung von Verhaltensauffälligkeiten nicht allein aus einer Risiko- oder Defizitperspektive betrachten kann. Entwicklung ist ein dynamisches Wechselspiel fördernder und hemmender Faktoren, dessen genaue Wirkungsweise wohl manchmal nur anhand der spezifischen Konstellationen und Entwicklungsprozesse des Einzelfalls nachvollzogen werden kann. Zum anderen nährte die Erforschung protektiver Faktoren die Einsicht, dass eine frühe Prävention im Sinne der Stärkung sozialer, emotionaler und kognitiver Kompetenzen positive Entwicklungen befördern kann und insgesamt die Wahrscheinlichkeit dafür, dass zu einem späteren Zeitpunkt pädagogisch-psychologische Interventionen nötig werden, vermindern dürfte.

Die Bedeutung von Förderung im Kindergarten und die Notwendigkeit der Einbeziehung von elternbezogenen Förderansätzen unterstreichen insbesondere Studien, die sich gezielt mit der Qualität der Eltern-Kind-Beziehungen, aber auch mit der Qualität der Erzieher-Kind-Beziehungen im Vorschulalter und ihren Wechselwirkungen mit der kindlichen Entwicklung befasst haben. Aus den bislang durchgeführten Studien lässt sich insgesamt der Schluss ziehen, dass nicht nur die Beziehungsqualität zwischen Eltern und Kindern, sondern generell die Qualität der Beziehungen und Interaktionen zwischen Kindern und den mit ihrer Pflege und Erziehung befassten Erwachsenen den Grundstein für die Entwicklung sozialer und emotionaler Kompetenzen legen, die für erfolgreiche Grundschulkarrieren nötig sind. Dies gilt vor allem für Kinder, deren schulische Entwicklung gefährdet ist – ob aufgrund von Leistungsproblemen, Problemen mit der Selbstregulation oder Problemen im Umgang mit Gleichaltrigen. Konsistent sichere Beziehungen zu Eltern und Erzieherinnen, die Unterstützung, aber auch Struktur bieten, bilden ein Kapital, das nicht nur soziale Kompetenzen, sondern auch schulische Lernprozesse befördert (Pianta, Stuhlman & Hamre, im Druck).

Präventionsbegriff ■ Grundsätzlich dient Prävention dazu, Entwicklungsrisiken zu vermeiden oder wenigsten in ihrem Einfluss zu schwächen und Schutzfaktoren aufzubauen oder zu stärken. Der Präventionsbegriff gliedert sich in verschiedene Teilaspekte, die sich darin unterscheiden, zu welchem Zeitpunkt in der Entwicklung eines psychischen Problems die Prävention ansetzt oder auf welche Personengruppe, respektive auf welches Störungsbild sie gerichtet ist. Nach der schon als traditionell zu bezeichnenden Einteilung von Caplan (1964) lassen sich grundsätzlich drei Formen der Prävention unterscheiden: die primäre, die sekundäre und die tertiäre Prävention. Von *primärer* Prävention spricht man, wenn durch geeignete Maßnahmen das Auftreten von Störungen verhindert werden soll. *Sekundäre* Präventionen sollen bei Menschen, deren Probleme noch vor der Grenze zur klinischen Auffälligkeit liegen, eine Verstärkung und Chronifizierung dieser Probleme aufhalten. Die *tertiäre* Prävention bezieht sich sozusagen auf die Nachbearbeitung von psychischen Problemen, bei denen es schon zu Interventionsmaßnahmen gekommen ist, denn sie soll das Auftauchen von durch die Ausgangsproblematik verursachten sekundären Problemen verhindern. Diese Felder lassen sich jedoch in der Praxis schwer voneinander abgrenzen. Ob es sich im Einzelfall um eine sekundäre oder um eine primäre Prävention handelt, ist aufgrund diagnostischer Unschärfen nicht immer leicht zu entscheiden. Bei der sekundären und tertiären Prävention bestehen hingegen große Überschneidungen zum Interventions- und Rehabilitationsbereich. Die Frage, ob es sich noch um eine Prävention oder schon um eine Intervention handelt, hängt letztendlich auch davon ab, wie sensibel die Organisation früher Hilfen auf Anzeichen von psychischen Problemlagen reagieren kann. Nützlicher scheint eine Unterteilung in populationsbezogene/universalistische und zielgruppenspezifische, respektive in unspezifische oder störungsbezogene Präventionsansätze (respektive Interventionsansätze) zu sein (vgl. Junge & Bittner, 2004). Während universalistische Präventionen bei allen Kindern durchgeführt würden, die einen Kindergarten besuchen, wäre eine zielgruppenspezifische Prävention nur an Kinder gerichtet, für die beispielsweise das Risiko bestünde, eine ADHS zu entwickeln. Universalistische Präventionen hätten zum Ziel, generell bei allen Kindern Schutzfaktoren aufzubauen, während spezifische Programme auf die speziellen Bedürfnisse von Kindern zugeschnitten sind, bei denen entweder bereits Anzeichen für eine bestimmte Problematik erkennbar sind oder für die zumindest ein hohes Risiko besteht, bestimmte psychische Probleme zu entwickeln.

Kooperation in der Frühprävention ■ In praktischer Hinsicht stellt sich die Frage, welche Art von Präventionsprogramm beispielsweise ein Kindergarten anbieten soll. Da die Kinder einer bestimmten Einrichtung meist eine recht heterogen zusammengesetzte Gruppe darstellen, setzt die Bereithaltung spezifischer Präventionsprogramme eine hohe Flexibilität des Erziehungspersonals voraus, das über ein breites Wissen hinsichtlich Diagnostik und Präventionstechniken verfügen müsste, wollte es auf sich allein gestellt in jeder denkbaren Richtung präventiv tätig werden. Dies wäre nötig, da zwar nahezu alle Präventionsansätze einen gemeinsamen Kern zu fördernder Kompetenzen ansprechen (z.B. die Eltern-Kind-Beziehung), die Forschung jedoch gezeigt hat, dass für spezielle Verhaltensprobleme auch spezielle Trainingsangebote nötig sind, die sich inhaltlich und strukturell unterscheiden. So enthalten beispielsweise Förderprogramme für ängstliche und aggressive Kinder Ansätze zur Stärkung des Selbstkonzepts und zum Aufbau situationsadäquater Verhaltensweisen, doch die jeweils vermittelten Verhaltensstrategien unterscheiden sich naturgemäß sehr stark. Wenn ein solch hochflexibles und -differenziertes Förderangebot aus finanziellen, organisatorischen und/oder personellen Gründen nicht gewährleistet werden kann, bietet es sich daher für Kindergärten an, universalistische Präventionsansätze zu verfolgen und für spezifische Problemlagen so weit als möglich die Kooperation mit anderen Einrichtungen und Professionellen zu suchen (vgl. auch Müller, 2000). Will man im Allgemeinen die Vorschulerziehung dahingehend optimieren, dass Schutzfaktoren aufgebaut werden, um das spätere Auftreten von psychischen Problemen weniger wahrscheinlich zu machen, dann wäre dies tatsächlich die beste Einstiegsstrategie, auf der aufbauend sich auch die Versorgungslage mit spezifischen Präventionsangeboten verbessern ließe. Doch daraus sollte nicht der falsche Schluss gezogen werden, dass universalistische Programme per se »voraussetzungsfreier« seien. Die weiter oben bereits angesprochene Eigenschaft von Schutzfaktoren, unter bestimmten Umständen auch gegenteilige, scheinbar paradoxe Wirkungen zu zeigen, spricht gegen eine unreflektierte »Verabreichung« solcher Präventionen.

Kooperation ist jedoch nicht nur mit anderen Einrichtungen und Professionen nötig. Sowohl aus der Resilienzforschung, als auch aus anderen erziehungswissenschaftlichen und psychologischen Diskursen ist schon seit langem bekannt, dass Prävention auch bei der Unterstützung der Eltern ansetzen muss, auch wenn sich diese nicht selten problematisch gestaltet (vgl. Bertram et al., 2003). Es lässt sich daher mit Peterander (2004) eine Verlagerung von einer kindzentrierten Förderung hin zu einer familienorientierten Frühförderung konstatieren. Konsequenterweise beinhalten daher nahezu alle existierenden Förderprogramme, die sich dem Bereich der Frühprävention zuordnen lassen, auch Module oder Bausteine, in denen Eltern Angebote für Erziehungshilfen gemacht werden.

Präventionsansätze ■ An dieser Stelle sollen nun abschließend einige der aktuell verfügbaren Förderansätze vorgestellt werden, die sich sowohl an Eltern als auch an Professionelle wenden oder zumindest für beide Zielgruppen geeignet zu sein scheinen. Bereits im vorletzten Abschnitt wurde darauf hingewiesen, dass die Unterscheidung in Prävention und Intervention nicht immer eindeutig vorgenommen werden kann und dass es nicht zuletzt von den Rahmenbedingungen der Organisation früher Hilfen abhängt, ob solche Ansätze als Prävention oder als Intervention eingestuft werden können. Aus diesem Grund wurden Programme ausgewählt, die sich prinzipiell auch für die Vorbereitung für Interventionen eignen. Überdies scheint es im deutschen Sprachbereich und speziell für das Vorschulalter kaum ausreichend evaluierte Programme zu geben, die tatsächlich – wie z.B. das US-amerikanische Programm PATHS (Greenberg, Kusche, Cook & Quamma, 1995) – das Etikett »universalistisch« verdienen. Doch scheinen einige der spezifischen Programme ein breiteres Kompetenzspektrum anzusprechen, so dass sie vermutlich auch im Sinne einer allgemeineren Kompetenzförderung eingesetzt werden können.

Starke Eltern – Starke Kinder ■ Das vom Deutschen Kinderschutzbund ins Leben gerufene und standardisierte (DKSB, 2003) betreute Programm »Starke Eltern – Starke Kinder« zielt auf die Verbesserung elterlicher Erziehungspraktiken. Da es sich um einen ressourcenorientierten Ansatz handelt, der sowohl die Perspektiven und Lebenswelten der Kinder als auch der Eltern berücksichtigt, lässt sich das Programm als universalistische Prävention einstufen, die über eine Verbesserung der Qualität der Eltern-Kind-Beziehung das Auftreten häuslicher Gewalt und sekundärer psychischer Probleme zu verhindern versucht. Das Training konzentriert sich auf die Bearbeitung von Erziehungszielen und Kommunikationsregeln in der Familie, die Vermittlung von Problemlösefähigkeiten und die Stärkung des kindlichen Selbstvertrauens als einem zentralen protektiven Faktor. Für die Eltern ist die Teilnahme an dem Programm freiwillig und gemäß den publizierten Qualitätsstandards darf das Training nur von speziell geschulten Professionellen durchgeführt werden.

Eine Evaluationsstudie (Tschöpe-Scheffler & Niermann, 2002) konnte nachweisen, dass das Elterntraining die Wahrnehmung der Eltern für die Bedürfnisse ihrer Kinder und die elterliche Perspektivenübernahme verbessern konnte. Das Elterntraining konnte darüber hinaus die Häufigkeit entwicklungshemmender Erziehungspraktiken nachweislich senken.

Triple-P – Positive Parenting Program ■ Nicht zuletzt durch das Medienecho dürfte das Präventionsprogramm »Triple-P« zu den derzeit bekanntesten Ansätzen zählen. Unter den zahlreichen Varianten gibt es eine als universalistische Prävention einzustufende Variante für Eltern von Kindern im Vorschulalter, aber auch spezifische Varianten für Eltern, deren Kinder Risikogruppen für bestimmte Verhaltensprobleme zuzurechnen und/oder älter sind (Sanders, Cann & Markie-Dadds, 2003). Triple-P soll – ähnlich wie »Starke Eltern – Starke Kinder« – die Erziehungskompetenz von Eltern stärken und beruht im Wesentlichen auf den Prinzipien der positiven Erziehung (z.B. Aufbau sicherer Beziehungen, Anregung zum Lernen, konsequentes, angemessenes und erwartbares Erziehungsverhalten) und dem Aufbau von Selbstmanagementtechniken. Mit Hilfe des Programms soll die kindliche Entwicklung durch eine Verbesserung der Eltern-Kind-Beziehung gefördert werden, wodurch auch der Entstehung von Verhaltensproblemen vorgebeugt werden kann. Für die Wirksamkeit des Programms liegen mittlerweile eine Reihe empirischer Befunde vor (z.B. Penthin, Schrader & Mildebrandt, 2005, Bor, Sanders & Markie-Dadds, 2002).

Faustlos ■ Bei »Faustlos« handelt es sich um ein Präventionsprogramm, das ursprünglich für den Schulbereich (Cierpka, 2001) entwickelt wurde, mittlerweile auch in einer Kindergartenversion vorliegt (Cierpka, 2002) und nach den bislang vorliegenden Ergebnissen von Evaluationsstudien als effektiv eingestuft werden kann. Es basiert auf dem sehr erfolgreichen US-amerikanischen *Second-Step*-Programm, das im Rahmen einer formativen Evaluation ins Deutsche übersetzt und an die Erfordernisse des deutschen Kulturraums angepasst wurde. Im Unterschied zu »Starke Eltern – Starke Kinder« stellen seine Zielgruppe Kinder und nicht deren Eltern dar. Darüber hinaus liegt der Fokus des Programms auf der Gewaltprävention und nicht auf einer globalen Entwicklungsförderung. Das Programm ist curricular aufgebaut und so gestaltet, dass es von Erzieherinnen in der Form von einzelnen, aufeinander aufbauenden Lektionen (Unterrichtsstunden) durchgeführt werden kann. Die primären Ziele sind der Aufbau der Empathiefähigkeit, die Selbstkontrolle impulsiven Verhaltens und der Erwerb konstruktiver Konfliktlösungsstrategien.

PEP – Präventionsprogramm für expansives Problemverhalten ■ Das Präventionsprogramm »PEP« für das Vorschulalter wurde auf der Basis des THOP-Programms (Döpfner, 2002) entwickelt (Metternich et al., 2002). Es besteht aus einem Eltern-Programm (PEP-EL) und einem Erzieherprogramm (PEP-ER), die beide auf der Grundlage eines Verhaltensmanagement-Ansatzes zum Ziel haben, expansive Verhaltensprobleme im Elterhaus und im Kindergarten zu verändern. Insbesondere geht es darum, den so genannten Teufelskreis bei der Aufrechterhaltung expansiver Verhaltensprobleme durch den Aufbau problemangemessener und konsistenter Reaktionen von Eltern und Erzieherinnen zu durchbrechen. Die bisher berichteten Erfahrungen (Metternich et al. 2002) sprechen für eine gute Akzeptanz des Programms.

PATHS/PFAD – Promoting Alternative Thinking Strategies ■ Zum Abschluss soll noch auf ein weiteres universalistisches Präventionsprogramm hingewiesen werden, das möglicherweise auch für die Frühprävention von Bedeutung sein könnte. Die Grundlage dieses Präventionsansatzes ist das amerikanische PATHS-Programm, das in den USA und anderen Ländern bereits seit einigen Jahren im Einsatz ist und sich in Evaluationsstudien bewährt hat. Im Unterschied zu den meisten anderen Präventionsansätzen handelt es sich um ein universalistisches Konzept, das Kindern Wege zu einer besseren Selbstregulation aufweisen soll. Die Module sind dazu konzipiert, die Wahrnehmung und Kommunikation von Gefühlen, die Selbstkontrolle, das Selbstwertgefühl und die sozialen Kompetenzen zu fördern. Entwickelt wurde es für die Klassenstufen 1–3 in Sonderschulen, im deutschsprachigen Raum wird es bislang nur im Rahmen eines Züricher Präventionsprogramms (Züricher Projekt zur sozialen Entwicklung von Kindern) für den Grundschulbereich eingesetzt, dessen Auswertung jedoch noch nicht abgeschlossen ist (Eisner & Ribeaud, 2005).

Zusammenfassung ■ Das große Augenmerk, das in den letzten Jahren der vorschulischen Förderung zuteil wird, speist sich nicht nur aus der langen und erfolgreichen Tradition der Frühförderung in Deutschland und anderen Ländern. Es verdankt sich auch der zunehmend gewachsenen Erkenntnis, dass die Vorschulzeit eine wichtige Entwicklungsarena darstellt, in der es zu entscheidenden Weichenstellungen für eine erfolgreiche Lebensführung kommen kann – zu Weichenstellungen, die später schwerer zu korrigieren sein können, als man lange Zeit glaubte. Die bisherigen Erfahrungen mit vorschulischen Präventionsprogrammen stimmen optimistisch, rücken aber auch die Lage der Kindergärten in ein neues Licht. Denn die auf sie gerichteten Hoffnungen lassen sich nur erfüllen, wenn Kindergärten auch über die personellen und materiellen Ressourcen verfügen, um den gestiegenen Anforderungen gerecht werden zu können. Dies betrifft die Qualität der Ausbildung, aber auch die Qualität und Anzahl der externen Ressourcen, auf die sie im Rahmen von Kooperationsbeziehungen zurückgreifen können. Erfolgversprechende Präventionsprogramme benötigen Basisangebote in den vorschulischen Betreuungseinrichtungen, aber auch in der Gemeinde verfügbare Netzwerke, die differenziert für speziellere Problemlagen in Anspruch genommen werden können. In gewisser Weise könnte man sagen, dass die Erfahrungen der Resilienzforschung auch auf vorschulische Einrichtungen angewendet werden können. Auch sie können sich – wie Kinder in Hochrisikolagen – nicht am eigenen Zopf aus dem Sumpf ziehen, sondern benötigen stabile und verlässliche Unterstützungsangebote, die ihnen dabei helfen.

■ **Literatur**

Bertram, H., Heinrichs, N., Kuschel, A., Kessemeier, Y., Saßmann, H. & Hahlweg, K. (2003). Projekt »Zu-

kunft Familie«. Erste Ergebnisse der Rekrutierung. Verhaltenstherapie und Verhaltensmedizin, 24, 187–204.

Bor, W., Sanders, M. R. & Markie-Dadds, C. (2002). The effects of the Triple P-positive Parenting Program on preschool children with co-occurring disruptive behavior and attentional/hyperactive difficulties. Journal of Abnormal Child Psychology, 30, 571–587.

Caplan, G. (1964). Principles of preventive psychiatry. New York: Tavistock.

Cierpka, M. (Hrsg.) (2001). FAUSTLOS. Ein Curriculum zur Prävention von aggressivem und gewaltbereitem Verhalten bei Kindern der Klassen 1 bis 3. Göttingen: Hogrefe.

Cierpka, M. (Hrsg.) (2002). FAUSTLOS. Ein Curriculum zur Förderung sozial-emotionaler Kompetenzen und zur Gewaltprävention für den Kindergarten. Heidelberg: Heidelberger Präventionszentrum.

Deutscher Kinderschutzbund (2003). Standards für den DKSB Elternkurs Starke Eltern – Starke Kinder. http://www.starkeeltern-starkekinder.de/front_content.php.

Döpfner, M., Schürmann, S. & Fröhlich, J. (2002). Therapieprogramm für Kinder mit hyperkinetischem und oppositionellem Trotzverhalten. Weinheim: Psychologie Verlags Union.

Eisner, M. & Ribeaud, D. (2005). A randomised field experiment to prevent violence. The Zurich Intervention and Prevention Project at Schools ZIPPS. European Journal of Crime, Criminal Law and Criminal Justice, 13, 27–43.

Gimpel, G. A. & Kuhn, B. R. (2000). Maternal report of attention deficit hyperactivity disorder symptoms in preschool children. Child: Care, Health, and Development, 26, 163–176.

Greenberg, M.T., Kusche, C.A., Cook, E.T. & Quamma, J.P. (1995). Promoting emotional competence in school-age children: The effects of the PATHS curriculum. Development and Psychopathology, 7, 117-136.

Haffner, J., Esther, C., Münch, H., Parzer, P., Raue, B. Steen, R., Klett, M. & Resch, F. (2002). Verhaltensauffälligkeiten im Einschulungsalter aus elterlicher Perspektive – Ergebnisse zu Prävalenz und Risikofaktoren in einer epidemiologischen Studie. Praxis der Kinderpsychologie und Kinderpsychiatrie, 51, 675–696.

Junge, J. & Bittner, A. (2004). Prävention von Angststörungen im Kindes- und Jugendalter. In: Schneider, Silvia (Hrsg.), Angststörungen bei Kindern und Jugendlichen (S. 389–416). Berlin: Springer.

Kuschel, A., Luebke, A., Köppe, E., Miller, Y., Hahlweg, K. & Sanders, M. R. (2004). Häufigkeit psychischer Auffälligkeiten und Begleitsymptome bei drei- bis sechsjährigen Kindern: Ergebnisse der Braunschweiger Kindergartenstudie. Zeitschrift für Kinder und Jugendpsychiatrie und Psychotherapie, 32, 97–106.

Laucht, M., Esser, G. & Schmidt, M. H. (2000). Externalisierende und internalisierende Störungen in der Kindheit: Untersuchungen zur Entwicklungspsychopathologie. Zeitschrift für Klinische Psychologie und Psychotherapie. Forschung und Praxis, 29, 284–292.

Lösel, F. & Bender, D. (1999). Von generellen Schutzfaktoren zu differentiellen protektiven Prozessen: Ergebnisse und Probleme der Resilienzforschung. In: G. Opp, M. Fingerle & A. Freytag (Hrsg.). Von den Stärken der Kinder (S. 37–58). München: Ernst Reinhardt.

Metternich, T. W., Plück, J., Wieczorrek, E., Freund-Braier, I., Hautmann, C., Brix, G. & Döpfner, M. (2002). PEP – Ein Präventionsprogramm für drei- bis sechsjährige Kinder mit expansivem Problemverhalten. Kindheit und Entwicklung, 11, 98–106.

Müller, W. (2000). Vernetzung der Vorschuleinrichtungen zur Erfassung und Förderung von Kindern mit sonderpädagogischem Förderbedarf. In: G. Siepmann (Hrsg.), Förderung im Vorschulbereich. (S. 105–130). Frankfurt a/M.: Peter Lang.

Penthin, R., Schrader, C. & Mildebrandt, N. (2005). Erfahrungen mit der deutschen Version des Triple-P-Elterntrainings bei Familien mit und ohne ADHS-Problematik. Zeitschrift für Heilpädagogik, 56, 186–192.

Peterander, F. (2004). Preparing practitioners to work with families in early childhood intervention. Educational and Child Psychology, 21, 89–101.

Phillips, P. L., Greenson, J. N., Collett, B. R. & Gimpel, G. A. (2002). Assessing ADHD symptoms in preschool children: Use of the ADHD symptoms rating scale. Early Education and Development, 13 (3), 283–299.

Pianta, R. C., Stuhlman, M. W. & Hamre, B. K. (im Druck). Der Einfluss von Erwachsenen-Kind-Beziehungen auf Resilienzprozesse im Vorschulalter und in der Grundschule. In: G. Opp & M. Fingerle (Hrsg.), Was Kinder stärkt. München: Reinhard.

Sanders, M.R., Cann, W. & Markie-Dadds, C. (2003). The Triple P – Positive Parenting Program. An universal population-level approach to the prevention of child abuse. Child Abuse Review, 12, 155–171.

Süss-Burghardt, H. (2001). Gibt es bei Kindern mit Dyskalkulie typische Fähigkeitsstärken und -schwächen? Hinweise auf präventive Möglichkeiten. Frühförderung interdisziplinär, 20, 62–70.

Tschöpe-Scheffler, S. & Niermann, J. (2002). Evaluation des Elternkurskonzepts »Starke Eltern – Starke Kinder« des Deutschen Kinderschutzbundes. Forschungsbericht. Köln: Fachhochschule Köln, Fakultät für angewandte Sozialwissenschaft.

Werner, E. E. & Smith, R. S. (1982). Vulnerable, but invincible: A longitudinal study of resilient children and youth. New York: McGraw-Hill.

Rahmenpläne für die Bildungsarbeit

Käthe-Maria Schuster

Deutschland befindet sich in allen gesellschaftlichen Bereichen in einem Prozess tiefgreifender Veränderungen. Die Modernisierung der Gesellschaft ist eine notwendige

Voraussetzung, um den gegenwärtigen und künftigen Entwicklungen gewachsen zu sein. Spätestens seit der Veröffentlichung der Ergebnisse der PISA-Studie 2000 ist Bildung zu einem zentralen Thema geworden und durch vielfältige Maßnahmen wird versucht, das gesamte Bildungssystem zu reformieren.

Den Begriff Bildung in seiner Bedeutung als Vorgang und Ergebnis des Sich-Bildens der Persönlichkeit hat Wilhelm von Humboldt zu Beginn des 19. Jahrhunderts in die deutschsprachige Pädagogik eingeführt. Persönlichkeitsbildung kann nicht erst mit Eintritt der Schulpflicht beginnen. Sie setzt mit der Geburt ein, bedeutet individuelle, familiale und gesellschaftliche Herausforderung und Verantwortung zugleich und findet an unterschiedlichen Orten und unter verschiedenen Rahmenbedingungen statt. Aus diesem Grund wird ein Bildungsverständnis benötigt, das über die Grenzen der Bildung im Schul-, Ausbildungs- und Hochschulsystem hinausreicht und stärker als bisher jede Form organisierter Bildung im Leistungsangebot der Kinder- und Jugendhilfe mit einbezieht, aber auch Bildungsanteile, die ungeplant im Alltag der Familie erworben werden (vgl. Bundesjugendkuratorium, 2001).

Die Bildungschancen der Heranwachsenden müssen unabhängig von den Zufälligkeiten der Lebensorte sowie der sozioökonomischen und kulturellen Lebensbedingungen der Familien sein. Um das zu erreichen haben sich Bund und Länder 2002 verpflichtet, sich über Wege und Ziele frühkindlicher Bildung in Kindertageseinrichtungen zu verständigen und für Deutschland allgemein verbindliche Ziele aufzustellen (vgl. GEW, 2002a). Die Bundesländer haben daraufhin die Erarbeitung von Bildungsprogrammen in Auftrag gegeben, die ersten Entwürfe liegen zur Erprobung vor.

In diesem Beitrag werden die sehr unterschiedlichen Wege und Versuche der Entwicklung von Programmen zur Förderung frühkindlicher Entwicklung in der DDR, der alten Bundesrepublik sowie im wiedervereinten Deutschland beschrieben. Der Schwerpunkt liegt auf den ersten gemeinsamen Festlegungen der Bundesländer über Grundsätze der Bildungsarbeit in Kindertageseinrichtungen sowie auf Beispielen länderspezifischer Ausdifferenzierung und Umsetzungen.

Programme für die Bildungs- und Erziehungsarbeit in der DDR ■ Als Folge des Zweiten Weltkrieges entwickelten sich in beiden deutschen Staaten unterschiedliche Gesellschaftssysteme und dementsprechend etablierten sich divergierende Bildungssysteme. In der DDR galt der Kindergarten seit 1965 als unterste Stufe des einheitlichen sozialistischen Bildungssystems. Bildung wurde in erster Linie als Vermittlung und Aneignung von Kenntnissen, Fähigkeiten und Fertigkeiten interpretiert. Unter Erziehung verstand man den Prozess der zielgerichteten Entwicklung und Aneignung von Überzeugungen, Einstellungen und Charaktereigenschaften der Persönlichkeit. Vorschulerziehung war definiert als fürsorgliche Betreuung, Bildung und Erziehung der Kinder im Säuglings-, Kleinkind- und Vorschulalter in gesellschaftlichen Einrichtungen, um die gesunde und allseitige Persönlichkeitsentwicklung zu sichern und kontinuierlich auf die Schule vorzubereiten. Für die Bildungsarbeit in Krippe und Kindergarten gab es bereits in den 1960-er Jahren Bildungs- und Erziehungspläne, in denen normative Vorstellungen davon, was ein Kind in einzelnen Altersabschnitten lernen oder können soll, festgeschrieben waren.

Anfang der 1980-er Jahre stand für jedes Kind ab dem dritten Lebensjahr ein Kindergartenplatz bereit, für Kinder unter drei Jahren stieg die Versorgungsquote auf über 60 Prozent an. Krippen als Einrichtungen der gesellschaftlichen Vorschulerziehung zählten mit zur untersten Stufe des einheitlichen Bildungssystems. Das neue »Programm für die Erziehungsarbeit in Kinderkrippe« (MfG, 1985) wurde den Erzieherinnen 1985 zur Erfüllung ihres gesellschaftlichen Auftrages übergeben. Es enthielt die Darstellung der Entwicklung des Kindes unter den Bedingungen zielgerichteter pädagogischer Einflussnahme im ersten, zweiten und dritten Lebensjahr sowie die Erziehungsaufgaben für die Gestaltung des Lebens, des Spiels und der

Sachbereiche: sensorische Erziehung, Spracherziehung, Bekanntmachen mit der gesellschaftlichen Umwelt und der Natur, Bewegungserziehung, Musikerziehung und bildnerische Erziehung.

Im gleichen Jahr trat auch ein neues »Programm für die Bildungs- und Erziehungsarbeit im Kindergarten« (MfV, 1985) in Kraft. Darin fand die Erzieherin getrennt für die jüngere, mittlere und ältere Gruppe die Aufgaben beschrieben, die ihr laut Bildungsgesetz und Kindergartenordnung übertragen wurden. Außer den Vorgaben zur Gestaltung des Lebens in der Einrichtung gab es die Aufgaben für Spiel und Arbeit sowie Beschäftigung. Letztere enthielt nach Sachgebieten differenziert detailliert ausgewiesene inhaltliche Aufgaben der Bildung und Erziehung für: Muttersprache, Kinderliteratur, Bekanntmachen mit dem gesellschaftlichen Leben, Bekanntmachen mit der Natur, Entwicklung elementarer mathematischer Vorstellungen, Sport, bildnerisch-praktische und konstruktive Tätigkeiten und Betrachten von Kunstwerken sowie Musik.

Der Lehrplan der ersten Grundschulklasse baute auf der Erfüllung der Vorschulprogramme inhaltlich auf. In Zusammenarbeit beider Ministerien gab es ein System der gesundheitlichen Überwachung und Entwicklungskontrolle. Für Kinder, die die normativen Anforderungen nicht erfüllen konnten, standen umfassende Angebote der Frühförderung in Krippe und Kindergarten bzw. ein Netz von sonderpädagogischen Einrichtungen bereit.

Zur Curriculum-Entwicklung in der BRD ■ Im Gegensatz zur Entwicklung in der DDR lag die Verantwortung für den Kindergarten in der BRD aufgrund der föderalistischen Staatsform auf Bundesländerebene. Den gesetzlichen Rahmen bildete das Jugendwohlfahrtsgesetz. Die Kindergartenangebote richteten sich danach vorwiegend an Familien in sozial schwierigen Lebenssituationen.

Die Erkenntnis, dass Bildung im Vorschulalter einen besonderen Stellenwert einnehmen muss, findet man in der Fachliteratur bereits zu Beginn der 1960-er Jahre. Dass es der Sowjetunion 1957 gelang, den ersten Sputnik ins Weltall zu senden, war für die hochentwickelten kapitalistischen Industrieländer ein schockierendes Ereignis. Es löste umfangreiche Maßnahmen zur Steigerung der Wirksamkeit der Bildungssysteme aus und erfasste auch die Vorschulerziehung in der BRD. In der Folge kam es verstärkt zur Erarbeitung von Lernprogrammen und Materialien sowohl für Erzieherinnen als auch für Eltern, um Kinder u.a. durch eine intensive sprachliche und kognitive Förderung auf die Anforderungen in der Schule vorzubereiten.

Ende der 1960-er Jahre wurde dann eine grundlegende Bildungsreform mit dem Ziel der Gesamtrevision vom Elementar- bis hin zum Sekundarbereich der Schule in Angriff genommen. Von S. B. Robinson wurde der Begriff *Curriculum* eingeführt (vgl. Zimmer, 1997). Er schlug den Begriff nicht als Synonym für Lehrplan, sondern zu dessen Abgrenzung vor und strebte die Revision der Lehrpläne in der Schule an. In Kritik gerieten gleichfalls die betont kognitiven und einseitig auf die Schulvorbereitung ausgerichteten Förderangebote in Vorschuleinrichtungen. Man wollte weg von fest verbindlichen Lehranforderungen und hin zu einem offenen Curriculum, das in der praktischen Umsetzung Gestaltungsspielräume entsprechend der gegebenen Situationen und Beteiligten vor Ort ermöglichte.

Mit der Bildungsreform rückten erstmals Fragen der Entwicklung institutioneller Vorschulerziehung in die öffentliche Diskussion. Der neu gegründete Deutsche Bildungsrat zeigte 1970 in seinem »Strukturplan für das Bildungswesen« zwei Entwicklungslinien auf (Deutscher Bildungsrat, 1970). Zum einen wurden Einrichtungen für Kinder ab dem dritten Lebensjahr als Elementarbereich in die Gesamtstruktur des Bildungswesens integriert und sollten einen quantitativen und qualitativen Ausbau erfahren. Zum anderen sprach man sich für die Einschulung und damit für die Bildungspflicht für Kinder ab dem fünften Lebensjahr aus. Man sah eine Eingangsstufe zur gemeinsamen Förderung fünf- und sechsjähriger Kinder vor, um einen fließenden Übergang entweder vom Kindergarten oder von der Familienerziehung in die Grundschule zu ermöglichen. Über gezielte Lernangebote sollte die allgemeine Leistungsfähigkeit der Kinder gesteigert werden und bei Bedarf auch besondere Fördermaßnahmen zur kompensatorischen Stützung der Kinder aus sozial benachteiligten Familien stattfinden.

Bis 1974 kam es zu einer Reihe von Modellversuchen. Inhaltlich und organisatorisch standen drei Varianten zum Vergleich: Versuche im Kindergarten, Versuche mit einer zweijährigen Eingangsstufe in der Grundschule und Versuche mit einjährigen Vorklassen, ebenfalls an der Grundschule. Die Projektgruppen erarbeiteten unterschiedliche curriculare Konzepte bzw. Ansätze, die sich drei Richtungen zuordnen lassen:

- **Funktionsorientierter Ansatz:** Orientiert sich an verschiedenen psychischen Funktionen, wie sinnliche Wahrnehmung, Motorik, Sprache, Denken oder Emotionen und ist auf die Ausbildung entsprechender Fähigkeiten und Fertigkeiten gerichtet
- **Wissenschaftsorientierter Ansatz:** Geht davon aus, dass in den wissenschaftlichen Disziplinen ein System geordneten Wissens vorhanden ist, das man zur Bestimmung von Grundqualifikationen und zur Ableitung von pädagogischen Angeboten nutzen kann
- **Situationsorientierter Ansatz:** Geht von analysierbaren bzw. klassifizierbaren Lebenssituationen aus, in denen Kinder Kompetenzen erwerben sollen, die sie zur möglichst autonomen Bewältigung gegenwärtiger und künftiger Lebensanforderungen benötigen (vgl. Flitner, 1974; Niermann, 1979).

Die Einschulung mit fünf Jahren erwies sich als nicht konsensfähig. Ein Jahr vor der Einschulung gab und gibt es jedoch für die betreffenden Kinder in Kindergärten bewusst organisierte und geplante Lernangebote, oft unter Nutzung von Arbeitsblättern. In den Vorschulklassen an Schulen arbeitete man nach Rahmenplänen bzw. Richtlinien vor allem mit Kindern, die vom eigentlichen Schulbesuch noch ein Jahr zurückgestellt wurden (vgl. Liegle, 1988).

Im Ergebnis der Modellversuche gewann der Kindergarten in seiner Eigenständigkeit und Funktion an Bedeutung. Die Zuordnung zur Jugendhilfe blieb erhalten. Man sah Vorteile gegenüber einer Einbindung ins Bildungswesen auf Länderebene u.a. in der bedarfsorientierten Flexibilität, der Lebensweltorientierung sowie der besseren Beteiligungsmöglichkeit der Eltern. Konsens bestand darin, in erster Linie dem situationsorientierten Lernen und nicht kognitiv- bzw. vermittlungsorientierten Ansätzen Möglichkeiten der Etablierung zu geben.

Die Bildungskommission empfahl 1973 ein »Erprobungsprogramm für eine Curriculum-Entwicklung« im Elementarbereich, das von 1975 bis 1978 durchgeführt wurde (vgl. Zimmer, 1997). Die beteiligten Länder brachten zunächst curriculare Materialien ein. Da diese in ihren konzeptionellen Ansätzen sehr unterschiedlich waren, blieben nach einem Sondierungsprozess letztendlich drei, die miteinander korrespondierten, und zwar: das »Curriculum Soziales Lernen« der Arbeitsgruppe Vorschulerziehung des Deutschen Jugendinstituts, das »Curriculum Elementare Sozialerziehung« der Arbeitsgruppe des Landes Niedersachsen und die »Arbeitshilfen zur Planung der Arbeit im Kindergarten« der Arbeitsgruppe des Landes Nordrhein-Westfalen.

Bereits vor Beginn des Erprobungsprogramms legte die Bund-Länder-Kommission für Bildungsplanung und Forschungsförderung eine veränderte Zielsetzung fest. Um die Kulturhoheit der Länder nicht zu verletzen, durften die von den Ländern eingereichten curricularen Materialien nicht verändert oder aufeinander bezogen werden. Jedes sollte für sich in einem überregionalen Modellversuch unter unterschiedlichen Rahmenbedingungen auf seine Brauchbarkeit für die pädagogische Arbeit in Kindergärten überprüft werden. Mit dem Abschluss des Erprobungsprogramms sah man auch die Reform beendet.

Die Rahmenbedingungen, unter denen die Modelleinrichtungen arbeiteten, konnten nach Zimmer (1997) nicht wie vorgesehen auf die Regeleinrichtungen übertragen werden, da sich Anfang der 1980-er Jahre bereits erste Auswirkungen der wirtschaftlichen Rezession zeigten. Auf Bundesebene und in der Mehrzahl der Bundesländer fehlte auch der politische Wille zur Sicherung der Reform.

Es kam also zu keinem Curriculum oder Rahmenplan für den Elementarbereich. Curriculum wurde eher gleichgesetzt mit didaktischen Materialien jeglicher Art, so wie es im amerikanischen Sprachgebrauch zu finden ist.

Entstehungszusammenhänge für die aktuelle Entwicklung von Rahmenplänen ■ Kurz nach der Wiedervereinigung der beiden deutschen Staaten gab es mit Inkrafttreten des Kinder- und Jugendhilfegesetzes (KJHG) erstmals eine allgemeine Rechtsgrundlage für alle Kindertageseinrichtungen (BMFSFJ, 1997). In den neuen Bundesländern verloren die Bildungs- und Erziehungsprogramme für Krippe und Kindergarten ihre Gültigkeit. Gemäß § 22 KJHG haben Kindereinrichtungen den Auftrag, durch Betreuung, Bildung und Erziehung die Entwicklung des Kindes zu einer eigenverantwortlichen und gemeinschaftsfähigen Persönlichkeit zu fördern. Nach § 26 KJHG regelt das Landesrecht Inhalt und Umfang der Aufgaben und Leistungen. In den meisten Bundesländern wurden dazu Kindertagesstättengesetze neu erlassen, in denen festgelegt wurde, dass in jeder Einrichtung eine Konzeption zu erarbeiten ist. Letztendlich tragen die Fachkräfte unter Mitverantwortung der Träger und Eltern die Entscheidung, wie sie ihren gesetzlichen Auftrag erfüllen, Mit der Novellierung des KJHG von 1996 besteht ein individueller Rechtsanspruch auf den Besuch einer Tageseinrichtung für Kinder vom vollendeten dritten Lebensjahr bis zum Eintritt in die Schule. Der dazu notwendige quantitative Ausbau ging einher mit dem Absinken von Standards zur Erfüllung der Leistungen vor Ort. So gab es z. B. die Erhöhung der Gruppenstärke, des Erzieher-Kind-Schlüssels, die Reduzierung der Vorbereitungszeit oder die Reduzierung von Angeboten für Kinder unter drei Jahren. Diese Situation initiierte bzw. forcierte die Qualitätsdiskussion im Elementarbereich. Alle Forschungsprojekte zur Weiterentwicklung, Implementierung oder Evaluierung des Situationsansatzes in den 1980-er und 1990-er Jahren erbrachten als einheitliches Ergebnis, dass die Qualität der pädagogischen Arbeit erhebliche Unterschiede zeigt (vgl. Preissing, 1997; Zimmer, 1997; Wolf, Becker & Conrad, 1999). Auch die Untersuchungen zur pädagogischen Qualität in deutschen Kindergärten von Tietze u.a. (1998) bestätigten beträchtliche Unterschiede in der Struktur- und Prozessqualität zwischen den Kindergartengruppen. Erstmals konnte in dieser Studie belegt werden, dass sich die pädagogische Qualität nachweislich auf die Entwicklung der Kinder auswirkt, und zwar in Bezug auf die Bewältigung von Lebenssituationen, die soziale Kompetenz sowie auf die Sprache.

1999 rief das Bundesministerium für Familien, Senioren, Frauen und Jugend (BMFSFJ) die »Nationale Qualitätsinitiative im System der Tageseinrichtungen« ins Leben. Dieser überregionale Forschungsverbund bestand aus fünf Teilprojekten: Die Projekte I und II entwickelten Qualitätskriterien für die Arbeit mit null- bis sechsjährigen Kindern, Projekt III für die Arbeit mit Schulkindern, Projekt IV für die Arbeit nach dem Situationsansatz und Projekt V für die Arbeit der Träger von Einrichtungen. In allen Teilprojekten wurden Verfahren und Instrumente zur internen und externen Evaluation erarbeitet und erprobt. Diese sollen der Qualitätssicherung und -weiterentwicklung sowie der Profilbildung der jeweiligen Einrichtung dienen (vgl. Tietze & Viernickel, 2002). Zuvor hatte das Institut für angewandte Sozialisationsforschung (Infans) unter Leitung von H.-J. Laewen das Modellprojekt »Zum Bildungsauftrag von Kindereinrichtungen« übernommen (vgl. Laewen & Andres, 2002). Es hatte zum Ziel, eine wissenschaftlich begründete Basis zur Konkretisierung des Bildungsauftrages zu erarbeiten, der den Kindertagesstätten vom Gesetzgeber als Auftrag bereits zugeschrieben war.

Durch den hohen Erkenntniszuwachs in den letzten Jahrzehnten durch fachspezifische und vor allem fachübergreifende Untersuchungen zur Entwicklung der Kinder in den Monaten vor der Geburt und in der frühen Kindheit, präsizierte und veränderte sich das Bild vom Kind. Der Mensch entwickelt sich in einem lebenslangen Lernprozess vom Tag seiner Geburt. Er wird mit einer phylogenetischen, d.h. einer über die Menschheitsgeschichte hinweg erworbenen Ausstattung geboren und ist von Anfang an kompetent und hochgradig lernfähig. Das Kind braucht zu seiner Entwicklung wichtige Hilfeleistungen der Erwachsenen, die auf die Befriedigung seiner physischen, psychischen und sozialen Bedürfnisse gerichtet sind. Es ist in spezifischer Weise auf Interaktion und Kommunikation angewiesen, um ein Bild von sich, von den anderen und von der Welt zu konstruieren. Ein sehr wichtiges Ergebnis amerikanischer Forschungsarbeiten wird hervorgehoben: »Die besten Erfolge im Bestreben, durch frühkindliche Erziehung wünschenswerte Eigenschaften in der kognitiven und sozialen Entwicklung bei Kindern zu fördern, hatten Vorgehensweisen, die durch die Kinder selbst initiierte Lernaktivitäten ins Zentrum stellten.« (Laewen, 2002, S. 49) Kinder brauchen statt anleitungsbetonter pädagogischer Vorgehensweisen solche, die ihre Eigenaktivitäten aufgreifen.

Wenn *Bildung,* wie in der Einleitung dieses Beitrages betont, Vorgang und Ergebnis der Selbstbildung ist, bleiben nach Laewen (2002) für *Erziehung* als Aktivität der Erwachsenen grundsätzlich zwei Formen, über die sie mit Bildung in Verbindung gebracht werden kann: 1. die Gestaltung der Umwelt des Kindes und 2. die Gestaltung der Interaktionen zwischen Erwachsenem und Kind. *Bindung* ist die Brücke zwischen Bildung und Erziehung. Pädagogen müssen den Aufbau von sicheren Bindungen als eine Basisaufgabe ansehen. Bindungsqualität zeichnet sich aus durch gegenseitige Achtung, Anerkennung, Toleranz, Akzeptanz, Verlässlichkeit aller Erwachsenen und Kinder der jeweiligen Gruppe. Der Begriff *Betreuung* beinhaltet die in der Einrichtung für Kinder notwendige Beaufsichtigung im Sinne der Gewährung von Sicherheit und Gesundheit, die Befriedigung ihrer Bedürfnisse, die Bereitstellung eines entwicklungsangemessenen Anregungs- und Interaktionspotenzials und damit die Sicherung des physischen und psychischen Wohlbefindens.« »Der Bildungsauftrag der Kindereinrichtungen würde in seiner allgemeinen Formulierung also lauten, die Bildungsprozesse der Kinder durch Erziehung zu beantworten und herauszufordern und durch Betreuung zu sichern.« (Laewen, 2002, S. 92)

Aus einer vergleichenden Analyse internationaler Bildungskonzepte ergab sich, dass in Deutschland erhebliche Defizite in der entwicklungsangemessenen Förderung von Kindern bestehen. Diese beziehen sich besonders auf die kognitive Entwicklung durch ungenügende Beachtung der sprachlichen Bildung, speziell der Schriftkultur, der naturwissenschaftlichen und mathematischen Bildung und der kulturellen Aufgeschlossenheit (vgl. Fthenakis & Oberhuemer, 2002).

Die Organisation Mondiale pour l'Education Prescolaire (OMEP), in der 60 Länder rund um den Globus als Weltorganisation für frühkindliche Erziehung organisiert sind, hat 1999 Leitlinien für die frühkindliche Erziehung im 21. Jahrhundert verfasst (vgl. GEW, 2002b). Kinder zu betreuen und zu erziehen wird darin als eine der wichtigsten und anspruchsvollsten Aufgaben bewertet, die ein Individuum übernehmen kann. Deshalb ist es notwendig, dass Erzieherinnen geeignet und ausgebildet sind. Eine Forderung ist, dass ein Curriculum bzw. Plan erarbeitet und zur Verfügung gestellt wird, der einerseits die Philosophie der Bildung und Erziehung widerspiegelt und Richtlinien für die Erzieherinnen bereitstellt, andererseits die Interaktionen zwischen Erwachsenen und Kindern dokumentiert, die den Plan ausführen. Als Bestandteile eines Plans sind genannt: Inhalt, pädagogische Methoden, Lernmaterialien, Kontrolle des Fortschritts der Kinder und Evaluation. Das Kind steht dabei im Zentrum. Weltbürger zu erziehen, die kompetent, liebevoll und empathisch sind, ist das oberste Ziel.

Gemeinsamer Rahmen der Länder für die frühe Bildung in Kindereinrichtungen ■ Ein im Mai 2004 von der Jugendministerkonferenz (JKM) beschlossener »Gemeinsamer Rahmen der Länder für die frühe Bildung in Kindereinrichtungen« (vgl.

JMK, 2004) entspricht internationalen Forderungen. Er wurde sowohl von der Jugendminister- als auch von der Kultusministerkonferenz verabschiedet. Dies gilt nicht nur als ein Zeichen der Übereinstimmung, sondern auch als Ausdruck der gemeinsamen Verantwortung für die Kontinuität von Bildungsprozessen in Institutionen unterschiedlicher Zuständigkeiten. Die Arbeitsgemeinschaft der obersten Landesjugendbehörden war zuvor beauftragt worden, die bereits bestehenden Bildungsempfehlungen bzw. -pläne von Bayern, Nordrhein-Westfalen, Berlin, Brandenburg und Rheinland-Pfalz auszuwerten, was die Grundlage für das genannte Dokument bildete, dessen Inhalt nachfolgend in komprimierter Form vorgestellt wird.

Anforderungen an die Bildungspläne auf Länderebene

»Dieser gemeinsame Rahmen stellt eine Verständigung der Länder über die Grundsätze der Bildungsarbeit der Kindereinrichtungen dar, der durch Bildungspläne auf Länderebene konkretisiert, ausgefüllt und erweitert wird. Innerhalb des gemeinsamen Rahmens gehen die Länder eigene, den jeweiligen Situationen angemessene Wege der Ausdifferenzierung und Umsetzung.« (JKM, 2004, S. 39) Folgende Anforderungen an Bildungspläne sind festgeschrieben:
- Präzisieren den zugrunde liegenden Bildungsbegriff
- Beschreiben den eigenständigen Bildungsauftrag in seiner unmittelbaren Beziehung zu Erziehung und Betreuung
- Bieten für Fachkräfte, Eltern und Lehrkräfte eine Orientierung
- Enthalten Aufgaben und zu erbringende Leistungen der Kindereinrichtungen
- Verleihen dem Bildungsprozess Transparenz
- Beachten entwicklungspsychologische Erkenntnisse
- Schaffen die Grundlage für eine frühe und individuelle Förderung
- Benennen Förderbereiche für das zu realisierende Förderangebot
- Sichern die Anschlussfähigkeit der Bildungsinhalte und pädagogischen Methoden an die Schule
- Bilden die Grundlage für träger- und einrichtungsspezifische Konzepte unter Berücksichtigung lokaler Gegebenheiten.

Allgemeine Beschreibung der Ziele im Hinblick auf Bildung

Bildung und Erziehung werden als wechselseitiges und einheitliches Geschehen im sozialen Kontext charakterisiert. Unterstützende, erzieherische und betreuende Tätigkeiten tragen gemeinsam zum kindlichen Bildungsprozess bei.

Die Bildungsarbeit ist im Kern auf die Vermittlung grundlegender Kompetenzen und die Entwicklung und Stärkung persönlicher Ressourcen gerichtet, die das Kind motivieren und darauf vorbereiten, künftige Lebens- und Lernaufgaben aufzugreifen und zu bewältigen, verantwortlich am gesellschaftlichen Leben teilzuhaben und ein Leben lang zu lernen. Demzufolge sollen in den Bildungsplänen der Länder nicht die Anforderungen normiert werden, die Kinder zu einem bestimmten Zeitpunkt zu erreichen haben, sondern stattdessen die Aufgaben und die zu erbringenden Leistungen der Kindertageseinrichtungen.

Kindereinrichtungen entwickeln ihr eigenes Profil. Dabei legen sie Wert auf die Anschlussfähigkeit bzw. Kontinuität der kindlichen Bildungsprozesse in der Schule, die die Bildungsarbeit auf ihre Weise fortsetzt.

Differenzierte Beschreibung der Bildungsarbeit

Die pädagogische Arbeit ist durch das Prinzip der ganzheitlichen Förderung geprägt. Das bedeutet inhaltlich, an der Lebenswelt der Kinder und ihren Interessen anzuknüpfen und Lernformen zu ermöglichen, die selbstgesteuertes Lernen fördern, Gestaltungsspielräume eröffnen, Teamarbeit ermöglichen, den produktiven Umgang mit so genannten Fehlern fördern und es den Kindern erlauben, frei zu erkunden und auszuprobieren. Deshalb gilt die Projektarbeit als besonders geeignet.

Ganzheitliche Förderung zeichnet sich aus durch die Beachtung weiterer Aspekte, die den Charakter von Querschnittsaufgaben haben: »die Förderung, das Lernen zu lernen (Lernmethodische Kompetenz), die entwicklungsgemäße Beteiligung von Kindern an den ihr Leben in den Einrichtungen betreffenden Entscheidungen, die interkulturelle Bildung, die geschlechtsbewusste pädagogische Arbeit, die spezifische Förderung von Kindern mit Entwicklungsrisiken und (drohender) Behinderung und die Förderung von Kindern mit besonderen Begabungen« (JMK, 2004, S. 41).

Die folgenden Bildungsbereiche sollen als Aufforderung verstanden werden, die Bildungsmöglichkeiten des Kindes in diesen Bereichen zu beachten und zu fördern:
- Sprache, Schrift, Kommunikation
- Personale und soziale Entwicklung, Werteerziehung/religiöse Bildung
- Mathematik, Naturwissenschaft, (Informations-) Technik
- Musikalische Bildung/Umgang mit Medien
- Körper, Bewegung, Gesundheit
- Natur und kulturelle Umwelten.

Grundlegende Voraussetzung für die Erfüllung des Bildungsauftrages ist die Wahrnehmung der Fragen, Interessen und Themen der Kinder, denn diese sind Ausdruck des kindlichen Bildungsinteresses und damit Zentrum der zu planenden Angebote. *Systematische Beobachtungen* sind darauf gerichtet, Stärken und Schwächen der Kinder in den einzelnen Bildungsbereichen wahrzunehmen und zu erfassen, wie sie Anregungen aufnehmen und sich damit beschäftigen. Nicht nur die Beobachtungen, sondern auch die *Dokumentation der kindlichen Entwicklung* ist erforderlich.

Bei der Gestaltung des Lernorts Kindertageseinrichtung sind weiterhin Dimensionen zu beachten wie: pädagogische Grundprinzipien, Rolle der Fachkräfte, Rolle der Eltern/des Elternhauses, Gruppe als (soziales) Lernfeld, Rolle der Peers, Funktion der Räume/Gestaltung des Außengeländes, Gemeinwesenorientierung, Kooperation und Vernetzung.

Bedingungen für die Umsetzung der Bildungsziele ■ Die Entwicklung von Bildungsplänen sollte als langfristiges Vorhaben konzipiert werden. Darin eingeschlossen sind:

- Phasen der Erprobung in der Praxis
- Verfahren der Selbst- und Fremdevaluation der pädagogischen Arbeit
- Prüfung der notwendigen Rahmenbedingungen, wie Personalausstattung, Qualifikationsanforderungen an das Personal, Elternmitwirkung
- Beitrag zur Entfaltung einer breiten gesellschaftlichen Akzeptanz
- Fortbildungsmaßnahmen zur wirksamen Umsetzung der Bildungspläne
- Abgestimmte Lehrpläne der Ausbildungsstätten für das pädagogische Personal.

»Bildungspläne können als Empfehlung eingeführt werden oder sie konkretisieren verbindlich vorgegebene Bildungsziele. Bei der Wahrung, Kontrolle und Steuerung von Akzeptanz und Qualität haben die Länder eine besondere Verantwortung.« (JMK, 2004, S. 45)

Optimierung des Übergangs vom Elementar- in den Primarbereich ■ Kindertageseinrichtung, Grundschule und Eltern arbeiten im Sinne einer kontinuierlichen Bildungsbiographie eng zusammen. Schulfähigkeit ist als eine gemeinsame Entwicklungs- und Förderaufgabe von Kindertageseinrichtung und Schule anzusehen. Flexible Modelle des Schulanfangs ermöglichen den Verzicht auf Zurückstellungen.

»Die Sprachentwicklung und Sprachförderung in der Familie und in den Kindertageseinrichtungen sind zentral bedeutsam für die Chancengerechtigkeit in der Schule, deshalb muss Sprachförderung Prinzip in Kindertageseinrichtungen und Grundschulen sein.« (JMK, 2004, S. 47)

Rahmenpläne auf Länderebene ■ Der »Gemeinsame Rahmen« wurde durch *Pläne* (Baden-Württemberg, Bayern, Bremen, Hessen, Mecklenburg-Vorpommern, Niedersachsen, Nordrhein-Westfalen, Sachsen), *Programme* (Berlin, Saarland, Sachsen-Anhalt), *Grundsätze* (Brandenburg) *Empfehlungen* (Hamburg, Rheinland-Pfalz), *Leitlinien* (Schleswig-Holstein, Thüringen) oder einen *Leitfaden* (Sachsen) konkretisiert, ausgefüllt und erweitert. Die Länder bestimmten den Altersbereich der Kinder, für den die jeweiligen Dokumente gelten und sie gehen damit innerhalb des gemeinsamen Rahmens eigene Wege der Ausdifferenzierung und Umsetzung. Die ausgewählten Beispiele geben einen kurzen Einblick in die Ländervielfalt.[24]

Einen sehr eigenen Weg ist **Mecklenburg-Vorpommern** vorerst gegangen. Im Kindertagesförderungsgesetz ist festgelegt, dass Kinder ein Jahr vor Eintritt in die Schule in einer Kindereinrichtung einen Anspruch auf eine gezielte Vorbereitung auf die Schule haben. Die Förderung erfolgt auf der Grundlage des »Bildungsplan(s) für die pädagogische Arbeit mit Fünfjährigen in Kindereinrichtungen des Landes Mecklenburg-Vorpommern« (Sozialministerium des Landes Mecklenburg-Vorpommern, 2004), vorgelegt von der Arbeitsgruppe Frühpädagogik der Universität Rostock unter Leitung von T. Hansel. Darin sind Lernbereiche mit Aufgaben, lernbereichsspezifischen Zielen und Empfehlungen zur inhaltlichen Ausgestaltung enthalten. Die Lernziele sind als zu erwerbendes Können ausgewiesen. Eine Erweiterung des Bildungsplans für die pädagogische Arbeit mit Kindern bis zum fünften Lebensjahr ist vorgesehen.

Das Land **Thüringen** beteiligte sich an der Entwicklung des Kriterienkatalogs zur Erfassung der pädagogischen Qualität in Tageseinrichtungen für Kinder bis sechs Jahre (vgl. Tietze & Viernickel, 2002). Die in diesem Katalog beschriebene Qualität soll schrittweise in allen Kindertageseinrichtungen des Landes erreicht werden. Mit den »Leitlinien frühkindlicher Bildung«, herausgegeben vom Thüringer Ministerium für Soziales, Familie und Gesundheit (2003), wird der Bildungs- und Erziehungsauftrag des Thüringer Kindertagesstättengesetzes präzisiert und gleichzeitig der Bezug zum »Nationalen Kriterienkatalog« hergestellt. Auf der Grundlage der geforderten Qualität sind einrichtungsbezogene pädagogische Konzepte zu erstellen bzw. zu überarbeiten. Darin sind die in den Leitlinien aufgeführten vier Bildungsbereiche: Sprache und Kommunikation, soziale und emotionale Beziehungen, Bewegung sowie Spielen, Gestalten und Experimentieren explizit auszuweisen.

Das Land **Berlin** und das **Saarland** haben sich an der Entwicklung von Kriterien zur Erfassung der Qualität der Arbeit auf der Basis des Situationsansatzes beteiligt und deshalb eine Arbeitsgruppe der Internationalen Akademie (INA gGmbH) für innovative Pädagogik, Psychologie und Ökonomie an der Freien Universität Berlin unter Leitung von C. Preissing beauftragt, »Das Berliner Bildungsprogramm für die Bildung, Erziehung und Betreuung von Kindern in Tageseinrichtungen bis zu ihrem Schuleintritt« (Senatsverwaltung für Bildung, Jugend und Sport Berlin, 2003) und das »Bildungsprogramm für Saarländische Kindergärten« (Der Minister für Bildung, Kultur und Wissenschaft des Saarlandes, 2004) zu erarbeiten. Die Programme enthalten Aspekte kindlicher Bildungsprozesse, gesellschaftliche Anforderungen an vorschulische Bildung und die Bildungsaufgaben, die sich daraus für Kindereinrichtungen ergeben. In sieben Bildungsbereichen sind die Kompetenzen, differenziert nach Ich-Kompetenzen, soziale Kompetenzen, Sachkompetenzen und lernmethodische Kompetenzen, benannt, die sich das Kind im genannten Alterszeitraum angeeignet haben sollte. Die Besonderheit besteht vor allen darin, dass die Programme viele Hinweise für den Umgang mit Multikulturalität und für die interkulturelle Erziehung enthalten.

Die genannte Arbeitsgruppe unter Leitung von C. Preissing wurde anschließend auch beauftragt, für **Hamburg** die »Hamburger Bildungsempfehlungen für die Bildung und Erziehung von Kindern in Tageseinrichtungen« (Freie und Hansestadt Hamburg, Behörde für Soziales und Familie, 2005) zu erarbeiten. Die Anlehnung an das Berliner Programm wird mit seiner Praxisnähe begründet sowie mit vielen Lebensbedingungen von Kindern und Familien, die sich in den beiden Großstädten ähneln.

---

[24] Die Vorstellung bzw. ein Vergleich aller Bildungspläne nach bestimmten Kriterien übersteigt den Rahmen dieses Beitrages. Die Bildungspläne und eine Synopse zu den Bildungsplänen der Länder – Aktualisierung der Anlage JMK/KMK-Beschluss 2004 – befinden sich im Internet unter: http://www.bildungsserver.de

Den Bildungsplan für **Nordrhein-Westfalen** erarbeitete G. E. Schäfer unter Beteiligung des Sozialpädagogischen Instituts Köln. In der bereits erweiterten Auflage (vgl. Schäfer, 2005) setzt sich der Autor zuerst ausführlich mit Bildung in der frühen Kindheit auseinander und stellt diese Thematik zusammenfassend in fünfzehn Thesen dar. Darauf aufbauend beschreibt er Aufgaben kindlicher Bildung von der Geburt an, insbesondere kindliche Wahrnehmungsprozesse. Es folgt der Entwurf einer Bildungsvereinbarung für Kindertagesstätten in diesem Bundesland, der die allgemeinen Grundlagen frühkindlicher Lernprozesse, Ziele, Voraussetzungen, strukturelle Rahmenbedingungen, Übergang zur Schule sowie Qualitätssicherung und -weiterentwicklung umfasst. Abschließend sind Vorschläge in Form eines offenen Bildungsplans zu finden, gegliedert in die Bildungsbereiche: 1. Bewegung, 2. Spielen, Gestalten, Medien, 3. Sprache(n) und 4. Natur und kulturelle Umwelt(en).

»**Der Bayerische Bildungs- und Erziehungsplan** für Kinder in Tageseinrichtungen bis zur Einschulung« (Bayerisches Staatsministerium für Arbeit und Sozialordnung, Familie und Frauen & Staatsinstitut für Frühpädagogik, 2003) wurde vom Staatsinstitut für Frühpädagogik unter Leitung von W. E. Fthenakis erarbeitet. In ihm werden die für die pädagogische Arbeit wichtigen Themen sehr ausführlich dargestellt. Im Mittelpunkt steht das Kind als eine von Anfang an kompetente, seine eigene Erziehung und Bildung mitgestaltende Persönlichkeit. Damit soll in Anlehnung an aktuelle internationale wissenschaftliche Standards das dem Plan zugrunde liegende breite Bildungsverständnis deutlich gemacht werden in Abgrenzung zum Modell des so genannten »Selbstbildungsprozess« (vgl. Laewen & Andres, 2002; Schäfer, 2005). Die gezielte Förderung der Basiskompetenzen Widerstandsfähigkeit (Resilienz), Bewältigung von Übergängen (Transition) und lernmethodische Kompetenz nehmen einen besonderen Stellenwert ein.

Es wird u.a. hervorgehoben, dass die Problemlagen der Kinder mit besonderen Bedürfnissen sehr unterschiedliche sind und Hilfsangebote über ein abgestuftes Konzept von Unterstützung wirksam werden sollen. Die Primärprävention, gerichtet an alle Kinder und deren Familien, soll verhindern, dass Entwicklungsprobleme entstehen. Die Sekundärprävention, gerichtet an so genannte Risikokinder und deren Familien, soll frühzeitig eingreifen, wenn Entwicklungsprobleme erkennbar sind. Die Rehabilitation und uneingeschränkte Teilhabe, gerichtet an Kinder mit (drohender) Behinderung und deren Familien, soll integrierend und angemessen unterstützend sein. Die Sorge um jene Kinder, deren Wohlergehen und Entwicklung gefährdet sind, wird ebenfalls als Bestandteil der Erziehungsverantwortung hervorgehoben.

Einen zukunftsweisenden Ansatz hat das Land **Hessen** in Zusammenarbeit mit dem Staatsinstitut für Frühpädagogik entwickelt. »Erstmals wird in Deutschland ein Bildungsplan vorgelegt, der nicht auf einen Altersabschnitt wie beispielsweise den Kindergarten beschränkt ist, sondern die gesamte kindliche Entwicklung zwischen dem ersten und dem zehnten Lebensjahr umfasst. Insbesondere Kindertageseinrichtungen und Schulen sollen damit zu einem aufeinander aufbauenden Bildungssystem zusammengeführt werden.« (Hessisches Sozialministerium & Hessisches Kultusministerium, 2005, S. 5) Die Ziele sind auf die Stärkung der Basiskompetenzen und Ressourcen des Kindes gerichtet sowie auf den Umgang mit individuellen Unterschieden und soziokultureller Vielfalt. Die Inhalte gruppieren sich um das sich entwickelnde und lernende Kind und sollen unter Beachtung von Leitgedanken und ausgewiesenen Bildungs- und Erziehungszielen dem Bildungsauftrag der jeweiligen Institution Rechnung tragen. Es geht um:

- Starke Kinder durch Emotionalität und soziale Beziehungen, Gesundheit, Bewegung und Sport, Lebenspraxis
- Kommunikationsfreudige und medienkompetente Kinder durch Sprache, Literacy und Medien
- Kinder als kreative und fantasievolle Künstler durch bildnerische und darstellende Kunst, Musik und Tanz

- Kinder als aktive Lerner, Forscher und Entdecker durch Mathematik, Naturwissenschaft und Technik
- Verantwortungsvoll und wertorientiert handelnde Kinder durch Religiosität und Werteorientierung, Gesellschaft, Wirtschaft und Kultur, Demokratie und Politik, Umwelt.

Dieser Entwurf ist bereits das Ergebnis eines Verständigungsprozesses der zur Erstellung einberufenen Fachkommission. Beteiligt waren Vertreter der Politik, der Wissenschaft, der Praxis, der Eltern, der Wirtschaft, der Ausbildungsstätten sowie der kommunalen und freien Träger. Er wird der breiten Öffentlichkeit zur Diskussion gestellt, geht in die Erprobung und richtet sich in Zukunft nicht nur an die beiden zusammengeführten Bildungsinstitutionen Kindergarten und Schule, sondern soll auch den Familien und den Tagespflegepersonen als Orientierung dienen.

Bilanz und Ausblick ■ Zu Beginn des 21. Jahrhunderts wurden erstmals deutliche Fortschritte in der Erarbeitung von Rahmenplänen für die Bildungsarbeit im Elementarbereich erzielt. Der »Gemeinsame Rahmen der Länder für die frühe Bildung in Kindertageseinrichtungen« und die länderspezifischen Ausdifferenzierungen sind wichtige Beiträge zur Umsetzung des Bildungsauftrags und damit zur Verbesserung der Bildungsprozesse von Kindern. Fakt ist jedoch, dass es bisher zu wenig wissenschaftliche Vorarbeiten für eine am Kind orientierte Bildungsarbeit gibt (vgl. Fried, 2003). Auf Forschungsdefizite wird ebenfalls in mehreren Bildungsplänen aufmerksam gemacht. Auch wenn Bildungsdokumente einen Geltungsbereich von der Geburt bis ins Schulalter angeben, so sind die Ausführungen in erster Linie auf Kinder von drei bzw. von fünf bis sechs Jahren zugeschnitten. Es besteht vor allem Nachholbedarf an Forschung über Bildungs- und Erziehungsprozesse von Kindern in Kindertagesstätten, insbesondere von Kindern unter drei Jahren (vgl. Bayerisches Staatsministerium für Arbeit und Sozialordnung, Familie und Frauen & Staatsinstitut für Frühpädagogik, 2003; Schäfer, 2005).

Es gibt zum Teil deutliche Unterschiede in der Verwendung der Grundbegriffe: Bildungs- oder auch Rahmenplan, Bildung, Bildungsbereiche, Basiskompetenzen. Während in der ehemaligen DDR mit der Bezeichnung *Programm* für die Bildungs- und Erziehungsarbeit bewusst der geschlossene und verbindliche Charakter des Dokuments zum Ausdruck kommen sollte, wurde in der BRD mit der Einführung der Bezeichnung *Curriculum* von vornherein die Entwicklung eines offenen Konzepts angestrebt. Die aktuelle Bezeichnungsvielfalt der *Bildungspläne* auf Länderebene lässt Unterschiede in der Interpretation des Verbindlichkeitsgrades zu. Im Freistaat Sachsen wird der Bildungsplan gleichzeitig als Leitfaden bezeichnet. Andererseits haben das Berliner Bildungsprogramm und die Hamburger Bildungsempfehlungen eine gleiche Grundstruktur. Unterschiede im Bildungsbegriff kommen in den Länderdokumenten z. B. in der unterschiedlichen Gewichtung der Selbsttätigkeit des Kindes und der Intensität der Anregung und Unterstützung durch die Erzieherin zum Ausdruck oder durch die Anzahl der Bildungsbereiche (von vier in Thüringen und Nordrhein-Westfalen bis elf in Rheinland-Pfalz). Basiskompetenzen werden gegliedert in Ich-Kompetenzen, soziale Kompetenzen, Sachkompetenzen und lernmethodische Kompetenzen (Berlin, Hamburg und Saarland) oder in individuumsbezogene und soziale Basiskompetenzen und Ressourcen, die als Grundlage für die lernmethodische Kompetenz und Widerstandsfähigkeit bzw. Resilienz dargestellt werden (Hessen). Diese ausgewählten Beispiele für Unterschiede in der Verwendung von Grundbegriffen belegen die Notwendigkeit weiterer gemeinsamer überregionaler bildungspolitischer und theoretischer Fundierung.

Die neuen Bildungsdokumente gehen in der Regel über die internationalen Anforderungen eines offenen Curriculums als Grundlage für die Erarbeitung der Einrichtungskonzeptionen hinaus. Sie haben mehr den Charakter von regionalen Innovationsprogrammen, weil die Bedingungen für die

Umsetzung mit aufgenommen wurden. Es sind zur öffentlichen Diskussion gestellte Entwürfe, die in Modelleinrichtungen erprobt und weiterentwickelt werden. Die schrittweise Einführung in die Praxis hat begonnen, sie erfordert aber auch begleitende Professionalisierungsmaßnahmen. In den Bundesländern existieren unterschiedliche Fortbildungskonzepte. Die Einrichtung zweistufiger Ausbildungsgänge für Fachkräfte in Kindertageseinrichtungen nach internationalen Standards an Fachhochschulen hat ihren Anfang genommen.

Die Arbeitsgemeinschaft der obersten Landesjugendbehörden ist beauftragt, bis zur Jugendministerkonferenz 2006 eine erste Bewertung der Entwicklung der frühen Bildung in Deutschland vorzulegen und in diesem Zusammenhang die Wirkung des gemeinsamen Rahmens der Länder für die frühe Bildung in Kindertageseinrichtungen darzustellen. Das kann aber nur ein Schritt sein. Wenn man den Aufbruch der frühen Bildung ernst meint, ist es erforderlich, die unterschiedlichen Bildungspläne, ihre Umsetzung und ihre Ergebnisse und somit die Wirksamkeit zu überprüfen (vgl. Diskowski, 2004). Nur dann lassen sich die Bildungschancen der Heranwachsenden unabhängig von den Zufälligkeiten der Lebensorte sowie der sozioökonomischen und kulturellen Lebensbedingungen der Familie in unserer Gesellschaft sichern.

■ Literatur

Bayerisches Staatsministerium für Arbeit und Sozialordnung, Familie und Frauen & Staatsinstitut für Frühpädagogik (Hrsg.) (2003). Der Bayerische Bildungs- und Erziehungsplan für Kinder in Tageseinrichtungen bis zur Schule: Entwurf für die Erprobung. Weinheim: Beltz.

Bundesjugendkuratorium (2001). Streitschrift »Zukunftsfähigkeit sichern! – Für ein neues Verhältnis von Bildung und Jugendhilfe«. Berlin.

Bundesministerium für Familie, Senioren, Frauen und Jugend (BMFSFJ) (Hrsg.) (1997). Kinder- und Jugendhilfegesetz: Achtes Buch Sozialgesetzbuch. Bonn.

Der Minister für Bildung, Kultur und Wissenschaft des Saarlandes (Hrsg.) (2004). Bildungsprogramm für Saarländische Kindergärten: Handreichung für die Praxis. http://www.bildungsserver.saarland.de/medien/download/BPKiGaEntwurfPraxis.pdf (15.6.2005).

Deutscher Bildungsrat (1970). Strukturplan für das Bildungswesen. Stuttgart: Klett.

Diskowski, D. (2004). Das Ende der Beliebigkeit? Bildungspläne für den Kindergarten. In: D. Diskowski & H. Hammes-Di Bernardo (Hrsg.), Lernkulturen und Bildungsstandards. Kindergarten und Schule zwischen Vielfalt und Verbindlichkeit (S. 75–104). Baltmannsweiler: Schneider Hohengehren.

Flitner, A. (1974). Curricula für die Vorschule. Hochgesteckte Ziele, nur wenig praktikable Vorschläge. Betrifft: Erziehung, 12, 49–53.

Freie und Hansestadt Hamburg, Behörde für Soziales und Familie (2005). Hamburger Bildungsempfehlungen für die Bildung und Erziehung von Kindern in Tageseinrichtungen. http//fhh.hamburg.de/stadt/Aktuell/behoerden/soziales-familie/kita/bildung/bildungsempfehlungen-pdf,property=source.pdf (2.1.2006).

Fried, L. (2003). Pädagogische Programme und subjektive Orientierungen. In: L. Fried, B. Dippelhofer-Stiem, M.-S. Honig & L. Liegle (Hrsg.), Einführung in die Pädagogik der frühen Kindheit (S. 54–85). Weinheim: Beltz.

Fthenakis, W.E. & Oberhuemer, P. (Hrsg.) (2002). Frühpädagogik International. Bildungsqualität im Blickpunkt. Opladen: Leske & Budrich.

Gewerkschaft Erziehung und Wissenschaft (GEW) (2002a). Dokumente: Koalitionsvertrag der Bundesregierung. Dok.-2002/10/03. Frankfurt a.M.

Gewerkschaft Erziehung und Wissenschaft (GEW) (2002b). Dokumente: OMEP-Leitlinien für die frühkindliche Erziehung im 21. Jahrhundert. Dok.-2002/10/04. Frankfurt a.M.

Hessisches Sozialministerium & Hessisches Kultusministerium (Hrsg.) (2005). Bildung von Anfang an: Bildungs- und Erziehungsplan für Kinder von 0 bis 10 Jahren in Hessen: Entwurf. http://www.sozialministerium.hessen.de/global/ show_document.asp?id (15.6.2005).

Jugendministerkonferenz (JMK) (2004). Gemeinsamer Rahmen der Länder für die Bildung in Kindereinrichtungen. In: Ministerium für Bildung, Jugend und Sport (Hrsg.), Grundsätze elementarer Bildung (S. 39–47). Potsdam: Kita-Debatte, 1/2004.

Laewen, H.-J. (2002). Bildung und Erziehung in Kindertageseinrichtungen. In: H.-J. Laewen & B. Andres (Hrsg.), Bildung und Erziehung in der frühen Kindheit: Bausteine zum Bildungsauftrag von Kindertageseinrichtungen (S. 16–102). Weinheim: Beltz.

Laewen, H.-J. & Andres, B. (Hrsg.) (2002). Bildung und Erziehung in der frühen Kindheit: Bausteine zum Bildungsauftrag von Kindertageseinrichtungen. Weinheim: Beltz.

Liegle, W. (1988). Curriculumkonzepte für die Kindergartenarbeit. Versuch eines Überblicks. In: E. Moskal, H. Mörsberger & E. Pflug (Hrsg.), Der Kindergarten. Handbuch für die Praxis in drei Bänden (3. Bd., S. 19–46). Freiburg: Herder.

Ministerium für Volksbildung (MfV) (Hrsg.) (1985). Programm für die Bildungs- und Erziehungsarbeit im Kindergarten. Berlin: Volk und Wissen.

Ministerium für Gesundheitswesen (MfG) (Hrsg.) (1985). Programm für die Erziehungsarbeit in Kinderkrippen. Berlin: Volk und Gesundheit.

Niermann, M. M. (Hrsg.) (1979). Wörterbuch der Vorschulerziehung 2 (M–Z). Heidelberg: Quelle & Meyer.

Preissing, C. (1997). Zur Evaluation des Erprobungsprogramms im Elementarbereich. In: H.-J. Laewen, K. Neumann & J. Zimmer (Hrsg.), Der Situationsansatz - Vergangenheit und Zukunft. Theoretische Grundlagen und praktische Relevanz (S. 105–121). Seelze-Velber: Kallmeyer.

Schäfer, G.E. (Hrsg.) (2005). Bildung beginnt mit der Geburt: Ein offener Bildungsplan für Kindereinrichtungen in Nordrhein-Westfalen (2. erw. Aufl.). Weinheim: Beltz.

Senatsverwaltung für Bildung, Jugend und Sport Berlin (Hrsg.).(2003). Das Berliner Bildungsprogramm für die Bildung, Erziehung und Betreuung von Kindern in Tageseinrichtungen bis zu ihrem Schuleintritt: Entwurf. http://www.senbjs.berlin (9.6.2003).

Sozialministerium des Landes Mecklenburg-Vorpommern (Hrsg.) (2004). Bildungsplan für die pädagogische Arbeit mit Fünfjährigen in Kindertageseinrichtungen des Landes Mecklenburg-Vorpommern: Entwurf. http://www.sozial-mv.de/doku/Bildungsplan.pdf (15.6.2005).

Thüringer Ministerium für Soziales, Familie und Gesundheit & Thüringer Kultusministerium (Hrsg.) (2003). Leitlinien frühkindlicher Bildung. http://www.thueringen.de/imperia/md/content/tmsfg/aktuell/5.pdf (18.4.2005).

Tietze, W., Meischner, T., Gänsfuß, R., Grenner, K., Schuster, K.-M., Völkel, P. & Roßbach, H.-G. (1998). Wie gut sind unsere Kindergärten? Eine Untersuchung zur pädagogischen Qualität in deutschen Kindergärten. Neuwied: Luchterhand.

Tietze, W. & Viernickel, S. (Hrsg.) (2002). Pädagogische Qualität in Tageseinrichtungen für Kinder: Ein nationaler Kriterienkatalog. Weinheim: Beltz.

Wolf, B., Becker, P. & Conrad, S. (Hrsg.) (1999). Der Situationsansatz in der Evaluation. Ergebnisse der Externen Empirischen Evaluation des Modellvorhabens »Kindersituationen«. Landau: Empirische Pädagogik.

Zimmer, J. (1997). Vom Aufbruch und Abbruch. Über einige Desiderata der westdeutschen Kindergartenreform und des Situationsansatzes. In: H.-J. Laewen, K. Neumann & J. Zimmer (Hrsg.), Der Situationsansatz – Vergangenheit und Zukunft. Theoretische Grundlagen und praktische Relevanz (S. 27–61). Seelze-Velber: Kallmeyer.

Elternarbeit

Bernhard Wolf

Martin R. Textor (2006, S. 99) versteht unter Elternarbeit u.a. »eine Erziehungspartnerschaft zwischen Eltern und Erzieherinnen, (…) eine offene, vertrauensvolle und intensive Zusammenarbeit zwischen beiden Seiten bei der gemeinsamen Erziehung und Bildung von Kindern.« Bernitzke und Schlegel (2004, S. 11) führen dazu einleitend aus: »Die Elternarbeit zählt zu den zentralen Aufgaben sozialpädagogischer Einrichtungen. Erfolgreiche pädagogische Arbeit beruht auf der notwendigen Abstimmung mit den Eltern und ihrer wünschenswerten Mitwirkung in den Einrichtungen.« Was bedeutet dies konkret?

Drei zentrale Bedeutungsaspekte

Das Spektrum der Zielvorstellungen der »Elternarbeit im Elementarbereich« kann am besten über drei idealtypische Bedeutungsaspekte verdeutlicht werden, die einander ergänzen und bereichern können.[25] Jeder dieser drei Aspekte ist unverzichtbar und wertvoll. Keiner kann in Reinkultur verwirklicht werden, sondern nur einen Schwerpunkt markieren, der mit den anderen beiden Aspekten verbunden werden muss.

Aspekt A: Konstruktive, partnerschaftliche und dialogische Transaktion aktiver Eltern mit pädagogischen Fachkräften

Nach dieser Sichtweise nehmen die Eltern im Gesamtsystem der Institution Kindertagesstätte eine *gleichberechtigte und aktive Stellung* ein, die durch Partizipation und Integration gekennzeichnet ist. Sie sind Partner in einem demokratischen Entscheidungsprozess, an dessen Gestaltung sie jederzeit mitwirken können, wenn sie es wollen. Typisch für diese Prozesse sind Transaktionen, d.h. feingliedrige, sorgfältig aufeinander abgestimmte und ständig neu definierte und wechselseitig modifizierte Aktionen, die in gleichberechtigter Weise zwischen der professionellen Erzieherin und den Eltern, die überwiegend pädagogische Laien sind, ablaufen. Erzieherinnen und Eltern tragen jeweils eigenverantwortlich und eigenständig zu einer konzertierten und gemeinsamen Elternarbeit in Form einer Kooperation bei. Keine Seite ist domi-

---

25 Vgl. Bernitzke & Schlegel, 2004; Bundesministerium für Familie, Senioren, Frauen und Jugend, 2003; Bundesministerium für Jugend, Familie, Frauen und Gesundheit, 1984; Dusolt, 2001; Furian, 1982; Hoffmann, 1992; Jansen, 1995; Jansen & Wenzel, 2000; Jeske, 1997; Petzold, 1999; Textor, 1998, 2005, 2006; Tschöpe-Scheffler, 2005; Ufermann, 1989; Wolf, 2003a; Ziesche, Herrnberger & Karkow, 2003.

nant. Jede Seite hat ihren eigenständigen Wert, auch Differenzen in den Auffassungen werden produktiv genutzt.

Aspekt B: Würdigung der Eltern als Kunden der Kindertagesstätte ■ Mit diesem Gesichtspunkt aus der Qualitätsdiskussion des Wirtschaftslebens (Jansen, 1995; Jansen & Wenzel, 2000) werden Eltern als bedeutende Zielgruppe einer frühpädagogischen Institution, die sich u.a. als Dienstleistungsunternehmen begreift, ernst genommen und in besonderer Weise beachtet. Bei einer solchen Schwerpunktsetzung besteht die Gefahr, den pädagogischen Auftrag des Kindergartens zu vernachlässigen, sie trägt aber gleichzeitig dazu bei, die Position der Eltern in neuer Weise festzulegen und zu stärken. Denn Wünsche von Kunden müssen in besonderer Weise beachtet werden. Für Bernitzke und Schlegel (2004, S. 11) zeigt sich in dieser Sichtweise eine »umfassende Ausrichtung auf die Elternwünsche (der Kunde ist König)«.

Aspekt C: »Die führende Rolle der Erzieherin« in der Elternarbeit ■ Nach dieser Sichtweise wirken die Erzieherinnen auf die Eltern ein und leiten sie an (Furian, 1982). Die Eltern orientieren sich weitgehend an den Vorgaben des Kindergartens. Bernitzke und Schlegel (2004, S. 11) sprechen zusammenfassend von einer »belehrenden Grundhaltung gegenüber den Eltern«. Eltern«arbeit« fällt vor allem für die Erzieherin an. Die Erzieherin unterstützt die Familie, sie trägt damit auch zur Bildung der Eltern bei. Im Rahmen dieser Rolle kann sie damit auch ein kompensatorisches Regulativ für eine familiäre Situation sein, unter der ein Kind leidet. Ein solcher Ansatz kann, insbesondere wenn die Defizite in den Familien betont werden, methodisch als »Einbahnstraße der Beeinflussung« im Sinne einer monokausalen Aktionsrichtung bezeichnet werden – im Gegensatz zu wechselseitig aufeinander abgestimmten Transaktionen wie beim Aspekt A.

Die Grundtendenz des Aspekts C wird auch in neueren konzeptuellen Festlegungen, wie z.B. in der theoretischen Grundlage zu den geplanten »Familienzentren« in Nordrhein-Westfalen, deutlich sichtbar (Ministerium für Generationen, Familie, Frauen und Integration des Landes NRW, 2006a, 2006b).

Übergeordnete rechtliche Grundsätze ■ Den Ausgangspunkt für jede Form der Elternarbeit bilden die gesetzlichen Regelungen, die prinzipielle Möglichkeiten und Grenzen festlegen, aber in ihrer konkreten Umsetzung aus den Perspektiven der jeweils agierenden Gruppen (z.B. Eltern, Erzieherinnen, Leiterinnen, Träger, Jugendadministrationen) in besonderer Weise interpretiert und modifiziert werden.

An dieser Stelle sollen lediglich die beiden grundsätzlichen gesetzlichen Regelungen der Bundesrepublik Deutschland im Hinblick auf Elternarbeit skizziert werden. Sie finden sich im Grundgesetz sowie im bundesweit gültigen »Kinder- und Jugendhilfegesetz (KJHG)«, das einen Rahmen und eine verbindende Klammer für die spezifischen Landesgesetze und -verordnungen (sowie die in diesem Kontext ebenfalls relevanten Bestimmungen der Träger) bildet. Zwar finden sich in den verschiedenen Landesgesetzen unterschiedliche Nuancierungen und Schwerpunktsetzungen der Elternarbeit (tendenziell von Zurückhaltung bis hin zu einer stärkeren Berücksichtigung der Möglichkeiten der Elternbeteiligung), aber sie können die Festschreibungen des Grundgesetzes oder des KJHG nicht verändern.

Im Grundgesetz heißt es im Artikel 6 (2): »Pflege und Erziehung der Kinder sind das natürliche Recht der Eltern und die zuvorderst ihnen obliegende Pflicht.« Damit besitzen die Eltern eindeutig den primären Erziehungsauftrag. Allerdings führt das Grundgesetz an dieser Stelle relativierend weiter aus: »Über ihre Betätigung wacht die staatliche Gemeinschaft.« Gleichzeitig wird also die Wächterfunktion des Staates postuliert.

Im Kinder- und Jugendhilfegesetz (KJHG) werden in den §§ 9, 22 (2) und 22 (3) in Bezug auf die hier behandelte Thematik folgende Prinzipien hervorgehoben (Bundesministerium für Familie, Senioren, Frauen und Jugend, 2000):

- Beachtung der Grundrichtung der Erziehung der Eltern
- Orientierung an den Bedürfnissen der Kinder und ihrer Familien
- Zusammenarbeit mit den Eltern zum Wohl der Kinder
- Beteiligung der Eltern an wesentlichen Entscheidungen.

Im Lichte dieser übergeordneten rechtlichen Grundsätze verfügen die Eltern im Elementarbereich prinzipiell über vielfältige Möglichkeiten einer solchen Mitarbeit in Kindertagesstätten, die insgesamt eher dem Aspekt A, der partnerschaftlichen und dialogischen Elternarbeit entspricht als dem Ansatz C, der beeinflussenden Elternarbeit. Ob und in welchem Ausmaß dieses »latente Potenzial« auch genutzt wird, hängt weitgehend vom Typ der Transaktion zwischen den Eltern (»Ich strebe eine selbstbewusste und eigenverantwortliche Mitarbeit an«) und den pädagogischen Fachkräften ab (»Ich unterstütze nachhaltig eine aktive, selbstbestimmte Elternarbeit«). Folgende Faktoren spielen dafür z.B. eine Rolle:

- Ob die Eltern damit verbundene Chancen wahrnehmen wollen bzw. können
- Ob gleichzeitig die professionellen Pädagogen (Leiterinnen, Erzieherinnen, pädagogisch tätige Vertreter der Träger) eine Beteiligung der Eltern an wesentlichen Entscheidungen (auch bei divergierenden Vorstellungen zwischen Erzieherinnen und Eltern) wirklich wünschen, bejahen, unterstützen und fördern
- Die besonderen Bedingungen des jeweiligen konkreten Systems Kindertagesstätte vor Ort.

Sorge um das Wohl des Kindes

Das vorrangige Grundprinzip des Wohls des Kindes wird u.a. im § 22 (3) des KJHG herausgestellt. Eine solche grundsätzliche Einstellung (Wolf, 2001) ist nicht nur für die professionellen Erzieherinnen handlungsleitend, sondern selbstverständlich und tagtäglich auch für alle Eltern bestimmend. Während die pädagogischen Fachkräfte jedoch auf das Wohl jedes einzelnen heranwachsenden Individuums, aber gleichzeitig auch auf die Gruppe von Kindern (soziale Komponente, soziale Verpflichtung) achten müssen, geht es vielen Eltern lediglich um das Wohlergehen nur ihres eigenen Kindes. Dennoch kann die gemeinsame Sorge um das Wohl des Kindes eine verbindende Klammer zwischen Elternhaus und Kindertagesstätte darstellen. Unterschiedliche Schwerpunkte im konkreten Handeln zur Verwirklichung dieses obersten Ziels können aber auch zu Abweichungen, bis hin zu wechselseitigem Unverständnis und im Extremfall zu Konflikten und Belastungen der Elternarbeit führen. Beide Seiten wollen zweifellos stets »das Beste für das Kind«, wobei sich jedoch zuweilen enorme Unterschiede in der Interpretation zeigen.

Betreuung, Bildung, Erziehung

Auf dem Hintergrund der »Sorge um das Wohl des Kindes« heißen die immer wieder herausgestellten drei Schlüsselbegriffe des pädagogischen Handelns in Kindertagesstätten »Betreuung«, »Bildung« und »Erziehung« (z.B. KJHG, § 22, 2). Die umsichtige und umfassende Betreuung ihres jungen Kindes durch die pädagogischen Fachkräfte ist für alle Eltern ein wichtiges und wertvolles Gut, das sorgsam gepflegt werden muss. Jede Mutter, jeder Vater ist stark daran interessiert, dass in der Kindertagesstätte die Betreuung ihres Kindes genau so gut gelingt wie zu Hause.

Auch die Notwendigkeit der professionellen Erziehung des Kindes in der Institution wird von den Eltern selbst dann nicht grundsätzlich in Frage gestellt, wenn unterschiedliche Erziehungsstile und -auffassungen im Elternhaus und im Kindergarten sichtbar werden. Zumindest die Sozialerziehung mit der peer-group-Erfahrung, die in der heutigen Kleinfamilie oft nicht realisierbar ist, wird von den meisten Eltern als eine wertvolle pädagogische Ergänzung durch die Arbeit der Tageseinrichtung gewünscht und geschätzt.

Während Betreuung und Erziehung seit langer Zeit mit großer Selbstverständlichkeit im Kindergarten anerkannt und praktiziert werden, befindet sich – zumindest in Westdeutschland – die Verwirklichung des Bildungsanspruchs im Elementarbereich noch in den Anfängen. Daran ändert auch die Tatsache nichts, dass Bildung im Vorschulbereich in Westdeutschland bereits um 1970 herum für kurze Zeit auf der Tagesordnung stand, allerdings ohne nachhaltige Auswirkungen auf die folgenden Jahrzehnte. Auch der damals entstandene »Situationsansatz« trug wenig zu einer echten Bildungsbewegung bei. Dass in der DDR-Kindergartenpädagogik schon seit der unmittelbaren Nachkriegszeit das Thema Bildung eine zentrale Rolle spielte, wirkte sich weder während des »Kalten Krieges« noch in der »Kolonisierungsphase durch den Westen« nach der Wende auf die in punkto Bildung defizitäre Elementarerziehung der alten Bundesrepublik aus. Damit wurde 1990 eine wichtige Chance verspielt. Denn der Westen hätte von diesem Vorsprung des Ostens viel lernen können, wenn man statt pauschaler Abwertungen (»Sozialismusvorwurf«) eher die Errungenschaften der Erprobung von Bildungsinhalten in der DDR gewürdigt hätte. Erst seit der »PISA-Ernüchterung« in Deutschland, durch die die Erkenntnis an Bedeutung gewinnt, dass Bildungsbemühungen im Elementarbereich eine Schlüsselfunktion für die spätere Schulkarriere darstellen, rückt das Thema Bildung wieder in den Mittelpunkt – nicht nur der Bildungspolitik, sondern auch in der Bildungsforschung.

Bezüglich der Frage der Bildung in frühpädagogischen Institutionen sollten daher die pädagogischen Fachkräfte gemeinsam mit den Eltern – möglichst aufeinander abgestimmt – dieses Neuland gestalten. Zweifellos sind primär die professionellen Erzieherinnen aufgefordert, Bildung für die Kinder zu vermitteln, aber ergänzend dazu können auch aktive Eltern (vgl. Aspekt A) in der Kindertagesstätte wertvolle Bildungsarbeit leisten.

Bildung und Schulvorbereitung ■ Die Bemühungen um Bildung für junge Kinder dürfen dabei nicht auf Schulvorbereitung verkürzt oder verengt werden. Mit dem Konzept der Bildung ist ein ganzheitlicher, breit gefasster Anspruch verbunden (Wolf, 2003b), der in einigen der generell begrüßenswerten neueren »Bildungsempfehlungen« der diversen Bundesländer eingelöst wird, aber gleichzeitig häufig von Erzieherinnen und Grundschullehrerinnen auf schulbezogene Inhalte reduziert wird. Dadurch ist die kuriose Situation entstanden, dass bereits am Anfang der ersten seriösen Anstrengung um Bildungsarbeit im gesamtdeutschen Kindergarten der umfassende Bildungsbegriff wieder in Frage gestellt wird. Oft geht es hauptsächlich um Kompetenzen, Fähigkeiten und Fertigkeiten, die eine zukünftige Schulkarriere positiv beeinflussen können und sollen. Bei einer solchen Verengung des Bildungsanspruchs sind die Eltern als potenzielle »Bildungsmotoren« oder »Bildungspromotoren« weniger gefragt, weil ihre Beiträge möglicherweise schulfern bzw. weniger schulrelevant sind.

Damit soll nicht behauptet werden, dass Schulbezug oder Schulvorbereitung keine zentralen Elemente der Bildungsanstrengungen im Elementarbereich seien. Beide Partner in der Elternarbeit, nämlich Erzieherinnen und Eltern, messen spätestens im Jahr vor dem Schulbeginn dem Einstieg in den für das Kind zentralen zukünftigen Lebensbereich Schule eine große Bedeutung zu.

Im Jahre 2002 wurden in Rheinland-Pfalz 796 Erzieherinnen und 4.113 Eltern sowohl nach ihrem Wunsch als auch nach der wahrgenommenen Wirklichkeit bezüglich der Schulvorbereitung befragt (Stuck & Wolf, 2004, S. 52–53). Die Eltern äußerten sich bei relativ hohen Zustimmungswerten insgesamt etwas zurückhaltender und reservierter als die Erzieherinnen:

- ■ Die Eltern stufen die Realität der Schulvorbereitung schwächer ein als ihren Wunsch danach (»Es wird weniger gemacht, als wir dies wünschen«)
- ■ Demgegenüber gehen die Erzieherinnen bei insgesamt stärkerer Zustimmung davon aus, dass die Realität der Schulvorbereitung stärker ausgeprägt sei als ihr Wunsch in dieser Hinsicht (»Es wird mehr gemacht, als wir dies wünschen«).

Auf diese Bewertungsunterschiede zwischen Erzieherinnen und Eltern (im Sinne einer statistischen Wechselwirkung) sollte die Elternarbeit flexibel eingehen.

Welche Bedeutung wird dem Konzept der »Bildung« für junge Kinder im Vergleich zu den Aspekten der »Betreuung« und »Erziehung« von pädagogischen Fachkräften bzw. von Eltern beigemessen? In derselben Feldstudie ergaben sich folgende erstaunlichen Ergebnisse (Stuck & Wolf, 2004, S. 49–50).

Die Erzieherinnen stuften
- Erziehung als das relativ Wichtigste ein
- Betreuung an zweiter Stelle der Bedeutsamkeit ein
- Bildung als das relativ Unwichtigste ein.

Die Eltern stuften
- Betreuung eindeutig als das relativ Wichtigste ein
- Erziehung an zweiter Stelle der Bedeutsamkeit ein
- Bildung als das relativ Unwichtigste ein.

Bei der Bewertung dieser Resultate muss man bedenken, dass mit der alleinigen Verwendung des Begriffs »Bildung« (ohne eine ergänzende Erläuterung) bei den Befragten eine schillernde und uneinheitliche Fülle von Bedeutungszuschreibungen verbunden gewesen sein mag. Dennoch bleibt die Tatsache bemerkenswert, dass auch nach Bekanntwerden der ersten ernüchternden PISA-Ergebnisse für Deutschland (Baumert, Klieme, Neubrand, Prenzel, Schiefele, Schneider, Stanat, Tillmann & Weiß, 2001) und der seitdem nachhaltig propagierten Forderung nach besserer Bildung in Kindertagesstätten der Gesichtspunkt der Bildung (gegenüber Betreuung und Erziehung) weiterhin nur an dritter Stelle steht – nicht unerwartet bei den Eltern, aber erstaunlicherweise auch bei Erzieherinnen, denen die Vermittlung von Bildung an Kinder ein wertvolles pädagogisches Anliegen sein müsste. Man darf also diese durch große Stichproben abgesicherte eindeutige Ergebnistendenz weder leugnen noch bagatellisieren. Bildung scheint an der Basis der Elementarerziehung (Erzieherinnen; Eltern) einen niedrigeren Stellenwert zu haben als in den programmatischen, aber nicht belegten Wünschen der Bildungspolitiker und -administratoren.

Für die Elternarbeit bedeutet diese eindeutige Prioritätensetzung, dass ein Prozess des Umdenkens im Sinne einer klaren Förderung der Bildung im Elementarbereich notwendig ist. Auf Seiten der pädagogischen Fachkräfte sind strukturierte und eigenständige Anstrengungen zu unternehmen, die über das bisher Geleistete hinausgehen, um Bildung bei jungen Kindern zu fördern. Erst im Anfangsstadium steht die Erkenntnis, dass in besonderer Weise die Eltern (als Experten eines jungen Kindes) nicht nur zu Hause, sondern auch im Kontext der Kindertagesstätte die Bemühungen um Bildung unterstützen könnten und sollten. Eltern können ideale »Bildungspartner«, »Bildungspromotoren«, nicht nur für ihr eigenes Kind, sondern auch für die Kindergruppe der Einrichtung sein.

Aktuelle Forschungsergebnisse

Gegenseitige Anerkennung und Wertschätzung

Die aus Befragungen in den neuen Bundesländern in den Jahren 1997 und 2001 gewonnenen Einschätzungen der jeweiligen Partner in der Elternarbeit fallen in den meisten Fällen gegenseitig positiv aus (Wolf, 2002, S. 32–35).

So berichten Erzieherinnen, dass
- Es sehr selten zu Reibereien zwischen Eltern und ihnen kommt
- Sehr selten Konflikte mit den Eltern auftreten
- Ihnen der Umgang mit den Eltern sehr leicht fällt
- Sie mit den Eltern sehr gut zusammenarbeiten
- Sie die Bedürfnisse der Eltern beachten möchten.

Aus der Perspektive der Eltern ergeben sich zu derselben Thematik ebenfalls positive Einschätzungen:
- Im Kontakt mit den Erzieherinnen haben die Eltern sehr häufig positive Erfahrungen gemacht
- Die Betreuung und Erziehung in der Einrichtung entspricht ihren Wünschen und Vorstellungen
- Sie üben selten an der Erzieherin Kritik.

Diese sehr erfreuliche gegenseitige Wahrnehmung, die mit Befunden früherer Studien übereinstimmt, wirkt sich günstig auf die konkrete Elternarbeit aus. Vor demselben Hintergrund muss aber auch den wenigen Abweichungen von dieser Tendenz Beachtung geschenkt werden. Denn es gibt auch eine kleine Gruppe enttäuschter Eltern, die mit dem Kindergarten unzufrieden sind. Beispielsweise wünschen vor allem diejenigen Eltern, die entweder sehr viel Kritik oder sehr wenig Kritik an den Erzieherinnen üben, den Kontakt zwischen Erzieherinnen und Eltern (bzw. Beratung bei Erziehungsproblemen), während die Elterngruppe mit mittlerer Kritik weniger an Kontakt oder Beratung interessiert ist. Paradoxerweise sind also die Wünsche der Eltern mit starken Vorbehalten, aber auch mit extremer Zustimmung ähnlich stark ausgeprägt (Wolf, 2002, S. 35–41; vgl. analog dazu Sturzbecher & Bredow, 1998).

In wenigen Fällen kann die Beziehung zwischen der Erzieherin und den Eltern so gestört sein, dass entweder die Eltern eine erhebliche Belastung darstellen und/oder dass die pädagogische Fachkraft von den Eltern weitgehend abgelehnt wird. Auch in solchen Situationen sollten Lösungsmöglichkeiten gesucht werden, um wieder zu konstruktiven Formen der Elternarbeit zu gelangen.

Rollen der Erzieherin den Eltern gegenüber ■ Die empirischen Befunde von Stuck und Wolf (2004, S. 88–92) bei einer großen Stichprobenziehung in Rheinland-Pfalz aus dem Jahr 2002 ergab klare Rollenzuschreibungen der Erzieherinnen – sowohl aus der Perspektive von Eltern als auch von Erzieherinnen. Aus beiden Positionen wird die Rolle der Erzieherin als »Ratgeberin« mit Abstand am stärksten hervorgehoben, gefolgt von den Rollen als »anerkannte Autorität«, »Expertin« und »Vorbild«. Diese vier Klassifizierungen können semantisch (und faktorenanalytisch abgesichert) unter dem Oberbegriff »fachlich qualifizierte Erzieherin« zusammengefasst werden. Die übrigen im Fragebogen angebotenen Rollen (Freundin, Lehrerin, Lernende, Partnerin) werden aus beiden Perspektiven bedeutend geringer eingestuft, teilweise deutlich abgelehnt.

Beteiligung an der pädagogischen Arbeit ■ Bezüglich des Fragenkomplexes »Elternbeteiligung an der pädagogischen Arbeit der Kindereinrichtung« gibt es zwei Tendenzen (Wolf, 2002, S. 72–78): Einerseits wird die konkrete Mitarbeit in »echten« pädagogischen Feldern von den Eltern selbst als gering oder schwach eingestuft. Dies betrifft u.a. die

- Mitarbeit in der Gruppe
- Angebote für Kinder (z.B. Basteln, Kochen)
- Gestaltung des Gruppenraums.

Selbst bei der inhaltlichen Gestaltung von Festen wirken die Eltern nach eigenen Angaben wenig mit. Andererseits gehen die befragten Erzieherinnen in allen genannten Punkten von einer etwas stärkeren Beteiligung der Eltern aus. Diese unterschiedlichen Wahrnehmungen derselben Situation könnten im Rahmen der Elternarbeit thematisiert und diskutiert werden. Besonders deutlich zeigt sich die fast völlig fehlende Beteiligung der Eltern an der Erarbeitung des ausgewählten pädagogischen Konzepts (des so genannten Curriculums). Die Eltern sprechen sich klar gegen eine Mitarbeit an der konzeptuellen Arbeit aus. Auch die Erzieherinnen können sich eine Mitwirkung der Eltern daran kaum vorstellen.

Spitzenthemen der Elternarbeit ■ Erzieherinnen und Eltern sind sich weitgehend darin einig, welche Aktivitäten in der Tageseinrichtung am bedeutsamsten sind. Seit Jahren bewährte Standardarrangements stehen auch heute im Mittelpunkt der Elternarbeit und zwar gleichermaßen aus den beiden unterschiedlichen Perspektiven der Erzieherinnen und Eltern. Folgende vier Favoriten sind für Erzieherinnen und Eltern richtungsweisend (Wolf, 2002, S. 43–45):

- Einführungs- und Aufnahmegespräche
- Einzelgespräche zwischen der Erzieherin und den Eltern
- Elternabende
- Feste.

Eine weitere breite Zustimmung ergibt sich – gleichermaßen bei Erzieherinnen und Eltern – bei folgenden Aspekten und Aussagen

(Dippelhofer-Stiem & Kahle, 1995; Kahle, 1997; Wolf, 2002, S. 45-53):
- Knüpfung des Kontakts zu den Eltern durch die Erzieherin
- Umfassende Information durch die Erzieherin
- Ansprechbarkeit der Erzieherin
- Umfassende Förderung der Kinder
- Erleichterung bezüglich der Anforderungen in der Schule
- Begünstigung der Selbstständigkeit
- Soziales Lernen beim Umgang mit Gleichaltrigen
- Gute Versorgung der Kinder
- Gute Beaufsichtigung der Kinder (vgl. oben den Gesichtspunkt der Betreuung).

Auch wenn die meisten dieser von Erzieherinnen und Eltern einhellig favorisierten Spitzenthemen eher allgemein gefasste, begrüßenswerte sowie leicht akzeptierbare Sachverhalte ansprechen, die noch ausdifferenziert und konkretisiert werden müssten, wird mit dieser Liste an Desiderata auch eine Wunschliste für die Elternarbeit skizziert.

Frühpädagogische Zukunftsperspektiven
■ Nur durch die konzertierte Anstrengung aller in der Pädagogik der frühen Kindheit Verantwortlichen kann es gelingen, der Elternarbeit mehr Geltung zu verschaffen.

Aufgaben der Eltern und Erzieherinnen ■ Zweifellos müssen die Eltern selbst einen eigenständigen Beitrag dazu leisten, indem sie ihre Chancen, Möglichkeiten, aber auch ihre Aufgaben im Kindergarten erkennen und in die Hand nehmen. Die Anzahl unbeteiligter, passiver Eltern sollte deutlich reduziert werden. Mit Unterstützung der Erzieherinnen können Eltern erkennen, dass auch sie pädagogisch in der Kindertagesstätte aktiv werden können. Eine besondere Rolle als Protagonisten der Elternarbeit spielen dabei die gewählten Elternvertreter, die oft in pädagogischen Fragen stark engagiert sind.

Aber auch ihre hauptsächlichen Partner in der Elternarbeit, die pädagogischen Fachkräfte in den Einrichtungen, müssen in einigen Fällen die Eltern auch dann akzeptieren und unterstützen, wenn diese abweichende Standpunkte vertreten. Unbequeme Eltern können Debatten sehr beleben. Erzieherinnen sollten auch von der oft kaum begründbaren Annahme der notwendigen Intervention hinsichtlich eines »defizitären Elternhauses« Abstand nehmen.

Aufgaben von Aus- und Fortbildung ■ In der Aus- und Fortbildung der Erzieherinnen muss Elternarbeit in reflektierter Form und mit einem zentralen Anspruch vermittelt werden. Nachhaltige Wirkungen von vielfältigen Ausbildungsreformen im Elementarbereich haben sich in den letzten Jahren nicht immer erfüllt. Als Handreichung auch für die Aus- und Fortbildung könnte das differenzierte »Handbuch der Elternarbeit« von Bernitzke und Schlegel (2004) dienen. Die Notwendigkeit vermehrter und intensivierter Anstrengungen zur Thematik Elternarbeit in der Ausbildung gilt unabhängig von der strittigen Frage, ob Erzieherinnen auch zukünftig weiterhin an der Fachschule oder an der Universität ihre pädagogische Kompetenz erwerben.

Aufgaben der Träger und Politik ■ Durch die starke Stellung der freien Träger in Deutschland (Subsidiaritätsprinzip) kommt vor allem den beiden kirchlichen und dem kommunalen Trägerblock eine besondere Bedeutung und Verantwortung bezüglich der Förderung der Elternarbeit zu. Beispielsweise könnten die kompetenten Fachberaterinnen in den Trägerorganisationen als Mediatorinnen wertvolle Anstöße und Anregungen für die Gestaltung der Elternarbeit an der Basis leisten.

Auch die Bildungsadministratoren in den Ministerien der Bundesländer können die Elternarbeit beleben, beispielsweise durch
- Modernere Passagen zur aktiven Elternbeteiligung in Novellierungen der Landesgesetze
- Weitergehende Vorschläge zur Elternarbeit in den »Bildungsempfehlungen«
- Das Offenhalten eines breiten Bildungsbegriffs gegenüber einer verengten Schulorientierung.

Diese und ähnliche Weichenstellungen aus der »Politik« kämen der Förderung einer demokratischen Elternmitwirkung entgegen.

Aufgaben von Wissenschaft und Forschung ▪ Die Beschäftigung mit dem Thema Elternarbeit in den wissenschaftlichen Arbeitsbereichen zur »Pädagogik der frühen Kindheit« (Elementarerziehung, Kleinkindpädagogik, Frühpädagogik) an den deutschen Universitäten lässt sich unter mehreren Gesichtspunkten betrachten. Intensiviert und erweitert werden muss die unabhängige, vorurteilsfreie, zugleich praxisnahe und hypothesengeleitete nüchterne empirische Forschung zur Elternarbeit (z. B. durch wissenschaftliche Begleitstudien, Befragungen oder Evaluationen). Denn leider hat es in den letzten Jahrzehnten in Deutschland nur sehr wenige empirische Studien zur Elternarbeit gegeben. Diese Tatsache wirkt sich bei einer Thematik, in der Alltagsmeinungen und unbewiesene Vermutungen eine wichtige Rolle spielen, ungünstig aus. Unser tatsächliches Wissen über Elternarbeit ist gering.

Durch die spärliche Stellenausstattung (weniger als zehn Lehrstühle) wird die gewünschte Intensivierung der empirischen Forschungsaktivitäten an den deutschen Universitäten verhindert. Aus ökonomischen Gründen kann sie auch nicht schnell verbessert werden – trotz der allseits anerkannten Notwendigkeit nach den Schlussfolgerungen aus den PISA-Studien.

Die prinzipiell begrüßenswerten wissenschaftlichen Begleitstudien für die Bildungsadministration, die in der heutigen Pädagogik der frühen Kindheit einen wichtigen Stellenwert haben, sollten in unabhängig vom Auftraggeber z. B. in externen Evaluationen oder anderen Formen der wissenschaftlichen Überprüfung durchgeführt werden.

Die Verwirklichung von anspruchsvoller »pädagogischer Elternarbeit« ist im Elementarbereich eher erreichbar als in späteren Phasen, etwa während der Schulzeit, weil im Kindergarten weitaus größere Gestaltungs- und Entfaltungsmöglichkeiten für Eltern bestehen. Ein deutliches Hindernis entsteht allerdings durch die schnelle Rotation: Eltern sind normalerweise in Deutschland maximal dreieinhalb Jahre lang an der Tageseinrichtung beteiligt, so dass ein dauernder Wechsel ein kontinuierliches Engagement unmöglich macht, während die bedeutend längere durchschnittliche Diensttätigkeit der pädagogischen Fachkräfte eher das konsequente, zielgerichtete und professionelle Handeln fördert.

▪ **Literatur**

Baumert, J., Klieme, E., Neubrand, M., Prenzel, M., Schiefele, U., Schneider, W., Stanat, P., Tillman, K.J. & Weiß, M. (Hrsg.) (2001). PISA 2000. Basiskompetenzen von Schülerinnen und Schülern im internationalen Vergleich. Opladen: Leske & Budrich.

Bernitzke, F. & Schlegel, P. (2004). Das Handbuch der Elternarbeit. Troisdorf: Bildungsverlag Eins.

Bundesministerium für Familie, Senioren, Frauen und Jugend (Hrsg.) (2000). Kinder- und Jugendhilfegesetz (KJHG) (10. Aufl.). Berlin.

Bundesministerium für Familie, Senioren, Frauen und Jugend (Hrsg.) (2003). Auf den Anfang kommt es an! Perspektiven zur Weiterentwicklung des Systems der Tageseinrichtungen für Kinder in Deutschland. Teilkapitel: Das Verhältnis der Tageseinrichtung zur Familie (S. 167–184). Weinheim: Beltz.

Bundesministerium für Jugend, Familie, Frauen und Gesundheit (Hrsg.) (1984). Qualifizierung von Erzieherinnen für Elternarbeit vom Elementarbereich aus. Stuttgart: Kohlhammer.

Dippelhofer-Stiem, B. & Kahle, I. (1995). Die Erzieherin im evangelischen Kindergarten. Bielefeld: Kleine.

Dusolt, H. (2001). Elternarbeit. Ein Leitfaden für den Vor- und Grundschulbereich. Weinheim: Beltz.

Furian, M. (Hrsg.) (1982). Praxis der Elternarbeit in Kindergarten, Hort, Heim und Schule. Heidelberg: Quelle & Meyer.

Hoffmann, M. (1992). Zusammenleben im Kindergarten. Dynamische Prozesse zwischen Kindern, Eltern und Erzieherinnen. Weinheim: Juventa.

Jansen, F. (1995). Eltern als Kunden? Erziehung als gemeinsame Aufgabe von Familien und Einrichtungen. Theorie und Praxis der Sozialpädagogik, 103, 313–317.

Jansen, F. & Wenzel, P. (2000). Von der Elternarbeit zur Kundenpflege. Kindertageseinrichtungen auf dem Weg zu Dienstleistungsunternehmen (2. Aufl.). München: Don Bosco.

Jeske, K. (1997). Mit den Eltern und nicht für die Eltern. Zusammenarbeit für die Eltern und Erzieherinnen in Kindereinrichtungen. Grafschaft-Birresdorf: Vektor.

Kahle, I. (1997). Die Elternarbeit als Bindeglied zwischen familialer und institutioneller Ökologie. In: B. Dippelhofer-Stiem & B. Wolf (Hrsg.), Ökolgie des Kindergartens. Theoretische und empirische Befunde zu Sozialisations- und Entwicklungsbedingungen (S. 49–76). Weinheim: Juventa.

Ministerium für Generationen, Familie, Frauen und Integration des Landes NRW (2006a). Frühe Förderung von Kindern – Vom Kindergarten zu Familienzentren. www.mgffi.nrw.de (letzter Zugriff: 15.3.2006).

Ministerium für Generationen, Familie, Frauen und Integration des Landes NRW (2006b). Workshop Familienzentren (28. September 2005). www.mgffi.nrw.de.

Petzold, M. (1999b). Die Elternarbeit in Kindertagesstätten. In: P. Becker, S. Conrad & B. Wolf (Hrsg.), Kindersituationen im Diskurs. Bericht über die Abschlußtagung der Externen Empirischen Evaluation (S. 86–102). Landau: Verlag Empirische Pädagogik.

Stuck, A. & Wolf, B. (2004). Kindertagesstätten in Rheinland-Pfalz. Empirische Ergebnisse aus der Sicht von Eltern und Erzieherinnen. Aachen: Shaker.

Sturzbecher, D. & Bredow, C. (1998). Das Zusammenwirken von Familie und Kita: Voraussetzungen und Erfahrungen aus drei Bundesländern. In: D. Sturzbecher (Hrsg.), Kindertagesbetreuung in Deutschland. Bilanzen und Perspektiven (S. 193–233). Freiburg: Lambertus.

Textor, M.R. (1998). Elternarbeit mit neuen Akzenten. Reflexion und Praxis (4. Aufl.). Freiburg: Herder.

Textor, M.R. (2005). Elternarbeit im Kindergarten. Ziele, Formen, Methoden. Norderstedt: Books on Demand.

Textor, M.R. (2006). Elternarbeit. In: R. Pousset (Hrsg.), Beltz Handwörterbuch für Erzieherinnen und Erzieher (S. 99–102). Weinheim: Beltz.

Tschöpe-Scheffler, S. (Hrsg.) (2005). Konzepte der Elternbildung. Eine kritische Übersicht. Leverkusen: Barbara Budrich.

Ufermann, K. (1989). Elternbildung und Elternarbeit im Rahmen der Vorschulerziehung. In: J Hohmeier & H. Mair (Hrsg.), Familien- und Angehörigenarbeit (S. 72–89). Freiburg: Lambertus.

Wolf, B. (2001). Das Wohl des Kindes ist die Richtschnur für Qualität. In: L. Fried, M.-S. Honig, B. Dippelhofer-Stiem & L. Liegle (Hrsg.), Indikatoren der Qualität von Bildungseinrichtungen am Beispiel von Kindertagesstätten: Probleme der Auswahl und Begründung (S. 35–44). Trier: Universität.

Wolf, B. (2002). Elternhaus und Kindergarten. Einschätzungen aus zwei Perspektiven (Eltern und Erzieherinnen). Aachen: Shaker.

Wolf, B. (2003a). Familie und Kindergarten. In: L. Fried, S. Roux, A. Frey & B. Wolf (Hrsg.), Vorschulpädagogik (S. 16–37). Baltmannsweiler: Schneider Hohengehren.

Wolf, B. (2003b). Bildung als ein Aspekt der Qualität von deutschen Kindergärten. In: T. Banaszkiewicz, W. Szlufika & A. Pekali (Hrsg.), Z. Najnowszych Badan Nad Wczesna Edukacja Dziecka (S. 79–90). Czestochowa: Wydawnictwo Wyzszej Skoly Pedagogicznej.

Ziesche, U., Herrnberger; G. & Karkow, C. (2003). Qualitätswerkstatt Kita – Zusammenarbeit von Kita und Familie. Weinheim: Beltz.

III Konzepte zu speziellen Bildungs- und Erziehungsbereichen

Sozialerziehung

Rainer Strätz

Sozialerziehung zielt auf die Vermittlung (pro-)sozialer Kompetenzen mit dem Ziel, Kindern die Teilhabe an der Gemeinschaft bzw. Gesellschaft zu ermöglichen. In der Rangliste elterlicher Erwartungen an Tageseinrichtungen für Kinder stehen regelmäßige Kontakte mit anderen Kindern und damit die Förderung sozialer Kompetenzen oft weit oben (s. z. B. Fthenakis u.a. 1996, S. 408, 442).

Geschichte ■ Für den Westen der Republik lässt sich ein entscheidender Wendepunkt zeitlich genau festlegen: »Der Begriff der sozialen Kompetenz wird im Zusammenhang mit der Früh- und Vorschulpädagogik erst seit Beginn der siebziger Jahre häufiger gebraucht. Er beinhaltet den Gedanken, dass man – ähnlich wie bei den traditionell diskutierten Entwicklungsfunktionen – so etwas wie einen angemessenen Entwicklungsstand auch bezüglich des Sozialverhaltens angeben könne, und weiterhin, dass dieser pädagogisch beeinflussbar und optimierbar sei.« (Schmidt-Denter, 1978, S. 391) Im Jahr 1969 erschien die erste Auflage des »Klassikers« von Gisela Hundertmarck: »Soziale Erziehung im Kindergarten«. Sie machte nachdrücklich auf die Bedeutung sozialer Kompetenzen in der frühen Kindheit aufmerksam und forderte die Erzieherin auf, sich ihrer Vorbildfunktion bewusst zu sein und das soziale Verhalten jedes Kindes wie auch die soziale Struktur der Gruppe aufmerksam zu beobachten und sorgfältig zu analysieren, um pädagogisch handlungsfähig zu werden.

Diese Ansätze wurden sogleich (aus verschiedenen Richtungen) heftig kritisiert: Die »Arbeitsgruppe Vorschulerziehung« um Jürgen Zimmer argumentierte: »Es (…) wird oft getrennt zwischen der Vermittlung von Sachkompetenzen (…) und der Erziehung zu sozialem Handeln (…). Nach unserer Auffassung sollte aber das, was dort an sozialem und instrumentellem Lernen getrennt wird, zusammengeführt und neu verstanden werden.« (Arbeitsgruppe Vorschulerziehung, 1977, S. 11) Gesellschaftliche Umwälzungen in dieser Zeit forderten zudem eine kritische Reflexion der Erziehungsziele und der pädagogischen Praxis heraus, auch wenn dies nicht unbedingt in eine Generalabrechnung mit dem »bürgerlich-repressiven System« münden musste: »In den Eltern-Kind-Gruppen der Kinderladenbewegung sollte die Isolation des Kindes in der bürgerlichen Kleinfamilie überwunden und am Beispiel kontrollierter Selbstregulierung des sozialen Verhaltens in der Gruppe demokratisches Verhalten eingeübt werden.« (Neumann, 1987, S. 109) Die bisherige Erziehungspraxis im Kindergarten jedenfalls wurde etwa in folgender Form abgetan: »Hinsichtlich des sozialen Verhaltens erbringt die Kindergartenerziehung (…) eine erhebliche Anpassungsvorleistung an die Verhaltensnormen des späteren Schulalltags und entspricht damit (…) den traditionellen erzieherischen Wertorientierungen: Bravsein, Ruhigsein, Gehorsam, gute Manieren und die Fähigkeit des Sich-Einfügens in eine fremdbestimmte Ordnung.« (Barres, 1978, S. 248 f.) Zu dieser Einschätzung trugen empirische Untersuchungen zum Interaktions- und Kommunikationsstil von Lehrkräften (Tausch & Tausch, 1971) bzw. Erzieherinnen (Barres, 1978) gegenüber Kindern erheblich bei, die zeigten, dass ein demokratischer Erziehungsstil in westdeutschen Bildungsinstitutionen keineswegs die Regel war.

Die Ziele der Sozialerziehung wurden nicht mehr nur in der Förderung von Anpassungsleistungen an bestehende Verhältnisse und Strukturen gesehen. Auch das kleine Kind erlebt Regeln, Gruppen- und Tätigkeitsformen als mehr oder weniger hilfreich und soll sie nicht als unveränderlich, sondern als aushandelbar erfahren. Das heißt, »dass Sozialerziehung nicht nur als Anpassungsprozess des einzelnen an die Erfordernisse bestehender Gruppen angesehen werden darf, sondern dass der einzelne auch die Möglichkeit erhalten muss, Gruppen und Gruppierungen im Sinne individueller oder allgemeiner Bedürfnisse zu verändern« (Hielscher, 1977, S. 11). Oertel (1978, S. 165

f.) sah Sozialerziehung als »Prozess (…), der langfristig eine Politisierung des Alltags bewirken kann«.

Konservativer war die Forderung des Deutschen Bildungsrates (1973, S. 25), die Kinder in die Lage zu versetzen, »sachliche Probleme soweit als möglich gemeinsam zu lösen und soziale Konflikte zu verstehen, zu meistern oder zu ertragen«.

Jede Form der Erziehung wurde verdächtigt, Kinder eher zu deformieren und anzupassen als in ihrer Entwicklung zu fördern. Deshalb wurde auch der Begriff »Sozialerziehung« oft vermieden und zeitweilig durch »Soziales Lernen« ersetzt. Oertel vermisste bei diesem Ausdruck jedoch die Zielgerichtetheit und schlug vor, den Begriff »Sozialerziehung« – wenn auch unter anderen inhaltlichen Vorzeichen – beizubehalten: »Der Begriff des … Sozialen Lernens bringt die Zielgerichtetheit nicht hinreichend zum Ausdruck, obwohl er ursprünglich als am Konfliktmodell der Gesellschaft orientiert einem harmonistisch verzerrten Begriff von Sozialerziehung gegenübergestellt worden ist.« (Oertel 1978, S. 165)

Lernziele ■ Umfassende Lernzielkataloge entstanden, die auch zeigen, wie zwanglos Erwachsene für kleine Kinder Ziele formulieren, die zu erreichen ihnen selbst oft schwer fallen dürfte. Ein Beispiel:

»**1. Übergreifende Basisqualifikationen**
- Innensteuerung, Ichstärke
- Rollendistanz
- Rollen- und Normenflexibilität (z. B. neue Rollen übernehmen und sprachlich ausfüllen können)
- Empathie
- Enttäuschungen und Versagungen realitätsgerecht verarbeiten können (Frustrationstoleranz)
- Uneindeutigkeiten verarbeiten können (Ambiguitätstoleranz)
- Befähigung zur Selbstkontrolle, z. B. Bedürfnisse aufschieben können und über einen längeren Zeitraum hinweg ein Ziel verfolgen können (Spannungsbogen)
- Mit der Zeit umgehen können
- Handlungs- und Entschlussfähigkeit in sozialen Situationen
- Initiative und Risikoverhalten
- Spontaneität
- Soziale Kreativität
- Urteils- und Kritikfähigkeit (Sachverhalte kritisch hinterfragen können)
- Exploratives Verhalten gegenüber sich und der Umwelt.

2. Spezielle soziale Lernziele
- Aspekte der eigenen Person wahrnehmen, verstehen (einschätzen und beurteilen) können
- Die eigene Person akzeptieren (Selbstbindung, Identität)
- Für die eigene Person sorgen können (Selbstständigkeit)
- Sensibilität aller Sinne
- Genussfähigkeit
- Befähigung zur Ruhe und einer meditativen Haltung
- Gruppendynamische Vorgänge in der eigenen Gruppe beobachten und verstehen können
- Sich in soziale Situationen einfühlen können
- Befähigung zum Mitfühlen, Mitleid usw.
- Sich mit anderen gemeinsam freuen und Spaß haben können
- Eine wohlwollende Haltung gegenüber anderen einnehmen können
- Desensibilisiert (entspannt, körperlich und psychisch gelockert) mit anderen umgehen können
- Zärtlich sein können
- Andersartigkeit verstehen und hilfreich reagieren können (Toleranz, Vorurteilsfreiheit)
- Regeln des Zusammenlebens kennen, verstehen und beachten können
- Mit anderen zusammenarbeiten können (Kooperationsfähigkeit)
- Wünschenswerte Konfliktlöseverhaltensweisen realisieren können
- Durchsetzungsfähigkeit, sich wehren können
- Widerstandskraft gegenüber sozialem Druck
- Interaktions- und Kommunikationsfähigkeit (…),

- Erkenntnisse über die eigene Lage und die Lage anderer gewinnen können (wahrnehmen und verstehen können)
- Solche Erkenntnisse in Handlungsstrategien umsetzen können [...].« (Stange, 1976, S. 30 ff.)

Dieser – exemplarisch für viele – abgedruckte Katalog zeigt auch, dass der Begriff »Sozialerziehung« zu »sozial-emotionaler Erziehung« erweitert werden sollte.

Vorschläge zur Umsetzung konzentrierten sich auf einzelne Aspekte. Einen Überblick über »Trainingsverfahren«, mit denen bestimmte Kompetenzen vermittelt werden sollten, gibt Schmidt-Denter (1978, S. 400 f.). Schwerpunkte lagen auf der Förderung von Empathie, von kooperativem, helfendem und von konstruktivem Konfliktlösungsverhalten. Andere Materialien sollten bei der Bewältigung von bzw. der Vorbereitung auf soziale Problemsituationen helfen, z.B. dem Schulanfang, der Einlieferung ins Krankenhaus oder der Geburt eines Geschwisters.

Das Programm für die Bildungs- und Erziehungsarbeit im Kindergarten der DDR formulierte Aspekte der sozialen Erziehung so: »Das Leben im Kindergarten ist so zu gestalten, dass die Kinder die Bereitschaft und Fähigkeit erwerben, sich aktiv am Leben im Kollektiv zu beteiligen. Sie sollen in der Kindergruppe lernen, freundschaftlich miteinander tätig, hilfsbereit, ehrlich, bescheiden und diszipliniert zu sein, einander sowie ihre Eltern und die Erwachsenen zu achten.« (Ministerrat der DDR, 1985, S. 7) Das dafür geeignete Lernfeld wurde weniger in Curricula oder didaktisierten Angeboten, sondern in der »Gestaltung des alltäglichen Lebens« gesehen.

Weitere Entwicklungen ■ In den 80-er Jahren des letzten Jahrhunderts konkretisierten Verlinden und Haucke Zielbeschreibungen, indem sie in vier Lernbereichen (Selbstvertrauen stärken, Gruppenverhalten entwickeln, Konflikte lösen lernen, Gefühle ausdrücken und verstehen) jedes Ziel durch die Formulierung eines antagonistischen »Gegenziels« verdeutlichten und beide durch Verhaltensbeschreibungen illustrierten. Ein Beispiel (Verlinden & Haucke 1984, S. 23):

Lernbereich: Gruppenverhalten entwickeln
Lernziel: Sich gegen Mehrheiten stellen können

Beispiel: »Sonja hat sich den durcheinander redenden Kinderkreis einige Minuten angehört, dann steht sie auf und verlässt die Gruppe mit der Bemerkung: »Ich hab jetzt genug von dem Lärm, ich mache hier nicht mehr mit, Ihr seid mir zu laut!«

Gegenziel: Sich ständig an Mehrheiten anpassen

Beispiel: »Peter und Jens haben sich gegenseitig gekniffen. Einige Kinder meinen, Peter hätte angefangen, der jedoch beschuldigt Jens. Da kommt Frank aus dem Nebenraum, wo er nichts sehen konnte, und sagt: »Der Peter lügt, er hat angefangen!«

Die Autoren stellten kein »Trainingsprogramm« vor, sondern machten deutlich, dass – entsprechend dem damals wegweisenden Ansatz der »Arbeitsgruppe Vorschulerziehung« – die Lebenssituationen der Kinder zugleich die Lernsituationen sein sollten.

Fast zeitgleich jedoch begann der Begriff »Sozialerziehung« aus der Diskussion wieder zu verschwinden, weil in den 1980-er und 1990-er Jahren verstärkt Themenfelder bearbeitet wurden, in denen soziale Bezüge und Kompetenzen implizit angesprochen wurden: Gemeinsame Erziehung behinderter und nicht behinderter Kinder, interkulturelle Pädagogik, geschlechtsbewusste Pädagogik (»reflexive Koedukation«), erweiterte Altersmischung, generationenübergreifende Pädagogik. Die »Chancen der Vielfalt« durch heterogene Gruppenzusammensetzung wurden betont. Soziale Kompetenzen wurden z.B. unter dem Stichwort »Partizipation« aus zwei Blickwinkeln betrachtet:

1. Welche Kompetenzen braucht ein Kind, um sich am Geschehen in einer Kindergruppe zu beteiligen, den Einstieg in Aktivitäten zu finden, seine Interessen zur Geltung zu bringen und Lösungen auszuhandeln? Aushandlungsprozesse zwischen Kindern und die unterschiedlichen Niveaus des Zusammenspiels wurden bereits 1932 von Mildred Parten beschrieben, auf die der Begriff »so-

ziale Partizipation« zurückgeht. Sturzbecher und Hess (2003) sehen »Partizipation« auf den Aushandlungsprozess beschränkt, den ein einzelnes Kind (oder eine Minderheit) gegenüber einer Gruppe zu leisten hat.

2. Häufiger jedoch wurde unter Partizipation der Prozess der Mitbestimmung der Kinder am Geschehen in der Einrichtung verstanden, der Aushandlungsprozesse mit den Erzieherinnen einschließt. In diesem Zusammenhang werden einerseits formale Organisationsformen diskutiert (»Kinderkonferenz« oder »Kinderrat«), zum anderen der Anspruch an Erzieherinnen bekräftigt, bei der Planung, Durchführung und Reflexion des pädagogischen Handelns von den Wünschen, Bedürfnissen und Interessen der Kinder auszugehen.

Aktuelle Materialien und Tendenzen ■

Weiterhin laufen die zwei beschriebenen Entwicklungen parallel: Einerseits werden didaktische Materialien (weiter-)entwickelt, andererseits Konzepte diskutiert, die soziale Prozesse und Kompetenzen implizit ansprechen und in einen breiteren Zusammenhang stellen.

Aktuelle didaktische Materialien ■

Eine ausführliche Sammlung von Materialien und Anregungen zur »Praxis der sozialen Partizipation im Vor- und Grundschulalter« legten Sturzbecher und Großmann (2003) vor. Neben Hinweisen auf Möglichkeiten der Gestaltung des Alltags sind Verweise auf Rollenspiele, Bildgeschichten und kooperative Spiele enthalten. »Faustlos« ist ein Curriculum zur Prävention aggressiven Verhaltens, das auf dem US-amerikanischen Programm »Second Step« basiert. Die Autoren (Schick & Cierpka, 2002, 2003) gehen von der Prämisse aus, dass Gewaltbereitschaft und aggressives Verhalten aus mangelhaften sozialen Kompetenzen resultieren, wodurch keine konstruktiven Formen der Konfliktbewältigung möglich sind. Ziel des Kindergarten-Curriculums ist es daher, in 28 »Lektionen« Kenntnisse und Fähigkeiten in den Bereichen »Empathiefähigkeit«, »Impulskontrolle« und »Umgang mit Ärger und Wut« zu vermitteln.

Die Methoden schließen Bildbesprechungen und Geschichten, Rollenspiele und Handpuppen ein.

Konzepte zur sozialen Kompetenz ■

Im Zusammenhang mit der nach PISA verstärkt geführten Debatte um frühkindliche Bildung und Erziehung wird das Konzept der »Ko-Konstruktion in symmetrisch-reziproken Beziehungen« diskutiert, das mit dem Namen James Youniss verbunden wird, aber ältere Wurzeln hat. Eine Ko-Konstruktion des Wissens und Könnens vollzieht sich insbesondere in der Gleichaltrigengruppe, da hier die Mädchen und Jungen gleichberechtigt miteinander argumentieren können. Die potenzielle Lern- und Leistungsbereitschaft wird in einer gemeinschaftlich geteilten Wirklichkeit gefördert und vermittelt (vgl. Erikson, 1971, S. 162 ff.). Zudem kann davon ausgegangen werden, dass Kinder eher einen dauerhaften kognitiven Fortschritt erzielen, wenn sie gemeinsam mit anderen Lösungen entwickeln und erarbeiten (ebd. S. 94, vgl. auch Mugny & Doise, 1976). Damit rückt der Zusammenhang von Sozial- und Sachkompetenz (vgl. Arbeitsgruppe Vorschulerziehung, s.o.) wieder verstärkt in den Blickpunkt: Kinder erwerben Sachkompetenzen im sozialen Dialog und wohl ebenso soziale Kompetenzen in der gemeinsamen Auseinandersetzung mit Sachen. Auch das derzeit viel diskutierte Konzept der »Resilienz« enthält wesentlich soziale Aspekte: »Ein wirksames Unterstützungssystem stellen darüber hinaus Peerkontakte und positive Freundschaftsbeziehungen dar. Als protektive Funktionen der Peers können u.a. Erholung, Unterhaltung, Rat, positives Feedback und emotionaler Beistand angesehen werden. Kinder erleben durch die Peerkontakte vor allem Ablenkung von schwierigen Situationen und erfahren dadurch ›Normalität‹ und ›Entspannung‹ in der Beziehung zu anderen Menschen. Das soziale Spiel mit Gleichaltrigen kann z.B. als eine maßgebliche Bewältigungshilfe betrachtet werden, da sich das Kind hierbei vom Ernst des Alltags lösen und seine Gefühle ungezwungen ausdrücken kann. (…) Kinder darin zu unterstützen, Freundschaften mit sozial kompetenten Peers zu entwickeln (d.h. prosoziale Beziehungen aufzubauen), kann insofern als ein wesentliches Präventions- und Interventionsziel angesehen werden.« (Wustmann 2003, S. 125)

Resümé ■ In den Bildungsplänen bzw -empfehlungen, die in den letzten Jahren in allen Bundesländern entwickelt wurden, wird der Aspekt der Sozialerziehung unterschiedlich ausführlich und in verschiedenen Kontexten behandelt. Die Sozialerziehung taucht manchmal als eigenständiger Bildungs- und Erziehungsbereich auf. Anderswo wird sie in enger Verknüpfung mit anderen Aspekten diskutiert, oder soziale Kompetenzen werden als »Selbstbildungspotenzial« verstanden, das Kinder nicht erwerben müssen, sondern mitbringen und im Bildungsprozess nutzen (vgl. Schäfer 2005, S. 180 ff). Die Sozialerziehung scheint sich bis auf Weiteres einer einfachen und konsensfähigen Definition und einer festen Zuordnung im elementarpädagogischen Bildungs- und Erziehungskanon zu entziehen.

■ Literatur

Arbeitsgruppe Vorschulerziehung (1977). Anregungen I: Zur pädagogischen Arbeit im Kindergarten (5. Aufl.). München: Juventa.
Barres, E. (1978). Faktische Erziehungsarbeit in vorschulischen Institutionen: Ergebnisse empirischer Bestandsaufnahmen. In: R. Dollase (Hrsg.), Handbuch der Früh- und Vorschulpädagogik. (Bd. 1) (S. 243–257). Düsseldorf: Schwann.
Cierpka, M. (2002). FAUSTLOS. Ein Curriculum zur Förderung sozial-emotionaler Kompetenzen und zur Gewaltprävention für den Kindergarten. Heidelberg: Heidelberger Präventionszentrum.
Deutscher Bildungsrat (1973). Empfehlungen der Bildungskommission: Zur Einrichtung eines Modellprogramms für Curriculum-Entwicklung im Elementarbereich. Bonn.
Erikson, Erik H. (1971): Identität und Lebenszyklus. Frankfurt a.M.: Suhrkamp
Fthenakis, W. E.; Nagel, B.; Eirich, H. & Mayr, T. (1996). Neue Konzepte für Kindertageseinrichtungen: eine empirische Studie zur Situations- und Problemdefinition der beteiligten Interessengruppen. Landesbericht Bayern Band 2 – Tabellenband. O.O., o.J., Berichte des Staatsinstituts für Frühpädagogik 2/96.
Hielscher, H. (Hrsg.) (1977). Sozialerziehung Konkret Band 1. Hannover: Schroedel.
Hundertmarck, G. (1969). Soziale Erziehung im Kindergarten. Stuttgart: Klett.
Ministerrat der Deutschen Demokratischen Republik – Ministerium für Volksbildung (1985). Programm für die Bildungs- und Erziehungsarbeit im Kindergarten. Berlin.
Mugny, G. & Doise, W. (1978): Socio-cognitive conflict and structure of individual and collective performances. European Journal of Social Psychology 8, S. 181–192.
Neumann, K. (1987). Geschichte der öffentlichen Kleinkindererziehung von 1945 bis in die Gegenwart. In: G. Erning, K. Neumann & J. Reyer (Hrsg.), Geschichte des Kindergartens. Band I: Entstehung und Entwicklung der öffentlichen Kleinkindererziehung in Deutschland von den Anfängen bis zur Gegenwart. (S. 83–115) Freiburg: Lambertus.
Oertel, F. (1978). Stichwort »Sozialerziehung«. In: H. Rombach (Hrsg.), Wörterbuch der Pädagogik (S. 156–167). Bd. 3. Freiburg: Herder.
Parten, M. (1932). Social Participation among Preschool Children. In: Child Development 3, 146–158.
Schäfer, G. E. (Hrsg.) (2005): Bildung beginnt mit der Geburt. Ein offener Bildungsplan für Kindertageseinrichtungen in Nordrhein-Westfalen (2. erweiterte Aufl.). Weinheim: Beltz.
Schick, A. & Cierpka, M. (2003). Faustlos – Aufbau und Evaluation eines Curriculums zur Förderung sozialer und emotionaler Kompetenzen. In: M. Dörr & R. Göppel (Hrsg.), Bildung der Gefühle. Innovation? Illusion? Intrusion? (S. 146–162). Gießen: Psychosozial-Verlag.
Schmidt-Denter, U. (1978). Erziehung zur sozialen Kompetenz. In: R. Dollase (Hrsg.), Handbuch der Früh- und Vorschulpädagogik. (Bd. 2) (S. 391–406). Düsseldorf: Schwann.
Stange, W. (1976). Sozialerziehung im Elementarbereich. Frankfurt a.M.: Eigenverlag des Deutschen Paritätischen Wohlfahrtsverbandes.
Sturzbecher, D. & Großmann, H. (2003) (Hrsg.). Praxis der sozialen Partizipation im Vor- und Grundschulalter. München, Basel: Reinhardt.
Sturzbecher, D. & Hess, M. (2003). Soziale Partizipation – eine psychologische Begriffsbestimmung und Anforderungsanalyse. In: D. Sturzbecher & H. Großmann (Hrsg.), Soziale Partizipation im Vor- und Grundschulalter – Grundlagen. (S. 45–70). München, Basel: Reinhardt.
Tausch, R. & Tausch, A.-M. (1971). Erziehungspsychologie. 6. Aufl., Göttingen: Hogrefe.
Verlinden, M.; Haucke, K. (1984): Einander annehmen. Soziale Beziehungen im Kindergarten – Ziele und Anregungen für Erzieher. Köln: Kohlhammer.
Wustmann, C. (2003). Was Kinder stärkt. Ergebnisse der Resilienzforschung und ihre Bedeutung für die pädagogische Praxis. In: W. E. Fthenakis (Hrsg.), Elementarpädagogik nach PISA. Wie aus Kindertagesstätten Bildungseinrichtungen werden können. (S. 106–135). Freiburg: Herder.

Sprachförderung

Lilian Fried

Sprachförderung ist möglich, weil bei der Sprachentwicklung von Kindern nicht nur biologische, sondern auch umweltspezifische Faktoren eine bedeutende Rolle spielen. Letztere entscheiden darüber, ob ein Kind sein angelegtes Sprachvermögen optimal entfalten kann oder ob es aufgrund hemmender und schädigender Einflüsse unter seinen Möglichkeiten bleibt. Welche Faktoren der sozialen Umwelt auf die Sprachentwicklung von Kindern einwirken, ist vielfach untersucht worden (vgl. Grimm, 2000). So unterstreichen zahlreiche empirische Untersuchungen, auf welche Weise u.a. kulturelle Besonderheiten, sozioökonomische Verhältnisse, die Art der Kinderbetreuung, Merkmale der Inputsprache, das Geschlecht des Kindes, seine Stellung in der Geschwisterreihe dazu beitragen, dass Kinder in ihren Sprachfähigkeiten variieren. Diese Tatsache hat man sich in der Pädagogik der frühen Kindheit dahingehend zunutze gemacht, dass man wirkmächtige Umweltfaktoren, wie z.B. die Inputsprache der Erzieherin, so gestaltet, dass Kinder eine für ihre Sprachentwicklung förderliche Umwelt vorfinden.

Der Begriff Sprachförderung meint somit die positive Beeinflussung der Sprachentwicklung von Kindern. Er wird als Klammer für unterschiedliche Sachverhalte verwendet, die häufig nicht klar unterschieden bzw. nicht präzise bezeichnet werden. Wenn Sprachförderung darauf zielt, die Entwicklung von Kindern so anzuregen, dass sich deren Sprache in all ihren Facetten optimal entfaltet, handelt es sich um Sprach*erziehung* bzw. Sprach*bildung*. Ist sie darauf ausgerichtet, die Entwicklung von Kindern so zu unterstützen, dass potenziell schädigende Effekte von Entwicklungs- bzw. Sozialisationsrisiken auf die Sprachentwicklung kompensiert und dadurch Sprachentwicklungsprobleme vermieden werden, spricht man von kompensatorischer oder präventiver Sprach*förderung*. Haben sich bereits Sprachentwicklungsstörungen manifestiert, so dass nur noch sonderpädagogische oder medizinische Interventionen helfen können, so ist eine Sprach*therapie* indiziert.

Über diese groben Unterscheidungen hinaus wird in der Fachdiskussion sprachlich markiert, welchem Prinzip bzw. Konzept die Sprachförderung von Kindern folgt. Werden bei einer Maßnahme alle Entwicklungsbereiche reflektiert, welche die Sprachentwicklung fundieren, beeinflussen bzw. ausmachen, spricht man von *ganzheitlicher* Sprachförderung. Zielt eine Maßnahme auf alle sprachlichen Teilfähigkeiten, ist von *allgemeiner* Sprachförderung die Rede. Wenn bei einer Maßnahme nur bestimmte Sprachentwicklungsaspekte wie Artikulation, Wortschatz, Vorläuferfähigkeiten des Schriftspracherwerbs usw. oder Sprachentwicklungskonstellationen, wie Zweisprachigkeit, früher Fremdsprachenerwerb, reflektiert werden, bezeichnet man das als *spezielle* Sprachförderung.

Zur Geschichte der Sprachförderung

Es existieren nur wenige Informationen dazu, wie sich die Sprachförderung im Laufe der Zeit entwickelt hat. Diese lassen sich einerseits pädagogischen Programmen bzw. Konzepten entnehmen, in denen die Förderung der Sprache bzw. Schriftsprache von Kindern mehr oder minder explizit wird. Zum anderen liegen vereinzelte empirische Untersuchungen vor, in denen beobachtet oder erfragt wurde, wie sich Sprachförderung in der Praxis gestaltet. Diese Bruchstücke lassen sich zu folgendem Bild zusammenfügen.

Schon Friedrich Fröbel, der Begründer des Kindergartens, legte großen Wert darauf, Kinder durch »nachgehende« und »vorschreibende« Spiel- und Spracherziehung zu befähigen, »alles recht und richtig anzusehen« und »recht und richtig, bestimmt und rein zu bezeichnen« (Hoffmann, 1961, S. 35). Zu diesem Zweck sollten sie von Erzieherinnen und Eltern in direkten »Anschau-Sprechübungen« sowie durch indirekte »Spielpflege« ermutigt werden, alles mit »seinem richtigen Namen, Wort, und jedes Wort in sich klar und rein nach seinen Bestandtheilen: Ton, Laut und Schluß« zu bezeichnen (Fröbel in: Blochmann, 1965, S. 31). Das meint nicht etwa eine isolierte Sprachförderung, wohl aber bewusste und planvolle Maßnahmen, in denen sensorische, motorische, kognitive und sprachliche Momente miteinander verknüpft werden. Dabei sollen einerseits gezielt Anschauungsmaterialien herangezogen werden, wie z. B. Gegenstände der Natur, Bilderbücher, Spielgaben, und andererseits Spiel- und Beschäftigungsimpulse gegeben werden, wie z. B. Reime, Verse, Lieder, Finger- und Kreisspiele. Auf diese Weise sollen die Kinder »durch Stufen der Sprachsicherheit und Sprachfestigkeit zum Sprachbewusstsein und so zur vollendeten Sprachkenntnis, Sprachklarheit« geführt werden (Richter, 1926, S. 91 ff.). Allerdings betrifft das vor allem die Sprechsprache, denn die Schriftsprache erachtete Friedrich Fröbel als einen »gefährlichen Sprach-Abstraktor«, der den Blick für das Wesentliche verstellen kann (ebd.).

Diese Gedanken aus den Anfängen der institutionalisierten Früherziehung in der ersten Hälfte des 19. Jahrhunderts wurden von der so genannten traditionellen Kindergartenpädagogik bis in die 50er Jahre des 20. Jahrhunderts weitergeführt und prägen den Kindergartenalltag zum Teil bis heute. Allerdings wurde Fröbel nur einseitig rezipiert. Das hat sich in einem »Einheits-Konzept« nieder geschlagen, das auf einem Schatz an überkommenen Sprachförderritualen und -materialen beruht, die mit allen Kindern »gespielt« werden sollen. So halten z. B. die meisten Einrichtungen zahlreiche Bilderbücher vor und führen vielfältige Sprach- und Bewegungsspiele mit der ganzen Gruppe durch. All das macht laut Barres (1972), Wolf (1987) und Tietze, Meischner, Gänsfuß, Grenner, Schuster, Völkel und Roßbach (1998) bis heute den Kern der Sprachförderaktivitäten in unseren Kindergärten aus. Hervorzuheben ist, dass, in Übereinstimmung mit neueren Erkenntnissen, emotional-motivationalen Faktoren starke Beachtung geschenkt wird. Außerdem wird Wert darauf gelegt, die Sprachfördersituationen in das Gesamtgeschehen zu integrieren. Nicht eigens reflektiert werden dagegen spezifische Maßnahmen im Hinblick auf Sprachentwicklungsverzögerungen bzw. -störungen sowie den Zweit-, Fremd- und Schriftspracherwerb. Insgesamt hat die traditionelle Kindergartenpädagogik einen Habitus bei Erzieherinnen befördert, der die »nachgehende«, das heißt die situative beiläufige Sprachförderung wertschätzt, hingegen die »vorschreibende«, also die systematische, herausfordernde vernachlässigt.

Gegen Ende der 60-er Jahre des 20. Jahrhunderts setzte Kritik an der traditionellen Kindergartenpädagogik ein, die in einer umfassenden Kindergartenreform mündete. In der ersten Phase (bis Mitte der 1970-er Jahre) dominierte der Funktionsansatz, welcher – vor dem Hintergrund behavioristischer Lerntheorien sowie soziolinguistischer Theorien – der Sprache besondere Aufmerksamkeit schenkte (vgl. Fried, 1985). Die funktionale Sprachförderung zielte auf diejenigen Teilfertigkeiten bzw. -fähigkeiten, welche sich aufgrund empirischer Forschung als sprachentwicklungsrelevant erwiesen hatten. Man setzte vornehmlich Trainings ein, mit denen man vor allem die sprachlich-kognitiven Leistungen zu steigern suchte. So wurden – nach genauen Vorschriften und häufig unter Einsatz von Bildvorlagen – visuomotorische Differenzierungsübungen, Lautbildungs- und Lautunterscheidungsstimuli, Wortschatztrainings und Syntaxübungen durchgeführt. Auch frühes Lesen lernen und früher Fremdsprachenerwerb spielten eine wichtige Rolle. Mit der funktionalen Sprachförderung zielte man somit auf die »linguistische« Dimension von Sprache, wohingegen die »pragmatische« Dimension, also die Kommunikation vernachlässigt wurde. In jüngster Zeit knüpft man wieder an diesen Gedanken an. Prominentestes Beispiel ist die Förderung der Phonembewusstheit als zentraler Vorläuferfähigkeit des Schriftspracherwerbs. Empirische Wirkungsforschungen haben erwiesen, dass funktionale Sprachförderung eine kurz-, zum Teil auch eine mittelfristige kompensatorische bzw. präventive Förderung der Sprachentwicklung von Kindern bewirken kann (vgl. Grimm, 2000).

Ab der zweiten Hälfte der 70-er Jahre des 20. Jahrhunderts wurde der Funktionsansatz zunehmend durch den Situationsansatz verdrängt. Dieses Handlungs-Konzept beeinflusst die Pädagogik der frühen Kindheit bis heute. Der Situationsansatz hat sich im Verlauf von Modellversuchen bzw. des Erprobungsprogramms ausgeformt, wobei die Entwicklung bzw. Erprobung von Arbeitshilfen und Materialien für Erzieherinnen eine zentrale Stellung einnahm (vgl. Fried, Roßbach, Tietze & Wolf, 1992). Der Schwerpunkt liegt darauf, Erzieherinnen und Kinder durch Informationen und Materialien darin zu unterstützen, soziale Grundqualifikationen zu erwerben. Insbesondere will man erreichen, dass sozial benachteiligte Gruppen in die Gesellschaft integriert werden. Demzufolge konzentrieren sich die meisten Ansätze auf den Spracherwerb von Kindern, die Probleme mit der deutschen Sprache haben, weil sie aus anderen Kulturen kommen oder mit Behinderungen zu kämpfen haben. Dies sucht man vor allem durch Förderung kommunikativer Kompetenz zu erreichen. Linguistischen »Sprachmitteln« ordnet man dabei lediglich instrumentelle Funktionen zu. So kommt es, dass es an Konzepten mangelt, die auf den Erst-, Fremd- und Schriftspracherwerb aller Kinder gerichtet sind. Zudem wurde die Wirkung der situationalen Sprachförderung kaum je empirisch erforscht. Der PISA-Schock hat schließlich dazu geführt, dass eine hinreichende Wirksamkeit situationaler Sprachförderung in Zweifel gezogen wurde. Aktuelle Ansätze situationaler Sprachförderung tragen dieser Skepsis Rechnung. Es finden sich darin zunehmend auch Anregungen und Materialien zur Förderung linguistischer Sprachmittel (vgl. Fried, 2003).

Gegenwärtig dürfte die Sprachförderung in Kindertageseinrichtungen dadurch beeinflusst werden, dass in allen Bundesländern sogenannte Bildungsrahmenpläne vorgelegt worden sind, welche die systematische, herausfordernde Sprachförderung als einen der zentralsten Bildungsbereiche markieren. Dabei besteht – ungeachtet der großen Differenzen zwischen den unterschiedlichen Versionen – dahingehend Einigkeit, dass es gilt, die linguistische und kommunikative Kompetenz von Kindern allgemein sowie von Kindern mit Migrationshintergrund bzw. nichtdeutscher Muttersprache im besonderen professionell zu fördern.

Sprachfördertools

Professionelle Sprachförderung, die fachlichen Erkenntnissen aus der Spracherwerbs-, Lehr-Lern- bzw. Expertiseforschung entspricht, zeichnet sich nicht zuletzt dadurch aus, dass sie auf professionelle Tools zurückgreift und diese auch anzuwenden versteht. Diese Tools lassen sich grob in zwei Gruppen einteilen: sprachdiagnostische Hilfsmittel und Sprachförderprogramme.

Sprachdiagnostische Hilfsmittel

Schon Friedrich Fröbel betonte, dass man bei der Bildung im Kindergarten nicht ohne »erziehende Beachtung« des »Wachstums des Kindes«, also nicht ohne diagnostische Maßnahmen auskommt. Das begründete er damit, dass Erzieherinnen ihr »Vermittlungsgeschäft«, also ihre Erziehungs- und Bildungsarbeit, an den beim Kind »beobachteten Gesetzmäßigkeiten« ausrichten müssen. Trotz dieses Plädoyers waren sprachdiagnostische Tools in der Praxis lange Zeit nicht oder kaum im Blickfeld. Das hat verschiedene Ursachen. Eine ist darin zu sehen, dass die traditionelle Kindergartenpädagogik implizierte, Erzieherinnen wären ohne weiteres bereit und fähig, ein Kind intuitiv zu erfassen und zwar so, dass sich ihnen dabei erschließt, wie sie es am besten fördern können. Aus dieser Haltung heraus erschienen sprachdiagnostische Tools überflüssig. Die Realität jedoch zeugt davon, dass Erzieherinnen im Rahmen ihrer Bildungsarbeit immer wieder an Grenzen stoßen, wenn es darum geht, präzise einzuschätzen, wann und wo sie bei einem Kind ansetzen sollten (z. B. Fried, Briedigkeit & Koslowski, 2005). Eine weitere Ursache liegt darin, dass die seit den 1970-er Jahren vorgelegten sprachdiagnostischen Instrumente fast ausschließlich für die Hand von Experten, also nicht zur Anwendung durch Erzieherinnen entwickelt worden sind.

Inzwischen existieren etliche sprachdiagnostische Verfahren, die auch von Erzieherinnen eingesetzt werden können. Für welche Verfahren dies gilt und wie es um deren Qualität bestellt ist, hat u.a. Fried (2004) in ihrer Expertise herausgearbeitet. Darin werden 24 Verfahren daraufhin geprüft, ob sie bestimmten sprachtheoretischen, frühpädagogischen und messtechnischen Standards genügen (vgl. auch Viernickel & Völkel, 2005; zum Teil auch Bundesministerium für Bildung und Forschung, 2005). Dabei zeigt sich, dass die vorhandenen Verfahren vor allem dann nutzbringend angewandt werden können, wenn Erzieherinnen vor folgenden Aufgaben stehen:

- Kinder mit drohenden Sprachentwicklungs- und/oder Schriftsprachentwicklungsstörungen frühzeitig zu identifizieren
- Kinder mit drohenden Sprachentwicklungs- und/oder Schriftsprachentwicklungsstörungen gezielt vorbeugend zu fördern
- Kinder mit Schwierigkeiten beim Erlernen der Erst- oder/und Zweitsprache frühzeitig zu erkennen.

Leider mangelt es aber noch an Verfahren, mit denen man feststellen kann, wie gut die Kommunikationsfähigkeit eines Kindes entwickelt ist. Insbesondere fehlen Instrumente, die einschätzen helfen, wie gut ein Kind etwa schon Gespräche führen, Argumente vorbringen oder Geschichten erzählen kann.

Sprachförderprogramme ■ Was Sprachförderprogramme betrifft, so wurde seit dem PISA-Schock eine inzwischen nur noch schwer überschaubare Fülle an Programmen, Projekten bzw. Maßnahmen entwickelt und dokumentiert. In der praxisorientierten Literatur spitzt sich die Auseinandersetzung mit diesen Sprachförderkonzepten nicht selten auf die Frage zu, welches von diesen Angeboten das »richtige bzw. beste Programm« ist (z.B. Wekerle, 2003). Dieser bereits seit den 60-er Jahren des 20. Jahrhunderts schwelende Streit lebt davon, dass die verschiedenen Programme, Projekte oder Maßnahmen kaum je auf ihre tatsächliche Wirkung hin geprüft werden.

Vor diesem Hintergrund ist die Expertise von Jampert, Best, Guadatiello, Holler & Zehnbauer (2005) hilfreich, in der die meisten derzeit verbreiteten Ansätze nach einem offengelegten Schema charakterisiert und eingeordnet werden. Dabei wird nicht nur auf konzeptuelle Grundlagen (Ziele, Inhalte, Methoden), sondern auch auf die Durchführung (Bedingungen, Voraussetzungen) und auf die wissenschaftlichen Hintergründe (Theorie, Evaluation) jedes Angebots eingegangen. Auf diese Weise erhält man einen Einblick in die Möglichkeiten und Grenzen aktueller Angebote. So ist z.B. evident, dass die Programme in zwei Gruppen eingeteilt werden können: in solche, die sich eher an linguistischen Sprachmitteln und in solche, die sich stärker an sozial-kommunikativer Praxis orientieren. Deutlich wird auch, dass die Elternarbeit einen Schwachpunkt bisheriger Programme darstellt. Hierzu wurden kaum systematische Ansätze vorgelegt. Dabei wissen wir, dass die Sprachentwicklung von Kindern stärker durch das Elternhaus als durch institutionelle Faktoren, wie z.B. den Kindergarten, beeinflusst wird. Außerdem ist bekannt, dass gute Elternarbeit entscheidend dazu beitragen kann, die institutionellen Sprachfördereffekte zu intensivieren.

Zur Forschungslage ■ Wie die Sprachsozialisation bzw. -förderung in Familie und Kindertageseinrichtungen vonstatten geht, ist schwer zu sagen, weil so gut wie keine Beobachtungs- und auch nur vereinzelte Befragungsstudien vorliegen, die dementsprechende Einblicke gewähren. Während ältere Studien belegen, dass Erzieherinnen kaum Sprachentwicklungsprobleme bei den Kindern vermuten, zeigen jüngere Befragungen, dass die Erzieherinnen einen erheblichen Prozentsatz der Kinder mit diesbezüglichen Schwierigkeiten identifizieren (vgl. Grimm, 2003). Ansonsten ist den Studien von Wolf (1987) sowie Tietze et al. (1998) zu entnehmen, dass sich vor allem der soziale Status, aber auch die Kindergartenlernumwelt bzw. die pädagogische Qualität des Kindergartens, wenn auch in Maßen, auf die Sprach- bzw. Wortschatzentwicklung von Kindergartenkindern auswirkt.

In Deutschland wurde bislang nur vereinzelt untersucht, wie Sprachförderprogramme in Institutionen wirken. Noch dazu beschränken sich diese Studien weitgehend auf In- und Output-Analysen.[26] Auf dieser Basis kann man zwar beurteilen, ob bestimmte Programme grundsätzlich dazu taugen, die Sprachentwicklung von Kindern zu fördern, aber man kann nicht einschätzen, welche Wirkungen tatsächlich eintreten, wenn diese Programme nicht unter kontrollierten, sondern unter alltäglichen Bedingungen eingesetzt werden. Hier lassen internationale Studien vermuten, dass es nicht allein oder nicht zuvorderst auf die Beschaffenheit des Programms ankommt. Denn ob und welche Wirkungen sich einstellen oder nicht, hängt von vielen weiteren Faktoren ab. So hat die Qualitätsforschung erbracht, dass die Rahmenbedingungen (Zeit, Intensität, Ausbildung usw.), Orientierungen (Passung zum sonstigen Angebot usw.) und Prozesse des Alltags (Sprachmodell, Beziehung, professionelle Strategien usw.) genauso wichtig, möglicherweise noch entscheidender sind als die Programmvorlage. Außerdem hat die aktuelle Bildungsdiskussion verdeutlicht, dass Angebote nur dann zum Ziel führen, wenn Kinder die dafür notwendige Bildungsbereitschaft (Sprachlernvoraussetzungen) mitbringen (z. B. Tarullo, 2003).

Pädagogische Folgerungen

Es ist also nicht damit getan, sich bestimmter professioneller Tools zu bedienen. Darüber hinaus kommt es darauf an, dass Erzieherinnen über die entsprechende Sprachförderkompetenz verfügen, um alle in der Praxis auftretenden Sprachförderaufgaben erfolgreich zu bewältigen. Solch eine Kompetenz erwächst aus dem Zusammenspiel folgender Faktoren: Wissen, Motive, Problembearbeitungsstile und Könnensrepertoire. Fried et al. (2005) haben beispielsweise herausgefunden, dass Erzieherinnen mit sprachförderrelevanten professionellen Haltungen, einschlägigem Fachwissen und professionellen Problembearbeitungsstilen ihren Beruf gerne ausüben und sich sicher sind, dass sie ihre beruflichen Vorhaben auch bei Widerständen auf Seiten von Kolleginnen und Eltern durchzubringen vermögen.

Deshalb gilt es zukünftig – neben Expertisen, die wichtige Überblicke zu den Tools vermitteln (u.a. Fried, 2004) – Qualifizierungsangebote zu machen, die Erzieherinnen darin unterstützen, ihre Sprachförderkompetenz auszuweiten. Dabei – so unterstreichen die Ergebnisse von Fried et al. (2005) – kommt es, neben der Vermittlung von fachlichem und toolbezogenem Wissen, vor allem auf zwei Dinge an: Es muss an der Entwicklung professioneller Haltungen gearbeitet werden und es muss dafür gesorgt werden, dass neu hinzugezogenes Wissen möglichst direkt in praktisches Tun übersetzt wird. Deshalb scheinen Ansätze ideal, in denen Qualifizierung und Kooperation miteinander verquickt werden. Auf diese Weise steigt auch die Wahrscheinlichkeit, dass Erzieherinnen sich zutrauen, schrittweise mehrere Tools zu kombinieren und situations- sowie fallgerecht einzusetzen (vgl. Whitehead, 2004).

■ Literatur

Barres, E. (1972). Erziehung im Kindergarten. Weinheim: Beltz.
Blochmann, E. (Hrsg.) (1965). Fröbels Theorie des Spiels I (4. Aufl.). Weinheim: Beltz.
Bundesministerium für Bildung und Forschung (Hrsg.) (2005). Anforderungen an Verfahren der regelmäßigen Sprachstandsfeststellung als Grundlage für die frühe und individuelle Förderung von Kindern mit und ohne Migrationshintergrund. Berlin.
Fried, L. (1985). Prävention bei gefährdeter Lautbildungsentwicklung. Eine Untersuchung über die Fördermöglichkeiten von Kindergartenkindern. Weinheim: Beltz.
Fried, L. (2003). (Schrift-)Sprachfähigkeit als kulturelle Basiskompetenz von Kindergartenkindern? In: R. Arnold & H. Günther (Hrsg.), Innovative Bildungs- und Erziehungsprozesse (S. 49–62). Kaiserslautern: Schriftenreihe Pädagogische Materialien der Universität Kaiserslautern.
Fried, L. (2004). Expertise zu Sprachstandserhebungen für Kindergartenkinder und Schulanfänger – Eine kritische Betrachtung (www.dji.de/bibs/271_2232_ExpertiseFried.pdf; letzter Zugriff: 21.4.2006).
Fried, L., Briedigkeit, E. & Koslowski, B. (2005). Dortmunder Fragebogen zur Sprache in Kitas (DO – FRI-

---

[26] Hier sind z. B. die Effektstudien zu weit verbreiteten Programmen zu nennen, wie die Trainingsmappen von Frostig zur Wahrnehmungsförderung, die Sprach- und Intelligenztrainingsmappen von Baar und Tschinkel bzw. Schüttler-Janikulla oder die Würzburger Trainingsmappe zur Förderung der Phonembewusstheit (vgl. Fried 1985, 2003).

KA). Dortmund: Universität, FB 12, Forschungsbericht.
Fried, L., Roßbach, H.-G., Tietze, W. & Wolf, B. (1992). Elementarbereich. In: K Ingenkamp, R.S. Jäger, H. Petillon & B. Wolf (Hrsg.), Empirische Pädagogik 1970–1990. Eine Bestandsaufnahme der Forschung in der Bundesrepublik Deutschland. Bd. 1 (S. 197–263). Weinheim: Beltz.
Grimm, H. (Hrsg.) (2000). Sprachentwicklung. Göttingen: Hogrefe.
Grimm, H. (2003). Störungen der Sprachentwicklung (2. Aufl.). Göttingen: Hogrefe.
Hoffmann, E. (1961). Ausgewählte Schriften. Bd. 2. Die Menschenerziehung von Friedrich Fröbel. Düsseldorf: Küpper vorm. Bondi.
Jampert, K., Best, P., Guadatiello, A., Holler, D. & Zehnbauer, A. (2005). Schlüsselkompetenz Sprache. Sprachliche Bildung und Förderung im Kindergarten. Konzepte, Projekte, Maßnahmen. Weimar: Netz.
Richter, G. (1926). Deutsche Spracherziehung bei Friedrich Fröbel. Unveröffentlichte Dissertation. Halle: Universität.
Tarullo, L.B. (Ed.) (2003). Head Start FACES 2000. A whole-child perspective on program performance. Washington, DC: Department of Health and Human Services (DHHS), Head Start Quality Research Consortium's Performance Measure Center.
Tietze, W., Meischner, T., Gänsfuß, R., Grenner, K., Schuster, K.-M., Völkel, P. & Roßbach, H.-G. (1998). Wie gut sind unsere Kindergärten? Eine empirische Untersuchung zur pädagogischen Qualität in deutschen Kindergärten. Neuwied: Luchterhand.
Viernickel, S. & Völkel, P. (2005). Beobachten und dokumentieren im pädagogischen Alltag. Freiburg: Herder.
Wekerle, D. (2004). Ganzheitliche Sprachförderung und/oder Würzburger Trainingsprogramm? Eine kritische Betrachtung aus pädagogischer Sicht. In: Theorie und Praxis der Sozialpädagogik, 6, 44–48.
Whitehead, M. (2004). Sprachliche Bildung und Schriftsprachkompetenz (literacy) in der frühen Kindheit. In: W. E. Fthenakis & P. Oberhuemer (Hrsg.), Frühpädagogik international. Bildungsqualität im Blickpunkt (S. 295–311). Wiesbaden: VS.
Wolf, B. (Hrsg.) (1987). Zuwendung und Anregung. Lernumweltforschung zur Sprachentwicklung im Elternhaus und Kindergarten. Weinheim: Deutscher Studien Verlag.

Kognitive Förderung

Gisela Kammermeyer

Denken wird als höchste Form kognitiver Prozesse angesehen (Aebli, 1980). Kognitive Förderung bezieht sich auf den Aufbau von inneren Vorstellungen bzw. Repräsentationen. Bei der Förderung kann unterschieden werden zwischen einer generellen Förderung für alle Kinder im Alltag und einer spezifischen Förderung, die zusätzlich für die Kinder durchgeführt wird, für die das tägliche Angebot nicht ausreicht. Da die Möglichkeiten gezielter Förderung kognitiver Fähigkeiten im Alltag von Kindertagesstätten zu wenig genutzt werden und durch diese spätere zusätzliche spezifische Förderung verzichtbar werden könnte, legt der vorliegende Artikel seinen Schwerpunkt auf die generelle Förderung in Kindertagesstätten. Ausgehend von der Geschichte der kognitiven Förderung in der Vorschulpädagogik werden die Theorien der kognitiven Entwicklung von Piaget und Wygotski dargestellt. Anschließend werden zentrale Bereiche der kognitiven Entwicklung beschrieben und Möglichkeiten zu ihrer Förderung aufgezeigt. Im letzten Abschnitt werden dann grundlegende Maßnahmen der kognitiven Förderung genauer betrachtet.

Bedeutung in der Geschichte der Vorschulpädagogik ■ Kognitive Förderung spielte bereits bei Fröbel und Montessori eine Rolle, eine besondere Bedeutung erhielt sie in den 1970-er Jahren. Ausgelöst durch den Sputnikschock und neuere lernpsychologische Erkenntnisse sollte durch Trainingsprogramme und Übungsmaterialien im Rahmen funktionsorientierter Ansätze eine Förderung der kognitiven Entwicklung erreicht werden. Dabei ging es vor allem um die Schulung einzelner psychischer Funktionen (z.B. Wahrnehmung, Sprache, Intelligenz), von denen angenommen wurde, dass sie weitere Lernprozesse beeinflussen. So genannte Vorschulmappen und Lernspiele fanden im Kindergartenalltag weite Verbreitung. Einerseits wurde die Bedeutung der kognitiven Förderung in der frühen Kindheit erkannt, andererseits bestand die Gefahr einer Verschulung des Kindergartens. Die Hoffnungen, die mit dem funktionsorientierten Ansatz verbunden waren, erfüllten sich jedoch nicht, die Frühlesetrainings hatten beispielsweise kaum intelligenzfördernde Wirkungen. Nachdem der »Streit um die Fünfjährigen« zugunsten des Kindergartens entschieden war, setzte sich der situationsorientierte Ansatz in Deutschland weitgehend durch. Da dieser die Priorität des sozialen Lernens betont, geriet die gezielte kognitive Förderung sehr in den Hintergrund. In der Reggio-Pädagogik wird die Einheit von kognitiver und affektiver Entwicklung betont und die Bedeutung des forschenden entdeckenden Lernens herausgestellt. Der PISA-Schock bewirkte, dass die Notwendigkeit kognitiver Förderung im Vorschulalter erneut größere Aufmerksamkeit erhielt.

Theoretische Grundlagen zur kognitiven Entwicklung ■

Piaget (1974, 1978) prägte nachhaltig die Vorstellungen von der kognitiven Entwicklung des Kindes. Bedeutsam ist vor allem seine konstruktivistische Grundidee, dass kognitive Kompetenzen nur durch aktive Konstruktionen und nicht durch passive Übernahme von Wissen angeeignet werden können. Widerlegt ist jedoch, wie Stern (2002) zusammenfasst, dass sich die kognitive Entwicklung in Stufen vom konkreten Handeln zum abstrakten Denken vollzieht. Überholt ist deshalb auch, dass sich das Vorschulkind in der präoperationalen Phase befindet und noch nicht zu logischem Denken und zur Perspektivenübernahme fähig ist. Betont werden heute weniger allgemeine Kompetenzen, wie die Fähigkeit zur Abstraktion bei Piaget als vielmehr bereichsspezifische Kompetenzen. Jüngere Kinder schneiden nicht deshalb bei vielen Inhalten schlechter ab als ältere, weil sie prinzipiell über schlechtere kognitive Voraussetzungen verfügen, sondern weil sie weniger Lernerfahrungen machen konnten.

Wichtige Erkenntnisse für die kognitive Förderung stammen aus den theoretischen Vorstellungen von Wygotski (1987), nach dem sich die kognitive Entwicklung durch die Übernahme von im kulturellen Kontext entstandenen Werkzeugen vollzieht. Wegweisend ist der Begriff »Zone der nächsten Entwicklung«. Damit wird der Unterschied zwischen dem Entwicklungsniveau bezeichnet, auf dem ein Kind eine Aufgabe unter Anleitung von Erwachsenen oder kompetenten Kindern bewältigt, und dem Niveau, auf dem das Kind eine Aufgabe selbstständig löst. Denken und Sprechen sind für Wygotski (1987) eng miteinander verknüpft, erst im Dialog eignen sich die Kinder Werkzeuge des Denkens (z. B. Wissen, Symbole, Strategien) an. Interaktionen, vor allem zwischen Erwachsenen und Kindern, spielen deshalb in Bezug auf die kognitive Förderung eine große Rolle.

Wichtige Inhaltsbereiche für kognitive Förderung ■

Bereichsspezifisches Wissen und Arbeitsgedächtnis ■ Kinder im Vorschulalter verfügen bereits über Wissen im physikalischen, biologischen und psychologischen Bereich, das theorieähnliche Züge aufweist (Mähler, 1999; Fried 2005). Im Bild vom »Kind als Wissenschaftler« wird dies besonders prägnant ausgedrückt. Neuere Theorien zur Entwicklung bereichsspezifischen Wissens (vgl. den Überblick von Mähler 1999) gehen davon aus, dass der Wissenserwerb durch intuitive Theorien über bestimmte Bereiche geleitet wird. (Schrift-)sprachliche und mathematische Kenntnisse, die Kinder vor der Schule erwerben, sind für anschlussfähige Bildungsprozesse besonders bedeutsam (Kammermeyer, 2004). Die phonologische Bewusstheit und das Wissen über Schrift haben eine hohe Prognosekraft für den Schriftspracherwerb, mit dem mengen- und zahlenbezogenen Vorwissen kann der Schulerfolg in Mathematik vorhergesagt werden. Entscheidend ist jedoch nicht die Anhäufung von Wissen, sondern die Vernetzung und Strukturierung des Wissens.

Da der Aufbau von Wissensstrukturen Zeit braucht, muss möglichst bald mit ihm begonnen werden. Dies bedeutet, dass Kinder frühzeitig angeregt werden sollten, sich im Alltag mit Buchstaben und Lauten sowie mit Mengen und Zahlen bzw. allgemein mit Zeichensystemen auseinander zu setzen. Der Wissenserwerb und das Wirklichkeitsverstehen kann nach Hasselhorn und Mähler (1998) dadurch unterstützt werden, dass die Kinder ermutigt werden, ihre Erfahrungen und Vorstellungen über die Welt, die häufig von denen der Erwachsenen abweichen, genau zu beschreiben. Diese können dann mit denen anderer Kinder verglichen werden. Dabei werden Fragen beantwortet oder aber neue Fragen aufgeworfen, die zum weiteren Nachdenken anregen. Ziel kognitiver Förderung ist nicht nur der Wissensaufbau, sondern auch der Aufbau einer Fragehaltung (scientific inquiry) und die Förderung des Interesses.

Seit den 1990-er Jahren wird in der kognitiven Entwicklungspsychologie neben der Bedeutung des vorhandenen Vorwissens für weitere Lernprozesse auch die Bedeutung des Arbeitsgedächtnisses als Voraussetzung für den Wissenserwerb herausgestellt (Hasselhorn & Mähler 1998). Die Entwicklung des Arbeitsgedächtnisses hängt mit der vermutlich in erster Linie reifungsbedingten Geschwindigkeit zusammen, mit der das »innere Sprechen« automatisiert wird. Im Laufe des sechsten Lebensjahres kommt es zu einer Kapazitätsvergrößerung des Arbeitsgedächtnisses, was nach Hasselhorn (2005) für erfolgreiches schulisches Lernen bedeutsam ist.

Innere Nachsprechprozesse können jedoch auch schon bei jüngeren Kindern angeregt werden, wenn sie zu Wiederholungen ermutigt werden. Trotz noch fehlender empirischer Belege erscheint es durchaus sinnvoll, Kinder bei Tätigkeiten im Alltag anzuregen, laut mitzusprechen oder auch leise für sich zu wiederholen. Unabhängig von einer potentiellen Förderung des Arbeitsgedächtnisses spielen Selbstgespräche als »lautes Denken« für die kognitive Entwicklung eine Rolle. Empirisch belegt werden konnte, dass Kinder, die verhältnismäßig viel zu sich sprechen, Aufgaben erfolgreicher und mit größerem Einsatz lösen (Berk & Spuhl, 1995).

Strategien und Metakognitionen ■ Strategien entlasten das Arbeitsgedächtnis. Kinder im Vorschulalter verfügen bereits über unterschiedliche, mehr oder weniger effiziente Strategien, z.B. beim Zählen, beim Puzzeln oder beim Bauen. Siegler (1996, S. 237) zeigt am Beispiel der Min-Strategie bei der Addition (es ist effektiver beim Zusammenzählen nicht bei 1 zu beginnen, sondern von der größeren Zahl aus weiter zu zählen) auf, dass Kinder verschiedene Strategien gleichzeitig verwenden. Für die kognitive Entwicklung förderlich ist es, wenn nach Beendigung einer Aufgabe nicht nur nach dem Ergebnis, sondern auch der eingesetzten Strategie (Wie hast du das gemacht?) gefragt wird. Besonders ergiebig sind Situationen, in denen verschiedene Strategien hinsichtlich ihrer Effektivität von den Kindern diskutiert werden. Hierzu können durchaus auch Strategien von Erwachsenen vorgeschlagen werden, die dann von den Kindern ebenfalls erprobt und besprochen werden. Fehler gewinnen hierbei eine neue Bedeutung, sie fordern das gemeinsame Überlegen in besonderer Weise heraus. Ein solches Anknüpfen an den Vorstellungen des Kindes kann dazu beitragen, dass weniger geeignete Strategien durch angemessenere ersetzt werden.

Das Nachdenken über das eigene Denken und Lernen wird auch unter den Begriffen Metakognition und lernmethodische Kompetenz thematisiert. Die Vermittlung lernmethodischer Kompetenzen wurde als wichtiger neuer Ansatz in viele Bildungspläne aufgenommen. In Deutschland hat vor allem der metakognitive Ansatz von Pramling (1996, vgl. Gisbert, 2004) Bedeutung erlangt. In diesem sozialkonstruktivistischen Ansatz geht es ebenfalls darum, durch gezieltes Anknüpfen am Vorwissen und am Vorverständnis der Kinder ein Bewusstsein für ihre Lernprozesse zu schaffen. In der von Wallace (2002) vorgeschlagenen allgemeinen Struktur zur Gestaltung gelenkter Situationen zur kognitiven Förderung sind zwei metakognitive Phasen enthalten. In einer erhalten die Kinder den Impuls, über den Inhalt ihres Lernens zu reflektieren (Was habe ich wie gelernt?), in der anderen werden sie angeregt, über sich selbst als Lerner nachzudenken (Wie gut habe ich es gemacht?).

Kausales und magisches Denken ■ Piaget (1974, 1978) ging davon aus, dass Denkfehler von Vorschulkindern darauf zurückzuführen sind, dass sie noch nicht zu kausalem Denken fähig sind, weshalb diese Phase auch präkausale Phase genannt wird. Die neuere Forschung zu kausalem Denken zeigt jedoch, dass Kinder bereits im Alter von drei bis vier Jahren nach Erklärungen für Phänomene suchen. Sie probieren aus und ziehen aus den Wirkungen Schlüsse auf die Ursache von Ereignissen, wenn für das beobachtete Phänomen kein spezifisches Vorwissen nötig ist (Bullock & Sodian, 2003).

Für die kognitive Förderung bedeutet dies, das Interesse der Kinder an Ursache-Wirkungs-Zusammenhängen aufzugreifen und zu unterstützen. Wichtig sind nicht die Erklärungen der Erwachsenen, sondern die Anregungen zur genauen Beschreibung des Beobachteten und der Austausch über Vermutungen. Die Kinder sollten ermuntert werden, ihre Versuche zu überprüfen und diese zu variieren (z. B. mit anderen Gegenständen). Intensiviert wird diese kognitive Förderung, wenn die Kinder ihre persönlich bedeutsamen Erkenntnisse, gegebenenfalls mit Hilfe der Erzieherin dokumentieren (z. B. durch Zeichnungen, Photos, Wandzeitung).

Mit der fehlenden Fähigkeit zum logischen Denken begründet Piaget auch die Beobachtung, dass bei Vorschulkindern häufig magisches bzw. animistisches Denken zu beobachten ist. Die Kinder vermischen die mentale und die physikalisch reale Welt (z. B. glauben sie an den Osterhasen) und halten unbelebte Objekte oder Naturphänomene für lebendig (z. B. die Sonne will nicht scheinen). Mähler (1999) fasst den bisherigen Forschungsstand zusammen und kommt zu dem Ergebnis, dass Kinder im Vorschulalter schon über relevantes Wissen über das Leben verfügen. Sie bewertet das magisch-animistische Denken nicht als Defizit, sondern als besonders kreatives Potenzial des Vorschulkindes, dessen Reichtum es zu bewahren gilt. Es befähigt die Kinder in unklaren Situationen, kreative Lösungen zu finden. Auch im Sinne kognitiver Förderung sollten sich Erwachsene deshalb einerseits mit in die Phantasiewelt der Kinder begeben, wenn die Kinder dies wünschen und andererseits sich mit den Kindern auf den Weg machen, naturwissenschaftliche Phänomene zu ergründen (Mähler, 2005).

Maßnahmen zur kognitiven Förderung ■

Training ■ Spezifische Trainingsprogramme als spezielle Fördermaßnahmen, spielten im Alltag von Kindertagesstätten lange Zeit kaum eine Rolle. Eine Bedeutung in der Praxis erlangte lediglich das empirisch bewährte Würzburger Training »Hören, Lauschen, Lernen« von Küspert und Schneider (1999) zur Förderung der phonologischen Bewusstheit. In diesem werden Spiele aus sechs, inhaltlich aufeinander aufbauenden Bereichen (Lauschspiele, Reime, Sätze und Wörter, Silben, Anlaute, Phoneme) nach einem detaillierten Trainingsplan sieben Monate in kleinen Gruppen täglich ca. zehn Minuten lang durchgeführt. Verbessert wird der Trainingseffekt, wenn dieses Training mit dem Würzburger Buchstaben-Laut-Training (Plume & Schneider, 2004) kombiniert wird.

Ebenfalls erfolgreich erwies sich in mehreren Studien das »Denktraining für Kinder I« von Klauer (1989). Es fördert das induktive Denken von Kindern von fünf bis sieben Jahren. Die Kinder stellen systematische Vergleiche zwischen Gegenständen an, um Regelmäßigkeiten und Gesetzmäßigkeiten zu entdecken. Das Training wird in kleinen Gruppen von zwei bis vier Kindern durchgeführt und ist für zehn ca. 20 Minuten dauernde Sitzungen angelegt. Hübner (2000) fasst die Wirkungen des Trainings, die sich in Leistungsverbesserungen bei Intelligenztests zeigen, zusammen. Sie modifiziert das Programm durch so genannte »Trickkarten«, wodurch die Wirkungen im Strategiebereich noch etwas verbessert werden können.

Spiel ■ Das Spiel wird häufig als Königsweg für die Entwicklungsförderung in der frühen Kindheit angesehen. Kinder zeigen aber auch häufig Spielverhalten, das unter ihrem Entwicklungsniveau liegt (z. B. indem sie immer wieder das gleiche Spiel spielen). Treinies (1989) weist empirisch nach, dass sich das Spielen im Kindergarten (Rollen-, Regel-, Bauspiel) nicht direkt auf schulische Lernprozesse auswirkt, sondern erst indirekt über Lernbegleitprozesse (z. B. Aufmerksamkeit,

Selbständigkeit). Um zusätzlich direkte Wirkungen zu erzielen, müssten vermutlich spezifische Lernprozesse im Spiel gefördert werden (z. B. schriftsprachliche/mathematische Erfahrungen im Rollen- bzw. Lernspiel). Wenn Interventionen im Spiel entwicklungsfördernd wirken sollen, müssen sie nach Oerter (1996) auf der mittleren Spielebene, der Handlungsebene angesetzt werden. Auf dieser Ebene ist das Handeln des Kindes bewusst und zielgerichtet (z. B. »Ich bin Gast im Restaurant«). Entwicklungsanregende Impulse (z. B. »Gibt es in diesem Lokal keine Rechnung?«) befähigen das Kind im Spiel zu Leistungen, zu denen es außerhalb nicht in der Lage ist. In diese »Zone der nächsten Entwicklung« (Wygotski, 1987) gelangt das Kind vor allem durch kompetente Spielpartner.

Besondere Anregungen zur kognitiven Entwicklung gehen vom Phantasie- und Rollenspiel aus. Bei diesen Spielhandlungen spielt die Substitution von abwesenden Objekten und Situationen (eine Banane wird zum Telefon) sowie das Kodieren und Dekodieren von Symbolen eine große Rolle. Rollenspiele schlagen die Brücke zu abstrakt-logischem Denken, durch den Prozess der Dekontextualisierung unterstützen sie den Erwerb von symbolischen Repräsentationen (wie z. B. Schrift; Einsiedler, 1999). Diese Fähigkeit, von konkreten Denkhilfen allmählich unabhängig zu werden, wird gar als Kern der sozial-kognitiven Entwicklung betrachtet (Einsiedler, 1999).

Kognitiv stimulierende Wirkungen gehen vom Phantasiespiel auch deshalb aus, weil die Kinder in diesen Spielhandlungen ständig zur Metakommunikation (z. B. Regieanweisung »Als Baby kannst du doch noch nicht sprechen«) und zum Perspektivenwechsel (z. B. »Jetzt bin ich die Mutter und du das Kind«) herausgefordert werden. Die Fähigkeit, uns selbst und anderen mentale Zustände zuzuschreiben (z. B. wissen, glauben, wollen, fühlen) wird unter dem Begriff »theory of mind« untersucht. Zwischen dem dritten und vierten Lebensjahr lernen die Kinder, dass andere anders denken als sie selbst und es entwickelt sich die Fähigkeit, zwischen Überzeugung und Realität und zwischen Schein und Realität zu unterscheiden (Sodian, 2005).

Eine Verbindung zwischen dem kindlichen Phantasiespiel und Theorien des Wissenserwerbs wird im Script-Ansatz (Einsiedler, 1999) hergestellt. Scripts sind Repräsentationen von Handlungsabläufen des Alltags bzw. mehr oder weniger routinierte Ereignisse (z. B. Zu-Bett-gehen, Geburtstag, Restaurantbesuch). Kognitive Anregungen gehen von Gesprächen mit den Kindern aus, die dazu beitragen, dass vorhandene Skripts erweitert bzw. neue Skripts aufgebaut werden.

Die Bedeutung von Erwachsenen für kognitiv anspruchsvolle Spielhandlungen stellen übereinstimmend Oerter (1996) und Einsiedler (1999) heraus. Ein Ansatz zur Förderung des Phantasiespiels liegt von Johnson, Christie und Yawkey (1987) vor. In diesem werden drei Möglichkeiten aufgezeigt: Mitspielen, Spieltutoring (Einführen neuer Aspekte, z. B. Perspektivenwechsel) und thematisches Phantasiespiel (Einführung eines Themas, z. B. Restaurantbesuch). Die empirische Forschung zu »play and literacy« belegt überzeugend, dass kognitiv anspruchsvolles Rollenspiel durch aktive Anregungen von Erzieherinnen initiiert werden kann und dass dadurch die Entwicklung von »emergent literacy« deutlicher gefördert wird (Morrow, 1990). Kognitiv fördernd wirkt nicht jedes Spiel. Damit Kinder durch das Spiel in die »Zone der nächsten Entwicklung« gelangen, sind substantielle Spielsituationen notwendig, in denen vom Material, von den Kindern oder von Erwachsenen Anregungen zu sozialen Ko-Konstruktionen ausgehen.

Erwachsenen-Kind-Interaktion ■ Der Erwachsenen-Kind-Interaktion (Eltern, Erzieherin) kommt bei der generellen kognitiven Förderung im Alltag eine große Bedeutung zu. Diese hat sich auch in der Forschung zur Qualität in der Kindertagesbetreuung als Schlüsselelement herauskristallisiert (Gisbert, 2004, S. 56). Als Merkmale einer entwicklungsfördernden Erzieherinnen-Kind-Interaktion sind vor allem Sensitivität und Responsivität herauszustellen. Eine responsive Erzieherin ermutigt das Kind bei seinen

Aktivitäten, stellt ihm Fragen, die es zum Nachdenken anregen und ermuntert es zu weiteren Aktivitäten. Entwicklungsfördernd sind vor allem Fragen, die sich nicht nur auf Konkretes im Hier und Jetzt, sondern auf Abwesendes beziehen, um Vorstellungen bzw. innere Repräsentationen anzuregen. Die Bedeutung solcher Abstandsfragen für die kognitive Entwicklung zeigt Sigel (2000) in seiner Distancing-Theorie auf. Auf diese Theorie baut das niederländische CITO-Pyramide-Programm von van Kuyk (2003) auf, in dem zwischen Nähe- und Abstandsfragen unterschieden wird. Während Nähefragen aus dem Hier und Jetzt beantwortet werden können, muss die Antwort bei Abstandsfragen durch Nachdenken aufgrund von Vorkenntnissen erst entwickelt werden. Im Konzept »dialogic reading« von Whitehurst, Arnold, Epstein, Angell, Smith und Fishel (1994) sind konkrete, empirisch erprobte Fragestrategien zur Erweiterung des kindlichen Denkens beim Vorlesen enthalten.

Zukünftige Perspektiven
Die kognitiven Fähigkeiten von Kindern wurden lange Zeit eher unterschätzt. Der Gefahr einer künftigen Überschätzung kann entgegen gewirkt werden, wenn bei kognitiven Förderansätzen von den Vorstellungen der Kinder, von ihren intuitiven Theorien ausgegangen wird. Diese sind für Erwachsene nicht nur häufig überraschend, sondern auch von Kind zu Kind sehr unterschiedlich. Wenn Kinder verstärkt angeregt und unterstützt werden, anderen ihre Überlegungen und Ideen darzulegen, wenn diese ernst genommen und weiter geführt werden, dann ist dies nicht nur für die kognitive Entwicklung förderlich, sondern auch für eine positive Entwicklung von Selbstkonzept, Selbstwertgefühl und Selbstwirksamkeit, also für die gesamte Identitätsentwicklung. Die Chancen, durch kognitive Anregungen auch die Persönlichkeit zu stärken, sind in der frühen Kindheit derzeit noch zu wenig erkannt und genutzt.

■ Literatur

Aebli, H. (1980). Denken: Das Ordnen des Tuns. Stuttgart: Klett-Cotta.

Berk, L. E. & Spuhl, S. T. (1995). Maternal interaction, private speech, and task performance in preschool children. Early Childhood Research Quarterly, 10, 145–169.

Bullock, M. & Sodian, B. (2003). Entwicklung wissenschaftlichen Denkens. In: W. Schneider & M. Knopf (Hrsg.), Entwicklung, Lehren und Lernen (S. 75–91). Göttingen: Hogrefe.

Einsiedler, W. (1999). Das Spiel der Kinder. Bad Heilbrunn: Klinkhardt.

Fried, L. (2005). Wissen als wesentliche Konstituente der Lerndisposition junger Kinder. Expertise im Auftrag des Deutschen Jugendinstituts (DJI). www.dji.de/bibs/320_5488_Fried.pdf (20.3.2006).

Gisbert, K. (2004). Lernen lernen. Lernmethodische Kompetenzen von Kindern in Tageseinrichtungen fördern. Weinheim: Beltz.

Hasselhorn, M. (2005). Lernen im Altersbereich zwischen 4 und 8 Jahren: Individuelle Voraussetzungen, Entwicklung, Diagnostik und Förderung. In: T. Guldimann & B. Hauser (Hrsg.), Bildung 4- bis 8-jähriger Kinder (S. 77–88). Münster: Waxmann.

Hasselhorn, M. & Mähler, C. (1998). Wissen, das auf Wissen baut: Entwicklungspsychologische Erkenntnisse zum Wissenserwerb und zum Erschließen von Wirklichkeit im Grundschulalter. In: J. Kahlert (Hrsg.), Wissenserwerb in der Grundschule (S. 73–89). Bad Heilbrunn: Klinkhardt.

Hübner, S. (2000). Denkförderung und Strategieverhalten. Münster: Waxmann.

Kammermeyer, G. (2004). Schulfähigkeit. In: C. Christiani (Hrsg.), Schuleingangsphase: neu gestalten (S. 54–64). Berlin: Cornelsen Scriptor.

Johnson, J. E., Christie, J. F. & Yawkey, T. D. (1987). Play and early childhood development. Glenview, IL: Scott Foresman.

Klauer, K. J. (1989). Denktraining für Kinder I. Ein Programm zur intellektuellen Förderung. Göttingen: Hogrefe.

Küspert, P. & Schneider, W. (1999). Hören, lauschen, lernen. Sprachspiele für Kinder im Vorschulalter. Göttingen: Vandenhoek & Ruprecht.

Mähler, C. (1999). Naive Theorien im kindlichen Denken. Zeitschrift für Entwicklungspsychologie und Pädagogische Psychologie, 31 (2). 53–66.

Mähler, C. (2005). Die Entwicklung des magischen Denkens. In: T. Guldimann & B. Hauser (Hrsg.), Bildung 4- bis 8-jähriger Kinder (S. 29–40). Münster: Waxmann.

Morrow, L. M. (1990). Preparing the classroom environment to promote literacy during play. Early Childhood Research Quarterly, 5, 537–554.

Morrow, L. M. & Rand, M. K. (1991). Promoting literacy during play by designing early childhood classroom environments. The Reading Teacher, 44, 396–402.

Oerter. R. (1996). Fördert Spiel Entwicklung? In: G. Opp & F. Peterander (Hrsg.), Focus Heilpädagogik (260–271).

Piaget, J. (1974). Der Aufbau der Wirklichkeit beim Kinde. Stuttgart: Klett.

Piaget, J. (1978). Das Weltbild des Kindes. Stuttgart: Klett-Cotta.
Plume, E. & Schneider, W. (2004). Hören, lauschen, lernen 2. Spiele mit Buchstaben und Lauten für Kinder im Vorschulalter. Göttingen: Vandenhoek & Ruprecht.
Siegler, R. S. (1996). Das Denken von Kindern (3. Aufl.). München: Oldenbourg.
Sigel, I. E. (2000). Educating the Young Thinker Model, from research to practice. In: J.L. Roopnarine & J. E. Johnson (Eds.), Approaches to Early Childhood Education (pp. 315–340). Prentice Hall: Pearson.
Sodian, B. (2005). Entwicklung des Denkens im Alter von vier bis acht Jahren – was entwickelt sich? In: T. Guldimann & B. Hauser (Hrsg.), Bildung 4- bis 8-jähriger Kinder (S. 9–28). Münster: Waxmann.
Stern, E. (2002). Wie abstrakt lernt das Grundschulkind? Neuere Ergebnisse aus der entwicklungspsychologischen Forschung. In: H. Petillon (Hrsg.), Individuelles und soziales Lernen in der Grundschule – Kindperspektive und pädagogische Konzepte (S. 27–42). Opladen: Leske & Budrich.
Treinies, G. (1989). Direkte und indirekte Wirkungen des Spielens im Kindergarten auf Lernbegleitprozesse, Lernleistungen im 1. Schuljahr. Berichte und Arbeiten aus dem Institut für Grundschulforschung, Nr. 67. Universität Erlangen-Nürnberg.
Van Kuyk, J. J. (2003). Pyramide. Die Methode für junge Kinder. Nijmegen: CITO.
Wallace, B. (2002). Teaching thinking skills across the early years. A practical approach for children aged 4–7. London: Fulton.
Whitehurst, G.J., Arnold, D.H., Epstein, J.N., Angell, A. L., Smith, M. & Fishel, J.E. (1994). A picture book reading intervention in daycare and home for children from low-income families. Developmental Psychology, 30, 679–689.
Wygotski, L. (1987). Ausgewählte Schriften. Band 2: Arbeiten zur psychischen Entwicklung der Persönlichkeit. Köln: Pahl-Rugenstein.

Ästhetische Bildung

Gerd E. Schäfer

In der frühpädagogischen Tradition, von Fröbel über die Montessori- bis hin zur Waldorfpädagogik, wurde schon immer die Bedeutung sinnlicher Erfahrungen für frühkindliche Bildungsprozesse herausgestellt. So ordnete Fröbel seine Spielgaben unter dem Blickwinkel der Lebensformen, Erkenntnisformen und Schönheitsformen. Bei Montessori ist das Sinnesmaterial ein wesentlicher Bestandteil der vorbereiteten Umgebung, eine Vorstellung von ästhetischer Bildung gibt es bei ihr jedoch nicht. Die Waldorfpädagogik widmet das erste Jahrsiebt der Aus-Bildung der sinnlichen Erfahrung. Doch wird dort die Verbindung von Ästhetik und Denken in den frühen Jahren eher vernachlässigt. Heute sind in den Kindertagesstätten Ateliers und Werkstätten Labors der ästhetischen Erfahrung der Kinder. Mit der Reggio-Pädagogik gibt es ein international anerkanntes frühpädagogisches Konzept, in dem die ästhetische Erfahrung bei der Weltentdeckung der Kinder eine zentrale Rolle spielt. Doch zumeist wird Ästhetik als eine Angelegenheit der Kunst betrachtet und mit der Produktion schöner Gegenstände verbunden. Abgeschoben in den Kunstbereich wird ästhetische Bildung leicht zu einer schönen Zutat, auf die man tendenziell verzichten zu können meint, je mehr das Lernpotenzial der Kinder auch auf Sprache, Mathematik oder Natur ausgerichtet werden soll.

Ästhetik hat mit Erkennen zu tun ■

Die traditionelle Verbindung von Ästhetik und Schönheit wird von mehreren Seiten in Frage gestellt. Da ist zum einen die Kunst des 20. Jahrhunderts, die dem Hässlichen, dem Grausamen oder dem Zufälligen, dem Trivialen, Rohen oder Naiven legitime Plätze in der Kunst sicherte. Sie brach mit den traditionellen Maßstäben für das ästhetische Urteil, die die Verbindung von Kunst und Schönheit nahezu bis ins 20. Jahrhundert bestimmten. Dadurch wurde es aber möglich, dass schließlich – im letzten Drittel des 20. Jahrhunderts – die Postmoderne in einer Art von »fröhlichem Nihilismus« (Böhme, 1995, S. 10) mit diesen ästhetischen Maßstäben spielte. War bis dahin Ästhetik hauptsächlich mit Werturteilen befasst, konnte mit der postmodernen Relativierung der Maßstäbe für diese Urteile die Frage nach der Bedeutung der Ästhetik für die Erkenntnis neu bedacht werden. So hat Welsch (1993) »Aisthesis« als wesentlichen Teil von Erkenntnis überhaupt beschrieben. Damit wird der ursprüngliche Sinn von »Aisthesis« = Wahrnehmung wieder zur Grundlage des Ästhetikbegriffs.

Des weiteren haben die Wahrnehmung bzw. die zerstörerischen Folgen der Nichtwahrnehmung – z.B. ökologischer Zusammenhänge – für die grundlegende Bedeutung von Aisthesis bei der Welterkenntnis sensibilisiert. Die Einsichten der Tiefenpsychologie haben auf die Zusammenhänge von emotionaler Wahrnehmung und psychosozialen Prozessen aufmerksam gemacht. Die sozialen Katastrophen des 20. Jahrhunderts – insbesondere die der Diktaturen und Kriege – nötigten dazu, die emotionale Wahrnehmung als einen höchst bedeutsamen Teil der Wirklichkeitserkenntnis ernst zu nehmen.

Schließlich vergrößert die gegenwärtige rasante Entwicklung der elektronischen Medien die Spannbreite zwischen künstlichen Wirklichkeiten und ästhetischer Verödung. Sie verlangen eine differenzierte Unterscheidungsfähigkeit zwischen »wirklichen« und »virtuellen« Wirklichkeiten einerseits sowie zwischen subtilen, unterschwelligen und trivialen ästhetischen Botschaften andererseits. Eine an Werturteilen sich entlang hangelnde Medienerziehung ist auf die damit entstandenen Aufgaben nicht vorbereitet. Ästhetik muss zu einem differenzierten Teil der Lebenserfahrung werden, damit die teilweise raffinierten ästhetischen Botschaften, die den Lebensalltag mitgestalten, besser verstanden und abgewogen werden können.

Darüber hinaus wird die grundlegende Bedeutung von Wahrnehmung für Erkenntnis von den Kognitionswissenschaften und hier insbesondere von der Neurobiologie gestützt, die zeigen können, wie sich die Wahrnehmungserfahrungen des kleinen Kindes abhängig von den Möglichkeiten ausbilden, differenzieren und auch neurologisch verankern, die sich in seinem Lebensalltag bieten.

Ästhetik kann also nicht mehr auf die traditionelle Ästhetik des Werturteils beschränkt werden, sondern muss in ihrer grundlegenden Bedeutung als Form der Erkenntnis – als Aisthesis – erfasst werden. Diese erkenntnistheoretische Perspektive erschließt sich, wenn man Wahrnehmen als eine Form des Ordnens begreift, ohne die nichts »gedacht« werden kann, was wahrgenommen wurde. So gesehen umfasst der Begriff Ästhetik alle Formen der sinnlichen Wahrnehmung, ihre Ordnung und inneren Verarbeitungsweisen. Ästhetik ist ein Alltagsphänomen. *Jedes Ereignis ist ästhetisch oder es existiert nicht.* Damit wird die Bildung ästhetischer Erfahrung nicht mehr ins Belieben gestellt und auch keiner nachgiebigen Toleranz überlassen, sondern rückt ins Zentrum frühpädagogischen Handelns und Denkens.

Am Anfang sind wir alle Ästheten

Zu keiner Zeit sind Menschen mehr auf die Ästhetik – im Sinne einer wahrnehmenden Ordnung der Wirklichkeit – angewiesen als in der frühen Kindheit, wenn sie die Welt ausschließlich mit den Sinnen erfassen können und müssen, weil ihnen noch niemand die Welt mit Worten, also unabhängig von einer konkreten Erfahrung, erklären kann. Da Babys in ihrer Wahrnehmung die Welt noch nicht nach Sehen, Hören, Riechen, Tasten, Temperatur differenzieren, machen sie diese Erfahrungen mit allen Sinnen gleichzeitig: Die mütterliche Brust riecht, fühlt sich in bestimmter Weise an, hat einen bestimmten Geschmack, eine Temperatur, verbindet sich mit einer Wahrnehmung des eigenen Körpers, der in einer bestimmten Weise gehalten wird. So wird etwas mit Mund, Auge, Körpersinnen gleichzeitig erfasst und das ruft eine bestimmte gefühlsmäßige Tönung hervor.

Die Sinne des Babys erfassen keine isolierten Reize, sondern das gesamte In-der-Situation-Sein, also eine ganze Szene, in der die Reize eine Einheit bilden. Nelson (1996) spricht von GERs, general-event-representations. Aus diesen Szenen lernt das Baby, allmählich die Einzelheiten herauszulösen. Dabei hilft ihm seine Umwelt: Sie schützt und schränkt die Wahrnehmungsmöglichkeiten so ein, dass es nicht überfordert wird und in Aufregung gerät. Bestimmte Handlungen werden wiederholt, so dass sie sich einprägen können. Dinge werden hervorgehoben, z.B. indem sie dem Kind gezeigt werden. Damit werden sie aus größeren, komplexen Zusammenhängen ausgegliedert und in einer überschaubaren Weise neu arrangiert. Bestimmte Handlungen werden mit der Stimme betont oder auch stimmlich gerahmt (die Mutter plaudert mit dem Baby, während sie es wickelt). Wo es möglich ist, verlangsamen die Erwachsenen auch die Geschwindigkeit von Handlungen, damit das Baby Zeit hat mitzukommen. Manchmal wird etwas akustisch herausgestellt, manchmal etwas optisch markiert, wieder anderes wird dadurch »gerahmt«, dass das Kind in einer bestimmten Weise gehalten wird.

Aber es geht nicht nur um das Erkennen oder das Wiedererkennen solcher Muster, sondern das Baby muss auch herausbekommen, was sie bedeuten: Muss es sich davor schützen? Kann es sich vertrauensvoll zuwenden? Sind Angst, Unbehagen, Freude oder Vergnügen damit verbunden? Jedes Muster, welches das Kind allmählich in der Fülle der Reize erkennt, wird mit einer emotionalen Tönung versehen. Diese Tönung spiegelt die persönlichen Bewertungen wider, die es mit diesem Muster gemacht hat.

Das Baby ist also von Anfang an damit beschäftigt, die Welt, die es umgibt, zu erkennen, in wieder erkennbaren Mustern zu ordnen und die Bedeutung dieser Muster für sein tägliches Leben zu erfassen. Das erste Problem, das es in seinem jungen Leben hat, ist also ein Erkenntnisproblem im wörtlichen Sinn, ein Problem, das mit dem Erkennen und der subjektiven Bedeutung des Erkannten zu tun hat.

Doch dabei bleibt es nicht. Aus dem, was man wahrgenommen hat, müssen Gedanken werden, mit denen man über das, was man erfahren hat, nachdenken kann. Doch dem kleinen Kind stehen dazu noch keine Wörter zur Verfügung. Auf welche Weise denkt es also nach? Zunächst einmal denkt es, dies wissen wir seit Piaget genauer, indem es unmittelbar handelt: Es sieht etwas, greift zu, spielt damit. Es erfährt etwas über das Ding, indem es dieses benutzt. Das führt zu bestimmten *Handlungsschemata* im Umgang mit diesem Ding, die, davon losgelöst, erinnert und wieder benutzt werden, wenn etwas Vergleichbares wieder auftaucht. Denken ist in diesem Zusammenhang gleichbedeutend mit Handeln.

Gegen Ende des ersten Lebensjahres handeln kleine Kinder nicht mehr nur. Die Handlungen werden verinnerlicht und müssen nicht mehr konkret, sondern können auch nur im Kopf vollzogen werden. Es entstehen *Vorstellungswelten* aus Bildern, Szenen, aber auch aus inneren Bewegungen, Tönen, Geräuschen, zuweilen sogar Gerüchen, verbunden mit der ganzen Skala der Gefühle, die einem Menschen zur Verfügung stehen. Mit diesen Vorstellungswelten kann dann auch gespielt werden. Die Kinder probieren aus, was sich aus den Bildern und Szenen im Kopf machen lässt, sie fantasieren. Damit machen sie sich zum einen von ihren Vorbildern unabhängig. Zum zweiten können sie z. B. im Spiel probeweise Erfahrungen mit diesen neuen Bildern machen.

Diese innere Vorstellungswelt spiegelt also nicht nur die vorgefundene Welt wider. Sie mischt wahrgenommene mit erinnerten und umgestalteten Bildern oder Szenen. Sie ist also letztlich Erfindung des Kindes. Gestalten in all seinen Formen besteht insofern im Erfinden und Neuformen einer bereits vorhandenen Wahrnehmungswelt, sei es im Kopf des Kindes, sei es mit irgendwelchen Werkzeugen und Gestaltungsmaterialien, sei es im kindlichen Spiel (vgl. Schäfer, 2005b). Diese Ordnung der Wirklichkeit in ganzheitlich zusammenhängenden Formen muss durch die ästhetische Tätigkeit für alle Sinne geleistet werden.

Der umfassende Anspruch ästhetischer Bildung ■ Ästhetische Bildung reduziert sich aus dieser Sicht nicht auf Staffelei oder Werktisch. Zum einen umfasst sie alle sinnlichen Bereiche, das Auge, das Ohr oder den Tastsinn. Bewegung ist ebenfalls ein wesentlicher Bereich ästhetischer Erfahrung sowie auch der Geruchs- und Geschmackssinn und die emotionalen Wahrnehmungen. Zum anderen wird die Bildung der ästhetischen Wahrnehmungs- und Erfahrungsmöglichkeiten zu einer Angelegenheit, die nicht nur an bestimmten Orten erfolgt, sondern alle Bereiche des kindlichen Alltags umfasst. Das Abschätzen von Mengen beruht auf einer ästhetischen Erfahrung. Sich bewegend, handelnd und mit den unterschiedlichsten Sinnen wahrnehmend erfährt das kleine Kind die Eigenschaften der Materie und ihrer mechanischen »Kräfte«, wie z. B.

schwer, leicht, Gleichgewicht, Schwerkraft. Es empfindet die schiefe Ebene oder die Bewegungsbahn eines fliegenden Körpers, den freien oder gebremsten Fall. Härte, Dichte, Flüssigkeit, Glätte, Rauheit und Widerstand, die Aggregatszustände des Wassers entspringen Alltagswahrnehmungen. Die Veränderungen beim Kochen, Geruch, Geschmack, Licht, der Wechsel der Farben oder Feuer erhalten als grundlegende sinnliche Erfahrungen Eingang ins Denken. Sie können später einmal unter physikalischen oder chemischen Gesichtspunkten (wissenschaftlich) geordnet werden. Wir können annehmen, dass Kinder mit elementaren Konzepten ausgestattet sind, ihre sinnlichen Wahrnehmungen als wiederkehrende Erfahrungsmuster zu ordnen, als mentale Ereignisrepräsentationen, die im Laufe der Zeit unter dem Einfluss kultureller Konzepte in Mathematik, Physik, Chemie oder Biologie verwandelt werden. Dabei werden sie sich auch von den Ordnungen der sinnlichen Wahrnehmung trennen, denn die Denkkonzepte, die aus der sinnlichen Erfahrung hervorgehen, mögen für viele Alltagszwecke ausreichen, heute jedoch nicht mehr für wissenschaftliche Erklärungen (wie man z. B. an den ptolemäischen, kopernikanischen oder galileischen Weltmodellen nachvollziehen kann). Man kann also vermuten, dass das Interesse für Physik, Chemie oder Mathematik mit sinnlichen Erfahrungen in den Alltagszusammenhängen beginnt, aus denen die Kinder dann Fragen entwickeln.

So gesehen kann man tendenziell von unterschiedlichen kindlichen Denkkonzepten ausgehen. Es gibt solche, die aus kindlichen Wahrnehmungserfahrungen hervorgehen, die Wahrnehmungen in Gedanken verwandeln, und andere, die als »Theorien« von anderen Menschen übernommen werden, aber nicht unmittelbar mit der eigenen Wahrnehmungserfahrung verbunden sein müssen. Aufgabe von Bildung ist es, diese beiden Dimensionen so miteinander zu verkoppeln, dass Kinder beim jeweiligen Gegenstand in der Lage sind, ihre Wahrnehmungserfahrungen mit dem übernommenen Wissen zu verkoppeln und – umgekehrt – ihr übernommenes Wissen mit Erfahrungen aus den eigenen Wahrnehmungen so zu verbinden, dass dieses als subjektiv sinnvoll erlebt werden kann. Ästhetische Bildung ist aus dieser Sicht die Grundlage von Bildungsprozessen, die aus der Klärung eigener Erfahrungen hervorgehen. Wenn man das Denken von Gedanken als die eine Seite der Bildung betrachtet, dann ist ästhetische Erfahrung ihre andere Seite.

Das Atelier als Labor ästhetischer Erfahrung

Dieses Erfahren, Ordnen und Gestalten von Wirklichkeit mit ästhetischen Mitteln hat die Reggio-Pädagogik zu einem ihrer Schwerpunkte ausgestaltet (vgl. Vecchi, 2004). Sie ist augenblicklich das einzige frühpädagogische Konzept, welches ästhetische Erfahrung zur Grundlage des kindlichen Erkenntnisprozesses macht. Der Bildungsgedanke, wie er für die Bildungsvereinbarung in Nordrhein Westfalen ausformuliert wurde (Schäfer, 2005a), geht ebenfalls von diesem Grundgedanken aus.

Es ist die Arbeit in Ateliers mit den verschiedensten Werkzeugen, Materialien und Mitteln der Gestaltung, die diesen Gedanken praktisch umsetzt. Man nimmt Wirklichkeit vielfältiger und genauer wahr, wenn man sie mit ästhetischen Mitteln nachvollzieht, z. B. zeichnet oder in Ton gestaltet. Sie gewinnt dadurch einen sensorischen Reichtum, der auch ins Denken eingeht. Was genauer wahrgenommen wurde, darüber kann auch genauer nachgedacht werden. Die Projektdokumentationen in Reggio sind Zeugnisse eines solchen Zusammenhangs, da sie häufig – neben den ästhetischen Produkten der Kinder – auch ihre damit verbundenen Gedanken dokumentieren.

Aber es geht nicht nur um ihre Wahrnehmung, sondern auch um ihre Gestaltung durch Um- und Neuformung. In Gestaltungsprozessen werden die Wahrnehmungen weiter verarbeitet, mit schon vorhandenen Wahrnehmungsmustern verbunden, in unterschiedliche emotionale Erlebniszusammenhänge eingebettet. Dem Gedächtnis einverleibt stehen sie der Vorstellung zur Verfügung. Auf der Gestaltungs- und Spielebene können diese Vorstellungen zu neuen Mustern zusammengefügt und handelnd in einem Feld verwirklicht werden, das als Bereich des Denkens, Planens, Spielens von realen Handlungskonsequenzen zunächst einmal abgekoppelt ist. Wahrnehmen, Vorstellen, Gestalten, Phantasieren gehen ineinander über.

In dieser Funktion wird das ästhetische Denken in der Reggio-Pädagogik auch in die Projektarbeit mit einbezogen. Formen der Gestaltung – zeichnen, malen, fotografieren, Umsetzung in Ton oder Draht – sind wichtige Schritte in der Projektarbeit, um Ergebnisse festzuhalten, sie dem *Nach-Denken* zugänglich zu machen. Ästhetische Umsetzungen in der Projektarbeit ermöglichen den *Rückblick* auf das, was bisher erarbeitet wurde, ein *Innehalten* in der Gegenwart, in dem neue Gedanken entstehen können und einen *Ausblick*, wie es weiter gehen könnte. Sie sind Formen einer *kommunikativen Auseinandersetzung* mit einem Themenfeld, indem sie einen erfahrenen Zusammenhang darstellen und ermöglichen, darüber mit anderen einen weiterführenden Dialog zu führen. Ästhetische Gestaltungsprozesse und ihre Ergebnisse werden also verwendet wie eine Sprache. Die reggianische Metapher von den »hundert Sprachen der Kinder« will dabei besagen, dass die Vielfalt der Wirklichkeit nicht mit einer Sprache allein eingefangen werden kann, sondern sich nur in einer Vielfalt der Sprachen widerspiegeln kann, weil mit jeder Sprache jeweils nur bestimmte Facetten einer Wirklichkeit erfasst werden können. Das bedeutet keine Abwertung der gesprochenen Sprache, die als analytisches Element unverzichtbar ist, sondern lediglich, dass ihr eine unbestimmte Anzahl an performativen Sprachen zur Seite gestellt wird, in denen sich der persönliche Erfahrungshintergrund artikulieren kann: Je differenzierter ein ästhetisch geordneter Wahrnehmungs- und Erfahrungszusammenhang repräsentiert wird, desto differenzierter können die Gedanken sein, die sich ein Kind darüber macht. Die Vielfalt ästhetischer Verarbeitungsweisen legt damit eine Grundlage für die Vielfalt kindlichen Fragens und Nachdenkens aus eigenen Wahrnehmungen heraus. Sinnlich-ästhetische Verarbeitung von Wirklichkeit gibt der Neugier und dem Forscherdrang Nahrung.

Dimensionen ästhetischer Bildung ■

Ästhetische Erziehung und Bildung hat es zunächst mit der Differenzierung und Bildung der Wahrnehmung und ihren individuellen Verarbeitungsmöglichkeiten zu tun. Sie geht aus von allen Formen sinnlicher Wahrnehmung, erweitert sie und formt sie durch Spielen und Gestalten um. Jeder Sinnesbereich ermöglicht eigene Gestaltungs- und Spielformen.

Alle Gestaltungsformen bedienen sich der Materialien, der Medien, der Werkzeuge und Instrumente. Akustische Gestaltungsformen beispielsweise sind auf Instrumente angewiesen, die Geräusche oder Klänge hervorbringen (die Stimme ist eines davon). Visuellen Gestaltungsformen liegt häufig der Gebrauch von grafischen oder formenden Werkzeugen, verbunden mit entsprechenden Materialien, zugrunde. Es gibt darüber hinaus Medien, die sich mit der Bilderwelt und ihrer Gestaltung beschäftigen, wie Bilderbücher, Filme und z.T. auch Computerprogramme. Medienerziehung ist daher notwendigerweise ein Teil der ästhetischen Erziehung und Bildung.

Ästhetische Bildung ist jedoch kein ausschließlich subjektiver Differenzierungsprozess im Wahrnehmungsbereich. Materialien, die Kinder benutzen, Formensprachen, in denen sie gestalten, enthalten und verwandeln Muster, die ihnen die kulturelle Umwelt bietet. Diese erweitern ihr subjektives Repertoire an Differenzierungsmöglichkeiten. Kinderkulturen (im Sinne von Kulturen der Kinder) sind eigenständige Wege, sich den kulturellen Traditionen der Erwachsenen zu stellen und sie eigen-sinnig zu verändern. Die Kultur der Erwachsenen und die Kulturen der Kinder enthalten das soziale Potenzial zur produktiven kulturellen Weiterentwicklung.

Im ästhetischen Bereich begegnen Kindern aber nicht nur den Bild-, Hör-, Bewegungs- oder Medienwelten der eigenen Kultur. Sie erleben eine kulturelle Vielfalt in ihrem Alltag, sei es durch Reisen, durch die

Aufnahme unterschiedlicher europäischer und nichteuropäischer Traditionen in die eigene Kultur, durch die Koexistenz verschiedener kultureller Traditionen im sozialen und lokalen Umfeld der Kinder. Diese gilt es als Möglichkeit zu nutzen, eigene und fremde kulturelle Sinnes- und Medienwelten so miteinander zu verbinden, dass diese als Erweiterung des eigenen kulturellen Reichtums erlebt werden können.

Ästhetische Erziehung und Bildung findet nicht nur in den dafür vorgesehenen kulturellen Bereichen statt. Ein wesentlicher Teil vollzieht sich – weitgehend unbewusst – in einem immer irgendwie ästhetisch gestalteten (oder auch vernachlässigten) Alltag. Welsch (1993) unterscheidet zwischen einem soziokulturellem Umfeld, das eine Empfänglichkeit für ästhetische Differenzierung unterstützt und einem, welches dafür unempfindlich macht, zwischen Ästhetik und Anästhetik. Ästhetik oder Anästhetik sind somit Teil jeden Weltbezugs. Die grundlegende ästhetische oder anästhetische Gestaltung des Alltags ist daher als ästhetische Erziehung oft durchschlagender als all das, was an bewusster ästhetischer Erziehung in den einschlägigen Fächern dagegen gesetzt wird.

Die vorangegangenen Überlegungen wollten zeigen, dass ästhetische Bildung in der frühen Kindheit kein Sonderbereich von Bildung, auch kein erster Schritt in die Zukunft kleiner Künstler ist, sondern Grundlage frühpädagogischer Bildungsprozesse, die auf Erfahrungen von Kindern gründen, die sie durch eigene Wahrnehmung in ihrem sozialen und kulturellen Umfeld machen und durchdenken. Ästhetische Bildung im Sinne einer Bildung der Wahrnehmung, ihrer verschiedensten Formen und Qualitäten, ihrer Umsetzung in Gestaltungsformen bis hin zur sprachlichen oder mathematischen Gestaltung wäre damit das Fundament aller Bildung als Erfahrungsbildung (vgl. hierzu auch »Der Bildungsbegriff in der Pädagogik der frühen Kindheit«, hier in diesem Band).

■ **Literatur**

Böhme, G. (1995). Atmosphäre. Frankfurt/M: Suhrkamp.
Kinder in Europa (2004). Balancieren auf seidenem Faden. – 40 Jahre Reggio-Pädagogik. Weinheim/Basel: Beltz.
Nelson, K. (1996). Language in Cognitive Development. Cambridge: Cambridge University Press.
Neuß, N. (Hrsg.) (1999). Ästhetik der Kinder. Frankfurt/M: Gemeinschaftswerk der Evangelischen Publizistik.
Reggio Children (2001). Making learning visible – children as individual and group learners. Reggio: Municipality of Reggio.
Rinaldi, C. (2006). In Dialogue with Reggio Emilia. Abingdon: Routledge.
Vecchi, V. (2004). Die verschiedenen Quellen des Wissens. In: Kinder in Europa (2004), Balancieren auf einem seidenen Faden. 40 Jahre Reggio-Pädagogik (S. 18–20). Weinheim/Basel: Beltz.
Schäfer, G. E.(2005a). Bildung beginnt mit der Geburt (2. erw. Aufl.). Weinheim/Basel: Beltz.
Schäfer, G. E. (2005b). Bildungsprozesse im Kindesalter. Weinheim/München: Juventa.
Welsch, W. (1993). Ästhetisches Denken. Stuttgart: Reclam.

Bewegungserziehung

Renate Zimmer

In keinem anderen Lebensalter spielt Bewegung eine so große Rolle wie in der Kindheit und zu keiner Zeit war Bewegungserziehung aufgrund der Veränderungen in der kindlichen Lebenswelt so wichtig wie heute. Bewegung gehört zu den elementaren Ausdrucksformen von Kindern, sie ist Kennzeichen ihrer Lebensfreude und Vitalität: Kinder rennen und springen, steigen und klettern, schaukeln und balancieren, wo auch immer sie dazu Gelegenheit haben. Dies tun sie aus Lust an der Tätigkeit und den damit verbundenen Empfindungen, aber auch aus Interesse an den Dingen, mit denen sie umgehen und deren Funktionsweise sie kennen lernen wollen. Bewegung und Spiel sind die dem Kind angemessenen Formen, sich mit der personalen und materialen Umwelt auseinander zu setzen, auf sie einzuwirken und die Welt zu begreifen. Damit ist Bewegung ein wichtiges Medium der Erfahrung und Aneignung der Wirklichkeit und bietet vielfältige Gelegenheiten für eine ganzheitliche Bildung und Erziehung. Körper und Bewegung sind zudem Mittler der Selbstständigkeitsentwicklung.

Im folgenden Beitrag soll die Förderung der Bewegungsentwicklung im Kontext frühpädagogischer Konzepte diskutiert werden. Zunächst werden die Funktion und die Bedeutung der Bewegung für die kindliche Entwicklung herausgestellt. Die Förderung der Bewegungsentwicklung in Form von Bewegungserziehung wird aus unterschiedlichen Perspektiven begründet, Ansätze und Konzepte frühkindlicher Bewegungsförderung werden vorgestellt und Perspektiven für eine künftige frühpädagogische Arbeit aufgezeigt.

Funktion und Bedeutung von Bewegung für die kindliche Entwicklung ■
Bewegung kann für Kinder ganz unterschiedliche Bedeutung haben (vgl. Zimmer 2005a, S. 19). Kinder lernen durch Bewegung,
- Sich selbst und ihren eigenen Körper kennen, sie machen sich ein Bild über ihre Fähigkeiten und erwerben die Voraussetzungen für Selbstvertrauen und Selbstwertgefühl (personale Funktion)
- Kontakt mit anderen aufzunehmen, sich mit ihnen zu verständigen, mit- und gegeneinander zu spielen, sich mit anderen abzusprechen, Regeln zu vereinbaren, nachzugeben oder sich durchzusetzen (soziale Funktion)
- Selbst etwas Neues hervorzubringen, eine Bewegung zu gestalten, mit ihren Fähigkeiten ein Produkt zu erschaffen, z. B. eine motorische Fertigkeit oder ein »Kunststück« (produktive Funktion)
- Gefühle und Empfindungen auszudrücken, sie körperlich auszuleben und sie damit gegebenenfalls zu verarbeiten (expressive Funktion)
- Gefühle und Empfindungen wie Lust, Freude, Erschöpfung oder Energie auszulösen, körperlich zu erspüren (impressive Funktion)
- Ihre Umwelt zu erkunden und erschließen, sie lernen ihre dingliche und räumliche Umwelt kennen und verstehen, setzen sich mit Objekten und Geräten auseinander und lernen ihre Gesetzmäßigkeiten und Eigenschaften kennen. Sie passen sich den Umweltanforderungen an bzw. machen sie sich passend (explorative Funktion)
- Sich mit anderen zu vergleichen und zu messen, sie wetteifern und verarbeiten dabei Erfolg wie auch Misserfolg (komparative Funktion)
- Sich Belastungen anzupassen, sie lernen ihre körperlichen Grenzen kennen und überwinden, setzen sich mit selbst- oder von außen gestellten Erwartungen auseinander, lernen ihre körperlichen Grenzen kennen und ihre Leistungsfähigkeit steigern (adaptive Funktion).

Bewegungserziehung bei Kindern kann – entsprechend ihren pädagogischen Zielvorstellungen – die oben genannten Aspekte mit individueller Gewichtung in den Vordergrund stellen. Dies hat Konsequenzen sowohl hinsichtlich der methodischen Vorgehensweise als auch im Hinblick auf die Auswahl der Inhalte: Bei stärkerer Betonung der explorativ-erkundenden Funktion werden vor allem offene Bewegungsangebote bevorzugt, bei denen Kinder selbst Materialien ausprobieren und ihre Verwendungsmöglichkeiten herausfinden können. Die komparative Funktion wird dagegen eher bei Spielen mit Wettbewerbscharakter angesprochen.

Begründung der Bewegungserziehung als Bestandteil frühkindlicher Bildung ■ Zu den wesentlichen Bildungsaufgaben der Bewegungserziehung gehört der Umgang mit dem eigenen Körper (Körpererfahrung), die Auseinandersetzung mit Raum und Objekten (materiale Erfahrung), mit anderen (soziale Erfahrung) und mit sich selbst (personale Erfahrung). Die Notwendigkeit einer gezielten, regelmäßigen Bewegungsförderung in der Elementarerziehung kann aus unterschiedlichen Perspektiven begründet werden (vgl. Zimmer 2004a, S. 67 ff.).

Aus *anthropologischer* Sicht ist der Mensch ein auf Bewegung und Erfahrung angelegtes Wesen, das des Einsatzes aller Sinne und insbesondere seines Körpers bedarf, um sich ein Bild über die Welt und sich selbst in ihr zu machen. Der Körper ist dabei Mittler der Erfahrungen, zugleich aber auch Gegenstand, über den Erfahrungen gemacht werden. Das Kind erfasst die Welt weniger mit dem

»Kopf«, also mit seinen geistigen Fähigkeiten, über das Denken und Vorstellen, sondern nimmt sie vor allem über seine Sinne, seine Tätigkeit, mit seinem Körper wahr. Durch Bewegung tritt das Kind in einen Dialog mit seiner Umwelt und verbindet seine Innenwelt mit seiner Außenwelt. Die Welt erschließt sich dem Kind über Bewegung, Schritt für Schritt ergreift es von ihr Besitz. Mit Hilfe von körperlichen Erfahrungen und Sinneserfahrungen bildet es Begriffe; im Handeln lernt es Ursachen und Wirkungszusammenhänge kennen und begreifen. So liefern die kinästhetischen Sinne, der Gleichgewichtssinn, der Tastsinn, das Sehen und das Hören dem Kind viele Eindrücke über seine Umwelt und über sich selbst in Zusammenhang mit ihr (Zimmer, 2006a).

Aus *entwicklungspsychologischer* Sicht haben Körpererfahrungen für das Kind eine wichtige identitätsbildende Funktion. Der Körper ist das Mittel der Ich-Entwicklung und Selbstständigwerdung. Körperliche Fähigkeiten und Möglichkeiten dienen dem Kind als Mittel und Symbole seines »Größerwerdens«. Selbstständigkeitsentwicklung beginnt mit den ersten Versuchen des Kindes, sich aus eigener Kraft fortzubewegen, also mit dem Krabbeln und Robben. Einen Höhepunkt erreicht sie, wenn das Kind die ersten Schritte macht, wenn es das Laufen lernt und damit seinen Handlungs- und Erfahrungsspielraum zunehmend erweitert. Die Entwicklung von Selbstständigkeit und das Streben nach Unabhängigkeit setzen Selbsttätigkeit voraus

Aus *lernpsychologischer* und *neurophysiologischer* Sicht bilden Wahrnehmung und Bewegung die Grundlage kindlichen Lernens. Die zunehmende Differenziertheit des Gehirns beruht auf den Wachstumsreizen, die von den Sinnesorganen ausgehen. In der frühen Kindheit werden durch Sinnestätigkeit und körperliche Aktivität Reize geschaffen, die die Verknüpfungen der Nervenzellen – die Bildung der so genannten Synapsen – unterstützen. Die Verbindungen zwischen den Nervenzellen werden komplexer, je mehr Reize durch die Sinnesorgane zum Gehirn gelangen. Die Plastizität des Gehirns ist groß, es muss jedoch in der Kindheit durch möglichst vielseitige Sinnestätigkeiten angeregt werden (vgl. Zimmer 2005b, 32 ff.).

Aus *sozialökologischer* Sicht sind Bewegungsangebote notwendig, um die durch den gesellschaftlichen Wandel bedingten Defizite der heutigen Lebenssituation auszugleichen. Bewegungsarmut prägt das Alltagsleben unserer Gesellschaft. Die Lebensbedingungen in unserer hochtechnisierten, motorisierten Gesellschaft engen den kindlichen Bewegungsraum zunehmend ein. Ständig steigender Medienkonsum und eine Verarmung der unmittelbaren kindlichen Erfahrungswelt tragen dazu bei, dass das Kind in seinem Bedürfnis nach Eigentätigkeit und Selber-Ursache-Sein immer mehr eingeschränkt wird. Für Kinder hat dies weitreichende negative Konsequenzen. Der Rückgang der Straßenspielkultur und der Rückzug der Kinder in kleine Wohnungen hat auch eine Veränderung der Spielkultur mit sich gebracht. Spiele in der Gleichaltrigengruppe, die der gemeinsamen Absprache und des Aushandelns von Regeln bedurften, bei denen jüngere Kinder selbstverständlich in die Spielwelt der Älteren hineinsozialisiert werden, sind nur noch selten anzutreffen. Unter diesen Umständen ist es heute besonders wichtig, im Kindergarten Regelspiele und Spiele mit verteilten sozialen Rollen anzubieten

Aus *gesundheitspädagogischer* Sicht ist es unerlässlich, der Vielzahl der Bewegungsmangelerkrankungen, die viele Kinder bereits bei der Einschulung aufweisen, entgegenzuwirken. Gesundheit und Wohlbefinden von Kindern hängen eng mit den Bedingungen zusammen, denen sie in ihrer Lebensumwelt ausgesetzt sind. Die Einschränkung der Spiel- und Bewegungsmöglichkeiten von Kindern, der Verlust an unmittelbaren körperlich-sinnlichen Erfahrungen hat ohne Zweifel entscheidenden Anteil an den bei Kindern in den letzten Jahren gehäuft auftretenden Haltungs- und Bewegungsauffälligkeiten. Gerade im vorschulischen Alter finden grundlegende Entwicklungen statt, die die Basis für die spätere Gesundheit bilden. Gleichzeitig besteht jedoch eine erhöhte Anfälligkeit gegen Störfaktoren, bedingt durch Zivilisationseinflüsse wie z. B. Bewegungsmangel oder falsche Ernährung. Bewegungserziehung kann bereits in der Kindheit zu einem gesunden Lebensstil anregen. Sie gilt als eine wichtige Säule der Prävention von Bewegungsmangelerkrankungen und trägt zum Aufbau gesundheitsrelevanter personaler Ressourcen bei (vgl. Ungerer-Röhrich, 1998).

Aus der Sicht der *Unfallprävention* und *Sicherheitserziehung* ist es unabdingbar, die motorischen Fähigkeiten der Kinder zu trainieren, um Unfällen vorzubeugen. Nicht die Vermeidung von Bewegung, sondern das Training der motorischen Fähigkeiten und Fertigkeiten lässt bei Kindern die notwendigen Kompetenzen zur Bewältigung von Alltagssituationen wachsen. Zunehmend befassen sich auch Unfallversicherungsträger mit dem Thema Bewegungserziehung und entwickeln Konzepte zur Bewegungsförderung in der frühen Kindheit. Durch das Programm »Weniger Unfälle durch Bewegung« (Kuntz, 1994) konnte gezeigt werden, dass die Unfallzahlen in Kindergärten nach einem regelmäßigen Bewegungsangebot zurückgingen.

Konzepte elementarpädagogischer Bewegungserziehung

In der Vergangenheit gab es eine Reihe von Initiativen, Bewegungserziehung stärker in der Elementarpädagogik zu verankern. Anstelle von »Sitzkindergärten« sollten »Bewegungskindergärten« entstehen, in denen Bewegung, Spiel und Sport der Kindertagesstätte ein besonderes Profil geben sollten (Schaffner, 2004). Historisch betrachtet lassen sich unterschiedliche Konzepte der Bewegungserziehung in Kindertageseinrichtungen unterscheiden, die sich insbesondere durch ihre Zielvorstellungen voneinander abgrenzen lassen.

Förderung der motorischen Grundbewegungsformen, Fähigkeiten und sportmotorischen Fertigkeiten

Ausgehend von der Notwendigkeit der Ausbildung und Übung grundlegender motorischer Fähigkeiten wurde vor allem eine Förderung der Grundformen der Bewegung gefordert. Diese auch als »Grundtätigkeiten« bezeichneten Bewegungsformen umfassen z.B. das Laufen, Springen, Rollen, Wälzen, Schieben. In ihnen sollten Kinder sich entsprechend den Vertretern dieser Auffassung bereits in frühen Lebensjahren üben, da hierauf die sportliche Fertigkeitsentwicklung aufbaue (Diem 1980, Blumenthal, 1996).

Viele der Inhalte waren in erster Linie sportbezogen und fertigkeitsorientiert, damit sollte bei Kindern die Grundlage für künftiges Sporttreiben gelegt werden. So gibt Diem z.B. als Lerninhalte folgende Schwerpunkte an: »Geschicklichkeit üben, Gleichgewicht und Haltungsaufbau üben, Kraft üben, Ausdauer-Konzentration, Reaktion-Schnelligkeit üben, Schwimmen üben« (Diem 1980).

Orientierung an kompensatorischen Zielen

Zivilisationsbedingter Bewegungsmangel wird als Grund für zunehmende gesundheitliche Beeinträchtigungen und psycho-soziale Fehlentwicklungen gesehen (BZgA 2002). Dieses Argument ist seit Jahren im Rahmen der Diskussion um eine ganzheitliche Gesundheitserziehung außerordentlich aktuell, es wird auch von der Öffentlichkeit und von politischen Entscheidungsträgern am ehesten eingesehen. Hier besteht jedoch die Gefahr, dass Bewegungsangebote, die unter gesundheitspädagogischen Erwägungen konzipiert werden, einer übermäßigen Funktionalisierung unterliegen und den Bedürfnissen des Kindes nach Selbsttätigkeit und Phantasieentfaltung nur eingeschränkt gerecht werden (vgl. Kollmuß/Stotz, 1995). Um nachhaltige gesundheitsrelevante Einstellungen und Verhaltensweisen einzuüben wird dagegen von den Autoren, die z.B. Programme für die Arbeit mit übergewichtigen Kindern entwickelt haben, auch meistens die Vermittlung positiver Körper- und Selbsterfahrungen in den Vordergrund gestellt (vgl. Cicurs/Ferié/Langer, 2004).

Orientierung an anthropologischen Vorannahmen

Neuere Konzepte der Bewegungserziehung im vorschulischen Alter gehen in ihrer Begründung eher von anthropologischen Überlegungen aus: Bewegung wird eine identitätsbildende Funktion zuerkannt. Aufgrund seiner Körper- und Bewegungserfahrung baut sich das Kind ein Bild von seiner Person auf, über Bewegung und Wahrnehmung bemächtigt es sich seiner Umwelt und wirkt auf sie ein. Der Körper stellt das Bindeglied zwischen der Außen- und Innenwelt des Kindes dar (Zimmer 2005a).

Ein Bild des Kindes als selbstständig handelndes Wesen ist auch für die Psychomotorik kennzeichnend (Regel/Wieland 1984, Zimmer 2006b). Durch erlebnisorientierte Bewegungs- und Wahrnehmungserfahrungen sollen grundlegende Lernprozesse in Gang gesetzt werden, die zum Aufbau eines positiven Selbstkonzeptes beitragen und die Auseinandersetzung des Kindes mit seinem Körper, seiner dinglichen und sozialen Umwelt unterstützen.

Diese Position liegt auch den meisten Kindergärten zugrunde, die sich das Profil eines »Bewegungskindergartens« gegeben haben. Oft entstehen sie in Kooperation mit oder sogar in der Trägerschaft von Sportvereinen und nutzen deren gute räumliche Rahmenbedingungen. Mit ihrem bewegungsbetonten Konzept wollen sie in besonderer Weise zur Entwicklungsförderung der Kinder beitragen (Schaffner, 2004, Zimmer, 2002).

Frühpädagogische Zukunftsperspektiven

Die Bildungsvereinbarungen der Länder zeigen deutlich, dass Bewegung als relevanter Bestandteil frühkindlicher Bildungsprozesse anerkannt ist. Wenn auch Umfang und Einordnung des Bildungsbereichs »Bewegung« beträchtliche Unterschiede aufweisen, so muss doch anerkannt werden, dass er in allen Bildungsplänen einen gleichberechtigten Platz neben anderen Bereichen einnimmt.

Bewegungserziehung kann in hohem Maße zur Erfüllung des Erziehungs- und Bildungsauftrags des Kindergartens beitragen. Künftig sollte jedoch vor allem die Verknüpfung der Bildungsbereiche untereinander beachtet werden. Bewegungserziehung hat zwar einen für die körperliche und motorische Entwicklung des Kindes unersetzlichen Stellenwert, zur Gesunderhaltung und als Basis für eine gesunde Lebensführung ist sie unabdingbar. Ihre Bedeutung geht aber darüber weit hinaus.

Am Beispiel der Sprachentwicklung soll aufgezeigt werden, wo Verknüpfungspunkte zwischen Bildungsbereichen bestehen und wie sich diese gegenseitig unterstützen könnten. Sprache und Bewegung sind zwei wesentliche Dimensionen der kindlichen Persönlichkeitsentwicklung, die zwar in ihrer Entwicklung getrennt voneinander betrachtet werden können, sich aber gleichzeitig in Abhängigkeit voneinander entfalten und dabei auch gegenseitig beeinflussen.

Beide sind bei Kindern wesentliche Mittel der Erkenntnisgewinnung, des Ausdrucks und der Mitteilung. Das Kind lernt die Sprache nicht der Sprache wegen, sondern um sich mitteilen und verständigen zu können. Hierfür stehen ihm unterschiedliche Kommunikationsmöglichkeiten zur Verfügung – verbale und nonverbale. Lange bevor es sprechen gelernt hat, teilt es sich bereits über Gesten, Mimik, Gebärden, über seinen Körper mit. Zunehmend übernimmt die verbale Sprache die Form der Mitteilung und des Austauschs, wobei jedoch auch die anderen Kommunikationsebenen bestehen bleiben.

Sprache wird vom Kind jedoch auch verwendet, um eine Absicht zu realisieren, es will »mit Worten Dinge geschehen machen« (Bruner 2002, 8). Zuvor lässt es jedoch über seinen Körper Dinge geschehen: Der Ball, der mit einem Fußtritt in Bewegung versetzt wird, vermittelt ihm das Gefühl von Selbstwirksamkeit, es sieht sich selbst als Urheber einer Wirkung. Sprache und Bewegung haben also eine expressive, aber auch eine instrumentelle Funktion – sie sind Medium der Mitteilung und des Ausdrucks und ebenso Werkzeug des Handelns.

Bewegung besitzt ein entwicklungsförderndes Potenzial, das sich insbesondere in den ersten sechs Lebensjahren positiv auf die Sprachentwicklung auswirken kann; die sprachfördernde Wirkung kann zwar nicht als kausale, lineare Beziehung angenommen werden, sie entfaltet sich eher indirekt und beruht u.a. auf einer basalen Förderung der Wahrnehmungsfähigkeit, auf der Sprachentwicklung und Spracherwerb aufbauen. Sie wird unterstützt durch:

- Die Schaffung sozialer Situationen, die das gemeinsame Handeln herausfordern

und die Kommunikation der Kinder untereinander ebenso wie zwischen Kindern und Pädagogen unterstützen
- Die Möglichkeiten zur Unterstützung eines positiven Selbstkonzeptes, das sich auf der Basis von Körpererfahrungen bildet und das sich auch auf die Sprache auswirkt
- Die Bereitstellung von Gelegenheiten, in denen Aktivität herausgefordert und Problemlösevermögen geübt wird
- Das Angebot vielfältiger Sprechanlässe, die die Freude an Lautspielen unterstützen und den spontanen, spielerischen Umgang mit der eigenen Stimme herausfordern
- Die Schaffung eines motivierenden, lustbetonten Kontextes, in dem Bewegungshandeln sich zwanglos mit sprachlichem Handeln verbinden lässt.

Bewegungserziehung ist in diesem Sinne nicht nur eine Erziehung des Körpers und der Bewegung, sie ist auch eine Erziehung und Bildung durch den Köper und die Bewegung.

- **Literatur**

Blumenthal, E. (1996). Bewegungsspiele für Vorschulkinder. Schorndorf: Hofmann.
Bruner, J. (2002). Wie das Kind sprechen lernt. Bern: Huber.
Cicurs; H., Ferié, C. & Langer, H. (2004). Bewegungsangebote für übergewichtige Kinder. In: Zimmer, R. & Hunger, I. (Hrsg.), Wahrnehmen – Bewegen – Lernen (S. 48–53). Schorndorf: Hofmann.
Diem, L. (1980). Spiel und Sport im Kindergarten. München: Kösel.
Kuntz, T. (1994). Weniger Unfälle durch Bewegung. Schorndorf: Hofmann.
Regel, G. & Wieland, A. J. (Hrsg.) (1984). Psychomotorik im Kindergarten. Rissen: EBV.
Schaffner, K. (2004). Der Bewegungskindergarten. Schorndorf: Hofmann.
Ungerer-Röhrich, U. (1998). Gesundheitsförderung durch sportliche Aktivitäten: Kindergarten und Grundschule. In: Bös, K. & Brehm, W. (Hrsg.), Gesundheitssport (S. 321–330). Schorndorf: Hofmann.
Zimmer, R. (2002). Alles über den Bewegungskindergarten. Freiburg: Herder
Zimmer, R. (2004a). Lernen durch Wahrnehmung und Bewegung – Grundlagen der Bewegungserziehung. In: Weber, S. (Hrsg.), Die Bildungsbereiche im Kindergarten (S. 66–86). Freiburg: Herder.
Zimmer, R. (2004b). Kursbuch Bewegungsförderung. München: Don Bosco.
Zimmer, R. (2005a). Handbuch der Bewegungserziehung. Freiburg: Herder.
Zimmer, R. (2005b). Toben macht schlau. Bewegung statt Verkopfung. Freiburg: Herder.
Zimmer, R. (2006a). Handbuch der Sinneswahrnehmung. Freiburg: Herder.
Zimmer, R. (2006b). Handbuch der Psychomotorik. Freiburg: Herder.

Musikerziehung

Gunter Kreutz

Musik ist Teil der allgemeinen Sozialisation des Menschen. Grundsätzlich ist die gesamte Lebensspanne für musikalische Entwicklungsprozesse zu betrachten. Doch gelten die ersten Lebensjahre als entscheidend für die allgemeine wie auch für die spezifisch musikalische Entwicklung, da es sich um die sensitivste Phase des Lernens überhaupt handelt und bestimmte Lernfähigkeiten nur über begrenzte Zeiträume darin verfügbar sind. Das Neugeborene besitzt bereits vorgeburtlich ausgeprägte Hörfähigkeiten, die es ihm ermöglichen, breite Spektren musikalischer, sprachlicher und anderer Klänge und Geräusche wahrzunehmen. Diese Fähigkeiten entwickeln sich in den ersten Lebensmonaten auf perzeptueller und kognitiver Ebene immens. Damit sind Säuglinge zur Verarbeitung musikalischer Reize umfassend ausgestattet.

Der vorliegende Überblick fokussiert das Säuglings-/Kleinkindalter (null bis vier Jahre) bis zur Vorschulphase (vier bis sechs Jahre). Musikerzieherische Ansätze sind gemeinsam mit dem wissenschaftlichen Kenntnisstand zur Entwicklung des Säuglings und seinen spezifisch auditorischen und vokalen Fähigkeiten zu betrachten. Jedes Kind entwickelt mit geeigneter pädagogischer Unterstützung profunde musikalische Fähigkeiten und Fertigkeiten, sofern seine individuellen Potenziale ausreichend beachtet werden.

Geschichte ■ Ein Blick in die Geschichte der frühkindlichen Musikerziehung zeigt, dass über musikalische Potenziale im Kontext mit anderen Fähigkeiten von Säuglingen und Kleinkindern – und damit über die Ursprünge menschlicher Musikalität – seit geraumer Zeit nachgedacht wird. Reichhaltige anekdotische Beobachtungen und informelle Erkenntnisse über biologische und gesellschaftliche Grundlagen der allgemeinen und musikalischen Entwicklung begründen systematische Untersuchungen aus jüngerer Zeit.

Jan Amos Comenius (1592–1670) und Johann Heinrich Pestalozzi (1746–1827) gelten als jene herausragenden Pädagogen, die der Frühpädagogik – und zumindest in einigen Grundzügen auch der Musik – bereits im Elternhaus eine weitreichende Bedeutung zugesprochen haben. Beobachtungen über den Gehörsinn beeinflussen in der späteren reformpädagogischen Bewegung Ideen zur musikalischen Förderung des Kindes (vgl. Mazurowicz, 2003).

Leo Kestenberg und Fritz Jöde initiieren in den 20-er und 30-er Jahren des letzten Jahrhunderts musikalische Erziehungskonzepte in der Ausbildung von Erzieherinnen und Erziehern für Kindergärten in Deutschland. Andernorts entwickeln während und nach der Wende zum 20. Jahrhundert Emile-Jaques Dalcroze (rhythmisch-musikalische Erziehung) und Zoltán Kodály (Singstimme und Chorarbeit) ihre Konzepte zur musikalischen Bildung im frühen Kindesalter.

Die Altersgruppe der drei- bis sechsjährigen Kinder steht im Vordergrund der musikpädagogischen Arbeit des Komponisten Carl Orff. Das in seinem Lehrwerk zentrale Stabspiel darf als Inbegriff des instrumentalen Gruppenunterrichts im frühen Kindesalter in Deutschland gelten. Dagegen entwickelt der Avantegarde-Komponist Maurizio Kagel ein Früherziehungskonzept, dessen Instrumentarium aus kindlichen und jugendlichen Lebenswelten abgeleitet ist und die rigideren Handlungsanweisungen im Orff-Werk kontrapunktiert.

Seit den 60-er Jahren des letzten Jahrhunderts haben Konzepte der musikalischen Früherziehung in der westlichen Welt sowie in Fernost starke Verbreitung gefunden. So gelten die so genannte Suzuki-Methode für den Geigenunterricht und das stärker auf Keyboards ausgerichtete Konzept der Firma YAMAHA® als erfolgversprechende Modelle des Instrumentallernens von Kleinkindern im Gruppenverband ab einem Alter von drei bis vier Jahren. In ihrer Forschungsübersicht kommt Stippler (in Vorb.) zu der Auffassung, dass Konzepte der musikalischen Früherziehung seit etwa der zweiten Hälfte des letzten Jahrhunderts von benachbarten Disziplinen (z. B. Kunsterziehung) zunehmend beeinflusst werden.

Theorien ■ Im Anschluss an einschlägige, allgemeine Entwicklungstheorien thematisiert Kleinen (2003, S. 122ff.) vier verschiedene theoretische Ansätze zur musikalischen Entwicklung: Konditionierungstheorie, strukturgenetischer Konstruktivismus, tiefenpsychologische Theorie und symboltheoretischer Ansatz. Offenkundig werden in der frühkindlichen Forschungsliteratur die ersten beiden Ansätze vorrangig behandelt, da sie besonders häufig zu operationalisierbaren Fragestellungen führen und damit hypothesengeleitete Forschungsstrategien basierend auf empirisch begründeten Modellvorstellungen ermöglichen. Typische Methoden sind beispielsweise Konditonierungs- oder Habituationsexperimente bei Säuglingen sowie nonverbale qualitative Settings bei etwas älteren Kindern (z. B. Malen zu Musik).

Nach dem Modell von Gagné (1985) resultieren (musikalische) Talente aus individuellen Begabungen und Motivationen (wie z. B. intellektuell, allgemein musikalisch, kreativ, sozialaffektiv, sensomotorisch) sowie aus Persönlichkeit und Umgebung des Kindes (Elternhaus und weitere Umweltfaktoren) (Gagné, 1985). Dem fügt Hassler (1998) eine weitere Gruppe von Einflüssen, nämlich biologische Reifungsvorgänge hinzu. Danach ist Musikalität nicht allein Ergebnis von Lernen und Üben, sondern auch der individuellen, biologischen, mentalen und sozio-kulturellen Reifung des Körpers und der Persönlichkeit, insbesondere des Gehirns. Die Theorie von Gruhn (2003) weist der Bildung mentaler Repräsentationen von Musik im kindlichen Gehirn eine Schlüsselrolle für die musikalische Entwicklung zu. Der Autor stützt seine Hypothese auf vielfältige neurowissenschaftliche und entwicklungspsychologische Untersuchungen über biologische, soziale und kulturelle Voraussetzungen des Musiklernens

Sing- und Sprechentwicklung ■ Musikalische Entwicklung findet, übereinstimmend mit den Prämissen oben skizzierter Theorien, stets in Wechselwirkung zwischen verschiedenen Domänen des kindlichen Verhaltens und Lernens statt. Die Sing- und Sprechentwicklung sind nach wissenschaftlichem Konsens in besonderer Weise miteinander verschränkt. So ist es sinnvoll, die musikalischen Grundlagen des Sprechens, etwa mit Blick auf Prosodie (Sprachmelodie) und emotive Komponenten in Sprechakten, neu zu bedenken.

Die Kommunikation zwischen Bezugsperson und Kind bildet die vielleicht stärkste Kraft in der Entwicklung musikalischer Fähigkeiten. Studien zum kindgerichteten Singen und Sprechen legen nahe, dass gerade die musikalischen Elemente darin zunächst den Spracherwerb des Kindes in verschiedener Hinsicht unterstützen, aber auch für musikalische Kompetenzen sorgen.

Die sich nach der Geburt ausbildende so genannte orale-aurale Schleife sorgt dafür, dass das Gehirn des Kindes Hörinformationen grundsätzlich auf Artikulierbarkeit hin prüft. Sing- und Sprechentwicklung sind schon aus neuroanatomischen Gründen mit der individuellen Entwicklung von Hörfähigkeit aufs Engste verbunden.

Von großer Bedeutung sind kommunikative Angebote für das Kind in Spiel und Ansprache seitens der Eltern und Erzieher. Eltern besitzen die intuitive Fähigkeit, mit ihren Kindern angemessen zu kommunizieren, sie mimisch, gestisch und stimmlich effektiv anzusprechen. Selbst gehörlosen Eltern gelingt es, unterstützt durch Gesichtsausdruck und Körpergesten, mit ihren Kindern angemessen zu kommunizieren. Es bleiben derzeit jedoch noch viele Fragen im Verhältnis von Spracherwerb und musikalischer Entwicklung offen.

Das Gordon-Modell frühkindlichen musikalischen Lernens ■ Ein hinsichtlich pädagogischer Konsequenzen wegweisendes Modell musikalischer Potenziale in der frühkindlichen Entwicklung hat Gordon vorgelegt (Gordon, 1990; vgl. Gruhn, 2003, S. 54ff.). Grundlage sind detaillierte Beobachtungen sowie Erfahrungen in der langjährigen Praxis eigens entwickelter Musikalitätstests, die alterspezifisch konzipiert sind und ab etwa dem dritten Lebensjahr die gesamte Kindheit und Jugend abdecken.

Musikalische Lernprozesse laufen, so Gordons zentrale Hypothese, innerhalb dreier Stadien ab. Das erste Stadium bezeichnet er als *Akkulturation* Gemeint ist damit, dass die ersten, durch gezielte Stimulationen eingeleiteten Schritte des Musiklernens sich grundsätzlich in kulturspezifischen Handlungsmustern vollziehen. Darin sind drei musikbezogene Handlungsweisen erkennbar, nämlich 1) Absorption, 2) Zufallsreaktion und 3) bewusste Reaktion. Zunächst ist die Fähigkeit zur Aufmerksamkeitslenkung erkennbar (Hinwendung, Augenfixation). Erst allmählich entwickeln sich nach dem Prinzip Versuch und Irrtum systematische Reaktionen – und damit verbunden – perzeptuell-kognitive Anpassungen an (musikalische) Umweltreize. Bewusste Reaktionen fallen noch grob aus. Tonhöhen und Tempi können nur annähernd wiedergegeben werden.

Im zweiten Stadium verlässt das Kind die Egozentrizität und erkennt Verschiedenheiten im Handeln von Eltern, Erzieherinnen und seiner selbst. Daraus erwachsen wiederum Interesse und Neugier. Typisch ist das Verfallen in eine »Hörstarre« (audiation stare) als sichtbares Zeichen der erwachenden Aufmerksamkeit und tieferen Verarbeitung von Vorgängen in der Umwelt. Charakteristisch für dieses Stadium ist die Imitation (Stadler Elmer, 2000). Rhythmen und Melodien werden (mit Abweichungen) häufig lustvoll, zuweilen mit starken Affekten begleitet.

Das dritte Stadium bezeichnet Gordon als *Assimilation*. Das Kind beachtet zunehmend eigene Wahrnehmungen, wonach Reaktionen reflektierter und weniger spontan ausfallen. Diesen introspektiven Vorgängen treten koordinierte Handlungen zur Seite: Zunehmend stimmen Melodien und Rhythmen exakt mit vorgespielter oder vorgesungener Musik überein. Dies ist jedoch nur möglich, wenn das Kind in ausreichendem Maße musikalischen Angeboten ausgesetzt ist. Ideal sind spielerisch-interaktive Formen gemeinsam mit Eltern und Erziehern. Klänge produzierende Objekte, die das Kind selbst »begreifen« kann, erlauben es dem Kind, seine eigene Klangwelt zu erforschen. Oft stehen Musikinstrumente dabei im Fokus des Interesses.

Forschungsstand ■ Die Erforschung der frühkindlichen musikalischen Entwicklung vor dem Hintergrund der oben skizzierten Ansätze hat in den letzten Jahren deutlich zugenommen (z.B. Gembris, 1998; Gruhn, 2003; Kleinen, 2003). Der überwiegende Teil der Forschung konzentriert sich auf Wahrnehmung, Denken und Verhalten bezüglich musikalischer Vorgänge sowie auf Beziehungen zwischen Musik und anderen, für die allgemeine Sozialisation besonders wichtigen Bereichen wie Sprache und Bewegung. Daher bildet die Entwicklung des Singens neben den musikalischen Hörfähigkeiten einen zweiten wichtigen Forschungsstrang. Demgegenüber ist die Frage, wie Musik emotional erlebt wird, wie sie auf unsere Gefühle wirkt, wie sie diese hervorruft oder verändert, aus der Perspektive menschlicher Entwicklung vergleichsweise wenig untersucht worden.

Musik als Musik hören lernen ■ In den ersten Lebenswochen dominieren die Zyklen von Schlaf, Nahrungsaufnahme und Verdauung. Und doch kommen mit Beginn der verbalen und nonverbalen Kommunikationen zwischen Mutter und Kind nach der Geburt musikalische Elemente zum Vorschein, welche die Hörwahrnehmung des Kindes prägen. Im ersten Lebenshalbjahr basieren Lernvorgänge vornehmlich auf Sprachwahrnehmung (Mutterstimme), rhythmischen Interaktionen (motorische Synchronizität) sowie auf der zunehmenden Unterscheidung psychoakustischer Merkmale wie Tonhöhe und Lautstärke. Säuglinge sind bereits sensibel für dissonante Klänge sowie komplexere Strukturen wie Melodiekonturen und Klangfarbenkontraste bis hin zu Melodietranspositionen. Klangfarben werden im zweiten Lebenshalbjahr deutlich unterschieden, wie auch die Lautstärke im Melodieverlauf. Dreiklangmelodik und konventionelle Phrasierungen werden klar gegenüber nicht-dreiklangbasierten und unkonventionellen Melodie- bzw. Phrasenmodellen bevorzugt.

Im zweiten Lebensjahr kann das Kind zunehmend seine Körperbewegungen kontrollieren und Rhythmen für kurze Zeit mit vollziehen. Tonhöhenereignisse werden Registern zugeordnet und neue Melodien werden häufig schon rasch gelernt. Sind affektive Reaktionen bislang eher mit sensorischen Qualitäten wie Dissonanzgraden und Lautstärken verbunden, so sind im dritten Lebensjahr fröhliche und traurige Affekte für das Kind allmählich unterscheidbar. Dies hängt besonders mit einem verbesserten Tempogefühl, möglicherweise aber auch anderen Faktoren zusammen. Die Unterscheidungsfähigkeit für Dur und Moll scheint ohne spezielles frühkindliches Training in der Regel nicht vor dem sechsten Lebensjahr gegeben zu sein. Jüngeren Kindern gelingt zumeist die Zuordnung von Klangfarben zu Instrumentenfamilien und es entwickelt sich ein Gefühl für Tonalität bzw. nach musiktheoretischen Kriterien gebildete Tonskalen.

Bis zum fünften Lebensjahr können Instrumentalfarben isoliert wahrgenommen werden, vom älteren Kind werden sie auch im Kontext erfahren, also aus mehrstimmigen Stücken heraus gehört. Sensorische Wahrnehmung und motorische Kontrolle erlauben nun das Mitbewegen und synchrone Klatschen, Klopfen oder Tanzen über längere Zeit zu Musik. Im Bereich von Melodie und Harmonie werden Skalen- und Intervallverhältnisse sowie Akkordbeziehungen genauer beachtet. Elementare harmonikale Strukturen werden offenbar durch bloße Rezeption (ähnlich wie sprachgrammatische Regeln) in das Repertoire kognitiver Verarbeitungsfähigkeiten übernommen.

Hörwahrnehmungen führen häufig zu motorischen Eigenaktivitäten, die von genetisch disponierten Orientierungsreaktionen bis zu aktiven, wenngleich zunächst unkoordinierten Resonanzen auf stimulierende Umweltereignisse reichen. Die Beherrschung der körperlichen Motorik im Gehen, Sprechen und schließlich im Singen kann sich aufgrund neurophysiologischer Lernprinzipien (Gruhn, 2003) nur dadurch einstellen, dass unkoordinierte, grobmotorische Aktivitäten stattfinden, die sukzessive zu feinmotorischen Leistungen führen.

Singen und Sprechen lernen ■ An die theoretischen Überlegungen zur Sing- und Sprechentwicklung anknüpfend, sind in den letzten Jahrzehnten vielfältige empirische Studien unternommen worden (zusammenfassend vgl. Gembris, 1998). Dabei wurden sowohl die Vokalisationen von Säuglingen und Kleinkindern per se, als auch in der Interaktion mit den Bezugspersonen, Eltern und Erziehern im näheren Umfeld in den Blick genommen.

Bereits im ersten Lebensjahr wandeln sich die Lautbildungen des Säuglings erkennbar zu Ansätzen von Liedern. Dieses Experimentieren entwickelt sich zu systematischeren Erkundungen und Imitationsversuchen; kurze Phrasen wiederholt das Kind gelegentlich in verschiedenen Lagen; Lautintervalle vergrößern sich im Laufe der Zeit ausgehend von kleineren Tonabständen bis zu Quarten und Quinten.

Bis zum dritten Lebensjahr etwa wächst das kindliche Bewusstsein für Lieder in der Umgebung und die Imitationsversuche werden zielsicherer. Liedstrukturen werden in ihren Bestandteilen genauer erfasst, jedoch auch neu gedeutet und nach spontanen Einfällen neu arrangiert. Gesänge können leicht den Charakter von Kollagen und Potpourris annehmen. Spiele mit Melodie, Text und Rhythmus sind üblich, wobei Sprachrhythmen musikalische Rhythmen teilweise dominieren. Die melodische Kontur, das Auf und Ab des Melodieverlaufs, wird eher eingehalten als die genauen Tonabstände (Intervalle). Die Tonlagen wandern im Verlauf des Gesangs.

Drei- und Vierjährige sind mitunter zu beachtlichen Sangesleistungen fähig. Kleine Liedabschnitte werden nunmehr als Teil größerer Einheiten, wie etwa Strophen, aufgefasst. Lieder werden nun gegenüber den früheren spontanen Gesängen klar bevorzugt. Tonart und Tonalität können wahrnehmungsseitig durchaus erfasst werden, doch ist dies in der gesanglichen Reproduktion weniger sicher. Das Bewusstsein über ein vielfältiges Liedrepertoire erwacht. Der Umgang mit Tonhöhen, Melodiekonturen, Rhythmen und auch dem musikalischen Metrum (Taktarten) wird allmählich sicherer. Bis zur Einschulung verfügt das Kind im Idealfall über alle Kompetenzen, die es zur Darstellung von Liedern benötigt und die eine Beteiligung am Gruppensingen in der Klasse ermöglichen.

Trotz aller Entwicklungspotenziale ist es einigen Kindern im Schulalter nicht möglich, Lieder in den richtigen Tonhöhen mitzusingen oder einfache Rhythmen mitzuklatschen. Inwiefern hierfür mangelnde Hörerfahrungen oder unzureichendes Training der Stimme verantwortlich sind, wird in dezidierten Studien noch zu klären sein. Es genügt also nicht, Kindern Hörangebote zu machen. Täglich über mehrere Stunden mit Reproduktionsmedien wie Fernsehen oder Radiosendern allein gelassen werden, schadet Kindern und kann ihre vokale, kognitive, emotionale und körperliche Entwicklung hemmen. Medien bieten keinen Ersatz für elterliche Ansprache und vor allem für das Singen für und mit den Kindern.

Eingehende Untersuchungen zur Singentwicklung von Kleinkindern in einer Serie von Fallstudien (Stadler Elmer, 2000) liefern detaillierte Befunde darüber, wie unterschiedlich und kreativ Kinder sich Lieder aneignen. Text, Melodieverlauf, Rhythmen und Metren werden tendenziell zunächst in ihren groben Strukturen erfasst. Statt ganzer Verszeilen bleiben zunächst Phrasen und Motive hängen. Fehlen Elemente in den Repräsentationen der Liedstrukturen, so werden diese eigenwillig ersetzt. Möglicherweise gehen Texterfassung und das Erkennen der rhythmischen Oberfläche der Repräsentation von Tonhöhenkonturen voraus. Gleichwohl werden die Elemente weniger sukzessiv, sondern vielmehr gleichzeitig und wechselwirkend miteinander erlernt.

Institutionen ■ Wichtigste Institution für die frühkindliche musikalische Entwicklung ist die Familie. Förderungsangebote in Kleinkindgruppen, Mutter-Kind- oder Eltern-Kind-Kursen bzw. in der musikalischen Früherziehung für Kinder im Kindergartenalter bilden wichtige Ergänzungen zur familiären musikalisch-kulturellen Förderung von Kindern.

Die im Musik-Informationszentrum des Deutschen Musikrats (http://www.miz.org) erfassten öffentlichen Einrichtungen und mit der Förderung frühkindlicher Musikerziehung befassten Hochschulen, Konservatorien, Vereine und Stiftungen halten Ausbildungsangebote für musikalische Lehr- und Erziehungsberufe für das frühe Kindesalter bereit. Musikalische Elementarpädagogik für Eltern und Kleinkinder ist in Deutschland jedoch nicht flächendeckend vorhanden (Claussen, 2003). Ebenso unzureichend sind musikalische Frühförderungsangebote in Kindergärten. Dem steht eine zuweilen hohe Professionalisierung von Lehrkräften der musikalischen Früherziehung gegenüber, deren ausgeprägte musikalische und erzieherische Kompetenzen im Rahmen einer Pilot-Studie dargestellt werden konnten (Kreutz & Schork, 2003).

Singen, Tanzen und Musizieren in Elternhaus und Kindergarten sind hierzulande als Gegenstände der allgemeinen Früherziehung zwar öffentlich anerkannt, doch wird dieser pädagogische Anspruch in erschreckendem Maße vernachlässigt. Langfristig könnte lediglich eine bildungspolitische Aufwertung und Förderung der Musikpädagogik auf allen Ausbildungsebenen die Rahmenbedingungen zur musikalischen Frühförderung substanziell verbessern.

Pädagogische Konsequenzen ■ Sieht man von maximalen musikalischen Fähigkeiten und Fertigkeiten als Ziel der Musikerziehung im frühen Kindesalter einmal ab, so treten musikalische Entwicklungspotenziale in den Vordergrund, die im Sinne der Elementarpädagogik (Ribke, 1995) und musikalischen Frühförderung (Gruhn, 2003) auf die positive Stimulierung der allgemeinen Entwicklung zielen. Musik wirkt unmittelbar sinnlich und kognitiv anregend, in Spiel und Imitation sozial vermittelnd und fördert damit indirekt die Persönlichkeit des heranwachsenden Kindes.

Trotz wachsender Forschungsanstrengungen werden Bedingungen des Lernumfeldes und situative Variablen vergleichsweise wenig thematisiert (vgl. Claussen, 2003). So bleiben Kriterien, welche Rahmenbedingungen musikalische Entwicklungen unterstützen und fördern und darauf basierende Empfehlungen relativ vage. Fast überhaupt keine Erkenntnisse liegen über die Wirksamkeit einschlägiger Konzeptionen der musikalischen Früherziehung im Kindergartenalter vor. Das Zusammenspiel zwischen individuellen Faktoren, wie Kompetenzen der Lehrkräfte oder individueller Entwicklungsstände der Kinder einerseits sowie Rahmen- bzw. situativen Faktoren, etwa verwendete Materialien, Gruppengröße, zeitliche und inhaltliche Intensität der Vermittlung andererseits, sind bisher nicht untersucht worden (Kreutz & Schork, 2003).

Wann der richtige Zeitpunkt gekommen ist, Instrumentalunterricht zu beginnen, hängt von vielen Faktoren ab. Gesundheitliche Aspekte sind unbedingt abzuwägen, um langfristigen Schäden an dem sich entwickelnden Muskel-Skelett-Apparat vorzubeugen. Form und Umfang des Unterrichts und des Übens unterliegen pädagogischen, entwicklungsbedingten und individuellen Einflüssen. Eine Übedauer von zehn bis fünfzehn Minuten täglich bis in die Phase der Pubertät reicht vollkommen aus, um das Instrumentalspiel erfolgreich zu entwickeln. Grundlegend sind Motivation und den kindlichen Bedürfnissen angepasste Konzepte.

Die vielleicht wichtigste pädagogische Aufgabe ist es, das Bewusstsein über die intuitive Musikalität und ihre Bedeutung für die allgemeine und musikalische Entwicklung des Kindes gerade bei den Eltern und Erzieherinnen zu stärken. Soziale Interaktion überragt als Wirkkraft musikalischer Entwicklung sämtliche auf künstlerischen Anspruch ausgerichtete Motivationen bei weitem.

In einer mit musikalischen Erfahrungs- und vor allem Handlungsmöglichkeiten ausgestatteten Umgebung sieht Abel-Struth (1972, S. 12) eine »Lernumwelt ... voller Motivationsmöglichkeiten zum Beobachten, Fragen, Experimentieren mit allgemeinem wie musikalischem Lerneffekt«. Darin ist Stille als notwendiger Hintergrund, um klangliche Ereignisse aufmerksam wahrnehmen zu können, ebenso gefragt wie elterliche Toleranz für kindliche Freuden am Erforschen von Klängen, in denen selbst unkonventionelle Formen des Musizierens, sei es mit Kochtöpfen, einen berechtigten Platz haben.

■ **Literatur**

Abel-Struth, S. (1972). Musikalischer Beginn in Kindergarten und Vorschule. Kassel: Bärenreiter.
Bamberger, J. (1991). The Mind Behind the Musical Ear. Cambridge: Harvard University Press.
Claussen, M. (2001). Elementare Musikerziehung in Eltern-Kind-Kursen. Augsburg: Wißner.
Gagné, F. (1985). Giftedness and talent: Reexaminating a reexamination of the definitions. Gifted Child Quarterly, 29 (3), 103–112.
Gembris, H. (1998). Grundlagen musikalischer Begabung und Entwicklung. Augsburg: Wißner.
Gordon, E. (1990). A Music Learning Theory for Newborn and Young Children. Chicago: GIA Publications.
Gruhn, W. (2003). Kinder brauchen Musik. Musikalität bei kleinen Kindern entfalten und fördern. Weinheim: Beltz.
Hassler, M. (1998). Musikalische Begabung in der Pubertät. Biologische und psychologische Einflüsse. Augsburg: Wißner.
Kleinen, G. (Hrsg.) (2003). Musik und Kind. Chancen für Begabung und Kreativität im Zeitalter der Neuen Medien. Laaber: Laaber-Verlag.
Kreutz, G. (2002). Wie Kinder Musik empfinden, erleben und lieben lernen. In: W. E. Fthenakis & M. R. Textor (Hrsg.), Das Online-Famlienhandbuch. http://www.familienhandbuch.de/index.html/f_Fachbeitrag/a_Erziehungsbereiche/s_569.html (4.10.05)
Kreutz, G. & Schork, L. (2005). Musikalische Früherziehung aus Sicht von Lehrkräften. Diskussion Musikpädagogik, 26 (2), 49-56.
Mazurowicz, U. (2003). Konzepte musikalischer Früherziehung. In: W. E. Fthenakis & M. R. Textor (Hrsg.). Das Online-Famlienhandbuch. http://www.familienhandbuch.de/cmain/f_Fachbeitrag/a_Erziehungsbereiche/s_598.html. (4.10.05)
Ribke, J. (1995). Elementare Musikpädagogik. Persönlichkeitsbildung als musikerzieherisches Konzept. Regensburg: ConBrio.
Seubert, H. D. (1997). Musikalische Entwicklung und ästhetische Bildung des Kindes. Regensburg: Roderer.
Stadler Elmer, S. (2000). Spiel und Nachahmung. Über die Entwicklung der elementaren musikalischen Qualitäten. Aarau: Schneider.
Stippler, RC. (in Vorb.). Musikalische Früherziehung. Entwicklungen und Aspekte eines Faches zwischen Vorschulerziehung und Musikpädagogik im letzten Drittel des 20. Jahrhunderts. Dissertation. Frankfurt: Goethe-Universität.

Naturwissenschaftliche Bildung

Gisela Lück

Der Begriff naturwissenschaftliche Bildung wirft bezogen auf den Elementarbereich zunächst viele Fragen auf: Zählen die Naturwissenschaften überhaupt zur Bildung? Können Kinder im Kindergartenalter denn schon einen Zugang zu Naturwissenschaften finden? Wie ist es möglich, naturwissenschaftliche Bildungsangebote im Kindergarten zu integrieren, wenn in der Ausbildung für elementarpädagogische Berufe diese Inhalte weitestgehend ausgegrenzt wurden? Auf diese Fragen soll der folgende Beitrag Antworten geben.

Der Bildungsbereich Naturwissenschaften ■ In ihren Bildungsvereinbarungen haben alle Bundesländer den Bildungsbereich naturwissenschaftliche Bildung verbindlich und mit mehr oder weniger konkret dargestellten Inhalten aufgenommen. Damit haben die Naturwissenschaften neben Sprache, Kunst, Bewegung sowie sozialem Umgang und Werteorientierung einen festen Platz erhalten. Dies scheint zunächst im Widerspruch zur landläufigen Auffassung zu stehen, nach der Naturwissenschaftsdisziplinen als wissensdominiert angesehen werden, während ihnen Bildungsaspekte oftmals abgesprochen werden.

Der Bildungsaspekt der Naturwissenschaften kommt in zweierlei Hinsicht zum Tragen: Zum einen führen Einsichten in naturwissenschaftliche Zusammenhänge zu einer Teilhabe an der Um- und Mitwelt, indem sie Selbstverantwortung und Eigeninitiative bei der Gestaltung zukünftiger Lebensbedingungen grundlegend prägen. Zum anderen zählen naturwissenschaftliche Inhalte zu dem Repertoire, das unter dem Begriff »Aneignung von Welt« im Sinne von Selbstbildung zusammengefasst werden kann.

Vor allem im Elementarbereich macht diese selbsttätige, die Umwelt hinterfragende Aneignung der Welt auch vor Naturphänomenen nicht halt: Sie zählt zu den elementaren Bildungsinhalten und -bedürfnissen der Kinder. Mit dem Einzug der naturwissenschaftlichen Bildung in den Elementarbereich wird zugleich an ein Kulturerbe angeknüpft, mit dem seit Beginn der so genannten modernen Naturwissenschaften vor rund 250 Jahren eine große Anzahl naturwissenschaftlicher Entdeckungen und Erfindungen hervorgebracht wurden.

Geschichte ■ Naturwissenschaftliche Bildung im Elementarbereich ist für viele heutzutage ein Novum; es gibt aber bereits Vorläufer in der Vergangenheit: Die Vermittlung biologischer, vor allem aber auch physikalischer und chemischer Erscheinungen, hat eine lange Tradition und gehörte in früheren Zeiten zum selbstverständlichen Bildungskanon auch von jüngeren Kindern. Nachdem im 18. Jahrhundert die Naturwissenschaften eine nie zuvor gekannte Blüte erlebten, entwickelte sich im viktorianischen England geradezu eine Naturwissenschaftseuphorie, die in der Mitte und der zweiten Hälfte des 19. Jahrhunderts die Menschen erfasste: Das Interesse an Chemie und Physik war so verbreitet, dass viele Haushalte eigene kleine ›Heimlabors‹ einrichteten, um die neuen Entdeckungen ins eigene Haus zu holen und so am Zeitgeschehen teilzuhaben.

Entsprechend groß war auch das öffentliche Interesse an naturwissenschaftlichen Vorlesungen. Wenn Humphrey Davy, einer der Begründer der Elektrochemie und Entdecker zahlreicher chemischer Elemente, Vorträge an der Londoner Royal Institution hielt, versammelten sich große Menschenmengen vor den Sälen und versperrten sogar die Albemarle Street, so dass diese im Jahre 1808 zur ersten Einbahnstraße Londons ausgewiesen wurde, um ein Verkehrschaos zu vermeiden (Day, 1994, S. 409). Es ist überliefert, dass auch Kinder an diesen Ereignissen teilnahmen und noch viele Jahre später nachhaltig beeindruckt waren!

Auch der Schüler Davy's, Michael Faraday, ließ es sich nicht nehmen, seine Wissenschaft einem breiten Publikum verständlich zu vermitteln und widmete sich ganz besonders auch den Kindern. Zur Weihnachtszeit hielt er regelmäßig Vorlesungen für Kinder und Jugendliche – so etwa seine berühmte Vorlesungsreihe »Naturgeschichte einer Kerze« (Faraday, 1980).

Eine weitere Welle der Naturwissenschaftseuphorie liegt weniger lange zurück. Als mit dem sogenannten Sputnikschock in Folge der ersten Weltraumerkundungen die damals allgemein mangelnden Kenntnisse in den Naturwissenschaften aufgedeckt wurden, hatte dies in den 70-er Jahren des letzten Jahrhunderts eine Neuformulierung der Unterrichtslehrpläne zur Folge. Gerade auch jüngeren Kindern wurde das Lernen von Chemie und Physik nahezu ›verordnet‹. Dabei wurde allerdings ein Extrem angestrebt, das an den Interessen und den kognitiven Möglichkeiten der Kinder vorbeiging. Durch Mathematisierung der Naturphänomene und Theorielastigkeit wurde das aufkeimende kindliche Naturinteresse schon bald nachhaltig erstickt. Die Reaktionen blieben nicht aus: Desinteresse, ja sogar Ressentiments machten sich gegenüber den Naturwissenschaften breit. Die späte Einführung der Naturwissenschaften als Unterrichtsfach und das resolute Herausnehmen aller naturwissenschaftlichen Inhalte aus den Lehrplänen der Fachschulen für Sozialpädagogik waren die Folgen. Lediglich in Kindergärten, die sich an reformpädagogischen Ansätzen orientierten, in Montessori-Kindergärten und in Einrichtungen mit Ansätzen der Reggio-Pädagogik wurde zumeist die Heranführung an Naturphänomene als zentraler Bildungsinhalt bewahrt.

Untersuchungsergebnisse zu Interesse, Erinnerungsfähigkeit und Langzeitwirkung ■ Seit Mitte der 1990-er Jahre liegen empirische Studien vor, mit denen die Akzeptanz einer frühzeitigen Heranführung an Naturphänomene im Sinn einer naturwissenschaftlichen Bildung untersucht wurden (Lück, 1998). Diese Untersuchungsergebnisse konnten inzwischen in einer Vielzahl weiterer Studien belegt sowie durch eine breite Umsetzung in der Praxis bestätigt werden.

Akzeptanz ■ Als Hinweis auf eine positive Akzeptanz bzw. ein erstes aufkeimendes Interesse für Naturphänomene wurde die freiwillige Teilnahme der Kindergartenkinder an naturwissenschaftlichen Experimentierangeboten gewählt. Trotz konkurrierender Angebote, mit deren Hilfe ausgeschlossen werden konnte, dass die Kinder nur aus Gründen der Abwechslung die Experimentierangebote annahmen, entschieden sich rund 70 % der Kinder ab fünf Jahren über einen Zeitraum von zehn Wochen freiwillig für das naturwissenschaftliche Bildungsangebot (Lück, 2000, S. 153 ff.).

Erinnerungsfähigkeit ■ Die Kinder wurden ein halbes Jahr nach Beginn der Experimentierreihen in Einzelinterviews zu Aufbau, Durchführung und Deutung des Experiments befragt. Rund 30 % der Experimente konnten von den Kindern ohne Hilfestellung nicht nur in der Durchführung, sondern auch hinsichtlich der naturwissenschaftlichen Deutung erinnert werden. Weitere 20 % der Experimente wurden erinnert, wenn kleine Hilfestellungen gegeben wurden. Diese Ergebnisse zeigten sich quer durch alle sozialen Schichten, was ein Hinweis darauf ist, dass eine frühzeitige Heranführung an die Naturphänomene bei *allen* Kindern gleichermaßen möglich ist und Sprachbarrieren oder geringe Förderung seitens des Elternhauses kein Hinderungsgrund sind, einen ersten Zugang zu Naturphänomenen zu erhalten.

Dafür sprechen auch langjährige Beobachtungen, die mit verhaltensauffälligen Kindern und zahlreichen Kindern mit unterschiedlichen Behinderungen gemacht wurden. Stets fallen große Aufmerksamkeit und Konzentration auf das Naturphänomen auf, so dass diesem Thema derzeit im Rahmen von empirischen Untersuchungen besondere Aufmerksamkeit gewidmet wird (Lück, 2000, S. 156 ff.).

Langzeitwirkung ■ Bislang konnten noch keine Longitudinalstudien zum Themenfeld naturwissenschaftliche Bildung durchgeführt werden. Indirekt wurden über Bewerbungsunterlagen von Abiturienten, die sich für ein Chemiestudium entschieden haben, Informationen über die Langzeitwirkung frühkindlichen naturwissenschaftlichen Einflusses ermittelt. 22 % der insgesamt 1.345 Bewerberinnen und Bewerber für einen Studienplatz in Chemie gaben an, bereits in der frühen Kindheit – insbesondere durch Familienmitglieder – für die Naturwissenschaften interessiert worden zu sein – nach der Einführung des Fachs Chemie in der Sekundarstufe I (45 %) die mit Abstand häufigste Nennung (Lück, 2003, 71 ff.).

Das naturwissenschaftliche Experiment und seine Deutung

■ Um im Elementarbereich Kinder an Naturphänomene heranzuführen, sind zum einen das Experimentieren und zum anderen die Deutung des Naturphänomens von zentraler Bedeutung.

Zur Rolle des Experimentierens ■ Im Elementarbereich ist eine Heranführung an Naturphänomene ohne das Experiment kaum vorstellbar. Gerade die unbelebte Natur bietet hierfür eine Vielzahl an Möglichkeiten und hier liegt auch einer der Vorteile gegenüber biologischen Phänomenen, die bislang eine dominierende Rolle spielen, obwohl sie die Kinder in der Regel in die Rolle des tatenlosen Beobachters drängen.

Das naturwissenschaftliche Experimentieren, das weit über das alleinige Beobachten eines Naturphänomens hinausgeht, enthält gleich mehrere Bildungsfacetten: Neben der Durchführung eines Versuchs, bei der bereits Anforderungen an die Geschicklichkeit gestellt werden, kommen der Gesichtssinn, der akustische Sinn, aber auch die taktile Wahrnehmung zum Einsatz und werden geschult. Gleichzeitig muss ganz genau beobachtet werden, und zwar zu einem durch das Experiment und seinen Verlauf vorgegebenen Zeitpunkt. Damit auch die anderen Kinder der Experimentiergruppe teilhaben können, werden Anforderungen an die soziale Kompetenz gestellt. Um das Beobachtete zu formulieren, sind zudem auch sprachliche Kompetenzen gefordert bzw. wird die sprachliche Ausdrucksfähigkeit gefördert. Schon allein das Aufzählen der zum Experimentieren erforderlichen Gegenstände bereitet manchem Kind Schwierigkeiten, wenn es etwa den genauen Begriff Glas anstelle von Becher oder den Begriff Teelicht anstelle von Kerze finden soll.

Das Experimentieren hat zudem auch einen kognitiven Aspekt: Es bedarf nämlich einer Deutung – vor allem dann, wenn das Ergebnis verblüfft und Anlass zum Hinterfragen gibt. Dann können Kausalbeziehungen, also Wenn-dann-Bezüge hergestellt werden, wie etwa: »Immer, wenn einer Kerze Luft entzogen wird, dann erlischt sie« oder »Wenn Luft aus einem Gefäß nicht entweichen kann, dann kann auch kein anderer Stoff – etwa Wasser – nachströmen«.

Gerade weil dem Experiment eine so entscheidende Rolle bei der Hinführung zu Naturphänomenen zukommt, ist bei der Auswahl geeigneter Versuche eine Reihe von Aspekten zu berücksichtigen:

- Der Umgang mit den für die Durchführung der Experimente erforderlichen Materialien muss völlig ungefährlich sein
- Die Experimente sollten immer gelingen, um die Kinder mit dem Phänomen vertraut zu machen
- Die für die Durchführung der Experimente erforderlichen Materialien müssen preiswert zu erwerben und leicht erhältlich oder sogar ohnehin in jeder Kindertagesstätte vorhanden sein, so z. B. Luft, Wasser, Salz, Zucker, Essig, Teelichter
- Sämtliche Versuche sollten einen Alltagsbezug haben, um durch die Begegnung mit den Gegenständen eine Erinnerungsstütze zu bieten
- Die naturwissenschaftlichen Hintergründe zu den Versuchen sollten für Kinder im Kindergarten- und Vorschulalter verständlich vermittelbar sein, um den Eindruck von ›Zauberei‹ zu vermeiden
- Die Versuche sollten alle von den Kindern selbst durchgeführt werden können
- Die Experimente sollten – einschließlich der Versuchsdurchführung durch die Kinder – innerhalb einer überschaubaren Zeit von ca. 20 bis 25 Minuten abgeschlossen sein, um die Konzentrationsfähigkeit nicht zu sehr zu strapazieren
- Schließlich sollten die Experimente in großen Teilen aufeinander aufbauen, so dass das folgende Experiment eine Wiederholung des zuvor durchgeführten Experiments darstellt.

Eine solche Kriterienliste grenzt die Auswahl der Experimente deutlich ein; dennoch können ausreichend biologische, physikalische und chemische Versuche für den Elementarbereich ausgemacht werden.

Zur Rolle der naturwissenschaftlichen Deutung des Experiments ■ Die kindgerechte Deutung ist das zweite Standbein, um Kinder an naturwissenschaftliche Bildung heranzuführen, da erst durch sie ein Transfer von einem Phänomen auf ein anderes geleistet werden kann. So kann beispielsweise aus der Erkenntnis, dass eine Kerzenflamme durch Luftentzug erlischt, geschlossen werden, dass dies nicht nur durch ein über die Kerze gestülptes Glas gelingt, sondern auch durch Wasser, durch Decken oder durch ein schweres, nicht brennbares Gas wie z. B. Kohlenstoffdioxid. Zudem wird erst durch die Deutung das Verständnis der Phänomene erleichtert, denn allein aus dem Experiment wird der Grund für seinen Verlauf nie ersichtlich. Zudem stehen die Versuche mit ihrem verblüffenden Ausgang nach einer Deutung nicht mehr unzusammenhängend nebeneinander. Vor allem aber: Erst durch die Vermittlung der hinter den Phänomenen liegenden Naturgesetze kann den Kindern die Zuverlässigkeit der Naturgesetzmäßigkeit im wahrsten Sinne des Wortes ›vor Augen geführt‹ werden, was eine Ordnungs- und Orientierungsmöglichkeit bei der Aneignung der Umwelt erleichtert.

Analogie

Einen entscheidenden Zugang zu einer kindgerechten Deutung ist der Vergleich mit bereits Vertrautem – die Analogie. Warum bleibt beispielsweise eine in ein ›leeres‹, also mit Luft gefülltes Glas gesteckte Serviette trocken, wenn man das Glas mit der Öffnung nach unten in Wasser taucht? Hier können zahlreiche, recht komplexe mathematisch-naturwissenschaftliche Erklärungen herangezogen werden, die naturgemäß bei den Kindern auf Unverständnis stoßen. Orientiert man sich bei der Erklärung aber an der Welt der Kinder, wird es einfacher: Dort, wo sich ein Kind befindet, kann zur selben Zeit nicht auch ein anderes Kind stehen. Dies gelingt nur, wenn sich das erste Kind vom Platz bewegt. Die Luft im Glas kann nicht entweichen (erst wenn das Glas schräg gehalten wird). Daher kann kein Wasser nachströmen.

Animismus

Auch die animistische Deutung, die bewusste Beseelung der Natur als didaktisches Mittel – etwa mit Formulierungen wie »Die Kerze frisst Luft« oder »Wasser und Öl mögen sich nicht und können sich daher nicht vermischen« – bieten einen kindgerechten Einstieg in die naturwissenschaftliche Deutung des im Experiment sichtbaren Phänomens (Gebhard, 2001; Lück, 2003, S. 80 ff.). Nachdem über lange Jahre hinweg animistische Naturwissenschaftsdeutungen vermieden wurden, was vor allem auf die mit dem so genannten Sputnikschock ausgelösten Verwissenschaftlichungstendenzen zurückzuführen ist, hat sich in den letzten Jahren gezeigt, dass sie den Zugang auch zu komplexeren Sachverhalten erleichtern. Dabei sollte mit zunehmendem Alter der Kinder allerdings auch die wissenschaftliche Deutung mit berücksichtigt werden. Es hat sich gezeigt, dass gerade der Mittelweg zwischen Beseelung und naturwissenschaftlicher Deutung für das Naturwissenschaftsverständnis besonders günstig ist, da vor allem Kinder über die Fähigkeit verfügen, sich in ›beiden Welten‹ der Erklärungsmodelle zurechtzufinden (Mähler, 1995, S. 212 ff.). Eine ausschließlich animistische Naturdeutung würde dagegen ein Weltbild erzeugen, in dem der Mensch zu stark in den Mittelpunkt rückt (egozentrisch), und eine einseitig rationale Naturdeutung würde – wie unsere eigenen Naturwissenschaftserfahrungen zeigen – eine Distanz zu Naturphänomenen aufkommen lassen, die schließlich zu Gleichgültigkeit führt.

Instruktion versus selbstentdeckendes Lernen ■

Wie in anderen Bildungsbereichen auch, wird derzeit in der Elementarpädagogik kontrovers diskutiert, ob die Heranführung an Naturphänomene instruktiv und im Rahmen einer Angebotspädagogik geschehen soll oder ob es pädagogisch sinnvoller ist, das selbstentdeckende Lernen der Kinder in dem ihnen eigenen Rhythmus zu fördern. Die derzeitigen Bildungspläne spiegeln die Diskussion wider: Während der Bayerische Bildungsplan (Bayerisches Staatsministerium für Arbeit und Sozialordnung, Familie und Frauen, 2005) sehr detailliert Bildungsinhalte und Methoden der Vermittlung beschreibt, bleibt der Nordrheinwestfälische Bildungsplan (Ministerium für Bildung, Frauen und Jugend, 2004) in Bezug auf den Bildungsbereich Natur und Kultur ganz offen.

Bei allen Vorteilen, die das selbstentdeckende Lernen für das Kind hat, scheint eine konkrete Hilfestellung bei der Umsetzung mit instruktiven Anteilen gerade im Bildungsbereich Naturwissenschaften derzeit sehr sinnvoll, da aufgrund bestehender Ausbildungsdefizite bei den Pädagogen im Elementarbereich Verunsicherungen bestehen und zu Barrieren bei der Umsetzung führen könnten. Zudem sind instruktive Elemente bei der Heranführung dann erforderlich, wenn die Deutung des Experiments nicht durch das Phänomen selbst erschlossen werden kann, so etwa bei der Frage, warum sich Zucker im Wasser schneller löst als Salz oder ein Stein.

Beispiel für naturwissenschaftliches Experimentieren im Elementarbereich ■

Exemplarisch sollen an einem Beispiel sowohl Konzeption als auch inhaltliche Auswahl der Experimente verdeutlicht werden.

In der Natur verschwindet nichts

Umgangssprachlich ist der Begriff »verschwinden« für Dinge, die unserer Wahrnehmung entzogen sind, fest verankert. Wir sagen »Unsere Brille ist weg«, wohl wissend, dass sie irgendwo noch sein wird. Auch das nicht mehr auffindbare Spielzeug des Kindes ist nicht verschwunden, sondern liegt irgendwo an einem anderen Ort. Was uns sprachlich so leicht als »weg« über die Lippen geht, bleibt nicht ohne Konsequenzen für unser Bild von der Natur: Wenn tatsächlich Dinge verschwinden, ist ja deren Entsorgung gar kein Thema mehr. Auch das Sorgetragen für Dinge, die weg sind, entfällt.

Mit folgendem einfachen Experiment kann ein erster Zugang zu der Erkenntnis gelegt werden, dass Stoffe nicht einfach verschwinden: Dazu löst man einfach etwas Zucker oder Salz in Wasser – ein alltägliches Experiment, bei dem die klare wässrige Lösung scheinbar frei von Salz bzw. Zucker zu sein scheint. Dieser Lösevorgang kann noch variiert werden, indem die Wassertemperatur erhöht wird. Dabei kann beobachtet werden, dass vor allem Zucker in heißem Wasser deutlich schneller ›verschwindet‹ als in kaltem. In einem daran anschließenden Experiment kann gezeigt werden, dass das Salz nach Verdunsten des Wassers auf einer Heizung in der Sonne oder durch einen Löffel, der in die Teelicht-Flamme gehalten wird, wieder als Feststoff gewonnen werden kann. (Mit Zuckerwasser sollte dieses Experiment nicht durchgeführt werden, da Zucker schnell karamellisiert.)

Forschungsaufgaben der nächsten Jahre ■ Bislang liegen auf dem noch sehr jungen Forschungsgebiet zur frühen Heranführung an Naturphänomene nur wenige Ergebnisse vor, so dass sich ein großes Spektrum an zukünftigen Forschungsaufgaben ergibt. Zu den wichtigsten und dringendsten zählt die Untersuchung des Übergangs vom Kindergarten in die Grundschule, bei dem die ersten naturwissenschaftlichen Erfahrungen im Sachunterricht fortgesetzt werden sollten, wobei Wiederholungen und Überforderungen vermieden werden müssen. Große Bedeutung kommt zudem einem qualifizierten Ausbildungssystem für zukünftige Pädagogen im Elementarbereich zu. Welche Module an Sozialfachschulen vermittelt werden sollten, um auf den zukünftigen Beruf vorzubereiten, muss sorgfältig evaluiert werden. Für Fortbildungsmaßnahmen müssen geeignete Qualitätskriterien entwickelt werden, zumal für die im Beruf tätigen Pädagogen ein hoher Fortbildungsbedarf entsteht und dies immer mehr Angebote privater Fortbildungsinstitutionen unterschiedlicher Qualifikation hervorruft.

■ **Literatur**

Bayerisches Staatsministerium für Arbeit und Sozialordnung, Familie und Frauen (2005). Der Bayerische Bildungs- und Erziehungsplan für Kinder in Tageseinrichtungen bis zur Einschulung. Weinheim: Beltz.
Day, P. (1994). The Royal Institution – creating and communicating science. Physics world, 7, 59–60.
Faraday, M. (1980). Naturgeschichte einer Kerze. Mit einer Einleitung und Biographie von Peter Buck, Bad Salzdetfurth: Franzbecker.
Gebhard, U. (2001). Kind und Natur. Die Bedeutung der Natur für die psychische Entwicklung. Wiesbaden: Westdeutscher Verlag.
Lück, G.; Demuth, R. (1998) Naturwissenschaften im frühen Kindesalter. In: CHEMKON. 5 (2), S. 71–78.
Lück, G. (2000). Naturwissenschaften im frühen Kindesalter. Untersuchungen zur Primärbegegnung von Vorschulkindern mit Phänomenen der unbelebten Natur. In: Naturwissenschaften und Technik – Didaktik im Gespräch. Bd. 33., LIT: Münster.
Lück, G. (2003). Handbuch der naturwissenschaftlichen Bildung. Theorie und Praxis für die Arbeit in Kindertageseinrichtungen. Freiburg: Herder.
Lück, G. (2004). Von einsamen Elektronenpaaren – Oder: Warum es auch in der Chemie ›menschelt‹, In: Klaus Griesar (Hrsg.), Wenn der Geist die Materie küsst (S. 163–175). Frankfurt: Deutsch,
Lück, G. (2005). Neue leichte Experimente für Eltern und Kinder. Freiburg: Herder.
Mähler, C. (1995). Weiß die Sonne, dass sie scheint? Eine experimentelle Studie zur Deutung des animistischen Denkens bei Kindern. Münster: Waxmann
Ministerium für Schule, Jugend und Kinder des Landes Nordrhein-Westfalen (2003): Bildungsvereinbarung NRW – Fundament stärken und erfolgreich starten.

Mathematische Bildung

Erich Ch. Wittmann

Das relativ schlechte Abschneiden deutscher Schülerinnen und Schüler bei den internationalen Vergleichstests TIMSS und PISA im Fach Mathematik war einer der Hauptgründe dafür, dass um das Jahr 2000 in der Bildungspolitik die Bedeutung des Lernens vor der Schule erkannt wurde. Daher ist es verständlich, dass die Bemühungen um eine Reform des Bildungswesens heute auch auf die mathematische Frühförderung zielen. Wissenschaftlich muss dabei keineswegs Neuland betreten werden: Die mathematikdidaktische Forschung in Deutschland ist seit Mitte der 1980-er Jahre von der Grundschule aus zunehmend in diesen Bereich vorgestoßen, wobei sie sich auf Ansätze stützen konnte, die bis ins erste Drittel des 19. Jahrhunderts zurückreichen.

Der erste Teil des Beitrags zeichnet diese Entwicklungslinie nach. Daran anschließend wird im zweiten Teil der heutige Stand der mathematischen Frühförderung vom Grundsatz her beleuchtet. Im dritten Teil werden konkrete Ansätze zur mathematischen Frühförderung vorgestellt. Den Abschluss bilden Perspektiven für weitere Forschungen und Entwicklungsarbeiten.

Markante Stationen in der mathematischen Frühförderung ■ Mathematik ist seit Jahrtausenden integraler Teil der Kultur. Entsprechend haben sich im Lauf der Zeit in allen Kulturvölkern arithmetische, geometrische und logische Spiele für Kinder entwickelt. Diese sind als naturwüchsige Formen mathematischer Frühförderung anzusehen und können gerade in ihrer Verwurzelung im Alltagsleben auch heute noch als vorbildlich gelten. Systematische Überlegungen zu einer mathematischen Bildung vor der Schule haben aber erst mit der Institutionalisierung der vorschulischen Erziehung eingesetzt. Besondere Bedeutung kommt dabei den Konzepten von Friedrich Fröbel und Maria Montessori sowie dem Werk von Jean Piaget zu. Wesentlich für das Verständnis der heutigen Situation ist auch der gescheiterte Ansatz der »Neuen Mathematik«.

Friedrich Fröbel (1782–1852) ■ Um Fröbels Werk gerecht zu werden, ist zu beachten, dass sein pädagogisches Denken wesentlich durch seine wissenschaftliche Tätigkeit als Assistent am mineralogischen Institut der Universität Berlin geprägt wurde. Seine berühmten Spielgaben für die geometrische Früherziehung sind aus heutiger Sicht eine gelungene Synthese fachlicher und pädagogisch-psychologischer Aspekte (Hoof, 1977).

Für die dritte Gabe, einen Würfel, der aus acht gleichen Würfeln zusammengesetzt ist, empfiehlt Fröbel folgende Aktivitäten: Die Kinder sollen den großen Würfel zuerst in verschiedener Weise unterteilen und wieder zusammensetzen. Dann sollen sie aus den acht kleinen Würfeln einerseits verschiedene reale Objekte bauen (z. B. Sessel, Kirche, Tor). Andererseits sollen sie die Würfel auf verschiedene Weisen in geometrischen Mustern anordnen. Der »reine« und der »angewandte« Aspekt der Mathematik kommt auf diese Weise voll zur Geltung.

Fröbel legte Wert darauf, dass sich die Kinder im Spiel über Realitätsbezüge hinaus von ihrer Fantasie leiten lassen sollen, wie es dem Wesen der Mathematik entspricht.

Maria Montessori (1870–1952) ■ Die mathematische Bildung nimmt auch in Maria Montessoris Werk einen prominenten Platz ein. In der »Psychoarithmetik« (Montessori, 2000, S. 23–27) sind ihre Überlegungen zum Rechenunterricht systematisch zusammengestellt, wobei aber nur die ersten fünf Seiten dem Vorschulalter gewidmet sind.

Grundlegendes Material für diesen Bereich sind zehn Stangen mit den Längen 10 cm, 20 cm, […], 100 cm = 1 m. Jede Stange ist durch wechselnde Farbgebung blau/rot in 10 cm lange Teilstücke zerlegt. Durch Abzählen der Teilstücke sollen diese Stangen als Verkörperung der Zahlen 1, 2, […], 10 erkannt und zur Herstellung von Größenbeziehungen zwischen den Zahlen benutzt werden.

Als zweites Material dienen Täfelchen, auf welche die Ziffern 0, 1, […], 9 aus Sandpapier aufgeklebt sind. Die Kinder lernen die Zahlsymbole mit den Fingern nachzufahren, zu schreiben und zu den Stangen in Beziehung zu setzen. Das Auffinden von zwei Stangen, die zusammen so lang sind wie eine andere Stange, führt zur Addition.

Im Gegensatz zu den Fröbel-Materialien ermöglichen die Montessori-Materialien für den Vorschulbereich kaum spielerische Aktivitäten. Die Selbsttätigkeit spielt im Montessori-Konzept zwar eine zentrale Rolle, es handelt sich aber vorwiegend um eine gelenkte Selbsttätigkeit.

Jean Piaget (1896–1980) ■ Der Psychologe Jean Piaget ist einer der großen Pioniere der modernen vorschulischen Erziehung. In zahlreichen Forschungsprojekten hat er auch die Entwicklung des mathematischen Denkens vom Vorschul- bis ins Jugendalter untersucht. Sein Werk und die daran anschließenden Forschungen haben gezeigt, dass Kinder Wissen nicht einfach von außen übernehmen können, sondern es durch eigene, selbst gesteuerte Tätigkeit zu einem großen Teil selbst hervorbringen müssen (konstruktivistische Sichtweise des Lernens). Diese Tätigkeit kann und muss von außen zwar angeregt werden, führt aber ohne eigene Anstrengungen der Kinder nicht zum Erfolg. Das jeweilige Vorwissen ist selbst in unvollkommener Form eine wesentliche Voraussetzung für die individuelle Erweiterung und Weiterentwicklung des Wissens (Selter & Spiegel, 2003).

Aus diesen Forschungen ergibt sich, dass die vorschulische Erziehung in zweifacher Hinsicht wichtig ist: zum einen kann die Eigentätigkeit der Kinder schon im frühen Alter durch geeignete Angebote angeregt werden, zum anderen kann während dieser Zeit Vorwissen aufgebaut werden, auf das sich – auch wenn es noch lücken- und fehlerhaft ist – schulische Lernprozesse stützen können. Zu glauben, man müsse die Begegnung der Kinder mit Zahlen und Formen zurückstellen, bis diese Gegenstände in der Schule »richtig« gelehrt werden können, ist ein fundamentaler Irrtum. In jüngster Zeit haben die Neurowissenschaften die Bedeutung der vorschulischen Bildung noch verstärkt.

Die »Neue Mathematik« (1955–1975) ■ Mitte der fünfziger Jahre glaubte man in den westlichen Ländern der technischen Herausforderung durch den kommunistischen Ostblock (»Sputnik-Schock«) nur begegnen zu können, indem man den Unterricht auf der Grundlage der neuesten Entwicklungen in den Wissenschaften »modernisierte«. Die damals an den Universitäten vorherrschende Auffassung der Mathematik als Wissenschaft der formalen Strukturen führte zur Einführung der Neuen Mathematik (Mengenlehre) zuerst in den Sekundarstufen, dann in der Grundschule und schließlich auch im Kindergarten. Markantes Material für die Mengenlehre in den unteren Stufen waren die logischen Blöcke (Dreiecke, Rechtecke und Kreise aus Holz in zwei Dicken, zwei Größen und drei Farben).

Der Ansatz scheiterte wie vergleichbare Ansätze in den Naturwissenschaften nach wenigen Jahren auf der ganzen Linie. Es zeigte sich, dass das »Fachchinesisch« der Universitätsmathematiker als Grundlage für die Allgemeinbildung völlig ungeeignet ist. Dieser Fehlschlag löste in der Vorschulpädagogik eine radikale Abkehr vom »Fach« aus. Der ausschließlich auf die Sozialisation der Kinder abzielende Situationsansatz wurde in den folgenden Jahrzehnten für die Ausbildung der Erzieherinnen und die Arbeit der Kindergärten bestimmend und ist es bis heute.

Bei aller Kritik muss der Neuen Mathematik aber zugute gehalten werden, dass sie auf die Förderung der Eigentätigkeit der Kinder ausgerichtet war und den Blick auf das Fach lenkte.

Auswirkungen des neu gestalteten Mathematikunterrichts der Grundschule auf die Frühförderung (seit 1985) ■ Mitte der achtziger Jahre wurde auf den Trümmern der Neuen Mathematik eine neue Entwicklung des Mathematikunterrichts der Grundschule eingeleitet, bei der sich eine Neubesinnung auf das »wohlverstandene« Fach mit einer konstruktivistischen Sicht des Lernens verband (Winter, 1987). Diese Entwicklung strahlte zwangsläufig auf den vorschulischen Bereich aus.

Das veränderte Verständnis des Faches Mathematik ■ Meilenstein auf dem Weg zu einem neuen Unterricht war der neue Lehrplan Mathematik in Nordrhein-Westfalen,

der sich durch drei Neuerungen auszeichnete:
- Mathematiklernen wurde als konstruktiver Prozess beschrieben und das Prinzip des entdeckenden Lernens als oberstes Unterrichtsprinzip formuliert
- Praktischen Anwendungen der Mathematik wurde die Erarbeitung innermathematischer Strukturen als gleichberechtigtes Bildungsziel zur Seite gestellt
- Mathematische Aktivitäten (z. B. Sachverhalte entdecken, beschreiben und begründen) erhielten als allgemeine Lernziele das gleiche Gewicht wie inhaltliche Lernziele (z. B. das Einmaleins).

Damit nahm der Lehrplan die heute weithin geteilte Auffassung von Mathematik als lebendiger, interaktiv entwickelbarer »Wissenschaft von Mustern« auf (Wittmann, 2003a). Von dieser Warte aus kann vom Wesen des Faches her auch die mathematische Früherziehung organisch in das gesamte Mathematiklernen eingebunden werden, da sich das Spektrum der mathematischen Muster von einfachen, schon von kleinen Kindern zu erfassenden Mustern kontinuierlich zu den hochkomplexen Mustern der mathematischen Forscher erstreckt.

Neue Erkenntnisse über die Vorkenntnisse von Schulanfängern ■ Aus den zahlreichen empirischen Studien, die ein neues Licht auf die mathematische Entwicklung bei Kindern vor der Schule werfen, ragt folgende Untersuchungsreihe hervor: 1990 führte Marja van den Heuvel-Panhuizen in den Niederlanden einen schriftlichen Test zur Ermittlung der Zahlvorkenntnisse von Schulanfängern durch. Eine Kurzfassung wurde von verschiedenen Forschergruppen in einer Reihe von Ländern wiederholt (van den Heuvel-Panhuizen, 1995, S. 225–232). Vor der Durchführung des Tests wurden jeweils verschiedene Gruppen von Experten, darunter erfahrene Grundschullehrkräfte, gebeten, eine Voreinschätzung der Lösungsquoten zu geben. Diese Schätzungen wurden anschließend mit den tatsächlichen Lösungsquoten verglichen. Es zeigte sich, dass die Experten die Leistungen von Schulanfängern stark unterschätzten.

Die genauere Analyse der Daten lieferte ein differenziertes Bild: Die Leistungen innerhalb einer Klasse können weit auseinander klaffen, was zu erwarten ist. Es gibt aber auch erhebliche Unterschiede zwischen Klassen – ein deutlicher Hinweis auf die unterschiedliche Förderung der Kinder im jeweiligen häuslichen Umfeld.

Aus diesen Forschungen folgt:
- Kinder können bereits weit vor Schuleintritt grundlegende mathematische Kenntnisse erwerben, auf die sich der Mathematikunterricht der Schule stützen kann
- Kinder, die in ihrem häuslichen Umfeld keine oder nur eine geringe Förderung erhalten, sind in besonderem Maße auf eine systematische Frühförderung angewiesen. Sie werden dadurch für ihre schulische Laufbahn entscheidend profitieren.

Aktuelle Förderansätze ■ Die Bildungspläne der Bundesländer sehen als Ziel der mathematischen Frühförderung im Wesentlichen die Entwicklung von Grundvorstellungen in folgenden Bereichen vor (Hasemann, 2005, S. 193–194):
- Zahlen und Größen (Zahlreihe, Anzahlbestimmungen, einfache Rechnungen, Länge, Zeit, Geld, Gewicht, Rauminhalt)
- Geometrische Lagebeziehungen und Formbegriffe (innen, außen, oben, unten, rechts, links, usw., Kugel, Würfel, Quader, Säule, Kreis, Quadrat, Rechteck, Dreieck)
- Logische Grundoperationen (vergleichen, zusammenfassen, sortieren, ordnen, Regeln erfassen).

Die sehr allgemein gehaltenen Formulierungen der Bildungspläne bieten einen großen Spielraum für die konkrete Umsetzung. Dies zeigt sich an den beiden im Folgenden dargestellten Ansätzen, die gegenwärtig die Diskussion beherrschen und am weitesten verbreitet sind.

»Zahlenland« ■ Dieses Projekt wurde von Gerhard Preiß und Gerhard Friedrich gemeinsam entwickelt und in unterschiedlicher Form weiter ausgearbeitet. Im Mittelpunkt der »Reise ins Zahlenland« (Friedrich & Bordihn, 2005) steht die aufwändig gestaltete

»Zahlenstadt«, die zusammen mit den Kindern eingerichtet wird. Für jede der Zahlen 1 bis 10 wird ein eigener »Zahlengarten« angelegt, in dem ein passendes »Zahlenhaus« steht. Die Zahlengärten werden durch einen »Zahlenweg« verbunden, auf dem die Kinder von einer Zahl zur anderen laufen können. Die Zahlenstadt wird von einem Zahlenkobold, einer Zahlenfee und Zahlenpuppen bewohnt, die den Zahlen menschliche Züge verleihen. Der Umgang mit Zahlen wird von wenigen Ausnahmen abgesehen durch Geschichten in dieser Märchenwelt motiviert und gesteuert.

Bei der Geschichte »Bruchlandung im Fehlerwald« z. B. (Friedrich & de Galgóczy, 2004, S. 52–53) droht die Neun, die in einem Fesselballon über dem Zahlenland schwebt, abzustürzen und wird durch die vereinten Bemühungen der Zahlen 1 und 8, 2 und 7, 3 und 6 sowie 4 und 5 gerettet.

Daneben gibt es zu jeder Zahl Abzählreime, Bewegungsspiele und Lieder. Da die Handlungen der Kinder durch einen Märchenkontext gesteuert werden, der stets neu inszeniert werden muss, ist die ständige Präsenz der Erzieher(innen) erforderlich.

Bei Preiß (2004/2005) ist das Konzept des »Zahlenlandes« zu einer Zahlen-Vorschule mit 20 Lerneinheiten ausgearbeitet, deren Behandlung durch einen methodischen Leitfaden bis ins Detail beschrieben wird.

Die Autoren des »Zahlenlands« möchten den Kindern ganzheitliches Lernen ermöglichen, das die Entwicklung arithmetischer und geometrischer Grundvorstellungen mit der Förderung von Sprachkompetenz, Wahrnehmung, Merkfähigkeit und Motorik verbindet. Der Ansatz weist eine starke Affinität zum Situationsansatz der Vorschulpädagogik auf.

Der Ansatz von »mathe 2000« ■ Im Entwicklungsforschungsprojekt »mathe 2000« ist die mathematische Frühförderung integraler Bestandteil eines Gesamtkonzepts von Mathematiklernen vom Kindergarten bis zum Abitur (Wittmann, 2003b). Um einen nahtlosen Übergang vom Kindergarten zur Grundschule zu gewährleisten, wurden ausgehend vom Grundschulwerk »Das Zahlenbuch« die beiden »Kleinen Zahlenbücher« und die beiden »Kleinen Formenbücher« entwickelt (Müller & Wittmann, 2002, 2004, 2006). Jede dieser Spieleboxen enthält ein Bilderbuch, Spielpläne und Spielmaterialien, die einzelne Kinder und Gruppen von Kindern zum Betrachten und Spielen einladen. Ziel ist eine »spielerische« Begegnung mit Grundvorstellungen über Zahlen und Formen, wobei sowohl innermathematische Strukturen als auch Realitätsbezüge zur Geltung kommen – wie bei den Fröbelschen Spielgaben, die als Vorbild dienten. Das Adjektiv »spielerisch« hat hier eine grundsätzlich andere Bedeutung als im vorhergehenden Abschnitt, denn die Spielregeln und Spielhandlungen erwachsen nicht aus einer künstlichen Verpackung, sondern aus der Mathematik selbst, und die Bilder sind der Realität entnommen. Da die »wohlverstandene« Mathematik nicht nur den Kopf, sondern den ganzen Menschen anspricht, werden in diesem fachlichen Rahmen auch die Motorik, die Wahrnehmung und das Gedächtnis entwickelt. Im Spiel und in der Betrachtung realer Situationen ergeben sich auch zahlreiche Sprechanlässe und natürlich sind auch Emotionen stark beteiligt.

Bei dem Spiel »Muster legen« z. B. (Müller & Wittmann, 2002, S. 10–11) sind unterschiedliche Folgen von roten und blauen Plättchen vorgegeben, die nach bestimmten Regeln erzeugt sind. Aufgabe der Kinder ist es, die jeweilige Regel zu erkennen und die Folge entsprechend fortzusetzen. Die Kinder sollen sich auch selbst Legeregeln ausdenken, die dann von anderen Kindern zu erraten und fortzusetzen sind. In Müller und Wittmann (2004, S. 22–23) wird »Muster legen« mit Zahlenfolgen fortgesetzt. Der Begriff der Folge ist ein Grundbegriff der Mathematik und spielt auf allen Stufen eine fundamentale Rolle.

Der Einsatz der Materialien erfordert nur einen geringen Aufwand. Methodische Anleitungen sind nicht erforderlich. Wenn die Kinder die Spiele kennen gelernt haben (z. B. auch von älteren Kindern), können sie in eigener Regie spielen.

Vergleich der beiden Ansätze ■ Beide Ansätze sehen die Aktivität der Kinder als entscheidendes Moment des Lernens, beschreiben aber unterschiedliche Wege, um sie anzuregen. Die Autoren des »Zahlenlandes« gehen von einem neutralen bis negativen Bild der Mathematik aus. Sie schreiben dieser Wissenschaft eine »eigene und sehr nüchterne Logik der Entfaltung [zu], die auch viele Erwachsene noch in unangenehmer und angstbesetzter Erinnerung haben [und die] das egozentrische, magische, letztlich irrationale Denken des Kindergartenkindes [nicht berücksichtigt]« (Friedrich & Bordihn, 2005, S. 20). Es ist klar, dass sich von dieser Position aus nur die Möglichkeit eröffnet, die Aktivität der Kinder durch künstliche Verpackungen anzuregen und zu steuern. Diese Form der Sekundärmotivation ist in der heutigen Medienwelt weit verbreitet, genießt entsprechende Popularität und wird im »edutainment« für das Lernen systematisch genutzt. Wie die Erfahrung zeigt, können Kinder auf diese Weise leicht motiviert werden.

Das Projekt »mathe 2000« beruht auf einem positiven Bild von Mathematik als lebendiger Wissenschaft von Mustern. Künstliche Verpackungen werden aus der Überzeugung heraus abgelehnt, da sie eine echte Begegnung mit Mathematik verhindern und kein nachhaltiges Interesse wecken. »mathe 2000« folgt darin dem Bildungsphilosophen und Pädagogen John Dewey, der aus pädagogischen Gründen für die intrinsische Motivation unter Herausarbeitung der (oft verborgenen) Bildungsgehalte der Fächer eingetreten ist (Dewey, 1903/1976).

Hier stellt sich aber gerade bei der Mathematik ein fundamentales Problem: Die Leistungsfähigkeit dieser Wissenschaft beruht darauf, dass sie abstrakt, also von Alltagsgewohnheiten abgelöst ist (Donaldson, 1982, S. 84 ff.). Kinder können Verständnis für Mathematik nur entwickeln, wenn sie lernen, die Grenzen alltäglicher Handlungs- und Denkgewohnheiten zu überschreiten und sich auf die innere Logik der Mathematik einzulassen, die ihre eigenen Schönheiten hat. Sie sind in der Lage, diesen Schritt zu vollziehen, müssen dabei aber von außen nachhaltig angeregt und unterstützt werden (Donaldson, 1982, S. 137). In dieser Beziehung erfordert der Ansatz von »mathe 2000« zur mathematischen Frühförderung ein Umdenken.

Perspektiven ■ Der heutige Stand in der Entwicklung und Erforschung der mathematischen Frühförderung und des Mathematikunterrichts der Grundschule stellt eine gute Basis für die weitere Arbeit dar. Fachlich, psychologisch und pädagogisch bestehen bereits tragfähige Brücken zwischen Kindergarten und Grundschule, die aber noch ausgebaut und miteinander verbunden werden müssen. Dabei gilt es insbesondere, den scheinbaren Gegensatz zwischen »Fach« und »Kind« zu überwinden. Die Weichen hierfür wurden bereits vor 100 Jahren gestellt (Dewey, 1903/1976). Auf dieser Basis muss ein intensiver Austausch zwischen der Pädagogik der frühen Kindheit, der Grundschulpädagogik und der Mathematikdidaktik eingeleitet werden. Eine stärkere Berücksichtigung der fachlichen Aspekte ist besonders auch bei empirischen Untersuchungen notwendig. Es deutet vieles darauf hin, dass Kinder vor der Schule in weit höherem Maße zu echten mathematischen Denkleistungen fähig sind, als man gegenwärtig für möglich hält.

Für die Verankerung der mathematischen Bildung in den Kindergärten sind konkrete Konzepte gefragt, die sich innerhalb eines Gesamtkonzepts von vorschulischer Erziehung mit vertretbarem Aufwand realisieren lassen. Die Schlüsselrolle für die Umsetzung kommt den Erzieherinnen zu, von denen vermutlich viele der Mathematik aufgrund negativer Erfahrungen in der Vergangenheit reserviert gegenüberstehen, was noch genauer zu erforschen ist. Es erscheint relativ einfach, Erzieherinnen für Konzepte zu gewinnen, bei denen Zahlen und Formen »kindgemäß« verpackt sind. Fachlich fundierte Konzepte hingegen sind gewöhnungsbedürftig. Gleichwohl besteht eine reelle Chance dafür, dass sie an Boden gewinnen. Für sie spricht nicht nur ihre viel größere Reichweite über die vorschulische Erziehung hinaus, sondern auch ihre kulturelle Reichhaltigkeit und Authentizität. Es wird interessant sein zu erforschen, welchen Einfluss Grundschulen, die sich am »wohlverstandenen« Fach orientieren, langfristig auf die Arbeit der Kindergärten haben.

■ **Literatur**

Dewey, J. (1903/1976). The Child and the Curriculum. In: A. J. Boydston (Ed.), John Dewey: The Middle Works, 1899–1924 (Vol. 2) (pp. 271–291) Carbondale: Southern Illinois Press.
Donaldson, M. (1982). Wie Kinder denken. Bern: Huber.
Friedrich, G. & de Galgóczy, V. (2004). Komm mit ins Zahlenland. Freiburg: Herder.
Friedrich, G. & Bordihn, A. (2005). So geht's – Spaß mit Zahlen und Mathematik im Kindergarten. Sonderheft der Zeitschrift kindergarten heute. Freiburg: Herder.
Hasemann, K. (2005). Ordnen, Zählen, Experimentieren – Mathematische Bildung im Kindergarten. In: S. Weber (Hrsg.), Die Bildungsbereiche im Kindergarten (S. 181–205). Freiburg: Herder.
Hoof, D. (1977). Handbuch der Spieltheorie Fröbels. Untersuchungen und Materialien zum vorschulischen Lernen. Braunschweig: Westermann.
Montessori, M. (2000). Psychoarithmetik. Zürich: edition paeda media.
Müller, G. & Wittmann, E. Ch. (2002/2004). Das kleine Zahlenbuch. (Bd.1: Spielen und Zählen; Bd. 2: Schauen und Zählen). Seelze: Kallmeyer.
Müller, G. & Wittmann, E. Ch. (2006). Das kleine Formenbuch. Seelze: Kallmeyer.
Preiß, G. (2004/2005). Leitfaden Zahlenland 1 und 2. Verlaufspläne für Lerneinheiten. Kirchzarten: Eigenverlag.
Selter, Ch. & Spiegel, H. (2003). Kinder und Mathematik. Was Erwachsene wissen sollten. Seelze: Kallmeyer.
Van den Heuvel-Panhuizen, M. (1995). Assessment and Realistic Mathematics Education. Utrecht: CD-ß.
Winter, H. (1987). Mathematik entdecken. Neue Ansätze zum Mathematikunterricht in der Grundschule. Frankfurt a.M.: Scriptor.
Wittmann, E.Ch. (2003a). Was ist Mathematik und welche Bedeutung hat das wohlverstandene Fach für den Mathematikunterricht auch der Grundschule? In: M. Baum & H. Wielpütz (Hrsg.), Mathematik in der Grundschule. Ein Arbeitsbuch (S. 18–46). Seelze: Kallmeyer.
Wittmann, E. Ch. (2003b). Design von Lernumgebungen zur mathematischen Frühförderung. In: G. Faust, M. Götz, H. Hacker & H.-G. Roßbach (Hrsg.), Anschlussfähige Bildungsprozesse im Elementar- und Primarbereich (S. 49–63). Bad Heilbrunn: Klinkhardt.

Integrative Erziehung

Ulrich Heimlich & Isabel Behr

Bereits im Jahre 1973 startete in Berlin im Kinderhaus Friedenau durch die Aufnahme von Kindern mit besonderen Bedürfnissen[27] die Integrationsentwicklung in Kindertageseinrichtungen und erfasste rasch alle Bundesländer in mehr oder weniger großem Umfang. Mittlerweile haben alle Bundesländer entsprechende gesetzliche Grundlagen für die integrative Erziehung in Kindertageseinrichtungen geschaffen. Es hat sich gezeigt, dass alle Kinder, besonders auf der Ebene der sozialen Kompetenzen, von der gemeinsamen Erziehung profitieren und kein Kind in seiner Entwicklung und Förderung beeinträchtigt wird. Das Phänomen des Voneinander-Lernens in der spontanen, selbst gewählten Interaktion der Kinder untereinander gehört zu den zentralen Entdeckungen einer integrativen Erziehung. Das gemeinsame Spiel der Kinder ist deshalb in integrativen Kindertageseinrichtungen die Basis für ein neues Bildungsverständnis. Bildung wird hier aufgefasst als Angebot für alle zur Erweiterung ihrer Fähigkeit zur Selbstbestimmung und sozialen Teilhabe (vgl. Schäfer, 1995). Dieses integrative Bildungsverständnis ist aus den Praxiserfahrungen in Kindertageseinrichtungen entstanden und hat sich in mehreren zentralen pädagogischen Konzeptionen integrativer Erziehung niedergeschlagen (vgl. Heimlich, 2003).

Aus diesem Grunde soll nun zunächst die Praxis der integrativen Erziehung im Elementarbereich dargestellt werden, um darauf aufbauend einen Überblick zu den zentralen Konzeptionen zu liefern. Als Zukunftsperspektive deutet sich im internationalen Zusammenhang gegenwärtig die Erweiterung unseres Integrationsverständnisses hin zur

---

27 Im Anschluss an die internationale Bezeichnung »children with special needs« wird in diesem Beitrag durchweg auf die Bezeichnung »behinderte Kinder« verzichtet und statt dessen von »Kindern mit besonderen Bedürfnissen« gesprochen. Im Sinne der Inklusiven Pädagogik wird dabei zugleich anerkannt, dass alle Kinder individuelle Bedürfnisse haben.

inklusiven Pädagogik an. Damit verbunden stellt sich insbesondere die Frage nach der Qualität.

Praxis integrativer Erziehung im Elementarbereich ■

> Patrick schreit begeistert »tuuut, tuuut« – sein Zeichen für das Abfahren des Zuges. Noch ist keiner der Stühle um ihn herum besetzt. »Tuuut, tuuut, tschhh« – jetzt bemerken ihn die anderen Kinder und rennen zu den Stühlen. Patrick ist der Lokführer. Mit seinem Rollstuhl kann er richtig fahren. Die anderen Kinder müssen ihre Stühle selber tragen, um vorwärts zu kommen. Sie fragen ihn, ob sie auch mal in seinem Rolli sitzen und Lokführer sein dürfen. Patrick quietscht vergnüglich.

Der Begriff der »Integration« (Wiederherstellung eines Ganzen) wird mittlerweile in unterschiedlichen Kontexten sehr häufig verwendet. Hinter der Wortbedeutung verbergen sich allerdings vielfältige Auffassungen von Integration. Insofern bedarf es besonders im Zusammenhang einer Pädagogik der frühen Kindheit zunächst der Verständigung darüber, was das Integrative an Spiel- und Lernsituationen von Kindern mit und ohne besondere Bedürfnisse ist – wie im obigen Beispiel. Gebräuchlich ist der Begriff Integration nämlich nicht nur im pädagogischen Zusammenhang, sondern ebenso im Bereich der Mathematik (z. B. Integralrechnung), Politik (z. B. europäische Integration) und Volkswirtschaftslehre (wirtschaftliche Integration). In der Pädagogik unterliegt dem Integrationsbegriff häufig ein soziologisches oder psychologisches Verständnis (vgl. Heimlich, 2003). Soziologisch verstanden ist Integration »ein Prozess bzw. ein Vorhaben (…), durch den bzw. durch das bisher außenstehende Personen zugehörige Glieder einer sozialen Gruppe werden sollen. Es handelt sich um die Einfügung in ein (bereits bestehendes) soziales Ganzes unter Erhalt der eigenen Identität. Vermerkt sei noch, dass gelingende integrierende Prozesse die Stabilität der sozialen Ganzheit und damit die soziale Identität zu verstärken und zu bereichern vermögen« (Speck, 1998, S. 400). Im Sinne der Integration kann also keinesfalls von einer bloßen Anpassung an ein bereits bestehendes Ganzes ausgegangen werden, sondern von einer Gemeinschaft, zu der selbstverständlich alle gehören.

Reiser, Klein, Kreie und Kron (1986, S. 120) bezeichnen Integration als Prozesse, bei denen »Einigungen zwischen widersprüchlichen innerpsychischen Anteilen, gegensätzlichen Sichtweisen interagierender Personen und Personengruppen zustande kommen«. Mit der Bemühung einer »Wiederherstellung des Ganzen« wird der Aussonderung von Menschen aus regulären Lebensbereichen eine Absage erteilt. Jedoch bedeutet eine bloße räumliche Zusammenlegung von Kindern mit und ohne besondere Bedürfnisse noch nicht automatisch Integration. Nimmt eine reguläre Kindertageseinrichtung ein Kind mit besonderen Bedürfnissen auf, ist das ganze System einer Einrichtung gefordert, sich dem Prozess der Integration zu stellen. Integration ist dabei als »das gemeinsame Spielen und Lernen aller Kinder am gemeinsamen Gegenstand/Inhalt/Thema in Kooperation, Kommunikation und Interaktion miteinander unter Berücksichtigung der individuellen Fähigkeiten und Bedürfnisse des einzelnen Kindes zu verstehen« (vgl. Feuser, 1984, S. 18). Die Basis für gemeinsames Spielen und Lernen ist dabei die genaue Beobachtung und Identifizierung des jeweiligen Entwicklungsstandes der Kinder (vgl. Vygotskij, 2002). Dabei geht es allerdings nicht um die Orientierung an den Defiziten und dem »Nicht-Können« des Kindes, sondern um die Suche nach den individuellen Bedürfnissen, vorhandenen Kompetenzen und Fähigkeiten aller Kinder, weil jegliche Förderung auf den vorhandenen Kompetenzen aufbaut.

Integration ist insgesamt nicht als statischer Zustand zu betrachten, der stets gleichförmig abläuft und immer beobachtbar ist, sondern eher als veränderbarer, fortlaufender Entwicklungsprozess, der sowohl in Kindertageseinrichtungen als auch im sozialen Umfeld stattfindet.

Grundkonzeptionen integrativer Erziehung im Elementarbereich

In den 1980-er Jahren sind in mehreren Bundesländern (z. B. Bremen, Hessen, Nordrhein-Westfalen, Saarland) Modellversuche zur gemeinsamen Erziehung im Elementarbereich durchgeführt worden. In den Anfängen griff man dabei zunächst auf die Montessori-Pädagogik zurück (vgl. Hellbrügge, 1977), da bei diesem reformpädagogischen Konzept der Bezug auf Kinder mit besonderen Bedürfnissen bereits von vorneherein gegeben war. Das Montessori-Material wurde bekanntlich für Kinder mit besonderen Bedürfnissen entwickelt und ist nachhaltig durch die heilpädagogischen Schriften von Jean-Marc Gaspard Itard (1775–1838) sowie dessen Schüler Éduard Séguin (1812–1880) beeinflusst worden.

Über diese historisch-pädagogischen Konzeptionen hinaus entstanden aber zur Zeit der Modellversuche zur integrativen Erziehung im Elementarbereich auch eigenständige konzeptionelle Ansätze.

Entwicklungsorientierter Ansatz nach Georg Feuser

Im Rahmen des Bremer Modellversuchs zur integrativen Erziehung in Kindertageseinrichtungen, der in Kooperation mit dem Diakonischen Werk der Bremischen Landeskirche e.V. stattfand (vgl. Feuser, 1987), entstand zu Beginn der 1980-er Jahre zurückgehend auf Georg Feuser ein pädagogisches Konzept der Integration, das von der kulturhistorischen Schule der Psychologie im Anschluss an den russischen Psychologen Lev S. Vygotskij (1896–1934) beeinflusst wurde (2002/1934). Im Mittelpunkt steht die kindliche Entwicklung, die bei allen Kindern auf ihre Tätigkeits- und Handlungsstruktur hin analysiert wird. Dabei werden jeweils die aktuellen Fähigkeiten von Kindern sichtbar. Auf der Basis von Entwicklungsmodellen ist es in einem zweiten Schritt möglich, die »Zone der nächsten Entwicklung« zu beschreiben, d.h. Aussagen darüber zu treffen, welche Entwicklungsaufgaben sich Kindern als nächstes stellen. Kinder mit besonderen Bedürfnissen können vor diesem Hintergrund im Vergleich mit ihrer Altersgruppe allenfalls als entwicklungsverzögert bezeichnet werden. Deshalb ist es auch möglich, dass in integrativen Kindertageseinrichtungen alle Kinder auf der Basis ihrer Fähigkeiten am gemeinsamen Gegenstand spielen und lernen (vgl. Feuser, 1995). Einrichtungen, die nach diesem Konzept arbeiten, bieten häufig entwicklungsorientierte Lernangebote in allen Bereichen des Tagesablaufes an, so dass hier auch im engeren Sinne von einer konsequenten didaktisch-methodischen Umsetzung eines pädagogischen Konzeptes gesprochen werden kann. Entwicklungsorientierung ist als ein zentrales Prinzip integrativer Erziehung zu betrachten.

Interaktional-prozessorientierter Ansatz nach Helmut Reiser

Die Forschungsgruppe zum Hessischen Modellversuch um Helmut Reiser (vgl. Reiser, Klein, Kreie & Kron, 1986) geht von einem Integrationsverständnis aus, das »Einigungen« im dialogischen Sinne in den Mittelpunkt stellt. Diese Einigungen zwischen widersprüchlichen Anteilen können innerhalb der Person selbst (personale Ebene) und in den unmittelbaren Interaktionen (interaktionale Ebene) stattfinden sowie bezogen auf die Kindertageseinrichtungen insgesamt (institutionelle Ebene) und die gesellschaftlichen Rahmenbedingungen (gesellschaftliche Ebene). Um Einigungen auf diesen verschiedenen Ebenen zu erzielen, ist es notwendig, integrative Prozesse zu initiieren. Hier ist insbesondere die Erzieherin gefordert, Interaktionen zwischen den Kindern in Gang zu setzen und zu unterstützen und sich gegebenenfalls auch in das Interaktionsgeschehen einbeziehen zu lassen. Gerade bei kindlichen Spieltätigkeiten entstehen Interaktionen zwischen Kindern oft spontan, der »Motor« dabei ist die Heterogenität der Kinder. Aus dem Spannungsverhältnis von Gleichheit und Verschiedenheit, das von den Kindern erfahren wird, ergeben sich immer wieder Anlässe aufeinander zuzugehen und voneinander zu lernen. Das Prinzip der Interaktionsorientierung ist demnach auch für die integrative Erziehung im Elementarbereich konstitutiv.

Situationsorientierter Ansatz nach Wolfgang Dichans

Ausgehend vom Situationsansatz der Arbeitshilfen des Landes Nordrhein-

Westfalen entwickelt die Forschungsgruppe des Sozialpädagogischen Instituts (SPI) in Köln ein pädagogisches Konzept der integrativen Erziehung. Kindertageseinrichtungen haben demnach die Aufgabe, zur Bewältigung gegenwärtiger und zukünftiger Lebenssituationen beizutragen (vgl. Dichans, 1990). Zur Vielfalt und Komplexität dieser Lebenssituation gehören Kinder mit besonderen Bedürfnissen wie selbstverständlich dazu. Ebenso wie sie im Wohnquartier anderen Kindern auf den Spielplätzen oder auf der Straße begegnen, so sind sie auch in der Kindertageseinrichtung mit einbezogen. In der Auseinandersetzung mit dieser vielschichtigen und ständig sich ändernden Lebenssituation erwerben alle Kinder Ich-, Wir- und Sachkompetenzen und streben zugleich an, eine unverwechselbare Person zu werden, die sich selbst bestimmt. Erzieherinnen in Kindertageseinrichtungen haben die Aufgabe, die Lebenssituation von Kindern zu analysieren und darauf aufbauend flexibel situationsangemessene Angebote zur Verfügung zu stellen. Diese Angebote sollen sich auch auf die Lebenssituation außerhalb der Einrichtung beziehen.

Ökologischer Ansatz nach Hans Meister ■
Im Saarland wurde im Rahmen eines Modellversuchs untersucht, wie die integrative Erziehung in regionaler Hinsicht ausgebaut werden kann. Anlass war der immer häufiger geäußerte Wunsch von Eltern, Angebote zur integrativen Erziehung doch möglichst wohnortnah zu gestalten. Dies hatte zur Konsequenz, dass die Möglichkeiten der Einzelintegration (die Aufnahme eines einzelnen Kindes mit besonderen Bedürfnissen in eine Kindertageseinrichtung) intensiv analysiert wurden. Im Ergebnis zeigte sich, dass Maßnahmen der Einzelintegration besonders gut im Umfeld abgesichert sein müssen (vgl. Meister, 1991). Es werden flexible Unterstützungssysteme für die Arbeit der Erzieherinnen notwendig, die Beratungsleistungen in den Einrichtungen anbieten. Damit wird erneut auf die Bedeutung der unterschiedlichen Ebenen der Integrationsentwicklung hingewiesen, die im erziehungswissenschaftlichen Zusammenhang in der Regel mit der ökologischen Theorie von Urie Bronfenbrenner (1989) in Verbindung gebracht werden. Die Interaktionen zwischen Kindern, Erzieherinnen und Eltern stehen dabei im Mittelpunkt (Mikrosystem), während die weitere Umwelt im Sinne zunehmender Entfernung von diesen unmittelbaren sozialen Kontakten in unterschiedliche Zonen differenziert wird (Exo-, Meso- und Makrosystem). Dieser Ansatz hat sich als besonders fruchtbar für die jüngere Integrationsentwicklung im Elementarbereich erwiesen, in dem regionale Verbundsysteme im Sinne einer stärkeren Netzwerkorientierung von zentraler Bedeutung sind.

Entwicklungs-, Interaktions-, Situations- und Netzwerkorientierung zählen gegenwärtig zu den unverzichtbaren Bestandteilen einer integrativen Erziehung im Elementarbereich im Sinne sich ergänzender Perspektiven. Als Gemeinsamkeit der unterschiedlichen Konzeptionen kann festgehalten werden, dass durchweg von einem dialogischen Erziehungsverständnis im Anschluss an Martin Buber (1878–1965) ausgegangen wird (vgl. Buber, 2000). Auch das gemeinsame Spiel wird von den vorliegenden pädagogischen Konzepten durchweg als Kern integrativer Erziehung im Elementarbereich anerkannt (vgl. Heimlich, 1995).

Wird nach der empirischen Verbreitung dieser neueren Konzepte einer integrativen Erziehung im Elementarbereich gefragt, so zeigt sich, dass hier eine unterschiedliche Praxiswirksamkeit gegeben ist. In den 1980er Jahren war die Praxis der gemeinsamen Erziehung in Kindertageseinrichtungen von einem breit angelegten Verständnis des Situationsansatzes geprägt, der durch einrichtungsbezogene Modifikationen weiter entwickelt wurde (vgl. Pelzer 1990). In einer eigenen Dokumentenanalyse der pädagogischen Konzeptionen von elf integrativen Kindertageseinrichtungen der Landeshauptstadt München zeigte sich, dass der Situationsansatz seine Dominanz offenbar eingebüßt hat und einrichtungsbezogene Mischkonzepte den Vorzug erhalten. Dabei werden eher die zentralen Prinzipien einer integrativen Pädagogik (Entwicklungs-, Interaktions-, Situations- und Netzwerkorientierung) betont, als dass es um bestimmte Konzepte geht (vgl.

Heimlich & Behr, 2005). Der entscheidende Bezugspunkt ist gegenwärtig wohl eher die Bereitschaft, im Team der pädagogischen Fachkräfte kontinuierlich an einer pädagogischen Konzeption zu arbeiten, die die Integration aller Kinder ermöglicht.

Von der Integration zur Inklusion in Kindertageseinrichtungen – eine Frage der Qualität

■ Wesentliche Impulse erhält die konzeptionelle Entwicklungsarbeit zur integrativen Erziehung im Elementarbereich gegenwärtig aus der internationalen Bewegung zur inklusiven Pädagogik (inclusive education). Als inklusive Pädagogik wird im internationalen Zusammenhang eine pädagogische Konzeption bezeichnet, in der auf eine Unterscheidung zwischen »behinderten« und »nichtbehinderten« Kindern verzichtet wird und ausgehend von Kindern mit individuellen Bedürfnissen eine Kindertageseinrichtung entwickelt werden soll, die auf allen Ebenen die Teilhabe aller Kinder ermöglicht und dabei auch im politischen Sinne das soziale Umfeld mit einbezieht. Wie im »Index for Inclusion« von Toni Booth und Mel Ainscow (2004) im Einzelnen dargestellt, sollen inklusive Kindertageseinrichtungen von vornherein auf jegliche Form von Aussonderung verzichten und gezielt nach Ressourcen für die Inklusion aller Kinder suchen. Dabei sind vorhandene Barrieren für den Inklusions-Prozess möglichst abzubauen und sowohl innerhalb der Einrichtung als auch im Umfeld Unterstützungssysteme für Inklusion zu aktivieren. Dazu zählt ebenfalls die innere Bereitschaft aller Beteiligten im Sinne einer inklusionsbezogenen Werthaltung.

Zur entscheidenden Frage gerät bei solchen inklusiven Prozessen die pädagogische Qualität. Erste vorliegende Studien zur Messung der Qualität von integrativen Kindergeseinrichtungen (z. B. mit der Kindergartenskala KES – R, vgl. Tietze, Schuster, Grenner & Roßbach, 2001) kommen dabei zu überraschenden Befunden. Es zeigt sich nämlich, dass die pädagogische Qualität in integrativen Kindertageseinrichtungen in der Regel weiter entwickelt ist als in nicht-integrativen. Einrichtungen, die Kinder mit besonderen Bedürfnissen aufgenommen haben, konnten die pädagogische Qualität also offenbar verbessern (vgl. Heimlich & Behr, 2005, S. 164 ff.). Als Zukunftsperspektive folgt daraus: Wollen wir die pädagogische Qualität von Kindertageseinrichtungen weiter entwickeln, so sollten wir mehr Kinder mit besonderen Bedürfnissen in die regulären Kindertageseinrichtungen aufnehmen. Zugleich ist damit ein Weg zur internationalen Anschlussfähigkeit der bundesdeutschen Integrationsentwicklung im Elementarbereich gewiesen. Das Ziel der Schaffung von mehr inklusiven Kindertageseinrichtungen wird ohne Zweifel nur über die Weiterentwicklung der pädagogischen Qualität zu erreichen sein.

■ **Literatur**

Booth, T. & Ainscow, M. (2004). Index for Inclusion. Developing learning, participation and play in early years and childcare. Bristol: Centre for Studies on Inclusive Education. (deutsche Übersetzung zu beziehen über: Gewerkschaft Erziehung und Wissenschaft, Reifenbergerstr. 21, 60489 Frankfurt a.M., e-mail: juhi@gew.de).

Bronfenbrenner, U. (1989). Die Ökologie der menschlichen Entwicklung. Natürliche und geplante Experimente. Frankfurt a.M.: Fischer.

Buber, M. (2000). Reden über Erziehung. Gütersloh: Lambert/Schneider.

Dichans, W. (1990). Der Kindergarten als Lebensraum für behinderte und nichtbehinderte Kinder. Köln: Kohlhammer.

Feuser, G. (1987). Gemeinsame Erziehung behinderter und nichtbehinderter Kinder im Kindertagesheim. Ein Zwischenbericht (4. Aufl.). Bremen: Diakonisches Werk.

Feuser, G. (1995). Behinderte Kinder und Jugendliche. Zwischen Aussonderung und Integration. Darmstadt: Wissenschaftliche Buchgesellschaft.

Heimlich, U. (1995). Behinderte und nichtbehinderte Kinder spielen gemeinsam. Konzept und Praxis integrativer Spielförderung. Bad Heilbrunn: Klinkhardt.

Heimlich, U. (2003). Integrative Pädagogik. Eine Einführung. Stuttgart: Kohlhammer.

Heimlich, U. & Behr, I. (2005). Integrative Qualität im Dialog entwickeln. Auf dem Weg zur inklusiven Kindertageseinrichtung. Münster: Lit.

Hellbrügge, T. (1977). Unser Montessori-Modell. Erfahrungen mit einem neuen Kindergarten und einer neuen Schule (2. Aufl.). München: Kindler.

Meister, H. (1991). Gemeinsamer Kindergarten für nichtbehinderte und behinderte Kinder. Saarbrücker Beiträge zur Integrationspädagogik (Bd. 5). St. Ingbert: Röhrig.

Pelzer, S. (1990). Darstellung aktueller Projektergebnisse: Integrative Arbeit aus der Sicht der Erzieherinnen. Gemeinsam leben. Sonderheft 3, 38–53.

Reiser, H., Klein, G., Kreie, G. & Kron, M. (1986). Integration als Prozeß. In: Sonderpädagogik, 16, 155–122, 154–160.

Schäfer, G. E. (1995). Bildungsprozesse im Kindesalter. Selbstbildung, Erfahrung und Lernen in der frühen Kindheit. Weinheim: Juventa.

Speck, O. (1998). System Heilpädagogik. Eine ökologisch reflexive Grundlegung. München: Reinhardt.

Tietze, W., Schuster, K., Grenner, K. & Roßbach, H.G. (2001). Kindergarten-Skala. Revidierte Fassung (KES-R). Deutsche Fassung der Early Childhood Environment Rating Scale Revised Edition von Thelma Harms / Richard M. Clifford / Debby Cryer. Neuwied: Luchterhand.

Vygotskij, L. S. (2002). Denken und Sprechen. Psychologische Untersuchungen. Weinheim: Beltz.

Interkulturelle Erziehung und Bildung

Otto Filtzinger

Interkulturelle Erziehung und Bildung ist die pädagogische Antwort auf die multiethnische, multinationale, multilinguale, multireligiöse, kurz: die multikulturelle Gesellschaft. Die zunächst in Kindergarten und Grundschule entwickelten Aktivitäten und Maßnahmen wurden meist als interkulturelle Erziehung bezeichnet; mittlerweile hat sich in Deutschland sowohl in der Fachliteratur als auch in der Praxis der Begriff »interkulturelle Erziehung und Bildung« als Sammelbegriff etabliert.

Aus der interkulturellen Praxis hat sich die interkulturelle Pädagogik als Wissenschaftsdisziplin entwickelt. Sie befasst sich mit der Erforschung, Systematisierung, Evaluierung und Weiterentwicklung der Konzepte und Projekte der interkulturellen Erziehung und fördert die Theoriebildung. Durch die aktuelle Diskussion um die »Bildung von Anfang an« wird aus dem klassischen Auftrag der Kindertageseinrichtungen »Betreuung, Erziehung und Bildung« der Bildung mehr Aufmerksamkeit geschenkt als bisher, auch wenn sie nicht immer im Sinn der deutschen geistesgeschichtlichen und pädagogischen Tradition einer allseitigen Menschen- und Persönlichkeitsbildung sowie als ganzheitlicher und selbsttätiger Prozess verstanden wird. Soweit der Begriff Bildung im Zusammenhang mit interkultureller Bildung bzw. Erziehung und Bildung gebraucht wird, ist diese aktive und kreative Gestaltung (vgl. Nieke, 2000, S. 32; Schäfer 2003, S. 15) mitgemeint. Interkulturelles Lernen umschreibt einen situations- und prozessorientierten ganzheitlichen interaktiven Prozess, der die Entwicklung interkultureller Kompetenz ermöglicht.

Der Begriff Kultur[28] wird im Kontext von Interkulturalität meist in einem allgemeinen und dynamischen Sinn verwendet. Er bezieht sich auf alle Bereiche menschlicher Gestaltung und Kreativität. In der interkulturellen Arbeit wird Kultur oft im Sinne von Herkunfts- oder Aufnahmekultur verstanden. Für die interkulturelle Bildung ist jedoch die gelebte, individuell und situational interpretierte Kultur der wichtigere Ansatzpunkt. Das bedeutet, dass sie sich vorrangiger an der Kultur der konkreten Lebenswelt von Kindern orientiert als an historischen, geographischen, nationalen oder folkloristischen kulturellen Modellen.

Bedeutung und Funktion interkultureller Erziehung und Bildung ■ Die Entstehung von multikulturellen und pluralen Gesellschaften ist nicht nur durch die Migration bedingt, sondern auch durch die politisch-gesellschaftlichen Veränderungsprozesse der Europäisierung und Globalisierung. Vor diesem Hintergrund wird interkulturelle Erziehung und Bildung heute immer mehr als Bestandteil europäischer Allgemeinbildung betrachtet.

Für Kinder im Vorschulalter ist Multikultur Teil ihrer Lebenswelt. Sie verbringen einen großen Teil ihres Alltags in Kindertageseinrichtungen, in denen sie multikulturelle Vielfalt erleben. Im Umgang miteinander stellen sie Verschiedenheit im Aussehen, in der Sprache, in der Mimik und Gestik, in der Kleidung, in den Essgewohnheiten und in

---

28 Eine differenzierte Auseinandersetzung mit dem komplexen Begriff Kultur im Kontext interkultureller Pädagogik und interkultureller Bildung findet sich bei Auernheimer (2003, S. 73–77) & Nieke (1995, S. 37–96).

Verhaltens- und Reaktionsweisen fest. Über die Medien haben sie auch einen virtuellen Zugang zu anderen Kulturen und Lebenswelten. Während die Kinder Multikulturalität als Normalität erleben, wird sie im gesellschaftlichen Bewusstsein eher als normalitätsverändernder Vorgang registriert. Kinder nehmen die Multikultur offener, distanzloser, eher als Vielfalt wahr, die mit ihrer Unbefangenheit und Neugier korrespondiert. Erwachsene hingegen erleben Multikultur vor dem Hintergrund ihrer oft unreflektierten Erfahrungen stärker als Differenz und Fremdheit, von der sie sich abgrenzen oder distanzieren. Die von Vorurteilen, Stereotypen und Ängsten besetzte gesellschaftliche Auseinandersetzung mit der multikulturellen Realität führt dazu, dass einheimische und zugewanderte Kinder in der familiären und institutionellen Erziehung nur unzureichend auf das Leben in einem neuen und anderen politischen, sozialen, ökonomischen und kulturellen Szenario vorbereitet werden. Die von Erwachsenen geprägte Bildungslandschaft zeigt noch zu stark nationalstaatliche und nationalkulturelle Konturen. Diese überlagern den von kultureller Vielfalt nachhaltig veränderten alltäglichen Lebenshorizont der Kinder.

Interkulturelle Bildung im frühen Kindesalter hat die Funktion, die multikulturelle Lebenswelt der Kinder lebenswert zu gestalten und sie als Spielraum kreativ und produktiv zu nutzen, um situationsorientiert und perspektivisch Handlungsfähigkeit und Orientierung für das Leben in einer von Multikulturalität geprägten offenen Gesellschaft, in einem demokratischen Europa der Bürger und in einer durch Informations- und Kommunikationstechnologien revolutionierten Welt zu entwickeln. Der Erwerb interkultureller Kompetenz ist zu einem unverzichtbaren Element von Erziehung und Bildung geworden.

Zur Entstehungsgeschichte interkultureller Bildung und Erziehung ∎

Die lang anhaltende Negierung der durch die Einwanderung in Gang gekommenen multikulturellen Transformation der gesellschaftlichen Realität sowie die recht spät einsetzende wissenschaftliche Beschäftigung mit deren Auswirkungen auf die Bildung und die frühpädagogische Praxis verzögerten die breite Akzeptanz und die Förderung der bereits in vielen Kindertageseinrichtungen praktizierten interkulturellen Erziehung.

Schon Ende der 1950-er Jahre standen die Kindergärten vor der Herausforderung, dass Kinder mit einem anderen kulturellen Hintergrund diese Einrichtungen besuchten. Durch zunehmende Immigration und den Familiennachzug nahm in den 1960-er und 1970-er Jahren in den Kindergärten die Anzahl der Kinder nichtdeutscher Nationalität sowie die Vielfalt von Ethnizität und Religions- bzw. Konfessionszugehörigkeit stetig zu. Die Fachkräfte waren in der alltäglichen pädagogischen Praxis mit Verständigungsschwierigkeiten und unterschiedlichen Verhaltenserwartungen konfrontiert sowie mit differierenden Erziehungs- und Wertvorstellungen der Migrantenfamilien.

In dieser durch die Immigration veränderten Bildungslandschaft entwickelten sich in Deutschland drei pädagogische Hauptströmungen, die nur bedingt als zeitlich aufeinander folgende Ansätze angesehen werden können und die sich inhaltlich nicht trennscharf voneinander abgrenzen lassen. Dennoch kann diese systematische Unterscheidung der Orientierung dienen (vgl. Filtzinger, 1999, S. 33–36; Auernheimer, 2003, S. 35–46).

Ausländerpädagogik ∎ Die Ausländerpädagogik hat sich zum Ziel gesetzt, »die zweite Generation« der Gastarbeiter, also die Ausländerkinder[29] und -jugendlichen, zu integrieren. Integration wurde als Assimilation

---

29 In der Literatur, Verlautbarungen und Statistiken begegnet man auch heute noch dem Terminus »Ausländerkinder« oder »Kinder ohne deutschen Pass«. Immer häufiger wird mittlerweile die Bezeichnung »Migrantenkinder« oder »Kinder mit Migrationshintergrund« gebraucht. Damit meint man alle aus Migrantenfamilien stammende Kinder, d.h. auch »Aussiedlerkinder« sowie in Deutschland geborene Kinder aus Migranten- oder Zuwandererfamilien und Kinder, bei denen ein Elternteil Migrant oder Migrantin ist, unabhängig davon, welchen Pass sie besitzen.

interpretiert, als Bemühung um eine Anpassung an die Erziehungs- und Bildungsstandards der Aufnahmegesellschaft. Migrantenkinder wurden häufig als Problem- oder Risikokinder beschrieben und somit stigmatisiert. Ihre »Defizite« sollten durch Sonderprogramme und Fördermaßnahmen kompensiert werden. Schwierigkeiten wurden vorwiegend auf herkunftsbedingte familiäre oder individuelle Ursachen zurückgeführt. Mit den ausländerpädagogischen Maßnahmen ist es aber nicht gelungen, Migrantenkindern Bildungschancen zu eröffnen, die denen der einheimischen Kinder entsprechen. Die Fokussierung auf die Defizite und die Individualisierung struktureller Probleme kaschierten die mangelnde Flexibilität und die zögerliche interkulturelle Öffnung der Bildungsinstitutionen. Die sogenannte Doppelstrategie der Integration und der Beachtung der kulturellen Eigenart der Ausländerkinder sollte sowohl die Eingliederung in die Aufnahmegesellschaft bewirken als auch die Rückkehrfähigkeit ins Herkunftsland erhalten (vgl. Niekrawitz, 1991, S. 47 f.; Nieke, 2000, S. 13–17).

Interkulturelle Pädagogik ■ Nicht zuletzt aus der Kritik an der Ausländerpädagogik entstand der Ansatz der interkulturellen Pädagogik (vgl. Nieke, 2000, S. 15 ff.). Angesichts der Tatsache, dass immer mehr Menschen aus immer mehr Ländern nach Deutschland einwanderten, reagierte die Pädagogik auf diese Entwicklung. Anders als bei der frühen Ausländerpädagogik rückte im Verständnis der Integration die interaktive Dimension stärker in den Vordergrund. Ausländische und einheimische Kinder werden nunmehr als gemeinsame Zielgruppen betrachtet. Begegnung wird als Möglichkeit angesehen, Fremdheit abzubauen und gegenseitiges Verständnis zu erzeugen. Toleranz soll helfen, Differenzen zu überbrücken. Kultureller Austausch wird als gegenseitige Bereicherung betrachtet, die ein partnerschaftliches Miteinanderleben und Miteinanderlernen fördert. Das neu eingeführte Paradigma »Kultur« hat auch die Bildung stärker in den Blickpunkt gerückt. Bildungs- und Erziehungsbemühungen setzen stärker auf die Fähigkeiten der Kinder mit Migrationshintergrund (vgl. Niekrawitz, 1991, S. 48 f.; Nieke, 2000, S. 17–36).

Antirassistische Arbeit ■ Zu Beginn der neunziger Jahre nahm die Zuwanderung weiter zu. Die Angst vor Überfremdung, die gefürchtete Konkurrenz um Arbeitsplätze und andere Ressourcen, eine populistische politische Instrumentalisierung sowie rechtsextremistische und rassistische Tendenzen begünstigten ein zunehmend ablehnendes bis feindliches Klima gegenüber Zuwanderern. Migranten wurden häufiger Opfer von Gewalttaten. Als Antwort auf diese Situation wurden vermehrt angelsächsische Ansätze *antirassistischer Arbeit* aufgegriffen. Ihr Selbstverständnis ist eher politisch als pädagogisch. Sie wirft der interkulturellen Pädagogik eine Anpassung der Migrantenkinder an die Aufnahmegesellschaft vor und kritisiert, dass sie institutionelle und politische Probleme auf kulturelle Differenzen reduziere. Sie macht vor allem die Einheimischen als Problem aus, welche den Einwanderern nicht die gleichen Rechte zugestehen beziehungsweise sie diskriminieren und ausgrenzen. Der antirassistischen Arbeit geht es um eine emanzipatorische Erziehung zu Selbstachtung, Eigeninitiative und Konfliktfähigkeit sowie um die Aufdeckung und Beseitigung von Diskriminierung, Ausgrenzung und Benachteiligung (vgl. Dumke, 2001, S. 67 f.; Auernheimer, 2003, S. 150–157). Diese Themen werden auch in den Kindergärten aufgegriffen. Die sogenannte vorurteilsbewusste Bildung und Erziehung in Kindertagesstätten setzt sich mit der Vorurteilsbildung im frühen Kindesalter auseinander (vgl. Wagner, 2003, S.13–16).

Wissenschaftliche Rezeption der interkulturellen Erziehung und Bildung ■ Eine wissenschaftliche Auseinandersetzung mit den pädagogischen Herausforderungen von Migration, Europäisierung und Globalisierung setzte erst langsam in den 1970-er Jahren ein, als erste Ansätze einer Wissenschaftsdisziplin Ausländerpädagogik entstanden. Bereits in den 1980-er Jahren wurde der interkulturellen Pädagogik ein Theoriedefizit vorgeworfen. Eine intensivere erziehungswissenschaftliche Reflexion und Theoriebildung erfolgte erst in der zweiten Hälfte der 1980-er Jahre, die sich aber entsprechend ihrer traditionellen Fokussierung auf die Schulpädagogik weniger mit dem frühkindlichen Bereich auseinander setzte. Weitere, an anderen Paradigmen orientierte Ansätze entwickelten sich, wie die Friedenspädagogik, Pädagogik der Begegnung, Konfliktpädagogik, Pädagogik der Vielfalt, Pädagogik der dritten Welt, interkulturelle Entwicklungspädagogik, Europaerziehung und die international und interkulturell vergleichende Erziehungswissenschaft. Inzwischen hat sich die interkulturelle Pädagogik als erziehungswissenschaftliche Fachrichtung etabliert (vgl. Nieke, 2000, S. 35 f.; Auernheimer, 2003, S. 52 ff.; Allemann-Ghionda, 2004, S. 66 ff.).

Seit Ende der 1990-er Jahre machen verschiedene Studien darauf aufmerksam, wie stark und in welchen Bereichen Migrantenkinder im deutschen Bildungssystem benachteiligt und schon im Vorschulalter von Armut, Benachteiligung und Deprivierung betroffen sind, was u.a. auch auf eine fehlende interkulturelle Praxis zurückgeführt wird (vgl. Sozialbericht der Arbeiterwohlfahrt, 2000). Die Problematik der Bildungsbeteiligung wird auch in weiteren Gutachten aufgegriffen (z.B. Bund Länder-Kommission, 2003). Auch der zwölfte Kinder- und Jugendbericht befasst sich mit den speziellen Förderangeboten für unter sechsjährige Kinder mit Migrationshintergrund (Sachverständigenkommission Zwölfter Kinder- und Jugendbericht, 2005, S. 175 ff.).[30] Ein Grund für die Benachteiligung von Kindern mit Migrationshintergrund in der Schule wird in Anlehnung der Ergebnisse der PISA-Studie darin gesehen, dass sie bereits im vorschulischen Bereich vor allem sprachlich zu wenig gefördert werden, um im Bildungssystem gleiche Chancen zu haben (vgl. Roux & Stuck, 2005).[31]

Neben sprachwissenschaftlichen Untersuchungen über den frühen Spracherwerb gibt es auch eine Reihe von internationalen und nationalen Forschungen zur frühen Zwei- und Mehrsprachigkeit von Kindern und Jugendlichen (vgl. Reich & Roth, 2002). In Deutschland liegt der Forschungsschwerpunkt stärker auf Untersuchungen zu Sprachverzögerungen und Sprachstörungen als Basis zur Förderung sowie zu den Verläufen der Aneignung des Deutschen als Zweitsprache (vgl. Bundesministerium für Bildung und Forschung, 2005a, S. 169). Es besteht vor allem ein Mangel an wissenschaftlich erprobten Programmen und Projekten zur frühen Mehrsprachigkeitsbildung.[32]

Ein Desiderat für alle Untersuchungen über die Auswirkungen der Qualität frühkindlicher, nicht elterlicher Betreuung auf die Familien sollte die Beachtung der Bedürfnisse von Kindern mit Migrationshintergrund und anderer benachteiligter Kinder sein und zwar insbesondere im Hinblick auf die Förderung der Schulkarriere (Sachverständigenkommission Zwölfter Kinder- und Jugendbericht, 2005, S. 164).

---

30 Weitere Themen von Untersuchungen sind: Bilingual-bikulturelle Entwicklung des Kindes (Fthenakis et al., 1985), Deutschförderung (Roux & Stuck, 2005), Mehrsprachigkeit und Interkulturalität in der pluralen Gesellschaft (Allemann-Ghionda, 2004, S. 82 ff.).

31 Zum Forschungsstand der Bildungsbenachteiligung von Kindern und Jugendlichen mit Migrationshintergrund siehe die Beiträge von Herwartz-Emden, Christen & Granato sowie Diefenbach in Bundesministerium für Bildung und Forschung, 2005, S. 7–54.

32 Die von Jampert et al. 2005 vorgestellte bundesweite Recherche des DJI zu Maßnahmen und Aktivitäten im Bereich der sprachlichen Bildung und Sprachförderung in Tageseinrichtungen für Kinder liefert einen wertvollen und fast vollständigen Überblick über die Konzepte, Projekte und Maßnahmen zur sprachlichen Förderung im Kindergarten. Dass darunter nur ein ganz geringer Anteil für die Mehrsprachigkeitsbildung geeignete didaktisch-methodische Anregungen zu finden sind, weist indirekt auf diesen Mangel hin. Eine weitere Liste ausgewählter Modellversuche und Projekte, die fast alle die Deutschförderung von Migrantenkindern und einige die ihrer Mütter zum Ziel haben, findet sich in: Sachverständigenkommission Zwölfter Kinder- und Jugendbericht, 2005, S. 221–226 im Anhang zu dem Beitrag von Neumann, U. »Kindertagesangebote für unter sechsjährige Kinder mit Migrationshintergrund«.

Konzepte interkultureller Bildung und Erziehung ■ Die Konzepte zur interkulturellen Erziehung und Bildung in Deutschland sind u.a. aufgrund von Einflüssen aus den USA, Kanada, Australien, Großbritannien, Frankreich oder den Niederlanden entstanden. Gemeinsam ist allen das Ziel der Integration von Kindern mit anderskulturellem Hintergrund in die Bildungseinrichtungen. Allerdings wird der Begriff unterschiedlich interpretiert und die konkreten Vorschläge zum Erreichen dieses Ziels differieren teilweise erheblich (vgl. Nieke, 2000, S. 20; Dumke, 2001, S. 67–70).

Die Konzepte der interkulturellen Erziehung und Bildung setzen sich immer wieder mit den bereits beschriebenen pädagogischen Hauptströmungen auseinander. Zur Zeit tauchen wieder stärker Elemente einer kompensatorischen Erziehung auf. Aspekte struktureller Benachteiligung und Diskriminierung von Migrantenkindern werden unter dem Stichwort der interkulturellen Öffnung der Institutionen auch von den Kindertageseinrichtungen aufgegriffen.

Als spezifisches Element geht es aber der interkulturellen Erziehung und Bildung nicht um eine einseitige Anpassung der anders sozialisierten Migrantenkinder an die Erziehungs-, Verhaltens- und Wertprägungen einheimischer Kinder oder um ihre tolerierte Kopräsenz, sondern um eine interaktive Integration. In letzter Zeit werden, allerdings nicht nur in Deutschland, wieder Vorbehalte gegen diese Kernpunkte interkultureller Erziehung laut. Auch bei Förderprogrammen ist der Rückgriff auf defizitorientierte und assimilatorische ausländerpädagogische Interventionsstrategien erkennbar.

Kulturbedingte Verschiedenheiten fordern die Neugier der Kinder heraus und werden von ihnen als interessant und normal empfunden. Sie bieten aber auch durchaus Streitanlässe. Das stellt der frühkindlichen interkulturellen Erziehung die Aufgabe, auch Lernmöglichkeiten zu bieten, wie man fair und gewaltfrei miteinander streiten kann. In diesem Zusammenhang soll darauf hingewiesen werden, dass interkulturelle Erziehung und Bildung sich jedoch nicht darauf beschränken kann, Kontakt und Interaktion zwischen der einheimischen Mehrheitskultur und der Migrantenkultur zu schaffen. Die Migrationstruktur war von Anfang an ethnisch und kulturell komplexer, als sie allgemein wahrgenommen wurde. Die vermehrte Zuwanderung aus »fernen« Kulturen in den letzten fünfzehn Jahren führte zu einer weiteren Diversifizierung der Multikulturalität in den Kindertagesstätten. Dadurch sind nicht nur mehr potenzielle Möglichkeiten direkter Begegnung zwischen verschiedensten Kulturen entstanden, sondern auch mehr Reibungsflächen. Die öffentliche Diskussion um Fundamentalismus, Terrorismus, Islamismus, Parallelgesellschaften und Leitkultur spielen zwar in der direkten Arbeit mit den Kindern kaum eine Rolle, sie belasten aber teilweise die Arbeit in den Kindergartenteams und erschweren die Arbeit mit den Eltern. Die Auseinandersetzung mit Wertvorstellungen und Religion haben in diesem Zusammenhang an Bedeutung gewonnen.

Voraussetzung und Ziel für interkulturelles Lernen ist eine breite kommunikative Kompetenz. Dazu gehört neben der allgemeinen Förderung der Kommunikation (Körpersprache, Gestik, Mimik) die frühe Unterstützung des natürlichen kindlichen Spracherwerbs und die frühe Sprachbildung in der Umgangssprache Deutsch. Sie beinhaltet aber auch die aktive Wertschätzung und Unterstützung der Erstsprache der Migrantenkinder und die frühe Hinführung aller Kinder zur Mehrsprachigkeit. Leider wird die Präsenz von anderssprachigen Kindern noch allzu oft einseitig als Problem apostrophiert und weniger als Chance und Motivation aller Kinder zum Sprachenlernen ergriffen (fachkundige und praktische Anregungen zur Mehrsprachigkeitsbildung bieten die zahlreichen Veröffentlichen des Verbandes binationaler Familien und Partnerschaften [iaf] zu diesem Thema und zur interkulturellen Erziehung von Kindern).

Ein wesentlicher Bestandteil interkultureller Bildung ist die *partnerschaftliche Zusammenarbeit mit den Eltern* und die Anerkennung und Nutzung ihrer Kompetenzen. Die Kindertageseinrichtung ist ein geeigneter Ort, um Kontakte und Austausch zwischen Migranteneltern und einheimischen Eltern zu schaffen. Die fachlich fundierte Beratung der Eltern zu den Themen der Sprachbildung und zum Zwei- und Mehrsprachigkeitserwerb sowie die Information über Struktur und Aufgaben des öffentlichen Bildungssystems und deren Bedeutung für die berufliche Zukunft ihrer Kinder sind eine wichtige Aufgabe der Kindertageseinrichtungen, die aber oft wegen der mangelhaften personellen, fachlichen und räumlichen Bedingungen nicht wahrgenommen werden können. Die Eltern sind aber auch wichtige Partner und Experten für die interkulturelle Erziehung und Bildung in Familie und in den Kindertageseinrichtungen selbst (gute Beispiele sind die von der RAA – Regionale Arbeitsstellen zur Förderung von Kindern und Jugendlichen aus Zuwandererfamilien in Nordrhein-Westfalen durchgeführten Projekte »Rucksack« und »Griffbereit«).

Die interkulturelle Erziehung der Kindertageseinrichtungen ist wirkungsvoller, wenn sie sich zum familiären Umfeld, zur Nachbarschaft, zum Stadtteil, zum Gemeinwesen, zur Schule öffnet und auch mit interkulturellen Projekten und Initiativen, mit Migrantenvereinigungen und Migrationsdiensten sowie den Religionsgemeinschaften Kontakt und Zusammenarbeit sucht.

An der Entwicklung von Konzepten interkultureller Erziehung und Bildung im Elementarbereich waren viele lokale und freie Initiativen und Träger maßgeblich beteiligt. Institute der Jugendforschung, wie das Deutsche Jugendinstitut München (DJI), das Institut für Frühpädagogik München (IFP), das Sozialpädagogische Institut Köln (SPI) des Landes Nordrhein-Westfalen, haben mit praxisnahen Untersuchungen, Begleitforschungen, Modellversuchen und Projekten wertvolle Hilfestellungen und Anstöße für die Praxis gegeben.[33]

Die interkulturelle Dimension als Zukunftsperspektive der Frühpädagogik

■ Trotz der bestehenden und zunehmenden Multikulturalität der Kindertageseinrichtungen ist interkulturelle Bildung noch nicht überall Grundbestandteil des pädagogischen Konzeptes. Erfreulicherweise taucht sie aber in der Aufgabenbeschreibung der meisten neueren Bildungsempfehlungen und Bildungsplänen der Bundesländer für den Elementarbereich auf. Die Vernachlässigung interkultureller Bildung in den Kindertageseinrichtungen erklärt sich aber auch aus der Tatsache, dass internationale und europäische Konventionen sowie Rahmenrichtlinien und Empfehlungen auf Bundes- und Landesebene, die sich ausdrücklich oder implizit auf die besonderen Bedürfnisse von Migranten- und Flüchtlingskindern und auf die allgemeine Bedeutung der interkulturellen Erziehung und Bildung eingehen, zu wenig Aufmerksamkeit geschenkt wird. Die einschneidenden Veränderungen der gegenwärtigen und zukünftigen Lebenswelt von Kindern erfordern ebenso ein Überdenken der frühkindlichen Erziehung und Bildung mit dem Ziel, Interkulturalität zum durchgängigen Erziehungs- und Lernprinzip weiter zu entwickeln und multikulturelle Lebenssituationen kontinuierlich zu interkulturellem Lernen zu nutzen.

Ob es gelingt, die interkulturelle Dimension in die frühpädagogische Erziehung und Bildung einzuführen, hängt davon ab, inwieweit *Ausbildung und Fortbildung* in der Lage sind, den frühpädagogischen Fachkräften interkulturelle Kompetenz zu vermitteln.[34] Die Ausbildung und die Angebote der Fort- und Weiterbildung werden dieser Aufgabe nur teilweise gerecht. Für die frühkindliche Mehrsprachigkeitsbildung und die diesbezügliche Beratung der Migranteneltern besteht ein besonderer Bedarf an dafür qualifizierten Fachkräften.[35]

---

33 In der DJI-Datenbank ProKiTa (Projekte Kindertagesstätten Tagespflege) finden sich Kurzbeschreibungen von zahlreichen interkulturellen Projekten und Sprachförderungsprojekten.

34 Der zwölfte Kinder- und Jugendbericht formuliert Anforderungen »Zur Qualifikation der Erzieherinnen und Erzieher für eine interkulturell gestaltete Elementarerziehung«(Neumann, 2005, S. 210 f.).

35 Zur Zeit arbeitet das EU-Comenius-Projekt ENEMU (Enhacing early multilingism) unter der Federführung des Integrationshauses Wien in Zusammenarbeit mit Sprachwissenschaftlern europäischer Universitäten an der Entwicklung eines Fortbildungsmoduls für Fachkräfte des Elementarbereichs zur frühen Mehrsprachigkeitsförderung.

Eine Schlüsselfunktion für die Entwicklung und Umsetzung interkultureller Bildungs-, Erziehungs- und Lernkonzepte nimmt die *Bildung multikultureller Teams* ein. Interkulturelle Erziehung und Bildung ohne die aktive Mitwirkung von Menschen aus anderen Kulturen ist ein Widerspruch in sich. Trotzdem ist es noch nicht selbstverständlich, dass anderskulturelle Fachkräfte in Kindertageseinrichtungen eingestellt werden. Viele Migranten erreichen nicht die zur Ausbildung erforderlichen Zugangsvoraussetzungen. Dadurch können auch ihre persönlichen Qualifikationen wie Erfahrungen mit Migration, Diskriminierung, Ausgrenzung und Rassismus, Interkulturalität, Zwei- oder Mehrsprachigkeit nicht genutzt werden. Die Präsenz von anderskulturellen Fachkräften in multikulturellen Kindertageseinrichtungen ist wichtig, weil sie für die Migrantenkinder Identifikationspersonen für die Entwicklung ihrer kulturellen Identität und Repräsentanzpersonen für die Rechte der Migrantenkinder darstellen sowie als sprachliche und kulturelle Vermittler zwischen einheimischen Fachkräften und den Migranteneltern fungieren können. Auch für die einheimischen Kinder ist der tägliche Kontakt mit Fachkräften mit Migrationshintergrund eine bedeutsame Erfahrung, weil sie nicht nur einheimische, sondern auch anderssprachige und anderskulturelle pädagogische Bezugspersonen erleben. Daraus können Anstöße für interkulturelles Lernen entstehen. In multikulturellen Teams besteht die Möglichkeit, sich im persönlichen und beruflichen Kontakt mit anderen kulturellen und pädagogischen Vorstellungen und Praktiken auseinander zu setzen und Teamarbeit als einen interkulturellen Lern- und Bildungsprozess in direkter Interaktion zu erfahren, der die notwendige Auseinandersetzung mit eigenen Einstellungen und Überzeugungen anregt.

Als unverzichtbare Rahmenbedingung müssen soziale Benachteiligungen der Migrantenkinder abgebaut werden, weil ihre ökonomische und soziale Integration sowie auch die ihrer Familien die Voraussetzung für eine kulturelle (Bildungs-) und berufliche Integration darstellt. Dass die Chancengleichheit der Migrantenkinder im Bildungsbereich schon beim Übergang vom Kindergarten zur Schule nicht gewährleistet ist, zeigt sich unter anderem daran, dass sie noch unproportional häufig als nicht schulreif bzw. als sonder- oder förderschulbedürftig eingestuft werden. Diese Diskrepanz wird bildungspolitisch hingenommen oder ursächlich auf die »Bildungsferne«, auf mangelndes Interesse oder die geringe Motivation der Migranteneltern zurückgeführt. Weniger Mühe wird darauf verwendet, die Gründe für diese Bildungsschere genauer heraus zu finden. So wird die Erklärungskraft der individuellen und familiären Variablen für den Bildungserfolg der Migrantenkinder überschätzt, während die gesellschaftlichen Bedingungen und die Kontextmerkmale institutioneller Lernprozesse und Handlungslogiken in der bildungssoziologischen Forschung weitgehend ausgeschlossen werden (vgl. Bundesministerium für Bildung und Forschung, 2005a, S. 43 ff.).

Bildungspolitisch bedarf es einer Erweiterung der institutionellen Optik der »Vorbereitung der Migrantenkinder auf die Schule« zu einer ressourcenorientierten frühpädagogischen integrativen Förderung. Derzeit lassen sich regressive Tendenzen in eine ausländerpädagogische Defizitoptik feststellen. Die einseitige Fokussierung der Integrationsbemühungen auf Sprachförderung birgt die Gefahr, die Bemühung um eine interaktive Integration aller Kinder untereinander und einer gemeinsamen Integration in ein Europa der multikulturellen und mehrsprachigen Bürgergesellschaften zu vernachlässigen. Die frühen mehrsprachigen Ressourcen von Migrantenkindern sollten besser genutzt werden, um alle Kinder möglichst früh an die Mehrsprachigkeit heranzuführen.

Es fehlt eine an den Empfehlungen und Zielsetzungen des Europarates und der EU ausgerichtete Sprachenpolitik, welche die *Mehrsprachigkeit* zum Ausgangs- und Zielpunkt macht. Die Entwicklung sprachpädagogischer Ansätze und integrativer Sprachbildungsansätze als Querschnittsaufgabe durch alle Bildungsbereiche und als Mehrsprachigkeitsbildung ist besonders wichtig für den frühkindlichen Bereich. Dabei könnte die Verwendung bildungs- und sprachbiographischer Methoden und die Orientierung am Europäischen Sprachenportfolio bei der Erhebung und der Einschätzung der sprachlichen Kompetenzen in der Arbeit mit den Kindern und Eltern eine große Hilfe sein.

Rechtliche Grundlage für die interkulturelle Bildung und Erziehung ist die Beachtung der internationalen Konvention der Kinderrechte, vor allem das Recht auf Bildung, auf kulturelle und religiöse Identität, auf die Muttersprache, auf Chancengleichheit in Erziehungs- und Bildungseinrichtungen. Die Interkulturalität ist eine rechtliche und sozialpolitisch begründete Herausforderung und eine sozialpädagogische Gestaltungsaufgabe, die sich schon in der frühen Kindheit stellt.

■ Literatur

Allemann-Ghionda, C. (2004). Einführung in die Vergleichende Erziehungswissenschaft. Weinheim: Beltz.
Auernheimer, G. (2003). Einführung in die interkulturelle Pädagogik (3. Aufl.). Darmstadt: Wissenschaftliche Buchgesellschaft.
Bund-Länder Kommission (Hrsg.) (2003). Förderung von Kindern und Jugendlichen mit Migrationshintergrund. Gutachten von Gogolin, I., Neumann, U. & Roth, H.-J. Bonn: BLK Geschäftsstelle.
Bundesministerium für Bildung und Forschung (Hrsg.) (2005a). Anforderungen an Verfahren der regelmäßigen Sprachstandsfeststellung als Grundlage für die frühe und individuelle Förderung von Kindern mit und ohne Migrationshintergrund. Bonn: Eigenverlag BMBF.
Bundesministerium für Bildung und Forschung (Hrsg.) (2005b). Migrationshintergrund von Kindern und Jugendlichen: Wege zur Weiterentwicklung der amtlichen Statistik. Bonn: Eigenverlag des BMBF.
Dumke, J. (2001). Interkulturelle Entwicklungspädagogik: Soziales Wissen und Lernen. Erziehung in früher Kindheit in Gesellschaft mit kultureller Diversität. Münster: LIT.
Fthenakis, W. E., Sonner, A.. Thrul, R. & Walbiner, W. (1985). Bilingual-bikulturelle Entwicklung des Kindes. Ein Handbuch für Psychologen, Pädagogen und Linguisten. München: Max Hueber.
Filtzinger, O. (2001). Interkulturelle Bildung im Elementarbereich. In: A. Teichler (Hrsg.), Wohlfahrtsstaat, Einwanderung und ethnische Minderheiten. Probleme Entwicklungen, Perspektiven (S. 215–229), Wiesbaden: Westdeutscher Verlag.
Filtzinger, O. (2004). Interkulturelle Bildung und Förderung der Mehrsprachigkeit im Elementarbereich. In: Grenzgänge. Beiträge zu einer modernen Romanistik, 11/2004, 61–72.
Filtzinger, O. (1999). Im Kindergarten fing es an. In: O. Filtzinger & E. Johann, Interkulturelle Anstöße, Hrsg. Von der Landesbeauftragten für Ausländerfragen bei der Staatskanzlei Rheinland-Pfalz. Mainz: Eigenverlag Land RLP
Jampert, K., Best, P., Guadatiello, A., Holler, D. & Zehnbauer, A. (2005). Schlüsselkompetenz Sprache. Sprachliche Bildung und Förderung im Kindergarten. Konzepte-Projekte Maßnahmen. Weimar: verlag das netz.
Nieke, W. (2000). Interkulturelle Erziehung und Bildung. Wertorientierungen im Alltag (2. Aufl.). Opladen: Leske & Budrich.
Niekrawitz, C. (1991). Interkulturelle Pädagogik im Überblick. Von der Sonderpädagogik für Ausländer zur interkulturellen Pädagogik für Alle (2. Aufl.). Frankfurt: Verlag für interkulturelle Kommunikation.
Reich, H. H. & Roth, H.-J. in Zusammenarbeit mit Dirim, I. Normann Jorgensen, N., List, Gu., List, Gü., Neumann, U., Siebert-Ott, G., Steinmüller, U., Teunissen, F., Vallen, T. Wurnig, V. (2002). Spracherwerb zweisprachig aufwachsender Kinder und Jugendlicher. Ein Überblick über den Stand der nationalen und internationalen Forschung. Hamburg: Druck Behörde für Bildung und Sport.
Roux, S. & Stuck, A. (2005). Interkulturelle Erziehung und Sprachförderung im Kindergarten – Forschungsergebnisse. In: S. Roux (Hrsg.), PISA und die Folgen: Sprache und Sprachförderung im Kindergarten (S. 92–108). Landau: Empirische Pädagogik.
Sachverständigenkommission Zwölfter Kinder- und Jugendbericht (Hrsg.) (2005). Bildung, Betreuung und Erziehung von Kindern unter sechs Jahren. Band 1. München: Verlag Deutsches Jugendinstitut.
Schäfer, G. E. (Hrsg.) (2003). Bildung beginnt mit der Geburt. Ein offener Bildungsplan für Kindertageseinrichtungen in Nordrhein-Westfalen. Weinheim: Beltz.
Wagner, P. (2003). Vorurteilsbewusste Erziehung in der Kita. In: Blickpunkt Berliner Kitas, 2/2003, 13–16.

Geschlechtsbewusste Erziehung

Hannelore Faulstich-Wieland

Der Begriff geschlechtsbewusste Erziehung ist ein Sammelbegriff für verschiedene Ansätze, die sich mit dem Thema Geschlecht in der frühkindlichen Pädagogik befassen. Er taucht nur in einigen Veröffentlichungen auf (Blank-Mathieu, 2002; Bayerisches Staatsministerium für Arbeit und Sozialordnung, 2003), ansonsten finden sich auch andere Formulierungen wie geschlechtsbezogene (Rohrmann & Thoma, 1998) oder ge-

schlechtssensible (z. B. EU-Projekt, 1999) Pädagogik. Welche Funktion eine solche Erziehung erfüllen soll, ist nicht einheitlich geklärt, auch wenn sich die Zielsetzungen in den verschiedenen Publikationen durchaus ähneln. So wird im Bayerischen Bildungs- und Erziehungsplan darunter die »Entwicklung der eigenen Geschlechtsidentität« verstanden, zu der gehört, zu »lernen, was alles zu den Kategorien Mädchen/Jungen bzw. Mann/Frau gehören kann und die vielfältigen Möglichkeiten des Mannseins und Frauseins kennen [zu] lernen« (Bayerisches Staatsministerium für Arbeit und Sozialordnung, 2003, S. 82). Das EU-Projekt »Partageons l'égalité – Gläichheet delen – Gleichheit teilen« zielte ebenfalls auf die »Entwicklung einer gefestigten Geschlechtsidentität, die geschlechtsflexibles Verhalten ermöglicht«. In einem der Projektberichte wurde dies folgendermaßen konkretisiert: »Die Förderung von Mädchen und Jungen bei der Entwicklung von ›androgynen‹ Persönlichkeiten, die sowohl über positive feminine als auch über positive maskuline Charakteristika verfügen« (EU-Projekt, Projektjahr 1998/1999, S. 111). Im pädagogischen Rahmenkonzept des Schul- und Kulturreferats der Landeshauptstadt München wird als Zielsetzung genannt: »Mädchen und Buben gleichberechtigt fördern« (Walter, 2000, S. 17). Tim Rohrmann und Peter Thoma (1998, S. 31 ff.) schließlich formulieren acht Ziele, die für Mädchen und Jungen gelten sollen – wenngleich ihr Ansatz sich vor allem auf Jungenarbeit bezieht:
- »Selbstwertgefühl und Selbstvertrauen stärken
- Ein gutes Körpergefühl entwickeln
- Gefühle ausdrücken und verstehen
- Soziale Fähigkeiten entwickeln
- Konflikte lösen lernen
- Verhaltensmöglichkeiten erweitern
- Gleichwertigkeit und Verschiedenheit von Jungen und Mädchen akzeptieren
- Ein gleichberechtigtes Miteinander von Jungen und Mädchen entwickeln.«

Die Ansätze sind überwiegend an Identitätskonzepten orientiert. Sie weisen selten eine entfaltete theoretische Basis aus, sondern sind als Handreichungen für die Praxis entwickelt.

Geschichte ■ Die Auseinandersetzung um einen bewussteren Umgang mit der Kategorie Geschlecht in der Erziehung entstand erst im Kontext der Bildungsreformen der 1970-er Jahre bzw. der neuen Frauenbewegung. In den 1960-er Jahren gab es in der Kleinkindpädagogik noch keine im oben genannten Sinne geschlechtsbewusste Erziehung, sehr wohl aber eine Gestaltung des Geschlechterverhältnisses durch die Einrichtung von »Puppenecken« und »Bauecken«. Ihr war eine geschlechtshierarchische Sicht eingeschrieben, denn in damaligen Kindergartenkonzeptionen wurde – die geschlechterdifferente Nutzung befürwortend – eine »Begrenztheit des Platzes« für die Puppenecke für vertretbar gehalten, während die Bauecke »möglichst großzügig zu bemessen« sei (Klees-Möller, 1997, S. 158).

Ab den 1970-er Jahren gab es dann explizite Forderungen nach einer »geschlechtsflexiblen« Erziehung – durch sie sollte eine »Verfestigung von Geschlechtsrollenverhalten« verhindert und »die Frontenbildung zwischen Mädchen und Jungen« vermieden werden (Fried, 1990, S. 55 f.). Diese Ansätze waren vor allem kognitiv orientiert, indem den Kindergartenkindern Informationen über Geschlechtsrollen vermittelt werden sollten. Solche Vorgehensweisen entsprachen jedoch nur bedingt den Fähigkeiten der Kinder. Martin Verlinden (1984) erweiterte die Konzepte um die sozial-emotionale Dimension und bezog darüber hinaus die Förderung eines sensiblen Erzieherinnenverhaltens mit ein. Im Rahmen des 6. Jugendberichts wurde das Erziehungskonzept für Mädchen in Kindertagesstätten unter die Lupe genommen und als »Erziehung zur Unauffälligkeit« gebrandmarkt (Preissing et al., 1985). Gefordert wurde insbesondere eine Veränderung des Selbstbildes der Erzieherinnen, damit sie ihre Identität als Frau und ihre Berufsrolle positiv sähen. Außerdem sollten Mädchen und Jungen im Sinne einer kompensatorischen Erziehung ungleich behandelt werden, damit Mädchen gezielt eine Förderung in Bereichen erführen, in denen sie sonst eben keine Förderung erhalten (Preissing et al., 1985, S. 63 ff.).

Solche Handlungsempfehlungen basierten durchaus auf empirischen Untersuchungen über geschlechterdifferentes Verhalten von Mädchen und Jungen und ungleichen Erziehungsbedingungen: Jungen erwiesen sich im Mittel als raumgreifender, aktiver, an regellosen Spielen interessiert, aggressiver, risikobereiter, selbstbewusster. Mädchen dagegen zeigten sich im Mittel prosozialer, ruhiger und an kommunikativen Spielen interessiert. Die in den Kindertageseinrichtungen vorfindbaren Bildungs- und Spielmittel waren an unreflektierten Geschlechterstereotypen orientiert (Fried, 1990, S. 54). Raumkonzepte und Funktionsecken – wie die genannten Puppenecken und Bauplätze – unterstützten geschlechterdifferentes Verhalten. Schließlich verhielten sich Erzieherinnen häufig ebenfalls geschlechtsstereotyp. Hieran sollte angesetzt und diese Unterschiede sollten verändert werden.

Konzepte und Materialien ■

Im Wesentlichen lassen sich drei unterschiedliche Konzepte für eine geschlechtsbewusste Erziehung nennen, die jedoch letztlich keineswegs trennscharf sind, sondern durch bestimmte Akzentsetzungen voneinander abgegrenzt werden können.

Im *Koedukationsansatz,* der – wie der Name schon sagt – primär an der gemeinsamen Erziehung der Geschlechter ausgerichtet ist, geht es um einen gegenüber den kritisierten Verhaltensweisen veränderten Umgang von Mädchen und Jungen. Voneinander lernen und miteinander spielen sind die angestrebten Ziele. Ein solcher Ansatz lag dem EU-Projekt »Gleichheit teilen« zugrunde, das unter der Leitung des Frauenministeriums in Luxemburg mit Partnern und Partnerinnen aus Deutschland, Belgien und Österreich von 1996 bis 2000 durchgeführt wurde. Neben zahlreichen Vorträgen, Workshops, Arbeitsgruppen für die beteiligten Erzieherinnen bzw. Vorschullehrerinnen – wie sie in Luxemburg heißen – gab es eine wissenschaftliche Begleitforschung durch das Charlotte Bühler-Institut in Wien. Sie erfasste die Erfahrungen, Probleme und Einstellungsänderungen der Erzieherinnen, analysierte das Spielverhalten der Kinder, die Veränderung der Rahmenbedingungen und die Entwicklung von geschlechtsbezogenen pädagogischen Interventionen.

Der Koedukationsansatz wurde auch bereits 1984 von Martin Verlinden vom Sozialpädagogischen Institut Nordrhein Westfalen an der Fachhochschule Köln vertreten und wird weiterhin durch Fortbildungsangebote umgesetzt. Verlinden geht es um ein genaues Hinschauen auf die Interaktionen und um die Ermöglichung koedukativer Spielarrangements: »In der Koedukation sehen wir die Chance, dass Jungen und Mädchen ihre Gemeinsamkeiten erkennen und Respekt vor der Einzigartigkeit des Einzelnen entwickeln können. Wer dem anderen täglich begegnet, lernt ihn kennen und kann dessen Spielraum und Grenzen mit seinen eigenen Möglichkeiten vergleichen.« (Verlinden, 1995, S. 4)

Die *geschlechterdifferenzierende Pädagogik* will besonders Mädchen stärken, versucht aber auch den Jungen gerecht zu werden. Die »Besonderheiten« der Geschlechter stehen hier im Vordergrund. Dieser Ansatz findet sich vor allem bei Melitta Walter vom Schulreferat der Stadt München. Der Münchner Stadtrat beschloss 1998 einen ersten Maßnahmekatalog zur Mädchen- und Jungenförderung für den Bereich der Kindertagesstätten. Eingerichtet wurde ein Arbeitskreis »Mädchenförderung«, um praxisorientierte Arbeitsansätze zu entwickeln. Melitta Walter arbeitete über eineinhalb Jahre hinweg an einer Bestandsaufnahme und gleichzeitig der Veränderung der Praxis. Diese Bemühungen mündeten in das bereits erwähnte im Jahr 2000 vorgelegte Rahmenkonzept der geschlechtsdifferenzierten Pädagogik (Walter, 2000; vgl. auch Walter, 2005).

Im Ansatz zur *Jungenarbeit in Kindertagesstätten* schließlich geht es um eine angemessenere Sicht auf Jungen. Erzieherinnen – so ließ sich empirisch zeigen – erkannten und akzeptierten Interessen von Jungen weniger gut als solche von Mädchen (Musiol, 2000). Vier Grundsätze für das Herangehen an Jungenarbeit liegen dem Ansatz zugrunde (Rohrmann & Thoma, 1998, S. 31):

- »Jungen werden zunächst so akzeptiert wie sie sind –…

- Jungen werden umfassender wahrgenommen – …
- Jungen machen nicht nur Probleme, sie haben auch Probleme – …
- Jungen haben auch besondere Stärken – …«

In allen Konzepten lassen sich (mindestens) vier Schritte zur Veränderung der gegenwärtigen Praxis hin zu einer geschlechtsbewussten Erziehung identifizieren:
- Selbstreflexion: bei sich selbst anfangen
- Kenntnisse: mehr über Mädchen und über Jungen wissen
- Gezielte Veränderungen: den Alltag bewusst gestalten
- Innovationen: neue Wege einschlagen.

Gemeinsamkeiten der Ansätze ■ Gemeinsam ist allen drei Ansätzen auch, dass sie in der Sensibilisierung der Erzieherinnen den zentralen Hebel für Veränderungen sehen – den ersten Schritt also für den entscheidenden halten, ohne den die anderen nicht realisierbar sind. Entsprechend finden sich in den vorliegenden Materialien der Konzepte in erster Linie Vorschläge und Anweisungen, wie im Rahmen von Fortbildungen oder in der Praxis Sensibilisierungen bei den Erzieherinnen erreicht werden können. So lautet z. B. eine Übung »Erfahrungsaustausch über Männer in Kindertagesstätten«. Die Teilnehmerinnen sollen dazu in Kleingruppen über ihre Erfahrungen, aber auch ihre Wünsche und Befürchtungen gegenüber Männern im Kindergarten sprechen und beispielsweise auf Fragen wie diese antworten: »Will ich überhaupt, dass mehr Männer als bisher im Kindergarten arbeiten? Warum? Warum nicht? Was habe ich zu erwarten bzw. was befürchte ich, wenn ich mehr als bisher mit Männern zusammenarbeiten muss?« (Rohrmann & Thoma, 1998, S. 88)

In allen praktischen Erprobungen solcher Modelle zeigt sich, dass die Arbeit mit der Geschlechterthematik oft konflikthaft verläuft. Sie wird vom Umfeld häufig abgewertet und sie setzt zugleich die Auseinandersetzung mit dem eigenen Verständnis von Geschlecht voraus – betrifft sie doch die eigene bisherige Lebensgestaltung in zentraler Weise. Ohne eine Unterstützung der Akteurinnen von außen, d.h. durch die Möglichkeit, professionelle Supervision in Anspruch nehmen zu können oder die Unterstützung von oben durch Vorgesetzte ist es schwer, geschlechterbewusste Arbeit zu realisieren.

Auch der zweite Schritt – mehr über Jungen, aber auch über Mädchen zu wissen – ist Bestandteil aller Konzepte. Im Blick auf die Jungenarbeit wird zugleich das Fehlen von männlichen Erziehern bemängelt. Beklagt wird zudem ein Wahrnehmungsbias bei den Erzieherinnen. Sie neigen dazu, Jungen sympathischer zu finden und positiv zu bewerten, gleichzeitig messen sie das Sozialverhalten der Jungen an dem der Mädchen, wodurch Jungen unangenehm auffallen. Andererseits wünschen sie sich Mädchen aufmüpfiger, sind sich aber nicht bewusst, wie wichtig integrierendes und ruhiges Verhalten zumindest eines Teils der Kinder – und mehr Mädchen als Jungen leisten dies – für die alltägliche Arbeit ist. Erzieherinnen können mit den Lieblingsfiguren von vielen Jungen (z. B. die wechselnden Aktionsfiguren wie etwa Pokemons) wenig anfangen (Musiol, 2000). Sie selber spiel(t)en selten mit Materialien in der Bauecke. Insgesamt bieten die Erzieherinnen damit eher eine Abgrenzungsfolie für Jungen und zugleich keine Vorbildfunktion für Mädchen. Mehr über die Kinder zu wissen, heißt aber zu akzeptieren, was ihnen wichtig ist, wie sie Bedeutungen erfahren und entwickeln. In den Materialien finden sich dafür zum Beispiel Beobachtungsbögen, die helfen, überhaupt erst einmal genauer wahrzunehmen, was sich zwischen Mädchen und Jungen, aber auch unter Mädchen und unter Jungen abspielt. Die Beobachtungshilfen in dem Münchner Rahmenplan beinhalten zwölf verschiedene Situationen wie z. B.:
- Selbstständigkeit beim An- und Ausziehen
- Gemeinsames Freispiel von Mädchen und Buben
- Raumnutzung
- Bewegungsspiel-Angebote
- Emotionen (Walter, 2000, S. 76).

Differenzierte Beobachtungen sollen helfen, den Alltag bewusster zu gestalten und dabei zugleich Veränderungen bei den Kindern zu ermöglichen. Melitta Walter (2000, S. 83 ff.)

beschreibt, wie sie über Tauziehen sowie über einen Bauwettbewerb (Walter, 2000, S. 97 ff.) geschlechtsstereotype Einschätzungen aller Beteiligten in Frage stellen konnte und damit mehr Offenheit im Umgang erreichte.

Zu den neuen Wegen, die es einzuschlagen gilt, gehören vor allem Versuche, die Rahmenbedingungen der Arbeit in Kindertagesstätten so zu verändern, dass sie weniger geschlechtsstereotyp angelegt ist. Die Bereitstellung von geeigneten Bilderbüchern bildet dabei ein wichtiges Element für geschlechtsbewusste Erziehung. In den Handreichungen finden sich eine Reihe von Empfehlungen für Bilderbücher (z.B. Rohrmann & Thoma, 1998, S. 211 ff.; Walter, 2000, S. 123 ff.), die besondere Identifikationsangebote oder Auseinandersetzungsmöglichkeiten für Mädchen, für Jungen oder auch für beide Geschlechter bieten. Weiterhin wird über Regeln und Vereinbarungen beim Erledigen verschiedener Aufgaben berichtet, um partnerschaftlichen Umgang zwischen Jungen und Mädchen zu fördern. Die Einbeziehung der Eltern ist in vielfacher Hinsicht ein wichtiges Arbeitsfeld, da im Allgemeinen davon ausgegangen wird, dass die Geschlechtersozialisation in der Familie nur bedingt durch die Erziehung im Kindergarten verändert werden kann. Insofern soll in ähnlicher Weise mit Eltern gearbeitet werden, wie dies auch mit Erzieherinnen geschieht.

Eine Umstrukturierung der Räume und des Materialangebotes sind wesentliche Maßnahmen, um flexibleres Verhalten zu fördern. Veränderte Raum- und Materialangebote beeinflussen die Aushandlungsthemen und Strategien unter Kindern. Gisela Dittrich u.a. berichten aus ihren Untersuchungen in Kindergärten: »Ein großes Bällchenbad, unzählige Würfel, Decken, Hängematten, attraktive Verkleidungsmaterialien, die auch Männer tragen, u.a.m. können dazu beitragen, dass Jungen wie Mädchen neue Spielanregungen bekommen und so auch zu neuen Spielinhalten und -formen finden können. Mädchen, die mit vier Jahren in ihrem Kindergarten lernen können, Fahrrad zu fahren, die dafür den Raum bekommen und das Rad dazu, muss man nicht lange zu großräumigerem Spielen motivieren. Sie fahren Rad, lernen, aufeinander zuzufahren, einander auszuweichen, immer wieder und mit großem Genuss. So, wie die Jungen auch« (Dittrich, Dörfler & Schneider, 2001, S. 199).

Perspektiven der geschlechterbezogenen Frühpädagogik ■ So wichtig es für eine geschlechtsbewusste Erziehung ist, einen geschlechtsdifferenzierenden Blick zu entwickeln, um unbewussten Wahrnehmungsverzerrungen auf die Spur zu kommen und damit einhergehende Einengungen von Mädchen wie von Jungen zu vermeiden, so leicht entsteht durch die »Geschlechterbrille« die Gefahr, die Dualismen der Geschlechterstereotype festzuschreiben statt aufzuheben. So machen die Beschreibungen bei Blank-Mathieu (2002) letztlich den Eindruck, dass es aus dem Kreislauf der Typisierung keinen Ausweg gibt. Tatsächlich gewinnt man jedoch ein sehr viel differenzierteres Bild, wenn man bereit ist, genauer hinzusehen:

Für die weitere Entwicklung einer geschlechtsbewussten Erziehung ist vor allem eine theoretische Fundierung der praktischen Arbeit notwendig. Die den bisherigen Ansätzen zugrunde liegenden Identitätskonzepte bleiben problematisch, weil sie aus den dichotomen Zuschreibungen der Zweigeschlechtlichkeit nicht wirklich herausführen können. Explizite oder implizite Androgynitätsvorstellungen reproduzieren durch ihre Bezugnahme auf »weibliche« und »männliche« Anteile immer wieder die Dualismen der Zweigeschlechtlichkeit. Zwar hat eine kritische Reflexion stattgefunden, indem man erkannt hat, dass die vermeintliche Gleichheit der Geschlechter eine Illusion ist. Der Blick auf die Unterschiedlichkeiten allerdings riskiert nun umgekehrt, die Gemeinsamkeiten und vor allem die individuellen Unterschiede aus den Augen zu verlieren. Wenn ich nicht von vornherein »weiß«, wie *die* Mädchen und *die* Jungen sind, dann nehme ich wahr, dass es eine große Bandbreite des Verhaltens bei beiden Geschlechtern gibt. Die Unterschiede zwischen Mädchen und zwischen Jungen können durchaus größer sein als die zwischen Mädchen und Jungen.

Ein handlungsorientierter Ansatz, der den Konstruktionsprozessen des *doing gender* (Faulstich-Wieland, 2004) nachgeht, erlaubt, den aktiven Part aller Beteiligten an der Konstruktion von Geschlecht zu erfassen und die Gewinne, aber auch die Verluste, die damit verbunden sind, in den Blick zu nehmen (vgl. für den Schulbereich Faulstich-Wieland, Weber & Willems, 2004).

Alltägliches Verhalten unterliegt einem ständigen Bewertungsprozess, durch den Interaktionspartner wechselseitig Einfluss aufeinander nehmen und die soziale Ordnung ebenso wie die individuelle Entwicklung produzieren und reproduzieren. Gerade kleine Kinder legen einerseits auf die Bewertung ihres Verhaltens als angemessen für ein Mädchen oder einen Jungen großen Wert, brauchen sie das doch als Orientierungshilfe. Wenn in einer solchen Phase Mädchen unbedingt Spitzenkleidchen tragen wollen, so muss man dies nicht als problematische Anpassung an ungewünschte Weiblichkeitsmuster unterbinden. Man könnte es nutzen, um ästhetische Kleidungsfragen zu besprechen, oder um an historischen Bildern zu zeigen, wie früher auch kleine Jungen – wenn sie aus entsprechenden Elternhäusern kamen – aufwändige Seidenkleider tragen durften. Man könnte Spitzenkleidchen auch einfach akzeptieren und die Mädchen erfahren lassen, ob und wo sie zu Einengungen der Mitspielmöglichkeiten führen.

Kinder sind in vieler Hinsicht andererseits offen für Dinge, die sie gerne tun würden und sie sind bereit zu erkämpfen, dass Mädchen oder Jungen etwas »auch tun« dürfen, von dem sie befürchten oder erfahren, es sei nicht angemessen. Insofern gilt es für Erzieherinnen, sich ihre eigenen Anteile an diesem doing gender der Kinder – nämlich z.B. ihre Rückmeldungen über »Geschlechtsadäquatheit« – bewusst zu machen, wenn sie Stereotypisierungen verringern wollen. An folgendem Beispiel aus einem Projekt von Uta Meier-Gräwe, Universität Gießen, lässt sich zeigen, wie Grenzen ausloten von beiden Geschlechtern erprobt wird. Es wird berichtet: Jaspar kommt an seinem Geburtstag in den Kindergarten, obwohl er noch etwas krank ist. Er hat sich aber seit Wochen so auf die Geburtstagsfeier im Kindergarten gefreut, dass die Mutter ihn für die Zeit der Feier dort hinbringt. Vor der Feier muss das Geburtstagskind zusammen mit seinem Freund Theo und seiner Freundin Sabine auf dem Flur warten. Jaspars Aufgeregtheit steckt die beiden anderen an:

»Auf dem Flur scheint es schon hoch her zu gehen. Der Geräuschpegel steigt. Endlich, auf ein Zeichen hin darf er mit seinen FreundInnen wieder reinkommen. Es ist dunkel, die Geburtstagskerzen leuchten und alle Kinder singen. Jasper ist außer sich vor Freude, und die Auserwählten, die nun neben ihm und in seiner Nähe sitzen dürfen, werden auch immer aufgeregter. Es wird immer lauter und übermütiger. Bald fliegen die Brötchen, das Ketchup und die Tetrapacks durch die Luft. In erster Linie sind es Jasper und Theo, die werfen. Die Erzieherin beschäftigt sich ausschließlich mit den beiden Jungen. Doch genauere Beobachtungen zeigen auf, dass Simone und ihre Freundin Elena die Idee zu dem Regelbruch hatten, eine entsprechende Aufforderung formulierten, die Bestätigung gaben und ihre Freude an dem Tohuwabohu hatten.« (Meier & Ohrem, 2003, S. 16)

Die Reaktion der Erzieherin entspricht dem üblichen Schema, wonach die Jungen die Aktiven und diejenigen sind, die gegen Regeln verstoßen. Sie werden entsprechend sanktioniert. Der Part der Mädchen bleibt unerkannt, sie gelten weiterhin als die Braven. Die Autorinnen vermuten: »Eine solche Reaktion beendet den akuten Konflikt, verstärkt jedoch geschlechtskonformes Verhalten und ebnet so den Weg für einen vergleichbaren Konflikt in kurzer Zeit« (ebd.).

Reflexivität als »Gendersensibilität« hätte erfordert, den aktiven Part beider Geschlechter an den Interaktionen wahrzunehmen und dementsprechend alle beteiligten Kinder »ins Boot (zu) nehmen« (ebd.), d.h. mit ihnen die Situation zu besprechen. Genaues Beobachten ist eine Grundvoraussetzung für ein verändertes doing gender. Man sieht dann mehr und anderes: »Stimmt also einerseits die Tendenz, dass Jungen ihre Aktivitäten um andere Interessen herum organisieren als Mädchen, so zeigen die Beispiele aber auch, dass dies eben nur einen Teil des Ganzen ausmacht. […] Die sachbezogene Auseinandersetzung zwischen den Jungen schließt mitnichten den Beziehungsaspekt aus. […] Die Aushandlungen der Mädchen zeigen, wie sie mit dem Thema Macht und Einfluss umgehen. […] Dieses komplexe Geschehen kann man nicht allein auf den Beziehungsaspekt reduzieren. […] Schaut man sich den Verlauf der Aushandlungsbeispiele an, dann verschwimmen die geschlechtsspezifischen Unterschiede. Sie bleiben zwar als Farbmuster erkennbar, gehen jedoch mit anderen Farben neue Verbindungen ein und ergeben am Ende ein verschwommenes, vielfarbiges Bild.« (Dittrich u.a., 2001, S. 202 ff.)

Meiner Einschätzung nach ist es hilfreich, sich einerseits über die stereotypisierenden Aspekte klar zu werden – also »dramatisierend« vorzugehen, andererseits im konkreten Umgang mit den Kindern Geschlecht eher zu »entdramatisieren«, es nicht ständig in den Vordergrund und als wichtiges Bewertungskriterium zu nutzen. Hinweise wie »Mädchen können das auch« oder »Jungen dürfen das ebenfalls« verbleiben im Rekurs auf Stereotype. Eine individuelle Ermutigung könnte dagegen helfen, Verhaltensmöglichkeiten zu erweitern.

■ Literatur

Bayerisches Staatsministerium für Arbeit und Sozialordnung/Staatsinstitut für Frühpädagogik, München (2003). Der Bayerische Bildungs- und Erziehungsplan für Kinder in Tageseinrichtungen bis zur Einschulung. Weinheim: Beltz.

Blank-Mathieu, M. (2002). Kleiner Unterschied – große Folgen? Geschlechtsbewusste Erziehung in der Kita (2. Aufl.). München: Schul- und Kultusreferat.

Dittrich, G., Dörfler, M. & Schneider, K. (2001). Wenn Kinder in Konflikte geraten. Eine Beobachtungsstudie in Kindertagesstätten. Neuwied: Luchterhand.

EU-Projekt »Partageons l'égalité – Gläicheet delen – Gleichheit teilen«. Projekt des Frauenministeriums Luxemburg (alle Berichte dort erhältlich): 1. Evaluationsberichte des Charlotte Bühler-Instituts für praxisorientierte Kleinkindforschung, Wien aus den Projektjahren 1996/97, 1997/98, 1998/99, 1999/2000; 2. Praxisberichte »Geschlechtssensible Pädagogik in Kindergarten – Praxisberichte aus Österreich« (Dezember 2000) »Geschlechtssensible Pädagogik in Kindergarten & Vorschule – Konzepte und Erfahrungen« (1999); 3. Konferenz- bzw. Seminarberichte: »Kinder werden zu Mädchen und Jungen« (Mai 2001), »Erziehung und Bildung in einer sich verändernden Welt« (November 2001).

Faulstich-Wieland, H. (2004). Doing Gender: Konstruktivistische Beiträge. In: E. Glaser, D. Klika, & A. Prengel (Hrsg.), Handbuch Gender und Erziehungswissenschaft (S. 175–191). Bad Heilbrunn/Obb.: Klinkhardt.

Faulstich-Wieland, H., Weber, M. & Willems, K. (2004). Doing gender im heutigen Schulalltag. Weinheim: Juventa.

Fried, L. (1990). Ungleiche Behandlung schon im Kindergarten und zum Schulanfang? Die deutsche Schule, 1. Beiheft, 61–76.

Kasüschke, D. (2004). Gender im Kindergarten. In: E. Glaser, D. Klika, & A. Prengel (Hrsg.), Handbuch Gender und Erziehungswissenschaft (S. 361–372). Bad Heilbrunn/Obb.: Klinkhardt.

Klees-Möller, R. (1997). Kindertageseinrichtungen: Geschlechterdiskurse und pädagogische Ansätze. In: B. Friebertshäuser, G. Jakob, & R. Klees-Möller (Hrsg.), Sozialpädagogik im Blick der Frauenforschung (S. 155–170). Weinheim: Deutscher Studien Verlag.

Meier, U. & Ohrem, S. (2003). Geschlechtsspezifische Gewaltprävention in Kindertagesstätten der Universitätsstadt Gießen. Lehrstuhl für Wirtschaftslehre des Privathaushalts und Familienwissenschaft. Institut für Wirtschaftslehre des Haushalts und Verbrauchsforschung. Universität Gießen.

Musiol, M. (2000). Mädchen sind anders – Jungen auch! In: Arbeitsstab Forum Bildung (Hrsg.), Erster Kongress des Forum Bildung am 14. und 15. Juli 2000 in Berlin (S. 640–647). Bonn: BMBF.

Preissing, Ch. u.a. (1985). Mädchen in Erziehungseinrichtungen: Erziehung zur Unauffälligkeit. Alltag und Biografie von Mädchen. Band 10. Opladen: Leske & Budrich.

Rohrmann, T. & Thoma, P. (1998). Jungen in Kindertagesstätten, Freiburg/Br.: Lambertus.

Verlinden, M. (1995). Mädchen und Jungen im Kindergarten (2. Aufl.). Köln: Sozialpädagogisches Institut NRW.

Walter, M. (2000). Qualität für Kinder. Lebenswelten von Mädchen und Buben in Kindertagesstätten. Pädagogisches Rahmenkonzept der geschlechterdifferenzierenden Pädagogik zur Weiterentwicklung der Kindergarten-, Hort- und Tagesheimpädagogik. Erfahrungen – Theorie – Praxis – Ausblicke (2. Aufl.). München: Schul- und Kultusreferat der Landeshauptstadt.

Walter, M. (2005). Jungen sind anders, Mädchen auch. Den Blick schärfen für eine geschlechtergerechte Erziehung. München: Kösel.

IV Professionelle Hilfen

Beobachtung in der Praxis

Hans Rudolf Leu

»Beobachten« meint ein aufmerksames Wahrnehmen, das darauf zielt, ein Ereignis oder Verhalten zu verstehen, eine Vermutung zu überprüfen, eine Entscheidung zu treffen. Wir beobachten den Verkehr, wenn wir die Straße überqueren wollen, das Geschehen an der Kasse im Supermarkt, um zu entscheiden, in welcher Schlange wir uns anstellen. Wir beobachten das Verhalten von Personen, ihre Mimik und Gestik und ziehen daraus Schlüsse über ihre Absichten, ihre Persönlichkeit, ihr Befinden oder ihre Stimmung. Gelenkt sind diese Beobachtungen von den Fragen, Themen und Handlungsabsichten, die uns bewegen. Beobachten ist somit ein notwendiger Bestandteil unseres Alltagshandelns. Es vollzieht sich gewissermaßen unter der Hand, wird nicht weiter bedacht oder problematisiert, es sei denn, wir stellen fest, dass wir uns getäuscht haben, dass Ereignisse nicht eingetreten sind, die wir aufgrund unserer Beobachtungen erwartet hätten.

Beobachten als Teil beruflichen Handelns ■ Im Arbeitsfeld der Kindertageseinrichtungen ist Beobachten traditionell eine wichtige Aufgabe, die in den letzten Jahren noch an Bedeutung gewonnen hat. Das zeigt sich auch an der beträchtlichen Zahl neuer Publikationen zu diesem Bereich. Genannt seien hier das Buch von Strätz und Demandewitz (2005), das einen Überblick über das breite Spektrum möglicher Beobachtungsthemen mit vielen Anregungen für die Beobachtungspraxis gibt, die Publikation von Viernickel und Völkel (2005), in der u.a. mehrere Verfahren zur Beobachtung und Dokumentation von Entwicklungs- und Bildungsprozessen vorgestellt werden sowie das Heft »kindergarten heute spezial«, in dem Bensel und Haug-Schnabel (2005) auf knappem Raum einen Überblick über den Umgang mit zentralen Fragen geben, die bei der Beobachtung von Entwicklungsprozessen zu beachten sind.

Wo Beobachten Teil professionellen Handelns ist, wird es erforderlich, den im Alltag automatisch ablaufenden Prozess des Beobachtens zu reflektieren. Dabei wird deutlich, dass Beobachten nicht angemessen als einfaches Aufnehmen und Verarbeiten von Informationen verstanden werden kann, sondern ein aktiver Prozess ist, durch den wir uns ein Bild machen und unsere je besondere Perspektive auf den Alltag konstruieren. »Sage mir, was du siehst, und ich sage dir, wer du bist«, so eine pointierte Kennzeichnung dieser aktiven Seite von Beobachtung bei Martin und Wawrinowski (2003, S. 12). Dahinter steht die Einsicht, dass jede Beobachtung unausweichlich selektiv ist. Der Anspruch einer »ganzheitlichen« Beobachtung scheitert notwendigerweise an der praktisch unbegrenzten Zahl möglicher Beobachtungsaspekte. Beobachtungen werden dementsprechend im eigentlichen Sinne des Wortes »gemacht«.

Die folgende Darstellung konzentriert sich auf Fragen der Beobachtung im Kontext der Begleitung von Entwicklungs- und Bildungsprozessen, die in den letzten Jahren enorm an Beachtung und Bedeutung gewonnen haben. Gleichzeitig ist dieser Bereich durch kontroverse Diskussionen geprägt. Ein Anliegen der folgenden Darstellung ist es, grundlegende Unterschiede, Möglichkeiten und Grenzen der angebotenen Verfahren aufzuzeigen. Dabei stehen Beobachtungen als Teil der alltäglichen Arbeit von Fachkräften in Kindertageseinrichtungen im Mittelpunkt. Nicht thematisiert werden verdeckte Beobachtungen und standardisierte und normierte Verfahren, wie sie für wissenschaftliche Untersuchungen bzw. für die individuelle Diagnostik eingesetzt werden. Diese Beobachtungsformen werden in den Beiträgen von Tietze und Kammermeyer in diesem Band dargestellt.

Im ersten Schritt systematischer Beobachtung ist zu klären, welches Ziel die Beobachtung hat, welche Erkenntnisse daraus gewonnen werden sollen und wer bzw. was beobachtet werden soll. Geht es darum, den Entwicklungsstand der Kinder in bestimmten Bereichen festzustellen oder geht es mehr um die Inhalte, mit denen Kinder sich beschäftigen oder um die Art, wie sie sich mit ihrer Umwelt auseinander setzen? Wozu sollen die Ergebnisse der Beobachtung genutzt werden? Sind es rein interne Unterlagen des Fachpersonals, um Entwicklungsverläufe zu dokumentieren? Sollen sie zum Austausch mit Kindern und Eltern genutzt werden? Sind sie als Hilfe und Anregung gedacht, um über die Einführung pädagogischer Maßnahmen zu entscheiden oder die Gestaltung der Räume und des Kindergartenalltags zu verändern? Weiter ist zu klären, wie die Beobachtung organisiert wird, wer beobachtet, wie die Beobachtung und ihre Auswertung in die Zeitstruktur des Kindergartenalltags integriert werden kann (vgl. dazu Viernickel & Völkel, 2005, S. 55 ff.). In diesem Zusammenhang ist auch die Frage des Datenschutzes zu klären. Grundsätzlich gilt hier, dass es aufgrund der gemeinsamen Aufgabenverantwortung zulässig ist, dass Beobachtungsdaten der Kinder zwischen den Fachkräften der Einrichtung ausgetauscht werden. Jede Weitergabe an Außenstehende ist aber grundsätzlich nur mit Einwilligung der Eltern möglich (vgl. Bensel & Haug-Schnabel, 2005, S. 28).

Der zweite Schritt ist die Interpretation des Beobachteten. Ohne Interpretation bliebe die Beobachtung bedeutungslos. Mit der Interpretation wird das, was man beobachtet hat, in einen weiteren Rahmen gestellt und als Ausdruck einer bestimmten Eigenart, Fähigkeit, Kompetenz, eines bestimmten Interesses oder einer bestimmten Absicht des Beobachteten gedeutet. Ein nächster Schritt ist die Beurteilung der interpretierten Beobachtung. Sie kommt spätestens in den Schlussfolgerungen und Reaktionen zum Ausdruck, die der Beobachtung folgen. Schließlich gehört zu einer systematischen Beobachtung auch die Überprüfung, ob die Deutung und die daraus resultierende Beurteilung und Handlung angemessen waren und zu dem angestrebten Ergebnis geführt haben (vgl. dazu Martin & Wawrinowski, 2003, S. 10).

Dabei ist nicht zu übersehen, dass die Übergänge zwischen der Wahrnehmung von Sachverhalten und ihrer Interpretation und Beurteilung fließend sind. Schon in der Beschreibung von Handlungen sind wir auf Begriffe angewiesen, die über das augenblicklich Beobachtete hinausgehen. Damit fließen immer auch Interpretationen in die Darstellung ein. Besonders deutlich wird das, wenn Eigenschaftswörter verwendet werden, das Verhalten eines Kindes z. B. als »aggressiv«, »sozial«, »eigensinnig« bezeichnet wird, wenn von einer »guten Beziehung«, von »konzentriertem Spiel«, »unschlüssigem Herumschlendern« die Rede ist. Das sind Beschreibungen, die mehr als nur das in der gegenwärtigen Situation beobachtbare Handeln abbilden (vgl. Martin & Wawrinowski, 2003, S. 53 f.).

Die für die Begleitung von Bildungs- und Lernprozessen entwickelten Beobachtungsverfahren lassen sich zwei Gruppen zuordnen. Zur ersten Gruppe gehören Verfahren, bei denen die Beobachtung von Kompetenzen und Besonderheiten der Kinder im Mittelpunkt stehen. Die zweite Gruppe umfasst Verfahren, die auf die Beobachtung von Tätigkeitsmustern zielen. Allerdings ist diese Unterscheidung nicht trennscharf. Aussagen über Kompetenzen und Eigenarten werden in der Regel auch aus der Beobachtung von Verhalten gewonnen. Umgekehrt ist die Beobachtung von Tätigkeitsmustern immer auch begleitet von Vorstellungen über die handelnde Person. Trotzdem ist es zweckmäßig zu unterscheiden, ob das primäre Interesse den Fähigkeiten und Eigenarten der beobachteten Person oder der Form und dem Inhalt der Tätigkeitsmuster gilt, die bei ihr zu beobachten sind.

Fähigkeiten und Eigenarten von Kindern als Gegenstand von Beobachtung ■

Pädagogische Fachkräfte gehen bei ihrer Arbeit unvermeidlich von bestimmten Annahmen über den Entwicklungsstand der Kinder aus, mit denen sie arbeiten. Nur wenn sie eine Vorstellung davon haben, was ein Kind bereits kann und welches die nächsten Entwicklungs- oder Lernschritte sein könnten oder sollten, können sie Kinder fachlich kompetent begleiten und unterstützen. Auch wenn heute noch vielfach davon ausgegangen wird, dass Erzieherinnen ohne weiteres in der Lage sind, »intuitiv« zu erfassen, wie sie Kinder am besten fördern können, hat die Erfahrung doch gezeigt, dass pädagogische Fachkräfte hier immer wieder an Grenzen stoßen und Unterstützung brauchen (vgl. Fried, 2004, S. 5).

Angesichts der Vielschichtigkeit und Komplexität kindlicher Entwicklungs- und Bildungsprozesse ist das auch nicht erstaunlich. Dazu kommt, dass solche Einschätzungen von den Erfahrungen der Beobachtenden geprägt und subjektiv gefärbt sind. Viernickel und Völkel (2005, S. 66 ff.) sprechen in diesem Zusammenhang von »Beobachtungsfallen«. Dazu gehört, dass es besonders bei Beobachtungen, die gefühlsmäßige Reaktionen hervorrufen, leicht zu einer Vermischung von Beobachtung und Interpretation kommt. Ein Beispiel dafür ist der Umgang mit Konflikten. Je nach eigener Geschichte und Erfahrungen werden gleiche Verhaltensweisen sehr unterschiedlich wahrgenommen und gedeutet (vgl. dazu Dittrich, Dörfler & Schneider, 2001). Weitere Quellen für Beobachtungsfehler sind etwa die Neigung, von leicht erkennbaren Details auf das Ganze zu schließen oder die Tendenz, eher das wahrzunehmen, was die eigenen Erwartungen bestätigt (vgl. Bensel & Haug-Schnabel, 2005, S. 21 f.).

Standardisierte Beobachtungsverfahren ■ Mit standardisierten Beobachtungsverfahren lassen sich solche Verzerrungen vermindern und die Vergleichbarkeit und Verlässlichkeit von Beobachtungen und Interpretationen verbessern. Allerdings setzt das voraus, dass diese Instrumente auch eine entsprechende Qualität haben. Die vier entscheidenden Gütekriterien werden im Folgenden in Anlehnung an Flender und Tröster (2005, S. 10 f.) kurz charakterisiert.

■ Der Beobachtungsbogen fördert größtmögliche Objektivität

Gemeint ist damit, dass unterschiedliche Personen zum gleichen Beobachtungsergebnis kommen. Eine wichtige Rolle spielt dabei, wie präzise der zu beobachtende Sachverhalt beschrieben bzw. operationalisiert werden kann. »Die Aufgabe ›Springt ohne Anlauf über eine 20 cm hohe Schnur‹ hat eine hohe Objektivität, da für die Durchführung und Bewertung der Aufgabe Kriterien festgelegt sind. Eine vergleichsweise niedrige Objektivität hat die Aufgabe ›Nimmt Anweisungen der Erzieherin auf und führt sie aus‹. Da hier nicht festgelegt werden kann, welche Anweisungen in welcher Reihenfolge gemeint sind und wann die Anweisungen als ausgeführt gelten, bleibt der Beobachterin viel Spielraum zur Bewertung.« (Flender & Tröster, 2005, S. 10)

■ Der Bogen ermöglicht genaue Messungen »Genau« (oder »reliabel«) ist eine Messung dann, wenn sie nicht durch äußere Bedingungen (z. B. Ermüdung des Kindes oder Effekte vorangegangenen Übens) beeinflusst ist, die dazu führen, dass die Kompetenzen über- oder unterschätzt werden.

■ Die erfassten Merkmale erlauben Aussagen über das, was gemessen werden soll Entscheidend für die »Validität« eines Bogens, ist die Frage, ob mit dem beobachteten Verhalten zuverlässige Aussagen über den Entwicklungsstand und -fortschritt von Kindern gemacht werden können. Nur unter dieser Bedingung lassen sich aus einer solchen Beobachtung auch brauchbare Schlussfolgerungen für die praktische Arbeit ziehen. Das bedeutet, dass die Beobachtungskriterien auch theoretisch begründet sein müssen.

■ Der Beobachtungsbogen ist normiert Wenn es um die Entwicklung von Fähigkeiten und Kompetenzen geht, bezieht sich die Normierung in der Regel auf das Alter der Kinder. Dadurch können die bei einem Kind festgestellten Beobachtungsergebnisse verglichen werden mit den Leistungen, die Kinder der entsprechenden Altersgruppe im Allgemeinen erbringen. So »lässt sich feststellen, ob das Kind überdurchschnittliche oder unterdurchschnittliche Leistungen zeigt.« (Flender & Tröster, 2005, S. 11)

Standardisierte Instrumente strukturieren und grenzen das Beobachtungsfeld stark ein. Gleichzeitig präzisieren sie den Beobachtungsgegenstand und können einen wichtigen Beitrag zu einer qualifizierten Interpretation und Bewertung des Beobachteten leisten, soweit sie die genannten Anforderungen erfüllen. Dies gilt allerdings für viele der in aktuellen Publikationen angebotenen Instrumente gerade nicht. Damit besteht die Gefahr, dass die Beobachtung auf Verhaltensmuster oder Eigenarten gelenkt wird, die kein angemessener Indikator für die Fertigkeiten und Kompetenzen sind, die eigentlich erfasst werden sollen. Besonders augenfällig ist das beispielsweise, wenn das komplexe Phänomen des Spracherwerbs mit wenigen Items abgefragt wird (so z. B. bei Lueger, 2005, S. 64 f.; zum Thema Sprachstandsfeststellung vgl. den Beitrag von Fried in diesem Band). Von daher ist nachdrücklich zu empfehlen, den Entwicklungsstand von Kindern nur anhand theoretisch fundierter und empirisch geprüfter Instrumente zu ermitteln.

Während es unstrittig scheint, dass solche normierten Verfahren unabdingbar sind, um in wissenschaftlichen Studien die Entwicklung von Fähigkeiten und Kompetenzen zu untersuchen, gibt es eine Reihe von Vorbehalten bezüglich ihres Nutzens für die pädagogische Praxis:

- Ein generelles Problem bei der Feststellung von Entwicklungsständen liegt darin, dass sowohl die Abfolge als auch die Schnelligkeit, mit der Kinder sich in verschiedenen Bereichen entwickeln, sehr unterschiedlich sein kann. Von daher ist es wichtig, Entwicklungsschritte nicht eng an Altersangaben zu binden, weil sonst die Gefahr besteht, dass Abweichungen von einer durchschnittlichen Norm in ihrer Bedeutung überschätzt werden
- Einschätzbögen können eine sorgfältige Beobachtung verhindern. Das gilt vor allem dann, wenn mit ihnen zusammenfassende Urteile abgefragt werden, die dazu einladen, ohne konkrete Beobachtung vorformulierte Aussagen anzukreuzen. So etwa, wenn das komplexe Thema »Beziehung zu anderen« durch das Ankreuzen von Ausprägungen wie »offen – verschlossen«; »vertrauend – misstrauisch« erledigt werden soll. Man kann auch davon ausgehen, dass solche Vorgaben ohne Bezug zu konkreten Verhaltensbeschreibungen von unterschiedlichen Personen sehr unterschiedlich beantwortet werden
- Die vergleichende Feststellung des Entwicklungsstandes kann zur Folge haben, dass die Aufmerksamkeit auf das gerichtet wird, was bei einem Kind noch nicht entfaltet ist und seine besonderen Kompetenzen und Stärken demgegenüber in den Hintergrund treten. In diesem Sinne wird auch kritisch von einer »Defizitorientierung« gesprochen. Das ist allerdings eine Kritik, die weniger das Beobachtungsinstrument als vielmehr den Umgang mit den Beobachtungsergebnissen trifft: Wenn die Feststellung des Entwicklungsstandes dazu führt, dass sich in der Folge alle pädagogischen Anstrengungen darauf konzentrieren, dem Kind Fehlendes »beizubringen«, ohne darauf zu achten, in welchem Verhältnis die Lerninhalte zu den Interessen, Fähigkeiten und Deutungsmustern der Kinder stehen und inwiefern sie daran »anschlussfähig« sind, weist dies auf eine problematische Defizitorientierung der pädagogischen Fachkraft hin
- Aus der Feststellung von Entwicklungsständen allein ergeben sich noch keine pädagogischen Konsequenzen. Zwar enthalten entwicklungstheoretisch fundierte Beobachtungsvorgaben in der Regel Hinweise darauf, wie die nächsten Schritte der Entwicklung von Kompetenzen und Fertigkeiten aussehen dürften. Das für standardisierte Verfahren charakteristische Bemühen, individuelle Besonderheiten und Besonderheiten der situativen Rahmenbedingungen nach Möglichkeit auszublenden, hat aber zur Folge, dass die Bedeutung, welche die beobachteten Fertigkeiten oder Handlungsmuster für das beobachtete Individuum haben, vernachlässigt wird. Dadurch kommt der aktive Part, den Kinder bei ihrer Entwicklung spielen, nicht angemessen in den Blick.

Voraussetzung einer reflektierten Nutzung standardisierter Verfahren ist, den Zweck der Beobachtung zu klären und sorgfältig die genannten Vor- und Nachteile dieser Verfahren abzuwägen. Darauf scheint die Fachdiskussion derzeit nur schlecht vorbereitet zu sein. Auf der einen Seite findet man sowohl in Publikationen als auch in der Praxis zahlreiche Beispiele für einen wenig bedachten und unkritischen Umgang mit Einschätzbögen unterschiedlichster Art, die den oben genannten Standards in keiner Weise gerecht werden. Auf der anderen Seite gibt es in der Frühpädagogik aber auch traditionell eine überzogene Skepsis gegenüber quantitativen Verfahren zur Erfassung von Fertigkeiten und Kompetenzen von Kindern. Ihr Einsatz wird von manchen pauschal und unreflektiert als Ausdruck eines technokratischen Menschenbildes interpretiert, das den Kindern ihren Subjektstatus streitig mache (vgl. Fried, 2004, S. 5 ff.).

Früherkennung von Entwicklungsrisiken ■ Kaum strittig ist der Einsatz von standardisierten Verfahren, wenn es um die Früherkennung von Entwicklungsrisiken geht. Tageseinrichtungen für Kinder sind Teil eines »Frühwarnsystems«. Sie sind die erste Institution, die fast alle Kinder und Familien erreicht. Die Familien kommen hier mit pädagogischen Fachkräften in Kontakt, die Besonderheiten in der Entwicklung der Kinder erkennen und erforderlichenfalls versuchen können, Hilfen zu geben oder zu vermitteln.

Aufgabe der Fachkräfte in Kindertageseinrichtungen ist dabei weder eine genaue Feststellung von Entwicklungsständen noch eine differenzierte Diagnose von Verzögerungen oder Störungen. Im Mittelpunkt steht vielmehr ein »screening«, ein »Aussiebverfahren«, mit dem festgestellt wird, bei welchen Kindern eine genauere Überprüfung des Entwicklungsstandes durch Experten erforderlich ist. Als Entwicklungsrisiko gilt dabei, dass Kinder über bestimmte Fähigkeiten nicht verfügen, die bei 90–95 % der Gleichaltrigen zu beobachten sind. Ein Beispiel für ein solches Verfahren sind die »Meilensteine der Entwicklung«, die von Michaelis und Haas entwickelt und von Hans-Joachim Laewen (2000) als »Grenzsteine« in eine Form gebracht wurden, die sie für den Gebrauch in Kindertageseinrichtungen handhabbar macht. Eine Reihe von präzise formulierten Fragen zu unterschiedlichen Entwicklungsbereichen erlaubt es, bei Kindern im Alter von drei Monaten bis sechs Jahren ohne großen Aufwand Entwicklungsrisiken festzustellen.

Ähnlich kann auch der »Beobachtungsbogen zur Erfassung von Entwicklungsrückständen und Verhaltensauffälligkeiten bei Kindergartenkindern – BEK« (vgl. Mayr, 2003) eingesetzt werden. Letzterer ist insofern differenzierter, weil zusätzlich zu einer Grobeinschätzung, die ohne großen Aufwand für alle Kinder vorgenommen werden kann, zwei weitere Stufen vorgegeben werden, auf denen Kinder in ausgewählten Bereichen genauer beobachtet und ihr Verhalten und ihre Fähigkeiten mit der Bezugsnorm einer großen Gruppe gleichaltriger Kinder verglichen werden kann. Diese zusätzlichen Beobachtungen sind für Kinder vorgesehen, bei denen die Auswertung der ersten Grobeinschätzung Hinweise auf Entwicklungsrisiken erbringt.

Beobachtungsverfahren ohne Standardisierung ■ Dass die Beschäftigung mit dem Entwicklungsstand von Kindern nicht notwendigerweise an den Einsatz normierter Instrumente gebunden ist, macht ein Verfahren deutlich, das von Bensel und Haug-Schnabel (2005, S. 41 ff.) vorgeschlagen wird. Explizit in Absetzung zu einer »Defizitorientierung« legen sie unter der Überschrift »Schatzsuche statt Fehlerfahndung« eine »ressourcenorientierte Beobachtung« vor, die den Schwerpunkt auf Stärken und Kompetenzen der Kinder legt. Der erste Schritt besteht in der Erstellung eines möglichst detaillierten Verlaufsprotokolls einer Handlungssequenz eines Kindes, bei der bereits Ausschau nach Merkmalen gehalten wird, die ein Kind gut beherrscht. Bei der Auswertung des Verlaufsprotokolls werden die gefundenen Kompetenzen mit einem Schlagwort in einer Kompetenzkarte aufgelistet, die für das beobachtete Kind angelegt wird.

Als Unterstützung für Erzieherinnen wird eine systematische Übersicht über neun Entwicklungsbereiche angeboten (Sozialverhalten/Konfliktfähigkeit; emotionale Entwicklung/Ich-Entwicklung; Sprachentwicklung; kognitive Entwicklung; Weltverständnis; Natur und Wissenschaft; motorische Entwicklung/Bewegung; Kreativität/Spiel/Musik/Kunst; Lebenspraxis/Selbständigkeit). Diese Ausdifferenzierung in Entwicklungsbereiche kann auch hilfreich sein, wenn es darum geht, die Beobachtungen mit theoretischen Ansätzen und Erkenntnissen zu verknüpfen. Ausdrücklich wird darauf hingewiesen, dass die Orientierung an Stärken des Kindes nicht bedeutet, dass Schwächen in Stärken umdefiniert werden, dass aber die Konzentration auf das Auffinden von Stärken für alle Beteiligten eine befreiende Wirkung haben und helfen kann, wichtige Entwicklungsimpulse – auch gemeinsam mit den Eltern – zu setzen.

Anders als bei Beobachtungsbögen mit geschlossenen Fragen wird hier der Schwerpunkt auf die Beschreibung von Handlungssequenzen und Äußerungen der Kinder gelegt, an denen die Kompetenzen abgelesen werden. Damit wird der Gefahr vorgebeugt, dass Kompetenzen vorschnell aufgrund diffuser Einschätzungen zugeschrieben werden. Das gibt auch mehr Raum für die Würdigung individuell unterschiedlicher Entwicklungsverläufe bei Kindern. Weder anvisiert noch möglich ist mit einem solchen Verfahren allerdings eine an einer Normvorstellung orientierte vergleichende Einschätzung des Entwicklungsstandes. Ebenso wenig lassen sich Objektivität, Validität und Reliabilität der Beobachtungen systematisch überprüfen, wie das oben für wissenschaftlich begründete Instrumente gefordert wurde.

Ein Verfahren, das eigentlich nicht auf die Erfassung von Entwicklungsständen zielt, aber hier aufgeführt wird, weil es um die Wahrnehmung individueller Besonderheiten der Kinder geht, legt Gerd E. Schäfer (2005) vor. Er setzt sich dabei explizit von »gerichteten« Formen von Beobachtung ab und fordert als Grundlage professionellen Beobachtens eine »ungerichtete Aufmerksamkeit«. »Dieser Begriff enthält zwei Gedanken. Zum einen geht es um Vielperspektivität: Der Beobachter will nichts Bestimmtes wissen, sondern er ist bereit, möglichst vieles wahrzunehmen, was Kinder indirekt oder direkt über sich, ihre Erlebnisse und Gedanken mitteilen. (…) Zum anderen meint der Begriff eine Aufmerksamkeit für das Unerwartete. Ungerichtetes Beobachten versucht all das zu erfassen, was die Aufmerksamkeit des Wahrnehmenden erregt. Es ist für Überraschungen offen.« (Schäfer, 2005, S. 166) Gefragt ist ein Gewahrwerden »mit den sinnlichen und emotionalen Möglichkeiten der Wahrnehmung, die der jeweiligen Erzieherin zur Verfügung stehen. Deshalb wird von einem wahrnehmenden Beobachten gesprochen, das zu einem entdeckenden Beobachten werden kann.« (Schäfer, 2005, S. 167)

Dementsprechend legt Schäfer auch kein Beobachtungsinstrument vor, durch das die Fachkräfte auf bestimmte Aspekte gelenkt werden. Lediglich eine Reihe offener Fragen werden angeboten, um den Schritt zum »entdeckenden Beobachten« zu machen. Sie thematisieren die ganze Breite möglicher Beobachtungsaspekte. Als wichtiger Ertrag wahrnehmenden Beobachtens für die Erzieherinnen wird die Sensibilisierung für die eigenen Wahrnehmungsprozesse und ihre emotionale Einordnung und die Sensibilisierung für die Erzieherinnen-Kind-Interaktion hervorgehoben (vgl. Schäfer, 2005, S. 169 ff.). Kein Thema ist die Feststellung von Kompetenzen und Fähigkeiten der Kinder, weder in normiert vergleichender Form noch als »Schatzsuche«. Einer solchen Zielsetzung widerspricht der Beobachtungsfokus auf die Wahrnehmungsprozesse der Fachkräfte und das Fehlen von Vorgaben für eine vergleichende Auswertung.

Prozessorientierte Beobachtung

Besondere Beachtung finden seit einigen Jahren Verfahren, die den Fokus auf strukturelle und inhaltliche Merkmale der Aktivitäten der Kinder legen. Die Kompetenzen, die Kinder dabei erwerben, sind zwar auch von Interesse, aber nicht als primärer Untersuchungsgegenstand, sondern eher als sekundärer Effekt einer entsprechenden Form der Umweltaneignung.

Ihre Beachtung verdanken diese Verfahren dem vorherrschenden konstruktivistischen Verständnis von Lernen. Diesem Verständnis folgend ist Lernen wesentlich ein Prozess der Konstruktion von Konzepten, Begriffen, Deutungsmustern, der die Bewältigung von Alltagssituationen begleitet. Das Verständnis von Struktur und Inhalt dieser Aktivitäten ist dementsprechend eine wichtige Voraussetzung für effektives pädagogisches Handeln.

Ein standardisiertes Verfahren zur Beobachtung von Aktivitätsmustern ■ Ein international verbreitetes Verfahren für eine standardisierte Beobachtung von Tätigkeitsmustern von Kindern wurde von Ferre Laevers (1997; vgl. auch Mayr & Ulich, 2003) entwickelt. Dieser Ansatz geht von der Annahme aus, dass Handlungen, bei denen es Kindern »gut geht« und die sie mit hohem Engagement verfolgen, auch besonders wichtige Anlässe für nachhaltiges Lernen bieten. Dementsprechend hat Laevers ein Verfahren entwickelt, mit dem das Wohlbefinden und die Engagiertheit der Kinder in den Blick genommen werden. Anhand von standardisierten Skalen wird beobachtet, wie sehr Kinder in ihren Aktivitäten »bei der Sache sind«, sich nicht ablenken lassen, an die Grenzen ihrer Möglichkeiten gehen und auch Neues ausprobieren, wie sehr sie dabei emotional beteiligt und von der Sache begeistert sind, wie genau und sorgfältig sie arbeiten und wie viel Energie sie mobilisieren.

Mit diesen Indikatoren wird der Begriff der Engagiertheit konkretisiert. Ein Vorteil dieser Kriterien liegt darin, dass sie sich auf die unterschiedlichsten Tätigkeiten anwenden lassen, denen Kinder nachgehen. Ob es dabei um ein Rollenspiel, um Malen, Bauen oder körperliche Geschicklichkeit geht, ist unwesentlich. Damit kann der Individualität und Verschiedenartigkeit kindlicher Bildungs- und Lernprozesse Rechnung getragen werden. Dass bei der Frage nach den Gründen für eine mehr oder weniger große Engagiertheit der Blick nicht nur auf die Kinder gerichtet, sondern auch auf die Lernumgebung, ist ein weiteres wichtiges Merkmal dieses Ansatzes. Dieses Beobachtungsverfahren ermöglicht es den Erzieherinnen, systematisch zu überprüfen, unter welchen Bedingungen Kinder – allein oder in Gruppen – sich intensiv und vertieft mit Dingen beschäftigen. Die Kinder gelten als Subjekte ihres Lernprozesses. Aufgabe der Erzieherinnen ist es, die notwendigen Voraussetzungen zu schaffen, dass intensive, konzentrierte und von eigenen Interessen geleitete Aktivitäten einen wichtigen Bestandteil der Tätigkeiten der Kinder ausmachen. Diese Kriterien strukturieren nicht nur die Beobachtung, sondern auch die Interpretation der Beobachtungsergebnisse und deren Bewertung.

Nicht-standardisierte Formen der Beobachtung von Aktivitätsmustern ■ Im Folgenden werden drei Verfahren kurz vorgestellt, die für die Beobachtung und das Notieren von Aktivitäten zunächst keine Vorgaben machen. Gemeinsam ist ihnen das Ziel, die Absichten und Bedeutungen zu verstehen, welche die beobachteten Kinder mit ihren Tätigkeiten verbinden. Unterschiedlich sind aber die Konzepte, an denen die Interpretation der Beobachtungen und ihre Beurteilung orientiert ist.

Schemata

Das Konzept der Schemata (englisch »schemas«) wurde von Cath Athey in England entwickelt und wird inzwischen auch in Modelleinrichtungen in Deutschland verwendet. Schemata »sind Verhaltensmuster, durch die sich das Kind ein Bild von seiner Welt macht und begreift, wie sie funktioniert« (Hebenstreit-Müller & Kühnel, 2004, S. 54). Erfasst werden damit Aktivitätsmuster, die von einzelnen Kindern bevorzugt vollzogen werden. Entsprechend der Theorie der Intelligenzentwicklung nach Piaget lassen sich Schemata auf vier unterschiedlichen Ebenen feststellen: Auf der sensomotorischen Ebene beziehen sie sich auf Sinneserfahrungen und Bewegungen, auf der symbolischen Ebene geht es um die symbolische Repräsentation der Objekte im Kopf, auf der funktionalen Ebene stehen Ursache-Wirkungsmechanismen im Vordergrund und auf der abstrakt-operationalen Ebene entwickeln sich Reversibilität und Transformation. Der Vollzug dieser Schemata ist immer auch mit Gefühlen, Ideen und Beziehungen zu Dingen verbunden, die man mag oder nicht mag. Von daher dienen sie dazu, neben der kognitiven Entwicklung auch Interessen in den Blick zu nehmen, die den Aktivitäten der Kinder zugrunde liegen. Sie markieren damit wichtige Ansatzpunkte für die Förderangebote.

Ausgangspunkt der praktischen Arbeit mit Schemata ist eine rein beschreibende Beobachtung, bei der es vor allem darum geht, zunächst ohne Bewertungen und Beurteilungen von Handlungsergebnissen Tätigkeiten festzuhalten (vgl. Arnold, 2004, S. 21). Erst bei der Interpretation der beobachteten Handlung kommt das Konzept der Schemata als Ansatzpunkt zur Identifizierung spezifischer Interessen, aber auch als Hinweis auf den nach Piagets Theorie der Intelligenzentwicklung festzustellenden Entwicklungsstand der Kinder zum Tragen. Es geht dabei aber nicht um ein standardisiertes Messverfahren, sondern vielmehr darum, aus der Beobachtung und Kategorisierung von Handlungsverläufen Hinweise für Angebote zu gewinnen, mit denen die weitere Entwicklung des Kindes gefördert werden kann, wobei der Akzent entsprechend Piagets theoretischem Ansatz auf der kognitiven Entwicklung liegt. Sowohl bei Arnold (2004) als auch bei Hebenstreit-Müller und Kühnel (2004) werden ergänzend Ansätze zur Interpretation beigezogen, die auch die Intensität und emotionale Qualität der Aktivität berücksichtigen. Insbesondere wird dabei auf den zuvor dargestellten Ansatz von Laevers verwiesen.

Themen der Kinder

Laewen und Andres entwickelten im Rahmen des Infans-Projektes zum Bildungsauftrag von Kindertageseinrichtungen ein Beobachtungsverfahren, das den »Themen der Kinder« eine besondere Bedeutung beimisst. Von diesem Projekt stammen entscheidende Anstöße für die prozessorientierte Beobachtung, wie sie gegenwärtig in der deutschsprachigen Frühpädagogik diskutiert werden. Wie Laevers gehen auch Laewen und Andres davon aus, dass engagiertes Handeln für die Bildungsprozesse von Kindern besonders wichtig ist. Über die Frage der Engagiertheit hinaus stellen sie aber die Inhalte, mit denen Kinder sich beschäftigen, in den Mittelpunkt. Erzieherinnen haben die Aufgabe, die Bildungsthemen der einzelnen Kinder und ihre Interessen und Stärken zu erkennen. Dabei spielt auch der Austausch mit den Kindern selber eine wichtige Rolle: Es geht um ein diskursives Verstehen der Themen, an denen die Kinder arbeiten und der Zugangswege, die sie zur Welt finden. Auf sie sollen Erzieherinnen auf eine Weise eingehen, »die den Kindern eine Weiterführung ihrer Themen erlaubt und sie zugleich über die Grenzen ihres jeweiligen Erfahrungshorizonts hinausführt« (Andres, Laewen & Pesch, 2005, S. 17).

Um die Themen der Kinder zu entdecken, sind detaillierte Beobachtungen der Handlungs- und Ausdrucksweisen der Kinder erforderlich, die ohne strukturierte Vorgaben durchgeführt werden. Hinzu kommt das »Zusammentragen und Festhalten von Informationen, die eine nachträgliche Deutung des beobachteten Verhaltens ermöglichen« (Andres et al., 2005, S. 14). Dazu gehört auch eine Form der strukturierten Beobachtung nach Gardner, um die unterschiedlichen Wege zu erkennen, auf denen Kinder ihren Zugang zur Welt finden und um ihre besonderen Talente und Stärken wahrzunehmen. Damit soll der Blick der Fachkräfte geschärft werden für den Sachverhalt, »dass Kinder in unterschiedlichen Bereichen fast immer unterschiedliche Kompetenzen entwickeln. In einer solchen differenzierten Wahrnehmung kindlicher Kompetenzen sehen wir eine der wichtigsten Voraussetzungen für eine Vorschulpädagogik, die den neuen Kenntnissen über frühkindliche Bildungsprozesse gerecht werden will.« (Laewen & Andres, 2002, S. 165)

Für die Interpretation des damit umrissenen Beobachtungsgegenstandes ist neben dem Diskurs mit den Kindern zum einen die Selbstreflexion der Fachkräfte wichtig, um zu vermeiden, dass die Beobachtung der Kinder unreflektiert durch eigene Interessen verzerrt wird, zum anderen der Austausch unter den pädagogischen Fachkräften. Er bildet die Grundlage für eine fachlich fundierte Interpretation und dafür, dass aus den Beobachtungen angemessene Schlüsse für die Entwicklung der pädagogischen Arbeit gezogen werden. Im Kern steht dabei die konstruktivistische These, dass Angebote für Bildungs- und Lernprozesse von Kindern an deren Deutungsmustern und Verstehenspotenzialen anknüpfen müssen und dass es entscheidend darauf ankommt, auch die Interessen und Stärken der Kinder zu berücksichtigen. Außerdem wird unter Bezug auf die Bindungstheorie ausdrücklich auf die Bedeutung von Beziehungen für frühkindliche Bildungs- und Lernprozesse hingewiesen. Für die Interpretation der beobachteten Handlungsmuster und für die Analyse der Themen der Kinder muss dieser weite Rahmen theoretisch angereichert und ausdifferenziert werden. Dafür sind entsprechend qualifizierte und erfahrene Fachkräfte erforderlich.

Die Themen der Kinder so stark zu gewichten, bedeutet nicht, dass Anliegen und Erziehungsziele der Erwachsenen ausgeklammert werden. Sie kommen zum einen durch die Art und Weise ins Spiel, wie Erwachsene auf die Interessen und Äußerungen der Kinder reagieren. Zum anderen ist die Reflexion und klare Formulierung von Erziehungszielen ein wichtiger Schritt bei der Arbeit mit diesem Ansatz. Laewen und Andres (2002, S. 126 f.) sprechen in diesem Zusammenhang auch davon, dass zu Erziehung auch die »Zumutung von Themen« gehört. Allerdings ist dabei immer darauf zu achten, wie Kinder diese Zumutungen aufgreifen und in ihre Vorstellungen und Kompetenzen einbauen und aufnehmen können, um im Sinne einer optimalen individuellen Förderung die »Anschlussfähigkeit« solcher »Zumutungen« zu sichern.

Bildungs- und Lerngeschichten

Auch beim Verfahren der Bildungs- und Lerngeschichten, bei denen es sich um eine Adaptation der »learning stories« von Margaret Carr (2001; vgl. Leu, 2005; vgl. Wustmann & Remsperger, 2005) handelt, geht es im ersten Schritt um eine Aufzeichnung der Aktivitäten von Kindern ohne Strukturvorgabe, allerdings ausdrücklich geleitet von dem Interesse, etwas über das Lernen des Kindes zu erfahren. Daraus ergibt sich ein besonderes Interesse für Situationen, in denen Kinder sich mit bisher noch nicht völlig vertrauten Situationen, Anliegen und Aufgaben befassen, sondern sich über ihren vertrauten Aktionsradius hinaus wagen. Wie beim Ansatz von infans (Institut für angewandte Sozialisationsforschung / Frühe Kindheit) ist auch hier ein zentrales Ziel zu verstehen, welche Absichten und Interessen Kinder mit ihrer Tätigkeit verfolgen und welche Bedeutungen sie damit verbinden.

Bei der Auswertung der Beobachtung spielt das Konzept der Lerndispositionen eine zentrale Rolle. Sie werden verstanden als Neigungen und Gewohnheiten, sich auf situativ gegebene Lernmöglichkeiten, Gestaltungsräume und Anforderungen in einer bestimmten Situation einzulassen. Dabei werden fünf Lerndispositionen unterschieden, von denen drei die Intensität von Aktivitätsmustern und zwei deren soziale Einbettung thematisieren. Eine erste Lerndisposition bezieht sich auf die Fähigkeit und Möglichkeit, sich mit Interesse einem Sachverhalt oder einer Person zuzuwenden. Davon unterscheidet Carr (2001, S. 22 ff.) die Disposition, sich intensiv und vertieft mit etwas zu beschäftigen. Sie knüpft dabei explizit an dem Ansatz von Ferre Laevers an, der in Engagiertheit und Wohlbefinden wichtige Voraussetzungen für gelingende Lernprozesse sieht. Eine weitere Lerndisposition bezieht sich darauf, dass jemand trotz Schwierigkeiten und Unsicherheiten an einem Anliegen festhält und es weiter verfolgt. Dazu gehören auch die Fähigkeit und Möglichkeit, aus Fehlern zu lernen und die Bereitschaft, sich neuen Herausforderungen zu stellen.

Mit Bezug auf die soziale Einbindung thematisiert die eine Lerndisposition die Fähigkeit und Möglichkeit, Ansichten, Ideen und Gefühle auszudrücken und eine eigene Sichtweise zu vertreten. Die andere Lerndisposition bezieht sich auf die Fähigkeit und Möglichkeit, etwas zum gemeinsamen Tun beizutragen, Dinge auch von einem anderen Standpunkt aus zu sehen, eine Vorstellung von Gerechtigkeit und Unrecht zu entwickeln und Verantwortung zu übernehmen.

Die Formulierung »Fähigkeit und Möglichkeit« weist darauf hin, dass die Ausprägung von Lerndispositionen nicht einseitig als Leistung oder Versagen der Person zu verstehen ist, sondern – ganz wie beim Ansatz von Laevers – immer auch Ausdruck von Merkmalen der Rahmenbedingungen des Handelns ist. Eine zweite Gemeinsamkeit mit Laevers Konzept besteht darin, dass sich die genannten Lerndispositionen unabhängig vom Inhalt einer Tätigkeit beobachten lassen und auch nicht an bestimmte Altersstufen gebunden sind.

Mit welchen Akzenten und in welcher Weise jemand Lernchancen wahrnimmt und Situationen entsprechend strukturiert, hängt abgesehen von der Intensität der Beschäftigung und ihrer sozialen Einbettung auch von individuellen Lernstrategien und vom Wissen und Können ab, das jemand in eine Situation mitbringt. Dies sind zwei weitere Komponenten der Lerndispositionen. Für die Auswertung bedeutet das, dass bei den beobachteten Aktivitätsmustern auch darauf geachtet wird, welche Formen von Lernstrategien und welche Kenntnisse und Fertigkeiten darin zum Ausdruck kommen. Das schafft die Möglichkeit, bei den Beobachtungsauswertungen auch curriculare Vorgaben zu berücksichtigen, die sich auf bestimmte Lerninhalte beziehen.

Für die Bewertung der beobachteten Aktivitäten bieten alle genannten Dimensionen Ansatzpunkte. Fortschritte sind beispielsweise festzustellen, wenn Lerngeschichten komplexer und differenzierter werden, d.h. wenn sich in ihnen auch mehr Kenntnisse und Fertigkeiten zeigen, wenn Lernstrategien effektiver genutzt werden, aber auch, wenn jemand unter vergleichsweise ungünstigeren Voraussetzungen konzentriert handelt, sich einbringt, mit anderen kooperiert. Im gleichen Zug ist mit der Bewertung immer auch die Frage verbunden, was die äußeren Gegebenheiten der Handlungssituation dazu beitragen, dass die Realisierung der genannten Lerndispositionen mehr oder weniger gelingt. Dieser doppelte Blick auf das Kind *und* auf die Situation, wie er in den Lerndispositionen systematisch angelegt ist, macht dieses Konzeptes für die pädagogische Praxis besonders fruchtbar.

Im Vergleich zu den »Schemata« und den »Themen der Kinder« ist der bei den »Bildungs- und Lerngeschichten« vorgegebene Auswertungsrahmen stärker strukturiert. Besonders im Vergleich zu standardisierten Verfahren bestehen aber auch hier große Spielräume, die durch qualifizierte Interpretationen der pädagogischen Fachkräfte ausgefüllt werden müssen, um eine optimale individuelle Förderung zu erreichen. Vorgegebene Grundlagen dieser Interpretation sind eine konstruktivistische Sicht auf das Lernen sowie die Annahme, dass engagiertes Handeln unter Einbringen der eigenen Position und in Kooperation mit anderen besonders günstige Lernvoraussetzungen bietet. Damit wird auch als pädagogische Zielvorstellung ein Handlungsmuster umschrieben, dessen wesentliches Merkmal Teilhabe bzw. Partizipation ist.

Gemeinsamkeiten der Ansätze

Gemeinsam ist den vorgestellten Ansätzen die Konzentration auf formale und inhaltliche Merkmale von Handlungsmustern sowie auf das Verstehen der Bedeutungen, die Kinder mit ihren Handlungen verbinden. Das heißt nicht, dass die Ergebnisse von Lernprozessen keine Rolle spielen. Sie werden aber nicht in Form einheitlich definierter Kompetenzen erfasst, die einen normierten Vergleich zwischen Kindern erlaubt. Stattdessen wird das, was beobachtet wurde und was Kinder äußern und tun, in Portfolios gesammelt. Auf diese Weise werden die individuellen Lernfortschritte unter Beteiligung der Kinder dokumentiert. Damit wird auch die Wahrnehmung der Kinder für ihre Lernprozesse geschärft und es werden Grundlagen für ein selbstgesteuertes Lernen geschaffen. Außerdem erweisen sich Portfolios als außerordentlich hilfreich für die Zusammenarbeit mit Eltern, die auf diese Weise einen differenzierten Einblick in die Entwicklung ihrer Kinder bekommen und sich auch mit eigenen Beiträgen beteiligen können, indem sie Arbeiten der Kinder von zu Hause dazugeben oder eigene Kommentare hinzufügen. Allerdings entsprechen diese Beobachtungs- und Dokumentationsverfahren, die für die individuelle Förderung der Kinder im pädagogischen Alltag ausgesprochen hilfreich sein können, nicht den Kriterien der Objektivität, Validität und Reliabilität, wie sie für wissenschaftlich-methodisch fundierte Instrumente gelten.

Ausblick

Mit der gewachsenen Bedeutung, die der Beobachtung heute zukommt, wachsen auch die Anforderungen an die

Qualität der Beobachtungsinstrumente und -verfahren. Standardisierte Beobachtungsbogen sind in der Regel leichter einzusetzen als offene Verfahren. Das liegt daran, dass mit diesen Instrumenten nicht nur klar vorgegeben wird, was beobachtet werden soll, sondern auch, wie die beobachteten »Fakten« zu interpretieren und zu bewerten sind. Diese Verfahren sind notwendig, wenn es darum geht, Entwicklungsrisiken in unterschiedlichen Bereichen rechtzeitig zu erkennen. Voraussetzung ist allerdings, dass die Vorgaben wissenschaftlich fundiert und empirisch überprüft sind. Andernfalls besteht die große Gefahr, dass solche Vorgaben die Aufmerksamkeit auf Fähigkeiten oder Sachverhalte lenken, die letztlich keine zuverlässigen Hinweise auf den Entwicklungsstand und -verlauf von Kindern zulassen. Das gilt für eine große Zahl der Checklisten und standardisierten Beobachtungsbogen, die zurzeit im Umlauf sind. Eine wichtige Aufgabe in diesem Bereich ist die Entwicklung von Screening-Verfahren, die es erlauben, ohne großen Aufwand in wichtigen Lernbereichen zuverlässig festzustellen, bei welchen Kindern möglicherweise ein besonderer Förderbedarf besteht.

Für die Begleitung und Unterstützung von Bildungs- und Lernprozessen geeigneter sind die im vorangegangenen Abschnitt beschriebenen nicht-standardisierten Verfahren zur Beobachtung von Form und Inhalt von Aktivitätsmustern. Im Vergleich zu standardisierten Verfahren fehlen hier eindeutige Vorgaben, die das Wahrnehmungsfeld strukturieren und konkret festlegen, was Gegenstand der Beobachtung ist. Das gleiche gilt für die Interpretation und Bewertung des Beobachteten. Damit sind die Fachkräfte hier in viel größerem Ausmaß als bei standardisierten Verfahren gefordert, die Gefahr von Beobachtungsfallen und -fehlern im Blick zu behalten und ihre Interpretationen theoretisch zu begründen. Diese Anforderung ist umso höher, je geringer die Vorgaben zur Strukturierung der Interpretation der Beobachtungen und ihrer Bewertung ist. Der Austausch im Team, der bei diesen Verfahren in der Regel vorgesehen ist, kann dabei eine wichtige Unterstützung sein. Voraussetzung ist aber in jedem Fall, dass in diese Interpretationen neben den Erfahrungen aus der Alltagspraxis auch theoretisch fundierte Kenntnisse in den jeweils beobachteten Entwicklungsfeldern einfließen. Um das sicher zu stellen, ist zum einen eine Ausweitung der Vermittlung solcher Inhalte in der Aus- und Fortbildung der pädagogischen Fachkräfte erforderlich. Zum anderen ist zu wünschen, dass die angebotenen Instrumente jeweils um theoretische Ausführungen ergänzt werden, mit denen zumindest ein Interpretationsrahmen abgesteckt wird.

■ Literatur

Andres, B., Laewen, H.-J. & Pesch, L. (Hrsg.) (2005). Elementare Bildung. Handlungskonzepte und Instrumente, Band 2. Weimar: das netz.

Arnold, C. (2004). Observing Harry. Child Development and Learning 0-5. Berkshire: Open University Press.

Bensel, J. & Haug-Schnabel G. (2005). Kinder beobachten und ihre Entwicklung dokumentieren. Freiburg: Herder.

Carr, M. (2001). Assessment in Early Childhood Settings. Learning Stories. London: SAGE.

Dittrich, G., Dörfler, M. & Schneider, K. (2001). Wenn Kinder in Konflikt geraten. Neuwied: Luchterhand.

Flender, J. & Tröster, H. (2005). Beobachtungsbögen (1). Wie finden Sie den richtigen für sich? In: kindergarten heute, 9, 6–12.

Fried, L. (2004). Expertise zu Sprachstandserhebungen für Kindergartenkinder und Schulanfänger. Eine kritische Betrachtung. München: Deutsches Jugendinstitut.

Hebenstreit-Müller, S. & Kühnel, B. (Hrsg.) (2004). Kinderbeobachtung in Kitas. Erfahrungen und Methoden im ersten Early Excellence Centre in Berlin. Berlin: Dohrmann.

Laevers, F. (Hrsg.) (1997). Die Leuvener Engagiertheits-Skala für Kinder (LES-K). Erkelenz: Fachschule für Sozialpädagogik.

Laewen, H.– J. (2000). Grenzsteine der Entwicklung als Instrument der Früherkennung von Auffälligkeiten von Kindern in Kindertagesstätten. In: G. Siepmann (Hrsg.), Frühförderung im Vorschulbereich (S. 67–79). Frankfurt a.M.: Lang.

Laewen, H.– J. & Andres, B. (Hrsg.) (2002). Forscher, Künstler, Konstrukteure. Werkstattbuch zum Bildungsauftrag von Kindertageseinrichtungen. Neuwied: Luchterhand.

Leu, H.R. (2005). Bildungs- und Lerngeschichten – ein Beitrag zur Arbeit im Verbund. In: E. Hammes di Bernardo & S. Hebenstreit-Müller (Hrsg.), Innovationsprojekt Frühpädagogik. Professionalität im Verbund von Praxis, Forschung, Aus- und Weiterbildung (S. 44–56). Baltmannsweiler: Schneider Hohengehren.

Lueger, D. (2005): Beobachtung leicht gemacht. Beobachtungsbögen zur Erfassung kindlichen Verhaltens und kindlicher Entwicklungen. Weinheim: Beltz

Martin, E. & Wawrinkowski, U. (2003). Beobachtungslehre. Theorie und Praxis reflektierter Beobachtung und Beurteilung (4. Aufl.). Weinheim: Juventa.

Mayr, T. (2003). Früherkennung von Entwicklungsrisiken in Kindertageseinrichtungen. In: Beobachtung in Kindertageseinrichtungen. KiTa-spezial, Sonderausgabe 1/2003, 32–38

Mayr, T. & Ulich, M. (2003). Die Engagiertheit von Kindern. Zur systematischen Reflexion von Bildungsprozessen in Kindertageseinrichtungen. In: W.E. Fthenakis (Hrsg.), Elementarpädagogik nach PISA (S. 169–189). Freiburg: Herder.

Schäfer, G.E. (2005). Bildung beginnt mit der Geburt. Weinheim (2. veränd. Aufl.). Weinheim: Beltz.

Strätz, R. & Demandewitz, H. (2005). Beobachten und Dokumentieren in Tageseinrichtungen für Kinder (5. Aufl.). Weinheim: Beltz.

Viernickel, S. & Völkel, P. (2005). Beobachten und dokumentieren im pädagogischen Alltag. Freiburg: Herder.

Wustmann C. & Remsperger, R. (2005). Bildungs- und Lerngeschichten – ein Beobachtungs- und Dokumentationsverfahren in bundesweiter Erprobung. In: KiTa aktuell Jg. 15, Heft 4 / HRS, S. 85–90 sowie Jg. 14, Heft 4 / MO, S. 80–86.

Frühpädagogische Evaluations- und Erfassungsinstrumente

Wolfgang Tietze

Frühpädagogische Evaluations- und Erfassungsinstrumente dienen der Feststellung frühpädagogisch relevanter Sachverhalte. Ihr Wert hängt davon ab, wie zuverlässig und inhaltlich korrekt sie die intendierten Sachverhalte erfassen. Angaben zur Messgüte sind daher ein unverzichtbarer Teil aller Verfahren. Die Instrumente können sich auf ganz unterschiedliche Merkmalsträger richten, z. B. auf Kinder, auf Erziehungspersonen, auf Aspekte der pädagogischen Umwelt oder auch auf Tageseinrichtungen als soziale Organisationen. Sie können für unterschiedliche Ziele und in unterschiedlichen Kontexten eingesetzt werden. So kann z. B. eine Sprachstandserhebung bei einem Kind als Individualdiagnose genutzt werden, um über die etwaige Teilnahme an einem Sprachförderprogramm zu entscheiden. Denkbar ist aber auch, dass die Sprachstandserhebung bei diesem Kind in erster Linie funktionaler Teil der Evaluation eines Sprachförderprogramms ist.

In dieser Evaluationsperspektive rücken pädagogische Maßnahmen, Programme und Organisationen, also das »System«, in den Mittelpunkt des Interesses, auch wenn Daten an Individuen erhoben werden. Zugleich wird an dem Beispiel deutlich, dass sich das diagnostische Interesse nicht nur auf Individuen richten kann, sondern gleichermaßen auf die Feststellung von Merkmalen pädagogischer Arbeitsformen, von Programmen, ganzer Kindertageseinrichtungen oder noch umfassenderer Einheiten (z. B. die Tageseinrichtungen eines Trägerverbandes). Frühpädagogische Evaluations- und Feststellungsverfahren können auch für die Grundlagenforschung eingesetzt werden, z. B. um die Bedeutung pädagogischer Qualität in Familie und Einrichtungen für die Bildung von Kindern vergleichend zu untersuchen. Im Regelfall dienen sie jedoch praktischen Handlungszwecken, indem sie Informationen liefern, die für die Förderung einzelner Kinder oder für Verbesserung und Weiterentwicklung wie auch für Wirkungs- und Bewährungskontrollen existierender wie auch innovativer Praxis genutzt werden können. Die folgende Darstellung orientiert sich an einer solchen breiteren Systemperspektive.

Entwicklung ■ Das Interesse an der systematischen Erfassung und Evaluation der Früherziehung entstand Mitte der 1960-er Jahre in den USA. Im Rahmen des »War on Poverty« (Krieg gegen die Armut-Programm) der Johnson-Administration wurden mit enormem gesellschaftlichen Engagement soziale und pädagogische Programme kreiert und erprobt. Dabei ging es darum, die rassisch und sozial bedingte Armut abzubauen, zur Chancengleichheit und Bildungsförderung aller Kinder beizutragen und zugleich die für das Gemeinwohl im Inneren und für den Systemwettkampf im Äußeren (Kalter Krieg) erforderlichen humanen Ressourcen zu aktivieren. Getragen wurde dieser Ansatz von der Vorstellung, in Analogie zum historisch so erfolgreichen Modell naturwissenschaftlich-technischer Gestaltung auch soziale Wirklichkeit durch sozialwissenschaftlich fundierte Programme zielgerecht verändern zu können. Eine besondere Bedeutung wurde dabei der frühen (kompensatorischen) Förderung von Kindern, u.a. in den Bereichen Kognition, Sprache, Sozialverhalten, Neugier, Ausdauer beigemessen (vgl. Head Start Program). Mit dem Aufbau und der Umsetzung der Früherziehungsprogramme war von Anfang an auch die Frage ihrer Wirkungen, intendierter wie nicht-intendierter, verbunden. Aus diesem Zusammenhang entwickelte sich sehr rasch die Evaluationsforschung als eine junge, mehr oder weniger eigenständige Wissenschaftsdisziplin (vgl. Wottawa & Thierau, 2003), verbunden mit der Notwendigkeit, entsprechende Evaluations- und Erfassungsinstrumente bereitzustellen.

In Deutschland wurde die Frage nach der Evaluation frühpädagogischer Maßnahmen, Programme und Institutionen und die damit intendierte Förderung von Kindern virulent, als im Zuge der Bildungsreform Ende der 1960-er, Anfang der 1970-er Jahre die Neugestaltung des Bildungssystems auf der gesellschaftlichen Tagesordnung stand und der Kindergartenbereich zur grundlegenden Stufe des gesamten Bildungssystems erklärt wurde. Vorschulprogramme unter anderem zur kognitiven wie zur sozialen Förderung wurden aufgelegt und erprobt, die Förderung von Kindern in Modellkindergärten und Vorschulklassen vergleichend untersucht und verschiedene curriculare Ansätze evaluiert. Die politisch motivierten Evaluationen trafen auf eine Pädagogik der frühen Kindheit, die hinsichtlich Strategien wie auch Evaluations- und Erfassungsinstrumenten wenig vorbereitet war. Deshalb sind viele der Ergebnisse und Schlussfolgerungen dieser Epoche von zweifelhaftem Wert (vgl. Fried, Roßbach, Tietze & Wolf, 1992).

Neue Impulse sind seit Mitte der 1990-er Jahre zu verzeichnen. Sie sind im Zusammenhang mit der Notwendigkeit zu sehen, ein quantitativ expandierendes Früherziehungssystem (u.a. in Folge des Rechtsanspruchs auf einen Kindergartenplatz) bei knappen Ressourcen effizient und auf einem möglichst hohen Qualitätsniveau zu steuern (vgl. Tietze, Roßbach & Grenner, 2005, S. 271 ff.). Diese Tendenz verstärkte sich im Gefolge der Debatte um die pädagogische Qualität des deutschen Bildungssystems und seiner internationalen Anschlussfähigkeit; seither wird der frühen Bildungsförderung und der generellen Verbesserung des Früherziehungssystems (wieder einmal) ein zentraler Stellenwert zuerkannt (Forum Bildung, 2001). Vor diesem Hintergrund wird verständlich, dass sich gerade in den letzten Jahren Evaluations- und Feststellungsverfahren entwickelt haben und zunehmend Anwendung finden. Diese reichen von der Bildungsdiagnose und -dokumentation beim einzelnen Kind bis zur Systemdiagnose und -evaluation ganzer Kindertageseinrichtungen und erstrecken sich auf die gesamte Bandbreite von spezifischen, eindimensionalen Verfahren bis zu solchen multidimensionaler und multikriterialer Art.

Formen von Verfahren und Messgüte ■ Evaluations- und Feststellungsverfahren in der Frühpädagogik lassen sich nicht durch ihre technischen Eigenschaften von entsprechenden Verfahren in anderen Pädagogikfeldern abgrenzen, auch wenn bestimmte Formen wie schriftliche Befragungen, Interviews, Papier- und Bleistifttests, soweit es sich um kleine Kinder als Respondenten handelt, kaum in Betracht kommen. Aufgrund der noch eingeschränkten Kommunikationsfähigkeit kleiner Kinder spielen Beobachtungsverfahren (vgl. Leu in diesem Band; Greve & Wentura, 1997), bei denen das Verhalten der Kinder in natürlichen oder eigens arrangierten Situationen nach bestimmten Kriterien beobachtet wird, eine dominante Rolle, ebenso so genannte Reportverfahren, bei denen eine Person, die das Kind gut kennt (z. B. Erzieherin, Tagesmutter, Mutter), Auskunft über Verhaltensweisen oder Fähigkeiten des Kindes gibt. Prinzipiell kommt jedoch für Evaluations- und Feststellungsverfahren in der Frühpädagogik, besonders wenn der Blick nicht auf die enge Perspektive einer pädagogisch-psychologischen Diagnostik beschränkt bleibt (vgl. Leutner,

1998), das gesamte Spektrum diagnostischer und empirischer Erhebungsverfahren in Betracht. Dazu gehören Entwicklungstests und Tests zur Erfassung bestimmter Kompetenzen bei Kindern ebenso wie Verhaltensbeobachtungen bei Kindern und pädagogischem Personal, Ratingverfahren zur Einschätzung von Personen (Kindern und Erzieherinnen) wie auch Situationen (pädagogischer Anregungsgehalt des Settings), Interviews und schriftliche Befragungen (z. B. von Erzieherinnen und Eltern zu Rahmenbedingungen des pädagogischen Geschehens, zu Einstellungen, zu pädagogischen Leitbildern) oder auch Inhalts-/Dokumentenanalysen (z. B. pädagogischer Programme und Konzeptionen). Für alle Verfahren gilt, dass sie in hinreichendem Umfang den erforderlichen Messgütekriterien genügen müssen:

- **Objektivität:** Die Verfahren sollten in ihrer Durchführung und Auswertung unabhängig vom jeweiligen Anwender sein; z. B. sollten zwei Personen, die unabhängig voneinander ein Kind in derselben Situation beobachten, zum selben Ergebnis gelangen. Ebenso sollten zwei Personen, die eine pädagogische Konzeption einer Einrichtung inhaltsanalytisch auswerten, zum selben Ergebnis kommen
- **Zuverlässigkeit (Reliabilität):** Die Verfahren sollten zu zuverlässigen, möglichst fehlerarmen Messungen führen. Wiederholte Anwendungen desselben Verfahrens sollten – bei zeitlich stabilen Merkmalen – weitestgehend gleiche Ergebnisse erbringen (Wiederholungszuverlässigkeit, Retest-Reliabilität); ebenso sollte die gleichzeitige Anwendung von *Teilen* komplexer Verfahren zu hinreichend gleichartigen Ergebnissen führen (Halbierungszuverlässigkeit, interne Konsistenz)
- **Gültigkeit (Validität):** Ein Verfahren ist dann valide, wenn es das, was es messen soll, auch tatsächlich misst. Ein Sprachtest z. B. sollte Sprachfähigkeiten eines Kindes messen und nicht seine Aufmerksamkeit oder Ausdauer. Die Validität eines Verfahrens kann nach verschiedenen Richtungen hin überprüft werden: Einem Verfahren kann Validität zugesprochen werden, wenn seine Inhalte aufgrund theoretischer Erwägungen oder aufgrund von Expertenurteilen als gültig betrachtet werden können (Inhaltsvalidität), wenn es mit anderen Verfahren, die Gleichartiges zu messen beanspruchen, hoch korreliert (konvergente Validität) und niedrig oder gar nicht mit Verfahren, die andere Inhalte/Bereiche messen (divergente Validität). Eine weitere Möglichkeit ist die Überprüfung der Konstruktvalidität. Es wird überprüft, ob die theoretisch zu erwartenden Zusammenhänge des durch das Verfahren erfassten Konstrukts mit anderen Konstrukten empirisch bestätigt werden können (z. B. Zusammenhang Schulfähigkeit – Intelligenz).

Die Überprüfung der Messgüte von Instrumenten erfordert vielfältige Detailuntersuchungen, führt oft zu Revisionen von Verfahren und ist ein aufwändiger Prozess. Nicht selten werden in der Frühpädagogik Verfahren eingesetzt, deren Messgüte nicht oder kaum überprüft ist. Dies hat zur Konsequenz, dass die gewonnenen Ergebnisse oft zweifelhaft sind und nur um den Preis der potenziellen Selbsttäuschung genutzt werden können.

Entwicklungs- und kompetenzbezogene Feststellungsverfahren ■ Vermutlich sind in keinem Bereich der Feststellung kindlicher Fähigkeiten und Fertigkeiten so viele Verfahren entwickelt worden und im Gebrauch wie im Bereich der Schulfähigkeitsdiagnose und – damit im Zusammenhang – neuerdings auch der Sprachstandsdiagnose (vgl. Fried und Kammermeyer in diesem Band). Deshalb werden diese Verfahren sowie solche zur allgemeinem Intelligenzdiagnose bei Vorschulkindern hier nicht weiter thematisiert.

Im Vordergrund stehen stattdessen Instrumente zur Feststellung des allgemeinen Entwicklungsstands, zur Erfassung von Entwicklungsauffälligkeiten, verschiedenen bildungsrelevanten Fähigkeiten und Sozialverhalten.[36] Der Schwerpunkt liegt auf Ansätzen,

---

[36] Aus Platzgründen können nur einzelne Verfahren exemplarisch benannt werden.

die – gegebenenfalls nach einer entsprechenden Einübung – auch von pädagogischen Fachkräften und anderen diagnostisch nicht speziell ausgebildeten Personen durchgeführt werden können. In Einzelfällen werden auch auf spezielle Bereiche bezogene Förder- und Trainingsprogramme mit in die Betrachtung einbezogen.

Anders als in der Schule mit ihren Bildungsbereichen existiert in der Frühpädagogik keine etablierte bildungsbereichsspezifische Rasterung. Eine solche beginnt sich erst im Zuge der Einführung vorschulischer Curricula (vgl. Schuster in diesem Band) zu entwickeln. Von daher ist die gegenwärtig Bildungsstands- und Förderdiagnose von jungen Kindern noch weitgehend Entwicklungsdiagnose mit Altersnormen und weniger Bildungsdiagnose mit Bildungszielen als Referenzrahmen.

Entwicklungsposter

Kinder auf ihre altersgemäße Entwicklung hin zu beobachten, gehört zu den Aufgaben des frühpädagogischen Fachpersonals. Die Anwendung altersangemessener Kriterien kann unterstützt werden durch so genannte Entwicklungsposter, die in der Einrichtung zur Einsicht ausliegen oder aufgehängt sind und der Schärfung des Aufmerksamkeitshorizonts dienen. Die »Selektive entwicklungsphysiologische und -psychologische Tabelle« (Poster) von Kiese,[37] die eine tabellarische Darstellung des Entwicklungsverlaufs von der Geburt bis zum Alter von fünfeinhalb Jahren in fünf Dimensionen (Grob-, Stato- und Feinmotorik, Hör-Sprachregelsystem, kognitive Fähigkeiten) liefert, stellt ein solches Hilfsmittel dar. Ebenso steht ein Poster von »Kuno Bellers Entwicklungstabelle« (vgl. w. u.) für diesen Zweck zur Verfügung.

Entwicklungsscreenings

Einen Einstieg in eine gezieltere Entwicklungsdiagnose liefert das »Dortmunder Entwicklungsscreening für den Kindergarten (DESK 3–6) von Tröster, Flender und Reineke (2004). Es ist ein Siebverfahren, um eventuell entwicklungsauffällige Kinder zu erkennen. Untersucht werden die Bereiche Grob- und Feinmotorik, Sprache, Kognition sowie soziale Entwicklung. Bei »auffälligem« Screeningbefund ist eine weitergehende Diagnose und eine spezielle Förderung angezeigt. Die Untersuchungen zur Zuverlässigkeit und Gültigkeit liefern zufrieden stellende Kennwerte, das Verfahren ist an einer großen Stichprobe geeicht. Normwerte liegen in der Differenzierung nach Altersgruppen, Geschlecht und für Kinder mit nicht-deutscher Muttersprache vor. Der Zeitaufwand für ein Screeningverfahren ist allerdings beträchtlich.

Ein deutlich unaufwändigeres Screeningverfahren für die Hand von Erzieherinnen, das ebenfalls der Identifizierung entwicklungsauffälliger Kinder dient, sind die »Grenzsteine der Entwicklung« von Laewen (vgl. Viernickel & Völkel, 2005, S. 95 ff.). Das Verfahren kann für Kinder im Alter von 3–72 Monaten angewandt werden. Die Items der »Grenzsteine« beinhalten Fertigkeiten, die von 90–95 % aller Kinder eines bestimmten Alters beherrscht werden. Die Erhebung muss in einem Intervall von zwei Wochen um den jeweiligen Alterszeitpunkt vorgenommen werden. Die Feststellung selber ist vergleichsweise unaufwändig. Die Items beziehen sich auf die Bereiche Körper- und Hand-/Fingermotorik, Sprachentwicklung, kognitive Entwicklung sowie soziale und emotionale Kompetenz. Untersuchungen zur Objektivität und Zuverlässigkeit des Verfahrens in der Anwendung durch Erzieherinnen stehen allerdings noch aus.

Entwicklungstests

An neueren deutschsprachigen Tests, die die kindliche Entwicklung in mehreren Dimensionen differenziert erfassen, sind insbesondere der Wiener Entwicklungstest (WET) von Kastner-Koller und Deimann (2002) sowie der »Entwicklungstest 6–6« (ET 6–6) von Petermann und Stein (2005) zu nennen. Während der WET der Erfassung des allgemeinen Entwicklungsstandes bei Kindern von drei bis sechs Jahren dient, ist der ET 6–

---

[37] Soweit kein sonstiger Quellennachweis gegeben ist, können alle in diesem Text erwähnten Verfahren unter www.testzentrale.de aufgesucht werden.

6 für die breite Altersspanne von sechs Monaten bis sechs Jahren anwendbar. Beide Verfahren intendieren einen Überblick über Stärken und Schwächen eines Kindes und liefern damit förderdiagnostische Grundlagen und für beide sind die üblichen teststatistischen Kennwerte verfügbar und es liegen Normierungen vor. Die Durchführung erfordert jedoch entsprechende Kenntnisse und kann beim WET bis zu eineinhalb Stunden in Anspruch nehmen.

Verfahren zur Erfassung sozial-emotionaler Kompetenzen

Traditionell interessieren sozial-emotionale Kompetenzen von Kindern im Kindergartenalter in frühpädagogischen Kontexten in besonderer Weise. Hierzu liegt eine Reihe von Verfahren vor, die sowohl in pädagogischen Handlungskontexten als auch in Forschungskontexten eingesetzt werden. Zu nennen sind hier u.a. die international verbreitete Child Behavior Checklist, mit der internalisierende und externalisierende Störungen sowie Problemverhalten erfasst werden (CBCL/4–18; Arbeitsgruppe Kinder-, Jugendlichen- und Familiendiagnostik, 1998), sowie der Verhaltensbeurteilungsbogen für Vorschulkinder (VBV 3–6) von Döpfner, Bermer, Fleischmann & Schmidt (1993) als Screening-Instrument zur Erfassung verhaltensauffälliger Kinder auf der Grundlage des Urteils von Eltern und Erzieherinnen. Außerdem existieren verschiedene ältere Instrumente wie der Fragebogen zur Erfassung praktischer und sozialer Selbstständigkeit vier- bis sechsjähriger Kinder (FPSS) von Duhm und Huss (1979), der Beobachtungsbogen für Kinder im Vorschulalter (BBK) von Duhm und Althaus (1980) sowie die Skala zur Erfassung des Sozialverhaltens von Vorschulkindern von Tietze u.a. (1981) (vgl. hierzu Bilsky & Flaig, 1986). Für alle Verfahren, bei denen Erzieherinnen bzw. auch Eltern als Reportpersonen agieren, werden teststatistische Kennwerte berichtet, jedoch ergeben sich z.T. deutliche Unterschiede in der instrumentellen Güte, die bei einer Anwendungsentscheidung berücksichtigt werden sollten.

Viele der hier erwähnten Verfahren sind auf eine frühe Entdeckung von Entwicklungsrisiken gerichtet. In diesem Kontext sind verschiedene Förder- und Trainingsprogramme zu sehen, mit denen bestimmte Risiken vermindert bzw. ausgeglichen werden sollen. Aus der Fülle der Fördermaterialien seien hier die zahlreichen Spiel- und Fördervorschläge im Rahmen der »Sensomotorischen Förderdiagnostik« von Sinnhuber (2002) für Kinder im Alter von vier bis siebeneinhalb Jahren genannt, das »Marburger Konzentrationstraining« von Krowatschek, Albrecht & Krowatschek (2004) bei Kindergartenkindern mit Aufmerksamkeits- und Verhaltensschwierigkeiten, das »Würzburger Trainingsprogramm« zur phonologischen Bewusstheit »Hören, lauschen, lernen« von Küspert und Schneider (2005) sowie das Programm »Faustlos« von Cierpka und Schick (2004) zur Förderung sozial-emotionaler Kompetenzen und zur Gewaltprävention im Kindergarten.

Verfahren zur begleitenden Bildungsdiagnose und -dokumentation

Seit einigen Jahren werden verschiedene Erfassungsinstrumente propagiert, die einer »begleitenden Bildungsdiagnose« dienen sollen (vgl. Viernickel & Völkel, 2005). Bei aller Unterschiedlichkeit im Einzelnen liegt die gemeinsame Philosophie dieser Verfahren darin, bei einem weitgehend durch das Kind selbst gesteuerten Bildungsprozess seinen Entwicklungsstand in verschiedenen Bereichen zu erkennen, »Themen« und »Entwicklungsaufgaben«, mit denen sich das Kind aktuell befasst, zu identifizieren, sein Engagement und seine Involviertheit im pädagogischen Geschehen zu erfassen, es auf diese Weise (besser) zu verstehen und ihm individuell passende Angebote im pädagogischen Prozess zu machen. Im Gegensatz zu den im voranstehenden Abschnitt dargestellten Verfahren, die neben der Erfassung des Entwicklungsstands eines Kindes schwerpunktmäßig auf eine Diagnose von Entwicklungsrisiken und eine ausgleichende Förderung ausgerichtet sind, gehen die meisten der hier zu nennenden Ansätze von einer ressourcenorientierten Philosophie des »starken Kindes« aus, das sich selbst hinreichend bildet, wenn ihm dazu im pädagogischen Arrangement die Gelegenheit gegeben wird. Eine zusätzliche Absicht besteht oft darin, den Aufmerksamkeitshorizont des pädagogischen Fachpersonals zu erweitern, seine Beobachtungsfähigkeit allgemein zu schärfen und es mit Methoden der Bildungsdokumentation vertraut zu machen, auch um Eltern zu informieren. Die Anwendung der Verfahren wird daher oft auch als implizites Fortbildungsprogramm für pädagogische Fachkräfte betrachtet.

Wohl das älteste Verfahren dieser Art im deutschsprachigen Raum, das im übrigen stark entwicklungspsychologisch orientiert ist, ist »Kuno Bellers Entwicklungstabelle« (vgl. Viernickel & Völkel, 2005, S. 88 ff.). Die Entwicklungstabelle soll Erzieherinnen in Krippen und Kindergärten ermöglichen, den Entwicklungsstand bei Kindern (von null bis sechs Jahren) in acht Entwicklungsbereichen einzustufen: Körperpflege, Umgebungsbewusstsein, sozial-emotionale Entwicklung, Spieltätigkeit, Sprache, Kognition, Grob- und Feinmotorik. Dafür wird in jedem Bereich ein Raster mit 14 Phasen und mehreren Items innerhalb dieser Phasen vorgegeben, anhand derer das Kind auf der Grundlage einer längeren, ca. zwei Wochen umfassenden Beobachtung im pädagogischen Alltag eingestuft wird. Daraus resultiert ein Entwicklungsprofil mit relativen Stärken und Schwächen. Ziel ist es, dass die Pädagogin ihre Kinder besser kennen lernt und auf dieser Grundlage den Kindern entsprechende Angebote bereitstellt. Eine spezielle Fördermöglichkeit wird darin gesehen, dass die Erzieherin Aktivitäten in Bereichen, in denen das Kind am wenigsten entwickelt ist, mit Aktivitäten in Bereichen verknüpft, die das Kind gut beherrscht und mit Lust ausfüllt (Motivationsprinzip). Angaben zur Messgüte liegen nicht vor, so dass unbekannt ist, wie objektiv und zuverlässig die für ein Kind ermittelten Einstufungen zu betrachten sind; ebenso liegen bislang keine Studien darüber vor, inwieweit durch die motivationspsychologische Verbindung verschiedener Entwicklungsbereiche Förderungseffekte erzielt werden.

Einer der Entwicklungstabelle teilweise ähnlichen Logik folgt das Verfahren der »Sieben Intelligenzen« von Laewen und Anders (vgl. Viernickel & Völkel, 2005, S. 101 ff.), das auf Gardner zurückgeht und die folgenden Intelligenzen unterscheidet: sprachliche, logisch-mathematische, Bewegungs-, musikalische, soziale, praktische und wissenschaftliche Intelligenz. Die Erzieherin hat auf der Grundlage der Beobachtung des Kindes im pädagogischen Alltag insgesamt 76 Fragen zu beantworten, sieben bis fünfzehn pro Bereich. Die Auswertung soll in ein Profil münden, das Kompetenzen, bevorzugte Bildungsbereiche und Interessenschwerpunkte eines Kindes deutlich werden lässt und Informationen liefert, die für die weitere Bildungsarbeit genutzt werden sollen. Unter messtheoretischen Gesichtspunkten ist allerdings unklar, was, wie genau oder ob überhaupt etwas im eigentlichen Sinne gemessen oder festgestellt wird. Dies gilt auch für einen weiteren von Laewen und Andres angebotenen Beobachtungsbogen zur Identifizierung und Dokumentation von »Bildungsthemen« von Kindern (vgl. auch Andres, Laewen & Pesch, 2005; Viernickel & Völkel, 2005, S. 125 ff.).

Ein auch international häufig eingesetztes Verfahren zur Erfassung von Bildungs*prozessen* ist die Leuvener Engagiertheitsskala von Laevers (vgl. Viernickel & Völkel, 2005, S. 120). Vygotzkys Theorie der nächsten Entwicklungsstufe folgend wird die Engagiertheit eines Kindes bei Aktivitäten in Kindertageseinrichtungen als Indikator für gelingende Bildungsprozesse gewertet, ebenso wird das Wohlbefinden des Kindes erfasst. Engagiertheit bzw. Involviertheit von Kindern in Aktivitäten und infolgedessen Lernen ist dann gegeben, wenn das Kind etwas noch nicht ganz kann, sich herausgefordert, aber auch nicht überfordert fühlt. Die Engagiertheit eines Kindes in einer Situation oder einem pädagogischen Setting insgesamt sagt damit auch etwas über die »Passung« des pädagogischen Arrangements für ein Kind aus. Die Engagiertheit wird auf einer fünfstufigen Ratingskala eingeschätzt, wobei jede Skalenstufe beschrieben ist. Die Einschätzung kann in unterschiedlichen Referenzsituationen vorgenommen werden, z. B. bei unterschiedlichen Situationen und Angeboten, bei Aktivitäten in unterschiedlichen Entwicklungsbereichen. Ebenfalls kann sie sich auf einzelne Kinder wie auf die Gruppe als Ganzes beziehen. Neben der Skala selbst existieren verschiedene Arbeitsmaterialien, darunter auch Videobeispiele, die einen Einsatz unterstützen sollen.

Wie für die anderen hier genannten Verfahren gilt auch für die Leuvener Engagiertheitsskala, dass über ihre Messgüte nichts bekannt ist: Inwieweit verschiedene Erzieherinnen zu hinreichend vergleichbaren Urteilen über die Engagiertheit eines Kindes oder einer Gruppe in einer bestimmten Situation gelangen (Objektivität), inwieweit die Engagiertheit eines Kindes in vergleichbaren Situationen (oder auch über verschiedenartige Situationen hinaus) hinreichend zuverlässig (Reliabilität) erfasst wird und ob die wie auch immer erfasste Engagiertheit sich – wie unterstellt – in verbesserten Bildungsoutcomes niederschlägt (Validität), ist eine offene Frage.

Solche kritischen Fragen sind an alle Verfahren zur Erfassung und Dokumentation von Bildungsprozessen zu richten, die gegenwärtig in großer Zahl – mit z.T. beeindruckender methodischer Unbekümmertheit ihrer Autoren – publiziert werden (vgl. Bertelsmann Stiftung, 2005). Unter dem Gesichtspunkt der Feststellung von Sachverhalten wird die Tauglichkeit solcher Instrumentarien nicht besser, wenn mehrere solcher Instrumente zur Beobachtung von Bildungsprozessen beim einzelnen Kind zum Einsatz kommen und die Ergebnisse in einem Portfolio für das Kind dokumentiert werden (vgl. hierzu Andres, Laewen & Pesch, 2005, S. 18 ff.). Allerdings scheint bei den Protagonisten solcher Verfahren auch keine generelle Einigkeit darüber zu bestehen, ob es überhaupt um eine gesicherte Feststellung von bildungsbezogenen Sachverhalten geht oder ob Beobachtungen und ihre Dokumentationen vorzugsweise einer dem aufmerksamen und einfühlsamen Umgang mit dem Kind dienenden, nie abgeschlossenen Weiterqualifizierung der Erzieherinnen dienen (ebd., S. 17). Von dieser Sichtweise ist der Schritt zu einer Position, die jede methodisch gesicherte Beobachtung als schädliche pädagogische Blickverengung begreift und dieser das vorwissenschaftliche, ganzheitliche und unverstellte »pädagogische Wahrnehmen« gegenüberstellt (vgl. hierzu Schäfer, 2004) nicht mehr weit.

Erfassung pädagogischer Umwelten ■

In Abgrenzung zu den im voranstehenden Abschnitt vorgestellten Verfahren, die sich auf die Beschreibung und Dokumentation von Bildungsprozessen beim einzelnen Kind beziehen, können Instrumente unterschieden werden, die auf die Erfassung prozessualer Aspekte als Merkmale der pädagogischen Umwelten gerichtet sind. Im Zentrum stehen Fragen der Art: Wie ist die pädagogische Umwelt eines Kindes unter dem Gesichtspunkt des räumlichen, sozialen und handlungsbezogenen Anregungsgehalts beschaffen? Welche Entwicklungsstimuli erhalten Kinder, in welche Aktivitäten werden sie einbezogen, wie sind die Interaktionen zwischen Erwachsenen und Kindern beschaffen, wie diejenigen unter den Kindern? Dabei wird davon ausgegangen, dass sich hierdurch eine mehr oder weniger gute Prozessqualität der pädagogischen Umwelt eines Kindes unterscheiden lässt, die sich dann auf sein Wohlbefinden, seine Entwicklung und seine Bildungsförderung auswirkt.

Das im deutschsprachigen Raum am weitesten verbreitete Instrumentarium zur Erfassung der globalen pädagogischen Prozessqualität sind die Kindergarten-Skala (KES-R, Tietze, Schuster, Grenner & Roßbach, 2005), die Krippen-Skala (KRIPS-R, Tietze, Bolz, Grenner, Schlecht & Wellner, 2005) und die Tagespflege-Skala (TAS, Tietze, Knobeloch & Gerszonowicz, 2005). Mit der Skala für Hort- und Ganztagsschulangebote (HUGS, Tietze, Roßbach, Stendel & Wellner, 2005) liegt ein entsprechendes Instrumentarium auch für pädagogische Umwelten älterer Kinder vor. Die vier Skalen gehören zu einer gemeinsamen Familie und sind gleichartig aufgebaut. Sie gehen zurück auf amerikanische Skalen um die Autoren Harms, Clifford, Cryer (vgl. Cryer, 1999), liegen in verschiedensprachigen Adaptionen vor und werden weltweit genutzt. Die Skalen erfassen sieben größere Subbereiche pädagogischer Qualität: Platz und Ausstattung, Betreuung und Pflege der Kinder, sprachliche und kognitive Anregungen, Aktivitäten, Interaktionen, Strukturierung der pädagogischen Arbeit, Eltern und Erzieherinnen. Jeder dieser Qualitätsbereiche wird durch mehrere Qualitätsmerkmale repräsentiert. Die Anzahl aller Qualitätsmerkmale pro Skala variiert zwischen 34 und 50. Jedes Qualitätsmerkmal (z. B. allgemeiner Sprachgebrauch; künstlerisches Gestalten; Naturerfahrungen/Sachwissen) wird auf einer siebenstufigen Ratingskala eingeschätzt, wobei die Ankerstufen 1, 3, 5 und 7 durch Indikatoren genau beschrieben sind. Die Einschätzung erfolgt im Rahmen einer wenigstens dreistündigen Beobachtung durch einen gut trainierten Beobachter in Verbindung mit einem nachfolgenden halb- bis einstündigen Interview mit der zuständigen Erzieherin (bzw. Tagesmutter). Werte unter 3 auf den siebenstufigen Ratingskalen indizieren unzureichende pädagogische Qualität, Werte zwischen 3 und unter 5 mittlere (mittelmäßige) und Werte von 5 bis 7 gute bis sehr gute pädagogische Qualität. Nach verschiedenen Stichprobenuntersuchungen in Deutschland und Österreich findet sich nur in einer Minderheit der Kindergärten und Krippen gute ($\geq$ 5) Qualität (Tietze & Stoll in Tietze, 2006). Gleiches gilt für die Tagespflege.

Neben Auswertungen auf der Ebene von Gesamtwerten können auch Auswertungen auf der Ebene von Subbereichen, fraktionell bestimmten Qualitätsdimensionen und auf der Ebene der einzelnen Qualitätsmerkmale vorgenommen werden. Die letztgenannte Auswertung liefert ein Profil der Prozessqualität mit Stärken und Schwächen, das als Grundlage für gezielte Qualitätsverbesserungen genutzt werden kann. Im Hinblick auf die Messgüte der Verfahren liegen zahlreiche Überprüfungen mit guten Ergebnissen vor: Die Beobachter-/Beurteilerübereinstimmung ist bei entsprechendem Training hoch (>.85), ebenso die Wiederholungszuverlässigkeit und die interne Konsistenz (jeweils um .90). Untersuchungen zur faktoriellen, konkurrenten und Konstruktvalidität liefern zufrieden stellende Ergebnisse. Zusätzlich zur KES-R liegt mit der ECERS-E eine ergänzende Skala für den Kindergartenbereich vor (Sylva, Sirag-Blatchford & Taggart, 2006), mit der im Engeren bildungsbezogene Merkmale der Prozessqualität erfasst werden. Eine deutschsprachige Version existiert als Forschungsversion.

Mit dem Observational Record of the Caregiving Environment (ORCE) wurde ein Instrument entwickelt, das settingübergreifend einsetzbar ist. In einer Kombination von Beobachtungen im Zeitstichprobenverfahren und übergreifenden qualitativen Ratings wird das Betreuerverhalten der Erziehungsperson gegenüber einzelnen Kindern erfasst. Grundlage sind wenigstens vier jeweils 44-minütige Beobachtungszyklen, verteilt auf zwei Tage. Die Skala enthält Verhaltensdeskriptoren für Betreuer, ausgelegt für Säuglinge, Kleinkinder und Kinder im Vorschulalter, und kann in allen Betreuungsformen und auf allen Altersstufen für Kinder im vorschulischen Alter eingesetzt werden (vgl. Cryer, 1999). Die instrumentellen Eigenschaften sind zufrieden stellend. Eine Verwendung dieses Instrumentariums im deutschen Sprachraum ist bisher nicht bekannt geworden.

Ein weiteres häufig genutztes Verfahren mit guten instrumentellen Eigenschaften bildet die Caregiver Interaction Scale (CIS) von Arnett (1989; vgl. Tietze, Roßbach & Grenner, 2005, S. 55 ff.). Es handelt sich um eine 26 Items umfassende Skala, mit der »Ton und Klima« der Interaktion des Betreuers mit den Kindern eingeschätzt werden. Eine deutschsprachige Version wurde in Kindergärten, Krippen und in der Tagespflege eingesetzt. Die Skala erfasst das Erzieherinnenverhalten in drei Dimensionen: Sensitivität, Involviertheit und Akzeptanz. Die Beurteilungsübereinstimmung ist zufrieden stellend (Kappa >.80), ebenso die interne Konsistenz (α>.90). Das Instrument ist faktoriell valide, ebenso liegen positive Befunde zur konkurrenten Validität vor.

Übersichten über weitere Instrumentarien zur Erfassung der pädagogischen Qualität in Betreuungssettings finden sich bei Roßbach (1993) und Cryer (1999).

Holistische Evaluations- und Feststellungsansätze

■ Einzelne Feststellungsverfahren gewinnen üblicherweise erst im Kontext umfassenderer Evaluationsansätze ihre spezifische Bedeutung. Diese können, je nach Interesse und Fragestellung, ganz unterschiedlich ausgelegt sein und schließen, je nach Fragestellung, unterschiedliche Instrumente ein. Neben individuell ausgerichteten Evaluationsansätzen existieren jedoch auch standardisierte komplexe Verfahren, um z.B. Aussagen über die pädagogische Qualität einer Kindertagesstätte als Ganzes machen zu können.

Um qualitativ gute Angebote der Bildung, Betreuung und Erziehung in Kindertageseinrichtungen bereitzustellen, diese zu beschreiben und nach außen hin ausweisen zu können, machen sich viele Trägerverbände von Kindertageseinrichtungen Qualitätsmanagementsysteme zunutze, die ursprünglich in der privatwirtschaftlichen Produktion von Gütern oder Dienstleistungen entwickelt wurden. Bei einem solchen Qualitäsmanagement-Modell handelt es sich um einen Ordnungsrahmen, in dem Konzept, Leitbild, Handlungsrichtlinien und -abläufe, Ziele und Methoden dokumentiert sind, kurz: alle Schritte und Maßnahmen, die für die Erbringung der pädagogischen Dienstleistung erforderlich sind. Die Dokumentation erfolgt in einem QM-Handbuch. Entspricht das realisierte QM-System den Normen der Reihe DIN ISO 9000:2000 der Internationalen Standard Organisation (ISO), kann die Kindertagesstätte (bzw. auch ein Verbund von Kindertagesstätten) auf der Grundlage eines Audits von einer als solcher anerkannten Zertifizierungsorganisation zertifiziert werden (vgl. Viernickel & Völkel, 2005, S. 36 ff.). Entgegen einem zuweilen vorfindbaren Missverständnis wird durch eine solche Zertifizierung *nicht* eine nach allgemeinen Fachgesichtspunkten als gut anerkannte Bildung, Betreuung und Erziehung bescheinigt, sondern – im Anspruch deutlich eingeschränkter – ein Organisationsaufbau und -ablauf, der so ausgelegt ist, dass bestimmte *selbst* definierte Ziele erreicht werden *können*. Angaben zur Objektivität und Zuverlässigkeit solcher Zertifizierungen im Bereich von Kindertageseinrichtungen wie auch wissenschaftlichen Standards genügende Validitätsüberprüfungen sind bislang nicht bekannt geworden.

Während mit der DIN ISO 9000:2000 ein Verfahren vorliegt, nach dem Einrichtungen mit ganz unterschiedlichen Leitbildern, Zielen, Handlungsabläufen und pädagogischen Prozessen gleichermaßen zertifiziert werden können, da das Verfahren prinzipiell inhaltsneutral ist und auch nicht die Güte einer pädagogischen Dienstleistung bescheinigt wird, existieren weitergehende Verfahren, mit denen Einrichtungen nach einheitlichen, fachlich begründeten und anerkannten Kriterien evaluiert werden können. Das auch international bekannteste ist zweifellos das Akkreditierungsprogramm der nordamerikanischen National Association for the Evaluation of Young Children (NAYEC), das gerade einer umfassenden Revision unterzogen wurde (vgl. Goffin in Tietze, 2006). Im Zentrum der Evaluation stehen die Kinder mit fünf Programmstandards (darunter Lernen und Entwicklung). Drei weitere große Bereiche sind pädagogisches Personal, Leitung und Verwaltung, Elternbeteiligung.

Einrichtungen, die sich nach einem Qualitätsentwicklungsprozess und einer entsprechenden Selbstevaluation für akkreditierungsfähig halten, können auf der Grundlage einer Überprüfung durch einen externen Validator die Akkreditierung durch NAYEC zuerkannt bekommen. Im Hinblick auf das NAYEC Accreditation Program existieren verschiedene Untersuchungen zur Messgüte. Die nicht immer zufrieden stellenden Ergebnisse waren ein wesentliches Motiv für die kürzlich erfolgte Revision des Programms (vgl. Goffin in Tietze, 2006). Weitere Akkreditierungs-/Zertifizierungsansätze im internationalen Raum sind ebenfalls in Tietze (2006) aufgeführt.

Seit kurzem liegt mit dem Deutschen Kindergarten Gütesiegel ebenfalls ein fachwissenschaftlich begründeter Ansatz vor, pädagogische Qualität im Rahmen eines holistischen Feststellungsverfahrens differenziert zu erfassen. Pädagogische Qualität wird beim Kindergarten Gütesiegel in vier Qualitätsbereichen (Orientierungs-, Struktur-, Prozessqualität, Qualität der Kooperation mit Eltern) mit jeweils mehreren Qualitätsdimensionen über standardisierte Erhebungsverfahren durch externe Evaluatoren erfasst (vgl. Tietze & Förster, 2005, Tietze & Stoll in Tietze, 2006). Die Erhebungen liefern ein differenziertes Stärken-Schwächen-Profil. Über eine gewichtete Zusammenfassung der Einzelbefunde errechnet sich, ob insgesamt gesehen hohe Qualität im Sinne des Gütesiegels vorliegt. Die Standardsetzungen für hohe Qualität gehen dabei auf Empfehlungen (internationaler) Fachkommissionen und Experten zurück. Die edumetrischen Untersuchungen zum Deutschen Kindergartengütesiegel sind noch nicht abgeschlossen. Da Messgüteüberprüfungen zu Teilinstrumentarien des Gütesiegels, wie z. B. den Skalen der KES-Familie, vorliegen, können jedoch Aussagen zur Objektivität, Reliabilität und Validität bei zentralen Qualitätsdimensionen des Gütesiegels gemacht werden. Querschnitts- und Längsschnittuntersuchungen, bei denen rund die Hälfte der im Gütesiegel thematisierten Qualitätsdimensionen in ihrer Bedeutung für kindliche Entwicklung und Bildung untersucht wurden, zeigen u.a., dass durch diese Qualitätsdimensionen Entwicklungsunterschiede von bis zu einem Jahr bei Kindern im Kindergartenalter erklärt werden können und dass hohe Qualität in diesen Dimensionen des Gütesiegels sich in besseren Bildungsergebnissen noch am Ende der zweiten Grundschulklasse dokumentieren (Tietze, Roßbach & Grenner, 2005).

Ausblick ■ Evaluations- und Feststellungsverfahren, unabhängig davon, auf welcher Ebene, bei welchen Adressaten und auf welche Dimensionen bezogen sie eingesetzt werden, sind nicht mehr wegzudenkende Hilfsmittel in frühpädagogischen Handlungs-, Forschungs- und Überprüfungsprozessen. Bedeutung und Einsatz entsprechender Instrumentarien werden weiter zunehmen und damit auch das Spektrum an Verfahren, das in der Zukunft zur Verfügung steht. Die zunehmende Verwendung spiegelt die Wende von einer vorwiegend nur spekulativ orientierten hin zu einer auch empirisch unterfütterten Frühpädagogik. Nutzer sollten bei der Auswahl von Instrumentarien jedoch darauf achten, dass es sich um wissenschaftlich gesicherte, im Hinblick auf ihre Messgüte überprüfte Verfahren handelt. Ein verantwortungsvoller Einsatz setzt neben einer fundierten fachtheoretischen bzw. fachinhaltlichen Begründung auch Angaben der Autoren und Kenntnisse der Nutzer über die instrumentelle Güte voraus. Dies gilt unabhängig davon, ob es sich um die Erfassung und Dokumentation von Bildungsprozessen beim einzelnen Kind oder um eine multikriteriale Evaluation (und Zertifizierung) von Kindertageseinrichtungen als ganzer Systeme handelt.

Vor diesem Hintergrund ist zu hoffen, dass der flotte Entwurf mancher Verfahren, speziell solcher zur Erfassung und Dokumentation von Bildungsprozessen, die gegenwärtig in dem Dreieck einer unter Reformdruck stehenden Fachpolitik, einer nicht immer unteilsfähigen Praxis und methodisch unbekümmerten Anbietern erzeugt werden, eine Zwischenetappe in einer durch Aufbruchstimmung gekennzeichneten Frühpädagogik ist. Ein langfristiger Nutzen für Kinder, die Profession Frühpädagogik und die Gesellschaft wird sich nur einstellen, wenn nach wissenschaftlichen Standards entwickelte und überprüfte Verfahren von Pädagogen eingesetzt werden, die deren Anwendung beherrschen und die Beurteilung der instrumentellen Güte gelernt haben.

■ Literatur

Andres, B., Laewen, H.-J. & Pesch, L. (Hrsg.) (2005). Elementare Bildung. Handlungskonzept und Instrumente. Bd. 2. Weimar: Das Netz.
Bertelsmann Stiftung (Hrsg.) (2005). Guck mal!. Bildungsprozesse des Kindes beobachten und dokumentieren. Gütersloh: Bertelsmann.
Bilsky, W. & Flaig, M. (1986). Verhaltensbeurteilung von Kindern - Reanalyse zweier Instrumente für den Einsatz in Kindergarten und Vorschule. Diagnostica, 32, 129–141.
Cryer, D. (1999). Defining and Assessing Early Childhood Program Quality. The Annals of the American Academy of Political and Social Science, 563, 39–55.
Fried, L., Roßbach, H.-G., Tietze, W. & Wolf, B. (1992). Elementarbereich. In: K. Ingenkamp, R. S. Jäger, H. Petillon & B. Wolf (Hrsg.), Empirische Pädagogik 1970. Eine Bestandsaufnahme der Forschung in der

Bundesrepublik Deutschland (S. 197–263). Weinheim: Deutscher Studien Verlag.
Greve, W. & Wentura, D. (1997). Wissenschaftliche Beobachtung. Eine Einführung. Weinheim: Beltz.
Leutner, D. (1998). Pädagogisch-psychologische Diagnostik. In: Rost, D. (Hrsg.): Handwörterbuch Pädagogische Psychologie, 379–386. Weinheim: Beltz.
Roßbach, H.-G. (1993). Analyse von Meßinstrumenten zur Erfassung von Qualitätsmerkmalen frühkindlicher Betreuungs- und Erziehungsumwelten. Münster: Institut für sozialwissenschaftliche Forschung e.V.
Schäfer, G. (2004). Beobachten und Dokumentieren. Professionelle Instrumente, um Lern- und Forschungsprozesse des Kindes herauszufordern und mitzugestalten. In: KiTa aktuell NW, 7–8/2004, S. 148–152
Sylva, K., Siraj-Blatchford, I. & Taggart, B. (2006). Assessing Quality in the Early Years: Early Childhood Environment Rating Scale. Extension (ECERS-E): Four Curricular Subscales. Staffordshire. Trendham Books Limited.
Testzentrale Göttingen, http://www.testzentrale.de/, 27.03.2006.
Tietze, W. (Hrsg.) (2006). Qualitätssicherung in der Früherziehung. Internationale Ansätze. Leverkusen: Barbara Budrich.
Tietze, W., Bolz, M., Grenner, K., Schlecht, D. & Wellner, B. (2005). Krippen-Skala (KRIPS-R). Feststellung und Unterstützung pädagogischer Qualität in Krippen. Weinheim: Beltz.
Tietze, W. & Förster, Ch. (2005). Allgemeines pädagogisches Gütesiegel für Kindertageseinrichtungen. In: A. Diller, H. R. Leu & T. Rauschenbach (Hrsg.), Der Streit ums Gütesiegel. Qualitätskonzepte für Kindertageseinrichtungen. DJI-Fachforum Bildung und Erziehung/Band 3 (S. 31–64). München: DJI Verlag.
Tietze, W., Knobeloch, J. & Gerszonowicz, E. (2005). Tagespflege-Skala (TAS). Feststellung und Unterstützung pädagogischer Qualität in der Kindertagespflege. Weinheim: Beltz.
Tietze, W., Roßbach, H.-J. & Grenner, K. (2005). Kinder von 4 bis 8 Jahren. Zur Qualität der Erziehung in Kindergarten, Grundschule und Familie. Weinheim: Beltz.
Tietze, W., Roßbach, H.-G., Stendel, M. & Wellner, B. (2005). Hort und Ganztagsangebote-Skala (HUGS). Feststellung und Unterstützung pädagogischer Qualität in Horten und Außerunterrichtlichen Angeboten. Weinheim: Beltz.
Tietze, W., Schuster, K.-M., Grenner, K. & Roßbach, H.-G. (2005). Kindergarten-Skala (KES-R). Feststellung und Unterstützung pädagogischer Qualität in Kindergärten (3. überarb. Aufl.). Weinheim: Beltz.
Viernickel, S. & Völkel, P. (2005). Beobachten und dokumentieren im pädagogischen Alltag. Freiburg: Herder.
Wottawa. H. & Thierau, H. (2003). Lehrbuch Evaluation. Bern: Huber.

Schuleingangsdiagnostik

Gisela Kammermeyer

Unter Schuleingangsdiagnostik wird das »Insgesamt der pädagogisch-psychologischen Theorien, Modelle und Methoden verstanden, die im zeitlichen Umfeld des Schulbeginns eingesetzt werden, um Handlungen oder Entscheidungen in der Schule vorbereiten, unterstützen oder begründen zu können« (Krapp & Mandl, 1977, S. 9). Schuleingangsdiagnostik wird meist mit dem Problem der Selektion am Schulanfang in Verbindung gebracht. Soll ein Kind vorzeitig eingeschult werden oder soll es möglicherweise zurückgestellt werden? Seit Mitte der 1990-er Jahre werden die Einschulung aller Kinder und der Verzicht auf Zurückstellung gefordert (Faust-Siehl, Garlichs, Ramseger, Schwarz & Warm, 1996). Aktuelle Fragen der Schuleingangsdiagnostik sind, ob ein Kind einen zusätzlichen Förderbedarf hat, ob es beispielsweise in eine Regelklasse oder in eine Sprachlernklasse o.Ä. eingeschult werden soll.

Im Folgenden wird im ersten Schritt auf Schuleingangsdiagnostik allgemein eingegangen und dabei deren Entwicklung nachgezeichnet. Im zweiten Schritt werden spezifische Aspekte der Schuleingangsdiagnostik beleuchtet, die durch neuere Erkenntnisse der entwicklungspsychologischen Forschung zu Vorläuferfähigkeiten künftig eine größere Rolle erhalten sollten. Da sich die Diagnostik am Schulanfang derzeit in erster Linie auf die Sprachstandserfassung bezieht, wird im dritten Schritt auf diesen spezifischen Bereich näher eingegangen. Auf dieser Grundlage werden dann im letzten Schritt Anforderungen für künftige Schuleingangsdiagnostik vorgestellt.

Schuleingangsdiagnostik wird dabei in erster Linie aus der Perspektive des Vorschulbereichs betrachtet. Deshalb werden vor allem solche Verfahren berücksichtigt, die von Erzieherinnen eingesetzt bzw. bereits vor der Schule durchgeführt werden können. Da die Vorstellungen von Schuleingangsdiagnostik insbesondere von den eingesetzten Methoden geprägt werden, in denen sich die zugrunde liegenden pädagogisch-psychologischen Theorien und Modelle konkretisieren, stehen diese im Mittelpunkt der Betrachtung.

Allgemeine Schuleingangsdiagnostik ■ Kennzeichnend für die sogenannte allgemeine Schuleingangsdiagnostik ist, dass sie sich fast durchgängig auf lernzielferne distale (lernzielferne) Fähigkeiten (z. B. Wahrnehmung) bezieht. Ihre Entwicklung wird exemplarisch an konkreten Verfahren aufgezeigt. Bis in die 1970-er Jahre beherrschten meist von Psychologen durchgeführte Testverfahren das Feld der Schuleingangsdiagnostik. Für den Vorschulbereich wurden später auch Einschätzskalen und Beobachtungsverfahren entwickelt.

Traditionelle Schulreife- und Schulfähigkeitstests ■ Tests prägten lange Zeit die Vorstellung von Schuleingangsdiagnostik und haben ihre Bedeutung bis heute nicht verloren, wie die Zusammenstellung im Brickenkamp Handbuch psychologischer und pädagogischer Tests zeigt (Brähler, Holling, Leutner & Petermann, 2002). Schuleingangsdiagnostik wird häufig auf Schulreifetests reduziert und abgelehnt, der Arbeitskreis Grundschule (Faust-Siehl et al., 1996) forderte deshalb sogar den Verzicht darauf. Vor allem im Vorschulbereich ist eine große Skepsis gegenüber standardisierten Testverfahren festzustellen.

Richtungweisend für die Entwicklung von Schulreifetests war der Grundleistungstest (GLT) von Kern (1969), der auf der heute widerlegten Reifungstheorie der 1950-er und 1960-er Jahre beruht. Damals herrschte die Sichtweise vor, dass jedes Kind irgendwann schulreif wird, man müsse nur lange genug abwarten. Während im Grundleistungstest v.a. ein Merkmal, die Gliederungsfähigkeit, erfasst wurde, wurde im Anschluss daran aufgrund der Vorstellung, dass ein Mensch über ein Bündel von relativ stabilen Eigenschaften verfügt, dieses einzige Merkmal durch weitere kognitive ergänzt. Es wurden Tests entwickelt, die verschiedene, meist kognitive Merkmale erfassen (z. B. Wahrnehmung, Gedächtnis, Feinmotorik) und versuchen, die klassischen Testgütekriterien Objektivität, Reliabilität und Validität möglichst gut zu erfüllen. Diese wurden aufgrund der veränderten zugrunde liegenden Theorie nun nicht mehr Schulreife-, sondern meist Schulfähigkeitstests genannt. All diesen Tests gemeinsam ist, dass die Testwerte der einzelnen Subtests zu einem Gesamtpunktwert addiert werden; dieser wird mit einer Normtabelle verglichen und führt auf diese Weise zur Beurteilung »schulreif« bzw. »nicht schulreif«. Besonders beeindruckend ist der Nachweis der unzulänglichen prognostischen Validität traditioneller Schulreifetests. In der Augsburger Längsschnittstudie (Krapp, 1973) stellte sich heraus, dass 66 % der als nicht schulfähig diagnostizierten Kinder das erste Schuljahr erfolgreich bewältigten. Dieser »Fehler 2. Art« wird häufig übersehen, als Fehlentscheidung gelten nur die als schulfähig diagnostizierten Kinder, die im ersten Schuljahr versagen (»Fehler 1. Art«) (Krapp & Mandl, 1977).

Grundleistungstest

Im Grundleistungstest (GLT) von Kern (1969) wird die Schulreife an der visuellen Gliederungsfähigkeit festgemacht. Diese wird u.a. durch das Nachmalen eines Sätzchens von der Tafel, das Nachmalen von Formen und das Malen eines Männchens erfasst. Kern nahm an, dass sich alle Bereiche gleichmäßig entwickeln und dass es deshalb genüge, nur die Gliederungsfähigkeit zu erfassen und von dieser auf die anderen Fähigkeiten zu schließen. Diese Vorstellung ist heute eindeutig widerlegt. Der Grundleistungstest wurde bis 1968 bei mehr als 2,5 Millionen Kindern durchgeführt (Krapp & Mandl, 1978) und hatte großen Einfluss auf die Entwicklung späterer Testverfahren. Es stellte sich heraus, dass die angeblich reifungsabhängige Gliederungsfähigkeit bereits durch ein sechswöchiges Training verbessert werden kann.

Duisburger Vor- und Einschulungstest

Ein Beispiel für einen traditionellen Test ist der Duisburger Vor- und Einschulungstest (DVET) von Meis (1973). In diesem werden mit einem Papier-Bleistift-Gruppentest kognitive Fähigkeiten, wie z. B. visuelle Wahrnehmung (Formidentifikation), Erfassen und Wiedergeben geordneter Mengen (Punktzeichnen) sowie Sprachentwicklung, erfasst. Eine Befragung an 885 bayerischen Grundschulen ergab 1990, dass der Duisburger Vor- und Einschulungstest mit Abstand am häufigsten eingesetzt wurde. 1997 erschien er in einer Neubearbeitung.

Einschätzskalen
In den 1970-er Jahren setzte sich dann immer mehr die Auffassung durch, dass für die Erreichung der Schulfähigkeit Lernprozesse entscheidend sind und dass es nicht ausreicht, kognitive Aspekte zu erfassen. Dem Begriff »Schulfähigkeit« wurde der Begriff »Schulbereitschaft« zur Seite gestellt. Emotional-motivationale Merkmale können jedoch nicht mit einem traditionellen Test erfasst werden. Einschätzskalen stellen eine Möglichkeit dar, umfassendere Informationen über die Schulfähigkeit bzw. Schulbereitschaft von Kindern zu gewinnen. Auf die Praxis der Schuleingangsdiagnostik hatte dies jedoch zuerst kaum Auswirkungen. Die Kritik an den traditionellen Schulreifetests und an der Selektionsdiagnostik führte vielmehr dazu, dass die Anwendung von Schulreifetests und das Interesse an Schuleingangsdiagnostik in den 1980-er Jahren stark zurück gingen.

Beurteilungsbogen zur Diagnose der Schulfähigkeit (BEDS)
Der Beurteilungsbogen zur Diagnose der Schulfähigkeit (BEDS) von Ingenkamp (1990) gibt Erzieherinnen die Möglichkeit, anhand von 40 Items auf fünfstufigen Ratingskalen ihre Beobachtungen in strukturierter Form zusammenzufassen und für die Schuleingangsdiagnostik nutzbar zu machen. Diese werden zu den Skalen »sprachlich-kognitive Leistungen«, »Sozial- und Arbeitsverhalten« und »allgemeine Schulfähigkeit« zusammengefasst. Blumenstock (1990) kritisiert die fehlende theoretische Fundierung und die geringe prognostische Validität der allgemeinen Schulfähigkeit. Positiv bewertet er die Reliabilität des Bogens und die prognostische Validität der Skala »Sozial- und Arbeitsverhalten« und gibt zu bedenken, dass es sinnvoller wäre, manche Items in einer speziell arrangierten Situation zu beobachten als in einem allgemeinen, auf Erinnerungen gestützten Beurteilungsverfahren.

Diagnostische Einschätzskalen zur Beurteilung des Entwicklungsstandes und der Schulfähigkeit (DES)
Sehr umfassend und ganzheitlich angelegt sind die neueren Diagnostischen Einschätzskalen zur Beurteilung des Entwicklungsstandes und der Schulfähigkeit (DES) von Barth (1998). Sie sind als Diagnosehilfe zur Feststellung der Lernausgangslage für die Hand von Erzieherinnen und Lehrkräften konzipiert und umfassen 19 Aufgaben für neun Entwicklungsbereiche (Lateralität, Motorik, Wahrnehmungsverarbeitung, Gedächtnis, Körperschema, Aufmerksamkeit, Affektivität, Sozialverhalten) und neun ergänzende Einschätzungen des sozial-emotionalen Verhaltens. Das Verfahren ist aufwändig, es wird insgesamt ein Zeitbedarf von eineinhalb bis zwei Stunden veranschlagt; die einzelnen Aufgaben können aber auch auf einen Zeitraum von drei bis vier Wochen aufgeteilt werden. Theoretisch bezieht sich das Verfahren einerseits auf umstrittene Erkenntnisse zur sensorischen Integration und andererseits auf neuere entwicklungspsychologische Erkenntnisse zur frühen Vorhersage von Lese- und Rechtschreibschwächen. Die Skalen erinnern an das Bild des »Streubüchsen-Verfahrens« von Marx (1992b, S. 44); dabei stehen sehr unterschiedliche Fähigkeiten, z. B. Augenmotorik und phonologische Bewusstheit, gleichrangig nebeneinander. Über eine systematische Überprüfung der Einschätzskalen wird nichts berichtet, Angaben zu Gütekriterien fehlen. Sinnvoll ist, gezielt Beobachtungssituationen zu schaffen, um die Einschätzungen anhand der differenzierten Beobachtungshinweise vornehmen zu können und auch auf zusätzliche ergänzende Alltagsbeobachtungen hinzuweisen. Wenn eine Erzieherin im Alltag Auffälligkeiten bei einem Kind feststellt und diese gezielter und systematischer beobachten möchte, erhält sie mit den diagnostischen Einschätzskalen geeignete Anregungen.

Beobachtungsverfahren ■ Seit Ende der 1980-er Jahre rückten in der Schuleingangsdiagnostik nicht nur Einschätzskalen, sondern auch Beobachtungsverfahren von Kindern in den Vordergrund. In Einschätzskalen wird das Verhalten von Kindern im Kindergartenalltag über einen längeren Zeitraum zusammenfassend festgehalten, in den im Folgenden angeführten Beobachtungsverfahren hingegen werden strukturierte Situationen geschaffen, in denen bestimmte Verhaltensweisen gezielt und systematisch beobachtet werden können. Grundlage dieser Verfahren ist das ökologisch-systemische Schulfähigkeitsverständnis von Nickel (1981), das Schulfähigkeit als interaktionistisches Konstrukt betrachtet, das aus vier Teilsystemen besteht. Das Schulfähigkeitskonstrukt bezieht sich auf die gesamte Umwelt des Kindes als System und richtet den Blick nicht nur auf den Schulanfänger und dessen Fähigkeiten (z. B. kognitive und emotional-motivationale Kriterien), sondern in besonderer Weise auch auf Bedingungen der Schule (z. B. Bedingungen des Anfangsunterrichts) und der Ökologie (z. B. Anregungen in vorschulischen Einrichtungen) sowie auf die gesamtgesellschaftliche Situation (z. B. Bedingungen des Schulsystems).

Wenn Auffälligkeiten festgestellt werden, werden die künftigen Schulanfänger bei einem Schulspiel umfassend und systematisch in einer strukturierten Spielsituation beobachtet. Die Beobachtung kann auch im Rahmen der Schuleinschreibung bei einer so genannten Schnupperstunde durchgeführt werden. Das Kieler Einschulungsverfahren von Fröse, Mölders und Wallrodt (1986) war Ausgangspunkt für die Entwicklung von so genannten informellen Verfahren. In diesen stellen Lehrer aufgrund ihres Erfahrungswissens Aufgaben zusammen, mit deren Hilfe sie Aufschluss über die Schulfähigkeit erhalten wollen. Bei informellen Verfahren wird deutlich, dass Schulfähigkeit nicht nur vom Kind abhängt, sondern auch als soziokulturelles Konstrukt, als gemeinsame, subjektive Theorie von Lehrern verstanden werden kann, da diese Verfahren ihre Gültigkeit aus der Übereinstimmung zwischen Kollegen beziehen. Allerdings fehlen Aussagen zu Gütekriterien, es findet keine statistische Bearbeitung der Aufgaben statt und es gibt auch keine speziellen Untersuchungen zur Erprobung. Es besteht die Gefahr, dass subjektive, wenig reflektierte Praktiken das Feld beherrschen (Ingenkamp, 1991, S. 761).

Kieler Einschulungsverfahren

Die systematische Beobachtung im Rahmen eines Unterrichtsspiels ist der Kern des Kieler Einschulungsverfahrens von Fröse, Mölders und Wallrodt (1986). Dem Verfahren liegt eine umfassende Sicht der Persönlichkeit des Kindes zugrunde. Erfasst werden Wahrnehmung, Mengenerfassung, Denkfähigkeit, Kenntnisse, Sprache, Gedächtnis, Motorik, Leistungsmotivation, Arbeitsverhalten, sozialer und emotionaler Bereich. Die Kinder spielen bzw. bearbeiten in Gruppen zu je sechs Kindern Aufgaben in einer strukturierten unterrichtsähnlichen Situation und werden dabei im Hinblick auf die genannten Fähigkeiten beobachtet.

Das Kieler Einschulungsverfahren beschränkt sich jedoch nicht auf Beobachtung, darüber hinaus werden Daten aus weiteren Informationsquellen (Elterngespräch, Gespräch mit vorschulischen Einrichtungen, gegebenenfalls Einzeluntersuchung) erhoben. Die Diagnose der Schulfähigkeit eines Kindes wird damit auf eine sehr breite Basis gestellt. In einem Gespräch werden alle Daten zusammengefasst und aufgrund der »subjektiven Beurteilungskompetenz des Lehrers« gewichtet.

In der Schulpraxis erfreut sich das Kieler Einschulungsverfahren großer Akzeptanz. Besonders die kindgemäße Gestaltung der Erhebungssituation (»Spielsituation statt Testsituation«) stellt eine wichtige Weiterentwicklung in der Schuleingangsdiagnostik dar. Eine Überarbeitung des Verfahrens wäre jedoch dringend notwendig, im Hinblick auf eine stärkere Orientierung an Gütekriterien, im Hinblick auf ein Mindestmaß an Methodisierung der Dateninterpretation bzw. -reduktion, um eine intersubjektive Überprüfung zu gewährleisten und im Hinblick auf die stärkere Ausrichtung auf Vorläuferfähigkeiten. Zudem ist zu kritisieren, dass zwar Informationen aus vorschulischen Einrichtungen in das Konzept einbezogen werden, die »subjektive Beurteilungskompetenz« der Erzieherin jedoch nicht genutzt wird.

Erfassung spezifischer Vorläuferfähigkeiten ■
In der allgemeinen Schuleingangsdiagnostik werden in Tests, Einschätzskalen und Beobachtungsverfahren lernzielferne (distale) Fähigkeiten (z. B. Wahrnehmung, Motorik) überprüft, es wird ein »Blick in die Breite« eingenommen. Aufgrund empirischer Studien wissen wir jedoch heute, dass lernzielnahe (proximale) Fähigkeiten zur Prognose des Schulerfolgs besonders bedeutsam sind, dass deshalb ergänzend auch ein »Blick in die Tiefe« eingenommen werden sollte.

Für die Entwicklung des Lesens und Rechtschreibens ist in erster Linie die phonologische Bewusstheit (Schneider & Näslund, 1993) und in zweiter Linie das Vorwissen über Schrift bedeutsam. Für die mathematische Entwicklung stellte sich das mengen- und zahlenbezogene Vorwissen (Krajewski, 2003) als bedeutsam heraus. Auch wenn im Einzelfall andere Schulfähigkeitskriterien wichtig sein können, kann nach derzeitigem Stand der Forschung davon ausgegangen werden, dass die Diagnose und Förderung der genannten Vorläuferfähigkeiten besonders effektiv ist. Aus diesem Grund erhalten in der heutigen Schuleingangsdiagnostik die Erfassung von Vorläuferfähigkeiten eine zentrale Bedeutung.

Schriftsprachliche Vorläuferfähigkeiten ■
Auskunft über die Bedeutung von lernzielnahen schriftsprachlichen Vorläuferfähigkeiten für den Schulerfolg im Vergleich zur lernzielfernen allgemeinen Intelligenz gibt eine Studie von Marx (1992). Sie zeigt, dass die vorschulische Intelligenz kein aussagekräftiger Prädiktor für den Erwerb grundlegender Schriftsprachfertigkeiten ist. Mit lernzielnahen spezifischen Prädiktoren (z. B. phonologische Bewusstheit) hingegen konnten Schriftsprachleistungen treffsicher vorhergesagt werden. Zusätzlich ergab sich, dass dem Erzieherrating zumindest auf den ersten Blick ein gewisses Maß an Vorhersagekraft nicht abgesprochen werden kann (Marx, 1992, S. 274).

Die Ursache-Wirkungs-Beziehung zwischen schriftsprachlichen Vorläuferfähigkeiten und Schulerfolg wurde in der LOGIK-Studie von Schneider und Näslund (1993) genauer untersucht. In einer komplexen Analyse zeigte sich, dass die phonologische Bewusstheit den bedeutsamsten Einfluss auf Leseverständnis und Rechtschreiben hat und dass darüber hinaus auch frühe schriftsprachliche Erfahrungen (Literacy) und spezifische Gedächtniskapazitäten eine Rolle spielen. Der Einfluss der phonologischen Bewusstheit ist im Vergleich zum Einfluss früher schriftsprachlicher Erfahrungen etwa doppelt so groß.

Unter »phonologischer Bewusstheit« wird die Fähigkeit verstanden, die Aufmerksamkeit von der Bedeutung einer Mitteilung abzuwenden und auf den formalen Aspekt der Sprache hin zu lenken. Sie zeigt sich in der Fähigkeit, Laute herauszuhören, Reime zu erkennen und Wörter in Silben zu gliedern. Bei der phonologischen Bewusstheit wird unterschieden zwischen der phonologischen Bewusstheit im weiteren Sinne, die sich auf den Sprachrhythmus bezieht (reimen, Silben klatschen) und sich in der Regel im Kindergartenalter entwickelt, und der phonologischen Bewusstheit im engeren Sinne, die den bewussten Umgang mit Phonemen betrifft (z. B. An- und Endlaut heraushören) und im Vorschulalter meist nur in Anfängen vorhanden ist.

Bielefelder Screening (BISC)
Die phonologische Bewusstheit kann im Kindergarten durch das Bielefelder Screening (BISC) von Jansen, Mannhaupt, Marx und Skowronek (1998) erfasst werden. Dabei handelt es sich um ein Sichtungsverfahren, das für Kinder entwickelt wurde, die noch keinen Unterricht im Schriftspracherwerb hatten. Es wird zehn und/oder vier Monate vor der Einschulung eingesetzt, dauert ca. 35 Minuten und erfasst nicht nur die phonologische Bewusstheit im weiteren Sinne (Reimen, Silbensegmentieren) und im engeren Sinne (Laut-zu-Wort-Vergleich, Laute assoziieren), sondern auch das phonetische Re-

codieren im Arbeitsgedächtnis (Pseudowörter nachsprechen), die Recodiergeschwindigkeit im Lexikon (schnelles Benennen der Farbe unfarbig dargestellter Objekte bzw. farbig inkongruenter Objekte) und die Aufmerksamkeit für visuelle Symbolfolgen (Wort-Vergleich-Suchaufgaben).

Besonders wichtig ist die prognostische Validität des Verfahrens, die insgesamt an über 1.100 Kindern u.a. mit differenzierten Klassifikationsanalysen überprüft wurde. Marx (1992) konnte belegen, dass aufgrund der vorschulisch erhobenen phonologischen Bewusstheit von 26 Kindern, die am Ende des zweiten Schuljahres zu den 15 % schwächsten Lesern oder Rechtschreibern gehörten, schon zehn Monate vor der Einschulung 21 Kinder richtig klassifiziert werden konnten.

Insgesamt stellt das Bielefelder Screening (BISC) (Jansen u.a., 1998) einen großen Gewinn für die Schuleingangsdiagnostik dar, da mit diesem die Früherkennung von Lese-Rechtschreibschwierigkeiten mit einer erfreulich hohen Wahrscheinlichkeit im Individualfall möglich ist, auch wenn in der Münchner LOGIK-Studie (Schneider & Näslund, 1993) die Identifikationsrate von Risikokindern nicht in der gleichen Qualität bestätigt werden konnte.

Anlaute hören, Reime finden, Silben klatschen (ARS)

Da das Bielefelder Screening (BISC) (Jansen u.a., 1998) sehr aufwändig ist und nur von besonders ausgebildeten Diagnostikern, meist Psychologen, durchgeführt werden kann, findet in der Praxis häufig keine Erhebung der phonologischen Bewusstheit statt. Um diesem Mangel abzuhelfen, wurde von Martschinke, Kammermeyer, King und Forster (2004) das Verfahren »Anlaute hören, Reime finden, Silben klatschen (ARS)« entwickelt. Es baut auf dem Bielefelder Screening (BISC) (Jansen u.a., 1998) und auf dem »Rundgang durch Hörhausen« (Martschinke, Kirschhock & Frank, 2001), einem kindgemäßen Verfahren zur Erfassung der phonologischen Bewusstheit im Anfangsunterricht, auf. Mit ARS können Erzieherinnen und Lehrerinnen in ökonomischer Weise Informationen darüber erhalten, wie diese Vorläuferfähigkeit bei den Kindern ausgeprägt ist, um Trainings- bzw. Förderangebote möglichst gezielt anbieten zu können. ARS enthält 18 Aufgaben zur phonologischen Bewusstheit im weiteren Sinn (»Silben klatschen« und »Reime finden«) und zur phonologischen Bewusstheit im engeren Sinn (»Anlaute hören«). Ausgewählt wurden jeweils die Aufgabenbereiche, die beim »Rundgang durch Hörhausen« für Schulanfänger im Durchschnitt am leichtesten waren. Bei der Konzeption spielten nicht nur die Hauptgütekriterien Objektivität, Reliabilität und Validität, sondern auch die Nebengütekriterien Normierung und Ökonomie eine wichtige Rolle. Es liegen Vergleichsdaten von über 1.000 Schülern vor (Normierung) und es ist in lediglich fünfzehn Minuten durchzuführen (Ökonomie). Um sicherstellen zu können, dass Kinder mit nicht-deutscher Muttersprache die Anweisungen richtig verstehen, liegt eine CD-Rom mit den Anweisungen in zehn Sprachen vor.

Gruppentest zur Früherkennung von Lese- und Rechtschreibschwierigkeiten

Die phonologische Bewusstheit bei Kindergartenkindern und Schulanfängern kann auch mit dem Gruppentest zur Früherkennung von Lese- und Rechtschreibschwierigkeiten von Barth und Gomm (2004) erfasst werden. Der Test, der in Gruppen bis zu acht Kindern auch in der Kindertagesstätte durchgeführt werden kann, besteht aus sechs Subtests (Reimwörter erkennen, Silbensegmentierung, Anlautanalyse, Lautsynthese und Identifikation des Endlautes), die in eine Rahmengeschichte von »Zwerg Naseweis Albert« eingebunden sind. Er dauert 45 Minuten, die Zeitdauer pro Untertest ist festgelegt. Der Gruppentest wurde einer statistischen Überprüfung unterzogen, die nicht im Handbuch, sondern im Internet veröffentlicht wurde. Die Klassifikationsanalysen ergeben, dass 85 % der Kinder richtig klassifiziert wurden. Damit liegt eine weitere geeignete Alternative zur Erfassung der bedeutsamen phonologischen Bewusstheit vor.

Lesestufen – Ein Instrument zur Feststellung und Förderung der Leseentwicklung

Neben der phonologischen Bewusstheit sind Erfahrungen mit Schrift für die Prognose des Schulerfolgs im Schriftspracherwerb bedeutsam. Das einzige deutschsprachige Verfahren dazu liegt von Niedermann und Sassenroth (2002) vor. Auf der theoretischen Grundlage der Stufen des Schriftspracherwerbs wird mit Hilfe des Bilderbuches »Dani hat Geburtstag« die frühe Leseleistung eines Kindes in ein Stufenmodell eingeordnet, um anschließend eine bessere Hilfestellung für den nächsten Entwicklungsschritt geben zu können. Es geht nicht darum Kinder zu vergleichen, sondern Ziel ist es, bessere Hilfestellungen für die weitere Leseentwicklung geben zu können, denn jede Lesestufe zeichnet sich durch die Anwendung bestimmter Lesestrategien aus. Jede Seite des Bilderbuches entspricht einer Phase des Stufenmodells. Das Kind wird beim Ansehen des Buches mit phasenspezifischen Leitfragen zu Äußerungen angeregt, die Informationen für die Einstufung geben. Untersuchungen zur Beobachterübereinstimmung ergaben befriedigende Ergebnisse. Differenzierte teststatistische Daten werden als nicht notwendig erachtet. Niedermann und Sassenroth haben mit ihrem Bilderbuch ein sehr kindgemäßes Erhebungsverfahren entwickelt. Das strukturierte Gespräch beim Anschauen eines Bilderbuches stellt eine geeignete kindgemäße Erhebungsform für die Schuleingangsdiagnostik dar.

Mathematische Vorläuferfähigkeiten ■

Als spezifische Vorläuferfähigkeit für Mathematik kann das mengen- und zahlenbezogene Vorwissen bezeichnet werden. Krajewski (2003) konnte belegen, dass die Kinder, die im Kindergarten an Aufgaben zum Mengen- und Zahlenvorwissen gescheitert waren, später eine Rechenschwäche zeigten. Im Gegensatz hierzu hatten Unterschiede hinsichtlich der lernzielfernen Fähigkeit zur räumlichen Vorstellung, zur Konzentrationsfähigkeit sowie zum Sprachverständnis über den Vorwissenseffekt hinaus keinen prädiktiven Wert für die schulischen Mathematikleistungen.

Osnabrücker Test zur Zahlbegriffsentwicklung (OTZ)

Der Osnabrücker Test zur Zahlbegriffsentwicklung (OTZ) von Van Luit, Van de Rijt und Hasemann (2001) ist das derzeit einzige Verfahren zur Erfassung von Vorläuferfähigkeiten in Mathematik. Es wurde für Kinder zwischen fünf und siebeneinhalb Jahren konzipiert und kann sowohl im Kindergarten als auch in der ersten Klasse eingesetzt werden. Ziel des Tests ist es, etwa in der Mitte des zweiten Kindergartenjahres diejenigen Kinder zu identifizieren, bei denen die Zahlbegriffsentwicklung relativ zu der ihrer Altersgenossen verzögert ist. Entwicklungsstufen der Zahlbegriffsentwicklung werden in der Handanweisung referiert. Es liegen Altersnormtabellen vor, mit denen das Niveau der Zahlbegriffsentwicklung ermittelt werden kann. Der frühe Zahlbegriff besteht aus folgenden acht Komponenten des Wissens über numerische und nicht-numerische Quantitäten: Vergleichen, Klassifizieren, Eins-zu-eins-Zuordnen, nach Reihenfolgen ordnen, Zahlwörter gebrauchen, strukturiertes Zählen, resultatives Zählen, allgemeines Zahlenwissen. Das Verfahren wurde sowohl an 823 holländischen als auch an 330 deutschen Kindern differenziert überprüft. Mit dem Osnabrücker Test zur Zahlbegriffsentwicklung von Van Luit u.a. (2000) wurde eine wichtige Lücke in der lernzielnahen Schuleingangsdiagnostik geschlossen. Leider ist die grafische Gestaltung der Aufgaben nicht besonders ansprechend. Zu kritisieren ist vor allem, dass diese nicht auf deutsche Verhältnisse angepasst wurde. Eine Überprüfung der prognostischen Validität liegt nicht vor.

Erfassung sprachlicher Fähigkeiten ■

Die Erfassung sprachlicher Fähigkeiten bei ein- und mehrsprachigen Kindern wird derzeit in allen Bundesländern als besonders wichtig erachtet, weshalb auf diesem Gebiet auch neue Verfahren entwickelt wurden. Zur Einschätzung dieser Verfahren liegen zwei aktuelle und ausführliche, auch im Internet zugängliche Expertisen vor. Fried (2004) verfasste im Auftrag des Deutschen Jugendinstituts (DJI) eine Expertise zu Sprachstandershebungen für Kindergartenkinder und Schulanfänger. Vom Bundesministerium für Bildung und Forschung (2005) wurden umfassende Anforderungen an Verfahren der regelmäßigen Sprachstandsfeststellung als Grundlage für die frühe und individuelle Förderung von Kindern mit und ohne Migrationshintergrund herausgegeben. Da dort zu allen Verfahren differenziertere Darstellungen zu finden sind, wird dieser Bereich nur knapp und exemplarisch dargestellt, wobei versucht wird, einen Eindruck von der Unterschiedlichkeit der Verfahren, ihrer zugrunde liegenden Ansätze und deren Einsatz in der Praxis aufzuzeigen.

Einsprachige Kinder ■ Bei den Verfahren für einsprachige Kinder wird einerseits die bei Erzieherinnen bekannte und weit verbreitete, aber auch umstrittene Differenzierungsprobe aufgegriffen und andererseits ein theoretisch fundiertes und für Erzieherinnen zwar geeignetes, aber in der Praxis noch wenig bekanntes Verfahren vorgestellt.

Differenzierungsprobe (DP 1)
Die weit verbreitete Differenzierungsprobe (DP 1) von Breuer und Weuffen (2003) soll basale Sprachwahrnehmungsleistungen erfassen. Sie wurde bereits zu Beginn der 1970-er Jahre entwickelt und überprüft die Differenzierungsfähigkeit im optisch-graphomotorischen, phonematisch-akustischen, kinästhetisch-artikulatorischen, melodisch-intonatorischen und im rhythmischen Bereich. Die vor 30 Jahren entwickelte Differenzierungsprobe bezieht neuere Forschungsergebnisse nicht mit ein. Einerseits bezweifeln Brunner und Schöler (2001) die Reliabilität des Verfahrens, dessen Einsatz bei der Einschulungsuntersuchung 2000/2001 dazu geführt hat, dass 40 % der Kinder bei Differenzierungsleistungen als entwicklungsgestört diagnostiziert worden sind, andererseits berichtet Fried (2004) von Längsschnittstudien in Finnland, die für die Validität des Verfahrens sprechen.

Sprachscreening für das Vorschulalter (SSV)
Mit dem Sprachscreening für das Vorschulalter (SSV) von Grimm (2003), einer Kurzform des Sprachentwicklungstests (SETK 3–5) von Grimm (2001) kann sehr ökonomisch in nur zehn Minuten herausgefunden werden, ob eine prognostisch relevante Sprachentwicklungsverzögerung vorliegt. Aus den Ergebnissen können valide Aussagen für den schulischen Leistungsbereich abgeleitet werden, da die Testwerte hoch mit Lese-Rechtschreibwerten korrelieren. Mit diesem Verfahren werden aufgrund eines empirisch gut abgesicherten Sprachentwicklungsmodells rezeptive und produktive sowie auditive Sprachverarbeitungsfähigkeiten erfasst. Geprüft wird das phonologische Arbeitsgedächtnis für Nichtwörter und das Satzgedächtnis.

Mehrsprachige Kinder ■ Ausgewählt wird ein eher umstrittenes Verfahren für die Erfassung sprachlicher Fähigkeiten von mehrsprachigen Kindern, das punktuell im Rahmen der Schuleinschreibung verpflichtend und flächendeckend zur Selektion eingesetzt wird, ein Verfahren, bei dem die kontinuierliche Beobachtung im Kindergartenalltag im Mittelpunkt steht, das weit verbreitet und von Erzieherinnen geschätzt wird, sowie ein Verfahren, das hohen theoretischen Ansprüchen genügt, aber sehr aufwändig und noch wenig verbreitet ist.

Kenntnisse in Deutsch als Zweitsprache erfassen
Im Auftrag des Bayerischen Staatsministeriums für Unterricht und Kultus wurde vom Staatsinstitut für Bildungsforschung (ISB) (2002) ein Screening-Modell für Schulanfänger »Kenntnisse in Deutsch als Zweitsprache erfassen« entwickelt. Ziel dieses in Bayern verpflichtenden abgestuften Screenings ist es, im Rahmen der Schuleinschreibung zu entscheiden, ob ein Kind in eine Sprachlernklasse eingeschult werden soll. Auf der ersten Stufe soll das Kind einfache Fragen beantworten, auf der zweiten wird versucht, mit kindgerechten Themen das Kind zu sprachlichen Äußerungen anzuregen und auf der dritten Stufe wird hierfür zusätzliches Bildmaterial eingesetzt. Innovativ ist die vierte Stufe des Screenings, auf der die Kinder an Spielstationen mit Spielpartnern aus der

dritten oder vierten Jahrgangsstufe spielen und dabei systematisch beobachtet werden. Der Beobachtungsbogen ist wenig differenziert. Er enthält nur die beiden sehr allgemeinen Kategorien »Sprache« und »allgemeine Reaktion«, die mit A, B oder C eingestuft werden. Auch die Erklärungen zum Beobachtungsbogen sind sehr knapp. Weiterführend erscheint der Versuch, eine echte Spielsituation statt einer Testsituation zu gestalten. Bedenklich ist jedoch, dass die Autoren sich nur auf Erfahrungen bei der Erprobung beschränken und dass Angaben zu Gütekriterien nicht vorliegen.

Sprachverhalten und Interesse an Sprache bei Migrantenkindern im Kindergarten (SISMIK)

Kernstück des Verfahrens SISMIK von Ulich und Mayr (2003) ist die systematische Beobachtung des Sprachverhaltens der Kinder in der Kindertagesstätte. Sie werden in verschiedenen Situationen, am Frühstückstisch, beim Rollenspiel, in der Freispielzeit, im Einzelgespräch mit der Erzieherin, im Stuhlkreis, bei der Bilderbuchbetrachtung in der Kleingruppe und beim selbstständigen Umgang mit Bilderbüchern systematisch beobachtet. Darüber hinaus wird auch die phonologische Bewusstheit im Zusammenhang mit Reimen und Phantasiewörtern erfasst. Die Konzeption des Beobachtungsverfahrens SISMIK ist weiterführend, weil hier erstmals ein systematisches Beobachtungsinstrument vorliegt, das nicht nur die Sprachentwicklung in natürlichen Situationen im Alltag beobachtet, sondern auch schriftsprachliche Vorläuferfähigkeiten (phonologische Bewusstheit und Wissen über Schrift) und das für die Einschätzung der weiteren Entwicklung bedeutsame Interesse berücksichtigt. In Vorbereitung ist ein vergleichbares Verfahren zur Erfassung der Sprachentwicklung und Literacy bei deutschsprachig aufwachsenden Kinder (SELDAK) (Ulich & Mayr, im Druck).

Hamburger Verfahren zur Analyse des Sprachstandes bei 5-Jährigen (HAVAS-5)

Das Hamburger Verfahren zur Analyse des Sprachstandes (HAVAS) von Reich und Roth (2003) wurde nicht für die Schuleingangsdiagnostik entwickelt. Das Verfahren soll als Grundlage für eine darauf aufbauende individuelle Förderung dienen. Es wird hier angeführt, weil es sehr differenziert ist, sich am aktuellen Theoriestand der Zweitspracherwerbsforschung orientiert und empirisch erprobt wurde. Bei HAVAS sollen die Kinder eine Bildgeschichte versprachlichen. Die Aussagen des Kindes werden auf einem Tonträger festgehalten und die Bewältigung der Aufgabe wird anhand differenzierter Kategorien hinsichtlich Aufgabenbewältigung, Bewältigung der Gesprächssituation, verbaler Wortschatz, Formen und Stellung im Verb und Verbindung von Sätzen eingeschätzt. Die hierzu verwendeten Kategorien können nach Reich (2005, S. 160) als »Stellvertreter« für andere, ähnliche Aspekte des Sprachstandes angesehen werden. Die Erhebung dauert zwar nur fünfzehn Minuten, die Auswertung der Tonbandaufnahmen ist jedoch aufwändig, aber sehr differenziert und stellt hohe Anforderungen an Erzieherinnen und Lehrkräfte. Fried (2004) stellt positiv heraus, dass das Verfahren sich am aktuellen Theoriestand der Zweitspracherwerbsforschung orientiert und peniblen Aufgabenanalysen unterzogen wurde. Eine abschließende Bewertung steht jedoch noch aus, weil die Studien zur prognostischen Validität noch nicht abgeschlossen sind.

Anforderungen an Schuleingangsdiagnostik

■ Abschließend werden einige grundsätzliche Anforderungen an Schuleingangsdiagnostik in Anlehnung an Burgener-Woeffray (1996) formuliert. Hierbei wird zuerst von gesellschaftlichen Anforderungen ausgegangen, indem unterschiedliche Ziele von Schuleingangsdiagnostik thematisiert werden. Es folgen methodische Anforderungen, die sich auf die Beachtung von Gütekriterien beziehen und frühpädagogische Anforderungen, die die Bedeutung einer kindgemäßen Erhebungssituation herausstellen. Abschließend werden inhaltliche Anforderungen angeführt. Hierbei wird die Notwendigkeit eines »Blicks in die Tiefe« hin zur Erfassung von Vorläuferfähigkeiten betont. Gleichzeitig wird jedoch auch die Notwendigkeit eines »Blicks in die Breite« aufgezeigt, der die Schuleingangsdiagnostik in einen ökosystemischen Zusammenhang stellt.

Gesellschaftliche Anforderungen ■ Um Schuleingangsdiagnostik differenziert beurteilen zu können, ist deren gesellschaftliche Funktion zu berücksichtigen. Die Zielstellung hängt letztlich von bildungspolitischen Vorgaben ab. Schuleingangsdiagnostik wird nach wie vor vielfach auf Selektion reduziert und negativ bewertet. Die Forderung nach Modifikations- statt Selektionsdiagnostik wird schon seit den 1970-er Jahren gestellt. Verpflichtende Schuleingangsdiagnostik wird zur Zeit in Bayern bei den Fünfjährigen durchgeführt, bei denen es um die Frage der frühzeitigen Einschulung geht. Eine weitere Fragestellung bezieht sich auf die Einschulung in eine Sprachlern- oder Regelklasse, wozu das Screening »Kenntnisse in Deutsch als Fremdsprache« verwendet wird. In Rheinland-Pfalz geht es in der verpflichtenden Schuleingangsdiagnostik darum, herauszufinden, ob die Kinder, die keinen Kindergarten besuchen, an einem Sprachförderprogramm im Kindergarten teilnehmen müssen. Die hohe Bedeutung der Schuleingangsdiagnostik in Großbritannien zeigt sich daran, dass bei allen Vier-/Fünfjährigen beim Eintritt in die »reception class« die Lernvoraussetzungen für Lesen und Mathematik festgestellt werden. Diese Informationen werden für die Förderung im Anfangsunterricht genutzt und sind Ausgangspunkt für die Feststellung der Lernfortschritte bei den Sieben-/Achtjährigen. Sie dienen außerdem auf der Ebene der einzelnen Schule als Grundlage für die Verteilung von Ressourcen.

Festzuhalten ist jedoch, dass Schuleingangsdiagnostik selbst keine Entscheidung trifft, sie liefert lediglich Informationen zur Begründung einer Entscheidung. Die einzelnen Verfahren sind nur Werkzeuge für die Beantwortung einer bestimmten Fragestellung. Die meisten Verfahren dienen explizit einer bestimmten Zielstellung (z. B. der darauf aufbauenden individuellen Förderung) und dürfen nicht für andere Zwecke (z. B. Selektion) verwendet werden.

Methodische Anforderungen ■ Auch wenn sich einige Verfahren bewusst von Gütekriterien distanzieren und diese für nicht notwendig erachten, haben die klassischen Gütekriterien Objektivität, Reliabilität (Zuverlässigkeit) und Validität (Gültigkeit) nach wie vor eine herausragende Bedeutung. Darüber hinaus sind ebenfalls die Nebengütekriterien Normierung und Ökonomie zu berücksichtigen. Eine Vergleichsstichprobe erscheint notwendig, um Einschätzungen nicht von den subjektiven und begrenzten Erfahrungen des Diagnostikers abhängig zu machen. Da für Schuleingangsdiagnostik nicht unbegrenzt Ressourcen zur Verfügung stehen, ist auch die Forderung nach Ökonomie angemessen einzubeziehen. Darüber hinaus plädiert Jäger (1997) dafür, die allseits anerkannten Gütekriterien, die eher mechanistisch und oberflächlich sind, weiter zu entwickeln. Er fordert, dass sich die erhobenen Ausgangsdaten zur Einleitung pädagogischer Maßnahmen eignen müssen und dass der diagnostische Prozess den Alltag der betroffenen Personen simulieren muss.

Für die Schuleingangsdiagnostik bedeutet dies, dass zielgerichtet Informationen eingeholt werden, die der Lehrer oder die Erzieherin für ihre Förderung nutzen können. Dabei ist es nach Meinung von Jäger (1997) gleichgültig, ob die gewonnenen Daten mit Hilfe der Einschätzungen von Erzieherinnen oder unter Anwendung eines kindgerechten schuleingangsdiagnostischen Verfahrens gewonnen werden. Wenn das Gütekriterium Handlungsbezug als Leitvorstellung verwendet wird, erübrigt sich die Polarisierung zwischen Beobachtungsverfahren und Tests. Das neue Gütekriterium Simulation von Alltag verweist auf die Bedeutung der Erhebungssituation, die in der Diagnostik von sehr jungen Kindern eine besonders große Rolle spielt.

Frühpädagogische Anforderungen ■ Die weit verbreitete Ablehnung von Tests hängt in hohem Maße auch damit zusammen, dass Testsituationen als künstlich und Angst machend und deshalb als nicht kindgemäß angesehen werden. Es wird deshalb vermehrt gefordert, Spielsituationen statt Testsituationen in der Schuleingangsdiagnostik zu nutzen (Burgener-Woeffray, 1996). Auch wenn diese Forderung auf den ersten Blick sehr plausibel zu sein scheint, ist festzuhalten, dass auch eine Testsituation sehr kindgemäß gestaltet und von den Kindern als positive Herausforderung angenommen werden kann (z. B. der »Rundgang durch Hörhausen« von Martschinke et al., 2001).

Eine Spielsituation wurde erstmals mit dem Kieler Einschulungsverfahren von Fröse et al. (1986) in die Schuleingangsdiagnostik eingeführt und von Praktikern positiv bewertet. Eine interessante Neuentwicklung, die aber noch genauer geprüft werden müsste, stellen die Spielstationen im Screening »Kenntnisse in Deutsch als Zweitsprache erfassen« (Institut für Schulpädagogik und Bildungsforschung, 2002) dar, an denen das künftige Schulkind beim Spiel mit einem älteren Schulkind beobachtet wird. Auch das Anschauen eines Bilderbuches (Niedermann & Sassenroth, 2002) kann als geeignete Erhebungsmethode gewertet werden, die den Alltag simuliert.

Eine weitere, bisher kaum genutzte kindgemäße diagnostische Situation ist das systematische strukturierte Gespräch. Es eignet sich vor allem zur Erfassung nicht kognitiver Merkmale (z. B. Interesse, Selbstkonzept, Selbstwirksamkeit, Lernfreude), die in der Schuleingangsdiagnostik häufig vernachlässigt werden, als Übergangsbewältigungskompetenzen aber eine nicht zu unterschätzende Bedeutung haben. Wenn diese berücksichtigt werden, dann geschieht dies meist nur aus der Perspektive der Erwachsenen (Eltern oder Erzieherin), deren Einschätzungen größtenteils auf zufälligen Alltagsbeobachtungen beruhen. Da sich ein künftiger Schulanfänger mit dem hoch bedeutsamen Übergang vom Kindergarten in die Schule normalerweise intensiv beschäftigt, sollte auch die Perspektive des Kindes in der Schuleingangsdiagnostik stärkere Beachtung finden und systematischer einbezogen werden.

Bisher kaum berücksichtigt wird auch die Möglichkeit der systematischen Analyse von Arbeitsprodukten. So wie im Kindergarten üblicherweise die künstlerischen Werke der Kinder in einer Mappe gesammelt werden, sollten auch ihre schriftsprachlichen und mathematischen Produkte systematisch in einem Portfolio gesammelt werden. Diese geben dann am Schulanfang Auskunft über den schriftsprachlichen und mathematischen Entwicklungsprozess und den derzeitigen Entwicklungsstand des Kindes, wie er sich in natürlichen Situationen (z. B. im Rollenspiel) gezeigt hat.

Inhaltliche Anforderungen ■ In den subjektiven Theorien von Lehrkräften und Erzieherinnen sind übereinstimmend lernzielferne Schulfähigkeitskriterien (z. B. Konzentration, Wahrnehmung) wichtig, lernzielnahe Kriterien (z. B. Mengenerfassung und Gliederungsfähigkeit) hingegen werden übereinstimmend als weniger bedeutsam angesehen (Kammermeyer, 2000). Die Bedeutung von Vorläuferfähigkeiten für die Schuleingangsdiagnostik wird offensichtlich noch nicht klar genug erkannt, wie auch der Blick in die Neuauflage des Brickenkamp Handbuch psychologische und pädagogische Tests (Brähler et al., 2002) unter dem Stichwort Schuleingangsdiagnostik zeigt.

Schuleingangsdiagnostik darf sich jedoch nicht nur auf Vorläuferfähigkeiten beschränken. Auch nicht-kognitive Kriterien der Schulfähigkeit wie Interesse, aber auch Übergangsbewältigungsfähigkeiten wie Selbstkonzept, Selbstwertgefühl und Selbstwirksamkeit sind für das Gelingen des Übergangs von der Kindertagesstätte in die Grundschule bedeutsam und sollten in der Schuleingangsdiagnostik berücksichtigt werden. Die Notwendigkeit, in der Schuleingangsdiagnostik den Blick auf die Gesamtpersönlichkeit des Kindes zu richten, wird von Lehrkräften und Erzieherinnen gleichermaßen betont (Kammermeyer, 2000).

Die Erkenntnis, dass Schulfähigkeit ein Passungsbegriff ist und nicht einseitig am Kind festgemacht werden kann, lenkt den Blick auf das Umfeld des Kindes. Da Schulanfänger mit ähnlichen Testpunktwerten in verschiedenen Schulen und teilweise sogar in Parallelklassen derselben Schule unterschiedliche Erfolgschancen haben (Nickel, 1981), darf Schuleingangsdiagnostik heute nicht mehr auf eine Individualdiagnostik eingeengt werden. Diese umfassende theoretische Sichtweise wird im ökosystemischen Schulfähigkeitsmodell von Nickel (1981) überzeugend aufgezeigt. Eine wichtige Konsequenz für die Schuleingangsdiagnostik ist die Forderung, Daten aus mehreren Informationsquellen (z. B. Unterrichtsspiel, Elterngespräch, Einzeltest) zu erheben, um der Komplexität im Einzelfall gerecht zu werden. Das Kieler Einschulungsverfahren von Fröse et al. (1986) bezieht sich explizit auf dieses theoretische Modell.

Eine Orientierung am ökosystemischen Schulreifemodell von Nickel (1988) erfordert darüber hinaus auch die Orientierung an mehreren Perspektiven. Damit wird Schuleingangsdiagnostik zu einer Teamaufgabe. Hierzu bietet sich die Zusammenarbeit zwischen Lehrerinnen und Erzieherinnen geradezu an. Wenn Erzieherinnen und Lehrkräfte gemeinsam Lernvoraussetzungen feststellen und daraus Konsequenzen für die weitere Förderung ableiten, dient dies einerseits der Entwicklung des einzelnen Kindes. Diese Teamarbeit eröffnet andererseits jedoch auch die Gelegenheit, dass Erzieherinnen und Lehrkräfte miteinander ins Gespräch kommen und immer wieder neu um Schulfähigkeit und Schuleingangsdiagnostik ringen. Dabei erhalten sie mit hoher Wahrscheinlichkeit ganz nebenbei auch Informationen über die jeweils angrenzende Institution, die das gegenseitige Verständnis stärken. Schuleingangsdiagnostik wirkt sich damit nicht nur direkt auf das einzelne Kind aus, sondern kann auch zusätzliche indirekte Wirkungen entfalten, indem sie zum Bau einer Brücke zwischen Kindertagesstätte und Grundschule beiträgt.

■ **Literatur**

Barth, K. (1998). Die diagnostischen Einschätzskalen (DES) zur Beurteilung des Entwicklungsstandes und der Schulfähigkeit. München: Reinhardt.

Barth, K. H. & Gomm, B. (2004). Gruppentest zur Früherkennung von Lese- und Rechtschreibschwierigkeiten. München: Reinhardt.

Blumenstock, L. (1990). Beurteilungsbogen für Erzieherinnen zur Diagnose der Schulfähigkeit (BEDS). In: K. H. Ingenkamp & R. S. Jäger (Hrsg.), Tests und Trends 8. Jahrbuch der Pädagogischen Diagnostik (S. 223–227). Weinheim: Beltz.

Brähler, E., Holling, H., Leutner, D. & Petermann, F. (Hrsg.) (2002). Brickenkamp Handbuch psychologischer und pädagogischer Tests. Bd. 1. Göttingen: Hogrefe.

Breuer, H. & Weuffen, M. (2002). Lernschwierigkeiten am Schulanfang. Schuleingangsdiagnostik zur Früherkennung und Frühförderung. Erweiterte Neuausgabe. Weinheim: Beltz.

Brunner, M. & Schöler, H. (2002). HASE – Heidelberger Auditives Screening in der Einschulungsuntersuchung (auch zum Einsatz in der Untersuchung U9). Wertingen: Westra.

Burgener-Woeffray, A. (1996). Grundlagen der Schuleintrittsdiagnostik. Bern: Haupt.

Faust-Siehl, G., Garlichs, A., Ramseger, J., Schwarz, H. & Warm, U. (1996). Die Zukunft beginnt in der Grundschule. Empfehlungen zur Neugestaltung der Primarstufe. Frankfurt: Arbeitskreis Grundschule.

Fried, L. (2004). Expertise zu Sprachstandserhebungen für Kindergartenkinder und Schulanfänger. Eine kritische Betrachtung. cgi.dji.de/bibs/271_2232_ExpertiseFried.pdf (22.2.2006).

Fröse, S., Mölders, R. & Wallrodt, W. (1986). Beiheft zum Kieler Einschulungsverfahren. Weinheim: Beltz.

Grimm, H. (2001). Sprachentwicklungstest für Kinder (SETK 3–5). Göttingen: Hogrefe.

Grimm, H. (2003). Sprachscreening für das Vorschulalter (SSV). Göttingen: Hogrefe.

Ingenkamp, K. (1990). Beurteilungsbogen für Erzieherinnen zur Diagnose der Schulfähigkeit (BEDS). Weinheim: Beltz.

Ingenkamp, K. (1991). Pädagogische Diagnostik. In: L. Roth (Hrsg.), Pädagogik (S. 760–785). München: Ehrenwirth.

Jäger, R. S. (1997). Gütekriterien in der pädagogischen Diagnostik. Ein Plädoyer für deren Weiterentwicklung und Vorschläge für deren Ausgestaltung. In: R. S. Jäger, R. H. Lehmann & G. Trost (Hrsg.), Tests und Trends. 11. Jahrbuch der Pädagogischen Diagnostik (S. 146–165). Weinheim: Beltz.

Jansen, H., Mannhaupt, G., Marx, H. & Skowronek, H. (1998). Bielefelder Screening zur Früherkennung von Lese- und Rechtschreibschwierigkeiten (BISC). Göttingen: Hogrefe.

Kammermeyer, G. (2000). Schulfähigkeit – Kriterien und diagnostische/prognostische Kompetenz von Lehrerinnen, Lehrern und Erzieherinnen. Bad Heilbrunn: Klinkhardt.

Kern, A. (1969). Der Grundleistungstest zur Ermittlung der Schulreife (7. Aufl.). München: Ehrenwirth.

Krajewski, K. (2003). Vorhersage von Rechenschwäche in der Grundschule. Hamburg: Kovacs.

Krapp, A. & Mandl, H. (1977). Einschulungsdiagnostik. Weinheim: Beltz.

Martschinke, S., Kirschhock, E. & Frank, A. (2001). Der Rundgang durch Hörhausen. Das Nürnberger Erhebungsverfahren zur phonologischen Bewusstheit. Donauwörth: Auer.

Martschinke, S., Kammermeyer, G., King, M. & Forster, M. (2004). Anlaute hören, Reime finden, Silben klatschen (ARS). Phonologische Vorläuferfähigkeiten erkennen. Donauwörth: Auer.

Marx, H. (1992). Frühe Identifikation und Prädiktion von Lese-Rechtschreibschwierigkeiten: Bestandsaufnahme bisheriger Bewertungsgesichtspunkte von

Längsschnittstudien. Zeitschrift für Pädagogische Psychologie, 6 (1), 35–48.

Meis, R. (1973). Der Duisburger Vor- und Einschulungstest (DVET). Weinheim: Beltz.

Nickel, H. (1988). Schulreife und Schulversagen. Ein ökopsychologischer Erklärungsansatz und seine praktischen Konsequenzen. In: R. Portmann (Hrsg.) Kinder kommen zur Schule (S. 44–58). Frankfurt: Arbeitskreis Grundschule.

Niedermann, A. & Sassenroth, M. (2002). Lesestufen. Ein Instrument zur Feststellung und Förderung der Leseentwicklung. Zug: Klett.

Reich, H. H. & Roth, H.-J. (2004). Hamburger Verfahren zur Analyse des Sprachstandes bei 5-Jährigen (HAVAS-5). Hamburg: Behörde für Bildung und Sport.

Schneider, W. & Näslund, J. C. (1993). The impact of early metalinguistic competencies and memory capacity on reading and spelling in elementary school: Results of the Munich Longitudinal Study on the Genesis of Individual Competencies (LOGIC). European Journal of Psychology of Education, 8, 273–287.

Staatsinstitut für Bildungsforschung (ISB) (2002). Kenntnisse in Deutsch als Zweitsprache erfassen. München: Stuttgart: Klett.

Ulich, M. & Mayr, T. (2003). Sismik. Sprachverhalten und Interesse an Sprache bei Migrantenkindern in Kindertageseinrichtungen. Freiburg: Herder.

Van Luit, J. E. H., Van de Rijt, B. A. M. & Hasemann, K. (2001). Osnabrücker Test zur Zahlbegriffsentwicklung. Göttingen: Hogrefe.

V Institutionen

Geschichte frühpädagogischer Institutionen

Jürgen Reyer

Die Geschichte der öffentlichen Kleinkindererziehung in Deutschland, einschließlich des Kindergartens, wird nicht als Teil der Bildungsgeschichte, sondern als Teilbereich der Geschichte der Kinder- und Familienhilfe geschrieben. Das renommierte »Handbuch der deutschen Bildungsgeschichte« erwähnt zwar den Kindergarten, räumt ihm aber nur eine randständige Bedeutung ein. Die Zuordnung zur Kinder- und Familienhilfe ist der Tatsache geschuldet, dass die primäre Aufgabe der unter zahlreichen Namen in der ersten Hälfte des 19. Jahrhunderts entstehenden Einrichtungen für Kinder unterhalb des Schulalters darin bestand, Betreuungsnotstände der Familie aufzufangen.[38] Das hat zu der Fehlauffassung geführt, dass sich die Entstehung und Entwicklung nebenfamilialer Betreuungseinrichtungen als Folge von Industrialisierungsprozessen erklären ließe. Diese Annahme, die man in der älteren und auch neueren Literatur findet, wäre aber nur dann haltbar, wenn man zeigen könnte, dass die Einrichtungen tatsächlich mit der Industrialisierung entstanden sind und die Mütter in den Fabriken gearbeitet haben. Doch weder für das eine noch das andere finden sich Belege; die Fabrikerwerbsarbeit von Frauen tauchte z. B. als massenhaftes Phänomen erst im späten 19. Jahrhundert auf. Gleichwohl war die Erwerbsarbeit von Müttern kleiner Kinder eine der Hauptursachen für das Entstehen nebenfamilialer Betreuungseinrichtungen; doch war solche Erwerbsarbeit weder neu noch auf Fabrikarbeit beschränkt. So wurden denn Einrichtungen auch dort gefordert und gegründet, wo von Industrialisierung weit und breit nichts zu sehen war.

Die Entwicklung nebenfamilialer Betreuungseinrichtungen lässt sich viel besser mit der Massenarmut (Pauperismus) breiter Bevölkerungskreise erklären. Die übergroße Mehrheit der vor allem konfessionellen Träger ließ sich von zwei Motiven leiten: einmal den Müttern der sozialen Unterschichten eine Erwerbsarbeit zu ermöglichen, um den prekären Haushaltsstatus der Familien zu stabilisieren (haushaltsbezogenes Motiv); zum anderen die Kinder nach trägerspezifischen Ordnungs- und Wertvorstellungen zu erziehen (kindbezogenes Motiv). Zwar sind diese beiden Motive so eng miteinander verzahnt, dass man von einem sozialpädagogischen Doppelmotiv sprechen kann, leitend war jedoch das haushaltsbezogene Motiv. Für die konfessionellen Träger stand die familienunterstützende Aufgabe immer im Vordergrund. Gestützt wurde diese Haltung durch die allgemeine Auffassung von der Erstzuständigkeit der Familie und insbesondere der Mutter für die Betreuung und Erziehung des Kleinkindes. Gemessen an dieser Norm waren Gründung und Unterhaltung nebenfamilialer Betreuungseinrichtungen über das gesamte 19. Jahrhundert und darüber hinaus legitimationsbedürftig. Anders als in anderen Ländern, wie etwa Frankreich oder England, entwickelten sich die Einrichtungen der öffentlichen Kleinkindererziehung in Deutschland nicht als vorschulische Einrichtungen mit einem auf die Schule bezogenen Bildungsprofil, sondern als nebenfamiliale Einrichtungen mit familienunterstützenden und -ergänzenden Aufgaben. Wären die Einrichtungen als vorschulische Einrichtungen entstanden, hätten sie sich – zumindest tendenziell – auf alle Kinder bezogen; als familienergänzende Einrichtungen aber bezogen sie sich nur auf solche Kinder, bei denen ein nebenfamilialer Betreuungsbedarf bestand. Darum hatten Kleinkinder-Schulen und Kindergärten nie einen der Schule vergleichbaren eigenständigen, d.h. von der Situation der Familie unabhängigen Bildungsauftrag – mit Ausnahme der Zeit zwischen 1946 und 1990 in der DDR.

---

38 Die häufigsten Namen waren Kleinkinder-Schule und Kleinkinder-Bewahranstalt. 1840 kam die Bezeichnung Kindergarten hinzu; als Sammelbezeichnung für Einrichtungen der nebenfamilialen Betreuung von drei- bis sechsjährigen Kindern setzte sich der Name Kindergarten erst in der Zeit der Weimarer Republik durch. Seit Mitte des 19. Jahrhunderts wurden nach französischen Vorbildern auch in Deutschland Säuglingsbewahranstalten oder Krippen gegründet.

Aus einer anderen Perspektive wird die Entstehungsgeschichte nebenfamilialer Betreuungs- und Erziehungseinrichtungen gern mit Friedrich Fröbel (1782–1852) in Verbindung gebracht, und zweifellos haben seine Gedanken die Geschichte der öffentlichen Kleinkindererziehung in Deutschland und über Deutschland hinaus nachhaltig beeinflusst. Aber der erste »Kinder-Garten«, den Fröbel 1840 in dem thüringischen Städtchen Blankenburg einrichtete, war bestimmt nicht der erste Kindergarten, wenn wir unser heutiges Verständnis zugrunde legen. Es gab schon Hunderte nebenfamilialer Betreuungseinrichtungen – und nicht in allen wurden die Kinder nur notdürftig verwahrt. Viele dieser Einrichtungen hatten den Namen Kleinkinderschule; auch andere Namen waren gebräuchlich, Bewahranstalt, Spielschule und Warteschule zum Beispiel. Über das gesamte 19. Jahrhundert waren diese Bezeichnungen im Umlauf und Kindergarten war eine unter vielen. Erst nach dem Ersten Weltkrieg verdrängte der Begriff Kindergarten die anderen Bezeichnungen. Fröbel hat also nebenfamiliale Betreuungseinrichtungen weder als erster gegründet noch den Anstoß zu ihrer Gründung gegeben; auch den Namen »Kinder-Garten« hat er nicht erfunden. Aber er hat, auf der Grundlage seiner Spieltheorie, der frühkindlichen Betreuung und Pflege eine genuin pädagogische Bedeutung zugewiesen, was bei den anderen Einrichtungen in dieser Weise nicht der Fall war.

Damit ist Fröbel noch in anderer Hinsicht für die Geschichte der öffentlichen Kleinkindererziehung in Deutschland bedeutsam geworden und zwar im Hinblick auf die Debatten über die Verallgemeinerung des Besuchs von Kleinkinder-Schulen und Kindergärten und über einen eigenständigen Bildungsauftrag dieser Einrichtungen. Solche Debatten waren immer auf zwiespältige Weise mit der Frage nach dem Verhältnis zur Schule verbunden. Wer immer eine Verallgemeinerung des Besuchs nebenfamilialer Betreuungseinrichtungen forderte (z.B. die Fröbelbewegung und die Frauenbewegung in der zweiten Hälfte des 19. Jahrhunderts), um allen Kindern vor der Schule eine elementare Bildung zu vermitteln, der forderte eine Lockerung oder Lösung der funktionalen Abhängigkeit von der Familie. Wenn aber alle Kinder vor der Schule eine Einrichtung besuchen sollen, dann entsteht mit einer gewissen Notwendigkeit die Frage, wie frühkindliche und schulische Bildungsprozesse institutionell und didaktisch-methodisch miteinander verbunden sein könnten. Für die deutsche Kindergartenpädagogik war diese Frage immer auch mit einem kleinen Dilemma verbunden, denn mit einer stärkeren Anbindung an die Schule sah sie die Gefahr des Verlusts an Eigenständigkeit und der »Verschulung« des Kindergartens heraufziehen.

Entstehung und Entwicklung nebenfamilialer Betreuungseinrichtungen im 19. Jahrhundert ■ Nach Vorläufern im 18. Jahrhundert entstehen in der ersten Hälfte des 19. Jahrhunderts in größerer Zahl nebenfamiliale Betreuungseinrichtungen. Neben Namen wie Kleinkinderbewahr-Anstalt, Kleinkinderpflege-Anstalt, Kleinkinderbeschäftigungs-Anstalt und Kinder-Garten findet sich auffällig häufig der Namensbestandteil Schule, z.B. Erziehungssshule, Hüteschule, Warteschule, Strickschule, Aufsichtsschule, Kinderschule, Spielschule, Vorschule, Bewahrschule, Kinderbewahrschule, Kleinkinderschule.[39] Bis zur Mitte des Jahrhunderts gab es in den Königreichen und Herzogtümern Deutschlands zwischen 500 und 600 Einrichtungen, die meisten in Preußen. Bezogen auf alle vorschulaltrigen Kinder lag die Betreuungsquote bei rund einem Prozent. In der zweiten Hälfte des 19. Jahrhunderts erhöhten sich zwar die Platzzahlen deutlich,

---

39 In Deutschland hat die Bezeichnung Kindergarten alle früheren Bezeichnungen mit dem Bestandteil Schule verdrängt. In anderen Ländern sind sie erhalten geblieben: In slawischen Ländern gibt es die Škola materska, in Frankreich die école maternlle, in Italien die scuola materna. Der englische und amerikanische Sprachgebrauch hat das Wort »kindergarten« zwar übernommen; aber in Amerika bezeichnet kindergarten das erste Jahr der primary school für Kinder im Alter von fünf bis elf Jahren. In England und Australien steht kindergarten auch für nursery school für Kinder im Alter von zwei bis fünf Jahren.

doch blieben die Kapazitäten weit hinter dem Bedarf zurück.

Drei Hauptfraktionen lassen sich in der vielgestaltigen Trägerlandschaft unterscheiden: die christlichen Kleinkinderschulen auf evangelischer Seite, die Kleinkinderbewahranstalten auf katholischer Seite und die Kinder-Gärten der Fröbelbewegung. Zwischen den Kindergärten und den konfessionellen Einrichtungen bestanden deutliche pädagogische und weltanschauliche Differenzen. Friedrich Fröbels auf die kindliche Selbsttätigkeit (Spiel) gegründete Frühpädagogik ähnelte in vielem der Theorie der formalen, allgemeinen und allseitigen Menschenbildung, wie sie für die Schule etwa von Johann Heinrich Pestalozzi, Wilhelm von Humboldt, Johann Wilhelm Süvern, Adolf Diesterweg vertreten wurde. Formale und allgemeine Menschenbildung bedeutet, dass nicht die Herkunft des Kindes und seine zukünftige Stellung in der Gesellschaft seine Bildung bestimmen sollen, sondern allein seine ihm von Natur aus gegebenen Kräfte und Begabungen. Die übergroße Mehrheit der konfessionellen Einrichtungen strebte aber nicht die allseitige Bildung des kleinen Kindes an, sondern vielmehr die Erziehung zur proletarischen Sittlichkeit, wollte also in erster Linie die Grundlagen für einen Sozialcharakter schaffen, der die späteren jugendlichen und erwachsenen Menschen dazu befähigte, ihre Lohnarbeiterexistenz bescheiden und gehorsam zu ertragen. Diese sehr verbreitete Auffassung bedeutete: Erziehung ja, aber »nicht über den Stand hinaus«. Auch die Fröbelianerin Berta von Marenholtz-Bülow sprach sich vehement dafür aus, dass der Volkskindergarten die »Vorbereitung der Kinder der arbeitenden Stände für ihren späteren Beruf« zur Aufgabe habe (Marenholtz-Bülow, 1866, S. 18). Das pädagogische Menschenbild Fröbels führte im reaktionären Preußen 1851 zum Verbot der Kindergärten, es bestand bis 1860.

Bei allen drei Hauptfraktionen kam es zur Gründung von verbandsförmigen Zusammenschlüssen. Die christlichen Kleinkinderschulen schlossen sich 1871 im »Oberlin-Verein« zusammen, später umbenannt in »Vereinigung evangelischer Kinderpflegeverbände und Mutterhäuser«. Die deutschen Fröbel-Vereine gründeten 1874 den »Deutschen Fröbel-Verein« und auf katholischer Seite konstituierte sich 1916 der »Verband der Kleinkinderanstalten Deutschlands«, der sich 1917 mit dem schon bestehenden »Zentralverband katholischer Kinderhorte« zum »Zentralverband katholischer Kinderhorte und Kleinkinderanstalten Deutschlands« zusammenschloss. Alle drei Trägergruppierungen förderten den Austausch und die Zusammenarbeit der ihnen angeschlossenen Einrichtungen durch Herausgabe von Fachzeitschriften. Ab 1860 erschien die Zeitschrift »Kindergarten und Elementar-Klasse« für die fröbelschen Kindergärten; die evangelischen Träger gaben ab 1870 eine Monatsschrift mit dem Titel »Die christliche Kleinkinderschule. Zeitschrift für christliche Kleinkinderpflege und Erziehung« heraus. Der katholische »Zentralverband« folgte erst 1918 mit der Zeitschrift »Kinderheim«.

In konzeptioneller Hinsicht spielten die im Deutschen Fröbel-Verein zusammen geschlossenen Kindergärten eine wichtige Vorreiterrolle. Ihre Anzahl blieb jedoch weit hinter den Einrichtungen der konfessionellen Trägergruppierungen zurück. Hauptträger der Anstalten waren bei allen Trägergruppierungen nicht, wie bei den Volksschulen, die Kommunen, sondern private Vereine. Kommunale Trägerschaft blieb über das gesamte 19. Jahrhundert außerordentlich selten. In Preußen wie in anderen Ländern hatten die Einrichtungen den rechtlichen Status von Privaterziehungsanstalten. Sie unterlagen der behördlichen Kontrolle, an der die Schulaufsicht beteiligt war.

Die Ausbildung für die Arbeit in den Kleinkindereinrichtungen begann in den 30-er Jahren des 19. Jahrhunderts. Ab 1837 bildete Theodor Fliedner (1800–1864) in Kaiserswerth Kleinkinderschul-Lehrerinnen aus. In Nonnenweier im Großherzogtum Baden entstand um 1850 nach dem Vorbild von Kaiserswerth eine Ausbildungseinrichtung, die von Regine Jolberg (1800–1870), geleitet wurde. In Darmstadt bot Johannes Fölsing (1816–1882), Gründer von Kleinkinderschulen, Ausbildungsgänge für Kleinkinderschul-Lehrerinnen an. Die an zahlreichen Orten entstehenden Fröbelvereine organisierten Ausbildungskurse für Kindergärtnerinnen. Karl Fröbel, ein Neffe Friedrich Fröbels, gründete zusammen mit seiner Frau Johanna 1849 in Hamburg eine »Hochschule für Mädchen«, in der auch Kindergärtnerinnen ausgebildet wurden. In Gotha rief der Lehrer August Köhler (1821–1879) um 1860 ein Kindergärtnerinnen-Seminar ins Leben und verband es 1864 mit der Ausbildung zur Elementarschul-Lehrerin. Alle diese Kurse kosteten aber Geld und waren daher in der Regel nur für Mädchen und junge Frauen aus den bürgerlichen Schichten zugänglich.

Charakteristisch für den Binnenraum der Kleinkinderschulen, Kleinkinderbewahranstalten und Kindergärten waren beengte Räume und viele Kinder. Die Satzung für die Kleinkinderschulen in Frankfurt beispielsweise sah für 150 Kinder eine Leiterin und zwei weibliche Hilfskräfte vor. Dieser Personalschlüssel war keineswegs unüblich, bei den Kindergärten vielleicht etwas besser. Noch Ende des 19. Jahrhunderts gab es Einrichtungen mit 100 Kindern pro Gruppe und Raum. Das Aufnahmealter lag bei vielen Einrichtungen bei eineinhalb Jahren. Die Ausstattung war kärglich, eine reiche Auswahl an Spielzeug gab es allenfalls in Ausnahmefällen. Die Kleinkinder-Schulen waren den Elementarschulen nachgebildet; für die Tagesabläufe von morgens bis in den späten Nachmittag gab es Stundenpläne.

Obgleich die Betreuungseinrichtungen nicht als schulvorbereitende Einrichtungen gegründet wurden, bestanden in den ersten Jahrzehnten noch funktionale Vermischungen mit der Schule. Die strikte Trennung der beiden Bereiche ist erst ein Ergebnis der Entwicklungen in der zweiten Hälfte des 19. Jahrhunderts. So war es von alters her üblich, dass Schulkinder ihre kleinen Geschwister, die sonst ohne Aufsicht geblieben wären, mit in die Schule brachten. Andererseits finden sich Berichte, dass schulpflichtige Kinder noch in Kleinkinderschulen gingen. Den frühen Stundenplänen für die Kleinkinderschulen ist zu entnehmen, dass die Kinder in die Anfangsgründe des Schreibens, Lautierens und Zählens eingeführt wurden.

Von der Fröbelbewegung, wie auch von einzelnen Vertretern der Kleinkinder-Schulen, gingen Bestrebungen aus, den nebenfamilialen Betreuungsauftrag um einen vorschulischen Bildungsauftrag zu erweitern, d. h. die Einrichtungen gezielt auf die Schule auszurichten.[40] Die erste Hälfte des 19. Jahrhunderts war ja der Zeitraum, in dem die grundlegenden Strukturen des Volksbildungssystems entwickelt wurden, von daher lag es nahe, auch den Unterbau für die Volksschule auszugestalten. Zudem war nicht verborgen geblieben, was sich in Frankreich tat, wo sich schon um 1830 eine stärkere Verbindung zwischen Vorschulbereich (école maternelle) und Schule abzeichnete. 1848 fand in Rudolstadt/Thüringen eine Tagung von Lehrern statt. Sie einigten sich auf eine Petition, in der an die »deutschen Regierungen und den Reichstag« appelliert wurde, überall öffentliche Vorschuleinrichtungen, vorzugsweise Kindergärten, den Volksschulen vorzuschalten, Trägerschaft und Finanzierung zu übernehmen und für die Ausbildung der »Lehrer und Lehrerinnen« zu sorgen, um so der »Elementar-Volksschule vorzuarbeiten« (zit. nach Dammann & Prüser, 1981, S. 172). Der Berliner Fröbel-Verein schrieb 1875 die Preisfrage aus: »In welcher Weise ist die organische Verbindung zwischen Kindergarten und Schule herzustellen?« Die Fröbelianer sahen im Kindergarten vor allem eine Bildungseinrichtung und weniger eine Nothilfeeinrichtung für die Familie. Als Normalkindergarten galt ihnen der Halbtagskindergarten; den aber konnten sich die Arbeiterfamilien nicht leisten und den arbeitenden Müttern war mit einer stundenweisen Betreuung nicht gedient.

Auch die bürgerliche Frauenbewegung hat sich für die generelle Einführung von Kindergärten und deren Anbindung an die Schule ausgesprochen. Sie erkannte schnell,

---

40 Friedrich Fröbel hatte ein siebenstufiges Konzept der »entwickelnd-erziehenden Menschenbildung« hinterlassen, in dem auch der zukunftsweisende Vorschlag der »Vor- oder Vermittlungsschule« enthalten war; die ersten vier Stufen sind: 1. Stufe = Kinderstube, Familienstube, Familienleben; 2. Stufe = Kindergarten; 3. Stufe = Vor- oder Vermittlungsschule; 4. Stufe = Vollschule.

dass sich mit dem Beruf der Kindergärtnerin nicht nur Erwerbs-, sondern auch Professionalisierungsmöglichkeiten auftaten. Von den drei Erzieherinnentypen – evangelische Kleinkinderschul-Lehrerin, Kindergärtnerin sowie katholische Kinderfrau bzw. Nonne – war die Stellung der Kindergärtnerin am wenigsten gebunden, sie konnte gewissermaßen freiberuflich tätig sein.

In der Gründungszeit nebenfamilialer Betreuungseinrichtungen setzten sich auch einige Vertreter der Kleinkinder-Schulen für eine allgemeine Einführung von Kleinkinder-Schulen und deren Verbindung mit der Volksschule ein, so der Freiherr von Bissing-Beerberg (1800–1880) oder Johannes Fölsing in Darmstadt, der eine eigenständige Position innerhalb der Kleinkinderschul-Bewegung vertrat. Schon 1846 forderte er, Kleinkinder-Schulen überall »als unterste Stufe des gesamten Schulorganismus« einzuführen (Fölsing, 1846).

Alle diese Bestrebungen, vorschulische Einrichtungen als unterste Stufe dem Volksbildungssystem einzugliedern, hatten keinen Erfolg. Voraussetzung für einen Erfolg wäre die Bereitschaft der Landesregierungen gewesen, sich im Vorschulbereich zu engagieren. Doch bei den großen finanziellen und organisatorischen Problemen, die schon beim Aufbau eines flächendeckenden Volksschulwesens bestanden, war es illusorisch anzunehmen, die Regierungen würden zusätzlich im Vorschulbereich Verbindlichkeiten eingehen oder auch nur Vermischungen dulden, die darauf hinaus laufen könnten. Preußen beispielsweise hat alles, was als Versuch des Übergriffs in den Bereich der Schule gedeutet werden konnte, strikt unterbunden. Die örtlichen Aufsichtsbehörden wurden mit Nachdruck angewiesen, auf eine klare Abgrenzung zum Bereich der Schule zu achten, wobei sich die Abgrenzung auf das Alter der Kinder, auf die »Unterrichts«-Inhalte wie auch auf die Räumlichkeiten bezog; insbesondere sollte die Vermittlung der elementaren Kulturtechniken ausschließlich der Schule vorbehalten sein.

Nebenfamiliale Betreuungseinrichtungen vom Ende des 19. Jahrhunderts bis 1945 ■ Vom späten 19. Jahrhundert bis etwa 1930 kam es auf verschiedenen Ebenen der nebenfamilialen Kleinkindererziehung zu Reformen. Sie lassen sich einerseits interpretieren als pädagogische Aufwertung und damit auch als Relativierung der Nothilfefunktion. Damit wurde die alte Frage der Verallgemeinerung des Kindergartenbesuchs vorübergehend wieder aktuell. Andererseits wurde mit der rechtlichen und administrativen Zuordnung zum Jugendwohlfahrtsbereich die völlige Trennung vom Bildungssystem vollzogen.

Der Richtungsstreit zwischen der Fröbelbewegung und den konfessionellen Trägern kam gegen Ende des 19. Jahrhunderts zu einem gewissen Ausgleich. Wichtig für die weitere Entwicklung war, dass sich die Fröbelschen Kindergärten familienfürsorgerischen Fragen öffneten und die konfessionellen Anstalten begannen, ihre Defizite auf dem Gebiet der Frühpädagogik durch Orientierung an der fröbelschen Spielpädagogik abzubauen. Das Ergebnis der Annäherungsprozesse war auf Seiten der Fröbelbewegung der »Volkskindergarten« und auf Seiten der evangelischen und katholischen Träger der konfessionell ausgerichtete Kindergarten. Die Entwicklung des Konzepts des Volkskindergartens im Rahmen der Fröbelbewegung ist eng mit den Namen von Berta von Marenholtz-Bülow (1811–1893) und Henriette Schrader-Breymann (1827–1899) verbunden. Gemeinsam ist ihren ansonsten unterschiedlichen Konzeptionen, dass sie die Bedürfnisse der Arbeiterfamilien in den Vordergrund stellten.

Von besonderer Wirksamkeit im Hinblick auf die Annäherung der unterschiedlichen Positionen war der Volkskindergarten des Pestalozzi-Fröbel-Hauses in Berlin, das von Henriette Schrader-Breymann in den 70-er Jahren des 19. Jahrhunderts gegründet worden war. Ihr Grundgedanke bestand darin, die unpersönliche Anstaltsatmosphäre der damaligen Einrichtungen durch möglichst große Familienähnlichkeit aufzulösen. Pestalozzis Idee von der erzieherischen Kraft der »Wohnstube« und die Fröbelsche Idee von der entwickelnden Beschäftigung des Kleinkindes fügte Schrader-Breymann zu einer neuen Reformkonzeption zusammen. Die Gruppenräume wurden familienähnlich eingerichtet, mit Bildern, Pflanzen, Haushaltsgeräten und -mobiliar. Wichtig war auch die Gartenarbeit mit der Verteilung der Verantwortlichkeiten für einzelne Beete und Pflanzen. Als neues didaktisch-methodisches Verfahren wurde der so genannte Monatsgegenstand in die Kindergartenarbeit eingeführt.

Ein die Einzelträger übergreifendes Reformmotiv bestand darin, den Nothilfecharakter der Einrichtungen zu relativieren. Die Anstalten der institutionellen Kleinkinderziehung galten über das gesamte 19. Jahrhundert nur als Notbehelf; auch die Erziehungsqualität gut geführter Einrichtungen wurde im Vergleich mit der als natürlich und sittlich geltenden Familie als ungleichwertig betrachtet. Doch gegen Ende des Jahrhunderts bereiteten die Neben- und Folgewirkungen der Industrialisierungs- und Urbanisierungsprozesse der realistischeren Auffassung den Boden, dass es auf nicht absehbare Zeit immer Familien mit erwerbstätigen Müttern geben würde oder dass andere Gründe eine institutionelle Kinderfürsorge notwendig machten. 1907 galten knapp zwei Millionen Kleinkinder als unzureichend versorgt. Dem standen um 1910 rund 7.260 Einrichtungen mit etwa 559.000 Plätzen für Kinder im Alter zwischen drei und sechs Jahren gegenüber; bezogen auf alle Kinder dieses Alters entsprach dies einer Betreuungsquote von rund 13 %. Nur 230 (4,7%) Einrichtungen befanden sich in kommunaler Trägerschaft. Damit setzte sich bei vielen Verantwortlichen in der Zeit des Kaiserreichs allmählich die Auffassung durch, dass es nicht mehr zu vertreten sei, mehr als eine halbe Million Kleinkinder in privaten Einrichtungen zu betreuen, die als wenig kindgemäß galten. Die namhafte Reformpädagogin und Frauenrechtlerin Ellen Key (1849–1926), die mit ihrem in vielen Auflagen erschienenen Buch »Das Jahrhundert des Kindes« (1902) ein Millionenpublikum erreichte, lehnte Kindergärten rundweg ab, da sie eine kindgemäße Erziehung nur in der Familie unter der Obhut der Mutter für möglich hielt.

Die Reformmotive wurden im Ersten Weltkrieg noch verstärkt, weil auch Mütter kleiner Kinder für Arbeitsplätze gebraucht wurden, die bislang von Männern besetzt waren. Voraussetzung dafür war aber, dass diese Mütter ihre Kinder in guter Obhut glauben konnten. Während der Zeit der Weimarer Republik traten in vier Bereichen deutliche Änderungen ein: a) Zunahme öffentlicher Trägerschaft (Kommunen); b) Wechsel der Aufsicht von den Ortsschulbehörden zu den Jugendwohlfahrtsbehörden (Jugendämtern), Genehmigung und Betrieb der Einrichtungen wird von der Einhaltung von Richtlinien abhängig gemacht; c) Vereinheitlichung der Ausbildung nach staatlichen Vorgaben; d) Erweiterung des konzeptionellen Spektrums.

Zunahme öffentlicher Trägerschaft ■ Während der Reichsschulkonferenz von 1920 wurde noch einmal grundsätzlich über die künftige Stellung des Kindergartens nachgedacht.[41] Der zuständige Ausschuss verabschiedete neun »Leitsätze« bezüglich des Auftrags des Kindergartens, seiner Stellung zur Familie und Schule, der Regelung der Aufsicht und der Trägerschaft (vgl. Dammann & Prüser, 1981, S. 178 ff.). Leitsatz 1 betonte die Erstzuständigkeit der Familie. Aber nach Leitsatz 3 sollte allen Eltern die Möglichkeit geboten werden, ihre Kinder in einen Kindergarten zu schicken; eine »Verpflichtung zum Besuch des Kindergartens« für alle Kinder wurde jedoch abgelehnt. Hingegen forderte der Leitsatz 8, dass für bestimmte Gruppen von Kindern »der Besuch eines Kindergartens verpflichtend gemacht werden soll«; gemeint waren Kinder, die in der Ge-

---

41 Aufgrund der Vorgaben der Artikel 144 ff. der Reichsverfassung von 1919 war eine Reform und Neuorganisation des deutschen Schulsystems notwendig geworden. Die Verfassung setzte, zusammen mit einem »Grundschulgesetz«, die heutige vierjährige Grundschule in die Welt. Grundsätzliche Fragen sollten auf der »Reichsschulkonferenz« von 1920 in Berlin diskutiert werden. Teilnehmer waren pädagogische Fachleute aus den Lehrerverbänden, der Schuladministration und Kultusbürokratie, aber auch aus der Jugendwohlfahrt. Die Empfehlungen, Leitsätze und Beschlüsse, die während dieser Tagung verabschiedet wurden, hatten allerdings keine bindende Wirkung.

fahr der Verwahrlosung standen, weil ihre Eltern aus »wirtschaftlichen und geistig-sittlichen Gründen in der Ausübung ihrer Erziehungspflicht dauernd behindert sind«. Nach Leitsatz 9 sollte der Kindergarten »grundsätzlich eine Einrichtung der Jugendwohlfahrt« sein. Eine Minderheit forderte jedoch die Überführung der Kindergärten in die Trägerschaft der Gemeinden und betonte den schulvorbereitenden Charakter der Kindergärten. Leitsatz 9 verlangte auch eine Regelung der Trägerschaft der »Vorklassen«. Vorklassen oder Schulkindergärten sollten schulpflichtige, aber noch nicht schulreife Kinder während eines Jahres in ihrer geistigen, sozialen und emotionalen Entwicklung fördern, um sie besser auf die Grundschule vorzubereiten.

In der Folgezeit kam es zu sehr verschiedenen Formen und Graden der Beteiligung der öffentlichen Jugendbehörden an der Finanzierung und Trägerschaft der Einrichtungen. Gleichwohl blieb die Anzahl der Einrichtungen der institutionellen Tagesbetreuung von Kleinkindern im Vergleich zum Stand in der Vorkriegszeit nahezu gleich, die Platzzahl ging sogar erheblich zurück. Der Anteil der öffentlichen Träger vergrößerte sich allerdings bis 1928 auf etwa ein Viertel des Gesamtbestandes. 1865 Kindergärten mit 101.485 Plätzen (25,6 % bzw. 24,1 %) befanden sich in öffentlicher und 5.417 Kindergärten mit 320.470 Plätzen (74,4 % bzw. 75,9 %) in privater Trägerschaft. Viele private Einrichtungen hätten ohne öffentliche Hilfe nicht überleben können. So gewährten zahlreiche Kommunen Unterstützung in Form von finanzieller Beteiligung, Bereitstellung von Räumen, Sachmitteln u.Ä. Auch wenn die Hauptlast der Trägerschaft weiterhin bei den privaten Trägern lag, so bildete sich in den 20-er Jahren des neunzehnten Jahrhunderts doch eine duale Trägerstruktur heraus.

Wechsel der Aufsicht von den Ortsschulbehörden zu den Jugendwohlfahrtsbehörden (Jugendämter) ■ Für die Reform spielte das »Reichsgesetz für Jugendwohlfahrt« (RJWG) eine bedeutsame Rolle. Es wurde 1922 verabschiedet und trat 1924 in Kraft. Das RJWG brachte eine Vereinheitlichung des Rechts der Kinder- und Jugendfürsorge. Die Länder des Reiches mussten »Jugendwohlfahrtsbehörden« einrichten; für die örtliche und regionale Ebene schrieb das Gesetz die Schaffung von »Jugendämtern« vor. Dieses Rahmengesetz regelte auch erstmalig das Verhältnis zwischen den privaten und öffentlichen Trägern. Mit der rechtlichen und administrativen Zuordnung zum Jugendhilfebereich wurde der Kindergarten aber auch endgültig vom Schulsektor getrennt.

Nach den Bestimmungen des RJWG standen die Einrichtungen der institutionellen Tagesbetreuung unter der Aufsicht der Jugendbehörden. Kinder in Krippen, Kindergärten und Horten galten nach § 19 RJWG als Pflegekinder. Die Pflegekinderaufsicht gehörte nach § 3 zu den Pflichtaufgaben des Jugendamtes. Die bis dahin sehr unterschiedlichen Aufsichtsregelungen in den deutschen Ländern mussten entsprechend geändert werden. Die Folge dieser neuen Aufsichtsregelung war, dass auf dem Verordnungswege »Richtlinien« erlassen wurden, um so genannte Mindestforderungen hinsichtlich der Aufnahmebedingungen, der Gruppengröße, des Personals und der Ausbildung, des Raumprogramms und der Ausstattung zu gewährleisten. Die Erfüllung der in den Richtlinien geforderten Bedingungen brachte zahlreiche Einrichtungsträger an die Grenze der finanziellen Leistungskraft.

Vereinheitlichung der Ausbildung nach staatlichen Vorgaben ■ Ein weiterer wichtiger Reformbereich war die Kindergärtnerinnenausbildung. Bedeutsam waren folgende Veränderungen: Beginn der staatlichen Regelung der Lehrpläne und Prüfungsordnungen in den deutschen Ländern, Tendenzen zur Vereinheitlichung der bis dahin sehr unterschiedlichen Ausbildung, die Verlängerung der Ausbildungszeiten und die Differenzierung der Unterrichtsfächer und Ausbildungsabschlüsse (Kleinkinderpflegerin, Kindergärtnerin, Hortnerin, Jugendleiterin).

In Preußen wurden schon vor dem Ersten Weltkrieg staatliche Lehrpläne und Prüfungsordnungen erlassen. Sachsen führte 1918, Württemberg 1920 eine staatliche Regelung ein. 1920 gab es reichsweit 51 staatlich anerkannte Schulen und Seminare für Kindergärtnerinnen. Zwischen zahlreichen Ländern bestanden Abmachungen über die gegenseitige Anerkennung der Ausbildung und der staatlichen Abschlüsse. Sie trugen wesentlich zur Vereinheitlichung der Ausbildung bei. Darüber hinaus gab es noch zehn weitere Schulen, deren Abschlussprüfungen aber nur innerhalb der betreffenden Länder staatlich anerkannt waren. Allein 35 dieser insgesamt 61 Ausbildungsstätten befanden sich in Preußen; 33 gehörten dem Deutschen Fröbelverband an.

1929 arbeiteten im Deutschen Reich 2.872 Kindergärtnerinnen, davon 2.448 hauptberuflich. Doch nicht alle waren in Kindergärten tätig. Eine Untersuchung des Deutschen Fröbelverbandes ergab, dass von den 303 Kindergärtnerinnen, die 1918 aus 22 Schulen entlassen worden waren, 96 (31,7%) nach ihrer Ausbildung in Familien arbeiteten.

Die Ausbildungsdauer für Kindergärtnerinnen wurde in den 1920-er Jahren von einem auf zwei Jahre verlängert. Das Land Württemberg hatte mit der staatlichen Regelung von 1920 bereits die zweijährige Ausbildung eingeführt. In Preußen wurden 1928 zwei bis dahin getrennte Ausbildungsgänge zusammengelegt: der Kindergärtnerinnenkurs und der Hortnerinnenkurs; die gemeinsame Ausbildung betrug jetzt zwei Jahre. Der Lehrplan baute auf drei Säulen auf: theoretische Fächer, technische Fächer und praktische Arbeit, die jeweils etwa ein Drittel der Ausbildungszeit in Anspruch nahmen. Für anspruchsvollere Leitungsaufgaben entstand der Beruf der Jugendleiterin. Das Studium setzte die Ausbildung zur Kindergärtnerin oder zur Hortnerin voraus. 1920 existierten zehn staatlich anerkannte Jugendleiterinnen-Seminare in Deutschland.

Erweiterung des konzeptionellen Spektrums ■ Die traditionellen Konzeptionen der Kleinkinder-Schulen und Kindergärten bekamen in den 1920-er Jahren Konkurrenz. Das Werk »Selbsttätige Erziehung im frühen Kindesalter« von Maria Montessori (1870–1952) erschien 1913 in deutscher Übersetzung und löste den Fröbel-Montessori-Streit aus. Bei diesem Streit ging es nicht einfach nur darum, dass die deutsche Kindergartenpädagogik in der Tradition Friedrich Fröbels, die sich gerade im Hinblick auf die »Selbsttätigkeit« des Kindes viel zugute hielt, nun Konkurrenz bekam. Es ging auch darum, dass diese Konkurrenz mit wissenschaftlichen Ansprüchen auftrat, d.h. mit Ansprüchen auf eine kompetentere Beantwortung der Frage, wie eine wirklich kindgemäße Erziehung in einer Erziehungsanstalt möglich sei. Die Schrift Montessoris trägt den bezeichnenden Untertitel »nach den Grundsätzen der wissenschaftlichen Pädagogik methodisch dargelegt«. Neben die Konzeption Montessoris traten noch andere psychologische und pädagogische Neuorientierungen für die Kindergartenarbeit. Nelly Wolffheim, die im Kindergärtnerinnen-Seminar des Pestalozzi-Fröbel-Hauses zur Kindergärtnerin ausgebildet worden war, entwickelte später eine psychoanalytische Kleinkind- und Kindergartenpädagogik. Um 1920 entstand auch der erste Waldorf-Kindergarten.

Bei der Bewertung der Kindgemäßheit des Kindergartens meldete sich nun auch eine junge wissenschaftliche Disziplin zu Wort: die Entwicklungspsychologie. Sie forderte, dass die Pädagogik der frühen Kindheit auf eine entwicklungs- und bildungspsychologische Grundlage gestellt werden müsse.

Der Gesamteffekt aller hier skizzierten Bereiche der Reform war die Hebung des durchschnittlichen qualitativen Niveaus der institutionellen Tagesbetreuung von Kleinkindern und die Relativierung der einst prinzipiellen Ungleichwertigkeit gegenüber der Familie. Gleichzeitig aber wurde mit der Zuordnung zum Kinder- und Jugendhilfebereich der Abstand zur Schule und zum regulären Bildungssektor zementiert.

Während des Nationalsozialismus kam es einerseits zu gravierenden Änderungen in der Trägerlandschaft und der konzeptionellen Ausrichtung der Kindergartenarbeit, andererseits blieb die grundsätzliche Funktionsbestimmung des Kindergartens als nebenfamiliale Fürsorgeeinrichtung unangetastet. Die kleineren Träger, wie die Montessori-Kinderhäuser und die Waldorf-Kindergärten wurden früh geschlossen. Der Deutsche Fröbelverband löste sich 1938 auf.

Die Gleichschaltungspolitik erstreckte sich seit 1935/36 massiv auch auf die konfessionellen Träger. Es war das erklärte Ziel der Nationalsozialistischen Volkswohlfahrt (NSV), nach und nach alle Kindergärten zu übernehmen und ihre nationalsozialistische Ideologie in die Erziehungspraxis der Kindergärten umzusetzen.[42] Dieses Ziel wurde zwar nicht erreicht, doch gingen zahlreiche konfessionelle Einrichtungen an die NSV verloren. Die Träger- und damit die konzeptionelle Vielfalt verengte sich auf die drei großen Trägergruppen der katholischen, evangelischen und der NSV-Trägerschaften. Für die Gleichschaltung gab es drei Wege: Verbot, Nichtzulassung oder Übernahme von Einrichtungen der bisherigen Träger, Gründung von Einrichtungen in eigener Trägerschaft und die Einflussnahme auf die Kindergärtnerinnen und ihre Ausbildung.

Der Kindergarten nach 1945 bis zur Bildungsreform in den 1970-er Jahren

Aufgrund der Teilung Deutschlands entwickelte sich der Kindergartenbereich fast ein halbes Jahrhundert lang getrennt weiter. Während die DDR zentralistisch regiert wurde und sich ihr Bildungssystem einheitlich ausgestaltete, entwickelte sich das Bildungssystem in der BRD aufgrund ihrer föderalen Struktur innerhalb eines weit gefassten allgemeinen Rahmens unterschiedlich (Bildungsföderalismus). In der DDR erreichte die Versorgung mit Krippenplätzen für Ein- bis Dreijährige den höchsten Stand in Europa mit 80,2 % im Jahre 1989; in der BRD blieb die Versorgungsquote unter 2 %. In der DDR wurde der Kindergarten als unterste Stufe des Einheitsschulsystems eingerichtet und entsprechend quantitativ ausgebaut; in der BRD blieb er eine Einrichtung der Kinder- und Jugendhilfe und wurde entsprechend zögerlich ausgebaut. Das alte Abgrenzungsdenken – hier Kindergarten, dort Schule –

war für die Bildungspolitik der DDR kein Problem mehr; in der BRD lebte das alte Abgrenzungsdenken weiter.

Entwicklung in der ehemaligen DDR

In der DDR hatte der Kindergarten zwei Hauptaufgaben: erstens den Kindern eine allgemeine sozialistische Grundbildung zu vermitteln und sie zur Schulreife zu führen, zweitens den Müttern die Beteiligung am Erwerbsleben und am kulturellen und politischen Leben zu ermöglichen. Damit standen die beiden traditionellen Motive – das kindbezogene Bildungsmotiv und das haushaltsbezogene Hilfemotiv – in der Kindergartenpolitik der DDR gleichberechtigt nebeneinander.

Die Weichen für die Entwicklung des Kindergartens und seine Stellung im Bildungssystem der DDR wurden schon vor der Staatsgründung in der Sowjetischen Besatzungszone (SBZ) gestellt. Mit dem »Gesetz zur Demokratisierung der Deutschen Schule« von 1946 wurde der Kindergarten in Deutschland, zum ersten Mal in seiner Geschichte, als unterste Stufe einem allgemeinen Bildungssystem eingeordnet und – zumindest auf gesetzlicher und administrativer Ebene – in ein kooperatives Verhältnis zur Grundschule (= »Unterstufe« der Schule) gesetzt. Gleichzeitig wurde damit eine alte Forderung aus der Geschichte des Kindergartens Wirklichkeit: »Die demokratische Einheitsschule umfasst die gesamte Erziehung vom Kindergarten bis zur Hochschule.« (zit. nach Krecker, 1971, S. 355) Das war in etwa die Forderung der Maximalisten während der Reichsschulkonferenz von 1920!

In der DDR wurde seit 1949 die pädagogische wie quantitative Entwicklung zentral gesteuert. Zuständig war das Ministerium für Volksbildung. Im September 1952 kam die »Verordnung über die Einrichtungen der vorschulischen Erziehung und Horte«. Der Kindergarten für Kinder im Alter von drei bis sechs Jahren und die Horte für Kinder im Alter von sechs bis zwölf Jahren wurden voneinander getrennt, um die Arbeit der Kindergärtnerin auf die Bildung der Kinder im Kindergartenalter zu konzentrieren. Die Familiengruppen der Kindergärten wurden aufgelöst und eine altersmäßige Binnendiffe-

---

[42] Die zentrale Instanz für die Gleichschaltung des Wohlfahrts- und Jugendhilfebereichs war die NSV, eine Organisation der Nationalsozialistischen Arbeiterpartei (NSDAP).

renzierung im Kindergarten angeordnet. Im Frühjahr 1957 wurde in Leipzig die »Zentrale Konferenz der Vorschulerziehung« abgehalten, um die Bedeutung der vorschulischen Erziehung in das allgemeine Bewusstsein zu heben. Aus den »Thesen der Zentralen Konferenz« sticht aus heutiger Sicht u.a. die »Zusammenarbeit zwischen Kindergarten und Schule« hervor. Darin werden detaillierte Vorschläge für die Zusammenarbeit zwischen der Gruppenleiterin der älteren Gruppe des Kindergartens und dem Unterstufenlehrer gemacht. Das »Gesetz über die sozialistische Entwicklung des Schulwesens in der Deutschen Demokratischen Republik« von 1959 bestätigte den Kindergarten als unterste Stufe des allgemeinbildenden Schulsystems. Das »Gesetz über das einheitliche sozialistische Bildungssystem« von 1965 enthält einen eigenen (dritten) Teil zu den vorschulischen Einrichtungen. Darin werden neben den Kindergärten auch die Kinderkrippen und die Lern- und Spielnachmittage dem Bildungssystem eingegliedert. Das Gesetz verpflichtete Kindergarten und Schule zur Zusammenarbeit. Außerdem sah es einen »staatlichen Bildungs- und Erziehungsplan« vor, nach dem die Erzieherinnen arbeiten sollten. Schon 1961 hatte das Ministerium für Volksbildung den »Bildungs- und Erziehungsplan für den Kindergarten« als Diskussionsmaterial heraus gegeben, der für die Arbeit in allen Kindergärten der DDR verbindlich wurde. Die altersmäßige Binnendifferenzierung sah eine »jüngere Gruppe«, eine »mittlere Gruppe« und eine »ältere Gruppe« vor; die Gruppengröße sollte 18 Kinder umfassen. Die Priorität des Spiels wurde bestätigt. Der »Bildungs- und Erziehungsplan« enthielt genaue inhaltliche und zeitliche Vorgaben für einzelne Beschäftigungssparten, die den schulvorbereitenden Charakter erkennen lassen.

Im Vergleich zu Westdeutschland, wo seit 1967 die Ausbildung zur Erzieherin/zum Erzieher für ein breites Spektrum sozialpädagogischer Handlungsfelder qualifizieren sollte (so genannte »Breitbandausbildung«), war die Ausbildung zur Kindergärtnerin in der DDR eindeutig aufgaben- und einrichtungsspezifisch auf das Vorschulalter im Kindergarten ausgerichtet. Die traditionellen berufsständischen Unterschiede zwischen Kindergärtnerin und Grundschullehrerin waren in der DDR erheblich eingeebnet, weil die Zugangsvoraussetzungen zur Ausbildung als Unterstufenlehrerin (für die vier ersten Schuljahre) gleich waren. Der quantitative Ausbau der Kindergärten erfolgte, verglichen mit westdeutschen Verhältnissen, überaus rasch. Der Versorgungsgrad wuchs von 37,0 % im Jahre 1955 über 90,6 % im Jahre 1975 auf 97,4 % im Jahre 1989.

Entwicklung in der BRD ■ In den westlichen Besatzungszonen und in den Ländern der BRD knüpfte das Kindergartenwesen erstens an die alte Zuordnung zur Kinder- und Familienhilfe an, zweitens lebte die Trägerstruktur aus der Zeit der Weimarer Republik wieder auf und, damit verbunden, drittens auch die konzeptionelle Vielfalt.[43]

Die konfessionellen Träger führten die Nothilfe-Tradition fort und wollten den Kindergarten als Fürsorgeeinrichtung für die Familie verstanden wissen; das Bildungsmotiv blieb zweitrangig. Dem entsprachen die juristische Rahmengrundlage des Jugendwohlfahrtsgesetzes (JWG) und die quantitative Entwicklung. Im Jahre 1965 besuchten in der BRD 28 von 100 Kindern einen Kindergarten.[44] Bis 1970 wuchs der Versorgungsgrad nur auf 32,9 % an.

Doch schon in den späten 1950-er Jahren wurde vom Deutschen Ausschuss für das Erziehungs- und Bildungswesen die primäre Funktion des Kindergartens pädagogisch definiert. In seinem Gutachten zur Erziehung im frühen Kindesalter von 1957 vertrat der Deutsche Ausschuss die Auffassung, dass nicht mehr nur eine Minderheit von Familien nicht in der Lage sei, eine den Bildungsansprüchen des Kindes in allem angemessene Umwelt bereit zu stellen, sondern nahezu alle Familien. Darum sollte das Angebot an Plätzen so ausgebaut werden, dass jedes Kind

---

43 Der Deutsche Fröbel-Verband gab sich bei seiner Wiedergründung 1948 den Namen Pestalozzi-Fröbel-Verband.
44 Zum gleichen Zeitpunkt besuchten in Belgien rund 90 %, in Frankreich rund 70 % und in Italien rund 50 % eine vorschulische Einrichtung.

für einige Stunden im Kindergarten sein könnte.

In den 1960-er Jahren mehrten sich die Stimmen, die das deutsche Bildungssystem für nicht mehr zeitgemäß hielten. Mit der sozial-liberalen Regierungskoalition 1969 begann die etwa ein Jahrzehnt während Zeit der Bildungsreform. Von verschiedenen Seiten aus gerieten der Kindergarten und die Kindergartenpädagogik in die Kritik. Gegenüber den bislang dominierenden Reifungs- und Begabungstheorien sprachen neuere entwicklungspsychologische Erkenntnisse dem Kind ein weitaus höheres Lernpotenzial zu. Aus sozialisationstheoretischer Perspektive wurde kritisiert, dass schon im frühen Kindesalter aufgrund ungleicher Erziehungsbedingungen die Grundlagen für Chancenungerechtigkeit im Bildungsverlauf gelegt würden. Ein zentrales grundlagentheoretisches Dokument jener Zeit ist der von der Bildungskommission des Deutschen Bildungsrates 1968 herausgegebene Gutachtenband »Begabung und Lernen«. Der reifungs- und vererbungstheoretisch belastete Begabungsbegriff wurde in Frage gestellt und durch den Begriff der Lernfähigkeit abgelöst. Aus Sicht der antiautoritären Bewegung begann schon in der frühen Kindheit die Erziehung zum folgsamen Massenmenschen. Aus diesen Kritikpunkten folgten Forderungen nach kognitiver Frühförderung, kompensatorischer Erziehung und antiautoritärer Erziehung. Für viele war die Vorschulreform das Herzstück der Bildungsreform.

1970 legte der Deutsche Bildungsrat seinen Strukturplan für das Bildungswesen vor. Darin wurde empfohlen, das Bildungswesen in vier Bereiche zu gliedern: Elementarbereich, Primarbereich, Sekundarstufe I und II, Weiterbildung. Der Elementarbereich (Kindergarten) sollte als Vorschulbereich für alle drei- und vierjährigen Kinder als unterste Stufe des Bildungssystems ausgebaut werden. Die Fünfjährigen sollten eine zweijährige Eingangsstufe des Primarbereichs (Grundschule) besuchen und der Beginn der gesetzlichen Schulpflicht sollte nach einer Übergangszeit von zehn Jahren vom sechsten auf das fünfte Lebensjahr herabgesetzt werden. In weiteren Empfehlungen wurden detaillierte Vorschläge zur »Einrichtung eines Modellprogramms für Curriculum-Entwicklung im Elementarbereich« und zur Gestaltung der »Eingangsstufe des Primarbereichs« gemacht. Aufbauend auf dem Strukturplan für das Bildungswesen arbeitete die Bund-Länder-Kommission für Bildungsplanung (BLK) einen Bildungsgesamtplan aus. Es war ein Rahmenplan für die langfristige Gestaltung und Planung des Bildungssystems in der BRD; er wurde 1973 von der Bundesregierung und den Regierungen der Länder angenommen. Die Umsetzung des Plans scheiterte an der Finanzierung und an den Egoismen des Bildungsföderalismus.

Als Ergebnis des Reformprozesses ist zu würdigen, dass sich die Länder in den 1970-er Jahren nach und nach mit der Verabschiedung von Kindergartengesetzen bzw. Kindertagesstättengesetzen einen größeren Verbindlichkeitsgrad für ihr politisches Handeln im Kindergartenbereich gaben. Eine weitere Folge des Reformprozesses ist der quantitative Ausbau: von 32,9 % im Jahr 1970 wuchs der Versorgungsgrad bis 1975 auf 56,1 % (1985: 67,7 %; 1989: 67,7 %). Bis heute befinden sich die Kindergärten und Kindertagesstätten in der weit überwiegenden Trägerschaft der freien Jugendhilfe: 1969 waren von den 16.413 Einrichtungen 21 % in öffentlicher und 75 % in freier (konfessioneller) Trägerschaft. Bis 1990 wuchs der Anteil der öffentlichen Träger auf 30,9 %, der konfessionelle Anteil sank auf 57,9 % und der Anteil anderer freier Träger stieg auf 10,4 %.

In den 1970-er Jahren wurden zahlreiche wissenschaftlich begleitete Modellversuche durchgeführt, um erstens zu prüfen, wie und wo die Fünfjährigen am besten zu fördern wären, um zweitens Wege der Zusammenarbeit zwischen Kindergarten und Grundschule auszuprobieren und um drittens herauszufinden, welches Curriculum der vorschulischen Bildung am ehesten entspräche. Was die erste Frage betrifft, stellte ein abschließender Bericht der Bund-Länder-Kommission für Bildungsplanung fest, dass für eine Zuordnung der Fünfjährigen entweder zum Elementarbereich oder zum Primarbereich keine klaren Anhaltspunkte bestünden. Damit blieb alles beim alten, zur Zufriedenheit der Träger der

Kindergärten und vieler Kindergartenpädagogen. Sie hatten befürchtet, dass mit dem Wechsel der Fünfjährigen zum Primarbereich das pädagogische Milieu des Kindergartens verarme. In Bezug auf die zweite Frage kam es auf unterschiedlichen Ebenen zu Versuchen und Projekten, allerdings zu keiner »organischen«, d.h. strukturellen und curricularen Verbindung von Kindergarten und Grundschule. Am ergiebigsten wirkte sich das Reformklima im Bereich der Konzeptions- und curricularen Entwicklung aus. Die erfolgreichste, aber bis heute umstrittene Konzeption ist der so genannte Situationsansatz. Er will nicht Funktionen schulen, wie der Funktions- oder der kognitivistische Ansatz, sondern die Kinder auf die Bewältigung von Lebenssituationen vorbereiten. Der Erfolg des Situationsansatzes ist nicht zuletzt deshalb zu würdigen, weil er sich in einer pluralistischen Konzeptions- und Trägerlandschaft durchgesetzt hat. Andererseits ist die spezifisch pädagogische Gestalt dieses Ansatzes in der Praxis häufig nicht identifizierbar, was bei Außenstehenden den Eindruck der Beliebigkeit hervorruft. Der Situationsansatz ist ein sozialpädagogischer Denkansatz und weist von daher eine gewisse Nähe zu Begriffen wie Lebenswelt und Alltag auf. Aber wie diese Begriffe eher für ein Leitbilddenken stehen, das wenig über Ziele und Methoden in einer wissenschaftlich reflektierten Weise Auskunft gibt, so bleiben auch die Verfechter und Verfechterinnen des Situationsansatzes eine solche Auskunft schuldig. Das jedenfalls ist eine grundlegende Kritik von Seiten der empirischen Forschung und der Bildungstheorie. Neben dem Situationsansatz bestanden die traditionellen Konzeptionen der Montessori-Kinderhaus-Pädagogik und des Waldorfkindergartens fort. Doch kamen immer wieder neue Ansätze hinzu; einer der interessantesten war die aus Italien kommende Reggio-Pädagogik. Es hängt mit den freien Trägerschaften und der fehlenden Integration in das Bildungssystem zusammen, dass in der BRD eine sich ständig in Bewegung befindliche konzeptionelle Vielfalt entstehen konnte: z.B. Offener Kindergarten, Wald-Kindergarten, Kneipp-Kindergarten, Early Excellence Center.

Im Reformjahrzehnt zwischen 1970 und 1980 ist einiges angestoßen und verbessert worden. Nicht erreicht und nicht wirklich gewollt wurde der Ausbau des Kindergartens als Elementarbereich des Bildungssystems. Die strukturkonservativen Barrieren zwischen Elementarbereich und Primarbereich sind bis heute nicht beiseite geräumt. Das fällt bei einem Blick über die Grenzen Deutschlands hinaus besonders auf. Während der Kindergarten hierzulande eine Einrichtung der Kinder- und Jugendhilfe blieb und (mit Ausnahme Bayerns und Niedersachsens) die Zuordnung zur Sozialadministration beibehalten wurde, ist die vorschulische Erziehung in der großen Mehrzahl der EU-Länder dem Bildungssektor zugeordnet. Zwar ist der Bildungsauftrag des Kindergartens im neuen Kinder- und Jugendhilfegesetz (KJHG), das 1990 das Jugendwohlfahrtsgesetz (JWG) ablöste, festgeschrieben und somit auch verpflichtend für die Länder. Aber das Gesetz atmet noch den Geist der alten Familienorientierung; die zentrale Stelle im Paragraphen 22 (2) hat den Wortlaut: »Die Aufgabe umfasst die Betreuung, Bildung und Erziehung des Kindes. Das Leistungsangebot soll sich pädagogisch und organisatorisch an den Bedürfnissen der Kinder und ihrer Familien orientieren.« Von einem vor*schulischen* Bildungsauftrag ist nicht die Rede. Da die Länder in der Folgezeit nicht danach drängten, den Bildungsauftrag zu konkretisieren und zu curricularisieren, blieb es bei der alten Situation.

Die Geschichte der institutionellen Kleinkindererziehung in Deutschland stellt sich als langwieriger Prozess der Lockerung ihres funktionalen Bezugs zur Familie dar und gleichzeitig damit als allmähliche Verallgemeinerung des Kindergartenbesuchs. Das ambivalente Verhältnis zur Schule bestand von Beginn an und dauert bis heute fort. Allerdings machen sich in den letzten zehn Jahren Entwicklungen bemerkbar, die zu einem Bruch mit dieser langen Tradition führen können. Das überkommene Verhältnis zwischen Kindergarten und Grundschule wird in Frage gestellt und es wird die Organisation anschlussfähiger Bildungsprozesse gefordert.

Literatur

Allen, A. T. (1994). Öffentliche und private Mutterschaft: die internationale Kindergarten-Bewegung 1840–1914. In: J. Jacobi (Hrsg.), Frauen zwischen Familie und Schule. Professionalisierungsstrategien bürgerlicher Frauen im internationalen Vergleich (S. 7–27). Köln: Böhlau.

Berger, M. (1986). Vorschulerziehung im Nationalsozialismus. Recherchen zur Situation des Kindergartenwesens 1933–1945. Weinheim: Beltz.

Blochmann, E. (1928). Der Kindergarten. In: H. Nohl & L. Pallat (Hrsg.), Handbuch der Pädagogik. Vierter Bd.: Die Theorie der Schule und der Schulaufbau (S. 75–90). Langensalza: Beltz.

Boeckmann, B. (1993). Das Früherziehungssystem in der ehemaligen DDR. In: W. Tietze & H.-G. Roßbach (Hrsg.), Erfahrungsfelder in der frühen Kindheit (S. 168–212). Freiburg i. Br.: Lambertus.

Dammann, E. & Prüser, H. (Hrsg.) (1981). Quellen zur Kleinkinderziehung. Die Entwicklung der Kleinkinderschule und des Kindergartens. München: Kösel.

Erning, G. (1987). Bilder aus dem Kindergarten. Bilddokumente zur geschichtlichen Entwicklung der öffentlichen Kleinkindererziehung in Deutschland. Freiburg: Lambertus.

Erning, G., Neumann, K. & Reyer, J. (1987). Geschichte des Kindergartens. Bd. I: Entstehung und Entwicklung der öffentlichen Kleinkindererziehung in Deutschland von den Anfängen bis zur Gegenwart. Bd. II: Institutionelle Aspekte, systematische Perspektiven, Entwicklungsverläufe. Freiburg: Lambertus.

Fölsing, J. (1846). Die Kleinkinderschulen als unterste Stufe des gesamten Schul-Organismus. Ein freundliches Wort an die Regierungen, Volksvertreter und Kinderfreunde. Darmstadt: Leske.

Heiland, H. (2001). Zum Fröbelverständnis der Zeitschrift »Kindergarten« in den Jahren 1860–1910. In: Thüringer Landesmuseum Heidecksburg Rudolstadt (Hrsg.), Sind Kinder kleine Majestäten? (S. 53–114) Rudolstadt.

Hoffmann, H. (1994). Sozialdemokratische und kommunistische Kindergartenpolitik und -pädagogik in Deutschland. Eine historische Untersuchung zur Theorie und Realpolitik der KPD, SED und SPD im Bereich institutionalisierter Früherziehung. Bochum: Brockmeyer.

Konrad, F.-M. (2004). Der Kindergarten. Seine Geschichte von den Anfängen bis in die Gegenwart. Freiburg i. Br.: Lambertus.

Krecker, M. (Hrsg.) (1971). Quellen zur Geschichte der Vorschulerziehung. Berlin: Volk & Wissen.

Marenholtz-Bülow, B. von (1866). Die Arbeit und die neue Erziehung nach Fröbels Methode. Berlin: Carl Habel.

Paterak, H. (1999). Institutionelle Früherziehung im Spannungsfeld normativer Familienmodelle und gesellschaftlicher Realität. Münster: Waxmann.

Pestalozzi-Fröbel-Verband (Hrsg.) (1998). Die Geschichte des Pestalozzi-Fröbel-Verbandes. Ein Beitrag zur Entwicklung der Kleinkind- und Sozialpädagogik in Deutschland. Freiburg i. Br.: Lambertus.

Reyer, J. (1985). Wenn die Mütter arbeiten gingen... Eine sozialhistorische Studie zur Entstehung der öffentlichen Kleinkinderziehung im 19. Jahrhundert in Deutschland (2. Aufl.). Köln: Pahl-Rugenstein.

Reyer, J. (2006). Einführung in die Geschichte des Kindergartens und der Grundschule. Von den Anfängen bis zur Gegenwart. Bad Heilbrunn: Klinkhardt.

Reyer, J. & Kleine, H. (1997). Die Kinderkrippe in Deutschland. Sozialgeschichte einer umstrittenen Einrichtung. Freiburg i. Br.: Lambertus.

Institutionelle Übergänge in der Frühpädagogik

Hans-Günther Roßbach

Bildungssysteme sind in der Regel durch verschiedene aufeinander aufbauende Bildungsstufen charakterisiert, die ein Heranwachsender in seinem Lebenslauf – in der Regel – nacheinander durchläuft. Die jeweils angrenzenden Stufen können sich dabei unterscheiden, so dass im Übergang von einer Stufe zur anderen für den Heranwachsenden eine mehr oder weniger umfangreiche Leistung zu vollbringen ist. Dies gilt auch für den Bereich der Frühpädagogik, in dem nicht nur Übergänge zwischen Bildungsstufen (z. B. Übergang Kindergarten – Grundschule), sondern auch der Eintritt in das institutionelle Bildungssystem (Übergang Familie – Krippe oder Familie – Kindergarten) von den Kindern zu bewältigen sind. Von den Übergängen im Lebensverlauf (auch vertikale Übergänge genannt) sind solche zu unterscheiden, die ein Kind täglich in seinem Tagesablauf erlebt, wenn es z. B. von der Familie in den Kindergarten, dann in eine Nachbarschaftsgruppe und wieder zurück zur Familie wechselt (horizontale Übergänge).

Der mehr alltagssprachlich orientierte Begriff Übergang soll im Folgenden dem gegenwärtig in der neueren Literatur häufig gebrauchten Begriff der Transition vorgezogen werden, der im Rahmen des Transitionsansatzes eine spezifische theoretische Sicht auf Übergänge impliziert (s. weiter unten). Der folgende Beitrag beschränkt sich auf vertikale institutionelle Übergänge in der Frühpädagogik. Die meisten Kinder erfahren Übergänge von der Familie in den Kindergarten und von dort in die Grundschule. Mit der Ausweitung institutioneller Betreuung für unter dreijährige Kinder werden Übergänge von der Familie in die Krippe und von der Krippe in den Kindergarten zunehmen.[45] Nicht berücksichtigt werden im Folgenden die Übergänge von der Familie direkt in die Grundschule, da dieser Übergang gegenwärtig nur für sehr wenige Kinder zutrifft, sowie Übergänge von der Familie in die Tagespflege.

Geschichte und gegenwärtige Tendenzen ■ Das Verhältnis zwischen Kindergarten und Grundschule und der Übergang zwischen diesen beiden Institutionen hat in der historischen Entwicklung der Frühpädagogik ungleich mehr Aufmerksamkeit auf sich gezogen als die Übergänge von der Familie in die Krippe oder den Kindergarten. Dabei hat sicher auch eine Rolle gespielt, dass die institutionelle Betreuung in Krippen lange Zeit primär unter dem Gesichtspunkt der Nothilfe für Kinder von Eltern, die z. B. aufgrund von Erwerbstätigkeit ihre Kinder nicht selbst betreuen konnten, betrachtet wurde. Eine pädagogische Gestaltung wurde nicht in den Blick genommen; bestenfalls wurde die (erfolgreiche) Eingewöhnung beim Übergang in die Krippe thematisiert. Auch dem Übergang von der Familie in den Kindergarten wurde historisch weniger Beachtung geschenkt, außer dass sich im Zuge der Pädagogisierung des Kindergartens ab der zweiten Hälfte des 19. Jahrhunderts ein Mindesteintrittsalter von drei Jahren herausbildete. Angesichts langer Wartelisten (um 1910 gab es z. B. im Deutschen Reich nur für etwa jedes siebte bis achte Kind einen Kindergartenplatz) waren die Eltern vermutlich froh um jeden verfügbaren Platz, so dass mögliche Übergangsprobleme keine nachhaltige Berücksichtigung fanden.

---

45 Die Begriffe Krippe und Kindergarten werden im Folgenden als Oberbegriffe für die unterschiedlichen Formen institutioneller Betreuung für unter dreijährige Kinder und für Kinder von drei Jahren an bis zum Schulbeginn verwendet. In Betreuungsformen mit einer größeren Altersmischung entfällt der Übergang von der Krippe in den Kindergarten bzw. stellt er sich anders dar.

Verhältnis Kindergarten – Grundschule ■ Das Verhältnis von Kindergarten und Grundschule ist in den letzten 200 Jahren in Deutschland mehr durch Abgrenzungen als durch Annäherungen gekennzeichnet (Roßbach & Erning, in Vorbereitung; auch Mader, 1989). Verschiedene, sich teilweise überlappende Phasen lassen sich unterscheiden. In einer ersten Phase von ca. 1800 bis 1830 wurden jüngere Kinder aus der Schule ausgegrenzt (z. B. Kinder unter fünf Jahren in einer Schulordnung von Düsseldorf aus dem Jahre 1825). Um den Schulunterricht störungsfrei zu halten, wurden die jüngeren Kinder nicht mehr zur Schule zugelassen, was vorher durchaus möglich und vermutlich gar nicht so selten war. Damit entstand ein neuer Betreuungsbedarf, der dann durch die Kleinkinderschulen ab ca. 1826 gedeckt wurde.

Zwischen 1826 und 1920 gab es eine Phase des Nebeneinanders, eine strikte Trennung von Kleinkinderschulen und Schule. Die Kleinkinderschulen waren notwendig zur Beaufsichtigung armer Kinder, deren Eltern beiderseits erwerbstätig waren. Sie waren auf ein bestimmtes Klientel ausgerichtet und sollten ein Defizit kompensieren. Einen direkten Zusammenhang mit der Schule gab es nicht. Im Gegensatz dazu lässt sich für den Fröbelschen Kindergarten von 1840 bis 1920 eine Phase des gegenseitigen Bezugs von Kindergarten und Schule festhalten. Der Schulpädagoge Friedrich Fröbel gründete den Kindergarten für alle Kinder als damals fehlendes Fundament für die Schule. Als Gewährsmann für scharfe Abgrenzungen von Kindergarten und Schule – wofür er heute auch manchmal herangezogen wird – taugt Fröbel somit nicht. Sein Ausgangspunkt war vielmehr der zum damaligen Zeitpunkt gegebene Zustand der Schule, der ihn dazu veranlasste, die besonderen Bildungsaufgaben des Kindergartens zu betonen. Einer Vereinheitlichung oder Abstimmung der Bildungsaufträge von Kindergarten und Grundschule steht seine Position nicht entgegen.

Mit der Reichsschulkonferenz von 1920 wird die Nichtbezüglichkeit der beiden Bildungsstufen zementiert. Ein staatlicher Einfluss auf das Bildungsprogramm im Kindergarten wird abgelehnt. Der Kindergarten ist Sache der Wohltätigkeit nach dem Subsidiaritätsprinzip, und es gibt keine strukturelle Verbindung mit der Schule. Diese Phase dauert – in den alten Bundesländern – im Grunde bis in die Gegenwart. Einen anderen Umgang gab es in der ehemaligen DDR. Von 1949 bis 1989 war der Kindergarten Teil des Bildungssystems und eng an das Ziel der Schulvorbereitung für alle Kinder gebunden. Bildungspläne wurden von staatlicher Seite erlassen und kontrolliert. Ansatzweise lässt sich in Deutschland seit den 1990-er Jahren eine neue Tendenz ausmachen, die durch eine vorsichtige Annäherung von Kindergarten und Schule gekennzeichnet ist, wobei beide Bildungsstufen vor Reformnotwendigkeiten stehen.

Dass für Kinder der Übergang vom Kindergarten in die Grundschule nicht immer problemlos verläuft, ist seit langer Zeit ein Dauerbrenner in der pädagogischen und bildungsreformerischen Diskussion. Für die Zeit nach dem Zweiten Weltkrieg lassen sich in (West-)Deutschland verschiedene Maßnahmen und Reformversuche ausmachen, deren Ziel eine »Entschärfung« dieses Übergangs war und ist (vgl. Faust & Roßbach, 2004; Roßbach, 2003). Zu Beginn der 1950-er Jahre stellte Kern die These auf, dass es einen Zusammenhang zwischen Schulreife und Sitzenbleiberelend gäbe. Da seiner Ansicht nach ein hoher Prozentsatz der späteren Schulversager bei der Einschulung noch zu jung und damit noch nicht schulreif sei, forderte er auf der Grundlage reifungstheoretischer Überlegungen eine Erhöhung des Einschulungsalters und eine Zurückstellung vom Schulbesuch für alle Kinder bei mangelnder Schulreife unabhängig von ihrem Alter. Bildungspolitisch wurde in der alten Bundesrepublik in der Folge dieser Diskussion 1955 und 1964 das Einschulungsalter um insgesamt etwa fünf Monate erhöht, was allerdings längerfristig nicht zu einer Reduktion der Zurückstellungen vom Schulbesuch führte. Eine »einfache« Zurückstellung vom Schulbesuch ohne nachfolgende gezielte Förderung wurde in den 1960-er Jahren als wenig erfolgversprechend angesehen. Als Alternative für dem Alter nach schulpflichtige, aber noch nicht schulreife/schulfähige Kinder wurde der Schulkindergarten als Förderort betrachtet, der vor und während der Bildungsreform ausgebaut wurde.

Strukturreformen während der Bildungsreform der 1960-er/70-er Jahre ■ Während der Bildungsreform Ende der 1960-er und Anfang der 1970-er Jahre wurden verschiedene Modelle erprobt, die die beiden Bildungsbereiche Kindergarten und Grundschule strukturell verzahnen und die Frage der institutionellen Zuordnung der Fünfjährigen klären sollten. Diese sollten in die Eingangsstufe an Grundschulen eingeschult und in einer zweijährigen Förderung von spielorientiertem zu schulischem Lernen geführt werden. Während diese Eingangsstufe ein dem üblichen Schulbeginn vorgeschaltetes Jahr *und* das erste Schuljahr umfasste, beschränkte sich das Modell der Vorklasse auf eine einjährige Förderung der Fünfjährigen an Grundschulen vor einem unveränderten ersten Schuljahr. Die Ergebnisse verschiedener empirischer Untersuchungen, die die Förderung der Fünfjährigen in Eingangsstufe und/oder Vorklasse mit der Förderung der Kinder dieser Altersgruppe im traditionellen Kindergarten verglichen, wurden im Sinne eines Patts in den Fördereffekten der verschiedenen Modelle interpretiert (vgl. Roßbach, 2003, S. 277 f.). Politisch wurde in den 1970-er Jahren – teilweise bevor die entsprechenden Evaluationsergebnisse veröffentlicht waren – eine Entscheidung für den Verbleib der Fünfjährigen im Kindergarten getroffen. Bei dieser politischen Entscheidung spielten weniger die Evaluationsergebnisse eine Rolle, vielmehr ging es darum, den Einfluss der Freien Träger auf die Betreuung, Bildung und Erziehung dieser Altersgruppe nicht zu beschränken.

Kooperation Kindergarten – Grundschule ■ An die Stelle von Überlegungen zur strukturellen Verzahnung der beiden Bildungsbereiche traten in allen (westlichen) Bundesländern Forderungen nach einer (freiwilligen) Kooperation zwischen Kindergarten und Grundschule unter Einschluss der Eltern. Thematisiert wurden und werden z. B.: Treffen zwischen Kindergartenleiterinnen und Schulleitungen, wechselseitiger Austausch von Informationen über die Arbeit in den beiden Institutionen, Beratungen über die Vorbereitung der Kinder auf den Übergang zur Schule, Besuche von Erzieherinnen in Schulklassen und von Lehrerinnen im Kindergarten, Teilnahme von Lehrerinnen an Elternversammlungen im Kindergarten, Besuche von Kindergartengruppen in der Grundschule und von Schulkindern im Kindergarten, gemeinsame Feste in Kindergarten und Schule sowie gemeinsame Fortbildungen von Erzieherinnen und Lehrerinnen. Allerdings kommen die verschiedenen Kooperationsformen nicht so häufig vor, als dass von einer breiten Kooperation zwischen Kindergarten und Grundschule gesprochen werden kann. Zudem werden – angesichts bestehender hoher Zurückstellungsquoten vom Schulbesuch – Zweifel geäußert, ob diese Kooperationsformen geeignet sind, die Problematik des Übergangs zwischen Kindergarten und Grundschule zu entschärfen (s. z. B. die Untersuchung von Mader, 1989). In den letzten Jahren ist zu beobachten, dass die Kooperationsformen intensiviert und ein verbindlicherer Rahmen vorgegeben werden (z. B. in Baden-Württemberg und Bayern).

Die »neue« Eingangsstufe ■ Während die in der Bildungsreform erprobte Eingangsstufe das letzte Kindergarten- und das erste Schuljahr umfasste, beinhaltet die seit Beginn der 1990-er Jahre diskutierte und in den meisten Bundesländern erprobte »neue« Eingangsstufe keine Verzahnung der beiden Bildungsbereiche. Vielmehr bezieht sie sich auf eine Neugestaltung der ersten beiden Grundschuljahre und den Verzicht auf Zurückstellungen vom Schulbesuch (vgl. Faust, 2006; Faust & Roßbach, 2004). Alle Kinder, die dem Alter nach schulpflichtig sind, sollen aufgenommen und individuell in der meist zweijährigen Eingangsstufe in jahrgangsgemischten Lerngruppen gefördert werden. Dahinter steht auch das folgende Prinzip: nicht Individualisierung des Schulbeginns nach Leistungsstand und dann Homogenisierung des Unterrichts, sondern Homogenisierung des Schulbeginns bei Individualisierung des Unterrichts. Ein weiteres zentrales Element der neuen Eingangsstufe ist eine unterschiedliche Verweildauer in den ersten beiden Klassenstufen. Für die leistungsfähigeren Kinder ist ein Übergang in die dritte Klasse nach nur einem Jahr in der Eingangsstufe möglich. Für die langsamer lernenden und/oder noch nicht schulfähigen Kinder kann die Lernzeit um ein Schuljahr verlängert werden. Insbesondere zur Förderung dieser Kinder sollen Sozialpädagoginnen mitarbeiten, was aber nicht in allen Bundesländern gewährleistet ist. Allerdings gibt es kein einheitliches Modell der neuen Eingangsstufe in Deutschland, und – was als ein besonderes Manko anzusehen ist – in den meisten Bundesländern fehlen externe empirische Evaluationsstudien zu diesem Modellversuch (eine besondere Ausnahme stellt der Modellversuch in Baden-Württemberg dar), so dass nur wenig empirisch abgesichertes Wissen über die Auswirkungen der neuen Eingangsstufe verfügbar ist. Es gibt Hinweise darauf, dass der Anteil an Schülern, die drei Jahre in einer Eingangsstufe verbleiben, etwas geringer ist als der sonst übliche Anteil an Zurückstellungen. Aufgrund der unterschiedlichen Umsetzungen der neuen Eingangsstufe in den Bundesländern und eines gewissen Wechsels der bildungspolitischen Aufmerksamkeit – hin zu bildungsstufenübergreifenden Bildungsplänen sowie Sprachdiagnostik und Sprachförderung von Kindern mit Migrationshintergrund – ist die weitere Entwicklung der neuen Eingangsstufe unklar (Faust, 2006).

Aktuelle programmatische Entwicklungen ■ In allen Bundesländern wurden in den letzten Jahren Bildungs-, Erziehungs- oder Orientierungspläne für die Arbeit in Kindergärten entwickelt bzw. sind solche in der Entwicklung oder Erprobung. Für die Problematik des Übergangs vom Kindergarten in die Grundschule sind diese Pläne in zweierlei Hinsicht von Bedeutung: Zum einen beschreiben sie Inhaltsbereiche, mit denen sich die Kinder während ihres Besuchs eines Kindergartens auseinander setzen sollen, ohne dass »schulisches Lernen« vorweggenommen werden soll. Die in den Plänen genannten Inhaltsbereiche zeigen dabei eine große Übereinstimmung zwischen den Bundesländern. In der Regel wird betont, dass es sich bei diesen Inhaltsbereichen nicht um »Schulfächer« handelt, obwohl Verbindungslinien der Inhaltsbereiche zu den späteren Schulfächern deutlich sind. Trotz aller Betonung von Unterschieden und Abgrenzungen wird durch diese Pläne zum einen eine Bildungsstufen übergreifende Anschlussfähigkeit der kindlichen Lern- und Bildungsprozesse anvisiert. Zum anderen sprechen alle Pläne die Phase des Übergangs vom Kindergarten in die Grundschule an und enthalten Vorschläge für dessen Gestaltung in den Einrichtungen und für Bewältigungsstrategien für Kinder und ihre Familien. Inwieweit die Bildungs-, Erziehungs- oder Orientierungspläne den Kindern und ihren Familien tatsächlich den Übergang in die Grundschule erleichtern, bleibt abzuwarten, da gegenwärtig die meisten Pläne noch in einem Erprobungsstadium sind. Zudem sind kaum (externe) Evaluationen der Umsetzungen der Pläne vor Ort vorgesehen, so dass die tatsächliche Steuerungsfunktion der Pläne für die Praxis offen bleibt.

Zur Diskussion um das Schuleintrittsalter ■
Schließlich muss auf gegenwärtige Überlegungen in den Bundesländern zur Herabsetzung des Schuleintrittsalters hingewiesen werden. Die Festsetzung eines bestimmten Schuleintrittsalters ist insofern willkürlich, als der Zeitpunkt, zu dem ein Kind in die Schule aufgenommen werden soll bzw. kann, zentral auch von der Anforderungsstruktur des Schulsystems abhängt. Wird diese verändert, so ist auch das Schuleintrittsalter veränderbar. Seit Beginn des 19. Jahrhunderts gibt es in Deutschland die Tendenz, das Schuleintrittsalter auf die Vollendung des sechsten Lebensjahres festzusetzen. Am 24.10.1997 verabschiedete die Kultusministerkonferenz (KMK) neue »Empfehlungen zum Schulanfang«. Damit reagierte sie auf die ihrer Ansicht nach allgemein zu beobachtende Tendenz zur späteren Einschulung schulpflichtiger Kinder. Angesichts des im internationalen Vergleichs hohen durchschnittlichen Einschulungsalters der Kinder in Deutschland sollten Maßnahmen zur Reduktion der teilweise hohen Zurückstellungsquoten ergriffen und Eltern ermutigt werden, von der Möglichkeit einer vorzeitigen Einschulung Gebrauch zu machen. Nach dieser Empfehlung beginnt die Schulpflicht für alle Kinder, die bis zu einem vom jeweiligen Land festzulegenden Stichtag das sechste Lebensjahr vollendet haben, am 1.08. desselben Jahres, in der Regel mit Beginn des Unterrichts nach den Sommerferien. Der Stichtag soll dabei zwischen dem 30.06 und 30.09. liegen. Berücksichtigt wird aber nicht nur das Lebensalter, sondern auch der Entwicklungsstand. Kinder, die nach dem Stichtag das sechste Lebensjahr vollenden, können auf Antrag ihrer Erziehungsberechtigten vorzeitig in die Schule aufgenommen werden – in begründeten Ausnahmefällen auch Kinder, die nach dem 31.12. geboren sind. In Ausnahmefällen ist auch eine Zurückstellung vom Schulbesuch möglich, wenn zu erwarten ist, dass eine Förderung im schulischen Rahmen keine für die Entwicklung des Kindes günstigeren Voraussetzungen schafft. Die Entscheidung über eine Zurückstellung soll möglichst in zeitlicher Nähe zum Schuljahresbeginn getroffen werden.

Im Schuljahr 2003/04 wurden 7,8 % der Schulanfänger vorzeitig eingeschult, und für 5,6 % der Schulfänger war der Schulbeginn verspätet, d.h., sie waren im vorhergehenden Schuljahr vom Schulbesuch zurückgestellt worden (in beiden Fällen bestehen erhebliche Unterschiede zwischen den Bundesländern; vgl. Faust & Roßbach, 2004). Gegenwärtig planen sechs Bundesländer oder haben bereits entschieden, den Stichtag für die reguläre Einschulung näher an das Jahresende zu legen, um damit das durchschnittliche Einschulungsalter zu reduzieren. Diese Vorverlegung des Einschulungsalters muss als moderat betrachtet werden – das durchschnittliche Einschulungsalter läge auch bei einem Stichtag 31.12. und einem Schuljahresbeginn am 1.08. noch bei etwa sechs Jahren und einem Monat. Gleichwohl stellt sich die Frage, wie Didaktik und Methodik des Schulanfangs für die jüngeren Kinder angepasst werden können.

Theoretische Ansätze ■ Eine einheitliche und umfassende Theorie institutioneller Übergänge ist gegenwärtig nicht vorhanden – weder im empirischen noch im programmatischen Sinne. Es lassen sich aber einige Facetten festhalten, die im Grunde alle hier angesprochenen Übergänge (Familie – Krippe; Familie – Kindergarten; Krippe – Kindergarten; Kindergarten – Grundschule) betreffen, wenngleich sie je nach Typ des Übergangs unterschiedlich bedeutsam sind bzw. akzentuiert werden.

Unterschiedliche Anforderungsstrukturen ■ Die jeweiligen Übergänge zeichnen sich dadurch aus, dass die Anforderungsstrukturen in den beteiligten Umwelten unterschiedlich sind. Für den Übergang von der Familie in den Kindergarten werden u.a. genannt: Affektivität in der Familie versus stärkere affektive Neutralität im Kindergarten; partikularistische Beziehungen in der Familie (Orientierung auf das spezifische Kind) versus stärkere universalistische Beziehungen im Kindergarten (Orientierung an allgemeinen Maßstäben); nur wenige Kinder oder kein weiteres Kind in der Familie versus größere Gruppe von etwa gleichaltrigen Kindern mit einer gewissen Unüberschaubarkeit im Kindergarten und der Notwendigkeit der Teilhabe an kulturellen Praktiken innerhalb der Gleichaltrigengruppe; im Unterschied zur Familie stärkere soziale Vergleiche sowie stärkere Lern- und Leistungsanforderungen im Kindergarten; Konfrontation mit anderen und komplexeren Rollenerwartungen und Umgangsformen im Kindergarten; meist mit dem Übergang in den Kindergarten erstmalige Aufnahme einer Beziehung zu einer fremden erwachsenen Person (professionelle Erzieherin); Anforderungen, die aus dem täglichen Pendeln zwischen den beiden Umwelten Familie und Kindergarten entstehen (vgl. z.B. Berger, 1997; Roux, 2004; Viernickel & Lee, 2004).[46]

Im Grunde gelten viele der genannten Unterschiede in den Anforderungsstrukturen zwischen Familie und Kindergarten auch für den Übergang vom Kindergarten in die Grundschule, die z.B. durch noch mehr affektive Neutralität und universalistische Beziehungen sowie noch stärkere soziale Vergleiche und Lern- und Leistungsanforderungen als der Kindergarten gekennzeichnet ist. Neuman (2002, S. 11 f.; Oberhuemer, 2004, S. 153 ff.) beschreibt drei Abgrenzungen bzw. Barrieren zwischen vorschulischen Einrichtungen und der Schule:

- **Unterschiedliche Visionen und Lernkulturen:** Vorschulische Einrichtungen und Schulen sind in unterschiedliche Traditionen eingebettet. Damit verbunden sind oft Missverständnisse gegenüber der jeweils anderen Institution. Der vorschulische Bereich fürchtet bei einer Zusammenarbeit mit der Schule einen Druck zur Verschulung vorschulischer Einrichtungen und eine Verengung des Blicks auf die Vorbereitung von Lese-/Rechtschreibfertigkeiten und Mathematik. Auf der anderen Seite meinen die Lehrkräfte an Grundschulen, dass die Kinder durch den Kindergarten nicht genug auf die Anforderungen der Schule vorbereitet würden
- **Strukturelle Hindernisse – geteilte Zuständigkeiten:** Oftmals sind unterschiedliche Ministerien für die beiden Bildungsbereiche zuständig: Sozialministerien für den Kindergarten und Bildungsministerien für die Schule. Dies ist oft verbunden mit unterschiedlichen Ausbildungen, Gehalt und Arbeitsbedingungen des Personals zuungunsten des Fachpersonals in vorschulischen Einrichtungen
- **Kommunikationshindernisse:** Eltern, Erzieherinnen und Lehrerinnen können unterschiedliche Vorstellungen und Wertorientierungen zur Rolle von Eltern und Fachpersonal, zur »Schulvorbereitung« in den vorschulischen Einrichtungen oder zum Unterricht in den ersten Schuljahren haben.

Kontinuität und Diskontinuität ■ Aus den unterschiedlichen Anforderungsstrukturen wird oft die These abgeleitet, dass mit zuneh-

---

46 Viele der Unterschiede in den Anforderungsstrukturen von Familie und Kindergarten wurden früher – als viele bzw. die meisten Kinder von der Familie direkt in die Grundschule wechselten – auch für diesen Übergang genannt.

mender Distanz der Anforderungsstrukturen von zwei Umwelten auch der Übergang problematischer werde. Idealtypisch lassen sich zwei Positionen unterscheiden (vgl. Dunlop & Fabian, 2002):

- Die Unterschiedlichkeiten müssen reduziert und Kontinuitäten erhöht werden, um gleitende Übergänge ohne ernstere Probleme sicherzustellen. In dieser Perspektive müssten die Anforderungsstrukturen von Familie und Kindergarten angeglichen werden, indem z. B. der Kindergarten – eventuell zunächst nur in einer Übergangsphase – familienähnlicher gemacht wird. Ähnliches könnte für den Übergang zwischen Kindergarten und Grundschule gelten, wenn beide Institutionen eventuell auch hier nur für eine Übergangsphase so angenähert werden, dass einem Kind der Übergang kaum auffällt
- Unterschiedlichkeiten und Diskontinuitäten zwischen zwei benachbarten Bildungsumwelten sind gegeben, aber nicht schädlich. Im Gegenteil: Diskontinuitäten fordern Entwicklung heraus, wenn sie bewältigt werden können. Es käme also nicht darauf an, die jeweiligen Umwelten anzugleichen, vielmehr könnten sie ihre Eigenständigkeiten bewahren, wenn den Kindern und ihren Familien Bewältigungshilfen für einen erfolgreichen Übergang an die Hand gegeben würden.

Individuelle Entwicklungs-, Lern- und Bildungsprozesse laufen nicht zwingend kontinuierlich ab; es kann durchaus Krisen und Sprünge geben, die Entwicklung, Lernen und Bildung vorantreiben. Darauf hat schon Bollnow 1959 hingewiesen (vgl. Meiers, 1991). Allerdings verlaufen solche unstetigen Prozesse nicht zwingend parallel zu den institutionellen Übergängen. Die zentrale pädagogische Aufgabe besteht darin, entwicklungs-, lern- und bildungsförderliche Hilfe auf allen Bildungsstufen so zu gestalten, dass die Gesamtentwicklung eines Heranwachsenden nicht aus dem Auge verloren wird. Kontinuität in diesem Sinne bezieht sich dann darauf, dass jede höhere Bildungsstufe den bisher erreichten Stand eines Kindes akzeptieren und dort ansetzen muss und dass jede vorausgehende Stufe im Bildungswesen perspektivisch die weiterführenden Aufgabenstellungen im Blick haben muss, »… um nichts Wesentliches zu versäumen« (Meiers, 1991, S. 33). Dies gilt letztlich unabhängig davon, ob sich im Übergang zwischen den beiden Bildungsstufen die jeweiligen Anforderungsstrukturen gleichen oder verschieden sind. Insofern können möglicherweise auch gezielte Diskontinuitäten entwicklungs-, lern- und bildungsförderliche Anreize geben. In diesem pädagogischen Verständnis geht es somit nicht um Maximierung von Kontinuität oder (mit Hilfen bewältigbarer) Diskontinuität, sondern darum, Strategien zur Sicherung von Kontinuität um Strategien zur pädagogischen Nutzung von Diskontinuitäten zu ergänzen (vgl. Dunlop & Fabian, 2002, S. 148 f.; Griebel & Niesel, 2004, S. 136 f.).

Der Transitionsansatz ■ Institutionelle Übergänge in der Frühpädagogik betreffen nicht nur die Kinder, sondern die Familien insgesamt und auch den Kontext (z. B. Beziehungen der Eltern zu Erzieherinnen und Grundschullehrerinnen). Insofern zeigt sich ein gelingender Übergang nicht nur bei den Kindern selbst, sondern auch z. B. darin, inwieweit es den Eltern gelingt, während des Übergangs befriedigende Beziehungen zu Erzieherinnen und Lehrerinnen aufzubauen, was langfristig wiederum die kindliche Entwicklung beeinflusst (Rimm-Kaufman & Pianta, 2000). Der breitere Blick auf Übergänge, der das ganze familiale System berücksichtigt, wird besonders im Transitionsansatz betont (Griebel & Niesel, 2004). Als Transitionen werden hier die Lebensereignisse betrachtet, »… die eine Bewältigung von Veränderungen auf mehreren definierten Ebenen erfordern – der individuellen, interaktionalen und der kontextuellen – und in der Auseinandersetzung des Einzelnen und seines sozialen Systems mit gesellschaftlichen Anforderungen Entwicklung stimulieren und als bedeutsame biographische Erfahrungen in der Identitätsentwicklung ihren Niederschlag finden« (Wörz, 2004, S. 36). Der Transitionsansatz integriert u. a. den ökopsychologischen Ansatz und Ansätze der Stressforschung und betrachtet Veränderungen im

Lebensumfeld eines Kindes und seiner Familie unter der Perspektive kritischer Lebensereignisse, die sowohl Belastungen als auch entwicklungsfördernde Herausforderungen sein können. Kinder und Eltern stehen vor einer Entwicklungsaufgabe und müssen z. B. beim Übergang des Kindes in den Kindergarten Veränderungen auf verschiedenen Ebenen bewältigen (Griebel & Niesel, 2004, S. 78 f.): Auf der *individuellen Ebene* muss sich das Kind als Kindergartenkind definieren lernen, wobei die Eltern ebenfalls einen Übergang bewältigen müssen, nämlich den, zu Eltern eines Kindergartenkindes zu werden, was möglicherweise mit Verlustgefühlen in Bezug auf den Abschied von einer Zeit der engen und ausschließlich familialen Lebensumwelt mit dem Kind verbunden ist. Auf der *interaktionalen Ebene* muss das Kind die Rolle als Kindergartenkind übernehmen, sich der Struktur der Kindergartengruppe anpassen und sich aktiv am Gruppenbildungsprozess beteiligen. Die Eltern müssen akzeptieren lernen, dass ihr Kind nur eines unter anderen in der Gruppe ist. Mit dem Eintritt in den Kindergarten verändern sich auch die Beziehungen in der Familie, da das Kind nun verstärkt nach Unabhängigkeit strebt. Auf der *kontextuellen Ebene* müssen Kinder und Eltern das tägliche Pendeln zwischen Familie und Kindergarten und die damit gegebenen zeitlichen Einschränkungen im Tagesablauf bewältigen lernen. Mit dem Transitionsansatz kommt eine Doppelrolle der Eltern bei den Übergängen in den Blick. Zum einen sind sie Begleiter und Moderatoren für den Übergang ihres Kindes und zum anderen selbst von einem Übergang betroffen.

Der Transitionsansatz eignet sich besonders zur Konzipierung der pädagogischen Gestaltung der Transitionsbegleitung; er öffnet den Blick auf das Zusammenwirken aller Beteiligten und die Kooperationsnotwendigkeiten der beteiligten Bildungsinstitutionen (Wörz, 2004, S. 37). Sein besonderer Verdienst liegt darin, einen theoretischen Rahmen zu bieten, mit dessen Hilfe die Beliebigkeit der weiter oben genannten Unterstützungs- und Kooperationsmaßnahmen überwunden werden kann. Trotz dieser Bedeutung des Transitionsansatzes kann er jedoch keine Antwort auf zwei Fragenbereiche geben: Zum einen geht er von bestehenden Übergängen aus und versucht die Transitionskompetenz der Beteiligten zu verbessern. Damit bleibt aber die strukturelle Frage offen, welche institutionellen Übergänge im Bildungssystem notwendig sind oder ob nicht eine andere Strukturierung des Bildungssystems – z. B. wie in der alten Eingangsstufe beim Übergang vom Kindergarten in die Grundschule – für die Bildungsprozesse der Kinder produktiver sein kann. Zum anderen ist der Transitionsansatz insofern für den Übergang vom Kindergarten in die Grundschule unspezifisch, als er nur eingeschränkt in der Lage ist, auf die Besonderheiten der kumulativen Kompetenzentwicklungen der Kinder einzugehen und die entsprechenden didaktisch-methodischen Aspekte zu thematisieren.

Bereichsspezifische Förderung ■ Bei der bereits formulierten Forderung, in der pädagogischen Arbeit auf einer Bildungsstufe die Gesamtentwicklung eines Kindes und damit auch die Anforderungen der folgenden Bildungsstufen nicht aus dem Auge zu verlieren, darf nicht übersehen werden, dass das diesbezügliche Forschungswissen gegenwärtig unbefriedigend ist. Die grundlegende Aufgabe des Bildungswesens besteht darin, den Heranwachsenden durch an Lernbereiche und Schulfächer gebundene langfristige und aufeinander aufbauende Lern- und Bildungsprozesse zu ermöglichen, die ihnen zu einem vertieften und flexiblen Wissen in den für Gesellschaft und Beruf wichtigen Sachgebieten verhelfen und sie gleichzeitig darin unterstützen, eine selbstständige und handlungsfähige Persönlichkeitsstruktur aufzubauen. Der frühe Beginn der Entwicklung von Kompetenzen weit vor Schulbeginn, die Bindung an bestimmte Lernbereiche und die besondere Bedeutung des Vorwissens bzw. des frühen Kompetenzerwerbs legen es nahe, dass es sinnvoll und notwendig ist, bereits im Kindergarten stärker als bisher bereichsspezifisch zu fördern, d.h., kindliche Kompetenzen gezielt in spezifischen Bildungsbereichen aufzubauen (vgl. Roßbach, 2005b). Die Erwartung ist, dass dadurch das folgende

Lernen in der Grundschule vorbereitet und den Kindern der Übergang zu den Lernprozessen in der Schule erleichtert wird. Bereichsspezifische Lernprozesse sind auch die Basis für Metakognitionen und Problemlösestrategien; allgemeine Schlüsselkompetenzen sind hier zu unspezifisch. Welche frühen Vorläuferfähigkeiten für spätere Kompetenzen in den verschiedenen Bildungsbereichen bedeutsam sind und wie diese didaktisch-methodisch am besten und kindangemessen im Kindergarten (bzw. auch früher) gefördert werden können, ist zu einem großen Teil eine offene Frage, die weiterer Forschung bedarf.

Die pädagogische Arbeit im Kindergarten ist aber nicht auf die Förderung von (schulnahen) Vorläuferfähigkeiten beschränkt, dies würde dem Selbstverständnis des Kindergartens widersprechen. Schulvorbereitung im Kindergarten umfasst die gesamte Vorbereitung auf die Schule, speziell auch im Hinblick auf die Förderung des Sozialverhaltens (Griebel & Niesel, 2004, S. 125). Allerdings ist die verschiedentlich zu findende Aussage, dass die Förderung von sozialen Fähigkeiten für die Schulanpassung bedeutsamer sei als die Förderung kognitiver Voraussetzungen, in Frage zu stellen.

In der Literatur findet sich häufig die These, dass die erfolgreiche Bewältigung der frühen Übergänge (z. B. Familie – Kindergarten oder Kindergarten – Schule) sich positiv auf die Bewältigung der späteren Übergänge auswirkt (z. B. Berger, 1997, S. 28; Rimm-Kaufmann & Pianta, 2000, S. 494; Viernickel & Lee, 2002, S. 72 f.) und somit besonderer Aufmerksamkeit bedarf. Die empirische Basis für diese These ist aber schmal (Griebel & Niesel, 2004, S. 69, 108 f.). Insofern sollte die Bedeutung der frühen Übergänge nicht überschätzt werden.

Forschungsschwerpunkte ■ Zu den verschiedenen institutionellen Übergängen in der Frühpädagogik liegen in Deutschland nur vereinzelt empirische Forschungsergebnisse vor. Praxisorientierte Veröffentlichungen bzw. Praxisanleitungen überwiegen. Besonders für die Übergänge von der Familie in eine Institution muss ein Defizit von Forschungsarbeiten konstatiert werden, wobei der Eintritt in die Krippe – nicht zuletzt aufgrund der traditionell eher kritischen Beurteilung einer Krippenbetreuung für sehr junge Kinder – tendenziell eine stärkere Berücksichtigung in der Forschung findet als der Übergang von der Familie in den Kindergarten (Viernickel & Lee, 2004, S. 76). Praktisch keine Forschungsergebnisse sind für den Übergang von der Krippe in den Kindergarten vorhanden (Griebel & Niesel, 2004, S. 67). Im Folgenden wird abgesehen von einigen wenigen Beispielen nicht auf Einzelstudien und Einzelergebnisse eingegangen, vielmehr wird der Blick auf Schwerpunktsetzungen in den (wenigen) Forschungsarbeiten in Deutschland gerichtet (zu einzelnen Studien und auch Hinweisen auf den internationalen Kontext vgl. die Überblicke bei Griebel & Niesel, 2004, S. 56–60, 69–75, 95–110; Roux, 2004, S. 81–83; Viernickel & Lee, 2004, S. 75–79).

Im Hinblick auf die Übergänge von der Familie in die Krippe bzw. in den Kindergarten konzentrieren sich die Untersuchungen auf die Eingewöhnungsphase und die sozioemotionale Anpassung eines Kindes an die neue institutionelle Umwelt. Ein »sanfter« Übergang in eine Krippe – mit steigenden Anwesenheitszeiten des Kindes bei gleichzeitig steigenden Trennungszeiten von der Mutter – sowie die Unterstützung während der Übergangsphase stehen in Zusammenhang mit einem späteren sicheren Bindungsverhalten zur Mutter, positiveren Interaktionen des Kindes mit Betreuerinnen und anderen Kindern, positiveren Affekten und einer größeren Autonomie, Kooperation und Beteiligung in der Pflegesituation. Ein spezifisches Beteiligungsmodell der Eltern an der Eingewöhnung von Krippenkindern wurde z. B. durch Laewen (1989) untersucht, wobei sich hier die vorher bestehende Qualität der Mutter-Kind-Bindung als wichtiger Faktor in der Eingewöhnungsphase erwies.

Während beim Übergang von der Familie in die Krippe sorgsam auf die Eingewöhnungsphase geachtet wird, ist für den Übergang von der Familie in den Kindergarten eher eine heterogene Eingewöhnungspraxis zu beobachten. Untersucht wurde hier der Prozess der sozio-emotionalen Anpassung des Kindes und seiner Eltern an die neue Situation. Haefele und Wolf-Filsinger (1986) unterscheiden z. B. für die ersten vier Wochen im Kindergarten drei aufeinander folgende Phasen: Auf eine Orientierungsphase mit sozialer Distanz in der ersten Woche folgt in der zweiten Woche eine Durchsetzungskrise mit gleichzeitigen Integrationsbemühungen. Die dritte und vierte Woche ist vorwiegend durch eine psycho-physische Erschöpfung und einen gezielten Beziehungsaufbau gekennzeichnet. Die grundlegende Eingliederung eines Kindes in die Kindergartengruppe scheint mit der vierten Woche vollzogen zu sein. Die anfängliche soziale Distanz des Kindes zum Gruppengeschehen wird dabei nicht als Anpassungsschwierigkeit, sondern als ein notwendiger und adäquater Bewältigungsversuch betrachtet.

Trotz der öffentlichen Aufmerksamkeit, die dem Übergang vom Kindergarten in die Grundschule gewidmet wird, liegen hierzu nur wenige empirische Untersuchungen vor. Der Schwerpunkt der Untersuchungen liegt auf dem Übergangsprozess selbst, d.h. auf dem sozialen Anpassungsprozess an die Schule und den Unterstützungsmaßnahmen durch Eltern, Kindergarten und Grundschule. Dabei ist der Übergang in die Schule zumindest für einen Teil der Kinder stressbelastet. Allerdings sind die Schätzungen des Anteils der Kinder mit Übergangsproblemen – in Deutschland wird von etwa einem Drittel bis zur Hälfte der Kinder ausgegangen (Griebel & Niesel, 2004, S. 108) – nur mit großer Vorsicht zu betrachten, da systematische und repräsentative Studien hierzu fehlen. Als ausschlaggebender Faktor für die Übergangsbewältigung wird die Kooperation zwischen Kindergarten, Grundschule und Eltern angesehen, die allerdings nicht so häufig vorkommt, wie die überall zu findenden Forderungen nahe legen (vgl. z.B. Mader, 1989 und weiter oben). Eine umfangreichere Untersuchung zum Übergang in die Grundschule wurde von Griebel und Niesel (2004, S. 120 ff.) durchgeführt, in der Eltern und Erzieherinnen von Kindern, die zum Übergang anstanden, befragt wurden (162 Paare von Eltern und Erzieherinnen); in einer Teilstichprobe wurde der Übergang von Kindern und Eltern (27 Paare) überdies bis in die Hälfte des ersten Schuljahres verfolgt. Diese Untersuchung wird von den Autoren vor allem auch zur Ausformulierung eines kokonstruktivistisch orientierten Transitionsprogramms zur Bewältigung des Übergangs in die Grundschule genutzt (vgl. weiter unten). Neuere Untersuchungen zur strukturellen Gestaltung des Übergangs vom Kindergarten in die Grundschule liegen nicht vor (zur »alten« und »neuen« Schuleingangsstufe vgl. weiter oben).

In einem anderen Untersuchungsstrang wird die generelle Bedeutung der Bildung, Erziehung und Betreuung im Kindergarten für die spätere kindliche Entwicklung und Schulkarriere thematisiert (vgl. zusammenfassend Roßbach, 2005a). Hier zeigen sich längerfristige positive Auswirkungen des Besuchs von (qualitativ guten) Kindergärten auf die späteren Schulleistungen und das Sozialverhalten in der Schule. Insofern darf der Blick nicht nur auf die Gestaltung der Übergangsphase im Engeren, sondern muss auf das Gesamt der pädagogischen Anregungen im Kindergarten gerichtet werden. Ein Forschungsdefizit besteht hier allerdings in dem Wissen darüber, welche frühen Vorläuferfähigkeiten für spätere schulische Kompetenzen wichtig sind und wie diese im Kindergarten am besten gefördert werden können.[47]

Pädagogische Konsequenzen ■ Pragmatisch lassen sich vier Dimensionen pädagogischer Handlungsmöglichkeiten bei institutionellen Übergängen unterscheiden. Je nach der Art des Übergangs kommt diesen Dimensionen aber eine unterschiedliche Bedeutung zu (vgl. auch Faust & Roßbach, 2004, S. 95 ff.; Neuman, 2004, S. 13 ff.):

---

47 Auf einen weiteren Forschungsstrang, der sich mit der Problematik der Vorhersage späterer Leistungen aufgrund von Fähigkeiten vor Schulbeginn beschäftigt, soll hier nicht eingegangen werden. Vgl. dazu den Beitrag von Kammermeyer zur Schulfähigkeitsdiagnostik in diesem Handbuch.

- Strukturelle Gestaltung eines Übergangs
- Kooperationen und Übergangsbegleitung
- Inhaltliche und curriculare Anschlussfähigkeit
- Aus- und Fortbildung des Fachpersonals.

Für die Übergänge von der Familie in die Krippe bzw. den Kindergarten stehen bei praktischen Maßnahmen die Übergangsbegleitung und die Eingewöhnungsphase im Mittelpunkt. Das so genannte Berliner Eingewöhnungsmodell von Laewen, Andres und Hédervári und das entsprechende Modell von Beller (vgl. Viernickel & Lee, 2004, S. 80 ff.) betonen z. B. die sorgfältige Planung der Eingewöhnungsphase, eine allmähliche Eingewöhnung und Trennung von der Mutter, den Aufbau der Beziehung zur Erzieherin und die Abstimmung der Eingewöhnung auf die individuellen Bedürfnisse der Beteiligten. Qualitätskriterien zur Gestaltung der Eingewöhnung – für den Übergang von der Familie in Krippe und Kindergarten – werden auch im nationalen Kriterienkatalog genannt, der im Rahmen der vom Bundesministerium für Familie, Senioren, Frauen und Jugend geförderten Nationalen Qualitätsinitiative im System der Tageseinrichtungen für Kinder entstanden ist (Tietze & Viernickel, 2002, S. 231 ff.). Wichtig ist, den Blick nicht nur auf die Eingewöhnung der Kinder zu richten, sondern auch auf die Veränderungen, die Eltern erfahren, wenn ihr Kind in eine Krippe kommt. Dieser umfassende Blick auf alle Akteure und verschiedene Ebenen – individuelle, interaktionale und kontextuelle Ebene –, auf denen Kinder und ihre Eltern Veränderungen erleben und Anpassungen leisten müssen, wird vor allem im Rahmen des Transitionsansatzes betont und in praktische Maßnahmen umgesetzt (Griebel & Niesel, 2004, S. 60 ff.). Letzteres gilt ebenfalls für den Übergang von der Familie in den Kindergarten (Griebel & Niesel, 2004, S. 76ff.).[48] Allerdings gibt es für diesen Übergang bisher noch kein so differenziert ausgearbeitetes Konzept wie für den Übergang in die Krippe. Berger hat z. B. einen Ablaufplan für verschiedene Maßnahmen zur Gestaltung des Übergangs in den Kindergarten vorgeschlagen, der einen Zeitraum von vier bis fünf Monaten umfasst. Haefele und Wolf-Filsinger haben basierend auf ihrer Untersuchung (1986) Ratschläge für Eltern und Erzieherinnen entwickelt, um Kindern die Eingewöhnung zu erleichtern (vgl. Roux, 2004, S. 84 ff.; Viernickel & Lee, 2004, S. 82 ff.). Viernickel und Lee (2004, S. 85) betonen die Notwendigkeit, altersdifferenzierende Konzepte zu entwickeln. Sie halten die Praxis, existierende Eingewöhnungsmodelle für den Krippenbereich in modifizierter Form auch für ältere Kinder und den Übergang in den Kindergarten anzuwenden, für unzureichend. Fragen einer erfolgreichen Gestaltung von beiden Übergängen müssen auch in Aus- und Fortbildung des Fachpersonals eine ausreichende Beachtung finden.

Zum Übergang von der Krippe in den Kindergarten liegen praktisch keine pädagogischen Konzepte vor außer dem Hinweis, dass dieser Übergang für Kinder entfällt, die in einer Gruppe mit einer größeren Altersmischung betreut werden. Für den Übergang vom Kindergarten in die Grundschule werden gegenwärtig in allen vier genannten Dimensionen pädagogische Handlungsmöglichkeiten diskutiert (wobei die einzelnen Maßnahmen durchaus auch mehrere Dimensionen ansprechen können). Im Hinblick auf die strukturelle Gestaltung des Übergangsbereichs sei noch einmal auf die »neue« Eingangsstufe verwiesen, die letztlich eine Veränderung der ersten beiden Schuljahre umfasst und so versucht, den Kindern den Übergang in die Grundschule zu erleichtern (vgl. weiter oben).

Die Wiedereinrichtung von »alten« Eingangsstufen als Vermittlungsinstitution für den Übergang wird gegenwärtig nicht verfolgt, obwohl es verschiedentlich Überlegungen gibt, z. B. die Fünfjährigen in gesonderten Gruppen im Kindergarten zusammenzufassen und diese dann gemeinsam in eine erste Klasse einzuschulen. In einem Modellversuch »Kindergarten der Zukunft in Bayern – KiDZ« wird zur Zeit insofern eine strukturelle Veränderung erprobt, als hier die Förderung zwar im Kindergarten geschieht,

---

48 Vgl. hierzu auch die sechs Komponenten von Transitionsprogrammen (Griebel & Niesel, 2004, 146–149).

in jeder Gruppe aber eine Grundschullehrerin in Vollzeit mitarbeitet, auch um die frühe Förderung von Vorläuferfähigkeiten für spätere schulische Kompetenzen zu verbessern (vgl. Stiftung Bildungspakt Bayern; www.bildungspakt-bayern.de). Eine weitere strukturelle Maßnahme kann darin gesehen werden, dass gegenwärtig in der Hälfte der Bundesländer sowohl der Kindergarten als auch die Grundschule administrativ den jeweiligen Kultusministerien zugeordnet sind, um so diese beiden »Welten« näher aneinander zu rücken.

Fragen der Begleitung von Kindern und Eltern beim Übergang werden vor allem im Umkreis des Transitionsansatzes verfolgt (vgl. die Beispiele bei Griebel & Niesel, 2004, S. 139 ff.). Die besondere Leistung des Transitionsansatzes besteht darin, die bisher eher als beliebig erscheinenden Kooperationsmaßnahmen in eine systematische Struktur zu bringen. Ein umfangreiches Projekt zur Verbesserung der Kooperation zwischen Kindergarten und Grundschule wird gegenwärtig an der Universität Bremen durchgeführt (www.fruehes-lernen.uni-bremen.de). Ein Ziel ist dabei auch, zu einer Abstimmung der inhaltlichen und pädagogischen Arbeit zwischen den beiden Institutionen zu kommen und Themenbereiche (Inhalte, Material, Methoden) für mehrere Entwicklungsniveaus auszuarbeiten.

Inhaltliche und curriculare Anschlussfähigkeit zwischen Kindergarten und Grundschule wird auch durch die in den Bundesländern entwickelten Bildungs-, Erziehungs- oder Orientierungspläne angestrebt (vgl. weiter oben). Daneben finden sich weitere Projekte in dieser Dimension. In dem Entwicklungsprojekt PONTE soll z. B. der Situationsansatz für den Kindergarten (vgl. Roßbach, 2003, S. 271 ff.) mit modernen Lernbereichsdidaktiken aus dem Primarbereich kombiniert werden, um ein modernes Lern- und Bildungsverständnis in beiden Institutionen zu realisieren. Kindergärten und Grundschulen sollen so unterstützt werden, sich selbst zu exzellenten Bildungseinrichtungen für Kinder weiter zu entwickeln (www.ponte-info.de). In Entwicklung sind auch an verschiedenen Stellen Projekte zur gezielten Förderung von Vorläuferfähigkeiten (z. B. frühe Literacy, Mathematik) für spätere schulische Kompetenzen. Aufgrund der Vielfalt der Bemühungen soll auf die Nennung einzelner Vorhaben an dieser Stelle verzichtet werden. Ergebnisse sind aber für die nähere Zukunft zu erwarten. Schließlich werden auch für eine Erleichterung des Übergangs vom Kindergarten in die Grundschule besondere Hoffnungen an eine Reform der Aus- und Fortbildung des Fachpersonals im frühpädagogischen Bereich gerichtet. Dies betrifft z. B. die Durchführung von gemeinsamen Fortbildungsveranstaltungen von Erzieherinnen und Grundschullehrerinnen, die Einrichtung von neuen Studiengängen an Hochschulen für das Personal im frühpädagogischen Bereich sowie ein zumindest teilweise gemeinsames Hochschulstudium von frühpädagogischem Personal und Grundschullehrerinnen (vgl. z. B. die Initiative der Robert Bosch Stiftung; www.bosch-stiftung.de/foerderung/fr_02000000.html).

■ Literatur

Berger, M. (1997). Der Übergang von der Familie zum Kindergarten. Anregungen zur Gestaltung der Aufnahme in den Kindergarten (2., neu bearb. Aufl.). München: Ernst Reinhardt.

Dunlop, A.W. & Fabian, H. (2002). Conclusions. Debating transitions, continuity and progression in the early years. In: H. Fabian & A.-W. Dunlop (Hrsg.), Transitions in the early years. Debating continuity and progression for young children in early education (S. 146–154). London: Routledge Falmer.

Fabian, H. & Dunlop, A.-W. (Hrsg.). (2002). Transitions in the early years. Debating continuity and progression for young children in early education. London: Routledge Falmer.

Faust, G. (2006). Konzept und Stand der neuen Schuleingangsstufe in den Bundesländern. Grundschule aktuell, Heft Nr. 93, 19–23.

Faust, G. & Roßbach, H.G. (2004). Der Übergang vom Kindergarten in die Grundschule. In: L. Denner & E. Schumacher (Hrsg.), Übergänge im Elementar- und Primarbereich reflektieren und gestalten. Beiträge zu einer grundlegenden Bildung (S. 91–105). Bad Heilbrunn/Obb.: Klinkhardt.

Griebel, W. & Niesel, R. (2004). Transitionen. Fähigkeiten von Kindern in Tageseinrichtungen fördern, Veränderungen erfolgreich zu bewältigen. Weinheim: Beltz.

Haefele, B. & Wolf-Filsinger, M. (1986). Der Kindergarten-Eintritt und seine Folgen – eine Pilotstudie. Psychologie in Erziehung und Unterricht, 33, 99–107.

Laewen, H.-J. (1989). Nichtlineare Effekte einer Beteiligung von Eltern am Eingewöhnungsprozess von

Krippenkindern. Die Qualität der Mutter-Kind-Bindung als vermittelnder Faktor. Psychologie in Erziehung und Unterricht, 36, 102–108.
Mader, J. (1989). Schulkindergarten und Zurückstellung: Zur Bedeutung schulisch-ökologischer Bedingungen bei der Einschulung. Münster: Waxmann.
Meiers, K. (1991). Kontinuität. Anmerkungen zu einem gängigen, aber ungeklärten Begriff. Grundschule, Heft 4, 30–33.
Neumann, M.J. (2004). The wider context. An international overview of transition issues. In: H. Fabian & A.-W. Dunlop (Hrsg.), Transitions in the early years. Debating continuity and progression for young children in early education (pp. 8–22). London: Routledge Farmer.
Oberhuemer, P.A. (2004). Übergang in die Pflichtschule: Reformstrategien in Europa. In: D. Diskowski & E. Hammes-Di Bernado (Hrsg.), Lernkulturen und Bildungsstandards: Kindergarten und Grundschule zwischen Vielfalt und Verbindlichkeit. Jahrbuch Nr. 9 des Pestalozzi-Fröbel-Verbandes (S. 152–164). Baltmannsweiler: Schneider Hohengehren.
Rimm-Kaufman, S.E. & Pianta, R.C. (2000). An ecological perspective on the transition to kindergarten: A theoretical framework to guide empirical research. Journal of Applied Developmental Psychology, 21, 491–511.
Roßbach, H.G. (2003). Vorschulische Erziehung. In: K.S. Cortina, J. Baumert, A. Leschinsky, K.U. Mayer & L. Trommer (Hrsg.), Das Bildungswesen in der Bundesrepublik Deutschland. Strukturen und Entwicklungen im Überblick (S. 252–284). Reinbek bei Hamburg: Rowohlt.
Roßbach, H.G. (2005a). Effekte qualitativ guter Betreuung, Bildung und Erziehung im frühen Kindesalter auf Kinder und ihre Familien. In: Sachverständigenkommission Zwölfter Kinder- und Jugendbericht (Hrsg.), Band 1: Bildung, Betreuung und Erziehung von Kindern unter sechs Jahren (S. 55–174). München: DJI Verlag.
Roßbach, H.G. (2005b). Die Bedeutung der frühen Förderung für den domänspezifischen Kompetenzaufbau. Sache - Wort - Zahl, 33, 73, 4–7.
Roßbach, H.G. & Erning, G. (in Vorbereitung). Übergang vom Kindergarten in die Grundschule – eine unendliche Geschichte.
Roux, S. (2004). Von der Familie in den Kindergarten. Zur Theorie und Praxis eines frühpädagogischen Übergangs. In: L. Denner & E. Schumacher (Hrsg.), Übergänge im Elementar- und Primarbereich reflektieren und gestalten. Beiträge zu einer grundlegenden Bildung (S. 75–90). Bad Heilbrunn/Obb.: Klinkhardt.
Tietze, W. & Viernickel, S. (Hrsg.) (2002). Pädagogische Qualität in Tageseinrichtungen für Kinder – Ein nationaler Kriterienkatalog. Weinheim: Beltz.
Viernickel, S. & Lee, H.J. (2004). Beginn der Kindergartenzeit. In: E. Schumacher (Hrsg.), Übergänge in Bildung und Ausbildung. Gesellschaftliche, subjektive und pädagogische Relevanzen (S. 69–88). Bad Heilbrunn/Obb.: Klinkhardt.
Wörz, T. (2004). Die Entwicklung der Transitionsforschung. In: W. Griebel & R. Niesel (Hrsg.), Transitionen. Fähigkeiten von Kindern in Tageseinrichtungen fördern, Veränderungen erfolgreich zu bewältigen (S. 22–41). Weinheim: Beltz.

Erziehungsberatung

Georg Hörmann

Von einer »Erziehungsberatung in der Krise«, so auch der Titel eines Buches von Zygowski (1984), kann heute nicht mehr gesprochen werden. Zu konsolidiert ist die Erziehungsberatung sowohl in ihren institutionellen Ausprägungen als auch in ihrer methodischen Differenzierung. Die Anzahl der Einrichtungen ist gewachsen, die Nachfrage nach Erziehungsberatung gestiegen (Statistisches Bundesamt, 2005). Nicht nur Beratungsbedarf und Konzepte, sondern auch Beratungsklientel und Beratungsinhalte haben sich seit der anfänglichen Krisendiagnose erweitert und verschoben. Gleichzeitig hat die Diskussion um den Stellenwert von Erziehungsberatung zwischen Erziehung/Jugendhilfe und Psychotherapie in den letzten Jahren neue Nahrung erhalten durch die Einführung des Kinder- und Jugendhilfegesetzes zum Jahre 1991 (KJHG SGB VIII) und das ab 1999 geltende Psychotherapeutengesetz (PsychThG). Mit diesem wurden neben den bislang bestehenden akademischen Heilberufen zwei neue Berufe eingeführt: der psychologische Psychotherapeut und der Kinder- und Jugendlichenpsychotherapeut. Darüber hinaus ist eine generelle Verunsicherung in Erziehungsfragen zu konstatieren, die sich in populären Buchtiteln wie »Erziehungskatastrophe«, »Erziehungsnotstand«, »Einfach erziehen« oder »Kinder brauchen Erziehung« (vgl. Raithel, Dollinger & Hörmann, 2005) äußert und zu einer Vielzahl pädagogischer Erweckungsliteratur, populären Erziehungsratgebern oder Elternkursen geführt hat. Neben die klassischen Felder frühkindlicher Verhaltensauffälligkeiten oder Symptome sind aufgrund gesellschaftlicher Entwicklungen eine Vielzahl weiterer Problembereiche getreten, wie Beratung bei Trennung, Scheidung und Stieffamilien, Gewalt von Eltern, Kindern und Jugendlichen, sexuellem Missbrauch und interkulturellen Konflikten (Körner & Hörmann, 1998).

Die Nachfrage nach Erziehungsberatung in Deutschland wächst: Wie das Statistische

Bundesamt 2005 mitteilte, haben im Jahre 2004 rund 305.000 junge Menschen unter 27 Jahren erzieherische Beratung bei Fachleuten wegen familiärer oder individueller Probleme nachgefragt. Das war ein Prozent mehr als im Vorjahr. Im Zehnjahresvergleich ist die Zahl der Erziehungs-, Familien-, Jugend- und Suchtberatungen von 1994 bis 2004 um 41 % gestiegen (Statistisches Bundesamt, 2005). Eine Ursache ist die schwindende Verhaltenssicherheit in vielen Familien aufgrund neuerer Phänomene, wie z. B. unkontrolliertem Fernsehkonsum und Computerspielen. Auch in Bezug auf verbindliche Erziehungsstile herrscht Unsicherheit. Wurde lange Zeit ein repressiver oder autoritärer Erziehungsstil angeprangert, wird seit einigen Jahren verstärkt der autoritativ-partizipative Erziehungsstil propagiert (vgl. Raithel, Dollinger & Hörmann, 2005, S. 28 ff.), was sich in der Populärliteratur in Buchtiteln wie »Kinder brauchen Grenzen« oder »Eltern setzen Grenzen« niederschlägt. Ein weiterer Grund für den steigenden Bedarf ist darauf zurückzuführen, dass alte Rollenvorstellungen von Familien- und Erziehungsarbeit nicht mehr gültig sind und verlässliche Vorbilder in der eigenen familiären Erfahrungswelt häufig fehlen oder durch veränderte Familienstrukturen ersetzt werden. Von Relevanz hierbei sind die Pluralisierung familiärer Lebensformen mit vielen so genannten Alleinerziehenden, veränderte Geschwisterkonstellationen hin zu Ein-Kind-Verhältnissen, »Verinselung« kindlicher Lebenswelten, lockere Gleichaltrigenbeziehungen, Peer groups. Als reale Indikatoren für die wachsende Belastung der Beziehungsstrukturen in Familien kann etwa die Verdreifachung der von Scheidung ihrer Eltern betroffenen Kinder und Jugendlichen innerhalb der letzten vierzig Jahre (BKE, 2002), eine Verdreifachung des Anteils von Kindern in den neuen Familienformen (Alleinerziehende, Stieffamilien) und eine Verdoppelung der Beratungen aus Anlass der Trennung oder Scheidung innerhalb der letzten zehn Jahre (BKE, 2005b) gelten.

Trotz der sinkenden Zahl von Minderjährigen steigt der Bedarf an Unterstützung durch Beratung. Neben dem Umstand, dass der modernen Gesellschaft eine intuitive Fähigkeit zu gelingendem Umgang mit Kindern verloren geht, haben zusätzlich »durch Arbeitslosigkeit bedingte materielle Probleme und ihre Auswirkungen, Individualisierung und Segregation, sowie die Erhöhung der Mobilität die familiären Ressourcen beschnitten und führen zu einer Erhöhung des Beratungsbedarfs« (BKE, 2002). Nicht zuletzt ist in den vergangenen Jahren die Hemmschwelle gesunken, sich professionellen Rat zu holen.

Rahmenbedingungen der Erziehungsberatung

Gesetzliche Grundlagen ■ Orientierte sich Erziehungsberatung traditionell an der Forderung des alten Jugendwohlfahrts-Gesetzes nach »Hilfen zur Erziehung für Minderjährige« (§ 6 JWG), die allerdings ohnehin eher der familienpolizeilichen Kontrolle privater Lebensverhältnisse diente als dem viel beschworenen »Kindeswohl«, wurde die Regelung im alten JWG (§ 5) zudem als unzureichend gesehen, wonach als »Weitere Aufgaben; Träger der Jugendhilfe« genannt waren: »(1) Aufgabe des Jugendamtes ist es ferner, die für die Wohlfahrt der Jugend erforderlichen Einrichtungen und Veranstaltungen anzuregen, zu fördern und gegebenenfalls zu schaffen, insbesondere für 1. Beratung in Fragen der Erziehung (...).« Demgegenüber wird in dem seit 1991 geltenden Kinder- und Jugendhilfegesetz (KJHG, SGB VIII) »Erziehungsberatung« in § 28 ausdrücklich genannt und als Leistung beschrieben: »Erziehungsberatungsstellen und andere Beratungsdienste und -einrichtungen sollen Kinder, Jugendliche, Eltern und andere Erziehungsberechtigte bei der Klärung und Bewältigung individueller und familienbezogener Probleme und der zugrundeliegenden Faktoren, bei der Lösung von Erziehungsfragen sowie bei Trennung und Scheidung unterstützen. Dabei sollen Fachkräfte verschiedener Fachrichtungen zusammenwirken, die mit unterschiedlichen Ansätzen vertraut sind.« Daneben wird als Leistung der Jugendhilfe eigens in § 17 »Beratung in

Fragen der Partnerschaft, Trennung und Scheidung« genannt, was die gewandelten Familienformen und -bedürfnisse reflektiert.

Leistungen der Jugendhilfe ■ Erziehungsberatung stellt im KJHG neben Jugendarbeit, Jugendsozialarbeit, erzieherischem Kinder- und Jugendschutz (§ 11–15), Förderung der Erziehung in der Familie (§ 16–21), Förderung von Kindern in Tageseinrichtungen und in Tagespflege (§ 22–26) im Rahmen der Hilfen für Erziehung (§ 27–35) und des sozialen Leistungsspektrums zu den zentralen Beratungsangeboten der Jugendhilfe. Beratung als Leistung der Jugendhilfe findet sich zwar im heute geltenden KJHG an vielen Stellen und wird in über 20 Paragraphen erwähnt (Abel, 1998, S. 101), wobei der Erziehungsberatung eine spezielle Bedeutung zukommt: Nicht nur in der Gewährungspraxis der von Jugendämtern hierarchisierten Reihenfolge von familienunterstützenden, -ergänzenden und -ersetzenden Hilfen findet sie sich an erster Stelle, sondern auch rechtssystematisch unter den Hilfen zur Erziehung (§§ 27–35a SGB VIII).

Profil der Erziehungsberatung ■ Für die Erziehungsberatung gilt folgendes Aufgabenprofil: Als niedrigschwelliges kostenloses Leistungsangebot besteht darauf ein Rechtsanspruch, sofern eine dem Wohl des Kindes entsprechende Erziehung nicht gewährleistet und die Hilfe für seine Entwicklung geeignet und notwendig ist (§ 27). Wenn die Hilfe für längere Zeit nötig ist, muss gemeinsam mit den Eltern und im Zusammenwirken mehrerer Fachkräfte ein Hilfeplan erstellt und im Hinblick auf seine Wirksamkeit kontinuierlich evaluiert werden (§ 36 KJHG). Kinder, die seelisch behindert oder von einer seelischen Behinderung bedroht sind, haben ebenfalls einen eigenen Anspruch auf Unterstützung (Eingliederungshilfe nach § 35a KJHG), die sie in Erziehungsberatungsstellen erhalten können, insbesondere wenn gleichzeitig Beratungsbedarf der Eltern besteht. Junge Volljährige erhalten in Erziehungsberatungsstellen Hilfen zur Entwicklung ihrer Persönlichkeit und einer eigenverantwortlichen Lebensführung. Entsprechend § 41 KJHG besteht hierauf ein Rechtsanspruch.

Anlässe der Beratung sind aktuelle Problemsituationen, die sich zu dauernden Beeinträchtigungen verfestigen können. Es geht um Hilfen bei der Klärung und Bewältigung individueller und familienbezogener Probleme und der zugrunde liegenden Faktoren; Erziehungsfragen und Erziehungsschwierigkeiten von Eltern (z. B. auch bei Trennung und Scheidung); Lernschwierigkeiten, Verhaltensauffälligkeiten und Entwicklungsstörungen, psychosomatische Beschwerden von Kindern und Jugendlichen; komplexe Problemlagen und Mehrfachbelastungen und -störungen. Die Arbeitsweise der Beratung umfasst Auskunft und Information über Sachverhalte, Situationen, Prozesse und Handlungsmöglichkeiten; Unterstützung in familialen Krisensituationen; psychosoziale Beratung; therapeutische Interventionen; Einbeziehung des sozialen Netzwerkes der Betroffenen, Förderung der Zusammenarbeit der Betroffenen mit anderen Institutionen (Schule, Kindergarten etc.) im Zusammenwirken verschiedener Fachkräfte in einem Team.

In § 28 sind auch »andere Beratungsdienste und -einrichtungen« genannt, ferner wird mit dem indirekten Verweis auf § 17 »Beratung in Fragen der Partnerschaft, Trennung und Scheidung« auf andere Beratungsdienste, wie »Ehe- oder Paarberatung« Bezug genommen. Ob und wie sich Erziehungsberatung in Eigenständigkeit und Zuständigkeitsbereich positioniert zwischen einer »allgemeinen« sozialarbeiterischen, präventiven und nicht nur einzelfallbezogenen, eher informatorischen Beratung (vgl. § 16 Abs. 2, Ziff. 2 »Angebote der Beratung in allgemeinen Fragen der Erziehung und Entwicklung junger Menschen«) und einer eher für schwierigere Probleme zuständigen, psychologischen und psychotherapeutisch-orientierten Beratung, bleibt im Gesetz offen, da nicht festgelegt wird, wer die Beratung wie organisiert und anbietet. Institutionelle Erziehungsberatungsstellen werden jedoch in § 28 ausdrücklich als Leistungsträger genannt und als wesentliches Kriterium das professionelle Zusammenwirken unterschiedlicher Fachkräfte in einem Beratungsteam gesetzlich festgelegt. Außerdem wird durch eine mit den Jahren veränderte Organisation der Erziehungsberatungsstellen (wie etwa der Zusammenlegung mit Ehe- und Lebensberatungsstellen oder der Kooperation mit anderen Einrichtungen der Jugendhilfe) die Koordination flexibler, individuell abgestimmter Hilfen für Familien erleichtert.

Einrichtungen und Träger ■

Träger und Inanspruchnahme der Erziehungsberatung ■ Nach der letzten Mitteilung des Statistischen Bundesamtes (2005) zur Erziehungsberatung im Jahre 2004 wurden 58 % der jungen Menschen von freien Trägern der Jugendhilfe (von den etablierten Wohlfahrtsverbänden Caritas, Diakonie, Paritätischer Wohlfahrtsverband, Arbeiterwohlfahrt) beraten, in 42 % der Fälle bei Beratungsstellen öffentlicher Träger. Bei zwei Dritteln der Hilfen nahm die Mutter Kontakt zur Beratungsstelle auf, 7 % der jungen Menschen suchten aus eigener Initiative Rat und Unterstützung. Die übrigen 26 % der Hilfen wurden durch beide Eltern gemeinsam, allein durch den Vater, durch soziale Dienste oder andere Stellen angeregt.

Den Rechtsanspruch auf Erziehungshilfen besitzen ausschließlich die Personensorgeberechtigten. Die anschließende Gewährung einer dieser Hilfen erfolgt nach Abschluss eines Hilfeplanverfahrens, also eines Verständigungsprozesses zwischen allen Parteien und Unterstützern, der nach bestimmten gesetzlichen Vorgaben zu erfolgen hat (§§ 36, 37 SGB VIII). Die Zugangsvoraussetzung für den § 28 SGB VIII ist dabei rechtlich und praktisch leichter erreichbar als bei anderen Hilfen zur Erziehung. Kinder, Jugendliche und junge Erwachsene haben ebenso grundsätzlich die Möglichkeit, sich hilfesuchend an eine Erziehungsberatung zu wenden, sie steht zunächst jeder/m Hilfesuchenden offen. Die Inanspruchnahme setzt keine Prüfung der Zugangsvoraussetzung voraus, ob z.B. eine dem Wohl des Kindes entsprechende Erziehung gewährleistet ist oder nicht.

Personensorgeberechtigte werden bislang bei der Nutzung von Erziehungsberatung öffentlicher Träger nicht zu den Kosten der Hilfe herangezogen, wie es bei den anderen Hilfen vergleichsweise gemäß § 91 ff. SGB VIII der Fall ist. Der von Bayern im Bundesrat eingebrachte Entwurf eines Gesetzes zur Entlastung der Kommunen im sozialen Bereich (KEG), das die Einführung von Gebühren für Beratung vorsieht, wird von der BKE (2005b) wegen kontraproduktiver Zwecke verworfen, wie z.B. Erhöhung der Zugangsschwellen, Problemverschleppung, Ignorierung gesellschaftlicher Entwicklungen und familiärer Lebensformen, Verlagerung der Hilfen auf kostspieligere Formen wie Fremdunterbringung und befürchtetem Bürokratieaufwand.

Personelle Ausstattung ■ Bisherigen Planungen für Erziehungs- und Familienberatung liegen die Empfehlungen der Weltgesundheitsorganisation (WHO) von 1956 bzw. die noch heute maßgeblichen »Grundsätze für die einheitliche Gestaltung der Richtlinien der Länder für die Förderung von Erziehungsberatungsstellen« der Landesjugendminister von 1973 zugrunde. Die WHO hat seinerzeit für jeweils 45.000 Einwohner eine Erziehungsberatungsstelle mit vier bis fünf Fachkräften empfohlen, so dass auf eine Fachkraft 10.000 Einwohner entfallen. Die Jugendminister sahen einen flächendeckenden Ausbau von Erziehungs- und Familienberatungsstellen in der Bundesrepublik Deutschland vor, bei dem für jeweils 50.000 Einwohner eine Einrichtung mit mindestens drei Fachkräften geschaffen werden sollte. Aufgrund der veränderten Zusammensetzung der Bevölkerung und des demographischen Wandels, neuer Problemlagen und der genaueren Wahrnehmung von Problemfeldern sowie der Verschiebung der Aufgaben von Erziehungsberatungsstellen vom Schwerpunkt Diagnostik hin zu unterstützender Hilfe durch Beratung und Therapie (BKE, 1999) schlägt die Bundeskonferenz für Erziehungsberatung vor, die Richtzahl für eine Leistung, die in erster Linie Kindern und Jugendlichen mit ihren Familien zugute kommen soll, nicht auf die gesamte Bevölkerung zu beziehen, sondern die Anzahl der Kinder und Jugendlichen unter 18 Jahren selbst als Bezugspunkt zu wählen. Entsprechend der modifizierten WHO-Richtzahl werden als Anhaltspunkt einer für erforderlich gehaltenen Mindestversorgung vier Fachkräfte für jeweils 10.000 Kinder und Jugendliche bis 18 Jahre zugrunde gelegt. Je nach örtlicher Situation kann dabei zusätzlicher Bedarf gerechtfertigt sein, etwa wenn in erhöhtem Maße mit der Inanspruchnahme durch Problemgruppen (zum Beispiel aufgrund hoher Scheidungszahlen) zu rechnen ist oder andere Einrichtungen mit vergleichbaren Leistungsangeboten (zum Beispiel niedergelassene Kinderpsychotherapeuten) nicht zur Verfügung stehen.

Nach den von den Jugendministern formulierten Grundsätzen (1973) für die Erziehungs- und Familienberatung zählen zur Standardausstattung der multidisziplinären Fachteams mindestens ein Diplompsychologe, ein Diplomsozialarbeiter bzw. -pädagoge und eine pädagogisch-therapeutische Fachkraft für die Arbeit mit Kindern, ergänzt durch eine Verwaltungsfachkraft. Die Vielschichtigkeit der Problem- und Konfliktfelder, die sich in der Erziehungs- und Familienberatung ergeben, erfordern zudem die Einbeziehung weiterer Fachrichtungen, insbesondere Ärzte zur diagnostischen Abklärung, Juristen (Familienrecht) sowie Fachkräfte aus dem sozialen Bereich (z. B. Schuldnerberatung, Finanzfragen) oder mit interkultureller Kompetenz (Migration). Bei fehlender Einbindung durch zusätzliche Planstellen kann die Nutzung der Fachrichtungen durch kontinuierliche nebenamtliche Mitarbeit und feste Honorarvereinbarungen (Konsiliarliäsionen) gewährleistet werden. Inhaltliche Schwerpunktsetzungen einer Einrichtung (wie Entwicklungsförderung, Spracherziehung, Hausaufgabenbetreuung) machen die Einbeziehung weiterer Fachrichtungen sinnvoll und notwendig, wie etwa Logopädie oder Musiktherapie (Bertolaso, 2003; Hörmann, 2004).

Finanzierung ■ Die Finanzierung der Erziehungsberatungsstellen gewährleisten die örtlichen und überörtlichen Träger der öffentlichen Jugendhilfe, also die Länder und Kommunen. Vom KJHG sind sie dazu verpflichtet, Erziehungsberatung als Leistung der »Hilfen zur Erziehung« vorzuhalten, da sie Pflichtaufgaben der Jugendhilfe übernehmen. Die Inanspruchnahme von Erziehungsberatung ist daher kostenfrei. Die §§ 90 »Erhebung von Teilnahmebeträgen« und 91 »Grundsätze der Heranziehung zu den Kosten« führen Erziehungsberatung (§ 28) im Unterschied zu sonstigen Hilfen zur Erziehung (§§ 32–35a) nicht auf. Auch nach § 16 ist eine Beteiligung der Ratsuchenden an den Kosten der Beratung nicht vorgesehen. Der Zugang zur Erziehungsberatung soll nicht von Einkommen und sozialer Lage der Klientel abhängig gemacht werden. Trotz dieser eindeutigen Regelung ist die Kostenfrage angesichts fiskalischer Imperative wie Sozialmanagement, Budgetierung, Produktorientierung, betriebswirtschaftlichen Steuerungsinstrumenten immer wieder Thema in der Jugendhilfeplanung. Wenn Länder und Kommunen einschneidende Sparmaßnahmen im sozialen Bereich zur Entlastung ihrer Haushalte anpeilen, gelangt die Jugendhilfeplanung vor allem unter Kostengesichtspunkten ins Visier. Die Grundsätze des KJHG »Subsidiaritätsprinzip« oder »Familienorientierung« (§ 80) könnten nicht nur den Legitimationsdruck der institutionellen Erziehungsberatung verstärken, sondern auch die Aushöhlung von Qualitätsstandards oder die Verschärfung der Zugangsberechtigungen oder formeller Gewährungsverfahren forcieren. Damit die Leistungen im KJHG bedarfsgerecht vorgehalten werden können, sollten sie allerdings »keine Verfügungsmasse zur Sanierung defizitärer Kommunalhaushalte dar(stellen)« (BKE, 2002).

Leistungen und Indikationen der Erziehungsberatung ■ Die Ziele der Erziehungsberatung sind zunächst durch die allgemeinen Ziele der Jugendhilfe vorgegeben. § 1 des Kinder- und Jugendhilfegesetzes benennt die Förderung der Entwicklung von Kindern und Jugendlichen, den Schutz ihres Wohlergehens, die Unterstützung von Eltern und Erziehungsberechtigten, die Verbesserung der Lebensbedingungen junger Menschen und ihrer Familien. Trägerspezifische Ausprägungen, Motive und Leitbilder können diese allgemeinen Ziele ergänzen und unterstützen. Spezifische Ziele der Erziehungs- und Familienberatung intendieren frühzeitige und lebensweltorientierte Hilfe, Stärkung der Ressourcen und Selbsthilfekräfte der Familien und ihrer Mitglieder, Klärung von als konflikthaft empfundenen individuellen und familialen Situationen, Bewältigung von Problemlagen, Krisen, Störungen, Verbindungen zu eventuell erforderlichen weiteren Hilfen, Vermeidung der Notwendigkeit familienersetzender Maßnahmen, fachliche Weiterentwicklung und Vernetzung des Jugendhilfesystems. Diese Ziele konkretisieren sich in den Leistungen der Erziehungsberatung in Beratung und Therapie, in präventiven Angeboten und Vernetzungsaktivitäten (BKE, 1999).

Hundsalz (2003, S. 197 f.) formuliert folgende allgemeine Ziele für die heutige Erziehungsberatung:
- Erreichen insbesondere »junger Menschen und Familien in gefährdeten Lebens- und Wohnbereichen«
- Niederschwelligkeit des Angebotes
- Gewährleistung größtmöglicher Vertraulichkeit bei personenbezogenen Daten
- Zusammenarbeit von Fachkräften verschiedener Fachrichtungen und methodischer Ausrichtungen
- Vermittlung pädagogischer und therapeutischer Interventionen
- Prävention und Vernetzung
- Geringe Wartezeiten von unter einem Monat
- Durchführung evaluativer Maßnahmen und Effektivierung der Dienstleistung (ohne Qualitätsverlust)
- Fachaufsichtliche und politische Aufsicht über das Angebot.

Präventive Angebote ■ Pädagogisch-präventive Angebote umfassen etwa
- Elternabende in Kindergärten und Schulen, z. B. Umgang mit kindlichen Ängsten und Konflikten, Fernsehen
- Elternkurse, Arbeit mit Problemgruppen, z. B. Jugendgewalt, Beratung von Stieffamilien
- Praxisreflexion und Supervision, z. B. mit Kindergartenteams, Mitarbeitern aus der Jugendarbeit und Mitarbeitern von Jugendwohngemeinschaften
- Fortbildung für Erzieher und Lehrerinnen, z. B. zu den Themen »schwierige« Kinder, Umgang mit aggressiven Schülern, kindliche Sexualität
- Interviews in Presse, Radio und TV, z. B. zu Themen wie Fernsehen und Gewalt, gemeinsames Sorgerecht, Anziehungskraft von Markenartikeln
- Projekte, z. B. Gewaltprävention im Kindergarten, Kindergruppen im sozialen Brennpunkt, Beteiligung von Kindern an der Gestaltung ihres Stadtteils
- Vorträge und Podiumsdiskussionen, z. B. Kinderarmut, sexueller Missbrauch, Kinderschutz, unruhige Kinder (»ADHS«).

Interventive Verfahren ■ Pädagogisch-therapeutische Interventionen bilden einen Schwerpunkt der Arbeit von Erziehungsberatungsstellen, da Hilfe zur Erziehung insbesondere »die Gewährung pädagogischer und damit verbundener therapeutischer Leistungen (umfaßt)«, (§ 27, Abs. 3, KJHG). Die hier tätigen Fachkräfte verfügen über Zusatzqualifikationen in anerkannten, wissenschaftlich begründeten therapeutischen Verfahren, wie zum Beispiel:
- Familientherapie und Systemische Therapie
- Verhaltenstherapie
- Gesprächspsychotherapie
- Psychoanalyse
- Gestalttherapie
- Psychodrama.

Dabei orientieren sich die Fachkräfte »in der Auswahl der eingesetzten psychotherapeutischen Interventionen nicht an den Grenzlinien psychotherapeutischer Schulen, sondern setzen diejenigen therapeutischen Methoden ein, die am erfolgreichsten eine dem Kindeswohl entsprechende Erziehung ermöglichen« (BKE, 2005). Dies entspricht den Anforderungen des § 28 KJHG, der gerade das Zusammenwirken verschiedener Fachrichtungen und Methoden fordert. Psychotherapeutische Arbeit in der Erziehungsberatungsstelle stellt daher eine Hilfeform in einem breiten Spektrum unterschiedlicher Methoden dar. Bei der Diagnostik geht es weniger um psychopathologische Gesichtspunkte oder das Vorliegen einer psychischen Krankheit, sondern um das Bemühen, das Kind im Kontext seiner Familie und seiner Lebenswelt zu verstehen und zu fördern. Entsprechend richten sich »psychotherapeutische Interventionen in der Erziehungsberatung auf die Wiederherstellung der elterlichen Erziehungskompetenz, nicht auf ›Heilung‹ oder Störung!« (BKE, 2005a, S. 5). Beraterisch/therapeutische Arbeit mit den Eltern und der ganzen Familie, Einbeziehung des sozialen Umfeldes (zum Beispiel Kindergarten oder Schule) sowie die Möglichkeit, zwischen den unterschiedlichen Arbeitsweisen flexibel zu wechseln, tragen der Vielfalt der Einflüsse auf das Kind Rechnung und mobilisieren Ressourcen zur Verbesserung seiner Lebenswelt. Dies schließt die Behandlung seelischer Probleme, Verhaltensauffälligkeiten, Störungen im sozialen Bereich, Leistungsprobleme, körperliche Auffälligkeiten, familiale Krisen, Probleme infolge von Trennung und Scheidung ein. Psychotherapie in der Erziehungsberatung findet also in einem förderbezogenen Rahmen unter salutogenetischer Perspektive unter Mobilisierung von Ressourcen, Widerstandstandskräften (»Resilienz«; Bertolaso, 2004) und Bemächtigung der Adressaten (»Empowerment«) statt und ist mehr als individuelle Krankenbehandlung. Sie sieht das Kind im Kontext unterschiedlicher Systeme und bezieht diese direkt in die Gestaltung der Hilfe ein.

Vernetzungsaktivitäten ■ Die Vernetzungsaktivitäten der Erziehungs- und Familienberatung bewegen sich auf drei Ebenen: im fachlichen Bereich im Austausch mit Fachkollegen anderer Einrichtungen, im organisatorischen Bereich bei der Klärung von Arbeitsabläufen und Schwerpunktsetzungen mit Trägervertretern und Verantwortlichen, im politischen Bereich bei der Mitwirkung in der örtlichen Jugendhilfeplanung. Beispiele von Vernetzungsaktivitäten (BKE, 1999) wären etwa Treffen mit:

- Dem Jugendamt, um Arbeitsweisen aufeinander abzustimmen, gemeinsame Projekte zu initiieren, Schwachstellen in der örtlichen Jugendhilfe anzusprechen
- Vertretern des Jugendhilfeausschusses, um auf Problemfelder von Familien aufmerksam zu machen und den politischen Vertretern unterstützendes Material für die Interessensvertretung zur Verfügung zu stellen
- Familienrichtern und Fachanwälten für Familienrecht zur Umsetzung des neuen Kindschaftsrechts
- Einrichtungen des Kinderschutzes, der Polizei und anderen Diensten zum Bereich »Sexueller Missbrauch«; Abstimmung der Haltung, Arbeitsweise und jeweiligen Verantwortung bei Problemfällen
- Stationären Einrichtungen für abgestimmte Konzepte bei Rückführung der Kinder in die Familie
- Kolleginnen und Kollegen aus psychosozialen Bereichen zur eigenen Fortbildung und Supervision
- Einrichtungen der Forschung und Wissenschaft zur Evaluation und Katamnese der eigenen Arbeit
- Trägerverantwortlichen zur Unterstützung der Hilfeplanung und Gewährleistung fachlicher Perspektiven.

Methodische Orientierung ■ Nachdem »das medizinische Modell zur Selektion sozialer Probleme wie deren Bearbeitung« am Anfang der Erziehungsberatung »das erfolgreichste Muster der Professionalisierungsstrategie« (Buer, 1984, S. 61) darstellte, lassen sich in der historischen Abfolge diagnostische, therapeutische, gemeindepsychologische Phasen, psychosoziale Programmatik (Zygowski, 1984; 1989) und die Forderung nach einer Alltagswende (Danzer, 1992) oder Lebensweltorientierung beobachten. War die (therapeutische) Beratungsarbeit in den 1960-er Jahren noch vorwiegend durch eine tiefenpsychologisch orientierte Vorgehensweise geprägt, kamen in den 1970-er Jahren gesprächspsychotherapeutische und verhaltenstherapeutische Beratungsmethoden hinzu. Im allgemeinen Psychotherapieboom erfährt dabei die Erziehungsberatung insgesamt eine stärkere psychotherapeutische

Orientierung (Abel, 1998, S. 43). Neuerdings wird eine elektronische (virtuelle), anonyme Online-Beratung über das Internet (www.bke-elternberatung.de) angeboten. Hier können sich Eltern mit Hilfe von E-Mails von Mitarbeitern der Erziehungsberatungsstellen beraten lassen, in von Professionellen der Beratungsstelle moderierten Eltern-Chats Erfahrungen austauschen oder an einem öffentlichen Eltern-Chat ohne Moderation teilnehmen.

Trotz der zu beobachtenden »Psychologisierung der Beratung« (Hensen & Körner, 2005, S. 232) und Therapeutisierung zu Ungunsten des ursprünglichen Teamprinzips von Arzt, Psychologen und Sozialarbeitern wird im 1999 erlassenen Psychotherapeutengesetz (PsychThG) in § 1, Abs. 3 ausdrücklich formuliert, dass sich seine Vorschriften nicht »auf die Aufarbeitung und Überwindung sozialer Konflikte oder sonstiger Zwecke außerhalb der Heilkunde« erstrecken. Auch in den Psychotherapierichtlinien (G-BA 2005) wird dem Anliegen, dass Hilfe zur Erziehung pädagogische und damit verbundene therapeutische Leistungen umfasse (§ 27 Abs. 3 KJHG) Rechnung getragen mit der Festlegung: »Psychotherapie ist als Leistung der gesetzlichen Krankenkassen ausgeschlossen, wenn sie allein der Erziehungs-, Ehe-, Lebens- und Sexualaufklärung dient.« (Psychotherapierichtlinien 2005, Abs. D 2.3) Trotz nach wie vor schwieriger Abgrenzungen und Überschneidungen von Beratung, Psychotherapie, heilkundlicher Psychotherapie und sozialpädagogischer Intervention (Hörmann & Nestmann, 1988) im frühen Lebensalter wird jenseits des fachwissenschaftlichen sozialpädagogischen oder psychologischen Diskurses die »psychologische Erziehungsberatung (…) als Klammer der beiden Disziplinen Erziehungswissenschaft und Psychologie« (Hensen & Körner, 2005, S. 231) gesehen. Dabei ist allerdings nicht aus den Augen zu verlieren, dass »die beliebige Verschränkung psychologischer, therapeutischer und pädagogischer Beratungsansätze (…) die Erziehungsberatung nicht ›professioneller‹ gemacht (hat), sondern vielmehr (…) die Unbestimmtheit der pädagogischen Zielvorstellungen verstärkt« (ebd., S. 233).

Die Tätigkeit in einem multidisziplinären Team umfasst Kontakte sowohl zu Kindern als auch zu Eltern in Form von Einzel-, Paar- und Familiengesprächen, Gruppenangeboten sowie Hausbesuchen. Psychologische und psychosoziale Diagnostik hilft bei der Klärung der Lage und der psychosozialen Ausgangssituation. Die Analyse der Verhaltensweisen, Interaktionen und Beziehungen ist ein wesentlicher Bestandteil der Diagnostik in der Erziehungsberatung. Bei Bedarf werden zur Exploration und Informationsbeschaffung sowohl metrische (zum Beispiel Intelligenztests) als auch projektive Testverfahren (zum Beispiel Bildergeschichten) eingesetzt. Bei der informatorischen Beratung werden Fragen aus dem Alltag beantwortet (zum Beispiel Informationen über Betreuungsmöglichkeiten für Kleinkinder, über Möglichkeiten sinnvoller Freizeitgestaltung für Jugendliche oder über das Antragsverfahren für Ausbildungsförderung). Soziale und psychologische Beratung sowie psychotherapeutische Interventionen dienen der Bearbeitung komplexer und multifaktorieller Probleme. Hier wird in unterschiedlichen Konstellationen und Settings gearbeitet (zum Beispiel Elternberatung, Familientherapie, Paarberatung, Kindertherapie, Gruppenarbeit und -therapie). Am stärksten hat sich in Beratungsstellen die systemische Therapie- oder Beratungsform verbreitet, die sich insbesondere um das »System« Familie kümmert, aber auch viele andere als »Systeme« aufgefassten Lebensbereiche einbezieht (vgl. Hörmann, Körner & Buer, 1988).

Erziehungsberatung als eine Leistung der Jugendhilfe ist auf die Mitwirkung von Fachkräften angewiesen, die ihren Schwerpunkt auch außerhalb psychotherapeutischer Methoden haben. Gemeinwesenbezogene Ansätze der Sozialarbeit und Gemeindepsychologie sowie Arbeit mit dem sozialen Umfeld sind integrierter Bestandteil vieler Beratungen und erfolgen unter Beachtung datenschutzrechtlicher Bestimmungen (§ 61 ff KJHG) und gesetzlicher Schweigepflicht (§ 203 StGB) im Einverständnis und unter Mitarbeit der Klienten. Sie dienen dazu, im Lebensalltag der Kinder gezielte Unterstützungen und Anregungen zu geben.

Pädagogische Hilfen bieten gezielte Unterstützung für Kinder und Eltern, zum Beispiel bei Lernstörungen, Konzentrationsproblemen oder bei Schlaf- und Ernährungsstörungen im frühen Säuglingsalter oder Vernachlässigung/Verwahrlosung (Deegener & Körner, 2005).

Das breit gefächerte Methodenspektrum der Erziehungsberatung bietet gegenüber der Festschreibung exklusiver Therapierichtungen wie Tiefenpsychologie (Psychoanalyse) und Verhaltenstherapie im Rahmen der psychotherapeutischen Versorgung im Gesundheitswesen die Chance für die Etablierung und Bewährung weiterer methodischer Orientierungen und Zugänge, wie z. B. künstlerische Therapien (vgl. Hörmann, 1993; 2004; Musik-, Tanz- und Kunsttherapie-Zeitschrift für künstlerische Therapien im Bildungs-, Sozial- und Gesundheitswesen: www.hogrefe.de/zeitschriften/mtk). Die BKE (2000) plädiert deshalb dafür, die Mehrzahl der in der Erziehungsberatung eingesetzten psychotherapeutischen Verfahren, die unstrittig von hoher Bedeutung sind, für die Praxis der Erziehungsberatung zu erhalten und auszubauen. Solange nämlich der neue »heilkundliche« Psychotherapeut »nur durch die Ausbildung in ausgewählten psychotherapeutischen Verfahren erlangt werden kann, muss die Einstellung von Fachkräften möglich bleiben, die – ohne Approbation – andere therapeutische methodische Kompetenzen einbringen. (…) Die psychotherapeutische Kompetenz der Erziehungsberatung gründet gerade nicht in der Engführung auf einzelne Methoden (›Richtlinienverfahren‹), sondern zeichnet sich durch die Integration unterschiedlicher therapeutischer Ansätze innerhalb des multidisziplinären Teams und auch gegebenenfalls bezogen auf den einzelnen ratsuchenden Klienten aus.« (BKE, 2000, S. 4)

Perspektiven

Klientel, Beratungsanlässe und Dauer der Erziehungsberatung

Beziehungsprobleme waren laut Statistik der häufigste Grund (40 %), sich an einen Experten zu wenden. Oft genannt wurden auch Entwicklungsauffälligkeiten (26 %), Schul- und Ausbildungsprobleme (25 %) sowie die Trennung oder die Scheidung der Eltern (23 %). In 5 % der Fälle wurde um Beratung nachgefragt, weil es Anzeichen für sexuellen Missbrauch (Körner & Lenz, 2004) und/oder Misshandlung (Deegener & Körner, 2005) gab. Mehr als die Hälfte der jungen Menschen (58 %) waren im schulpflichtigen Alter von sechs bis 14 Jahren. Gut jede fünfte professionelle Unterstützung (21 % aller Beratungen) wurde für sechs- bis achtjährige Grundschüler durchgeführt. 56 % aller beendeten Beratungen richteten sich an männliche Kinder, Jugendliche und junge Erwachsene. 62 % der Beratungen dauerten weniger als sechs Monate (Statistisches Bundesamt, 2005).

Die steigende Inanspruchnahme, vor allem von allein Erziehenden oder Menschen in belastenden Lebenssituationen, zeigen, dass Erziehungsberatung von Kindern und Familien genutzt wird, die sich einem Armuts- und Entwicklungsrisiko ausgesetzt sehen. Die oft erhobene Unterstellung, Erziehungsberatung sei angesichts der ausgeprägten Komm-Struktur zu mittelschichtorientiert, kann nicht belegt werden: Neuere Untersuchungen kommen übereinstimmend zu dem Schluss, dass arme Familien in der Klientel von Erziehungsberatungsstellen eher über- als unterrepräsentiert sind. Die BKE (2004) weist zudem auf folgenden Umstand hin: »Weder Arbeitslosigkeit noch Sozialhilfebezug werden von der Bundesjugendhilfestatistik erfasst (…). Die darauf zielende Befragung der BKE (2001) hat ergeben, dass in 15,4 % der beendeten Fälle ein Elternteil arbeitslos war (Gesamtbevölkerung 10,3 %) und bei 12,2 % der beendeten Fälle ein Kind Sozialhilfe bezogen hat (Gesamtbevölkerung 6,5 %)«. Neben der Senkung der Hemmschwelle Hilfesuchender aus sozial benachteiligten Milieus stellt die Klientenpopulation somit nicht nur einen Querschnitt aller Bevölkerungsgruppen dar, sondern es ist mit Hundsalz (2003, S. 199) sogar davon auszugehen, dass sozial Benachteiligte überproportional von Erziehungsberatung erreicht werden.

Ob indes die Klage, dass Mädchen Beratungsangebote weniger in Anspruch nehmen, verbunden mit der Forderung, dass sie »stärker in den Blickpunkt genommen werden (müssen)« und Konzepte einzusetzen sind, die »gezielt Mädchen ansprechen« (ebd., S. 205), nur aus politischer Korrektheit erfolgt, sei dahingestellt. Auch ist nicht eindeutig zu bestimmen, ob es dabei um die Betonung der Perspektive geht, bei allen gesellschaftlichen Vorhaben die unterschiedlichen Lebenssituationen und Interessen von Frauen und Männern zu berücksichtigen (»Gender Mainstreaming«, vgl. http://www.gender-mainstreaming.net/gm/definiton.html; BKE, 2003), oder gar nur um die Rekrutierung »neuer Kunden«. Tatsache ist jedoch, dass Jungen fast durchweg nicht nur bei psychischen Auffälligkeiten und Schwierigkeiten, sondern auch bei körperlichen Erkrankungen und Behinderungen in der Überzahl sind. Wenn die Jungen als Problemgruppe daher vermehrt Beratungsbedarf aufweisen, hat dies wohl weniger mit der Benachteiligung von Mädchen zu tun als vielmehr mit der höheren Störanfälligkeit der Jungen (Hörmann & Rapold, 2004, S. 1–30). Unstrittig scheint hingegen die Unterrepräsentation von Kindern und Jugendlichen mit Migrationshintergrund (BKE, 2002), so dass hier verstärkte Bemühungen erforderlich sind, interkulturelle Beratungskonzepte bereit zu stellen.

Angesichts des nach neuesten Statistiken des Bundeskriminalamtes registrierten Anstiegs von Misshandlungen bei Kindern, wie sie in einer Zunahme der gemeldeten Fälle um rund 50 % im letzten Jahrzehnt nachweisbar sind (vgl. Die Welt vom 30.12.2005), wird nicht nur ein »Frühwarnsystem« gegen Misshandlungen vorgeschlagen, etwa in der Form, die bislang freiwilligen und kostenlosen medizinischen Vorsorgeuntersuchungen (U1–U9) verpflichtend zu machen. Darüber hinaus sind neben der Beschäftigung mit dem Thema (Deegener & Körner, 2005) auch gezielt »Konzepte der Erziehungsberatung bei elterlicher Gewalt« (Körner & Vogt-Sitzler, 2005) zu entwickeln.

Evaluation ■ Im »Qualitätsprodukt Erziehungsberatung« werden nicht nur detailliert Merkmale der Struktur-, Prozess- und Ergebnisqualität von Erziehungsberatung beschrieben und mittels Kennziffern operationalisiert (BKE, 1999). Die BKE hat auf dieser Basis überdies das Gütesiegel »Geprüfte Qualität« entwickelt, das die zentralen Qualitätsmerkmale aufnimmt und »fachliche Standards« der Arbeit auszeichnet, nach innen einen Qualitätsprozess auslöst und nach außen die Einhaltung der Qualitätsstands dokumentiert, was die Grundlage für einen fachlich regulierten Wettbewerb bilden soll. Neben meist in Jahresberichten publizierten internen Evaluationsuntersuchungen erfassen Nachbefragungsbögen für Ratsuchende deren Zufriedenheit mit der Leistungserbringung als auch den Effekt der durchgeführten Maßnahmen. Die Praxis der Qualitätssicherung sowie deren empirische Erforschung ergeben im Spiegel neuerer Evaluationsstudien, die sich zwar überwiegend auf Befragungen von relativ kleinen Populationen und subjektive Einschätzungen der Ratsuchenden zur Frage der Zufriedenheit mit der Beratung stützen, »ein relativ einheitliches Bild« (Hundsalz, 2003, S. 202). Gegenüber der überwiegenden großen Zufriedenheit der Ratsuchenden ist die größere Skepsis der Berater zur Lösungskompetenz der Beratung eher »ein Hinweis auf deren kritische Einstellung und ein Beleg dafür, dass die Ergebnisse nicht im Sinne der Erwünschtheit zustande gekommen sind« (ebd, S. 202).

■ Literatur

Abel, A. H. (1998a). Geschichte der Erziehungsberatung: Bedingungen, Zwecke, Kontinuitäten; Rahmenbedingungen der Erziehungsberatung. In: W. Körner & G. Hörmann (Hrsg.), Handbuch der Erziehungsberatung. (S. 19–51; 87–111) Göttingen: Hogrefe.

Bertolaso, Y. (Hrsg.) (2003). Die Künste in den künstlerischen Therapien. Münster: Paroli.

Bertolaso, Y. (2004). Resilienz in Pädagogik und Künstlerischer Therapie. Münster: Paroli.

Buer, F. (1984). Die Geschichte der Erziehungsberatung als Geschichte ihrer Professionalisierung. Zur Funktion und Organisationsstruktur von Erziehungsberatung. In: H. Zygowski (Hrsg.), Erziehungsberatung in der Krise (S. 9– 9; 50–73) Tübingen: DGVT.

Bundeskonferenz für Erziehungsberatung e.V. (BKE) (1999). Qualitätsprodukt Erziehungsberatung. Empfehlungen zu Leistungen, Qualitätsmerkmalen und Kennziffern. Hrsg. Bundesministerium für Familie, Senioren, Frauen und Jugend. Materialien Qualitätssicherung in der Kinder- und Jugendhilfe« (QS 22). Bonn.

BKE Stellungnahmen. Verfügbar unter: http://www.bke.de/berater.htm. [27.12.2005.].
BKE (2000). Approbation als Einstellungsvoraussetzung für Fachkräfte in der Erziehungsberatung. Informationen für Erziehungsberatungsstellen, (1), 3–4.
BKE (2002). Erziehungsberatung als allgemeines Infrastrukturangebot. bke-Stellungnahme vom 5. Juli 2002.
BKE (2003). Gender Mainstreaming und Erziehungsberatung. Informationen für Erziehungsberatungsstellen, 1, 1–6.
BKE (2005a). Erziehungsberatung und Psychotherapie. Informationen für Erziehungsberatungsstellen. (2), 1–6.
BKE (2005b). Keine Gebühren für Erziehungsberatung! Stellungnahme zum Entwurf eines Gesetzes zur Entlastung der Kommunen im sozialen Bereich (KEG). Stellungnahme vom 16.02.2005.
Danzer, B. (1992). Die "Alltagswende" im Arbeitsfeld Beratung. Regensburg: Roderer.
Deegener, G. & Körner, W. (Hrsg.) (2005). Kindesmisshandlung und Vernachlässigung. Göttingen: Hogrefe.
Grundsätze für die einheitliche Gestaltung der Richtlinien der Länder für die Förderung von Erziehungsberatungsstellen. Die für die Jugendhilfe zuständigen Senatoren und Minister der Länder (1973). In: H. D. Spittler & F. Specht (1984): Basistexte und Materialien zur Erziehungs- und Familienberatung S. 79–87. Göttingen: Vandenhoek & Ruprecht.
Hensen, G. & Körner, W. (2005). Erziehungsberatung – Eine Standortbestimmung der Position von Psychotherapie in der Jugendhilfe: In: Psychotherapeutenjournal (3) 4, 227–235.
Hörmann, G. (1991). Verhaltensstörungen im frühen Lebensalter. In: G. Hörmann & W. Körner (Hrsg.), Klinische Psychologie. Ein kritisches Handbuch (S. 259–279). Reinbek: Rowohlt.
Hörmann, G. (2004). Pillen für den Störenfried. In: Bündnis für Familie (Hrsg.), Pillen und Pädagogik (S. 19–30). Nürnberg: emwe-Verlag.
Hörmann, G., Körner, W. & Buer, F. (Hrsg.)(1988). Familie und Familientherapie. Probleme – Perspektiven – Alternativen. Opladen: Westdeutscher Verlag.
Hörmann, G. & Nestmann, F. (Hrsg.)(1988). Handbuch der psychosozialen Intervention. Opladen: Westdeutscher Verlag.
Hörmann, G. & Rapold, M. (Hrsg.) (2004). Gewalt – Geschlecht – Diskurs. Baltmannsweiler: Schneider Hohengehren.
Hörmann, K. (Hrsg.) (1993). Tanztherapie. Göttingen: Hogrefe.
Hörmann, K. (2004). Musik in der Heilkunde. Künstlerische Musiktherapie als Angewandte Musikpsychologie. Lengerich: Pabst.
Körner, W. & Hörmann, G. (1998). Handbuch der Erziehungsberatung, Bd. 1. Göttingen: Hogrefe.
Hundsalz, A. (2003). Die Organisation der Erziehungsberatungsstelle auf dem Prüfstand. In: M. Weber, H.W. Eggemann-Dann & H. Schilling (Hrsg.), Beratung bei Konflikten (S. 195–209). Weinheim. Juventa.
Körner, W. & Hörmann, G. (Hrsg.) (1998/2000). Handbuch der Erziehungsberatung. Band 1/2. Göttingen: Hogrefe.
Körner, W. & Lenz, A. (Hrsg.)(2004). Sexueller Missbrauch. Göttingen: Hogrefe.
Körner, W. & Vogt-Sitzler, F. (2005). Konzepte der Erziehungsberatung bei elterlicher Gewalt. In: G. Deegener & W. Körner (Hrsg.), Kindesmisshandlung und Vernachlässigung (S. 617-636). Göttingen: Hogrefe.
Raithel, J., Dollinger, B. & Hörmann, G. (2005). Einführung Pädagogik. Wiesbaden: Verlag für Sozialwissenschaften.
Psychotherapie-Richtlinien in der Fassung vom 19.07.2005. In: Bundesanzeiger 2005; Nr. 186, S. 14549; im Internet unter Gemeinsamer Bundesausschuss (http://www.g-ba.de).
Statistisches Bundesamt (2005). Statistiken der Kinder- und Jugendhilfe. Institutionelle Beratung 2004. Wiesbaden. (Pressemitteilung vom 21.09.2005 verfügbar in http://www.statis.de/presse <27.12.2005>
Tschöpe-Scheffler, S. (Hrsg.) (2005). Perfekte Eltern und funktionierende Kinder? Vom Mythos der »richtigen« Erziehung. Leverkusen: Budrich.
Zygowski, H. (Hrsg.) (1984). Erziehungsberatung in der Krise. Analysen und Erfahrungen: Tübingen: DGVT
Zygowski, H. (1989). Grundlagen psychosozialer Beratung. Opladen: Westdeutscher Verlag.

Krippen

Lieselotte Ahnert & Hertha Schnurrer

Als der französische Staatsphilosoph J. B. F. Marbeau (1798–1875) in der Absicht, die Missstände in der Säuglingsfürsorge und Frühentwicklung von Kindern in Frankreich zu beheben, in Paris 1844 die erste Krippe gründete, löste er deren rasche Verbreitung über ganz Europa aus; so beispielsweise in Österreich (Wien) 1849, Italien (Mailand) 1851, Deutschland (Dresden) 1851 und der Schweiz (Basel) 1870. Da die Krippen in Deutschland in ihrer traditionellen Form heute kaum noch zu finden sind, beschreiben wir im vorliegenden Beitrag öffentliche Betreuungsangebote für Säuglinge und Kleinkinder in ihrer heutigen Variabilität (einschließlich der Krippen). Wir nehmen dabei die Verbreitung und Funktion dieser neuen Betreuungspraxis für Kinder unter drei Jahren in den Blick, fragen nach den Konsequenzen für die Entwicklung des Kindes und beginnen mit einer Diskussion darüber, ob und wie den Entwicklungserfordernissen eines Säuglings und Kleinkindes jenseits einer mütterlichen Betreuung entsprochen werden kann.

Theoretischer und ideologischer Hintergrund ■ Menschen werden zu einem sehr viel früheren Zeitpunkt ihrer individuellen Entwicklung geboren als die Jungen aller Arten von Säugetieren. Die noch nicht vollständig ausgebildeten Körper- und Verhaltensfunktionen führen dazu, dass das Herstellen und die Aufrechterhaltung von Nähe zu erwachsenen Betreuern eine äußerst wichtige Überlebensstrategie ist und die interaktive Ausgestaltung dieser Nähe gleichsam ein Erfordernis für die menschliche Individualentwicklung dargestellt. Vor diesem Hintergrund haben sich im Verlauf der menschlichen Evolution Verhaltenssysteme mit folgenden Eigenschaften etabliert: (1) Das Bindungsverhalten befähigt ein Kind bei Gefahr und Irritation, Betreuungspersonen herbeizurufen bzw. sie aufzusuchen, sobald die Motorik entwickelt ist, anstatt im so genannten Totstellreflex zu verharren oder wegzurennen. (2) Mit Hilfe ausdauernder Blickkontakte können bereits Säuglinge menschliche Gesichter lesen, deren emotionalen Ausdruck interpretieren und die Zuwendungs- und Betreuungsbereitschaft kalkulieren. (3) Demgegenüber scheinen Erwachsene mit einer besonderen Sensibilität auf die Gegenwart von Säuglingen und Kleinkindern (dem so genannten Kindchenschema) eingestellt zu sein. (4) Erwachsene verfügen auch über Interaktionstechniken, die sie intuitiv auf die noch limitierte Kommunikationskapazität der Säuglinge und Kleinkinder ausrichten, mit denen sie erste Dialogstrukturen entwickeln und damit den aktiven Aneignungsprozess des Kindes befördern. (5) Die Säuglinge sind wiederum prädestiniert, sich auf vielfältige Arten sozialer Interaktion einstellen und diese Variabilität auch verarbeiten zu können.

Die archaischen Verhaltenssysteme von Nähe und Interaktion wurden am nachhaltigsten im Rahmen der Mutter-Kind-Beziehung untersucht (Ahnert, 2004). Dabei hat die Bindungstheorie (Bowlby, 1969) die Herausbildung der Mutter-Kind-Bindung im ersten Lebensjahr des Kindes als fundamental für die weitere psychosoziale Entwicklung des Kindes angesehen. In unzähligen Studien konnte nachgewiesen werden, dass sich die Qualität dieser primären Beziehung auf die spätere Entwicklung des Kindes umfassend auswirkt. Sensitivität und Verfügbarkeit der Mutter wurden dabei als konstitutiv für die Bindungsentstehung und -aufrechterhaltung angesehen und infolgedessen wurde eine häufige Abwesenheit der Mutter und ihre mangelnde Verfügbarkeit nicht nur mit einer Beeinträchtigung der Bindungsentwicklung in Verbindung gebracht, sondern dies auch auf kindliche Fehlentwicklungen bezogen.

Leider haben diese Prämissen zu einem Muttermythos sowie einer Überbewertung der mütterlichen Betreuung geführt und eine inadäquate Wahrnehmung und Bewertung nicht-mütterlicher Betreuungsarrangements bewirkt. Mit der Forderung, dass sich eine Mutter ausschließlich ihrem Kind widmen soll, wurden Monotropy (griech.: aufgezogen von nur einer Person) und Kontinuität in der Nachwuchsbetreuung zu kaum hinterfragten Garanten einer gesunden Entwicklung des Kindes. Dabei ist auch übersehen worden, dass die archaischen Verhaltenssysteme nicht-personenspezifisch ausgebildet wurden, da sie so wichtig sind, dass nicht-mütterliche Betreuungspersonen sie ebenfalls parat haben müssen.

Die hohe Müttersterblichkeit vergangener Zeiten, vor allem jedoch die ausgeprägte Investition in die Sozialisation des Kindes, haben deshalb weltweit eine große Vielfalt von Betreuungsarrangements hervorgebracht, von denen die ausschließliche mütterliche Betreuung – sowohl aus historischer als auch kulturvergleichender Perspektive – nur eine Variante ist. Multiple Betreuungsmodelle im erweiterten Familienverband und/oder mit nachbarschaftlichen Hilfen wurden zumeist organisiert, um es den Müttern zu ermöglichen, weitere Kinder auf die Welt zu bringen, ohne die schon Geborenen vernachlässigen zu müssen. Die Betreuungsarrangements der Moderne werden darüber hinaus jedoch durch gesellschaftlich-ökonomische Erfordernisse und ideologische Zielsetzungen begründet, die die Chancengleichheit der Mütter in Beruf und Gesellschaft fördern wollen und Geburtenentwicklung und Kinderbetreuung als gesellschaftliche Aufgabe ansehen. Die öffentliche Kinderbetreuung ist damit zu einem Bestandteil der Sozialsysteme heutiger Gesellschaften geworden, in denen Eltern bereit sind, ihre Kinder von bezahlten Betreuungspersonen betreuen zu lassen (Lamb & Ahnert, 2003).

Krippen und Krippenkinder in Deutschland ■ In Deutschland werden diejenigen Einrichtungen der öffentlichen Kinderbetreuung als Krippen bezeichnet, die ausschließlich Säuglinge und Kleinkinder (0–3) betreuen. Diese Krippenkinder werden heute jedoch sogar in Kindergärten und seit einigen Jahren auch in Kindertagesstätten aufgenommen, die ein Ensemble von Krippe, Kindergarten und Hort darstellen und bereits 32 % aller Einrichtungen im Jahr 2002 ausmachten (Statistisches Bundesamt, 2004).

Seit diesen Veränderungen in einem Kinderbetreuungssystem, das ursprünglich die Kinder nach ihrem Alter in Krippenkinder (null bis drei), Kindergartenkinder (drei bis sechs) und Hortkinder (sechs bis zehn) segregierte, gibt es keine bundeseinheitlich verwendeten Bezeichnungen mehr für die heutigen Betreuungsangebote (BMFSFJ, 2004). In diesem Beitrag wollen wir jedoch Kinder unter drei Jahren weiterhin als Krippenkinder und deren Versorgung als Krippenplatzangebote bzw. Krippenplätze bezeichnen, auch wenn diese mittlerweile in einem signifikanten Ausmaß in einer altersübergreifenden Einrichtung zur Verfügung stehen. In diesem Sinne reflektieren die heutigen Krippenplatzangebote eine Betreuungspraxis, die für die Krippenkinder nicht nur äußerst vielfältig geworden ist, sondern zunehmend weniger in Krippen stattfindet. Schon Ende 1998 wurden Betreuungsangebote für Krippenkinder in traditionellen Krippen nur noch mit 10 % registriert, mit einem Anteil von 2 % am Gesamtangebot der öffentlichen Kinderbetreuung spielten sie im Jahr 2004 auch nur eine marginale Rolle (vgl. Statistisches Bundesamt, 2004). Der Versorgungsgrad für unter Dreijährige ist dabei in den letzten Jahren fast unverändert geblieben. Die neue Betreuungspraxis weist allerdings dann strukturelle Parallelen zu einer Krippenbetreuung auf, wenn Säuglinge und Kleinkinder zunächst in eigens für sie eingerichteten Gruppen geführt werden. Viele Kindereinrichtungen integrieren die Betreuung der Krippenkinder aber auch in die vorhandenen Gruppen.

Die öffentliche Kinderbetreuung hat es sich zur vorrangigen Aufgabe gemacht, das Kind in seiner Entwicklung zu einer eigenverantwortlichen und gemeinschaftsfähigen Persönlichkeit zu unterstützen (BMFSFJ, 2004). Damit ergibt sich auch für die Krippenpraxis ein Paradigmenwechsel im Funktionsverständnis, der sich von der Dienstleistung für erwerbstätige Eltern hin zur Lern- und Entwicklungsförderung des Krippenkindes vollzieht. Förderung wird hierbei als ganzheitlicher Prozess verstanden, der auf die gesamte Persönlichkeit gerichtet ist, Betreuung, Bildung und Erziehung zu integrieren und Benachteiligungen zu vermeiden bzw. abzubauen sucht. Vergleichbar mit einigen europäischen Nachbarn (z. B. Niederlande, Frankreich, Schweden) wird damit die Kleinkindbetreuung zunehmend zu einer sozialkompensatorischen Maßnahme für Kinder aus Risikofamilien (Schnurrer, 2004). Im Allgemeinen soll sie jedoch die Vereinbarkeit von Familie und Beruf erleichtern bzw. überhaupt erst ermöglichen, wie auch Aufgaben der Elternbildung oder regionale Aufgaben im Gemeinwesen (Beratungs- und Unterstützungsangebote) übernehmen (BMFSFJ, 2004).

Gesetzliche Grundlagen für öffentliche Krippenplatzangebote in Deutschland ■ Krippen und Krippenplatzangebote gehören organisatorisch zur Kinder- und Jugendhilfe und damit kompetenzrechtlich zum Bereich der öffentlichen Fürsorge, nicht aber zum Schulwesen. Gemäß der übergreifenden Prinzipien deutscher Sozialpolitik von Subsidiarität und Föderalismus liegt die Gesetzgebungskompetenz bei Bund und Ländern, Ausführungskompetenz und Finanzierungslast dagegen bei den Ländern und Kommunen.

Die Rechtsgrundlage für die öffentliche Betreuung von Kindern unter drei Jahren bildet das Achte Buch Sozialgesetzgebung

(SGB VIII) mit seiner Kinder- und Jugendhilfegesetzgebung (kurz: KJHG; Kinder- und Jugendhilfegesetz). Das KJHG sieht einen Landesrechtsvorbehalt für die einzelnen Bundesländer vor, die in den jeweiligen Landesgesetzen zur Kindertagesbetreuung beispielsweise qualitativen Mindestanforderungen, Kontrollverfahren, Leistungsumfänge, Personalausstattung und Finanzierungsanteile (inkl. der Elternbeiträge) festlegen. Ein einklagbares (Individual-)Recht auf einen Betreuungsplatz gewährt das KJHG nur für Kinder ab dem vollendeten dritten Lebensjahr, nicht aber für jüngere Kinder. Für Säuglinge und Kleinstkinder sind deshalb »Plätze nach Bedarf vorzuhalten« (§ 24 KJHG). Leider haben Länder und Kommunen dafür die unterschiedlichsten Bedarfsfeststellungsverfahren entwickelt, die »keinen Konsens über anerkannte Standards herauszulesen« (BMFSFJ, 2004, S. 32) gestatten und damit die Kontraste im Krippenplatzangebot der Bundesländer festgeschrieben haben.

Die Verpflichtung von Ländern und Kommunen, ein bedarfsgerechtes Angebot für Kinder unter drei Jahren bereitzustellen, wurde im Tagesbetreuungsausbaugesetz (TAG) Anfang 2005 formuliert. Es wurden Bedarfskriterien ermittelt, die sich auf die Sicherung des Wohls von Kindern in schwierigen Familiensituationen beziehen sowie an erwerbstätige Eltern bzw. an Eltern in einer beruflichen Bildungsmaßnahme, in der Schulausbildung oder Hochschulausbildung adressiert sind (§ 24 Abs. 3, TAG). Angesichts des großen Nachholbedarfs an Betreuungsangeboten für Krippenkinder wurde den Kommunen die Möglichkeit eingeräumt, das Tagesbetreuungsausbaugesetz bis 2010 umsetzen zu können, gleichzeitig wurden sie jedoch zu einer verbindlichen Ausbauplanung ab 2005 verpflichtet, die eine jährliche Bilanzierung des erreichten Ausbaufortschritts einschließt. Mittelfristig sollen Betreuungsangebote für etwa 20 bis 30 % der Kinder eines Jahrgangs geschaffen werden, wobei die Betreuungsplätze in einer institutionellen Einrichtung oder in der Tagespflege zur Verfügung gestellt werden können (§ 23 TAG). Dieses Nebeneinander von institutioneller und privater Säuglings- und Kleinkindbetreuung findet sich auch in den gering besiedelten Regionen unserer skandinavischen Nachbarländer wieder (Schnurrer, 2004).

Strukturdaten aus Deutschland ■ Aus historischen Gründen (Ahnert, 1998) ist die Versorgung mit Krippenplätzen in Deutschland sehr unterschiedlich ausgeprägt, so dass das Tagesbetreuungsausbaugesetz eher die alten als die neuen Bundesländer betrifft. Das ließ sich mit 3 % der Krippenplätze für Kinder unter drei Jahren im Westen und 37 % im Osten Deutschlands auch noch 2002 deutlich nachweisen, obwohl die Unterschiede zu diesem Zeitpunkt schon erheblich geschrumpft waren (um bis zu 51 % der Krippenplätze im Osten) und sich die Erwerbsquoten von Müttern mit Kindern unter drei Jahren jedoch in Ost und West deutlich angeglichen haben (Statistisches Bundesamt, 2004).

Auch im europäischen Vergleich gehören die alten Bundesländer zu einer Region mit einer äußerst gering ausgebauten Betreuungsinfrastruktur für diese Altersgruppe. Beispielsweise wiesen die Stadtstaaten Bremen und Hamburg mit 10 und 13 % bereits die »Spitzenwerte« im Versorgungsgrad für Krippenkinder auf (Stand: 2002), während das Saarland mit 5 % und Hessen mit 4 % sowie die restlichen alten Bundesländer für nur 2 bis 3 % der Kinder unter drei Jahren einen Betreuungsplatz anboten. Mit Blick auf die neuen Bundesländer hatte demgegenüber Sachsen-Anhalt den höchsten Versorgungsgrad für mehr als die Hälfte (57 %) ihrer Säuglinge und Kleinstkinder, gefolgt von Brandenburg (45 %), Mecklenburg-Vorpommern (38 %), Sachsen (29 %) und Thüringen (22 %) (Statistisches Bundesamt, 2004).

Auffallend ist auch eine äußerst ungleiche Verteilung von Krippenplätzen innerhalb eines Bundeslandes. Während in den neuen Bundesländern alle Städte und Gemeinden einen allgemeinen Versorgungsgrad für Säuglinge und Kleinstkinder von mindestens 20 % aufwiesen, wurde dies in keinem einzigen alten Bundesland erreicht. Mehr noch: Im Durchschnitt haben dort rund 10 % der Stadt- und Landkreise überhaupt keine Krippenplätze; in Bayern betrifft dies sogar fast ein Viertel, knapp 40 % der bayrischen Städte und Gemeinden verweisen auf einen Versorgungsgrad zwischen 0,01 und 1 %. Auch in Baden-Württemberg, Rheinland-Pfalz, Nordrhein-Westfalen und Niedersachsen fanden sich 2 bis 6 % der Städte und Gemeinden ohne jeden öffentlich angebotenen Krippenplatz (vgl. Statistische Ämter des Bundes und der Länder, 2004, S. 8 ff.). Krippenplatzangebote gibt es in Deutschland überwiegend als Ganztagsplätze (mindestens sechs Stunden Betreuungszeit mit Mittagessen): In den alten Bundesländern mit 72 % und in den neuen Bundesländern mit 98 % der verfügbaren Betreuungsangebote für Kinder unter drei Jahren (vgl. Statistisches Bundesamt, 2004).

Krippen-Alltag und Betreuungskonzepte ■ Wegen der Besonderheiten in der gesundheitlichen Frühentwicklung des Kindes haben sich die traditionellen Krippen anfänglich vorrangig hygienischen und ernährungsmedizinischen Anforderungen stellen müssen, konzipierten aber auch Stimulationsprogramme zur Entwicklungsförderung. Auch im Nachkriegsdeutschland der 1950-er Jahre proklamierten die Krippen eine anregungsreiche Tagesablaufgestaltung, waren jedoch vorrangig um die Reduzierung von Kindersterblichkeit und Morbidität bemüht. Mit dem zunehmenden Ausbau der Krippenbetreuung entstanden in den Ländern des ehemaligen Ostblocks jedoch als Ergebnis von Vergleichsstudien und breit angelegten Praxisanalysen alsbald detaillierte Tagesablaufpläne und Curricula, die auch in einigen westeuropäischen Ländern (u.a. in der Schweiz) eingesetzt wurden.

Diese Betreuungsmodelle gelten heute wegen ihrer mangelnden Ausrichtung auf die psychosozialen Bedürfnisse des Kleinkindes als äußerst unzulänglich. Strenge Rhythmisierung und Ritualisierung des Krippen-Alltags wurde als zwingend für eine gesunde Entwicklung des Kindes angesehen. Feste Zeiteinteilungen, klare Ordnungsstrukturen und Regelmäßigkeit in den Betreuungsabläufen sollten einen Orientierungsrahmen für das Kind entstehen lassen, innerhalb dessen sich seine Entwicklung entfalten sollte. Dabei wurde nachhaltig auf die Kind-Kind-Beziehungen gesetzt und die Erzieherinnen-Kind-Beziehungen als zweitrangig angesehen. Nach Hand-zu-Hand-Routinen und Rotationsprinzipien mit wechselnden Erzieherinnen wurden deshalb noch bis in die 1970-er Jahre hinein die pflegerischen Arbeitsabläufe gestaltet (Ahnert, 1998).

Erst mit dem Forcieren einer entwicklungspsychologischen Kleinkindforschung und der Angst vor möglichen Entwicklungsrisiken entstand eine erhöhte Akzeptanz gegenüber Willensäußerungen, Interessen und Bedürfnissen des Kleinkindes, die auch zu einer individualisierten Betreuungspraxis führte. In der heutigen Diskussion über die Qualität der Säuglings- und Kleinstkindbetreuung wird neben den Parametern der so genannten Strukturqualität, wie Gruppengröße, Betreuungsschlüssel und Ausbildungsstand der Erzieherinnen, einem pädagogischen Alltag Bedeutung beigemessen, der als so genannte Prozessqualität mit Hilfe von entwicklungsfördernden Erzieherin-Kind-Beziehungen ausgestaltet werden muss.

Die offiziellen Bildungs- und Erziehungsprogramme in Deutschland gehen heute vom Kind als einem aktiven Subjekt aus, das mit seiner Individualität akzeptiert und in seiner Eigenentwicklung und Selbstbildung begleitet wird, während ihm eine umfassende Partizipation im pädagogischen Alltag ermöglicht wird. Dies ist jedoch umso schwieriger umzusetzen, je jünger die Kinder sind. Deshalb verwundert es nicht, dass die aktuellen Bildungs- und Erziehungsprogramme der Bundesländer mehrheitlich für über Dreijährige konkretisiert sind, selbst wenn die Entwicklungsbiografien der Kinder von Geburt an in den Blick genommen werden (Schäfer, 2005). Obwohl die Forderung erhoben wird, die unter Dreijährigen am pädagogischen Alltag zu beteiligen, erscheint die heutige Betreuungspraxis vor allem für Säuglinge weitgehend unbestimmt und moderne Betreuungsempfehlungen für sie sind selten vorhanden (z.B. Weber, 2004). Dies mag auch der Tatsache geschuldet sein, dass die aktuelle finanzielle Förderung für die Betreuung der Kinder in den Familien bis zum ersten Lebensjahr des Kindes etwas großzügiger als später ist, so dass die Mehrzahl der Krippenkinder erst nach dem zwölften Lebensmonat die Einrichtungen besuchen.

Der Einfluss öffentlicher Betreuung auf die Frühentwicklung des Kindes ■
In der internationalen Debatte über den Einfluss einer öffentlichen Betreuung auf die Frühentwicklung des Kindes versucht man immer wieder aufzuzeigen, dass sich Krippenkinder auch nicht anders als ausschließlich familienbetreute Kinder entwickeln (Beller, 1985). Dies ist jedoch überraschend, da sich die öffentliche Kinderbetreuung von der Familienbetreuung wesentlich unterscheidet. Beim Vergleich der Entwicklung von Kindern mit und ohne öffentliche Betreuungserfahrung muss man zudem beachten, dass Krippenkinder nicht in öffentlichen Einrichtungen *anstatt* zu Hause aufwachsen, sondern in einem geteilten Betreuungsfeld agieren, bei dem die Familie nach wie vor eine zentrale Rolle spielt. Vor diesem Hintergrund ist die Frühentwicklung von Krippenkindern auf der Grundlage familiärer und außerfamiliärer Betreuungseinflüsse zu bewerten (im Detail siehe Ahnert, 2005).

Adaptation zu Beginn einer öffentlichen Betreuung ■ Eine öffentliche Betreuung kann für das Kind zunächst mit einer großen Belastung verbunden sein, insbesondere wenn sie gegen Ende des ersten Lebensjahres des Kindes begonnen wurde. Studien zeigen, dass sich die Kinder davor besser als danach adaptieren und sich dann auffallend verlangsamt eingewöhnen, wenn der Betreuungsbeginn abrupt erfolgt (ausführlich in Ahnert, 2005). Um diese Anfangsphasen zu erleichtern, wurden Adaptationsprogramme entwickelt, die eine stundenweise gestaffelte Aufnahme in Begleitung der Mütter vorsehen (z. B. Laewen, Andres & Hédervári, 2003). Unter Einbezug physiologischer Indikatoren (Cortisol und Herzraten) konnte jedoch nachgewiesen werden, dass die Belastung für das Kind wieder zunahm, nachdem der reguläre Betreuungsalltag einsetzte. Weil diese Belastungen dann ohnehin durch die Erzieherinnen abgefangen werden müssen, steht die Betreuungspraxis derartigen Adaptationsprogrammen immer noch skeptisch gegenüber. Werden diese Programme jedoch richtig ausgeführt, haben sie eine andere positive Wirkung: Die Qualität der Mutter-Kind-Beziehung bleibt trotz veränderter Betreuungswirklichkeit des Kindes erhalten und kann u. U. sogar verbessert werden (Ahnert, 2005).

Veränderungen in der Eltern-Kind-Beziehung ■ Eltern, die ihre Kleinstkinder zusätzlich in eine öffentliche Betreuung geben, zeigen ein anderes Betreuungsverhalten als Eltern, die ihre Kinder ausschließlich zu Hause betreuen. Zu diesem Schluss kamen Studien über Alltagserfahrungen von Kindern mit und ohne öffentliche Betreuung. Wie bei einer Gruppenbetreuung nicht anders zu erwarten, waren die individuellen Zuwendungsraten deutlich vermindert, wenn sie jenen Zuwendungsraten in der Familie zur gleichen Tageszeit gegenübergestellt wurden. Die Eltern der Krippenkinder versuchten jedoch, dies zu kompensieren, indem sie ihre Betreuungsleistungen vor und nach ihrer (arbeitsbedingten) Abwesenheit intensivierten und ihren Kindern mehr Aufmerksamkeit, Zuwendung und Stimulation boten als dies die ausschließlich familienbetreuten Kinder zur gleichen Zeit erhielten. Mit diesen Studien konnten somit Annahmen über prinzipiell defizitäre Betreuungserfahrungen bei Krippenkindern zurückgewiesen und deutlich gemacht werden, dass Betreuungserfahrungen über Betreuungsinhalte bestimmt werden müssen und man nicht bei einem quantitativen Zeitfaktor stehen bleiben darf (Ahnert, 2004).

Bekannt ist jedoch auch, dass der lange Aufenthalt eines Kindes in einer Einrichtung über viele Stunden mit nachlassender kindlicher Aufmerksamkeit und verminderter mütterlicher Sensitivität verbunden sein kann. Studien zeigen, dass die Kinder ihre Mütter nach dem Abholen mit verstärkten Quengelsignalen für sich beanspruchen, diese jedoch oft selbst nicht mehr in der Lage sind, angemessen darauf zu reagieren. Da

Kleinkinder jedoch ihre Emotionen vorzugsweise im Kontakt mit ihren Eltern regulieren, muss eine Balance zwischen Familien- und öffentlicher Betreuung gefunden werden, damit die Eltern-Kind-Interaktionen auch am Ende des Tages noch zufriedenstellend sein können. Andernfalls könnten emotionale Dauerbelastungen die kindliche Verhaltensanpassung so beeinträchtigen, dass dies zu aggressiven Verhaltensweisen führt, selbst wenn die öffentliche Betreuung von guter Qualität ist (NICHD Early Child Care Network, 2003).

Ob mit Inanspruchnahme einer öffentlichen Betreuung die Eltern-Kind-Beziehung beeinträchtigt wird, war über viele Jahre eine Forschungsfrage von größter Bedeutung. Das NICHD Early Child Care Network (1997) hat dafür anhand einer Stichprobe von über 1.000 Kleinkindern überzeugende Befunde geliefert. Danach war die mütterliche Sensitivität die dominierende Einflussgröße auf die Qualität der Mutter-Kind-Beziehung, unabhängig davon, wie die Betreuungswirklichkeit des Kindes insgesamt aussah. Müttern mit hoher Motivation und ausgeprägtem Engagement für eine Arbeit, die sie auch als vorteilhaft für sich selbst, das Kind und die Familie ansahen, gelang es zudem auch besser, ihre Sensitivität und Beziehungsqualität aufrechtzuerhalten (Ahnert, 2005).

Beziehungsgestaltung im Rahmen öffentlicher Betreuung ■ Selbstverständlich entwickeln Krippenkinder auch Beziehungen zu ihren Erzieherinnen, die sogar als Bindungsbeziehungen gelten können, da die Kinder sich ihnen in unangenehmen und belastenden Situationen zuwenden, sich trösten lassen und Sicherheit gewinnen. Richtig ist allerdings, dass die Beziehung eines Kindes zur Erzieherin weder ein Abbild der jeweiligen Mutter-Kind-Bindung sein kann, noch die Beziehung zur Mutter ersetzt. Erzieherinnen-Kind-Bindungen werden durch ein eigenständiges Interaktionssystem konstituiert, das im Gruppenkontext funktioniert und von Assistenz, Explorationsunterstützungen sowie Hilfeleistungen der Erzieherin in vielfältigen Alltagssituationen getragen wird. Erzieherinnen-Kind-Bindungen scheinen damit funktionell auf den öffentlichen Betreuungskontext beschränkt zu bleiben. Sie entstehen dort, wo die Gruppenatmosphäre durch ein empathisches Erzieherverhalten bestimmt wird, das – im Kontrast zu einem kindzentrierten sensitiven Verhalten der Eltern – gruppenbezogen ausgerichtet ist und die wichtigsten sozialen Bedürfnisse eines Kindes unter Gruppenbetreuung zum richtigen Zeitpunkt bedient (Ahnert, 2004). Eltern sind gut beraten, wenn sie keine Eifersucht entwickeln und die Beziehungen ihrer Kinder zu den Erzieherinnen als positiv ansehen, da sie entscheidend dafür sind, dass das Kind vom pädagogischen Alltag profitiert.

Über längerfristige Auswirkungen von Erzieherinnen-Kind-Bindungen auf die weitere kindliche Entwicklung ist fast nichts bekannt. Wahrscheinlich muss die Erzieher-Kind-Bindung in Bezug zu den Eltern-Kind-Beziehungen gesetzt werden, um ihren Stellenwert für die spätere kindliche Entwicklung bewerten zu können. Vereinzelt konnten jedoch optimale Erzieherinnen-Kind-Beziehungen mit einem späteren prosozialen, aber auch unabhängigeren und zielorientierteren Verhalten des Kindes in Zusammenhang gebracht werden, ohne dass ein maßgeblicher Beitrag der Eltern-Kind-Bindung dabei ersichtlich wurde. Ähnliche Befunde über die Beziehungsqualität des Kindes zu den Lehrerinnen der Grundschule, die auf die Qualität der frühen Erzieherinnen-Kind-Beziehungen zurückgeführt werden konnten, unterstreichen die Bedeutung gelungener Beziehungsgestaltung in öffentlichen Kindereinrichtungen für die spätere Bildungsbiografie des Kindes (Ahnert, 2005).

Sozialentwicklung in der Kindergruppe ■ Im Kontrast zu einer verbreiteten Skepsis gegenüber dem Stellenwert sozialer Frühkontakte in der Lebenswirklichkeit von Kleinstkindern verweist die moderne Forschung auf reziproke Muster im Interaktionsverhalten von eineinhalbjährigen Peers, die als gleichrangige bzw. gleichaltrige Sozialpartner des Kindes gelten (Überblick in Ahnert, 2003; siehe auch Viernickel in diesem Band). Diese frühen Interaktionsprozesse werden als simple Rituale beschrieben, die die Schwierigkeiten der Peers in der gegenseitigen Wahrnehmung abbilden und deutlich machen, wie missverständlich und konfliktbeladen bereits die frühe Peer-Kommunikation sein kann. Allerdings eröffnet sich mit ihr auch eine eigenständige Ressource für die Entwicklung der Sozialkompetenz: Mit der Peer-Interaktion bieten sich dem Kind Möglichkeiten, Fertigkeiten für den sozialen Austausch zu entwickeln, Dialogstrukturen gegenseitigen Handelns aufzubauen, Regeln zu definieren und Kompromisse zu erarbeiten. Soziale Bedeutungen werden in einer Weise kommuniziert, wie dies die Kommunikation mit Erwachsenen nicht leisten kann. Die Kleinkinder nehmen an der Alltagswirklichkeit anderer Kinder teil, leiten sich gegenseitig an, tauschen Erfahrungen aus und lernen voneinander.

Mit diesen Interaktionserfahrungen aber entwickeln sich auch Binnenstrukturen innerhalb von Peer-Gruppen, wenn sie über längere Zeit bestehen, wie dies bei einer Gruppenbetreuung der Fall ist. Binnenstrukturen, die durch die Merkmale Geschlecht, Alter, soziale und emotionale Kompetenz der Kinder, aber auch durch Beliebtheitswerte, Freundschaftsbeziehungen und Konfliktfelder entstehen, bestimmen die Gruppendynamik einer Krippengruppe. Da Konflikte und suboptimale Konfliktlösungen zwischen den frühen Peer-Kontakten jedoch außerordentlich ausgeprägt sein können, besteht die Gefahr, dass sich antisoziales Verhalten ausbreitet und Aggressionen entstehen. Aber selbst unter Krippenbedingungen zeigte sich, dass familiäre Einflüsse eine große Bedeutung haben: Studien berichten beispielsweise, dass Kleinkinder aus Problemfamilien u. U. auf das Weinen ihrer Peers mit Wut und Übergriffen reagieren, auch wenn sie kurz zuvor von ihnen noch sehr freundlich kontaktiert worden waren. Derartige Beobachtungen unterstreichen, wie wichtig es ist, dass professionelle Erzieherinnen Binnenstruktur und Gruppendynamik ihrer Kindergruppe kennen und auf dieser Grundlage effizient eingreifen können. Kleine und stabile Gruppen sind dabei von größtem Vorteil, weil sie das Geschehen überschaubar machen und die Erzieherin in die Lage versetzen, die Konfliktbereiche besser überblicken und prompter eingreifen zu können. Die Bedeutung ausgeglichener Peer-Kontakte von frühester Kindheit an sind vor allem in schwedischen Längsschnittstudien nachgewiesen worden, die Kinder mit Krippenerfahrungen bis in die Schulzeit hinein als sozial offener und viel beliebter in späteren Peer-Gruppen als Kinder ohne Krippenerfahrung beschrieben (Ahnert, 2005).

Kognitive und sprachliche Entwicklung ■ In den letzten Jahren wurden sehr widersprüchliche Ergebnisse aus Studien zur kognitiven und sprachlichen Entwicklung von Krippenkindern berichtet, die in Kognitions- und Sprachtests schlechter, aber auch besser als ausschließlich familienbetreute Kinder abschnitten. Wie gut die Krippenkinder waren, schien dabei sowohl von der Qualität der außerfamiliären als auch familiären Betreuung des Kindes abzuhängen. Kinder aus sozial schwachen und bildungsfernen Familien profitierten von öffentlicher Betreuung, selbst wenn dort Qualitätsmängel nachgewiesen wurden, während Kinder aus sozial gesicherten Familienverhältnissen eher einen Nachteil dadurch hatten, dass sie keinen Nutzen aus einer guten Familienbetreuung ziehen konnten, wenn sie sich lange Zeit in einer Kindereinrichtung aufhielten. Insofern wirkt die öffentliche Betreuung wie ein »Entwicklungspuffer«: Bei suboptimaler Familienbetreuung scheint sie die negativen Einflüsse auf die Entwicklung des Kindes abzuschwächen und sich positiv auf die Entwicklung auszuwirken. Bei optimaler Familienbetreuung aber besteht die Gefahr, dass die kindliche Entwicklung (insbesondere die Sprachentwicklung) nicht so verläuft wie sie verlaufen wäre, wenn keine öffentliche Betreuung in Anspruch genommen worden wäre. Um *allen* Kindern eine optimale Entwicklung garantieren zu können, muss deshalb öffentliche Kinderbetreuung in höchster Qualität angeboten werden.

Komplizierte Strukturgleichungsmodelle über die Wirkung von Qualitätsparametern in der öffentlichen Betreuung haben gezeigt, dass sich eine gute Erzieherinnenausbildung und ein niedriger Betreuungsschlüssel auf die Entwicklung des Kindes fördernd auswirken und dabei gleichzeitig zu einer empathischen Gruppenatmosphäre und ausgeglichenen Peer-Kontakten beitragen. Dies scheint insbesondere für die kindliche Entwicklung gegen Ende des zweiten Lebensjahres zu gelten. Zunehmend mehr Studien belegen, dass Kinder in ihrer kognitiven und sprachlichen Entwicklung der ersten eineinhalb Jahre von einer ausschließlichen Familienbetreuung oder Tagespflege profitieren, wenn man ihre Entwicklung mit derjenigen vergleicht, die Kinder aus institutioneller Betreuung guter Qualität aufweisen. Bei der Interpretation dieser Vergleichsbefunde muss man allerdings auch berücksichtigen, dass öffentliche Einrichtungen die Kinder einem erhöhten Infektrisiko aussetzen. Häufige Infekte können zeitweilige Blockaden in der Frühentwicklung des Kindes darstellen, auch wenn sie nachweislich zur Entwicklung eines leistungsfähigeren Immunsystems beitragen. Sie stören die Kinder in ihrem Erkundungsdrang und beeinträchtigen sie in der Auseinandersetzung mit ihrer Umwelt. Damit stellt sich die Forderung, die pädagogischen Frühprogramme der Zukunft auch in den Dienst der Gesunderhaltung der Kinder stellen zu müssen.

Frühpädagogische Zukunft ■ Wenn Nähe und Interaktion ein grundlegendes Erfordernis für die menschliche Individualentwicklung darstellen, brauchen Säuglinge und Kleinkinder Betreuungsbedingungen, die sich durch eine Verfügbarkeit von Betreuungspersonen auszeichnen, die soziale Nähe garantieren und soziale Interaktionen gestalten. Dies muss in einem Betreuungsrahmen stattfinden, der der Betreuungspraxis Kontinuität und Stabilität verleiht und sie dadurch überschau- und vorhersehbar für das Kind macht, ohne dass auf die historischen Konzepte rigider Tagesablaufgestaltungen zurückgegriffen werden muss. Vielmehr kann aus Erkenntnissen der Psychologie der Frühen Kindheit eine Betreuungspraxis für die ersten Lebensjahre des Kindes abgeleitet werden, die einem Wandel unterliegt, der sich von dyadischen zu sozial erweiterten gruppenorientierten Betreuungsmustern verändert (Ahnert, 2005). Um zu entscheiden, ob die öffentliche Säuglings- und Kleinkindbetreuung eine Zukunft hat, wollen wir nun diskutieren, auf welche Merkmale von Prozess- und Strukturqualität sich die pädagogischen Frühprogramme der Zukunft ausrichten müssten.

Dyadisch ausgerichtete Formen der Frühbetreuung ■ Die frühe Betreuungspraxis für Kinder der ersten eineinhalb Jahre erfordert dyadisch orientierte Interaktionen mit wenigen Erzieherinnen, die sich auf Tempo und Struktur der Informationsverarbeitung der Kinder dieses Alters einstellen. Die archaischen Verhaltensmuster von Nähe und Interaktion können dabei natürlich nur die Basis für ein Erzieherverhalten sein, das unter Kenntnis entwicklungspsychologischer, entwicklungsbiologischer und frühpädagogischer Grundlagen ausgebildet und auf eine gleichzeitige Betreuung von mehreren Kindern (Gruppenbetreuung) adaptiert werden muss. Während der Ausbildung müssen die Erzieherinnen eine Theorie- und Methodenkompetenz für Interaktionstechniken erwerben, die den Aufbau von Dialogstrukturen in bestimmten Zeitfenstern (Kontingenzen) sowie bestimmte Strukturabläufe (Joint-Attention-Prozesse) betreffen, da sie für die Entwicklung des Sprachverständnisses und der späteren Kommunikationsfähigkeit von entscheidender Bedeutung sind (ausführlich in Ahnert, 2005).

Erzieherinnen müssen während der Frühbetreuung auch versuchen, eine Sicherheitsbasis zu vermitteln, damit die Emotionen des Kindes darüber regulierbar werden und die emotionale Entwicklung des Kindes langfristig davon profitieren kann. Dazu müssten die Erzieherinnen in der Lage sein, möglichst prompt auf die Distress-Signale des Kindes zu reagieren und die negativen Emotionen des Kindes zu regulieren. Dies gelingt am besten durch dyadische Interaktionsprozesse, wozu jedoch Rahmenbedingungen erforderlich sind, bei denen sich die Erzieherinnen auf wenige Kinder konzentrieren, die sie sehr gut kennen. Dafür sind international Betreuungsschlüssel einzuführen, die zwischen 1:3 und 1:4 liegen. Tagesmütter erfüllen in der Regel diese formalen Kriterien. Allerdings sind die Qualitätskriterien und die Maßnahmen ihrer Durchsetzung immer noch strittig (vgl. § 23 TAG).

Erzieherische Gruppenorientierungen in der Frühbetreuung ▪ Die Betreuungspraxis für Kleinstkinder ab Ende des zweiten Lebensjahres erfordert eine Orientierung auf die gewachsenen kognitiven und sprachlichen Kompetenzen. Die alterstypischen Besonderheiten in der Denk- und Sprachentwicklung konfrontieren das Kind mit mentalen Widersprüchen und Konflikten, für die es während seiner intellektuellen Auseinandersetzung Hilfen braucht. Dabei ist die Zone der nächsten Entwicklung zu beachten, die erzieherische Hilfe im entwicklungsnahen Angebotsbereich als entwicklungsfördernd bestimmt. Dabei müssen auch Exploration und Selbsterkundung des Kindes zugelassen werden, für die die Kindergruppe zu einem besonderen Anziehungspunkt und die Peers zu einer wichtigen Ressource werden. Die Interaktionsprozesse zwischen dem Kind und seinen Erzieherinnen sind jetzt gruppenorientierte Betreuungsmuster, die jedoch die Aufrechterhaltung einer Erzieherinnen-Kind-Bindung weiterhin ermöglichen.

Aufgrund der Tatsache, dass die frühen Peer-Interaktionen häufig missverständlich und konfliktbeladen sind und die Gefahr von Verhaltensstörungen und Aggressionen besteht, ergeben sich Forderungen nach einem geschickten Gruppenmanagement, das auf die Gruppenatmosphäre konfliktreduzierend einwirkt. Dabei erscheint ein Codex von Normen und Regeln (z. B. Definitionen was gut/böse ist, auf was man stolz sein kann) hilfreich, über den die Verhaltensanpassung der Kinder zielführend gefördert und prosoziale Verhaltensentwicklungen erleichtert werden können. Die Rahmenbedingungen dafür liegen in stabilen Gruppen. Aus der praktischen Erziehungsarbeit ist längst bekannt, dass die Betreuung von Kleinstkindern einen erheblichen Mehraufwand bedeuten kann, wenn die Gruppendynamik durch häufiges Kommen und Gehen der Kinder und den damit verbundenen Veränderungen in den Binnenstrukturen der Gruppe immer wieder aus den Fugen gerät. Die Betreuungspraxis deutscher Bundesländer liegt noch unter dem weltweit empfohlenen Betreuerschlüssel von 1:5 bis 1:10 und ist von daher ebenfalls revisionsbedürftig (ausführlich in Ahnert, 2005). Besorgniserregend ist außerdem eine stetige Zunahme von Teilzeitarbeit im Erzieherberuf (Stand 2002: mehr als die Hälfte im Westen und fast 80 % im Osten; Statistisches Bundesamt, 2004, S. 15 ff.), die sich bei Öffnungszeiten von acht bis zwölf Stunden kaum positiv auf die Betreuungsqualität auswirken kann, da sie die Beziehungsgestaltung zu den Kindern, aber auch ihren Eltern sowie den Kolleginnen in der Einrichtung erschwert und darüber hinaus kaum Verfügungszeiten für die Vor- und Nachbereitung der pädagogischen Arbeit zulässt.

Um den veränderten Lebensbedingungen heutiger Familien gerecht werden zu können, muss die öffentliche Betreuung eine funktionstüchtige und qualitativ hochwertige Infrastruktur stellen, die die Familien unabhängig von ihrem ökonomischen Status in ihrer Sozialisationsfunktion unterstützt, indem sie die Chancen der Kinder auf eine umfassende Bildung und Erziehung bereits während ihrer Frühentwicklung erhöht. Dabei muss die Frühpädagogik den Entwicklungserfordernissen von Säuglingen und Kleinkindern auch gerecht werden können und es verstehen, das Potenzial öffentlicher Betreuungsangebote für eine Entwicklungsförderung optimal nutzbar zu machen.

▪ **Literatur**

Ahnert, L. (Hrsg.) (1998). Tagesbetreuung für Kinder unter drei Jahren – Theorien und Tatsachen. Bern: Huber.

Ahnert, L. (2003). Die Bedeutung von Peers für die frühe Sozialentwicklung des Kindes. In: H. Keller (Hrsg.), Handbuch der Kleinkindforschung (S. 493–528). Bern: Huber.

Ahnert, L. (Hrsg.) (2004). Frühe Bindung. Entstehung und Entwicklung. München: Reinhardt.

Ahnert, L. (2005). Entwicklungspsychologische Erfordernisse bei der Gestaltung von Betreuungs- und Bildungsangeboten im Kleinkind- und Vorschulalter. In Sachverständigenkommission 12. Kinder- und Jugendbericht (Hrsg.), Materialien zum 12. Kinder- und Jugendbericht: Band 1: Bildung, Betreuung und Erziehung von Kindern unter sechs Jahren. München: DJI.

Beller, E. K. (1985). Untersuchungen zur familialen und familienergänzenden Erziehung von Kleinkindern. In: J. Zimmer (Ed.), Erziehung in früher Kindheit. Enzyklopädie der Erziehungswissenschaft (Vol. 6). Stuttgart: Klett-Cotta.

BMFSFJ; Bundesministerium für Familie, Senioren, Frauen und Jugend (Hrsg.) (2004). OECD Early Childhood Policy Review 2002–2004. Hintergrundbericht Deutschland. Berlin: Eigenverlag.

Bowlby, J. (1969). Attachment and loss. Attachment (Vol. 1). London: Hogarth Press. (deutsch 1975: Bindung. München: Kindler.)

Laewen, H.-J., Andres, B. & Hédervári, É. (2003). Die ersten Tage – Ein Modell zur Eingewöhnung in Krippe und Tagespflege (4. Aufl.). Weinheim: Beltz.

Lamb, M.E. & Ahnert, L. (2003). Institutionelle Betreuungskontexte und ihre entwicklungspsychologische Relevanz für Kleinkinder. In: H. Keller (Hrsg.), Handbuch der Kleinkindforschung (S. 529–568). Bern: Huber.

NICHD Early Child Care Research Network (1997). The effects of infant child care on infant-mother attachment security: Results of the NICHD study of early child care. Child Development, 68, 860–879.

NICHD Early Child Care Research Network (2003). Does amount of time spent in child care predict socioemotional adjustment during the transition to kindergarten? Child Development, 74, 976–1005.

Schäfer, G.E. (Hrsg.) (2005). Bildung beginnt mit der Geburt. Weinheim: Beltz.

Schnurrer, H. (2004). Vorschulische Bildung und Erziehung bei unseren europäischen Nachbarn: Ein Blick über den Tellerrand. In: Friedrich Ebert Stiftung (Hrsg.), Die Chancen der frühen Jahre nutzen – Lernen und Bildung im Vorschulalter (S. 46-57). Wernigerode: Harz-Druckerei.

Statistische Ämter des Bundes und der Länder (Hrsg.) (2004). Kindertagesbetreuung regional 2002: Krippen-, Kindergarten- und Hortplätze im Kreisvergleich. Bonn: Eigenverlag.

Statistisches Bundesamt (Hrsg.) (2004). Kindertagesbetreuung in Deutschland – Einrichtungen, Plätze, Personal und Kosten 1990 bis 2002. Wiesbaden: Eigenverlag.

Weber, C. (Hrsg.) (2004). Spielen und Lernen mit 0- bis 3-Jährigen: Der entwicklungszentrierte Ansatz in der Krippe. Weinheim: Beltz.

Kindergarten

Karin Beher

Im Schatten von Schule und Familie hat sich der Kindergarten seit den 1970-er Jahren für den überwiegenden Teil der Kinder im Alter von drei Jahren bis zum Schuleintritt zur dritten Sozialisationsinstanz und nahezu selbstverständlichen Station im kindlichen Lebenslauf entwickelt. Im Unterschied zu den 1950-er und 1960-er Jahren gilt er heute in der Fachöffentlichkeit als grundlegender Sozial-, Lern- und Entwicklungsort für Kinder. Seit der Bildungsreform hat er sich sukzessive von der Institution für Familien in Problemlagen zum öffentlich-pädagogischen Regelangebot in der modernen Gesellschaft fortentwickelt. Für die Mehrzahl der Familien stellt der Kindergarten derzeit eine selbstverständliche Institution dar, die in hohem Maße akzeptiert und in Anspruch genommen wird. Und schließlich gelten die Angebote für Kindergartenkinder unter sozial- und arbeitsmarktpolitischen Aspekten als unverzichtbare Rahmenbedingung zur Vereinbarkeit von Familien- und Berufsleben. Insofern kann diese Institution auf eine beachtliche Erfolgsgeschichte innerhalb der Kinder- und Jugendhilfe zurückblicken.

Auf der anderen Seite muss sich der Kindergarten gerade angesichts seines jugend-, familien- und bildungspolitischen Bedeutungszuwachses, aber auch aufgrund der vielfältigen Veränderungen in der Lebenswelt von Kindern und Eltern viel mehr als früher mit kritischen Fragen auseinandersetzen. Das heißt: Inwieweit kann der Kindergarten in seinem heutigen Zuschnitt und unter den gegebenen Rahmenbedingungen den verschiedenen Erwartungen, fachlichen Anforderungen und pädagogischen Notwendigkeiten Rechnung tragen, die von Kindheits-, Jugendhilfe- und Bildungsforscherinnen und -forschern, engagierten Fachpolitikerinnen und -politikern und nicht zuletzt aus dem Kreis der Eltern an ihn herangetragen werden. Vor diesem Hintergrund wird in den folgenden Ausführungen der Versuch unternommen, einige ausgewählte Aspekte rund um den Kindergarten näher zu beleuchten. Während in der ersten Hälfte des Beitrags das Profil und die Entwicklung des Kindergartens im Vordergrund stehen, werden im zweiten Teil ausgewählte Untersuchungsergebnisse sowie mögliche Zukunfts- und Forschungsoptionen im Hinblick auf die Weiterentwicklung dieser Angebotsform vorgestellt.

Grundlegende Merkmale ■ Als Leistungsangebot der Kinder- und Jugendhilfe ist der Kindergarten Bestandteil des öffentlich finanzierten Systems der Tageseinrichtungen für Kinder. Als eine Form davon werden unter dem Begriff Kindergarten alle Angebote für Kinder im Alter von drei Jahren bis zum Schuleintritt zusammengefasst, die von öffentlichen oder privaten Trägern zur Verfügung gestellt werden. Sozialer Wandel und veränderte gesellschaftliche Strukturbedingungen haben dabei in den letzten Jahrzehnten neben einer Expansion des Kindergartensektors zu einer weitreichenden Ausdifferenzierung der Angebotsformen sowie einer wachsenden organisatorischen Komplexität der Einrichtungen geführt: Dem traditionellen Kindergarten mit strikter Trennung von den Institutionen Krippe und Hort und ihrer jeweiligen Adressatengruppen der Kindergartenkinder, Klein- und Kleinstkinder sowie Schulkinder stehen heute kombinierte Tageseinrichtungen mit vielschichtigen Binnenstrukturen gegenüber, die Kindern aller Altersklassen offen stehen.

Die Betreuung der Kinder erfolgt entweder in altershomogenen und/oder in altersgemischten Gruppen bzw. in Einrichtungen, die teilweise oder vollständig ohne feste Gruppenstrukturen arbeiten. Unter dem Einfluss sozialer Bewegungen und pädagogischer Initiativen haben sich neben Sondereinrichtungen für behinderte Kinder, integrative Tageseinrichtungen, selbstorganisierte Elterninitiativen, Betriebskindergärten und Spielkreise für Kindergartenkinder entwickelt. Halbtageskindergärten mit Öffnungszeiten von 8.00 bis 12.00 Uhr existieren neben durchgängigen Ganztagesangeboten von 7.00 bis 17.00 Uhr einschließlich Mittagessen sowie Zwischenformen mit anderen Betreuungszeiten und anderen Verfahrensweisen bei den Mahlzeiten. Die Angebote für Kindergartenkinder stellen dabei im Vergleich zu den Kapazitäten für die anderen Altersgruppen nach wie vor die zentrale Säule innerhalb des komplexen Systems der Tageseinrichtungen für Kinder dar.

Ebenso wie für die anderen Formen von Kindertageseinrichtungen ist für den Auftrag und die Gestaltung des Kindergartens das Sozialgesetzbuch (SGB) VIII (Kinder- und Jugendhilfe) von Relevanz. Es umfasst – im dritten Abschnitt in den §§ 22 bis 26 – bundesweite Normen zur »Förderung von Kindern in Tageseinrichtungen und in Kindertagespflege« und steckt zugleich den Rahmen für die Ausführungsgesetze der Länder ab, in denen die Bestimmungen des SGB VIII weiter ausdifferenziert werden. Die Rechtsgrundlagen zur Förderung von Kindern in Tageseinrichtungen und in der Kindertagespflege wurden zuletzt 2005 modifiziert. Die rechtlichen Veränderungen resultieren dabei aus den Regelungen des »Gesetzes zum qualitätsorientierten und bedarfsgerechten Ausbau der Tagesbetreuung für Kinder (Tagesbetreuungsausbaugesetz – TAG)«, das seit dem 1. Januar 2005 in Kraft ist. Mittels des TAG sollen – neben der Aufwertung der Kindertagespflege und der Stärkung der frühen Förderung von Kindern unter drei Jahren durch die Schaffung eines erweiterten Platzangebots – auch Qualitätsverbesserungen in Kindertageseinrichtungen in die Wege geleitet werden. Die angestrebten Verbesserungen im Bereich der Kinderbetreuung werden durch das seit dem 1. Oktober 2005 geltende »Gesetz zur Weiterentwicklung der Kinder- und Jugendhilfe (Kinder- und Jugendhilfeweiterentwicklungsgesetz – KICK)« flankiert und ergänzt.

Im Horizont der neuen Rechtslage werden Kindertageseinrichtungen einheitlich definiert als »Einrichtungen, in denen sich Kinder für einen Teil des Tages oder ganztägig aufhalten und in Gruppen gefördert werden« (vgl. SGB VIII, § 22, Abs. 1). Mit dieser Formulierung wurde im Vergleich zur vorherigen Regelung nunmehr gänzlich auf die Unterscheidung zwischen verschiedenen Formen von Kindertageseinrichtungen verzichtet und damit dem erweiterten Profil Rechnung getragen. Die drei zentralen Zielsetzungen von Kindertageseinrichtungen werden in § 22, Abs. 2 formuliert.

Hiernach sollen Tageseinrichtungen für Kinder »1. die Entwicklung des Kindes zu einer eigenverantwortlichen und gemeinschaftsfähigen Persönlichkeit fördern, 2. die Erziehung und Bildung in der Familie unterstützen und ergänzen, 3. den Eltern dabei helfen, Erwerbstätigkeit und Kindererziehung besser miteinander vereinbaren zu können« (SGB VIII, § 22, Abs. 2). Der Förderauftrag von Kindertageseinrichtungen umfasst mit Blick auf die Heranwachsenden im Einzelnen die »Erziehung, Bildung und Betreuung des Kindes und bezieht sich auf die soziale, emotionale, körperliche und geistige Entwicklung des Kindes. Er schließt die Vermittlung orientierender Werte und Regeln ein. Die Förderung soll sich am Alter und Entwicklungsstand, den sprachlichen und sonstigen Fähigkeiten, der Lebenssituation sowie den Interessen und Bedürfnissen des einzelnen Kindes orientieren und seine ethnische Herkunft berücksichtigen« (SGB VIII, § 22, Abs. 3). Mit diesen Förderungsgrundsätzen wurden die Bestimmungen zum Auftrag von Kindertageseinrichtungen im Vergleich zu den vorherigen Regelungen wesentlich erweitert und präzisiert.

Darüber hinaus wurde über das TAG eine Reihe von Qualitätsanforderungen in das SGB VIII integriert. Der neu eingefügte Paragraph 22a richtet sich primär an die Träger der öffentlichen Kinder- und Jugendhilfe, die in ihren Einrichtungen die Qualität der Förderung sichern und weiterentwickeln sollen (vgl. SGB VIII, § 22a, Abs. 1). Sie haben allerdings zugleich dafür Sorge zu tragen, dass die Qualitätsanforderungen auch in Einrichtungen anderer Träger durch geeignete Maßnahmen umgesetzt werden (vgl. SGB VIII, § 22, Abs. 5). Zum Anforderungskatalog für Kindertageseinrichtungen zählen insbesondere eine pädagogische Konzeption sowie der Einsatz von Instrumenten und Verfahren zur Evaluation der Arbeit (vgl. SGB VIII, § 22, Abs. 1). Breiter gefasst wurden darüber hinaus die Regelungen zur Kooperation der Fachkräfte, die nunmehr explizit aufgefordert werden, mit den Erziehungsberechtigten und Tagespflegepersonen, anderen kinder- und familienbezogenen Institutionen und Initiativen im Gemeinwesen (vor allem aus dem Bereich der Familienbildung und -beratung) sowie mit Schulen zusammenzuarbeiten, um den Übergang vom Kindergarten in die Grundschule zu gestalten und die Arbeit mit Schulkindern in Horten und altersgemischten Gruppen zu unterstützen (vgl. SGB VIII, § 22, Abs. 2).

Zentraler Orientierungsmaßstab für die Ausgestaltung des Angebots in Kindertageseinrichtungen sind – so heißt es in Absatz 3 – die pädagogischen und organisatorischen Bedürfnisse der Kinder und ihrer Familien. Der Aspekt der Bedarfsorientierung umfasst – als weiteres Novum im Gesetzestext – zugleich die Gewähr anderweitiger Betreuungsmöglichkeiten, wenn Einrichtungen während der Ferienzeiten geschlossen werden (vgl. SGB VIII, § 22, Abs. 3). Kinder mit und ohne Behinderung sollen, wenn möglich, in Gruppen gemeinsam gefördert werden (vgl. SGB VIII, § 22, Abs. 4). Mit diesen Regelungen wurde auch auf rechtlicher Ebene einer Reihe von Aspekten Rechnung getragen, wie sie im Rahmen der Qualitätsdebatte in den letzten Jahren thematisiert worden sind. Zugleich wurden die zunehmenden Kooperations- und Vernetzungsanforderungen, die an Kindertageseinrichtungen herangetragen werden, im Gesetzestext berücksichtigt.

Mit Blick auf die Inanspruchnahme von Kindertageseinrichtungen nimmt der Kindergartenbereich im Vergleich zu den Angeboten für die anderen Altersgruppen weiterhin eine Sonderstellung ein. Während für Kinder unter drei Jahren und im schulpflichtigen Alter lediglich ein an Mindestkriterien bemessenes bedarfsorientiertes Platzangebot vorzuhalten ist (vgl. SGB VIII, § 24, Abs. 3), besteht für Heranwachsende im Kindergartenalter ein Rechtsanspruch auf einen Kindergartenplatz. Hiernach hat ein Kind »vom vollendeten dritten Lebensjahr bis zum Schuleintritt Anspruch auf den Besuch einer Tageseinrichtung. Die Träger der öffentlichen Jugendhilfe haben darauf hinzuwirken, dass für diese Altersgruppe ein bedarfsgerechtes Angebot an Ganztagsplätzen oder ergänzend Förderung in der Kindertagespflege zur Verfügung steht« (vgl. SGB VIII, § 24, Abs. 1).

Wichtige rechtliche Fixpunkte für das Aufgabenprofil des Kindergartens und anderer Formen von Kindertageseinrichtungen sind also die Bereitstellung einer familien- und kindgerechten sozialen Dienstleistung zur Bildung, Betreuung und Erziehung von Kindern unterschiedlichen Alters in kooperativer Mitwirkung der Eltern und in Zusammenarbeit mit anderen Institutionen, die qualitativ den Entwicklungsanforderungen der Kinder Rechnung zu tragen hat. Dieser Anspruch umfasst in besonderem Maße die Förderung von Kindern mit anderem kulturellen Hintergrund und besonderen Bedürfnissen. Im Horizont der rechtlichen Regelungen bilden Kindertageseinrichtungen im allgemeinen und der Kindergarten im besonderen somit eine Institution, die einen bedeutsamen Beitrag für einen gelingenden Sozialisations-, Erziehungs- und Bildungsprozess von Kindern sowie – unter dem Aspekt der Chancengleichheit – ihrer gesellschaftlichen Integration zu leisten hat.

Die Entwicklung des Kindergartens

Obgleich Spuren erster Formen der Gemeinschaftserziehung von Kindern bereits im 18. Jahrhundert zu belegen sind, lässt sich die für die Entstehungsgeschichte des Kindergartens relevante Entwicklungsetappe auf die erste Hälfte des 19. Jahrhunderts datieren. In dieser Phase entstanden als Begleiterscheinung der Industrialisierung unterschiedliche Konzepte und Formen der heutigen Kindertageseinrichtungen. Die Entwicklung der ersten systematischen Ansätze institutionalisierter Kindererziehung und -betreuung wird häufig mit dem Namen Friedrich Fröbel in Verbindung gebracht, der als einer der großen Pioniere des Kindergartens gilt. Er steht darüber hinaus stellvertretend für einen Entwicklungsstrang, der auf einer kindbezogenen Konzeption beruht, bei der das Lernpotenzial der Kinder entfaltet und die Erziehungskraft der Familien gestärkt werden sollte. Neben dem Kindergarten kristallisierten sich im 19. Jahrhundert mit der Kinderbewahranstalt und der Kleinkinderschule zwei weitere Angebotsformen heraus. Während die Ziele der Kleinkinderbewahranstalten vor allem in der Milderung sozialer Notstände in den Familien der unteren Volksschichten sowie der Beaufsichtigung der Kinder zur Bewahrung vor Vernachlässigung und Kriminalität lagen, verfolgten die häufig an Diakonissenhäuser und Orden angeschlossenen Kleinkinderschulen primär christlich-missionarische Intentionen zur sittlich-religiösen Stärkung der Kinder. Nahezu zeitgleich entstanden gegen Mitte des 19. Jahrhunderts erste Qualifikationsangebote für Kleinkinderlehrerinnen und Kindergärtnerinnen (vgl. Berger, 2006; Derschau, 1976; Frey, 1999).

Bereits diese grobe Auflistung ausgewählter historischer Impressionen zu den verschiedenen Wurzeln des heutigen Kindergartensektors signalisieren wesentliche Grundfragen und zentrale Konfliktlinien. Hierzu gehören beispielsweise:

- Das Spannungsverhältnis zwischen Bewahren und Bilden als kontinuierlich austarierender Balanceakt zwischen Betreuung und Förderung im Aufgabenprofil des Kindergartens
- Die Gratwanderung zwischen Vielfalt und Standardisierung der Angebotsstrukturen im Rahmen einer vielschichtigen Trägertopografie, die in Kombination mit der föderalistisch zerklüfteten Kindergartenlandschaft im Hinblick auf Steuerungsfragen weiterhin von Bedeutung ist
- Die Schere zwischen den auf fachwissenschaftlicher Ebene formulierten Anforderungen an die Arbeit von Kindertageseinrichtungen sowie dem Fachlichkeitsgrad und Qualifikationsniveau des Personals in den Einrichtungen.

Insbesondere im Hinblick auf die Hauptbeschäftigtengruppe der staatlich anerkannten Erzieherinnen und die Entstehung dieses Berufs als Frauenberuf spiegelt sich nach wie vor der Konflikt zwischen Mütterlichkeit und Fachlichkeit, der in diesem Arbeitsfeld der Kinder- und Jugendhilfe bis heute nicht an Aktualität verloren hat – wie das mühsame Ringen um die Akademisierung des Erzieherinnenberufs dokumentiert.

Werden wesentliche Entwicklungspfade des Kindergartens aus der neueren Geschichte der Bundesrepublik herausgegriffen, dann bildete die Phase der Bildungsreform in den späten 1960-er bis Mitte der 1970-er Jahre eine zentrale Etappe in der Entwicklung dieser Angebotsform, deren Weichenstellungen bis heute das Gesicht des Kindergartens prägen. Innerhalb der im Verlauf der sechziger Jahre zum Teil kontrovers geführten Diskussion um die Neuorientierung und Ausweitung der außerfamilialen frühkindlichen Erziehung erinnern die Argumente dabei in hohem Maße an die aktuelle Debatte um die Stärkung des Bildungsauftrags des Kindergartens. Unter dem Vorzeichen der Chancengleichheit wurde der Zusammenhang zwischen sozialer Herkunft und späterem Schulerfolg beleuchtet, die Notwendigkeit vorschulischer Förderung formuliert und der Elementarbereich zur ersten Stufe des Bildungswesens mit entsprechenden Konsequenzen für die Aufgaben und Kompetenzen des Personals definiert. Der Strukturplan des Deutschen Bildungsrats von 1970 und der Bildungsgesamtplan der Bund-Länder-Kommission (BLK) aus dem Jahre 1973 markieren in diesem Zusammenhang eine bildungspolitische Wende, die einen ersten Ausbau des Kindergartens und eine großzügige Modellversuchspolitik von Bund und Ländern nach sich zogen (vgl. Aden-Grossmann, 2002; Derschau, 1976).[49] Hierzu gehörte auch das bundesweite Erprobungsprogramm zum Situationsansatz, der von der Projektgruppe Vorschulerziehung als pädagogisches Reformkonzept für die Arbeit in Kindergärten entwickelt worden ist (vgl. BMFSFJ/DJI, 2004).

Weitere wichtige Etappen auf dem Weg in Richtung des Auf- und Ausbaus eines differenzierten Versorgungssystems waren zwei Entwicklungen auf politischer und rechtlicher Ebene: So wurde durch die Deutsche Einheit das bundesdeutsche Angebotssystem unmittelbar mit dem Vollversorgungssystem der DDR konfrontiert, wodurch angesichts erheblicher Versorgungslücken im Westen auch die alten Bundesländer unter Legitimationsdruck gerieten. Die zweite wichtige Einflussgröße war – nahezu zeitgleich – die Verabschiedung des Kinder- und Jugendhilfegesetzes (KJHG). Bei diesem rechtlichen Neuordnungsprozess der Kinder- und Jugendhilfe können die Kindertageseinrichtungen ohne Zweifel zu den Gewinnern gerechnet werden. Für die unterschiedlichen institutionellen Betreuungsformen wurde unter dem Oberbegriff der »Tageseinrichtungen für Kinder« eine gemeinsame rechtliche Basis geschaffen. Zugleich wurde das Aufgabenspektrum erweitert, so dass sich erstmals die Konturen eines öffentlichen Betreuungssystems für Kinder von null bis mindestens acht Jahren abzeichneten. Bis dato eher vernachlässigte und zum Teil umstrittene Handlungsfelder – wie die Betreuung von Kindern unter drei Jahren in öffentlichen Einrichtungen – wurden ebenso wie die Schaffung vermehrter Ganztagsplätze für Kinder aller Altersstufen zum Gegenstand einer bedarfsorientierten Jugendhilfeplanung erklärt (vgl. Rabe-Kleberg, 1995).

Einen Meilenstein in der neueren Entwicklung des Kindergartens stellte darüber hinaus die Verabschiedung des Rechtsanspruchs auf einen Kindergartenplatz dar, der im Jahre 1992 im zweiten Anlauf über das Schwangeren- und Familienhilfegesetz im Kinder- und Jugendhilferecht verankert wurde. Mit dem Rechtsanspruch, der zum 1. Januar 1996 zunächst in Form einer befristeten Übergangsregelung in Kraft trat und seit dem 1. Januar 1999 in unbeschränkter Form gilt, sollte den gewandelten Lebenssituationen und Betreuungsbedarfen von Familien entsprochen werden. Überdies wurde damit insbesondere für Westdeutschland der erste Schritt in Richtung steigender Betreuungsquoten für die Gruppe der Kinder im Alter von drei Jahren bis zum Schuleintritt in Gang gesetzt. Bereits im Vorfeld des Inkrafttretens des Rechtsanspruchs verstärkten die westdeutschen Länder und Kommunen die Aktivitäten, ihre Kapazitäten zu erweitern, so dass es im Verlauf der 1990-er Jahre zu einem verstärkten Ausbau der Kapazitäten im Kin-

---

49 So heißt es im Strukturplan des Deutschen Bildungsrates: »Das Ziel, im Rahmen der Elementarerziehung schon das kleine Kind in den Wirkungsbereich sorgfältig überlegter und geplanter Lernprozesse zu bringen, bedeutet, dass die Lern- und Erziehungsprozesse von Anfang an auf Kontinuität angelegt und auf ihre weiterführende Qualität hin überprüft werden müssen. Durch derart neu gestaltete Inhalte und Methoden werden die Kindergärten zu einem unverzichtbaren Bestandteil des gesamten Bildungssystems. Dazu gehört, dass alle Kinder in gleicher Weise kontinuierlich und konsequent gefördert werden. Die Forderung nach einer inhaltlichen und methodischen Qualitätssteigerung der Kindergärten schließt deshalb die Verpflichtung ein, den Elementarbereich drastisch auszubauen.« (Deutscher Bildungsrat, 1973, S. 112).

dergartensektor kam. In den östlichen Bundesländern zeichnete sich demgegenüber eine konträre Entwicklung ab. Infolge des rapiden Geburtenrückgangs nach der Deutschen Einheit und dem hieraus resultierenden Überangebot wurden viele Einrichtungen geschlossen sowie Personal und Plätze abgebaut.

Angebot und Nachfrage im Kindergartensektor

Kennzeichnend für die aktuelle Lage ist eine heterogene Kindergartenlandschaft, in der unterschiedliche Träger und Organisationsformen nebeneinander vorzufinden sind. Aufschluss über die Größenordnung des Kindergartensektors erlaubt die amtliche Kinder- und Jugendhilfestatistik, die vom Statistischen Bundesamt veröffentlicht wird. Die aktuellsten Daten beziehen sich auf das Jahr 2002. Nach der Kinder- und Jugendhilfestatistik standen am 31.12.2002 bundesweit knapp 2.508.000 Tageseinrichtungsplätze zur Verfügung (→ Tab. 3). Davon fallen 81 % auf den Kindergarten, 6,1 % auf die Krippe und 12,9 % auf den Hort. Die Angebote für Kinder im Alter vom vollendeten dritten Lebensjahr bis zum Schuleintritt prägen somit nachhaltig die Strukturen des Arbeitsfeldes der Kindertageseinrichtungen. Vom bestehenden Platzangebot für Kindergartenkinder wurden bundesweit rund 40 % von öffentlichen und 60 % von freien Trägern angeboten, unter denen die katholischen und evangelischen Anbieter die größte Rolle spielten. Von den in Deutschland zur Verfügung stehenden Gesamtplätzen für Kindergartenkinder boten rund 36 % Mittagessen an. Insgesamt differiert die Ausstattung mit Ganztagsplätzen zwischen den Bundesländern erheblich. Werden diese Eckdaten hinsichtlich der organisatorischen Rahmung der Angebote für Kinder im Kindergartenalter weiter aufgeschlüsselt, dann zeigen sich erhebliche Unterschiede zwischen West- und Ostdeutschland (→ Tab. 4). Hierbei standen im früheren Bundesgebiet (ohne Berlin) am 31.12.2002 rund 83 % der Platzkapazitäten im Kindergartenbereich zur Verfügung. Demgegenüber waren es in den neuen Ländern (ohne Berlin) knapp

Verfügbare Plätze in Tageseinrichtungen für Kinder nach Altersgruppen (31.12.2002, Deutschland)		
Platzangebot	Absolute Zahl	In %
Tageseinrichtungen für Kinder insg.	3.096.533	100,0
Davon für		
… Krippenkinder	190.395	6,1
… Kindergartenkinder	2.507.744	81,0
… Hortkinder	398.394	12,9

Tab. 3: Verfügbare Plätze in Tageseinrichtungen; Quelle: Statistisches Bundesamt (2004); eigene Berechnungen

14 %. Während im früheren Bundesgebiet der klassische Kindergarten mit einem Anteil von 82 % an allen Plätzen für Kindergartenkinder die dominierende Organisationsform darstellte, lag der entsprechende Prozentwert in den neuen Ländern lediglich bei 6,8 %. Umgekehrt spielten die kombinierten Tageseinrichtungen in den ostdeutschen Bundesländern eine weitaus größere Rolle. Allerdings ist dieser Organisationstyp auch in Westdeutschland – bei gewandelten demographischen Prämissen und einem Bedeutungszuwachs altersgemischter Erziehungskonzepte – seit den 1990-er Jahren auf dem Vormarsch. Gewendet auf die Sozialisationsbedingungen der Kinder bedeutet dies, dass die Erziehung, Bildung und Betreuung für die Mehrzahl der Heranwachsenden im Kindergartenalter nach wie vor im Rahmen altershomogener Gruppensettings stattfindet.

Innerhalb des Arbeitsfeldes Kindertageseinrichtungen bildete die Kindergartenerziehung am 31.12.2002 den größten Arbeitsbereich (→ Tab. 5). Zu diesem Zeitpunkt waren rund 374.000 Beschäftigte in Kindertageseinrichtungen tätig. Rund 56 % des Personals konzentrierte sich dabei allein auf den Bereich der Kindergartenerziehung. Hierbei wird die sozialpädagogische Tätigkeit zu großen Teilen von der Berufsgruppe der Erzieherinnen gestaltet. So hatten rund 64 % aller tätigen Personen in Kindertageseinrichtungen einen Erzieherinnenabschluss. Von den rund 239.000 Erzieherinnen war mit 58 % die Mehrheit in der Kindergartenerziehung beschäftigt. In diesem Arbeitsbereich lag ihr Anteil an den dort tätigen Personen

Platzangebot für Kinder im Kindergartenalter nach Art der Einrichtung (Deutschland, früheres Bundesgebiet, neue Länder, jeweils 31.12.2002)

Art der Kindertagesein-richtung	Deutschland		Darunter:			
			Früheres Bundesgebiet ohne Berlin		Neue Länder ohne Berlin	
	Absolut	In %	Abs.	%	Abs.	%
Plätze in Kindertagesein-richtungen insgesamt	3.096.533	100,0	2.315.781	74,8	637.137	20,6
Plätze für Kindergarten-kinder insgesamt	2.507.744	100,0	2.088.176	83,3	341.328	13,6
Davon in:						
… Kindergärten	1.739.474	69,4	1.710.645	81,9	23.053	6,8
… TE mit alterseinheit lichen Gruppen	280.859	11,2	115.862	5,5	138.838	40,7
… TE mit altersgemischten Gruppen	241.294	9,6	123.267	5,9	94.223	27,6
… TE mit alterseinheit lichen und altersge mischten Gruppen	246.748	9,8	138.779	6,6	85.376	25,0

Tab. 4: Platzangebot nach Art der Einrichtung; Quelle: Statistisches Bundesamt (2002a)

bei knapp 67 %, in den anderen pädagogischen Arbeitsfeldern – wie etwa der frühkindlichen Erziehung oder der Erziehung in altersgemischten Gruppen – fielen diese Prozentwerte sogar noch höher aus. Eine Ausnahme stellte die Betreuung behinderter Kinder dar, in dem die kranken- und heilerziehungspflegerischen bzw. heilpädagogischen Berufe eine größere Rolle als in den anderen Arbeitsbereichen spielen. Wie schon

Erzieherinnen im Arbeitsfeld der Kindertageseinrichtungen in ausgewählten pädagogischen Arbeitsbereichen (Deutschland; 31.12.2002)

Arbeitsbereich	Gesamtpersonal		Erzieherinnen		
	Absolut	In %	Absolut	In % (an allen Erzieherinnen)	In % (am Personal im Arbeitsbereich)
Personal insgesamt	374.170	100,0	238.861	100,0	63,8
Darunter in der …					
… frühkindlichen Erziehung	17.639	4,7	13.925	5,8	78,9
… Kindergartenerziehung	209.173	55,9	139.454	58,4	66,7
… Horterziehung	25.503	6,8	19.391	8,1	76,0
… Erziehung in altersgemischten Gruppen	57.424	15,3	44.792	18,8	78,0
… Betreuung behinderter Kinder u. Jugendlicher	12.234	3,3	5.673	2,4	46,4
… Zusammen	321.973	86,0	223.235	93,8	70,2

Tab. 5: Erzieherinnen in ausgewählten pädagogischen Arbeitsbereichen; Quelle: Statistisches Bundesamt (2002b)

während seiner Entstehungsphase bildet der Kindergartensektor auch heute noch ein zentrales Tätigkeitsfeld für Frauen. So beträgt der Anteil der weiblichen Beschäftigten, die als Gruppenleiterin oder Ergänzungskraft im Arbeitsbereich der Kindergartenerziehung tätig sind, gut 98 %.

Wird über die Angebotsstrukturen hinaus die Betreuungsquote in den Mittelpunkt gestellt, dann veranschaulicht die Platz-Kind-Relation, bei der die Anzahl der verfügbaren Kindergartenplätze mit der Gruppe der Heranwachsenden im Kindergartenalter in der Bevölkerung rechnerisch in Beziehung gesetzt wird, dass die Betreuungsquote gegen Ende des Jahres 2002 bei knapp 90 % lag. Wie Tabelle 6 verdeutlicht, bestehen hinsichtlich der Versorgungslage nach wie vor deutliche Unterschiede zwischen West- und Ostdeutschland. Jenseits dieser Differenzierung ist der Versorgungsgrad jedoch auch in den einzelnen Bundesländern unterschiedlich hoch. Nach der Bevölkerungsprognose des Statistischen Bundesamtes wird die Zahl der Heranwachsenden im Kindergartenalter im Zeitraum von 2002 bis 2015 bundesweit weiter sinken. Angesichts dieses Rückgangs wird im Jahr 2009 rechnerisch eine Platz-Kind-Relation von 100 % in Deutschland erreicht werden. Die demographische Entwicklung verläuft für die alten und neuen Bundesländer allerdings konträr. Während in Westdeutschland die Zahl der Heranwachsenden im Kindergartenalter bis 2015 um 15 % sinkt, klettert sie in Ostdeutschland um 9,4 % nach oben.

Während in der Kinder- und Jugendhilfestatistik die Angebotsseite ersichtlich wird, erlaubt der Mikrozensus die nähere Betrachtung der Nachfrageseite. Angesichts der vergleichsweise hohen Betreuungs- und Versorgungsquote im Kindergartenbereich lautet hier – so Fuchs (2005) – die spannende Frage: Welche Kinder gehen nicht in den Kindergarten und welche Faktoren sind dafür verantwortlich? Auf der Grundlage der Sonderauswertung des Mikrozensus 2000 wird deutlich, dass mit zunehmendem Alter der Anteil der Kinder, die *keinen* Kindergarten besuchen, sinkt. Beträgt der Prozentwert der Drei- bis unter Vierjährigen, die keinen Kin-

Platz-Kind-Relation in Tageseinrichtungen für Kinder nach Altersgruppen (31.12.2002)	
	Plätze je 1.000 Kinder im Alter von 3 bis unter 6 ½ Jahren
Deutschland	898
Früheres Bundesgebiet (ohne Berlin)	881
Neue Länder (ohne Berlin)	1.051

Tab. 6: Platz-Kind-Relation; Quelle: Statistisches Bundesamt (2004)

dergarten in Anspruch nehmen noch 44 %, so sind es in der Gruppe der Sechs- bis unter Siebenjährigen nur 9,8 %. Auffällig war bei der Auswertung darüber hinaus das Ergebnis zur Staatsangehörigkeit der Heranwachsenden im Kindergartenalter. Neben dem Merkmal »Alter« waren es vor allem die Kinder aus Nicht-EU-Staaten, die – im Unterschied zu deutschen und Kindern aus anderen EU-Staaten – seltener eine Tageseinrichtung besuchten. Und schließlich war die Nicht-Besuchsquote bei niedrigem Schul- und Berufsausbildungsniveau am geringsten (vgl. Fuchs, 2005).

Vergleichbare Befunde wurden auch im Rahmen der DJI-Betreuungsstudie ermittelt, nach der der Anteil der Drei- bis Vierjährigen, die keinen Kindergarten besuchen, in Westdeutschland deutlich höher ist als in Ostdeutschland – worin sich letztlich auch die unterschiedlichen Angebotsstrukturen in beiden Teilen Deutschlands spiegeln. Die Studie verdeutlicht ebenso wie der vorgestellte Beitrag von Fuchs, dass Migrantenfamilien öffentliche Betreuungsangebote weniger in Anspruch nehmen als deutsche Familien (vgl. BMFSFJ/DJI, 2005). Als mögliche Barrieren für die mangelnde Inanspruchnahme des Kindergartens durch Migrantenfamilien werden in der Literatur auf Seiten der Einrichtungen u.a. die weltanschauliche Ausrichtung bzw. konfessionelle Trägerschaft, die sprachlich-kulturelle Zusammensetzung und die unzureichende Ausbildung des Personals sowie mit Blick auf die Migrantenfamilien u.a. die zu hohen Kosten für den Kindergartenbesuch, der Wunsch nach längeren Betreuungszeiten bei einem unzureichenden

Angebot von Einrichtungen mit entsprechendem Platzangebot, religiöse Orientierungen und Angst der Eltern vor Entfremdung ihrer Kinder sowie mangelnde Transparenz des bestehenden Angebots bei dieser Gruppe benannt (vgl. Neumann, 2005).

Zwischen Anspruch und Alltagspraxis ■ Spätestens seit Mitte der 1980-er Jahre werden in der Fachöffentlichkeit vielfältige Anforderungen an Kindertageseinrichtungen und damit – angesichts der Angebotsstrukturen – vor allem an den Kindergarten formuliert. Zusammengenommen lässt sich eine kontinuierliche Erweiterung der Erwartungen an das pädagogische Handeln der Fachkräfte in den Kindertageseinrichtungen konstatieren, um den sozialisationsrelevanten gesellschaftlichen Entwicklungen – wie sie etwa in der Kindheits- und Familiensoziologie oder auch in der Entwicklungspsychologie und Neurobiologie beschrieben werden – Rechnung zu tragen. Hierbei richtet sich der Fokus seit Ende der 1990-er Jahre zum einen auf die quantitativ-politische Dimension des Ausbaus, der Finanzierung und der Steuerung eines umfassenden bedarfs- und familienorientierten Bildungs-, Erziehungs- und Betreuungssystems für alle Altersgruppen. Zum anderen wurden zunehmend die qualitativen Aspekte des beruflichen Handelns in Kindertageseinrichtungen in den Vordergrund gestellt – sei es im Rahmen der »Nationalen Qualitätsinitiative« oder auch im Zuge der Stärkung und Umsetzung des Bildungsauftrags von Kindertageseinrichtungen.

Über den engeren Zirkel der Fachöffentlichkeit hinaus stieß der Kindergarten durch die »Bildungsfrage« auch in breiteren Bevölkerungskreisen auf starke Beachtung. Ausgelöst wurde diese Debatte durch die Ergebnisse der Schulleistungsstudie PISA, in der u.a. die Schwächen des deutschen Schulwesens im internationalen Vergleich aufgezeigt wurden. Als Reaktion auf die »Bildungsmisere« der befragten Schülerinnen und Schüler im Alter von 15 Jahren geriet zunächst der Kindergarten ins Visier, der seitdem auch auf breiterer Ebene wieder verstärkt als Elementarbereich des Bildungswesens wahrgenommen wird. Reklamiert wurden in diesem Zusammenhang vor allem eine möglichst frühe Bildungsförderung sowie die verstärkte Umsetzung des Bildungsauftrags des Kindergartens. Auch im Rahmen der kurze Zeit später publizierten »IGLU-Studie«, die sich auf die Schülerinnenleistungen am Ende der vierten Jahrgangsstufe im internationalen Vergleich bezieht, wurden die Auswirkungen des Kindergartenbesuchs auf die schulischen Leistungen thematisiert (Bos u.a., 2003). Der gemeinsame Beschluss der Jugend- und Kultusministerkonferenz aus dem Jahr 2004 zur frühen Bildung in Kindertageseinrichtungen bildete innerhalb dieser Diskussion einen vorläufigen Höhepunkt auf dem Weg zur Erhöhung der Bildungsqualität und deren Umsetzung in den Kindergartenalltag. Die Festlegung auf das Prinzip einer ganzheitlichen Förderung der Kinder und die Fixierung von Lernbereichen stellen wesentliche Komponenten des Beschlusses und Leitlinien für die Bildungsarbeit in Kindertageseinrichtungen dar (vgl. JMK/KMK, 2004).

Jenseits der programmatischen Ebene ist das empirisch gestützte Wissen zum pädagogischen Alltag im Kindergarten und dessen Folgewirkungen bislang nur unzureichend ausgeprägt. Denn welche der auf fachlicher Ebene formulierten Anforderungen bereits auf breiter Ebene (und nicht allein in Modelleinrichtungen) in selbstverständlicher Form im Berufsalltag der Fachkräfte verankert sind oder auch nicht, ist aus wissenschaftlicher Perspektive weitgehend eine Unbekannte. Obgleich vielfältige Berichte aus Praxis- und Modellversuchen sowie einzelne Studien zu unterschiedlichen Aspekten des Kindergartens vorliegen (z.B. Tietze, 1998), lässt sich gegenwärtig kein repräsentatives empirisches Gesamtbild über den Entwicklungsstand und die beruflichen Handlungsvollzüge des Personals zeichnen – wie an unterschiedlichen Punkten ersichtlich wird.

So liegen beispielsweise zu den pädagogischen Konzepten im Kindergartenbereich bislang nur wenige Untersuchungen bzw. verallgemeinerbare Daten vor. Punktuelle Studien und Erfahrungsberichte weisen jedoch darauf hin, dass in Fragen der Alltagsgestaltung – mit Ausnahme der sehr speziellen Ansätze im Bereich der Waldorf- und Montessori-Erziehung – hinsichtlich der Angebote, Abläufe und Räume viele Gemeinsamkeiten zwischen den Kindergärten bestehen, die sich als tradierte Praxis etwa in Form des Morgenkreises oder dem Wechsel zwischen angeleiteter Beschäftigung und Freispiel herausgebildet haben (vgl. BMFSFJ/DJI, 2004). Die Diskussion über die erforderliche Weiterentwicklung des Situationsansatzes – als der wohl am weitesten verbreiteten Rahmenkonzeption im Kindergarten – wird seit Ende der 1990-er Jahre geführt (etwa im Hinblick auf die erforderliche Integration sachbezogener Lerninhalte und die Notwendigkeit einer verstärkten Operationalisierung in Richtung eines überprüfbaren pädagogischen Konzepts). Sie wird momentan allerdings im Zuge der Bildungsdebatte durch die Auseinandersetzung über die curricularen Rahmen- und Bildungspläne der Länder und deren Umsetzung überlagert (vgl. zum Thema »Bildung« und zum Stand der Umsetzung der länderbezogenen Aktivitäten insbesondere den Zwölften Kinder- und Jugendbericht, BMFSFJ, 2005). Eine Evaluation der verschiedenen Initiativen steht bislang jedoch noch aus.

Eine Reihe der aktuelleren Beiträge und Studien zum Thema »Kindergarten« zielen auf die Qualitätsfrage (vgl. z. B. Honig, Joos & Schreiber, 2004; Tietze, 1998; Tietze, Roßbach & Grenner, 2005). Hierzu stellen beispielsweise Tietze, Roßbach und Grenner (2005) auf der Grundlage der ermittelten Forschungsergebnisse fest, dass nach international anerkannten Standards die Prozessqualität in deutschen Kindergartengruppen im Durchschnitt nur im Bereich mittelmäßiger Qualität liegt. Gleichzeitig konnten sie jedoch insgesamt pädagogische Qualitätseffekte des Kindergartens auf die Entwicklung der Kinder nachweisen, die sich bis zum Ende der zweiten Grundschulklasse feststellen ließen. Die Effekte auf den Entwicklungs- und Schulleistungsstand der Kinder waren hierbei jedoch nicht allein auf die pädagogische Qualität des Kindergartensettings, sondern auch und in höherem Maße auf die Qualität des Familienarrangements zurückzuführen. Auch vor diesem Hintergrund plädieren die Autoren für die Etablierung eines umfassenden, fachlich gestützten Systems der Qualitätssicherung in allen maßgeblichen Sozialisationsfeldern. Werden die Eltern als zentrale Adressatengruppe zur Qualität von Kindertageseinrichtungen um Auskunft gebeten, dann erhält diese Angebotsform jedoch vergleichsweise gute Noten. Dies verdeutlichen Befragungen – wie etwa die DJI-Kinderbetreuungsstudie 2005 (vgl. BMFSFJ/DJI, 2005) oder auch die Kindergartenuntersuchung von Honig, Joos und Schreiber (2004), in der neben einer hohen Zufriedenheit mit dem Alltag in den Einrichtungen u.a. auch Unterschiede in den Qualitätsvorstellungen von deutschen und Migranteneltern ersichtlich wurden (vgl. Joos & Betz, 2004).

Frühpädagogische Zukunft ■ Angesichts der hohen gesellschafts- und bildungspolitischen Bedeutung des Kindergartens hat auch die Suche nach Weiterentwicklungsmöglichkeiten einen hohen Stellenwert in der Fachöffentlichkeit. Ansatzpunkte bieten sich hierbei grundsätzlich auf drei Ebenen und zwar:

- Der Makroebene als Frage nach der optimalen Gesamtgestaltung der Angebotsstrukturen – etwa im Hinblick auf die Schaffung eines zeitlich umfassenden und attraktiven Erziehungs-, Bildungs- und Betreuungssystems, das den familialen Bedarfslagen in differenzierter Form Rechnung trägt und die Realisierung einer möglichst frühen Förderung aller Kindergartenkinder erlaubt
- Der Mesoebene der Organisationen, auf der die Rahmenbedingungen und die Qualität der pädagogischen Arbeit in den einzelnen Einrichtungen in besonderem Maße auf dem Prüfstand stehen
- Der Mikroebene, auf der sich – insbesondere hinsichtlich der Entwicklungsförderung der Heranwachsenden – die Folgewirkungen der Kindergartenerziehung ablesen lassen.

In der Art und Form der Gestaltung und des Zusammenspiels aller drei Ebenen entscheidet sich, inwieweit der Kindergarten seiner herausragenden Zielsetzung genügen kann: zu einem gelingenderen Aufwachsen von Kindern beizutragen und ein Stück mehr an Chancengleichheit für alle Heranwachsenden herzustellen, unabhängig von ihrer sozialen Herkunft, ihren familiären Umfeld und Alltag, ihrem Wohnort und Lebensraum.

Ob der Kindergarten dieser Aufgabe gewachsen ist und die mit ihm verbundenen Hoffnungen jenseits einzelner Modelleinrichtungen auf breiter Ebene erfüllen kann, erfordert allerdings eine systematische Auseinandersetzung mit dieser Angebotsform. Demgegenüber bleiben aus wissenschaftlicher Perspektive bislang wesentliche Fragen zum Kindergarten unbeantwortet. Zu den bislang nur wenig konturierten Stellen in der Forschungslandschaft zählt nicht zuletzt das Wissen über die Effekte des Kindergartenbesuchs sowie die unterschiedlichen pädagogischen Interventionen, die von wenigen Ausnahmen abgesehen kaum wissenschaftliche Aufmerksamkeit erfahren haben. Auch die beruflichen Handlungsvollzüge des Personals in den Kindertageseinrichtungen wurden – jenseits von Selbstauskünften befragter Erzieherinnen zu ihrer Arbeitssituation – als Forschungsgegenstand auf der Grundlage externer Beobachtung weitgehend ausgeklammert. Nur auf einer soliden empirischen Basis lassen sich jedoch letztlich die pädagogischen Konsequenzen für die Weiterentwicklung des Kindergartens im Kontext eines übergreifenden und vernetzten Systems der Erziehung, Bildung und Betreuung von Kindern innerhalb und außerhalb der Kinder- und Jugendhilfe ableiten. Dies lenkt wiederum den Blick auf das Personal in Kindertageseinrichtungen. Hierzu verdichten sich gegenwärtig die Hinweise, dass das breite und komplexe berufliche Anforderungsprofil der Fachkräfte in Kindertageseinrichtungen den bisherigen Qualifikationszuschnitt der Erzieherinnenausbildung bei weitem übersteigt. In diesem Kontext scheint – auch im internationalen Vergleich – bislang noch ein erheblicher Profilierungsbedarf des beruflichen Handelns in Kindertageseinrichtungen zu bestehen (vgl. hierzu z. B. den Länderbericht der OECD, 2004).

■ **Literatur**

Aden-Grossman, W. (2002). Kindergarten. Eine Einführung in seine Entwicklung und Pädagogik. Weinheim: Beltz.

Berger, M. (2006). Frauen in der Geschichte des Kindergartens: Eine Einführung. In: www.kindergarten-paedagogik.de/170.html (31.1.2006).

JMK (Jugendministerkonferenz) & KMK (Kultusministerkonferenz) (2004): Beschluss der Jugendministerkonferenz vom 13./14.05.2004/Beschluss der Kultusministerkonferenz vom 03./04.06.2004: Gemeinsamer Rahmen der Länder für die frühe Bildung in Kindertageseinrichtungen. In: www.brandenburg.de.

BMFSFJ – Bundesministerium für Familie, Senioren, Frauen und Jugend (Hrsg.) (2005). Zwölfter Kinder- und Jugendbericht. Bericht über die Lebenssituation junger Menschen und die Leistungen der Kinder- und Jugendhilfe in Deutschland. Berlin: www.bmfsfj.de.

BMFSFJ (Bundesministerium für Familie, Senioren, Frauen und Jugend) & DJI (Deutsches Jugendinstitut) (Hrsg.) (2004). OECD. Early Childhood Policy Review. 2002–2004. Hintergrundbericht Deutschland. Fassung 22.11.2004. Berlin: www.bmfsfj.de.

BMFSFJ (Bundesministerium für Familie, Senioren, Frauen und Jugend) & DJI (Deutsches Jugendinstitut) (Hrsg.) (2005). DJI-Kinderbetreuungsstudie 2005. Erste Ergebnisse. München: www.bmfsfj.de.

Bos, W., Lankes, E.-M., Prenzel, M., Schwippert, K., Walther, G., & Valtin, R. (Hrsg.) (2003). Erste Ergebnisse aus IGLU. Schülerleistungen am Ende der vierten Jahrgangsstufe im internationalen Vergleich. Münster: Waxmann.

Derschau, D. v. (1976). Die Ausbildung der Erzieher für Kindergarten, Heimerziehung und Jugendarbeit an den Fachschulen/Fachakademien für Sozialpädagogik. Entwicklung, Bestandsaufnahme, Reformvorschläge. Gersthofen: Maro.

Deutscher Bildungsrat (Hrsg.) (1973). Strukturplan für das Bildungswesen. Empfehlungen der Bildungskommission. Stuttgart: Klett.

Fuchs, K. (2005). Wovon der Besuch einer Kindertageseinrichtung abhängt …! Eine Auswertung des Mikrozensus für Kinder bis zum Schuleintritt. In: T. Rauschenbach & M. Schilling (Hrsg.), Kinder- und Jugendhilfereport 2. Analysen, Befunde und Perspektiven (S. 157–174). Weinheim: Beltz.

Frey, A. (1999). Von der Laienhelferin zur Erzieherin. Aspekte zur Geschichte der institutionalisierten Kindererziehung und der Ausbildung des pädagogischen Personals vom 17. bis 20 Jahrhundert. (Materialien für Lehre, Aus- und Weiterbildung, Bd. 18). Landau: Verlag Empirische Pädagogik.

Honig, M.-S., Joos, M. & Schreiber, N. (2004). Was ist ein guter Kindergarten? Theoretische und empirische Analysen zum Qualitätsbegriff in der Pädagogik. Weinheim: Juventa.

Joos, M. & Betz, T. (2004). Gleiche Qualität für alle? Ethnische Diversität als Determinante der Perspektivität von Qualitätsurteilen und -praktiken. In: M.-S. Honig, M. Joos & N. Schreiber (Hrsg.), Was ist ein guter Kindergarten? Theoretische und empirische Analysen zum Qualitätsbegriff in der Pädagogik (S. 69–99). Weinheim: Juventa.

Neumann, U. (2005). Kindertagesangebote für unter sechsjährige Kinder mit Migrationshintergrund. In: Sachverständigenkommission Zwölfter Kinder- und Jugendbericht (Hrsg.), Band 1: Bildung, Betreuung und Erziehung von Kindern unter sechs Jahren (S. 175–226). München: Verlag Deutsches Jugendinstitut.
OECD (Organization for Economic Co-operation and Development) (2004). Die Politik der frühkindlichen Betreuung, Bildung und Erziehung in der Bundesrepublik Deutschland. Ein Länderbericht der Organisation für wirtschaftliche Zusammenarbeit und Entwicklung (OEDC). Berlin: www.bmfsfj.de
Rabe-Kleberg, U. (1995). Öffentliche Kindererziehung – Kinderkrippe, Kindergarten, Hort. In: H.-H. Krüger & T. Rauschenbach, T. (Hrsg.), Einführung in die Arbeitsfelder der Erziehungswissenschaft (S. 89–106). Opladen: Leske & Budrich.
Statistisches Bundesamt (Hrsg.) (2002a). Fachserie 13 Sozialleistungen, Reihe 6.3 Einrichtungen und tätige Personen in der Jugendhilfe. Wiesbaden.
Statistisches Bundesamt (Hrsg.) (2002b). Statistiken der Kinder- und Jugendhilfe. Tageseinrichtungen für Kinder am 31.12.2002. Wiesbaden 2002.
Statistisches Bundesamt (Hrsg.) (2004). Kindertagesbetreuung in Deutschland. Einrichtungen, Plätze, Personal und Kosten 1990 bis 2002. Wiesbaden.
Tietze, W. (Hrsg.) (1998). Wie gut sind unsere Kindergärten? Eine Untersuchung zur pädagogischen Qualität in deutschen Kindergärten. Neuwied: Luchterhand.
Tietze, W., Roßbach, H.-G. & Grenner, K. (2005). Kinder von 4 bis 8 Jahren. Zur Qualität der Erziehung und Bildung in Kindergaren, Grundschule und Familie. Weinheim: Beltz.

Integrative Institutionen

Ulrich Heimlich & Isabel Behr

Gegenwärtig stellt sich in allen Bundesländern der BRD die Aufgabe, Angebote der integrativen Erziehung bedarfsgerecht auszubauen. Zielsetzung ist dabei, dass alle Eltern, die das wünschen, ihre Kinder mit besonderen Bedürfnissen in der Kindertageseinrichtung des Wohnquartiers anmelden können. Erst die Wohnortnähe des integrativen Angebotes gewährleistet den Transfer der integrativen Arbeit in den Alltag von Kindern und Familien und leistet so einen Beitrag zur gesellschaftlichen Integration. Die Entwicklung zur »wohnungsnah gut ausgestatteten Kindertageseinrichtung für alle Kinder« (vgl. BMJFFG, 1990, S. 103) soll im Überblick dargestellt werden. Dabei wird zunächst auf die Integrationsentwicklung als ökologisches Mehrebenenmodell eingegangen, um die Komplexität der institutionellen Prozesse in diesem Zusammenhang bewusst zu machen. Erst vor diesem Hintergrund kann in einem zweiten Abschnitt nach den Strukturen integrativer Institutionen gefragt und die Ableitung optimaler Rahmenbedingungen in begründeter Weise erfolgen. Unter empirischen Aspekten sollen in einem dritten Schritt die Effekte integrativer Institutionen in einem kurzen Überblick auf der Basis einiger zentraler Studien vorgestellt werden. Den Ausführungen liegt die folgende Definition integrativer Einrichtungen zugrunde:

> Integrative Kindertageseinrichtungen können als Bildungs- und Erziehungseinrichtungen definiert werden, die Kinder mit besonderen Bedürfnissen aufnehmen und in integrativen Gruppen, unterstützt durch multiprofessionelle Teams, die selbstbestimmte soziale Teilhabe aller Kinder im Sinne integrativer Bildung auf allen Einrichtungsebenen ermöglichen.

Integrationsentwicklung im Elementarbereich als ökologisches Mehrebenenmodell ■ Die Aufnahme eines Kindes mit besonderen Bedürfnissen[50] verändert nach vorliegenden Erfahrungen eine Kindertageseinrichtung als Ganze. Die pädagogischen Fachkräfte der anderen Gruppen werden sich für die Veränderungen in der integrativen Gruppe interessieren, auch die Eltern der Einrichtung wollen in der Regel genau informiert sein, und die Leitung der Kindertageseinrichtung ist bei all diesen Entwicklungen im Sinne von Beratung und Begleitung ständig beteiligt. Integrationsentwicklung wird deshalb nicht nur auf der Basis der grundlegenden Ansätze und Erfahrungen einer integrativen Erziehung (vgl. den Beitrag von Heimlich & Behr in diesem Handbuch) vorgestellt, sondern auch

---

50 Wir verzichten auf den Begriff Behinderung und bevorzugen im Anschluss an die internationale Entwicklung und den angloamerikanischen Begriff children with special educational needs die deutsche Übersetzung Kinder mit besonderen Bedürfnissen.

V Institutionen

Abb. 6 Integrationsentwicklung im Elementarbereich als ökologisches Mehrebenenmodell

im Anschluss an die ökologische Entwicklungstheorie von Bronfenbrenner (1989).

Die Integrationsentwicklung soll nun auf diesen Ebenen im Einzelnen beschrieben werden mit dem Ziel, jeweils Ansatzpunkte für eine gute Qualität herauszuarbeiten (→ Abb. 6).

Kinder mit besonderen Bedürfnissen und ihre Eltern ■ Die soziale Qualität der gemeinsamen Erziehung bezogen auf Kinder mit besonderen Bedürfnissen umfasst zunächst einmal die Möglichkeiten der Teilhabe. Von daher gewinnen Förderkonzepte, die die soziale Begegnung von Kindern mit unterschiedlichen Kompetenzen gewährleisten, eine besonders hohe Bedeutung bei der Qualitätsentwicklung. Zugleich haben Kinder mit besonderen Bedürfnissen den Anspruch, in ihrer Entwicklung angemessen gefördert und in ihren Selbstbestimmungsrechten respektiert zu werden. Dieser Anspruch gilt letztlich für alle Kinder, da alle Kinder einen Bedarf an individueller Förderung haben (vgl. Kautter, Klein, Laupheimer & Wiegand, 1988).

Integrative Spielsituationen in der integrativen Gruppe ■ Der Kern integrativer Prozesse in Tageseinrichtungen für Kinder wird nach übereinstimmender Auffassung aller pädagogischen Konzeptionen zur gemeinsamen Erziehung durch das gemeinsame Spiel gebildet (vgl. Heimlich, 1995, S. 56 ff.). Kinder mit und ohne besondere Bedürfnisse lernen beim gemeinsamen Spiel sehr viel voneinander und regen sich gegenseitig in ihrer Entwicklung an. Sie erfahren etwas über individuelle Unterschiede und entwickeln daraus neue Gemeinsamkeiten (vgl. zur Praxis des gemeinsamen Spiels: Heimlich & Höltershinken, 1994). Damit wird eine neue Förderressource erschlossen: die Gruppe der Gleichaltrigen (peer-group).

Multiprofessionelle Teams ■ Der Reformprozess der Integrationsentwicklung ist keine individuell zu lösende Aufgabe der einzelnen Erzieherin. Insofern ist Teamentwicklung ein entscheidender Bestandteil bei der Entwicklung sozialer Qualität. Die Zusammenarbeit im Team bezieht sich zum einen auf die Kinder und ihre individuellen Förderbedürfnisse. Hier bietet sich beispielsweise die fallbezogene Teambesprechung an, an der alle an der Förderung beteiligten pädagogischen Fachkräfte teilnehmen. Zum anderen zählt dazu die gemeinsame und arbeitsteilige Vorbereitung des differenzierten Gruppenangebotes und die kooperative Gestaltung des Kindergartentages in seinen vielschichtigen Dimensionen. Darüber hinaus ist die Teamsitzung die eigentliche Instanz der Entwicklung eines einrichtungsbezogenen pädagogischen Konzeptes unter Einschluss der gemeinsamen Erziehung (vgl. Haeberlin, Jenny-Fuchs & Moser Opitz, 1992).

Inklusive Kindertageseinrichtung ■ In Verbindung mit der internationalen Entwicklung zur *inclusive education*[51] ist die Kindertageseinrichtung in ihrer Bedeutung für die Integrationsentwicklung immer dominanter geworden (vgl. auch den Beitrag von Heimlich & Behr zur integrativen Erziehung in diesem Band). Aus systemischer Sicht muss festgehalten werden, dass die Aufnahme eines Kindes mit besonderen Bedürfnissen über kurz oder lang die gesamte Kindertageseinrichtung verändert. Das Erzieherinnenteam und die Leitung der Tageseinrichtung stellen sich mit zunehmender Integrationserfahrung die Frage, in welchem Verhältnis ihr pädagogisches Konzept zum Integrationsanliegen steht. Viele Einrichtungen haben die Integration zum Mittelpunkt des pädagogischen Leitbildes gemacht. Sie bemühen sich um Barrierefreiheit und umfassende Zugänglichkeit für alle Kinder und vertreten das Integrationsanliegen auch aktiv nach außen (vgl. Heimlich & Behr, 2005, S. 57 ff.).

Externe Unterstützungssysteme ■ Gemeinsame Erziehung in Tageseinrichtungen für Kinder ist allerdings ebenso auf Unterstützungssysteme im Umfeld angewiesen. Soziale Qualität wird auf dieser Ebene durch die Einbeziehung von diagnostischen und therapeutischen Kompetenzen sichergestellt, was bei der Einzelintegration (Aufnahme eines einzelnen Kindes mit besonderen Bedürfnissen in einen Regelkindergarten) häufig noch schwierig ist. Demgegenüber arbeiten zentrale Integrationseinrichtungen bzw. Schwerpunkteinrichtungen mit langjährigen Erfahrungen in der gemeinsamen Erziehung mit therapeutischen Fachkräften und verfügen über eine entsprechende Ausstattung. Sie sind im Übrigen häufig (so z. B. in Hessen) aus ehemaligen Sondereinrichtungen hervorgegangen und haben demzufolge noch große Einzugsbereiche mit entsprechenden Folgeproblemen, wie lange Anfahrtswegen und Herauslösung der Kinder aus ihren gewachsenen Sozialbeziehungen im Stadtteil, was sich wiederum negativ auf die soziale Qualität auswirken kann.

Zu den Unterstützungssystemen zählt aber ebenso der jeweilige Träger der Einrichtung einschließlich der Fachberatung (vgl. Merker, 1993) sowie der Bereich der Bildungs- und Sozialpolitik, da von hier aus über Gesetze, Verordnungen, Erlasse und Finanzierungsmodelle in der Regel die Rahmenbedingungen für die gemeinsame Erziehung in Kindertageseinrichtungen gesetzt werden. Sie sind im vorliegenden Modell Bestandteil der Qualitätsentwicklung (vgl. Heimlich & Behr, 2005, S. 107 ff.).

Vor dem Hintergrund dieser Überlegungen zur Integrationsentwicklung ist auch der oben genannte Definitionsansatz entstanden. Davon ausgehend sollen nun die unterschiedlichen Formen von Kindertageseinrichtungen und die darauf bezogenen Rahmenbedingungen dargestellt werden.

Formen integrativer Institutionen im Elementarbereich ■ In den 1990-er Jahren hat die Zahl der integrativen Kindertageseinrichtungen in der BRD stark zugenommen. Zwei Grundformen lassen sich hierbei beschreiben: Einzelintegration und integrative Gruppen. Der »Bericht der Bundesregierung über die Lage behinderter Menschen und die Entwicklung ihrer Teilhabe« (2004, S. 60 f.) teilt die Gruppenintegration hierbei noch einmal auf in:

- »Bildung von integrativen Gruppen in Regelkindergärten (neben Regelgruppen)
- Bildung von integrativen Gruppen in Sonderkindergärten (neben Sondergruppen)
- Einrichtung integrativer Kindergärten mit durchgängigem Prinzip gemeinsamer Erziehung in allen Gruppen [und]

---

[51] Mit inclusive education ist eine pädagogische Konzeption gemeint, in der auf die Unterscheidungen zwischen »behinderten« und »nichtbehinderten« Kindern verzichtet wird und ausgehend von der Feststellung, dass alle Kinder individuellen Bedürfnisse haben, eine Kindertageseinrichtung angestrebt wird, die auf allen Ebenen und in allen Bereichen die soziale Teilhabe von Kindern anstrebt und dabei auch im politischen Sinne in das soziale Umfeld hineinwirkt.

- Sonder- und Regelkindergärten als getrennte Organisationsformen, auch mit getrennter Trägerschaft ›unter einem Dach‹ (additive Form)«.

Die Bildung von integrativen Gruppen in Regelkindergärten erfolgt übergreifend in allen Bundesländern Deutschlands durch eine Absenkung der Gruppenstärke (auf maximal zwölf bis 18 Plätze) gegenüber einer regulären Gruppe und die Aufnahme von maximal fünf Kindern mit besonderen Bedürfnissen. Die Art der Gruppenreduzierung unterscheidet sich wie oben angegeben in den einzelnen Bundesländern stark (vgl. Heimlich, 1995, S. 43 ff.). In der Stadt München beispielsweise bedeutet die Schaffung einer integrativen Gruppe eine Absenkung der Gruppenstärke auf 15 Kinder pro Gruppe, davon maximal drei Kinder mit besonderen Bedürfnissen (vgl. Heimlich & Behr, 2005, S. 40). Die Gruppen sind durchgehend altersgemischt. Durch das gemeinsame Spielen und Lernen soll eine Sonderstellung der Kinder mit besonderen Bedürfnissen vermieden und die gesellschaftliche Teilhabe gefördert werden.

Die Bildung von integrativen Gruppen in Sonderkindergärten bietet auf den ersten Blick einige Vorteile gegenüber integrativen Gruppen in Regelkindergärten. Sie sind beispielsweise besser ausgestattet, da sie bereits auf Kinder mit besonderen Bedürfnissen eingestellt ist. Deren Förderung muss nicht erst etabliert werden, d.h. meist besteht bereits ein günstiger Personalschlüssel. Auch gibt es bereits umfangreiches Fachwissen über Förder- und Unterstützungsmöglichkeiten. Nachteile liegen allerdings bei genauerem Hinsehen im oft großen Einzugsgebiet dieser Einrichtungen, d.h. die Kinder müssen häufig lange Anfahrtswege in Kauf nehmen. Dies erschwert wiederum die soziale Integration im Wohngebiet der Kinder (vgl. Heimlich, 1995, S. 50 ff.).

Nach allgemeiner Auffassung soll in einer integrativen Gruppe eine zusätzliche pädagogische Fachkraft eingesetzt werden, nach Möglichkeit mit heil- oder sozialpädagogischer Ausbildung. Eine stetige praxisbegleitende Fortbildung bzw. Fachberatung gehört ebenfalls zu den Standards sowie die zusätzliche Förderung bzw. therapeutische Unterstützung. In welcher Form diese stattfindet, handhaben die einzelnen Bundesländer unterschiedlich (vgl. Heimlich, 1995, S. 43 ff.); auch die rechtlich verankerten Vorgaben für die Ausstattungsmerkmale in integrativen Kindertageseinrichtungen differieren. Die grundsätzliche Veränderung dieser Rahmenbedingungen ist jedoch in allen Konzepten vorgesehen. So geben fast alle Länder einen zusätzlichen Raum für Kleingruppenarbeit oder Einzelförderung an sowie die allgemeine Forderung nach behindertengerechter Ausstattung. Ebenso häufig wird ein großer Mehrzweckraum genannt.

Bei der so genannten additiven Form arbeiten ein Sonder- und Regelkindergarten ›unter einem Dach‹. Die Trägerschaft der beiden Einrichtungen unterscheidet sich meist, d.h. auf administrativer Ebene sind die Kindergärten zwei eigenständige und unabhängige Institutionen, die entweder auf einem Gelände, dem gleichen Gebäude oder auch weiter entfernt voneinander bestehen. Es gibt jedoch Kontakte zwischen den Einrichtungen, d.h. durch gelegentliche oder regelmäßige Treffen und Begegnungen zwischen Kindern mit und ohne besondere Bedürfnisse soll die Kooperation zwischen ihnen bewusst unterstützt werden (vgl. Heimlich, 1995). Bei einer Einzelintegration (Aufnahme nur eines Kindes mit besonderen Bedürfnissen) wird meist ebenfalls die Gruppenstärke gesenkt. Diese fällt jedoch deutlich geringer aus als bei der Gruppenintegration. In der Stadt München wird bei einer Einzelintegration (bis maximal zwei Kinder mit besonderen Bedürfnissen) die Gruppenstärke beispielsweise um maximal drei Kinder reduziert. Eine zusätzliche Fachkraft ist allerdings nicht vorgesehen (vgl. Heimlich & Behr, 2005).

Im Hinblick auf die gesamtdeutsche Integrationsentwicklung wird ein deutlicher Bezug zur Einzelintegration sichtbar. Offensichtlich möchte der überwiegende Teil der Bundesländer allen Kindern den Besuch einer wohnortnahen Regeleinrichtung ermöglichen. Bis heute lässt sich bundesweit in quantitativer Hinsicht eine sehr erfreuliche Entwicklung im Bereich der integrativen Institutionen feststellen. So war zwar in der ehemaligen DDR eine 100 %-ige Versorgung mit Kindergartenplätzen gewährleistet, allerdings waren Kinder mit besonderen Bedürfnissen ausschließlich in Sondereinrichtungen untergebracht. Nach der Wende wurde das Konzept der gemeinsamen Erziehung in den neuen Bundesländern sehr schnell übernommen und eine flächendeckende Realisierung angestrebt. So war das Angebot der Integrationsplätze bereits 1994 wesentlich umfangreicher als das der westlichen Bundesländer. Zusammenfassend kann heute die gemeinsame Erziehung im Elementarbereich als ein anerkanntes Angebot aller Bundesländer betrachtet werden (vgl. Riedel, 2005, S. 170).

Der Trend zum Ausbau von Integrationsplätzen für Kinder mit besonderen Bedürfnissen in Regeleinrichtungen lässt sich durch die Zahlen der Kinder- und Jugendhilfestatistik belegen. Die Statistik unterscheidet dabei nicht, ob nur ein Kind mit besonderen Bedürfnissen in eine Regeleinrichtung aufgenommen wird (Einzelintegration) oder ob mehrere Kinder mit besonderen Bedürfnissen die Einrichtung besuchen (integrative Gruppen). In beiden Fällen wird es als »integrative Einrichtung« erfasst (vgl. Dittrich, 2002, S. 163 ff.). Ebenso muss berücksichtigt werden, dass in der Kinder- und Jugendhilfestatistik von 1998 lediglich die zur Verfügung stehenden Plätze abgefragt worden sind. Dabei bleibt offen, ob diese Plätze auch tatsächlich von Kindern mit besonderen Bedürfnissen besetzt werden. Dies muss sicherlich bei einer Interpretation der Daten berücksichtigt werden (vgl. Riedel, 2005, S. 171).

Nach Einbeziehung der Daten einer regelmäßig durchgeführten Jugendamtsbefragung des Deutschen Jugendinstituts ergibt sich nach Riedel (2005) für das Jahr 2000 folgende Aufteilung: 78 % der Kinder mit besonderen Bedürfnissen haben in den neuen Bundesländern einen Platz in einer integrativen Kindertageseinrichtung. Die anderen 22 % verteilen sich auf Regeleinrichtungen mit Einzelintegration sowie auf Sondereinrichtungen. In den alten Bundesländern verteilen sich die Kinder mit besonderen Bedürfnissen etwa gleichmäßig auf die drei genannten Betreuungsformen.

	1994 Plätze	1998 Plätze	2002 Plätze
Plätze für Kinder mit besonderen Bedürfnissen im Kindergartenalter	18.858	30.078	39.799

Tab. 7: Verfügbare Plätze für Kinder mit besonderen Bedürfnissen in integrativen Einrichtungen: Gesamtdeutschland (in Anlehnung an Dittrich, 2002, S. 166; Riedel, 2005) Quelle/Berechnungsgrundlage: Unterlagen des Statistischen Bundesamts zur Statistik der Kinder- und Jugendhilfe »Einrichtungen und tätige Personen« 1994, 1998; Riedel, 2005.

Die Übersicht in Tabelle 7 zeigt einen Überblick über die vorhandenen Plätze in integrativen Einrichtungen im Kindergartenbereich.

Der Anstieg von 18.858 Plätzen für Kinder mit besonderen Bedürfnissen auf 39.799 belegt einen Zuwachs von 111,1 % innerhalb von acht Jahren. Eine Untergliederung dieser Zahlen nach alten und neuen deutschen Bundesländern liegt nur von den Jahren 1994 und 1998 vor. Daraus ergeben sich folgende Angaben (→ Tab. 8):

Verfügbare Integrationsplätze für Kinder mit besonderen Bedürfnissen im Kindergartenalter	1994 Plätze	1998 Plätze
Früheres Bundesgebiet	11.745	20.974
Neue Länder und Berlin Ost	7.113	9.104

Tab. 8: Verfügbare Plätze für Kinder mit besonderen Bedürfnissen in integrativen Einrichtungen: Gesamtdeutschland (in Anlehnung an Dittrich, 2002, S. 166; Riedel, 2005) Quelle/Berechnungsgrundlage: Unterlagen des Statistischen Bundesamts zur Statistik der Kinder- und Jugendhilfe »Einrichtungen und tätige Personen« 1994, 1998; Riedel, 2005.

Besonders in den integrativen Kindertageseinrichtungen der alten Bundesländer kann von einer bedeutenden Zunahme von Integrationsplätzen gesprochen werden. So ist dort eine stete Steigerung seit 1994 um 78,6 % zu verzeichnen. In den neuen Bundesländern fand zwischen 1994 und 1998 eine Steigerung um etwa einem Viertel statt.

Insgesamt hat sich der Anteil der integrativen Einrichtungen an allen Kindertages-

V Institutionen

	1998			2002		
	Plätze	Kinder bis unter 12 Jahre[1]	Kinder pro Integrationsplatz[2]	Plätze	Kinder bis unter 12 Jahre[1]	Kinder pro Integrationsplatz[2]
Baden-Württemberg	1.918	1.418.112 (56.725)	29,6	3.363	1.303.705 (52.148)	15,5
Bayern	2.707	1.608.376 (64.335)	23,8	3.163	1.549.093 (61.964)	19,6
Berlin	2.582	369.884 (14.795)	5,7	3.685	328.054 (13.122)	3,6
Brandenburg	1.751	268.000 (10.720)	6,1	1.475	209.852 (8.394)	5,7
Bremen	720	75.335 (3.013)	4,2	994	71.415 (2.857)	2,9
Hamburg	715	186.566 (7.463)	10,4	862	183.145 (7.326)	8,5
Hessen	3.491	756.227 (30.249)	8,7	4.816	727.634 (29.105)	6,0
Mecklenburg-Vorpommern	1.402	191.481 (7.659)	5,5	1.537	140.662 (5.627)	3,7
Niedersachsen	2.330	1.054.669 (42.187)	18,1	3.582	1.018.457 (40.738)	11,4
Nordrhein-Westfalen	5.962	2.364.059 (94.562)	15,9	7.894	2.241.933 (89.677)	11,4
Rheinland-Pfalz	1.154	530.649 (21.225)	18,4	1.372	497.302 (19.892)	14,5
Saarland	352	129.128 (5.165)	14,7	399	116.825 (4.673)	11,7
Sachsen	4.502	431.770 (17.271)	3,8	5.507	339.335 (13.573)	2,5
Sachsen-Anhalt	1.454	267.033 (10.681)	7,3	1.939	198.839 (7.953)	4,1
Schleswig-Holstein	1.733	359.800 (14.392)	8,3	2.267	350.666 (14.027)	6,2
Thüringen	1.969	245.848 (9.834)	5,0	2.374	188.875 (7.555)	3,2
Deutschland insgesamt	34.742	10.256.937 (410.278)	11,8	45.229	9.465.792 (378.632)	8,4
Früheres Bundesgebiet[3]	22.773	8.721.915 (348.876)	15,3	32.397	8.388.229 (335.529)	10,4
Neue Länder u. Berlin Ost[4]	11.969	1.535.022 (76.751)	6,4	12.832	1.077.563 (43.103)	3,4

Bemerkungen:
1. Bezogen auf alle Kinder unter 12 Jahren (davon 4 % Kinder mit besonderen Bedürfnissen)
2. Anzahl der Kinder mit besonderen Bedürfnissen pro Integrationsplatz
3. Für die Berechnungen 2002 gilt: Einschließlich Berlin-Ost (eine genaue Aufteilung in Berlin-Ost und Berlin-West liegen uns derzeit für 2002 leider nicht vor)
4. Für die Berechnungen 2002 gilt: Ohne Berlin-Ost
5. Quelle/ Berechnungsgrundlage: Unterlagen des statistischen Bundesamts zur Statistik der Kinder- und Jugendhilfe »Einrichtungen und tätige Personen«, 1998 und 2002; Dittrich, 2002; Riedel, 2005; eigene Berechnungen

Tab. 9: Verfügbare Plätze für Kinder mit besonderen Bedürfnissen in integrativen Einrichtungen nach Bundesländern 1998 und 2002 (in Anlehnung an Dittrich, 2002, S. 170; Riedel, 2005, S. 179)

stätten seit 1994 bis Ende 2002 von 10,4 % auf 20,7 % verdoppelt. Gleichzeitig verringerte sich der Anteil der Tageseinrichtungen, die ausschließlich für Kinder mit besonderen Bedürfnissen vorgesehen sind von 1,2 % auf 0,6 % (vgl. Statistisches Bundesamt, 2004, S. 13). Versucht man nun die tatsächliche Versorgungslage zu ermitteln, die darstellt, wie viele integrative Plätze für Kinder mit besonderen Bedürfnissen vorhanden sind, stößt man auf höchst unterschiedliche Zahlen: Der »Bericht der Bundesregierung über die Lage behinderter Menschen und die Entwicklung ihrer Teilhabe« (2004) geht von insgesamt 123.985 Kindern mit besonderen Bedürfnissen von null bis unter 15 Jahren aus. In unserem gemeinsamen Projekt mit der Landeshauptstadt München QUINTE (vgl. Heimlich & Behr, 2005) kamen wir jedoch zu ganz anderen Ergebnissen. So geht beispielsweise die Kultusministerkonferenz (2002) von einem Anteil von 5,4 % aus. Dies entspricht einer Anzahl von 570.489 Kindern mit besonderen Bedürfnissen bis unter zwölf Jahren. Das Projekt des Deutschen Jugendinstituts »Integration von Kindern mit besonderen Problemen« (vgl. Dittrich, 2002, S. 169), das in den Jahren 1980–1990 das integrative Angebot für Vorschulkinder untersucht hat, kam auf einen Anteil von 4 % Kinder mit besonderen Bedürfnissen. Dies würde 422.585 Kindern mit besonderen Bedürfnissen (bis unter zwölf Jahren) entsprechen. Dabei sind ausländische Kinder oder Kinder aus Heimen nicht berücksichtigt worden. Das heißt, dass bei 100 Plätzen jeweils vier für Kinder mit besonderen Bedürfnissen zur Verfügung stehen müssten, sollten alle Kinder im Regelbereich integriert werden.

Das Interesse der Eltern von Kindern mit besonderen Bedürfnissen an integrativen Kindertageseinrichtungen steigt seit 1980 kontinuierlich an (vgl. Riedel, 2005). Jedoch kann man (noch) nicht davon ausgehen, dass alle Eltern einen integrativen Platz für ihr Kind bevorzugen. Doch selbst wenn nur die Hälfte dieser Eltern einen solchen Platz möchte, ist ein bedarfsgerechter Ausbau der integrativen Plätze für Kinder mit besonderen Bedürfnissen bisher nicht erreicht. Leider liegen derzeit keine aktuellen Daten vor, wie viele Kinder mit besonderen Bedürfnissen in integrativen Kindertageseinrichtungen sind. So müssen wir uns auf Daten der Jahre 1998 und 2002 sowie Kinder der Altersklasse von null bis zwölf Jahren beschränken, die in Tabelle 9 dargestellt werden. Damit lassen sich auch Tendenzen der fortschreitenden Integrationsentwicklung sowie Unterschiede zwischen den einzelnen Bundesländern erkennen.

Der größte Anstieg an Integrationsplätzen für Kinder mit besonderen Bedürfnissen ist demnach in Baden-Württemberg zu verzeichnen: von 29,6 auf 15,5 Kinder mit besonderen Bedürfnissen, die auf einen Integrationsplatz kommen. Die geringste Veränderung zeigt Brandenburg: von 6,1 auf 5,7 Kindern mit besonderen Bedürfnissen pro Integrationsplatz. Umgekehrt zeigt eine geringe Anzahl der Kinder pro Integrationsplatz auch eine bessere Versorgung mit integrativen Institutionen in einzelnen Bundesländern an, wobei die neuen Bundesländer und die Stadtstaaten dem bedarfsgerechten Ausbau der gemeinsamen Erziehung im Elementarbereich am nächsten kommen (ein bis zwei Kinder pro Integrationsplatz).

Eine der entscheidenden Voraussetzungen für eine gelungene Integration sind die Rahmenbedingungen, die sich aus den rechtlichen Vorgaben und deren finanziellen Konsequenzen ergeben. Die Mischfinanzierung (Jugendhilfe- und Sozialhilfemittel) war in den letzten Jahren ein wesentliches Standbein für den Ausbau integrativer Kindertageseinrichtungen (vgl. Bericht der Bundesregierung über die Lage behinderter Menschen und die Entwicklung ihrer Teilhabe, 2004, S. 60 ff.). So gilt für den Träger integrativer Einrichtungen gleichzeitig Bundesrecht und Landesrecht. Um eine qualifizierte Förderung und Unterstützung der gemeinsamen Erziehung zu ermöglichen, kann für Kinder mit besonderen Bedürfnissen eine zusätzliche Eingliederungshilfe in Form des Pflegeentgeltes beantragt werden. Grundlage ist dabei die Anerkennung eines behinderten oder von Behinderung bedrohten Kindes nach § 39 BSHG. Für Kinder mit einer seelischen Behinderung (und solche Kinder, die davon bedroht sind) gilt ab dem Schuleintritt § 35a KJHG. Die Finanzierung wird in diesem Fall vom zuständigen Jugendamt im Rahmen der Jugendhilfe übernommen.

Während sich die Organisationsformen im Wesentlichen aus dem Erfahrungsprozess der pädagogisch Tätigen entwickelt haben, ist die Frage nach den Effekten von integrativen Institutionen auch Gegenstand der empirischen Bildungsforschung gewesen.

Wirkungen integrativer Institutionen im Elementarbereich ■ Besonders die 1980-er Jahre standen ganz im Zeichen der länderspezifischen Modellversuche zur gemeinsamen Erziehung im Elementarbereich (vgl. Lipski, 1990; Staatsinstitut für Frühpädagogik und Familienforschung, 1990). Dabei ging es insbesondere um die Entwicklung tragfähiger pädagogischer Konzepte. Außerdem muss häufig die Befürchtung negativer Folgen für Kinder ohne besondere Bedürfnisse durch die wissenschaftliche Begleitung von Modellversuchen entkräftet werden (vgl. Marte, 1990). Die Anforderungen der Praxisentwicklung stehen in dieser Phase der Integrationsforschung im Elementarbereich noch im Vordergrund. Sowohl durch die vorhandenen nationalen Modellversuche der Bundesländer als auch durch die angloamerikanischen Forschungsbefunde kann gegenwärtig mit Sicherheit ausgeschlossen werden, dass Kinder mit und ohne besondere Bedürfnisse in ihrer Entwicklung durch integrative Institutionen beeinträchtigt werden. Vorteile ergeben sich vor allem im Bereich der sozialen Beziehungen zwischen den Kindern (vgl. Guralnick, 2001).

Die Akzeptanz gemeinsamer Erziehung ist auch aus Sicht der Eltern bestätigt worden (vgl. Kobelt Neuhaus, 2001). Die meisten Eltern wollen, dass ihr Kind »so normal wie möglich« aufwächst und in keine Sonderrolle gedrängt wird, d.h. sie lehnen mehrheitlich Sondereinrichtungen ab. In einer standardisierten Befragung zeigte sich, dass die meisten Eltern von Kindern mit besonderen Bedürfnissen mit den Einzelintegrationsmaßnahmen sehr zufrieden sind und die gute Entwicklung ihres Kindes betonen. Das eigene Kind schätzen sie als weder als über- noch unterfordert ein, geben jedoch zu bedenken, dass andere Kinder eventuell mehr Schwierigkeiten haben könnten. Als verbesserungswürdig sehen sie die räumlichen und sachlichen Bedingungen sowie den Kontakt zwischen den Kindern, den Eltern und den pädagogischen Fachkräften an. Eine selbstverständliche gemeinsame Erziehung von Kindern mit und ohne besondere Bedürfnisse wurde als drittwichtigster Gesichtspunkt (von 13 möglichen) genannt (hinter »Kind soll sich wohl fühlen«, »freundliche Erziehung«). Dabei wurde dieses Item etwas mehr von Eltern mit einem Kind mit besonderen Bedürfnissen genannt. Die pädagogische Arbeit in der Kindertageseinrichtung wird selten in Frage gestellt, jedoch äußerten sich einige Eltern mit Vorbehalten gegenüber der Integration von Kindern mit schwereren Behinderungen oder Kindern mit Verhaltensauffälligkeiten. Auch die Eltern von Kindern ohne besondere Bedürfnisse wollen mehrheitlich, dass ihr Kind Kontakt zu Kindern mit besonderen Bedürfnissen hat. Sie möchten, dass es Unterschiede als Normalität erfährt und Verschiedenheit nicht gleichbedeutend mit Ausgrenzung und einem »Nicht-mehr-dazugehören« wahrnimmt. Allen Eltern gemeinsam ist der Wunsch, dass ihr Kind nicht zu kurz kommt.

In ersten Metaanalysen angloamerikanischer Forschungsbefunde wurden zu Beginn der 1990-er Jahre die sozialen Interaktionen in der *peer-group* im integrativen *Setting*[52] untersucht. Kinder mit besonderen Bedürfnissen sind demnach im integrativen Setting häufiger als in Sondereinrichtungen in soziale Interaktionen mit Gleichaltrigen involviert. Allerdings entsteht dieser Kontakt nicht immer spontan, bedarf also durchaus der Anregungen und Initiierung. Aus diesem Grunde werden zahlreiche Programme entwickelt, in denen beispielsweise Kinder ohne besondere Bedürfnisse darin trainiert werden, zu Kindern mit besonderen Bedürfnis-

---

[52] Der Begriff *setting* ist besonders in Studien aus dem angloamerikanischen Raum gebräuchlich und bezeichnet die jeweilige sozialräumliche Umgebungseinheit, in der eine Untersuchung stattfindet (also z. B. die integrative Kindertageseinrichtung).

sen Kontakt aufzunehmen und sie in ihr Spiel einzubeziehen (vgl. die Übersicht bei Heimlich, 1995, S. 209 ff.). Diese so genannten »peer-tutoring«-Modelle erweisen sich durchaus als effektiv, allerdings eher bei Kindern mit leichten Formen von Behinderungen. Kinder mit schweren Behinderungen profitieren nicht in gleicher Weise von dieser Unterstützung. Hier sind zusätzlich die Interventionen der pädagogischen Fachkräfte erforderlich. Neuere Forschungsübersichten stellen mit einer gewissen Ernüchterung fest, dass kaum ein Transfer der sozialen Erfahrungen zwischen Kindern mit und ohne besondere Bedürfnisse aus dem integrativen Setting der Kindertageseinrichtungen in andere Settings erfolgt (vgl. Guralnick, 2001, S. 23 ff.). Auch der Einfluss integrativer Settings auf die soziale Kompetenz bleibt geringer als erwartet. Es entstehen kaum Freundschaften zwischen Kindern mit und ohne besondere Bedürfnisse. Hier entwickeln sich in jüngster Zeit deshalb auch neuere Forschungskonzepte, die unter dem Aspekt der sozialen Kompetenz die Beobachterperspektive über die Kindertageseinrichtung hinaus auf die Familie ausweiten, da hier bedeutsame Einflüsse vermutet werden.

Ein weiterer Forschungsschwerpunkt bezieht sich auf die ökologischen Variablen integrativer Settings (vgl. die Übersicht bei Odom & Bailey, 2001). Zielsetzung ist dabei, Grundelemente einer integrativen Umgebung zu identifizieren, die höchsten Qualitätsansprüchen genügt. Dabei werden Forschungsergebnisse zugrunde gelegt, die sich auf die Effekte von Umgebungsvariablen (soziale und materielle Aspekte) beziehen. Vor allem integrativen Settings wurde dabei häufig eine gute Qualität attestiert, gemessen mit der »Early Childhood Environment Rating Scale« (ECERS, deutsch: Kindergartenskala, KES-R, vgl. Tietze, Schuster, Grenner & Roßbach, 2001). Dieser Befund ist insofern bedeutsam, als eine hohe Qualität der Kindertageseinrichtung auch entsprechend positive Auswirkungen auf die individuelle Entwicklung aller Kinder hat. Dieser Befund wurde auch in mehreren Studien im deutschsprachigen Raum repliziert (vgl. Heimlich & Behr, 2005).

Werden die Auswirkungen der integrativen Umgebungen auf die Kinder betrachtet, so ergeben sich die folgenden Effekte:
- Kinder mit besonderen Bedürfnissen kommen häufiger in sozialen Kontakt mit gleichaltrigen Kindern ohne besondere Bedürfnisse
- Kinder mit besonderen Bedürfnissen spielen kognitiv anspruchsvoller
- Das gemeinsame Spiel findet häufiger in strukturierten Situationen statt (z. B. im Rollenspiel) als in nicht-strukturierten Situationen (z. B. im Freispiel)
- Wenn pädagogisch Tätige mit Kindern ohne besondere Bedürfnisse interagieren, so gehen die Kontakte zu den Kindern mit besonderen Bedürfnissen zurück
- Eine gelungene Kooperation der pädagogisch Tätigen beeinflusst das gemeinsame Spiel von Kindern mit und ohne besondere Bedürfnisse positiv
- Wenn Kinder das gemeinsame Spiel initiieren, dann sind Kinder mit besonderen Bedürfnissen intensiver beteiligt, als wenn pädagogisch Tätige den Kontakt initiieren.

Leider steht die experimentelle Forschung, in der verschiedene integrative Settings und nicht-integrative Settings unter kontrollierten Bedingungen miteinander verglichen werden, auch im angloamerikanischen Raum noch am Anfang. Insofern ergeben sich für den angloamerikanischen Raum in dieser Hinsicht ebenso umfangreiche Forschungsaufgaben.

In den USA kann keineswegs davon ausgegangen werden, dass integrative Institutionen bereits bedarfsgerecht ausgebaut worden sind. Insofern ist in einigen Forschungsprojekten der Frage nachgegangen worden, welche Barrieren möglicherweise für die Entwicklung von integrativen Settings mit einer hohen Qualität bestehen. Besondere Barrieren bestehen nach vorliegenden Befunden in erster Linie bezogen auf das pädagogische Personal. Ein Mangel an professioneller Vorbereitung wird als ein wesentlicher Hinderungsgrund angesehen. Erschwert werden kann die Integrationsentwicklung ebenfalls aufgrund der fehlenden Unterstützung durch heil- und sonderpädagogische Fachkräfte.

Aber auch in der Zusammenarbeit zwischen pädagogisch Tätigen können sich durch ineffektive Kooperationsstrategien oder unterschiedliche pädagogische Grundüberzeugungen Erschwernisse einstellen, die sich negativ auf die Gestaltung des integrativen Settings auswirken. Als unzweifelhaft gilt jedoch auf internationaler Ebene die Bedeutung der Umgebung für die Verwirklichung eines wirksamen und qualitativ gut entwickelten integrativen Settings.

Besonders pädagogische Fachkräfte, die noch über keine oder nur geringe Erfahrung mit der Arbeit in integrativen Institutionen verfügen, äußern sich bei Befragungen meist eher skeptisch (vgl. Wolfram, 1995, Sturzbecher, 1998). Sie schätzen ihre eigenen Fähigkeiten zum Umgang mit Kindern mit besonderen Bedürfnissen sehr kritisch ein, wünschen sich aber auch eine bessere Vorbereitung auf diese Arbeit. Dies erfordert in der Zukunft sicher entsprechende Innovationen im Rahmen der Erzieherinnenausbildung – auf welcher Ebenen auch immer – bis hin zu den derzeit einsetzenden Angeboten im Rahmen eines Hochschulstudiums. Auch in Bezug auf die Qualitätsentwicklung von Kindertageseinrichtungen hatte die Förderung von Kindern mit besonderen Bedürfnissen in der Vergangenheit noch keine zentrale Bedeutung (vgl. Groot-Wilken, Pack & Viernickel, 2001). Insgesamt berücksichtigen die vorhandenen Studien zu den Einstellungen pädagogischer Fachkräfte zur Integration von Kindern mit besonderen Bedürfnissen allerdings noch zu wenig die Erfahrungsabhängigkeit in diesem Zusammenhang. Pädagogische Fachkräfte, die über längere Erfahrungen im Umgang mit Integration verfügen, verändern sich in ihrer Einstellung, wie etwa Befragungen von Lehrkräften im Schulbereich erbracht haben (vgl. Preuss-Lausitz,1997).

Vor dem Hintergrund der Forschungsergebnisse aus den 1980-er und 1990-er Jahren kommt Michael J. Guralnick (2001, S. 30) von der Universität Washington in Seattle zu dem Ergebnis, dass zur Weiterentwicklung integrativer Institutionen im Elementarbereich ein Rahmenkonzept erforderlich ist, in dem vier Ziele im Vordergrund stehen müssen:

- **Access:** uneingeschränkter Zugang zu integrativen Settings für alle Kinder im Alter vor dem Schuleintritt einschließlich der Erreichbarkeit auf kommunaler Ebene und der weitmöglichen Interaktion zwischen Kindern mit und ohne besondere Bedürfnisse
- **Feasibility:** Bezug des jeweiligen pädagogischen Konzepts der Einrichtung auf die Bedürfnisse aller Kinder einschließlich der Selbstevaluation, der externen Evaluation, der gezielten Förderung und der multiprofessionellen Kooperation
- **Developmental and Social Outcomes:** entwicklungsbezogene und soziale Auswirkungen für alle Kinder im Sinne messbarer Effekte im Bereich der peer-Beziehungen und im Bereich der sozialen Kompetenz
- **Social Integration:** intensive soziale Beziehungen zwischen Kindern mit und ohne besondere Bedürfnisse im Sinne enger Verbundenheit bis hin zu Freundschaften.

Erst ein komplexer Entwicklungsprozess unter diesen Perspektiven könnte das Ziel eines bedarfsgerechten Ausbaus integrativer Institutionen näher rücken lassen. Nicht mehr strittig ist damit im internationalen Zusammenhang die übergreifende Perspektive *full inclusion*, die durch die beschriebenen Zieldomänen konkret ausgeprägt wird.

Ausblick ■ Als internationale Zukunftsperspektive gilt gegenwärtig bezogen auf integrative Institutionen die »inklusive Einrichtung«. Durch die Möglichkeit, dass alle Kinder in den Kindergarten ihres Einzugsgebietes gehen können, unabhängig davon, welchen sozialen, nationalen, religiösen oder kulturellen Hintergrund sie haben bzw. welche Bedürfnisse sie mitbringen, soll von vornherein eine Aus- und Besonderung vermieden werden. Kennzeichen der Inklusion ist die Auffassung, dass eine Gesellschaft aus Individuen besteht, die sich voneinander unterscheiden. »Es ist normal verschieden zu sein« – dies könnte als ein Leitsatz der Inklusion beschrieben werden, d.h. ein individualisiertes Curriculum ist von vornherein vorhanden und gibt jedem Kind die Möglichkeit, auf seinem jeweiligen Entwicklungsniveau mit den anderen Kindern gemeinsam zu spielen und zu lernen. Ebenso wie integrative Kindergärten mit dem durchgängigen Prinzip gemeinsamer Erziehung in allen Gruppen betrifft das Konzept der Inklusion die ganze Einrichtung und nicht nur einzelne Gruppen. Die langfristige Ausrichtung dieser Organisationsform erfordert eine Auseinandersetzung mit dem Gedanken der Inklusion im gesamten Team. Durch eine Ausweitung des Konzeptes auf die gesamte Einrichtung kommt es auch zu einer Ausweitung der Kompetenznutzung der verschiedenen Teammitglieder. Wertvolle Ressourcen, nicht nur im Bereich der Ausstattung, können so beispielsweise von allen genutzt werden. Viele integrative Institutionen in der BRD sind auf dem Weg zum neuen Leitbild Inklusion bereits weit fortgeschritten. Gerade unter der Perspektive des bedarfsgerechten Ausbaus der integrativen Institutionen sind hier jedoch weitere intensive Anstrengungen erforderlich, damit die pädagogische Qualität mit dieser quantitativen Ausweitung Schritt hält.

■ Literatur

Bundesminister für Jugend, Familie, Frauen und Gesundheit (BMJFFG) (1990). Achter Jugendbericht. Bericht über Bestrebungen und Leistungen der Jugendhilfe. Drucksache 11/6576. Bonn: Deutscher Bundestag.
Bericht der Bundesregierung über die Lage behinderter Menschen und die Entwicklung ihrer Teilhabe 2004, verfügbar unter: http://www.sgb-ix-umsetzen.de/pdfuploads/bericht_15045751-00.pdf (19.12.2005)
Bronfenbrenner, U. (1989). Die Ökologie der menschlichen Entwicklung. Natürliche und geplante Experimente. Frankfurt a.M.: Fischer.
Dittrich, G. (2002). Integrationsplätze für behinderte Kinder in Tageseinrichtungen. In: G. Dittrich, C. Peucker & K. Schneider (Hrsg.), Zahlenspiegel. Daten zu Tageseinrichtungen für Kinder. Kindertageseinrichtungen in Stadtteilen mit besonderem Entwicklungsbedarf (S. 163–174). München: DJI, verfügbar unter: http://cgi.dji.de/bibs/ZS_161-172.pdf (19.12.2005)
Groot-Wilken, B., Pack, I. & Viernickel, S. (2001): Qualität aus Sicht pädagogischer Fachkräfte. In: Kindergarten heute 10/ 2001, 26–30.
Guralnick, M. J. (2001). A Framework for Change in Early Childhood Inclusion. In: M.J. Guralnick (Ed.), Early Childhood Inclusion. Focus on Change (pp. 3–35). Baltimore: Paul H. Brookes Pub.
Haeberlin, U., Jenny-Fuchs, E. & Moser Opitz, E. (1992). Zusammenarbeit. Wie Lehrpersonen Kooperation zwischen Regel- und Sonderpädagogik in integrativen Kindergärten und Schulklassen erfahren. Bern: Haupt.
Heimlich, U. (1995). Behinderte und nichtbehinderte Kinder spielen gemeinsam. Konzept und Praxis integrativer Spielförderung. Bad Heilbrunn: Klinkhardt.
Heimlich, U. & Höltershinken, D. (Hrsg.) (1994). Gemeinsam spielen. Integrative Spielprozesse im Regelkindergarten. Seelze-Velber: Kallmeyersche Verlagsbuchhandlung.
Heimlich, U. & Behr, I. (2005). Integrative Qualität im Dialog entwickeln. Auf dem Weg zur inklusiven Kindertageseinrichtung. Münster: Lit.
Kautter, H.-J., Klein, G., Laupheimer, W. & Wiegand, H.-S. (1988). Das Kind als Akteur seiner Entwicklung. Idee und Praxis der Selbstgestaltung in der Frühförderung entwicklungsverzögerter und entwicklungsgefährdeter Kinder. Heidelberg: Schindele.
Kobelt Neuhaus, D. (Hrsg.) (2001). Qualität aus Elternsicht. Gemeinsame Erziehung von Kindern mit Behinderung und Kindern ohne Behinderung. Seelze/Velber: Kallmeyer'sche.
Kultusministerkonferenz (KMK) (Hrsg.) (2002). Sonderpädagogische Förderung in Schulen 1991–2000. Dokumentation Nr. 159.
Lipski, J. (1990). Integration im Elementarbereich – Entwicklungsstand und Aufgaben für die Zukunft. Bericht von der Abschlusstagung des Projektes »Integration von Kindern mit besonderen Problemen am 12.–13. November 1990 im Deutschen Jugendinstitut München. In: Gemeinsam leben, Sonderheft Nr. 3/90 (Themenheft)
Marte, F. (1990). Evaluation integrativer Erziehungsmaßnahmen. In: Staatsinstitut für Frühpädagogik und Familienforschung (Hrsg.), Handbuch der integrativen Erziehung behinderter und nichtbehinderter Kinder (S. 292–307). München: Reinhardt.
Merker, H. (Hrsg.) (1993). Beratung von Tageseinrichtungen mit behinderten und nichtbehinderten Kindern. Stuttgart: Kohlhammer.
Odom, S.L. & Bailey, D. (2001). Inclusive Preschool Programs. Classroom Ecology and Child Outcomes. In: M. J. Guralnick (Ed.), Early Childhood Inclusion. Focus on Change (pp. 253–276). Baltimore: Paul H. Brookes Pub.
Preuss-Lausitz, U. (1997). Erfahrungen und Kooperation befördern Integration – Lehrermeinungen zum gemeinsamen Unterricht. In: Heyer, P., Preuss-Lausitz, U. & Schöler, J. (Hrsg.). »Behinderte sind doch Kinder wie wir!« Berlin: Wissenschaft und Technik, 123–150.
Riedel, B. (2005). Integration von Kindern mit Behinderung in Tageseinrichtungen. In Deutsches Jugendinstitut Universität Dortmund (Hrsg.), Zahlenspiegel 2005. Kindertagesbetreuung im Spiegel der Statistik (S. 169–182). Berlin: BMFSFJ, verfügbar unter: http://www.bmfsfj.de/Publikationen/zahlenspiegel2005/01-Redaktion/PDF-Anlagen/10-integration,property=pdf,bereich=zahlenspiegel2005,rwb=true.pdf (23.12.2005)

Staatsinstitut für Frühpädagogik und Familienforschung (Hrsg.) (1990). Handbuch der integrativen Erziehung behinderter und nichtbehinderter Kinder. München: E. Reinhardt.
Statistisches Bundesamt (Hrsg.) (2005). Einrichtungen, Plätze, Personal und Kosten 1990 bis 2002 (Bearbeitet von Kolvenbach, F.J., Haustein, T., Krieger, S., Seewald, H. & Weber, T. in Zusammenarbeit mit Mitarbeiterinnen und Mitarbeitern der Gruppe VIII B des Statistischen Bundesamtes). Kindertagesbetreuung in Deutschland. Wiesbaden, verfügbar unter: http://www.destatis.de/presse/deutsch/pk/2004/kindertagesbetreuung_2002i.pdf (19.12.2005)
Sturzbecher, D. (Hrsg.) (1998). Kindertagesbetreuung in Deutschland – Bilanzen und Perspektiven. Ein Beitrag zur Qualitätsdiskussion. Freiburg: Lambertus.
Tietze, W., Schuster, K., Grenner, K. & Roßbach, H.G. (2001). Kindergarten-Skala. Revidierte Fassung (KES-R). Deutsche Fassung der Early Childhood Environment Rating Scale Revised Edition von Th. Harms/R. M. Clifford/D. Cryer. Neuwied: Luchterhand.
Wolfram, W. W. (1995): Das pädagogische Verständnis der Erzieherin: Einstellungen und Problemwahrnehmungen. Weinheim: Juventa.

Familienbildung

Christiane Papastefanou

Angesichts des raschen Wandels familialer Lebensformen und gesellschaftlicher Strukturen in den westlichen Industrienationen sind Familien heute vor zahlreiche Herausforderungen gestellt, die ihre Ressourcen und Möglichkeiten leicht überschreiten. Infolge der steigenden Mobilität leben viele Familien isoliert, ohne Unterstützung durch den weiteren Familienverband zu erhalten. Enttraditionalisierung und Wertepluralismus führen zu Desorientierung und Verunsicherung, so dass Eltern Hilfe suchen in Bezug auf ihre Lebensführung und vor allem auf die angemessene Erziehung ihrer Kinder.

Familienbildung ist, allgemein formuliert, Bildungsarbeit zu familienrelevanten Themen bzw. Qualifizierung für Familienarbeit, indem die Entwicklung der Elternkompetenzen unterstützt werden soll. Sie versteht sich im engeren Sinn als Bildungsangebot für Eltern, das auf erzieherische und partnerschaftliche Aufgaben bezogen ist. Ziel der Familienbildungsarbeit ist es, Familie leben zu lernen oder zeitgemäß – in Reaktion auf die wachsende Pluralität der Familienformen – ausgedrückt, »Lernen, seine/ihre spezifischere Lebensform in Verantwortung zu finden« (Fischer-Köhler, 1997, S. 14).

Die Familienbildung weist eine lange Tradition auf. Die ersten »Mütterschulen« Deutschlands wurden 1929 angesichts der kriegsbedingten Not und hohen Mütter- und Kindersterblichkeit gegründet. Sie verstanden ihren Auftrag als vorbeugende Fürsorge. Nach dem zweiten Weltkrieg setzte eine zweite Mütterschulbewegung ein, die vorrangig Kurse in Haushaltsführung und Kinderpflege bzw. -erziehung sowie Gesprächskreise für alleinerziehende Mütter anbot. In den 1960-er Jahren kam es zu einer Erweiterung über die traditionelle Frauenbildung hinaus. Nun wurden verstärkt auch Väter angesprochen; der erste Väterabend wurde 1952 eingerichtet. In dieser Zeit wurden die Mütterschulen in »Elternschulen« umbenannt. Elternbildung im engeren Sinne umfasst heute ein kaum überschaubares Spektrum an Kursen und Programmen zu den unterschiedlichsten Themen, aus denen Eltern sich Anregungen für ihr Familienleben und die Kindererziehung holen können. Die Begriffe Eltern- und Familienbildung sind nicht eindeutig voneinander abzugrenzen. Im angloamerikanischen Sprachraum werden sie synonym verwendet, während man in unserem Sprachgebrauch nur dann von Familienbildung spricht, wenn die Kinder in die elterlichen Bildungsmaßnahmen einbezogen werden (Minsel, 1999).

Der Begriff Familienbildung markiert im weiteren Sinne eine Hinwendung zur gesamten Familienrealität, auf das System Familie. Da das Familienleben von allen Familienmitgliedern gestaltet wird, sind sie auch in Maßnahmen der Familienbildung einzubeziehen: »Familienbildung erweitert den Blick auf die Familie in ihrer Gesamtheit, erfasst die einzelnen Familienmitglieder in ihren unterschiedlichen Rollen und Funktionen und bezieht die Rahmenbedingungen mit ein, die das Zusammenleben der Generationen erleichtern oder erschweren.« (Eichhoff, Janssen & Kunz, 1996, S. 90) Insofern bezieht sich Familienbildung mit ihrem ganzheitlichen Anspruch auf folgende Aspekte (Fischer-Köhler, 1997):

- Den einzelnen Menschen in seiner Individualität
- Den einzelnen Menschen in seiner Familienrolle
- Die Familie als ganzes System
- Die Familie in ihrem Eingebundensein in die gesellschaftliche Umwelt.

Familienbildungseinrichtungen arbeiten in einem erweiterten Kontext familialer Problemfelder, zu dem auch junge Menschen, Alleinstehende sowie die ältere Generation gehören. Eigentlich ist Familienbildung aber in erster Linie Erwachsenenbildung. Die Eltern in ihrer Erziehungsfunktion stehen im Mittelpunkt, wenngleich sie nicht ausschließlich auf diese Rolle hin angesprochen werden.

Textor (1998) unterscheidet folgende Formen der Familienbildung:
- Ehevorbereitung: Entwicklung tragfähiger Lebenskonzepte, Unterstützung von Kommunikations- und Problemlösekompetenzen
- Ehebildung: Begleitung von (Ehe-)Partnern durch die einzelnen Phasen des Zusammenlebens (Diskussion von Leitbildern, Rollenmodellen)
- Elternbildung: Stärkung der Familie als Erziehungsinstanz durch Anleitung der Eltern, ein entwicklungsförderndes Sozialisationsumfeld zu schaffen
- Familienbildung im engeren Sinne: richtet sich auf die Familie als System, indem gemeinsame Angebote für Eltern und Kinder gemacht werden, um den Zusammenhalt der Familie zu stärken, neue Gesprächsinhalte einzuführen und Konflikte zwischen den Generationen anzusprechen und zu lösen.

Gesetzliche Grundlagen ■ Familienbildung ist Teil des Leistungskatalogs der Jugendhilfe. Mit Inkrafttreten des Kinder- und Jugendhilfegesetzes (KJHG) im Jahre 1991 (§ 16 SGB VIII) zur »Allgemeinen Förderung der Erziehung in der Familie« erhielt die Familienbildung eine neue rechtliche Grundlage:

(1) »Müttern, Vätern, anderen Erziehungsberechtigten und jungen Menschen sollen Leistungen der allgemeinen Förderung der Erziehung in der Familie angeboten werden. Sie sollen dazu beitragen, dass Mütter, Väter und andere Erziehungsberechtigte ihre Erziehungsverantwortung besser wahrnehmen können. Sie sollen auch Wege aufzeigen, wie Konfliktsituationen in der Familie gewaltfrei gelöst werden können.

(2) Leistungen zur Förderung der Erziehung in der Familie sind insbesondere

1. Angebote der Familienbildung, die auf Bedürfnisse und Interessen sowie auf Erfahrungen von Familien in unterschiedlichen Lebenslagen und Erziehungssituationen eingehen, die Familie zur Mitarbeit in Erziehungseinrichtungen und in Formen der Selbst- und Nachbarschaftshilfe besser befähigen sowie junge Menschen auf Ehe, Partnerschaft und das Zusammenleben mit Kindern vorbereiten,

2. Angebote der Beratung in allgemeinen Fragen der Erziehung und Entwicklung junger Menschen,

3. Angebote der Familienfreizeit und der Familienerholung, insbesondere in belastenden Familiensituationen, die bei Bedarf die erzieherische Betreuung der Kinder einschließen.

(3) Das Nähere über Inhalt und Umfang der Aufgaben regelt das Landesrecht.«

Allerdings deckt das KJHG nicht alle Praxisfelder ab, sondern klammert alle Angebote aus, die nicht Ehevorbereitung, Förderung der Familienerziehung und Befähigung zur Mitarbeit in Bildungseinrichtungen und Formen der Selbsthilfe beinhalten. Teilweise ist Familienbildung auch in Gesetzen der Erwachsenenbildung geregelt mit der Folge, dass Kinder als Teilnehmer ausgeschlossen oder nur unter bestimmten Voraussetzungen anerkannt sind (Eichhoff et al., 1996). Die Aufgaben der Familienbildung bewegen sich im Spannungsfeld von präventiver Jugendhilfe und Erwachsenenbildung. Wichtig erscheint ferner das Gesetz zum Recht des Kindes auf eine gewaltfreie Erziehung (§ 1631, 2 BGB), das im Jahr 2000 erlassen wurde. Es verpflichtet Eltern, ihre Kinder ohne körperliche Strafen, seelische Verletzungen und andere entwürdigende Maßnahmen zu erziehen.

Funktionen familienbildender Maßnahmen ■ Familienbildung zielt darauf ab, Familien in ihrer Aufgabe als Sozialisations- und Erziehungsinstanz zu stärken. Vorrangig ist die Förderung der elterlichen Kompetenz, insbesondere sozialer und kommunikativer, von Konfliktlösefertigkeiten, des Erwerbs entwicklungspsychologischer Basiskenntnisse sowie die Begleitung, Unterstützung und Entlastung der Eltern. Textor definiert als Ziel die »Unterstützung der Familien durch überwiegend bildende Angebote, die zu einer erfolgreichen Familienerziehung beitragen, eine bedürfnisorientierte Gestaltung des Familienlebens erleichtern, ein möglichst problemloses Durchlaufen des Lebens- und Familienzyklus' ermöglichen sowie zur Nutzung von Chancen für die gemeinsame positive Weiterentwicklung und ein partnerschaftliches Miteinander anhalten« (Textor, 1998, S. 2).

Familienbildungsstätten bieten Bildung und Beratung zu allen Bereichen und grundsätzlich zu allen Fragen des Familienlebens. Sie sind auch Orte der Begegnung für alle am familialen Zusammenleben beteiligten Erwachsenen und Kinder sowie alle anderen am Erziehungsprozess Beteiligten. Die Angebote umfassen einerseits die Vermittlung von Wissen und Sachkompetenzen und andererseits praktische Kurse (Geburtsvorbereitung, Säuglingspflege, Kindererziehung) sowie Angebote zu Orientierungs-, Sinn- und Identitätsfragen wie auch gesellschaftlichen Problemlagen (z. B. Vereinbarkeit von Familie und Beruf, Krisensituationen).

Bei Belastungen kann Familienbildung eine unterstützende Funktion haben, ist aber nicht als Krisenintervention oder Erziehungsberatung zu verstehen. Ihre beraterische Tätigkeit ist allgemein vorbeugender Natur, bei tiefergehenden Problemen wird an entsprechende therapeutische Einrichtungen vermittelt.

Den vielfältigen Veränderungen, mit denen Familien heutzutage konfrontiert sind, muss sich die Familienbildung mit ihren Beratungs- und Unterstützungsangeboten anpassen und ihre Aufgabenfelder neu definieren. Familienbildung will Eltern Orientierung in einer sich rasch verändernden Gesellschaft bieten, in der es kaum noch verbindliche Normen und Werte gibt. Im Vordergrund steht heute daher, Familien Schlüsselkompetenzen zu vermitteln, die sie zur Bewältigung der vielfältigen Herausforderungen im Alltag benötigen. Dazu gehören soziale Kompetenzen, Bildungsfähigkeit, Fertigkeiten und Sachkenntnisse zur Lebensgestaltung und Alltagsbewältigung sowie Selbstbestimmung. Das Besondere an Familienbildung ist die langfristig angelegte Elternarbeit, vor allem in der ersten Phase der Familiengründung, die Begleitung in Übergangsphasen und bei der Bewältigung von Alltagsaufgaben. Übergangsperioden (wie z. B. Schuleintritt der Kinder) gelten als sensible Perioden für eine Veränderungsbereitschaft (Minsel, 1999). Allerdings liegt der Schwerpunkt eindeutig auf der Phase der Familiengründung und der Früherziehung.

Bedeutung ■ Familienbildung gewinnt zunehmend an Bedeutung, was sich einerseits in der steigenden Nachfrage von Familien nach Unterstützung zeigt, andererseits in dem größeren Stellenwert, den sie durch ihre Verankerung im KJHG (§ 16 KJHG) erhalten hat. Alarmierend ist die steigende Zahl an verhaltensauffälligen Kindern und Jugendlichen, die schon früh einer Beratung oder Psychotherapie bedürfen. Eltern fühlen sich häufig mit der Erziehung überfordert und unsicher, wie sie ihren Kindern gute Bedingungen zum Aufwachsen schaffen sollen. Gleichzeitig aber lastet ein hoher Druck auf ihnen, ihre Kinder auf das Leben in der immer komplexeren Gesellschaft möglichst optimal vorzubereiten.

Dennoch werden in unserer Gesellschaft für Eltern keine Qualifikationen vorausgesetzt, was die Gestaltung ihrer Partnerschaft oder die Erziehung ihrer Kinder anbelangt, und das formale Bildungssystem bereitet nicht darauf vor. Vaskovics (1997, S. 9) benennt diesen Widerspruch: »So ist der merkwürdige Tatbestand zu konstatieren, dass in unserer Gesellschaft auf die Gestaltung von Partnerschaft, Ehe und Familie, auf Bereiche des Lebens, die durch die Mitglieder der Gesellschaft für sie als sehr bedeutsam und wichtig eingeschätzt werden, kaum und schon gar nicht systematisch vorbereitet wird.«

Angesichts ihrer vorbeugenden Wirkung kommt der Familienbildung ein hoher Stellenwert zu, und zwar insbesondere in der frühen Kindheit. In der Familie sammeln Kinder ihre ersten Erfahrungen, die ihre soziale und kognitive Entwicklung erheblich beeinflussen. Dies haben die Ergebnisse der klassischen Sozialisationsstudien sowie der modernen Bindungsforschung deutlich belegt. Das kognitive Anregungsmilieu und die elterliche Sensibilität haben sich als Kernvariablen einer gesunden Persönlichkeitsentwicklung des Kindes herausgestellt. Maßnahmen der primären Prävention zu diesem Zeitpunkt helfen daher, durch die Förderung stabiler Lebensverhältnisse möglichen Konflikten und Krisen bereits im Vorfeld entgegenzuwirken und negative Folgen (Folgekosten für aufwändige pädagogische und therapeutische Leistungen) zu begrenzen. Zu Beginn der Entwicklung versäumte Fördermaßnahmen können später oft nur unter großen Anstrengungen aufgeholt oder kompensiert werden. Außerdem werden die Ursachen psychischer Störungen von Kindern und Jugendlichen oft in Defiziten der Familie gesucht. Hierzu heißt es im Beschluss der Jugendministerkonferenz von 2003: »Eltern- und Familienbildung muss frühzeitig einsetzen. Die Jugendministerkonferenz hält es für besonders notwendig, für die Phase der Familiengründung, der Gestaltung elterlicher Partnerschaft, der Rollenfindung als Mütter und Väter und der kompetenten Pflege und Versorgung in der ersten Lebensphase eines Kleinkindes die Angebote der Eltern und Familienbildung besser erreichbar, im Angebot transparenter, regelhafter und mit größerer Verbindlichkeit auszugestalten.« Tatsächlich werden die Angebote der Familienbildung überwiegend von jungen Familien besucht: 40 % der Teilnehmer waren zwischen 25 und 34 Jahre alt, 48 % hatten Kinder unter vier Jahren (Schiersmann, Thiel, Fuchs & Pfitzenmaier, 1998).

Formen der Familienbildung ■ Insgesamt gibt es in Deutschland etwa 380 Familienbildungsstätten, deren Veranstaltungen jährlich von ca. drei Millionen Personen besucht werden. Familienbildung wird von unterschiedlichen Trägern angeboten, deren Angebote ein breites Spektrum an Inhalten abdecken. Familienbildende Maßnahmen unterscheiden sich hinsichtlich ihrer Ziele, Adressaten, Settings und Methoden. Grundsätzlich sind folgende Formen der Familienbildung zu differenzieren: die institutionelle Familienbildung, die informelle Familienbildung und die mediale Familienbildung.

Institutionelle Familienbildung ■ Größtenteils findet Familienbildung in Institutionen statt, wobei es zwei Arten von Einrichtungen gibt:

- **Bildungseinrichtungen** sind Einrichtungen, die sich direkt auf die Zielgruppe Familie beziehen und Einrichtungen der allgemeinen Erwachsenenbildung, die familienbildende Angebote bereitstellen. Dazu zählen:
  – Familienbildungsstätten, die sich an alle Bürger richten und meist Angebote für werdende und junge Eltern anbieten
  – Volkshochschulen, die primär Kurse zu Hauswirtschaft, Erziehungsfragen und psychologischen Themen anbieten
  – Erwachsenenbildungsstätten und -werke in kirchlicher Trägerschaft, die meist Referenten vermitteln, die vor Ort Kurse anbieten
  – Kindertageseinrichtungen, die die meisten Eltern mit Kleinkindern erreichen, oft in Form von Elternarbeit, -gruppen und -seminaren
  – Schulen, die kaum Familienbildung anbieten.
- **Institutionen, Organisationen und Vereine** sind Einrichtungen, in denen die Bildungsangebote für Familien einen Schwerpunkt neben anderen Aktivitäten darstellen. Dies sind im Einzelnen:
  – Jugendämter, die häufig Maßnahmen anbieten, die das Angebot anderer Träger ergänzen

- Pfarrgemeinden, die Hilfen zur Gestaltung des Ehe- und Familienlebens anbieten
- Sonstige Anbieter: z.B. Wohlfahrtsverbände, Familien- und Elternverbände, Beratungsstellen, Jugendverbände und Vereine (beispielsweise bietet der Deutsche Alpenverein Familienfreizeiten an).

Informelle Familienbildung bzw. Familienselbsthilfe ■ Zur informellen Familienbildung zählen Privatinitiativen von Eltern ohne professionelle Anleitung, die sich in Form von Mütterzentren, Familien- und Eltern-Kind-Zentren, Begegnungs- und Kulturzentren organisieren und sich auf Erfahrungsaustausch, Information und Orientierung sowie Vernetzung und Entlastung von Familien in ihrem Alltagshandeln konzentrieren. Sie sind besonders geeignet, niederschwellige Angebote für Familien mit Kindern anzubieten und die Eigeninitiative der Teilnehmer zu fördern. Angebote werden – entsprechend den Wünschen und Bedürfnissen der Teilnehmer – selbst organisiert. Eltern bringen ihre Kompetenzen ein, hier sind sie selbst die Experten. Durch den Austausch mit anderen Eltern können sie ihre erzieherischen Kompetenzen reflektieren und weiterentwickeln. Alle befinden sich in einer ähnlichen Lebenssituation und suchen gemeinsam nach Lösungen. Da sich die Teilnehmer in der Regel kennen, besteht bereits eine gewisse Vertrauensbasis. Idealiter entstehen aus solchen Gruppen langfristige Netzwerke der gegenseitigen Unterstützung bei der Kinderbetreuung und Entlastung. Die so entstandenen sozialen Stützsysteme wirken sich positiv auf die seelische Gesundheit von Familien aus.

Mediale Familienbildung ■ Die mediale Familienbildung umfasst Wissensvermittlung durch Fernsehen, Rundfunk, Internet, Zeitschriften, Bücher, Elternbriefe. Schon länger ist es üblich, Eltern Informationen in schriftlicher Form zukommen zu lassen. Viele Organisationen halten Broschüren für Eltern zu unterschiedlichsten Themen aus der Pädagogik und Entwicklungspsychologie bereit, die kostenlos oder preisgünstig bestellt werden können. Ein bekanntes Beispiel sind die »Peter Pelikan«-Briefe, die sich mit Erziehungsfragen während der ersten zehn Lebensjahre beschäftigen und vom Peter Pelikan e.V., einem gemeinnützigen Verein in München, an Eltern verschickt werden und großen Anklang finden. Die Briefe verstehen sich als Erziehungshilfen, in denen Eltern vielfältige nützliche und praxisnahe Anregungen und Hilfen erhalten. Neuerdings gibt es vielfältige Angebote im Internet, meist Foren, in denen Eltern sich mit anderen Betroffenen zu einem bestimmten Thema austauschen können. Teilweise wird Zugang zu Experten ermöglicht. Als Beispiel sei hier das »Forum Bayern Familie« des Bayerischen Staatsministeriums für Arbeit und Sozialordnung, Familie und Frauen erwähnt, das Beiträge zu vielen Themen bereitstellt, die Eltern ansprechen: z.B. Erziehungsberatung, Kinderbetreuung, Schwangerschaft, Adoption.

Strukturelle Unterschiede in Ost- und Westdeutschland ■ Eine besondere Situation findet sich in den neuen Bundesländern, die in punkto Familienbildung eine ganz eigene Tradition aufweisen, die sich in vielerlei Hinsicht von der in den alten Bundesländern unterscheidet. In der ehemaligen DDR herrschte ein sehr einseitiges Bildungsverständnis vor: Das Familiengesetzbuch definierte als Aufgabe der Eltern, ihre Kinder zu sozialistischen Persönlichkeiten zu erziehen: »Die Familie hatte sich den vom Staat vorgegebenen Erziehungsmaximen anzupassen und aktiv zu ihrer Umsetzung beizutragen.« (Hoyer, 1998, S. 16) Dabei sollten die Sozial- und Gesundheitssysteme der DDR helfen. Die Familien waren stark in das gesellschaftliche Leben eingebunden, nahmen regelmäßig an staatlich kontrollierten Veranstaltungen teil. Lernen war Pflicht (Hoyer, 1998). Bis heute ist daher eine gewisse Zurückhaltung gegenüber Bildungsmaßnahmen spürbar.

Mit der Wende kam es zu einem tiefgreifenden gesellschaftlichen Umbruch in der DDR. Viele Menschen wurden arbeitslos und verloren ihre gesicherte Existenz. Ihre Werte verloren an Bedeutung, Lebensentwürfe mussten neu geschrieben werden. Häufig waren berufliche Umschulungen und Neuanfänge nötig. Viele erlebten persönliche Krisen und entwickelten Zukunftsängste. Desorientierung und Verunsicherung wirkten sich auch auf das Familienleben aus. Hier kam es zu Spannungen und einem Autoritätsverlust der Eltern.

Familienbildung wurde häufig nach westdeutschem Vorbild auf die neuen Bundesländer übertragen, ohne entsprechende Überarbeitungen und Weiterentwicklungen. Heutzutage brauchen Familien hier in erster Linie Anregungen, wie sie ihre Rahmenbedingungen, d.h. ihren individuellen Alltag, gestalten können. Relevant sind vor allem Veranstaltungen zu Rechtsfragen im Alltag und der Verbesserung der ökonomischen Situation. Als Schlüsselqualifikation nennt Hoyer (1998) »soziale Qualifikation«, d.h. den Umgang mit Unsicherheiten und Ängsten durch effektive Bewältigungsstrategien. Hoyer (1998) schlägt folgende Themen vor: gesellschaftliche und daraus resultierende Problemstellungen in der Familie, Aufgaben und Probleme der Kindererziehung, Umgang mit Behörden und Institutionen sowie Freizeitgestaltung.

Akzeptanz ■ Familienbildung ist prinzipiell für alle Familien gedacht, unabhängig von Familienform, Schichtzugehörigkeit oder Vorhandensein einer Problemlage. Das sind Kleinfamilien ebenso wie Alleinerziehende und Familien in Trennung bzw. Stieffamilien. Besondere Kenntnisse oder Fähigkeiten werden dabei nicht vorausgesetzt. Dennoch weichen die Wissensgrundlagen der Eltern deutlich voneinander ab. Realiter werden hauptsächlich Mittelschichteltern (39 % mittlere Reife, 30 % Abitur, 11 % Fachhochschulreife; Schiersmann et al., 1998) von den Angeboten der Familienbildungsstätten angesprochen, während die eigentliche Zielgruppe der Jugendhilfe, besonders belastete Familien, außen vor bleibt. Weiterhin waren in der Befragung von Schiersmann et al. (1998) 75 % der Teilnehmer verheiratet, und nur 15 % ledig. Zudem sind die meisten Teilnehmer Städter, denn die Familienbildungsstätten befinden sich überwiegend in größeren Städten. Ländliche Regionen sind unterversorgt. Das Vorhandensein von Angeboten im Nahbereich spielt eine entscheidende Rolle für die Teilnahme.

Schließlich werden in der Regel nur die Mütter erreicht: 93 % der Teilnehmer sind Frauen (Schiersmann et al., 1998). Die meisten Angebote der Familienbildung richten sich – in der Tradition der Mütterschulen – an Frauen. Generell sind Männer stärker auf berufliche Weiterbildung orientiert und daher nur schwer zu motivieren. Viele von ihnen fühlen sich nicht für die Versorgung und Erziehung der Kinder zuständig, insbesondere nicht während der frühen Kindheit. Weiterhin neigen Männer dazu, ihre Bedeutung als Väter zu unterschätzen und sind sich ihrer Rolle für die Entwicklung des Kindes nicht bewusst. Schiersmann et al. (1998) berichten, dass sich Männer als Minderheit in den Kursen nicht wohl fühlen. Vereinzelt werden explizit Vätergruppen organisiert, die speziell auf die Bedürfnisse von Männern zugeschnitten sind und ihre zeitlichen Möglichkeiten, d.h. die Vereinbarkeit mit dem Beruf, berücksichtigen. Boeser (2001) empfiehlt daher für eine männerorientierte Familienbildung das Aufrechterhalten von Angeboten auch bei mäßiger Nachfrage, das Suchen nach geeigneten Lernanlässen und Angeboten, in denen sich Männer nicht defizitär fühlen sowie die Durchführung der Angebote durch männliche Dozenten. Familienbildung würde Männern Lebensqualität im Sinne von mehr Gesundheit und Ausgeglichenheit sowie eines breiteren Erfahrungsspektrums und Entwicklungsmöglichkeiten erlauben (Boeser, 2001).

Die Motivation zur Teilnahme an Angeboten der Familienbildung ist unterschiedlich, so dass teilnehmende Familien hier auch sehr unterschiedliche Erfahrungen sammeln. Bei den Teilnehmern von Angeboten der Familienbildung fand Lipinski (1998) in ihrer Befragung drei Typen mit unterschiedlichen Erwartungshaltungen:
- Informationstyp (43 %): Hauptinteresse dieser Teilnehmergruppe liegt im Gewinnen von Informationen, Austausch über das Thema und der Hilfestellung für Gre-

mienarbeit; dieser Typ ist bei Frauen häufiger vertreten
- Gemeinschaftstyp (20 %): Bedürfnis nach gemeinsamer Freizeitgestaltung; wird mit zunehmendem Alter der Teilnehmer wichtiger
- Unterstützungstyp (15 %): Primäres Anliegen ist der Wunsch nach konkreten Anregungen und Hilfestellung für den Familienalltag (Partnerschaft, Umgang mit Kindern).

Bei den Motiven dominierte eindeutig das Interesse, den eigenen Kindern Kontakt zu anderen Kindern zu ermöglichen, dies gaben 31 % der Teilnehmerinnen an (Schiersmann et al., 1998). 24 % von ihnen nannten, »etwas gemeinsam mit den Kindern unternehmen« und weitere 24 % »Anregungen für die Beschäftigung mit dem Kind« (21 %). Daneben hat das »Interesse am Thema« einen hohen Stellenwert (30 % der Nennungen). Etwas anders sieht die Befundlage beim erzielten Nutzen aus: Hier steht das Knüpfen von Kontakten im Vordergrund, das 30 % der Teilnehmerinnen als hauptsächlichen Nutzen formulierten. Daneben wurden Wissenserwerb (25 %) und Erwerb von Fähigkeiten (21 %) als nützlich angegeben. »Mit dem Kind besser zurechtkommen« dagegen spielte mit 7 % der Angaben nur eine untergeordnete Rolle, was angesichts der beschriebenen Motivationslage etwas überraschend ist.

Ein besonderes Problem stellt die Gruppe der so genannten »bildungsungewohnten« Familien dar, die nur selten unter den Teilnehmern der Familienbildung zu finden sind. Dies hat mehrere Gründe (Schiersmann et al., 1998). Da sich die Kosten für Familienbildung zu einem erheblichen Anteil durch Gebühren der Teilnehmer tragen, sind einkommensschwache Familien im Nachteil. Viele fühlen sich durch die Themen nicht angesprochen. Als weiterer Hinderungsgrund wurde die Angst vor Stigmatisierung vermutet, da sie sich nicht gut ausdrücken können. Das Personal müsste gezielt auf diese Gruppe zugehen und »sie in ihrer Lebenswelt abholen« (Schiersmann et al., 1998, S. 113). Bei bildungsungewohnten Familien hat Familienbildung eher die Funktion, die Familien zu begleiten, um überhaupt die Voraussetzungen für Bildungsprozesse zu schaffen. Damit ergänzt sie die Betreuung der Jugend- und Sozialämter.

Themenkomplexe ■ Die Angebote der Familienbildung umfassen ein breites Spektrum an Inhalten und Formen, die mit ihren jeweiligen Schwerpunkten von unterschiedlichen Trägern angeboten werden. Grundsätzlich lassen sich vier verschiedene Ansatzpunkte der Ehe- und Familienbildung unterscheiden (Eichhoff et al., 1996):

- **Phasen und Übergänge des Familienzyklus:** Familienphasenorientierte Angebote sind Vorbereitung auf die Elternschaft, Begleitung, Beratung, Unterstützung in der ersten Familienphase sowie Begleitung und Orientierungshilfe in Familienphasen und Übergängen. Junge Familien stellen die wichtigste Zielgruppe der Familienbildung dar
- **Erfüllung aller Familienfunktionen:** Familien erfüllen ihre Aufgabe, den Kindern optimale Entwicklungsbedingungen zu schaffen, unterschiedlich gut. Die Angebote beziehen sich auf Beziehungsarbeit, Erziehungsarbeit und Hausarbeit
- **Alle Familienformen einschließlich nichtehelicher Lebensgemeinschaften:** Die überwiegende Zahl der Angebote richtet sich an traditionelle Kleinfamilien und Alleinerziehende. Kinderreiche Familien spielen dagegen nur eine untergeordnete Rolle
- **Familien mit besonderen Belastungen:** Sie sind mit existenziellen Veränderungen oder schweren Schicksalsschlägen einzelner Familienmitglieder konfrontiert. Das Risiko misslungener Familienerziehung ist erhöht. Dabei dominieren folgende Gruppen:
  – Alleinerziehende, die sich mit der Trennung und deren Folgen für sich und ihre Kinder auseinandersetzen sowie gegebenenfalls mit Regelungen des Sorge- und Umgangsrechtes. Auch die Beziehung zu einem neuen Partner wird thematisiert
  – Familien mit Migrationshintergrund: Familienbildung konzentriert sich hier auf den Erwerb der deutschen Sprache,

ohne die eine Integration in die Gesellschaft kaum möglich ist. Darüber hinaus besteht das Anliegen, ihnen etwas über deutsche Kultur, Politik und Bildungswesen nahe zu bringen. Bei diesen Familien kann Familienbildung zur Integration beitragen, indem sie Begegnungsmöglichkeiten schafft
- Familien mit chronisch kranken Familienmitgliedern: Diese Familien suchen in Gruppen der Familienbildung Informationen und Unterstützung bei der Bewältigung der Krankheit und ihrer Folgen. Der Kontakt zu anderen Betroffenen bringt die Familien aus ihrer Isolation und wirkt so stabilisierend
- Armut: Bislang vernachlässigt sind Familien, die in Armut leben, oft bedingt durch die Arbeitslosigkeit des Hauptverdieners.

Darüber hinaus gibt es einige zahlenmäßig kleine Gruppen, die besondere Problemlagen aufweisen wie beispielsweise zweisprachig lebende Familien, Todesfälle verarbeitende Familien, Familien mit inhaftierten Familienmitgliedern und ihre Angehörigen. Da diese nur selten vorkommen, mangelt es an Angeboten.

Die Methoden der Familienbildung sind im Prinzip dieselben wie in der Erwachsenenbildung. In der Regel handelt es sich um Vorträge, Kurse, Seminare und Gesprächskreise. Sachwissen und soziale Kompetenz sind in der Familienbildungsarbeit eng verknüpft, was sich auch in den Lernformen niederschlägt. Drei Lernformen sind zentral:

- **Prozessorientierte Lernformen:** Bildungsarbeit in Familienbildungsstätten ist im Wesentlichen gruppenpädagogisch ausgerichtet: Der Dialog ist die entscheidende Lernform. Damit sollen persönlicher Kontakt und Solidarität zwischen den Teilnehmern gefördert und so ein positives Lernklima geschaffen werden. Die Gruppendynamik beeinflusst das Seminargeschehen
- **Erfahrungsorientierte Lernformen:** Die Angebote der Familienbildung haben den Anspruch, möglichst nah an den Alltagserfahrungen der Familien anzuknüpfen, um den Wünschen der Teilnehmer und Teilnehmerinnen gerecht zu werden. Dies fördert ihr Engagement und erhöht die Chance, das Gelernte später auch umzusetzen. Alltagsnähe birgt aber auch die Gefahr, dass Teilnehmer die Konfrontation mit bestimmten Problembereichen vermeiden
- **Ergebnisorientierte Lernformen:** Die Teilnehmer kommen aus dem Interesse, das Gelernte in ihrem Alltag auch anwenden zu können, d. h. Impulse für konkrete Lösungen ihrer Probleme zu erhalten.

Familienbildung beschränkt sich heutzutage nicht mehr auf Wissensvermittlung, sondern umfasst zunehmend praktische Kurse, in denen es um erfahrungs- und handlungsbezogenes Lernen geht (z. B. Geburtsvorbereitung, Säuglingspflege) sowie Veranstaltungen zur persönlichen Orientierung und zu allgemeinen, gesellschaftlich bedingten Problemlagen (z. B. Vereinbarkeit von Familie und Beruf). Angebote zum textilen, kreativen und musischen Gestalten, Religion, Ökologie sowie für Hauswirtschaft und Ernährung nahmen in den 1990-er Jahren ab. Demgegenüber ist bei Eltern-Kind-Gruppen (Still- und Krabbelgruppen, Babytreffs, Miniclubs), Gesundheitsbildung, Geburtsvor- und -nachbereitung, Selbsterfahrung sowie Angeboten aus den Bereichen Pädagogik, Erziehung, Entwicklungspsychologie sowie zum Leben in der Familie ein Anstieg zu verzeichnen (Schiersmann et al., 1998).

Eltern-Kind-Gruppen machen inzwischen 30 % des Gesamtangebots aus. Nach Textor (1998) werden drei Formen von Eltern-Kind-Gruppen unterschieden:

- **Mütterzentrierte Gruppen:** Bedürfnisse der Kinder stehen im Vordergrund, für die Mütter sensibilisiert werden
- **Frauenzentrierte Gruppen:** Raum wird geschaffen für den Austausch unter Frauen, mit dem Ziel der gegenseitigen Unterstützung und Auseinandersetzung mit Fragen der persönlichen Identität und Lebensplanung (z. B. Berufsausübung)
- **Elternorientierte Gruppen:** Hier werden Väter explizit angesprochen und integriert, die Inhalte kreisen um Fragen der Partnerschaft und Rollenteilung sowie die gemeinsame Erziehung der Kinder.

> eklektisch = aus bereits Vorhandenem auswählen

Eltern-Kind-Gruppen können nach bestimmten Programmen (z.B. PEKIP = Prager Eltern-Kind-Programm) oder in offener Form angeboten werden. Allen gemeinsam ist, dass Eltern ihre Erwartungen reflektieren, Initiative entwickeln, Einblick in altersgemäße Entwicklungsprozesse gewinnen, alternatives Erziehungsverhalten ausprobieren und praktische Anregungen im spielerisch-kreativen Umgang mit ihrem Kind erhalten wollen. Der Schwerpunkt liegt auf dem gegenseitigen Erfahrungsaustausch sowie dem gemeinsamen Spielen und Erzählen. Meistens ist eine ausgebildete Fachkraft dabei, die die Gruppe anleitet, Rat und Anregungen gibt. Konkret sieht das so aus, dass etwa zehn Frauen regelmäßig (etwa einmal wöchentlich für ca. zwei Stunden) zusammen kommen, um über den Alltag mit ihren Kleinkindern zu sprechen, sich Anregungen zum Umgang mit ihrem Kind zu holen und ihren Kindern Kontakt zu Gleichaltrigen zu ermöglichen. Dies ist umso wichtiger, da immer mehr Kinder ohne Geschwister aufwachsen, und denen daher gleichaltrige Spielkameraden im Familienalltag fehlen. Die Kinder sind in der Regel zwischen einem Monat und vier Jahren alt. Ein solches Kursangebot dauert meist etwa acht bis zehn Wochen, oft sind die Gruppen jedoch um eine Fortsetzung bemüht, bis die Kinder in den Kindergarten kommen. Die Kinder machen hier oft ihre erste längere Gruppenerfahrung, unterschiedliche Erfahrungen mit Erwachsenen und Gleichaltrigen und lernen auch andere Erwachsene im Umgang mit ihren Kindern kennen. Nicht zuletzt lernen sie, neben ihrer primären noch andere Bezugspersonen zu akzeptieren und zeitweilige Trennungen zu bewältigen.

Fischer-Köhler (1997) unterscheidet fünf Phasen des Gruppenprozesses:
- Kennenlernphase
- Diskussionsphase: Diskussion unterschiedlicher Erziehungseinstellungen, Aushandeln von Konflikten
- Intimitätsphase: Intensivierung der Beziehungen
- Stabilisierungsphase: Außenorientierung der Gruppe, Aufbau sozialer Netzwerke
- Lösungsphase: Abschied nehmen, Umsetzen des Gelernten

Daneben gibt es inzwischen eine Vielzahl an Programmen der Elternbildung, die je nach ihrer theoretischen Ausrichtung unterschiedliche Ziele verfolgen und Methoden anwenden. Die meisten von ihnen sind allerdings eklektisch orientiert (Minsel, 1999). Das in humanistischer Tradition stehende Familientraining von Gordon ist das älteste und wohl auch bekannteste. Aktuell am meisten nachgefragt sind in Deutschland strukturierte Programme mit kognitiv-behavioralem Hintergrund wie das Triple-P, das individualpsychologisch ausgerichtete STEP-Elterntraining oder das Programm des Deutschen Kinderschutzbundes »Starke Eltern – starke Kinder«. Alle diese Kurse werden von eigens ausgebildeten Experten und Expertinnen geleitet, die den Eltern spezielle Fertigkeiten und Grundhaltungen vermitteln. Sie werden überwiegend in Beratungsstellen, Familienbildungsstätten oder Volkshochschulen angeboten und sind zum Teil mit erheblichen Kosten verbunden, was den Teilnehmerkreis auf die übliche Gruppe der bildungswilligen Mittelschicht einschränkt.

Demgegenüber ist die konzeptuelle Arbeit der Familienbildungsstätten durch einen Perspektivenwechsel gekennzeichnet: weg von einer defizitorientierten Sichtweise hin zu einer ressourcenorientierten Perspektive. Im Mittelpunkt steht die Stärkung der elterlichen Erziehungskraft, d.h. die Optimierung der vorhandenen Kompetenzen. Ausgangspunkt sind die Erfahrungen der Eltern und ihre aktuelle Lebenssituation. Der auch als »Empowerment« bekannte Ansatz will Eltern Strategien und Fähigkeiten vermitteln, die eine eigenständige Lebensführung ermöglichen. Diese Entwicklung in Richtung Ressourcenorientierung spiegelt sich auch in der Zunahme selbst organisierter Formen der Familienbildung wider, die sich vom Ansatz her als »Hilfe zur Selbsthilfe« verstehen. Mütterzentren sind in den 1980-er Jahren in Reaktion auf die zunehmende Professionalisierung der Sozialen Arbeit entstanden: hier sind die Mütter selbst die Expertinnen. Diese offenen Konzepte (Müttertreffs, Stammtische, »Familiensamstage«) haben den Vorteil der Niederschwelligkeit, zumal sich niemand längerfristig festlegen muss. Je mehr

Familien aktiv an der Gestaltung des Angebots beteiligt sind, desto eher können sie ihre Wünsche und Vorstellungen einbringen, was ihre Eigeninitiative und Kooperation fördert.

Ein Beispiel für einen ressourcenorientierten Ansatz sind die dialogischen Elternseminare (»Eltern stärken«) von Schopp (2005). Dabei handelt es sich um einen Leitfaden für Multiplikatoren in der Elternbildung, der Eltern aktiv einbezieht. Das Augenmerk wird auf die Stärken der Eltern gerichtet, damit diese sich wieder ihrer Fähigkeiten bewusst werden, um den Alltag mit ihren Kindern zu bewältigen. Im Dialog tauschen sich die Eltern untereinander über die Themen aus, die sie bewegen und suchen gemeinsam nach Lösungen. So lernen die Eltern unterschiedliche Sichtweisen auf die Dinge kennen und reflektieren diese, aus einer Grundhaltung des Respekts und der Achtung heraus. In der Folge zeigen sie ihren Kindern gegenüber mehr Sicherheit und Durchsetzungsvermögen.

Ressourcenorientiert ist ebenfalls ein innovatives Präventionsprogramm für die frühe Kindheit, das Ziegenhain, Fries, Bütow und Derksen (2004) konzipiert haben, und das bereits in verschiedenen Bereichen der Jugendhilfe Anwendung findet. Auf den Erkenntnissen der Bindungs- und modernen Säuglingsforschung basierend, zielt ihr Beratungskonzept darauf ab, junge Familien, und zwar insbesondere solche mit spezifischen Problemlagen (z. B. mit frühgeborenen Kindern), dabei zu unterstützen, eine sichere Bindung zu ihrem Säugling bzw. Kleinkind aufzubauen. Eine sichere Bindung hat sich übereinstimmend als zentraler Schutzfaktor für die kindliche Entwicklung erwiesen.

Frühpädagogische Zukunft

Die Familienbildung muss sich in Zukunft verschiedenen Herausforderungen stellen, die im Wesentlichen aus der veränderten Situation heutiger Familien resultieren. Gesellschaftlicher Wandel struktureller (Differenzierung des Bildungs- und Erwerbssystems) und kultureller Art (Wertewandel) hat zu einer Ausdifferenzierung von Lebens- und Familienformen geführt (Vaskovics, 1996). In der Folge entwickeln sich die Lebensbedingungen von Familien zunehmend auseinander. Hauptmerkmale sind die hohe Arbeitslosigkeit und die daraus resultierende Armut vieler Familien, die steigende Zahl alternativer Familienformen, die wachsende Zahl ausländischer und bi-nationaler Familien sowie die beruflich geforderte Mobilität, die das Aufbauen sozialer Netzwerke erschwert. Außerdem wird nahezu jede dritte Ehe geschieden, und es werden immer weniger Kinder geboren.

Diese Entwicklung hat tiefgreifende Folgen für das Leben der Kinder. Infolge beruflicher Belastungen haben Eltern heute weniger Zeit für ihre Kinder, die deshalb oft sich selbst überlassen sind. Durch die beruflich bedingte Mobilität sind viele Eltern von ihren Herkunftsfamilien und damit den Möglichkeiten der Entlastung bei der Kinderbetreuung abgeschnitten. In Deutschland sind Kinder heute unter den Sozialhilfeempfängern deutlich überrepräsentiert, mit der Folge, dass sie – mangels materieller Ressourcen – nicht die ausreichende Förderung ihrer kognitiven Entwicklung erhalten. Immer mehr Kinder wachsen als Einzelkinder auf, ohne Erfahrungen mit Gleichaltrigen in der Familie sammeln zu können. Nicht zuletzt bringt das Leben in einer Scheidungs- bzw. Fortsetzungsfamilie viele Probleme mit sich.

In ihrer Erziehung fühlen sich viele Eltern orientierungslos und verunsichert, ihre Lebenswelten entsprechen nicht ihren tradierten Familienleitbildern (Textor, 1999, 2001). Normen und Werte bieten den Familien heutzutage keine hinreichende Orientierung mehr, ihre Partnerschaft und Familienerziehung zu gestalten. Familien sind heute vor neue Herausforderungen gestellt, wie etwa ihren Kindern einen angemessenen Umgang mit den diversen neuen Medien zu vermitteln. Der Anspruch an Erziehung ist deutlich gestiegen, um den Kindern optimale Bedingungen zu schaffen. Auf der Suche nach Rat und Anregung nehmen Familien Angebote der Familienbildung wahr. Diese tragen durch ihre Gruppenangebote auch dazu bei, die häufig isoliert lebenden Familien beim Aufbau sozialer Netze zu unterstützen. Außerdem wird der zunehmenden Zahl von Einzelkindern der Kontakt zu Gleichaltrigen ermöglicht, was den Eltern ein zentrales Anliegen ist.

Aus der veränderten Familiensituation ergeben sich Problemlagen, die von traditionellen familienpädagogischen Konzepten bisher nicht hinreichend berücksichtigt wurden. In Anbetracht dieses »intensiven Erfahrungspotenzials« von Familien wird von der Familienbildung maximale Pluralität und Flexibilität ihrer Angebote verlangt, um dieser neuen Herausforderung gerecht zu werden. Eine klare Alltagsorientierung erscheint wichtig, d.h. den Familien muss ein leichter Zugang zu den Angeboten der Familienhilfe ermöglicht werden. Diese sollten direkt an ihre Lebenswelt anknüpfen, also im vertrauten Rahmen stattfinden. Angebote werden zunehmend in Randgebiete verlegt, die nahe ihrer Lebenswelt liegen. Das Kriterium der Niederschwelligkeit von Familienbildung ist zentral, damit auch nicht privilegierte, wenig aktive Familien diese stärker nutzen und ihre Schwellenängste überwinden. Zukünftig kommt demnach Ansätzen der mobilen, aufsuchenden Familienbildung eine besondere Bedeutung zu, um die Gruppe der »Bildungsungewohnten« zu erreichen und bei ihnen Motivationsarbeit zu leisten.

Dieser wachsende Bedarf kontrastiert mit den aktuellen Schwierigkeiten der Familienbildung: Die finanziellen Mittel gehen immer weiter zurück, sowohl was öffentliche Mittel als auch Zuschüsse kirchlicher Träger anbelangt (Textor, 1999). Davon besonders betroffen dürften Familienbildungsstätten sein, die relativ hohe Kosten durch hauptamtliche Mitglieder, Referenten und eigene Räume haben, wie auch die Familienselbsthilfe. Eine Einbindung der Familienbildung in Kindertagesstätten hilft, die Kosten zu senken. Zudem hat dies den Vorteil, die Angebote den Eltern nahe zu bringen und sie zu motivieren. In Kindertagesstätten kennen die Eltern einander, so dass bereits eine Vertrauensbasis vorhanden ist. Damit wäre das Kriterium der Niederschwelligkeit erfüllt. In mehreren Bundesländern gibt es bereits solche Kooperationen der Familienbildung mit Kindertagesstätten. Eine Vorreiterfunktion haben beispielsweise die interdisziplinären Familienzentren »early excellence center« (nach dem Vorbild von »Pen Green« in Großbritannien), denen immer mehr Kindertageseinrichtungen folgen. In Berlin wurde das erste Kinder- und Familienzentrum (»Schillerstraße«) nach diesem Modell eingerichtet, um den Ansatz »Integrative Familienarbeit in Kindertagesstätten« in die Praxis umzusetzen. Eltern werden in die Bildungsprozesse ihrer Kinder einbezogen und als die ersten Erzieher ihrer Kinder ernst genommen. Die Mitarbeiter der Kindertagestätten, die Eltern und Kinder lernen gemeinsam. Auch das Kind wird in seinen Kompetenzen und Stärken wahrgenommen und gezielt gefördert. Solche Ansätze erscheinen richtungsweisend, weil sie dem Anspruch der Ressourcenorientierung gerecht werden.

Nicht zuletzt sollte Familienbildung die neuen Medien mehr nutzen. Besonders das Internet bietet hierzu viele Möglichkeiten. Ein Beispiel hier sind on-line-Texte wie das »Familienhandbuch«, das eine Vielzahl an Texten über Themen im Zusammenhang mit Erziehung und kindlicher Entwicklung bietet, die Eltern kostenlos herunterladen können. An die 11.000 Menschen nutzen dieses Angebot täglich. Tschöpe-Scheffler (2005) weist auf das große Interesse der Eltern an Ratgebersendungen im Fernsehen hin, deren Spitzenreiter, die »Super-Nanny« in RTL, Einschaltquoten von vier bis fünf Millionen erzielt hat. Bei aller Kritik erweise sich dieser »flächendeckende Bekanntheitsgrad (…) als ein durchaus positiver Anstoß für die aktuelle Beschäftigung mit Erziehungsfragen, die in allen Schichten und unabhängig von Generationen stattfindet« (Tschöpe-Scheffler, 2005, S. 14). Allerdings sind vorgefertigte Patentlösungen wenig hilfreich. Der ressourcenorientierte Ansatz jedenfalls erscheint vielversprechend, Eltern wieder auf ihre Kompetenzen zu besinnen und sie darin zu bestärken. Die Verbreitung der Familienselbsthilfe leistet hier einen wichtigen Beitrag.

■ Literatur

Boeser, Ch. (2001). Familienbildung – eine Chance für Männer. In: W.E. Fthenakis & M. Textor (Hrsg.), Das Online-Familienhandbuch. http://www.familienhandbuch.de/cms/Familienbildung-Maenner.pdf (13.12.2005).

Eichhoff, G., Janssen, E. & Kunz, L. (1996). Familienbildung als Angebot der Jugendhilfe. Aufgaben und Perspektiven nach dem Kinder- und Jugendhilfegesetz (Sozialgesetzbuch VIII). Schriftenreihe des BMFSFJ (Band 120). Stuttgart: Kohlhammer.

Fischer-Köhler, G. (1997). Bildungsarbeit in katholischen Familienbildungsstätten – eine Standortbestimmung. Düsseldorf: Bundesarbeitsgemeinschaft katholischer Familienbildungsstätten.

Hoyer, K. (1998). Familienbildung in den neuen Bundesländern. Bonn: Bundesarbeitsgemeinschaft Familienbildung & Beratung e.V.

Minsel, B. (1999). Eltern- und Familienbildung. In: R. Tippelt (Hrsg.), Handbuch Erwachsenenbildung, Weiterbildung (S. 603–607). Opladen: Leske & Budrich.

Lipinski, H. (1998). Didaktische Gesamteinführung. In: L.A. Vaskovics & H. Lipinski (Hrsg.), Didaktische Erfahrungen und Materialien (Band 3) (S. 21–59). Opladen: Leske & Budrich.

Schiersmann, Ch., Thiel, H.-U., Fuchs, K. & Pfitzenmaier, E. (1998). Innovationen in Einrichtungen der Familienbildung. Eine bundesweite empirische Institutionenanalyse. Opladen: Leske & Budrich.

Schopp, J. (2005). Eltern stärken. Dialogische Elternseminare. Opladen: Verlag Barbara Budrich.

Textor, M. R. (1997). Familienbildung: Situation, Träger, Perspektiven. Nachrichtendienst des Deutschen Vereins für öffentliche und private Fürsorge, 77, 142–146.

Textor, M. R. (1998). Hilfen für Familien. Eine Einführung für psychosoziale Berufe. Weinheim: Beltz.

Textor, M. R. (1999). Familienbildungsstätten: Aufgaben, Situation und Probleme. Stimme der Familie, 46, 1/2, 9–11.

Textor, M.R. (2001). Familienbildung als Aufgabe der Jugendhilfe. In: Sächsisches Landesamt für Familie und Soziales, Abt. 5 – Landesjugendamt (Hrsg.), Familienbildung als Aufgabe der Jugendhilfe. Dokumentation zur Fachtagung des Sächsischen Landesjugendamtes (S. 15–31). Chemnitz: Selbstverlag.

Tschöpe-Scheffler, S. (2005). Konzepte der Elternbildung – eine kritische Übersicht. Opladen: Verlag Barbara Budrich.

Vaskovics, L.A. (1996). Familiale Lebenswelten und Bildungsarbeit: Interdisziplinäre Bestandsaufnahme. In: L.A. Vaskovics & H. Lipinski (Hrsg.), Ehe und Familie im sozialen Wandel (Band 1) (S. 7–17). Opladen: Leske & Budrich.

Ziegenhain, U., Fries, M., Bütow, B. & Derksen, B. (2004). Entwicklungspsychologische Beratung für junge Eltern – Grundlagen und Handlungskonzepte für die Jugendhilfe. Weinheim: Juventa.

VI Beruf und Professionalisierung

Geschichte der Erzieherinnenausbildung als Frauenberuf

Adalbert Metzinger

Die um die Wende vom 18. zum 19. Jahrhundert in West- und Mitteleuropa einsetzende Industrialisierung brachte Veränderungen der sozio-ökonomischen Verhältnisse (Entstehung des Industrieproletariats, Arbeit beider Eltern außerhalb des Hauses, Kinderarbeit) sowie soziale Noterscheinungen (Bevölkerungswachstum, Verstädterung, Wohnungsnot, Seuchen, Hungersnöte, Teuerungen, lange Arbeitszeiten, schlechte Entlohnung und Massenarmut) mit sich. Dies führte zu einer enormen Verschlechterung der Lebenssituation besonders der Kinder von Fabrikarbeitern, Kleinbauern und Arbeitslosen. Angesichts der großen Notstände erwuchs der neu erwachten Kleinkindpädagogik eine bis dahin unbekannte Bedeutung. Teils aus christlich-humanitären Motiven, teils um die Mütter als Arbeiterinnen beschäftigen zu können, wurden zunehmend Einrichtungen für die Aufbewahrung und Erziehung der Kinder geschaffen.

Die Anfänge ■ Die erste Kleinkindereinrichtung mit kontinuierlicher Betreuung in Deutschland war die im Jahre 1802 von der Fürstin Pauline, Regentin des Kleinstaates Lippe-Detmold, eröffnete Aufbewahrungsanstalt für verwahrloste Kinder. In den einzelnen Ländern entstanden nun nach und nach Kinderbewahranstalten bzw. Kleinkinderschulen, deren Vielfalt, aber auch Unterschiedlichkeit durch den seit 1850 sich durch Friedrich Fröbel ausbreitenden Kindergarten noch vergrößert wurde. Um 1840 gab es in Deutschland etwa hundert solcher Einrichtungen.

Große Verdienste um die Entwicklung der Erzieherinnenausbildung erwarb sich während der ersten Hälfte des 19. Jahrhunderts besonders das Kleinkinderlehrerinnen-Seminar von Pastor Theodor Fliedner (1800–1864) in Kaiserswerth. Im Gegensatz zu der Gepflogenheit in England, Männer mit der Leitung von Kleinkinderschulen zu betrauen, war Fliedner grundsätzlich der Meinung, dass diese Arbeit und die dafür entsprechende Ausbildung ausschließlich Frauen vorbehalten sein sollte. Weil die Anforderungen an das Personal wuchsen und sich andererseits immer mehr unerfahrene und mangelhaft ausgebildete Mädchen zu diesem Beruf entschlossen, wurde der Ausbildungskurs 1848 auf vier, 1850 auf sechs Monate und 1854 auf ein Jahr ausgedehnt. Neben der Schulung in Theorie und Praxis der Kleinkindpädagogik, wurde auch die körperliche Übung der Schülerinnen nicht vernachlässigt. Sie erhielten Turnunterricht und mussten sich mit Haus- und Gartenarbeiten beschäftigen.

Etwa zur gleichen Zeit wie Fliedner versuchte Friedrich Fröbel (1782–1852) seine Ideen über die frühkindliche Erziehung in die Tat umzusetzen, was weit über das hinausreichte, was in den damaligen Kleinkinderschulen und Bewahranstalten praktiziert wurde. Von Anfang an verband er mit dem Kindergarten die Forderung nach einer Ausbildung der dort beschäftigten Fachkraft, der so genannten Kindergärtnerin. In seinen Ausbildungskursen in Blankenburg (bis 1844), in Keilhau und Marienthal (ab 1849) legte er großen Wert auf eine hohe Allgemeinbildung und dementsprechend auf die besondere Übung der geistigen Fähigkeiten. Außerdem sollten diese Fachkräfte »mit den Gesetzen der Natur vertraut sein, pädagogische und psychologische Grundkenntnisse erwerben, sie reflektieren und in praktisches, meist spielendes Tun übertragen, in der Beobachtung der kindlichen Entwicklung geschult sowie methodisch und musisch gewandt und einfühlsam sein« (Fröbel, zit. nach Hoffmann, 1951, S. 112 f.). Zum damaligen Zeitpunkt wurden viele Kleinkindereinrichtungen von Männern geleitet. Es entstand ein Streit darüber, ob Frauen oder Männer geeigneter sind, einer solchen Einrichtung vorzustehen. Nachdem Fröbel den ausführlichen und detaillierten Entwurf des »Kindergartens«, der sich hauptsächlich am mütterlichen Umgang mit den Kindern orientierte, entwickelt hatte, bevorzugte er fast ausschließlich das weibliche Geschlecht für die Arbeit im Kindergarten. Obwohl er davon sprach, dass eine Kindergärtnerin vor allem eine »Kindermutter« sein sollte, legte er großen Wert auf eine pädagogische Fachausbildung.

Mit der Gründung des Kindergartens hatte Fröbel eine neue Einrichtung der Kleinkinderziehung geschaffen und zugleich den Beruf der Kindergärtnerin konzipiert. In Fröbels mehr auf Förderung und Entwicklung kindlicher Fähigkeiten ausgerichteten Kindergärten sollten die Auszubildenden die zuvor vermittelten theoretischen Kenntnisse im praktischen Umgang mit den Kindern umsetzen. Diese historisch fundierte Auffassung von der Notwendigkeit der Verbindung von theoretischer und praktischer Ausbildung hat sich bis heute als tragfähig und nützlich erwiesen, wenn auch erheblich verändert.

Für die weitere Entwicklung der Kleinkindpädagogik sowie der Kindergärtnerinnenausbildung kommt einer Reihe von Schülerinnen und Anhängerinnen Fröbels eine besondere Bedeutung zu. Vor allem Bertha von Marenholtz-Bülow (1810–1893), Henriette Goldschmidt (1825–1920), Henriette Schrader-Breymann (1827–1899) und Eleonore Heerwart (1835–1911) wirkten theoretisch bzw. und/oder durch die Tat für Fröbels Sache. Diese Frauen waren Vertreterinnen der sich in jener Zeit entwickelnden bürgerlichen Frauenbewegung, die sich das Ziel stellte, die Gleichberechtigung der Frau im öffentlichen Leben zu erringen. Sie griffen Fröbels Ideen auf, die geeignet waren, bestimmten Strebungen Inhalt und Ziel zu weisen, insbesondere, dass er »den mütterlichen Erziehungsberuf der Frau als ihren Kulturberuf für Familie und Volk erkannt und in sein Recht eingesetzt« (Goldschmidt, 1909, S. 10) habe. Henriette Goldschmidt wollte den Frauen speziell »weibliche Berufe« zum Ziel setzen und verwirklichte aus diesem Grund 1910 in Leipzig die Idee der Frauenhochschule, an der Studienkurse für Lehrerinnen an Kindergärtnerinnenseminaren, Frauenschulen und anderen Lehranstalten und Studienkurse für soziale Berufstätigkeit eingerichtet wurden.

Henriette Schrader-Breymann, eine Nichte Fröbels, gründete in den 70-er Jahren des 19. Jahrhunderts in Berlin das Pestalozzi-Fröbel-Haus, welches das Ziel einer neuen Frauen- und Mutterbildung in die Tat umsetzen sollte. Sie wollte das »Weib bilden zu seiner Mission als Erzieherin in der Familie und im sozialen Leben« (Schrader-Breymann, zit. nach Blochmann u.a., 1952, S. 125) und war eine der ersten, die den Kindergarten umfassend mit der Familienerziehung, der weiblichen Bildung und der Frauenfrage in Verbindung brachte. Die inhaltliche Ausgestaltung und die weitere Entwicklung des Kindergartens und der Kindergärtnerinnenausbildung erhielt durch Schrader-Breymann neue richtungsweisende Anregungen. Sie bemühte sich um eine lebens- und praxisverbundene Ausbildung, was besonders durch das Einbeziehen von hauswirtschaftlichen Tätigkeiten in die Ausbildung zum Ausdruck kam. Außerdem strebte sie ein Kindergärtnerinnen-Leitbild an, das sich an der Mutter orientierte und dementsprechend Familienatmosphäre in den Kindergarten tragen sollte. Gerade in diesem Punkt stellte sie hohe Anforderungen an die Kindergärtnerinnen: »Aber was hülfe all das Wissen und Können der Erzieherin, wenn ihr Herz nicht durchdrungen ist von Liebe und Begeisterung für ihren Beruf, für alles Schöne im Leben des Menschen, in der Natur und in der Kunst. Diese tief innerliche Liebe in der angehenden Erzieherin zu pflegen, ist ebenso Aufgabe der Kindergärtnerinnen-Seminare, wie die Gelegenheit zur gründlichen Erwerbung von Kenntnissen und zur praktischen Übung in der Beschäftigungskunst zu geben.« (Schrader-Breymann, zit. nach Blochmann u.a., 1952, S. 86 f.) Schrader-Breymanns Wirken war beispielgebend sowohl für die weitere Entwicklung der Erziehungsarbeit im Kindergarten und Hort, als auch für die Gestaltung der Kindergärtnerinnenausbildung und kann insgesamt als ein wesentlicher Fortschritt auf diesen beiden Gebieten gesehen werden.

Im 19. Jahrhundert war die Ausbildung der Kindergärtnerin in ganz Deutschland durch einheitliche Vorstellungen und Richtlinien gekennzeichnet. Da bisher Kindergartenvereine und Privatpersonen nach Belieben eigene Ausbildungsstätten gegründet hatten und es an gemeinsamen und gesetzlichen Regelungen für die Errichtung der Kindergärtnerinnenseminare mangelte, wichen die Konzeptionen und Inhalte der verschiedenen Ausbildungsstätten stark voneinander ab. Jedes Seminar konnte Lehrpläne und Ausbildungsdauer selbst bestimmen. Die evangelische Kirche dehnte in der zweiten Hälfte des 19. Jahrhunderts das Netz ihrer Ausbildungsstätten aus, indem sie in einer Reihe von Diakonissenanstalten »Mutterhäuser für Kleinkinderpflege« angliederten, deren pädagogische Arbeit mit einer religiös-missionarischen und karitativen Aufgabenstellung verbunden war. Die katholische Kirche kümmerte sich ebenfalls seit Mitte des 19. Jahrhunderts um den Aufbau von Kleinkindereinrichtungen und Ausbildungsstätten. Hauptsächlich Ordensschwestern, die anfänglich nicht gesondert ausgebildet wurden, übernahmen die Betreuung der Kinder. Festzuhalten ist, dass im ausgehenden 19. Jahrhundert die Mehrzahl der Kleinkindereinrichtungen von Organisationen der beiden Kirchen getragen wurde. Diese maßgebende Stellung konfessioneller Wohlfahrtsverbände hat sich bis in die Gegenwart gehalten. Ca. 75 % aller Einrichtungen für Kleinkinder (Kindergärten, Kindertagesstätten) unterstehen heute der Caritas und dem Diakonischen Werk.

In der frühen Entwicklung des Erzieherinnenberufes und der Erzieherinnenausbildung bestand eine enge Verknüpfung mit der Frauenbewegung. Der Kindergärtnerinnenberuf wurde als eine der seltenen Möglichkeiten der beruflichen Arbeit gesehen, um der Frau berufliche Emanzipation und Anerkennung zu verschaffen. Diese Form der Frauenemanzipation wurde aber auch von dem Verständnis getragen, dass die Frau aufgrund spezifischer weiblicher Eigenschaften für den Erzieherinnenberuf prädestiniert sei. Demzufolge wurden aus der Mutterrolle die Berufsanforderungen an die Kindergärtnerin abgeleitet, auf ihre mütterliche Kraft Wert gelegt. Clara Zetkin als Vertreterin der proletarischen Frauenbewegung betrachtete Kindergärten und Kinderhorte – ähnlich wie die Vertreterinnen der bürgerlichen Frauenbewegung – als ein für die Frau hervorragendes Arbeitsfeld, »das sich eng an den häuslichen, mütterlichen Pflichtenkreis der Frau anschließt, eine Erweiterung und Vertiefung derselben bedeutet [...]. All ihre mütterliche Liebe, Wärme, Einsicht könnte sie da den Kindern anderer geben.« (Zetkin, 1957, S. 43)

Mit der Gründung der Kindergärten hatte Fröbel eine neue Einrichtung der Kleinkinderziehung und zugleich eine neue Gruppe von Berufserzieherinnen neben dem Stand des Lehrers geschaffen, für die eine eigene Ausbildung erforderlich war. Da aber der Kindergarten und seine Vorgänger nicht wie in vielen anderen Ländern als erste Stufe eines einheitlichen Bildungssystems galt, wurde die Kindergärtnerin folgerichtig auch nicht zusammen mit Lehrern ausgebildet, sondern an Ausbildungsstätten, die oft an hauswirtschaftlich-pflegerische Schulen angeschlossen waren. Entsprechend entwickelten sich der Erzieherinnenberuf und die Erzieherinnenausbildung relativ isoliert von anderen pädagogischen Ausbildungsgängen. Alle Versuche, eine Angleichung der Ausbildung und der beruflichen Stellung der Erzieherin an den Lehrer zu erreichen, scheiterten, ebenso wie die Schaffung eines Ausbildungsganges auf Hochschulniveau.

Zwanzigstes Jahrhundert ■ Der Staat, der jahrzehntelang nicht für eine allgemeine Regelung der Ausbildung zu gewinnen war, bezog erstmals 1908 in Preußen, bedingt durch die ständige Vermehrung der Seminare und vorschulischen Einrichtungen, die Ausbildung der Kindergärtnerinnen in den Lehrplan der neu entstandenen Frauenschulen ein. Diese staatliche Regelung geschah im Rahmen der Neuordnung des Mädchenschulwesens, wobei für die Frauenschule als erste Ausbildung ein Kindergärtnerinnenlehrgang mit staatlich genehmigtem Lehrplan und eine Abschlussprüfung vorgesehen waren. Aufgrund dieser Maßnahme erließ Preußen im Jahre 1911 die erste staatliche Ausbildungsordnung einschließlich Prüfungsbestimmungen für Kindergärtnerinnen.

Als Aufnahmebedingungen für den einjährigen Fachkurs wurde der mindestens einjährige Besuch einer staatlich anerkannten Frauenschule vorausgesetzt, an der insbesondere die Unterrichtsfächer Kindergartenunterweisung, Pädagogik, Religion, Deutsch, Gesundheitslehre, Kinderpflege und Bürgerkunde besucht werden mussten.

Während der Weimarer Republik kam es 1922 zur ersten gesetzlichen Regelung der Kleinkinderziehung im Jugendwohlfahrtsgesetz (Reichsschulkonferenz 1920), die die Entwicklung der Struktur des Kindergartens bis in die Gegenwart bestimmt. Im Jahre 1928 erfolgte eine Umgestaltung durch die gemeinsame Ausbildung von Kindergärtnerinnen und Hortnerinnen und eine Verlängerung der Ausbildung auf zwei Jahre. Die gesellschaftlichen Bedingungen der Arbeit von Kindergärtnerinnen fanden nur unzureichend oder gar nicht Eingang in die Ausbildung. In dieser Zeit erhielten die Kleinkindpädagogik und Kindergärtnerinnenausbildung vor allem von der reformpädagogischen Bewegung Impulse. Wesentliche Anstöße erhielt die Vorschulpädagogik und die Kindergärtnerinnenausbildung durch Maria Montessori (1870–1952). »Hilf mir, es selbst zu tun!« war dabei eine ihrer Hauptdevisen, die das Verhalten der Erzieherinnen entscheidend prägte. Damit verband sie eine Reihe von Funktionen und Qualifikationen gegenüber der »Leiterin«, wie sie vornehmlich die Erzieherin bezeichnete: »Sie ist eine Beobachterin der Nöte des Kindes. Sie ist eine Bereiterin der Umgebung. Sie ist eine Schutzherrin des Rechtes des Kindes auf Bildung. Sie ist ein überragendes Beispiel – ein lebendes Modell für die Augen des Kindes. Da sie eine Art »didaktisches Objekt« für die sich entwickelnde Persönlichkeit des Kindes ist, muss ihre Sprache und ihr nicht-verbales Verhalten das Beste widerspiegeln, was in unserer Kultur denkbar ist.« (zit. nach Orem, 1975, S. 113)

Während des Nationalsozialismus zwischen 1933 und 1945 begann auch im Bereich der vorschulischen Erziehung und der damit zusammenhängenden Kindergärtnerinnenausbildung eine Entwicklung, bei der beide zu Instrumenten der inhumanen nationalsozialistischen Weltanschauung herabgewürdigt und alle fortschrittlichen und demokratischen Ansätze in Erziehung und Ausbildung beseitigt wurden. Dem postulierten »Führer-Gefolgschafts-Verhältnis« der nationalsozialistischen Ideologie sollte auch die Erzieherin im Kindergarten entsprechen, damit die Kinder zu Gehorsam erzogen wurden und von klein auf lernten, sich unterzuordnen und anzupassen. Die nationalsozialistische Ideologie und deren pädagogische Vorstellungen sahen eine strenge Rollendifferenzierung zwischen den Geschlechtern vor. Schon im Kindergarten sollten die Mädchen auf ihre Mutterrolle vorbereitet und die Jungen zu »Kämpfern für das Volk« erzogen werden. Die Verklärung der Frau als Mutter führte dazu, dass eben diese Rolle sowie die der Hausfrau als erstrebenswertes Ziel und Verpflichtung jeder Frau angesehen wurde. Da dieser Auffassung zufolge Pflege und Erziehung dem angenommenen Charakter der Frau entsprachen, prägte das Bild der Frau als Mutter und Hausfrau sehr stark auch das Leitbild des Kindergärtnerinnenberufes. Wichtige Aufnahmebedingungen für die Ausbildungsstätten waren »arische« Abstammung, vollendetes 16. Lebensjahr und die so genannte »Führernatur«. Zentraler theoretischer wie praktischer Bezugspunkt des Unterrichts im Fach »Erziehungskunde mit Seelenkunde« war die Erb- und Rassenlehre. Pädagogische und psychologische Themen wurden unter Berücksichtigung einer rassenbezogenen Anthropologie behandelt, die Stoffgebiete wie Rassenkunde, Erblehre, Erbpflege, Familienkunde und Bevölkerungspolitik umfasste. Im Vordergrund dieser Betrachtungsweise standen die Erörterung der biologischen Grundlagen der Erziehung und die erblichen Unterschiede der Menschen. Die ganze Ausbildung beabsichtigte nicht, den angehenden Kindergärtnerinnen eine fundierte theoretische Basis für ihre spätere Berufstätigkeit zu vermitteln, sondern begnügte sich in erster Linie mit praktisch verwendbaren Handreichungen und Ratschlägen. Hauptsächlich der pädagogisch-psychologische Bereich wurde inhaltlich vernachlässigt oder wie im Falle der Psychoanalyse abgelehnt.

Nach dem Zusammenbruch von 1945 war der Neubeginn der sozialpädagogischen Arbeit zunächst bis weit in die 1950-er Jahre von Personalmangel und Finanzierungsschwierigkeiten, von Kinderandrang und Raumnot gekennzeichnet. Nach dem Zweiten Weltkrieg knüpfte die Gestaltung der Kindergärtnerinnenausbildung, die in die Zuständigkeit der einzelnen Bundesländer fiel, zunächst in Form und Inhalt an die Zeit vor 1933 an. Beispielsweise übernahm Baden-Württemberg bis 1967 die alten Ausbildungs- und Prüfungsbestimmungen von Baden (1928) und von Württemberg (1931). Nahezu einheitlich forderten alle Bundesländer die Mittlere Reife oder eine anerkannte Ersatzbildung als Aufnahmevoraussetzung für die Ausbildung zur Kindergärtnerin. Bei Fehlen der vorgeschriebenen Allgemeinbildung verlangten Bayern, Berlin und Hessen eine Aufnahmeprüfung.

Nach dem geistigen Stillstand während des Dritten Reiches konnten sich nun wissenschaftliche Erkenntnisse aus Pädagogik, Psychologie und Soziologie stärker verbreiten und in den Unterricht einfließen. Trotzdem fehlten den Kindergärtnerinnen noch immer profunde Kenntnisse vor allem in Gruppen- und Heilpädagogik sowie in der Soziologie. Dies lag auch daran, dass die so genannten musisch-praktischen Fächer einen relativ hohen Anteil der Ausbildung in Anspruch nahmen, was eine Vernachlässigung der theoretischen Ausbildung zur Folge hatte.

Die Anzahl der Ausbildungsstätten für Erzieherinnen lag 1960 in Deutschland bei ca. 100, wobei diese Einrichtungen insgesamt kein homogenes Bild boten. Den ersten Schritt zu einer Neuordnung der Ausbildung unternahm Hamburg, wo man 1962 die dreijährige Ausbildung einführte, die Frauen wie Männern in gleicher Weise zugänglich war. An die zweijährige schulische Ausbildung schloss sich ein von der Schule gelenktes Berufspraktikum von einem Jahr Dauer an. Gleichzeitig wurden in Hamburg die Ausbildungsstätten zu Fachschulen für Sozialpädagogik umgewandelt. Eine weitere wesentliche Änderung betraf die Vereinigung der Kindergärtnerinnen-/Hortnerinnenausbildung mit der Ausbildung der Erzieherinnen für Jugend- und Heimerziehung im Jahre 1967. Die von der Kultusministerkonferenz konzipierte dreijährige Erzieherinnenausbildung, die sich in einen zweijährigen mehr theoretischen Teil und einen einjährigen praktischen Teil im Rahmen des Berufspraktikums gliederte, orientierte sich in starkem Maße an dem seit 1962 in Hamburg üblichen Ausbildungsgang. Entsprechend wurden die Ausbildungsstätten als Fachschulen für Sozialpädagogik benannt und einheitlich die Berufsbezeichnung Erzieherin eingeführt.

Ausgehend von neueren Forschungsergebnissen, hauptsächlich auf den Gebieten der Begabungs- und Intelligenzforschung, der Motivations-, der Kreativitäts- und der Sozialisationsforschung, wurden die Ziele, Inhalte und Methoden der frühkindlichen Erziehung in den 1970-er Jahren stark beeinflusst. Dies hatte zur Folge, dass die Vorschulerziehung den Akzent mehr auf Individualisierung und eine generelle frühe und kompensatorische Förderung, insbesondere der kognitiven Funktionen und der Sprachbildung legte. Der Deutsche Bildungsrat schlug in seinem »Strukturplan für das Bildungswesen« (1970) nicht nur die Neustrukturierung der Elementarerziehung vor, sondern versuchte auch im Sinne der neueren gesellschaftlichen und wissenschaftlichen Entwicklungen die Ausbildung der Erzieherinnen zu überdenken. Angesichts der immens gestiegenen Anforderungen an die Erzieherinnen sah er seine Forderung nach einer qualifizierten sozialpädagogischen Ausbildung nur realisierbar in einem sechssemestrigen Studium an einer Fachhochschule für Sozialpädagogik, dem ein berufspraktisches Jahr zum Erwerb der staatlichen Anerkennung folgen sollte. Eine grundlegende Reform der Ausbildung wurde durch den relativ wirklichkeitsnahen Strukturplan nicht ausgelöst, denn der alte Fächerkanon blieb weitgehend unverändert bestehen und auch die bisherige Struktur der Ausbildung wurde nicht verbessert.

In den letzten 30 Jahren wurde offensichtlich, dass das bestehende Ausbildungssystem Fachschule für Sozialpädagogik den Anforderungen der gesellschaftlichen Wandlungsprozesse und der sich damit verändernden sozialpädagogischen Praxis nur bedingt gerecht werden konnte. Die Bedingungen der Bildungs- und Erziehungsarbeit – u.a. die Individualität der Kinder vor dem Hintergrund einer wachsenden Vielfalt familialer Lebensformen, die zunehmende sprachliche und ethnische Vielfalt, die wachsende Anzahl von Familien, die von Armut betroffen sind, und der vermehrte Eingang von Informations- und Kommunikationstechnologien in den Familien- und beruflichen Alltag – stellen umfangreiche und vielfältige Anforderungen an die fachliche Kompetenz der Erzieherinnen.

Jahrhundertwende – Gegenwart

Die im Jahre 2000 von der Kultusministerkonferenz verabschiedete Rahmenvereinbarung zur Erzieherinnenausbildung stellt einen weiteren Versuch von Seiten der Bundesländer dar, das Ausbildungssystem vor dem Hintergrund der föderalistischen Strukturen zu verbessern. Ziel der Ausbildung laut dieser Vereinbarung ist die Befähigung, Erziehungs-, Bildungs- und Betreuungsaufgaben zu übernehmen und in allen sozialpädagogischen Bereichen als Erzieherin selbständig und eigenverantwortlich tätig zu sein. Die berufliche Qualifikation kann durch den Erwerb der Fachhochschulreife ergänzt werden. Der gesamte Ausbildungsweg dauert unter Einbeziehung der beruflichen Vorbildung in der Regel fünf Jahre, mindestens jedoch vier Jahre. Die empfohlene Rahmenstundentafel eröffnete den Ländern Gestaltungsspielräume, denn auf die Festlegung einzelner Unterrichtsfächer wurde verzichtet, dafür aber folgende inhaltliche Lernbereiche, die alle einen berufsspezifischen Charakter aufweisen, vorgeschlagen: Kommunikation und Gesellschaft; sozialpädagogische Theorie und Praxis; musisch-kreative Gestaltung; Ökologie und Gesundheit; Organisation, Recht und Verwaltung; Religion/Ethik. Das inhaltliche Profil der Ausbildung wird durch die folgenden Qualifikationen beschrieben. Kinder und Jugendliche zu erziehen, zu bilden und zu betreuen, erfordert Fachkräfte, die:

- Das Kind und den Jugendlichen in seiner Personalität und Subjektstellung sehen
- Kompetenzen, Entwicklungsmöglichkeiten und Bedürfnisse der Kinder und Jugendlichen in den verschiedenen Altersgruppen erkennen und entsprechende pädagogische Angebote planen, durchführen, dokumentieren und auswerten können
- Als Personen über ein hohes pädagogisches Ethos, menschliche Integrität sowie gute soziale und persönliche Kompetenzen und Handlungsstrategien zur Gestaltung der Gruppensituation verfügen
- Im Team kooperationsfähig sind
- Aufgrund didaktisch-methodischer Fähigkeiten die Chancen von ganzheitlichem und an den Lebensrealitäten der Kinder und Jugendlichen orientiertem Lernen erkennen und nutzen können
- In der Lage sind, sich im Kontakt mit Kindern und Jugendlichen wie auch mit Erwachsenen einzufühlen, sich selbst zu behaupten und Vermittlungs- und Aushandlungsprozesse zu organisieren
- Als Rüstzeug für die Erfüllung der familienergänzenden und -unterstützenden Funktion über entsprechende Kommunikationsfähigkeit verfügen
- Aufgrund ihrer Kenntnisse von sozialen und gesellschaftlichen Zusammenhängen die Lage von Kindern, Jugendlichen und ihren Eltern erfassen und die Unterstützung in Konfliktsituationen leisten können
- Kooperationsstrukturen mit anderen Einrichtungen im Gemeinwesen entwickeln und aufrechterhalten können
- In der Lage sind, betriebswirtschaftliche Zusammenhänge zu erkennen sowie den Anforderungen einer zunehmenden Wettbewerbssituation der Einrichtungen und Dienste und einer stärkeren Dienstleistungsorientierung zu entsprechen (vgl. Kultusministerkonferenz, 2000, S. 3 f.).

Die Rahmenvereinbarung eröffnete den Ländern ab 2000 die Möglichkeit, im vorgegebenen Rahmen die Beschlüsse umzusetzen. Die Länder verfolgen seither verschiedene Ansätze, die Ausbildung der Erzieherinnen an den Fachschulen bzw. Fachakademien inhaltlich-konzeptionell durch eine Reform der Lehrpläne und/oder der Anhebung der Zugangsvoraussetzungen zu verbessern. Einige Bundesländer begannen z. B., neue Lehrpläne mit Handlungs- und Lernfeldern statt einem Fächerkatalog einzuführen. Die Handlungs- und Lernfelder fassen komplexe berufliche Aufgabenstellungen zusammen und zielen damit auf den Erwerb von Handlungskompetenz in enger Verzahnung von Theorie und Praxis. Dies beinhaltet die Chance, die von vielen Seiten beklagte Verschulung der Ausbildung im Sinne eines themenorientierten, auf den Erwerb von Schlüsselqualifikationen ausgerichteten Lehrens und Lernens zu gestalten.

Die Ergebnisse der PISA-Studien bestimmten seit 2001 die deutsche Bildungsdiskussion und lenkten die öffentliche Aufmerksamkeit auch auf die Bedeutung unseres Vorschulsystems. Die beginnende Neukonzeptualisierung der Bildung in Kindertageseinrichtungen und die OECD-Studien von 2001 und 2004 stellten erneut die Frage nach der Qualifikation des Fachpersonals. Bereits die vergleichende Studie von Oberhuemer und Ulich (1997) zeigte auf, dass Deutschland und Österreich die einzigen Länder der EU sind, bei denen das Kindergartenpersonal nur in ganz seltenen Fällen eine Hochschulausbildung hat. Nach Angaben des Statistischen Bundesamtes (Stand 2002) haben etwa 64 % des Personals eine Ausbildung als Erzieherin, 12,5 % als Kinderpflegerin und 6 % haben gar keinen Abschluss. Eine akademische Ausbildung – etwa als Diplom-Sozialpädagoginnen – findet man hierzulande hingegen kaum (2,2 %). Bildungsexperten sind sich einig, dass eine akademische Ausbildung für Erzieherinnen die Qualität frühkindlicher Bildung entscheidend beeinflussen könnte. »Tendenzen in anderen OECD-Ländern bestätigen immer wieder den engen Zusammenhang zwischen dem Niveau der Ausbildung und der Qualität des Lernens« (Frankfurter Rundschau, 02.08.2005). Die Jugendministerkonferenz vom 12./13. Mai 2005 stellte fest, dass die akademischen Aus-, Fort- und Weiterbildungsangebote durch die Länder und die Träger ausgeweitet werden müssen. So erhofft man sich in einem mittelfristigen Prozess, dass sich der Anteil des in den Kindertageseinrichtungen tätigen, akademisch ausgebildeten Personals vergrößern kann. Die Jugendministerkonferenz zeigte sich grundsätzlich offen für diesen Prozess der Differenzierung der Erzieherinnenausbildung. Sie hält es für wichtig, für das im Aufgabenfeld tätige Personal und diejenigen, die heute und in den nächsten Jahren die Fachschul- bzw. Fachakademieausbildung absolvieren, akademisch gestützte Fort- und Weiterbildungsangebote zu konzipieren, und geht davon aus, dass die Fachschul- bzw. Fachakademieausbildung noch für viele Jahre vorherrschend sein wird.

Mittlerweile gibt es zwar die ersten Ausbildungsgänge an sechs Fachhochschulen (Abschluss: Bachelor of Arts), von einer flächendeckenden akademischen Ausbildung für Erzieherinnen ist man aber noch weit entfernt – u.a. aus Kostengründen: »Praxis, Politik, Ausbildung, Forschung und andere Bereiche sind aufgefordert, die Frage nach der Angemessenheit des Ausbildungssystems aufzuwerfen und gemeinsam zu beantworten. Die Ausbildungsstätten ihrem Schicksal allein zu überlassen, von ihnen zu erwarten, dass sie ihre Probleme selbst lösen werden, oder als Antwort auf anstehende Fragen lediglich strukturell-organisatorische Lösungen anzubieten, wird uns alle nicht weiterführen. Vielmehr gilt es, die Ausbildungsstätten voll am Diskurs fachlicher wie politischer Debatten über die Bildung und Erziehung unserer Kinder zu beteiligen, mit ihnen gemeinsam die Fragen zu thematisieren und nach Antworten zu suchen, indem wir uns vergegenwärtigen, dass die Lösung derart komplexer Probleme weder die Aufgabe, geschweige die Verantwortung einer Zunft ist.« (Fthenakis, 2002, S. 35)

Bedeutung früher und heute ■ Die Einbeziehung der historischen Komponente sowohl in die Erzieherinnenausbildung als auch in die bildungspolitische Diskussion über sie bedeutet nicht nur Analyse der geschichtlichen Realität und Bestimmung des Standorts in der Gegenwart, sondern vermag darüber hinaus einen wichtigen Beitrag zur zielgerichteten Entwicklung von Zukunftsperspektiven innerhalb dieses Bereiches zu leisten. Der Rückblick auf die Vergangenheit ergibt, dass bereits im 19. Jahrhundert wesentliche Vorentscheidungen über die Struktur und die inhaltliche Gestaltung der gegenwärtigen Ausbildungsstätten für Erzieherinnen getroffen wurden. Das Wissen um die Geschichte des Erzieherinnenberufes sollte es den Trägern der Ausbildung sowie Lehrkräften und Erzieherinnen ermöglichen, ihr eigenes Tun besser einzuschätzen, eine Hilfe bei der Meisterung ihrer täglichen Aufgaben zu bieten und eine wichtige Voraussetzung für eine sachgerechte Beurteilung der Verhältnisse der jeweiligen Gegenwart zu schaffen (vgl. Klafki, 1971, S. 364).

Blickt man zurück, so zeigt sich, dass seit ca. 160 Jahren in Deutschland hauptsächlich Frauen für die öffentliche Kleinkindererziehung ausgebildet werden. Als weitgehend reiner Frauenberuf wird der Beruf der Erzieherin noch immer nicht als gesellschaftlich bedeutungsvoll gewertet, was sich auch an der geringen Bezahlung festmacht. Dem Erzieherinnenberuf hängt seine historische Ausgangslage immer noch an: die Herkunft aus einem Beruf der Armenpflege und der Fürsorge. Dem weiblichen Geschlecht zugeschriebene Eigenschaften und Verhaltensmuster, wie verstehen, dulden, helfen, sich aufopfern und auf Selbstdarstellung verzichten, waren geradezu für die Übernahme von Erziehungsaufgaben geschaffen. Das traditionelle Frauenbild sieht die Frau immer noch als »natürliche« Erzieherin, der eine »naturgegebene« Fähigkeit im Umgang mit Kleinkindern zugeschrieben wird. Bis in die 60-er Jahre des 20. Jahrhunderts orientierte man sich vornehmlich an diesem Leitbild der Erzieherin. »Dies genau spiegelt auch den gesellschaftlichen Stellenwert öffentlicher Erziehung und damit den Status von Erzieherinnen wider. Erziehung wird nicht als gesellschaftliche notwendige, als wirkliche Arbeit anerkannt, sondern sie ist angeblich, genau wie in der Familie, »natürlicher« Bestandteil eines Frauenlebens.« (Sauerborn, 1988, S. 148) Die bis heute fehlende gesellschaftliche Anerkennung des Erzieherinnenberufes drückt sich nicht nur durch die Einordnung auf einem unteren Platz der Prestigeskala aus, sondern vielmehr auch durch gewisse Vorurteile über diesen Beruf: »Wir hören oft, Kindergärtnerinnen müssten nur so ein bißchen auf die Kinder aufpassen. Dabei gäbe es nichts zu tun als rumsitzen und zuschauen, ein paar Spielchen machen, malen und basteln.« (Colberg-Schrader, 1988, S. 302) Zwar besteht ein zunehmendes öffentliches Interesse an Erziehung und Bildung im Vorschulbereich, jedoch über die Erzieherinnen, über ihre täglichen Berufsnöte, über ihre Arbeitsbedingungen und die Interpretation ihrer Berufsrolle, ist in der Öffentlichkeit sehr viel weniger bekannt. Eine Gesellschaft, die weitgehend auf dem individuellen Leistungsprinzip aufbaut, sieht die berufliche Beschäftigung mit Kindern als wenig produktiv an. Sparmaßnahmen auf dem sozialen Sektor und geringe Entlohnung der Erzieherinnen verdeutlichen diesen Zustand.

Seit den Anfängen der Erzieherinnenausbildung hat sich diese im Hinblick auf Ziele, Inhalt, Form und Dauer nach und nach verändert. Im gleichen Zeitraum haben sich auch die Anforderungen und Aufgabenstellungen für diesen Beruf gewandelt. Dies beinhaltet die Feststellung, dass Erzieherinnen heute weit mehr wissen und können müssen als früher. Zwischen dem Profil einer Kindergärtnerin vor hundert Jahren und einer Erzieherin am Anfang des 21. Jahrhunderts finden sich nur noch minimale Gemeinsamkeiten. Die beruflichen Anforderungen sind heute sehr weitreichend, vielseitig und anspruchsvoll: »Sie reichen von situationsorientierten Angeboten bis hin zu Umfeldanalysen, von strategischer Nutzung der Ressourcen bis zur projektorientierten Vermittlungstätigkeit in Ausdrucks- und Gestaltungsprozessen von Kindern und Jugendlichen. Gefragt sind aber auch politische Einmischung, Parteinahme für Kinder und Jugendliche unterschiedlichster Muttersprache, organisatorische Flexibilität sowie Besonnenheit in der Bewertung von kindlichem und jugendlichem Verhalten. Nicht zuletzt beinhalten sie auch Gründlichkeit und Vielseitigkeit bei der fachlichen Meinungsbildung sowie kulturelle Vielfalt und praktisches Know-how.« (Kazemi-Veisari, 1997, S. 7) Erzieherinnen sind Vorbilder, Organisatorinnen, Kleinkindexpertinnen, Bildungsfachkräfte, Sozialmanagerinnen, Lebensbewältigungshelferinnen, Freizeitpädagoginnen, Fachfrauen, Fachkräfte für interkulturelle Arbeit, Fachkräfte für integrative Erziehung, Trösterinnen, Ansprechpartnerinnen, Zuhörerinnen, manchmal auch Sorgentelefon, Gesundheitsexpertinnen, pädagogische Wegbegleiterinnen und Netzwerkexpertinnen. Die Definitionen von Fachlichkeit sind vielseitig, zum Teil unklar und unbeständig, sie entwickeln sich mit den Veränderungen in diesem Arbeitsfeld. Wie diese verschiedenen Aufgaben und Anforderungen bewältigt werden sollen, ist in hohem Maße von der Kompetenz, dem Engagement und der Weiterbildungsbereitschaft der Erzieherinnen abhängig: »Die ›Halbwertszeit‹ des Wissens erfordert permanente Weiterbildung. Wer sich künftig nicht bemüht, auf dem aktuellen Stand des Wissens zu sein, wer den Ansprüchen einer Wissens- und Informationsgesellschaft nicht genügen will, den wird das Arbeitsleben ins Abseits und die Gesellschaft an den Rand drücken. Wer heutzutage mit Kleinkindern, Kindern und Jugendlichen pädagogisch arbeitet, braucht als Grundqualifikation stete Lernbereitschaft.« (Müller, 1998, S. 198) Die zentrale Frage zum Thema lebenslanges Lernen richtet sich darauf, welche Fähigkeiten und Kenntnisse die Grundlage dafür bilden und wie diese Kompetenzen in der Erzieherinnenausbildung sowie in den Kindertageseinrichtungen vermittelt werden können: »Erzieherinnen müssen sich heute als lernende und vermittelnde Personen auf Aufgaben einlassen, die nicht festgelegt sind. Im Gegenteil: Die Aufgaben müssen immer neu erkannt und ausgehandelt werden. Um für ein so beschriebenes Berufsbild ausbilden zu können, muss eine Fachschule sich als lernende Institution verstehen und als solche zu handeln beginnen.« (Kazemi-Veisari, 1997, S. 79) Zukünftig muss sich das Interesse der Erzieherinnenausbildung verstärkt darauf richten, wie Lernen gestaltet werden muss, um lebenslanges Lernen und den Erwerb von Schlüsselqualifikationen zu garantieren.

Frühpädagogische Perspektiven ■ Am Anfang des 21. Jahrhunderts steht der Kindergarten vor neuen Herausforderungen, denn die PISA-Ergebnisse werten den frühkindlichen Bereich auf. Dies wirft die Frage auf, welche Lernbedingungen kleine Kinder auf dem Weg in das 21. Jahrhundert brauchen und welche Konzepte für frühkindliche Bildung dafür geeignet erscheinen. Die zunehmende Ausweitung des Betreuungsbedarfs für Kinder unter drei und über sechs Jahren erweitert die Aufgaben des Kindergartens und die sinkenden Kinderzahlen in naher Zukunft stellen ebenfalls eine kommende Herausforderung dar. Die Frage, wie sich die Frühpädagogik und die ihr zu Grunde liegende Theorie und Konzeption entwickeln wird, bleibt für die Zukunft schwer eindeutig zu beantworten. Im Zeitalter der Globalisierung und einer pluralistischen Gesellschaft gibt es mehrere mögliche Entwicklungstendenzen und Positionen für die Elementarpädagogik.

So führt die Suche nach Antworten auf die PISA-Ergebnisse für Kindertageseinrichtungen verstärkt zu Forderungen nach früherer Förderung der Kinder und nach intensiverer Bildung zwischen null und sechs Jahren. In der Diskussion um die Zukunft des Bildungssystems wurde deutlich, dass es bei allen Bildungsprozessen auf den Anfang ankommt. Von verschiedenen Seiten empfahl man, die Bedeutung früher Lernprozesse verstärkt zu betonen und Kindergärten von Betreuungs- in Bildungsinstitutionen umzuwandeln. Bis heute haben als Konsequenz dieser bildungspolitischen Debatte um die frühkindliche Bildung alle Bundesländer Grundsätze und Empfehlungen zur Bildungsarbeit in Kindertageseinrichtungen vorgelegt. Teilweise berücksichtigen manche Länder in den Bildungsplänen neben den drei- bis sechsjährigen Kindern auch die Altersgruppe unter drei Jahren: »Doch lässt sich bis heute noch nicht erkennen, ob es in Deutschland möglich sein wird, einen grundlegenden Wandel des Bildungsdenkens zu erreichen; ob in einer Zeit wirtschaftlicher Knappheit eine Wendung zu vollziehen ist, die das Bildungssystem vom Kopf auf die Füße stellen würde; ob eine grundlegende Einsicht an Boden gewinnt, die im Sport als Binsenweisheit gilt: Breitenförderung von unten her zu betreiben, um schließlich Spitzenergebnisse zu erzielen.« (Schäfer, 2003, S. 14)

Die Erkenntnisse der Neurobiologen über die große Bedeutung von Anregungen für die Gehirnentwicklung der Kinder stellt zusätzlich die Wichtigkeit des frühkindlichen Lernens heraus. Die im Kinder- und Jugendhilfegesetz (KJHG) genannten Aufgaben für Kindertageseinrichtungen »Betreuung, Erziehung und Bildung« werden sich in Zukunft von der Betreuung und Erziehung mehr auf die Bildung verlagern: »Nicht Wissensvermittlung, sondern die Stärkung kindlicher Entwicklung und kindlicher Kompetenzen stehen nunmehr im Mittelpunkt. Die Vermittlung von Reorganisationskompetenz, die Kinder befähigt, mit Veränderung und schnellem Wandel umzugehen, zählt ebenso dazu wie die Fähigkeit, die eigenen Stärken zu mobilisieren oder eigene Ressourcen zu nutzen, um Risikosituationen zu bewältigen.« (Fthenakis, 2005, S. 23) Es ist zu erwarten, dass sich die Frühpädagogik vor diesem Hintergrund mit einem neuen Verständnis von Erziehung und Bildung beleben und eine durchgreifende Qualifizierung erfahren wird. Die vorgelegten Bildungspläne der Bundesländer, die Themen wie Sprache, Mathematik, Technik und naturwissenschaftliche Experimente verstärkt aufgreifen, sind ein erster Schritt in diese Richtung. Was bleibt, ist die Frage, inwieweit diese Kindergarten-Standards mit denen für die Schule korrespondieren oder kollidieren.

Nach den PISA-Ergebnissen ist der Schulerfolg eines Kindes in Deutschland stark mit seiner sozialen Herkunft verknüpft. Hier bietet sich für die Frühpädagogik eine Möglichkeit für mehr Bildungsgerechtigkeit, denn Untersuchungen zeigen, »wenn Kinder aus benachteiligten Familien schon mit zwei oder drei Jahren eine gute Tageseinrichtung besuchen, dann wirkt sich das positiv auf Schulerfolg und Sozialverhalten aus« (Leu; zitiert nach Frankfurter Rundschau, 02.08.2005). Als eine Konsequenz der Migrationsproblematik haben einige Bundesländer begonnen, die Sprachkompetenz bei Kindern einige Monate vor der Einschulung zu testen und, falls nötig, Förderkurse anzubieten.

Die Tendenz, dass Kindertageseinrichtungen zunehmend als Bildungseinrichtungen verstanden werden, belebt auch die curriculare Weiterentwicklung und die Auseinandersetzung um vorschulpädagogische Konzepte zur Förderung von Bildungsprozessen (vgl. Bildung als »Selbstbildung«, »Das Weltwissen der Siebenjährigen«, Neubewertung des Situationsansatzes). Im Rahmen der Europäisierung, d.h. im Austausch und möglicherweise auch in der Angleichung europäischer Vorschulerziehung, »wird man sich früher oder später noch deutlicher die Frage stellen müssen, welches Modell bzw. Konzept denn was hervorbringt. Spätestens dann sind konzeptuelle Begründungen gefordert, die auch im Detail nachweisen, dass das, was in deutschen Kindergärten getan wird, zum Erfolg für Kinder und Gesellschaft führt.« (Büttner & Dittmann, 1999, S. 10)

Die pädagogische Qualitätsdiskussion wird zunehmend die Tageseinrichtungen für Kinder bestimmen, wobei es im Zusammenhang mit der frühkindlichen Bildung und dem Lernen des Lernens, darum gehen wird, »Vermittlungsprozesse, aber auch die Interaktions- und Lernkultur für die Einrichtung näher zu bestimmen« (Gisbert, 2004, S. 38). Dabei wird eine der wichtigsten Aufgaben von Kindertagesstätten sein, die Neugier auf das Leben, die Offenheit für Neues und die Freude am Lernen zu vermitteln.

Am Anfang des 21. Jahrhunderts sollte klar sein, dass auch die Frühpädagogik nicht wenige ihrer eingefahrenen Gleise verlassen muss und in Zukunft eine verstärkte Weiterentwicklung vorschulischer Konzepte gefordert ist. Hierbei ist zu beachten, dass grundsätzlich folgende Prinzipien implizit mitgedacht werden (Beher, Hoffmann & Rauschenbach, 1999, S. 144):

- »Offenheit für gesellschaftliche Veränderungen zu bewahren, also Innovationsfähigkeit als Prinzip zu sichern
- Anpassungen der Ausbildung an fortlaufende Veränderungen und erneute Ausdifferenzierungen innerhalb der Arbeitsfelder vorzunehmen
- Die Ausweitung des Aufgabenprofils im Blick zu behalten«.

Es bleibt zu hoffen, dass sich dabei die Erzieherinnen für neue Wege in der Frühpädagogik öffnen, eine gewisse Experimentierfreudigkeit entwickeln und die Kraft und Energie aufbringen, die mit Veränderungsprozessen verbunden sind.

■ Literatur

Beher, K., Hoffmann, H. & Rauschenbach, T. (1999). Das Berufsbild der Erzieherinnen. Neuwied: Luchterhand.
Blochmann, E., Geißler, G., Nohl, H. & Weniger, E. (Hrsg.) (1952). Henriette Schrader-Breymann. Weinheim
Büttner, C. & Dittmann, M. (Hrsg.) (1999). Kindergartenprofile. Weinheim: Beltz.
Colberg-Schrader, H. (1988) Die Rolle des Erziehers und sein Selbstverständnis. In: H. Mörsberger, E. Moskal & E. Pflug (Hrsg.), Der Kindergarten. Bd. 1 (S. 301–314). Freiburg: Herder
Deutscher Bildungsrat (Hrsg.). (1970). Empfehlungen der Bildungskommission: Strukturplan für das Bildungswesen. Stuttgart: Klett.
Fthenakis, W. E. (2002). Die Ausbildung von Erzieherinnen und Erziehern: Strategiekonzepte zur Weiterentwicklung von Ausbildungsqualität. In: W. E. Fthenakis & P. Oberhuemer (Hrsg.), Ausbildungsqualität (S. 15–38). Neuwied: Luchterhand.
Fthenakis, W. E. (2005). Das Kind im Zentrum. Frankfurt/M. (Frankfurter Rundschau, 02.08.2005).
Gisbert, K. (2004). Lernen lernen. Weinheim: Beltz.
Goldschmidt, H. (1909). Was ich von Fröbel lernte und lehrte. Leipzig: Akad. Verlags-Gesellschft.
Hoffmann, E. (1951). Friedrich Fröbel – Ausgewählte Schriften. Bd. 2. Bad Godesberg: Küpper.
Jugendministerkonferenz (Hrsg.) (2005). Weiterentwicklung der Erzieherinnen- und Erzieherausbildung. München.
Kazemi-Veisari, E. (1997). Schule lernt um – Notwendige Veränderungen in der Erzieherinnenausbildung. Kindergarten heute, 7–8, 7–13.
Klafik, W. (1971). Erziehungswissenschaft als kritisch-konstruktive Theorie. Zeitschrift für Pädagogik, 17, 3, 351–385.
Kultusministerkonferenz (Hrsg.) (2000). Rahmenvereinbarung – Zur Ausbildung und Prüfung von Erziehern/Erzieherinnen. Bonn.
Metzinger, A. (1993). Zur Geschichte der Erzieherausbildung. Frankfurt/M.: Lang.
Müller, A. (1998). Bildung im Kindergarten. In: W. E. Fthenakis & H. Eirich (Hrsg.), Erziehungsqualität im Kindergarten (S. 196–198). Freiburg/Br.: Lambertus.
Oberhuemer, P. & Ulich, M. (1997). Kinderbetreuung in Europa. Tageseinrichtungen und pädagogisches Personal. Weinheim: Beltz.
Orem, R. C. (1975). Montessori heute. Die Aktualität einer großen Erziehungskonzeption. Ravensburg.
Sauerborn, J. (1988). Fächerübergreifende Fortbildungsangebote. In: Pestalozzi-Fröbel-Verband (Hrsg.), Identität und Professionalität im Erzieherberuf (S. 147–150). München
Schäfer, G. (Hrsg.) (2003). Bildung beginnt mit der Geburt. Weinheim: Beltz.
Zetkin, C. (1957). Über Jugenderziehung. Berlin: Dietz.

Berufliche Sozialisation von Erzieherinnen

Barbara Dippelhofer-Stiem

In modernen Industriegesellschaften sind Erwerbstätigkeit und Berufsausübung ein bedeutsamer Abschnitt im Lebensverlauf und konstitutiv für die Herausbildung der sozialen und personalen Identität der Menschen. Die Teilhabe am Arbeitsleben bindet den Einzelnen in das gesellschaftliche Gefüge ein und ist deshalb ein wichtiger Mechanismus der sozialen Integration. Doch ist dies an Voraussetzungen geknüpft. Die Akteure müssen ein mit der betrieblichen Welt kompatibles, je spezifisches Spektrum von fachlichen und überfachlichen Qualifikationen, einschlägigen Orientierungen und Verhaltensmustern vorweisen. Hierzu bedarf es einer oft langjährigen vorgelagerten Ausbildung sowie der kontinuierlichen Weiterbildung im Arbeitsleben selbst. Je anspruchsvoller die Tätigkeit ist, desto umfänglicher und vielschichtiger sind die darauf bezogenen Anforderungen und Erwartungen. Der Begriff berufliche Sozialisation fokussiert dieses Geschehen, das sowohl Elemente der Vergesellschaftung der Subjekte als auch der Individuierung in sich vereinigt. In der Wechselwirkung von äußerem Kontext, Zeit und aneignender Aktivität werden gesellschaftliche Ansprüche, Normen und Regeln internalisiert und in gewissem Maße persönlich ausgestaltet. Theoretische Ansätze, die sich der beruflichen Sozialisation widmen, nehmen dieses dynamische Zueinander von institutioneller Vermittlung und subjektivem Erwerb entsprechender Kenntnisse und Fähigkeiten genauer in den Blick und untersuchen es im Detail. Analysiert werden die allgemeinen Prozesse und umweltlichen Bedingungen, die kohortentypischen Verläufe und Ergebnisse ebenso wie die tätigkeitsspezifischen und individuellen Besonderheiten (vgl. ausführlich Heinz, 1995). Dabei signalisiert der Begriff Sozialisation, dass die erworbenen Vorstellungen, Kompetenzen und Qualifikationen nicht unbedingt auf gezielte erzieherische Absichten oder bewusstes Lernen rückführbar sind. Vielmehr können sie auch – mehr oder weniger akzeptiertes – Ergebnis ungeplanter, nicht-intendierter Einflüsse sein. Des weiteren werden sie als in allen Phasen des Berufsweges wandelbar und als gewichtiger Baustein der lebenslangen Sozialisation angesehen.

Bezogen auf pädagogische Berufe kommt diese wissenschaftliche Perspektive in Theorie und Forschung eher verhalten zum Tragen. Wohl aber kreisen die Diskussionen um den zentralen Inhalt fachlicher Sozialisation, der für das praktische Agieren unerlässlich ist und den es in Ausbildung und Beruf gleichermaßen zu fördern gilt: die Professionalität. Dieser Begriff verweist auf die Besonderheiten des pädagogisch-fachlichen Tuns, das sich auszeichnet durch wissenschaftliche Fundierung, organisatorische Rahmung, die konventionelle Absicherung eingespielter Praktiken sowie Reflexivität der Personen. Die besondere Handlungslogik in den Bildungsinstitutionen wird zudem bestimmt durch den doppelten Klientenbezug (Kinder und Eltern nämlich), die Arbeit mit Gruppen statt mit Individuen, die explizite Prospektivität hinsichtlich der Norm- und Wertorientierungen (Dewe, Ferchhoff & Radtke, 1992). Diese Erörterungen rekurrieren allerdings vorwiegend auf akademisch geschulte Pädagogen und sind mit grundsätzlichen Überlegungen zu Professionen und Professionalisierung verbunden.

Konzeptualisierungen dieser Art wären jedoch auch für den Erzieherinnenberuf angebracht, erlauben sie doch, den Grad des qualifizierten Denkens und Handelns kategorial zu spezifizieren. In heuristischer Absicht ließen sich dabei drei Segmente der Professionalität unterscheiden. Zum einen geht es um die innere Repräsentanz des Berufes mit den darauf bezogenen Überzeugungen und den auf die Kinder gerichteten Leitbildern. Diese setzen den ideellen Orientierungsrahmen des Wirkens und erlauben, Entscheidungen über Motive, Ziele und Normen zu treffen und zu rechtfertigen. In weiterer Konkretisierung und zum zweiten bildet die pädagogische Kompetenz den Resonanzboden für die Arbeit mit den Kindern. Fachwissen, Methodenkenntnisse, Sozial- und Selbstkompetenz sind hierbei die tragenden Säulen (Frey, 1999). Und schließlich ist das unmittelbare Handeln zu nennen. Der Arbeitsalltag ist zwar durchaus planbar, gleichwohl enthält er zahlreiche Unwägbarkeiten. Unklare, offene Situationen, mehrperspektivische Interaktionen und spontane Einlassungen der Beteiligten verlangen nach fachlich begründeten Routinen und theoriebezogener Praxis, die einzusetzen freilich nicht immer gelingen mag.

Ausgehend von diesen begrifflichen Rastern widmen sich die folgenden Ausführungen dem Erkenntnishorizont zu Genese, Bedingungsgefüge und Erscheinungsformen der Fachlichkeit von Erzieherinnen. Im Lichte sozialisationstheoretischer Prämissen werden empirische Befunde präsentiert, in der gebotenen Kürze gebündelt und interpretiert. Beginnend mit einer Skizze ausgewählter kontextueller Bedingungen, gilt das hauptsächliche Augenmerk den Inhalten und Ergebnissen des Sozialisationsprozesses – jenen facettenreichen Aspekten der Professionalität, zu denen erfahrungswissenschaftliche Erkenntnisse vorliegen. Das Interesse richtet sich dann auf die Effekte der Ausbildung sowie auf die Verläufe der Sozialisation von Fachkräften, die in Kindertageseinrichtungen arbeiten. Das abschließende Kapitel rundet den Beitrag ab mit einem Blick auf die zukünftigen Perspektiven und den Forschungsbedarf im Ausbildungs- und Arbeitsfeld der Pädagogik der frühen Kindheit.

Theoretische Perspektiven und empirische Befunde ■

Das Gefüge der beruflichen Sozialisationsumwelt ■ Die Sozialisationstheorie unterstreicht die Wirksamkeit von kontextuellen Gegebenheiten, selbst dann, wenn diese nicht direkt Teil des unmittelbaren Lebensbereichs des Menschen sind. Auch für den Werdegang von Erzieherinnen ist ihnen eine wichtige Rolle zuzusprechen. Anknüpfend an die Unterscheidung zwischen Makro-, Meso- und Mikroebene von Sozialisationsbedingungen und den Blickwinkel der Erzieherin einnehmend gehört der Elementarsektor als

Teil des Bildungssystems zum *Makrobereich* und ist mit gesetzlichen und trägerspezifischen Regelungen sowie administrativen Vorgaben unterlegt. Die gesellschaftlichen Erwartungen an die institutionelle Früherziehung manifestieren sich des weiteren in Öffentlichkeit und Medien. Szenarien über drastische Gefährdungen der Kinder und wachsende Defizite der Familien treten wissenschaftlich gestützten Forderungen nach einem erweiterten Funktionsprofil und Qualitätsverbesserungen zur Seite und erweitern in durchaus doppelbödiger Weise den vermeintlichen Zuständigkeitsbereich der institutionellen Frühpädagogik. Die vor Ort Tätigen haben, wie die wenigen verfügbaren Studien folgern lassen, Kenntnis von der rechtlichen Eingebundenheit und dem Meinungsklima (Fried, 2002). Es ist anzunehmen, dass sie in der Widersprüchlichkeit der Funktionszuschreibungen, die für sich genommen einer dynamischen Gesellschaft entsprechen und diskussionswürdig sind, gefangen bleiben, sich zu wenig einbezogen und in eine passive Rolle versetzt sehen. Hieraus mag der Eindruck vieler Fachkräfte erwachsen, nicht hinreichend anerkannt zu sein (Kahle, 2000). Einschlägige Forschungen, die die Sicht der Betroffenen zu diesen Dilemmata einholen, liegen aber nicht vor.

Der *Mesoebene* der beruflichen Sozialisationsumwelt zuordenbar, ist die Trägerschaft der Einrichtung. Insbesondere, wenn sie in kirchlichen Händen liegt, erwachsen daraus spezifische Erwartungen. Den Erzieherinnen ist ehrenamtliches Engagement ebenso angesonnen wie entsprechende Werthaltungen und eine darauf abgestimmte private Lebensführung. Vor allem aber obliegt es ihnen, den religionspädagogischen Auftrag gegenüber den Kindern zu verwirklichen. Hieraus erwachsen Rollenkonflikte. Gerade junge Mitarbeiterinnen stehen diesen Anforderungen reserviert gegenüber. Dies mindert, wie eine Untersuchung in evangelisch geprägten Kindergärten zeigt, das professionale Selbstverständnis, die Arbeitsmotivation und die Befürwortung der religionspädagogischen Absichten des Elementarbereichs. Umgekehrt berichten jene, die sich von der Gemeinde, dem Pastor oder dem Kirchenvorstand unterstützt und mit Interesse bedacht fühlen, von einem deutlich geringeren Belastungsniveau und einer ausgeprägten Freude an der Arbeit (Dippelhofer-Stiem & Kahle, 1995). Auch die Beziehung zu den Eltern der anvertrauten Kinder – als weiterem Aspekt der Mesoebene – kann konflikthaft sein. Trotz einer überwiegend positiven Grundhaltung formulieren die Mütter und Väter nämlich eigene Ansprüche. Sie akzentuieren die Erziehungsziele anders, wollen nicht so sehr die Familienergänzung im Vordergrund der Frühpädagogik sehen, sondern die schulische Vorbereitung der Kinder (Honig, Joos & Schreiber, 2004; Tietze, 1998). Solche moderaten Diskrepanzen zwischen eigenen und fremden Sichtweisen modellieren, wie die Sozialisationstheorie postuliert, auf sanfte Weise das Selbstbild; sind die Differenzen jedoch schärfer, vermögen sie erhebliche Distanzierungsprozesse auszulösen, bis hin zur Aufgabe des Berufes.

Stärker noch ist die Wirkung der unmittelbaren beruflichen Umwelt – der *Mikroebene* – zu veranschlagen. Junge Erzieherinnen, die im Rahmen einer Längsschnittstudie im Übergang von der Fachschule in den Beruf begleitet wurden, schildern sie als facettenreich und vielgestaltig, versehen mit einer Reihe von Anforderungen. Sie berichten von einem Kontext, der ihnen neben der sozialen Verantwortlichkeit gegenüber den zu Betreuenden zuvorderst abverlangt, persönliche Fähigkeiten und Neigungen in das berufliche Handeln einzubringen und eigene Interessensschwerpunkte zu verwirklichen. Fast gleichrangig kommt es auf sozial-kommunikative Fähigkeiten und die Respektierung anderer Standpunkte an. In etwas geringerem Ausmaß sind Kritikfähigkeit sowie die Reflexion des eigenen Handelns eingefordert. Die Lösung praktischer Probleme auf der Grundlage theoretischer Einsichten bildet das Schlusslicht. Diese direkte berufliche Sozialisationsumwelt wird als relativ homogen und im Laufe der Zeit als gleichbleibend erlebt, unabhängig davon, welche Fachschule die Frauen zuvor absolviert haben und wer der Träger der jetzigen Arbeitsstätte ist. Die Berufsanfängerinnen sind mit dem anspruchsvollen Anforderungskatalog zufrieden. Sie bewerten den arbeitsweltlichen Kontext noch positiver als den vormaligen schulischen, und sie halten auch später an dieser Einschätzung fest (vgl. Jopp-Nakath, 2002).

Facetten der Professionalität als Sozialisationsinhalt und -ergebnis ■ Die Vielgestaltigkeit der Sozialisationsumwelt spiegelt sich in den ideellen Aspekten der Professionalität: Erzieherinnen verfügen über ein höchst ambitioniertes Berufskonzept. Die in älteren Studien ermittelte emotional-soziale Bestimmtheit des *fachlichen Selbstverständnisses*, die Orientierung an vermeintlich typisch weiblichen Eigenschaften oder gar die Ausrichtung am Bilde einer »institutionalisierten Mütterlichkeit« werden heutzutage nicht mehr präferiert. Wie Befragungen von 405 niedersächsischen Fachkräften sowie 899 Absolventinnen der Fachschule für Sozialpädagogik in zwei Bundesländern zeigen, entwickeln schon Berufsanfängerinnen umfassende Vorstellungen, in deren Zentrum natürlich das Kind steht. Doch tritt neben die emotionale Dimension die fachliche, nämlich Kenntnisse über Entwicklung und Förderung der Heranwachsenden, ergänzt um weitere Qualifikationen wie Kontaktfähigkeit und Zusammenarbeit mit Eltern. Im Wissen um gesellschaftliche Veränderungen sind die Berufsanfängerinnen bereit, Neues dazu zu lernen und sich durch Fortbildung den wachsenden Herausforderungen zu stellen. Die Frauen verankern soziale Kompetenz und persönliche Fähigkeiten, Selbständigkeit im Handeln und Entscheidungsfähigkeit, Fachlichkeit und Wissen fest im professionellen Selbstkonzept. Eine hohe Wertschätzung des Lebensbereiches Beruf und Arbeit, der Wunsch nach beruflicher Selbstverwirklichung sowie soziale Motive stehen im Vordergrund der allgemeinen Orientierungen. Doch erwartet gerade die jüngere Generation eine Gegenleistung – angemessenes Einkommen und Aufstiegschancen erscheinen als ebenso wichtige Aspekte (vgl. ausführlich Kahle, 2000). Auch die Mitarbeiterinnen in der Krippe rücken die Liebe zu den Kindern ins Zentrum der Fachlichkeit, ergänzt um Kontaktfähigkeit und die Bereitschaft, anderen zu helfen. Wenngleich etwas verhaltener als die im Kindergarten Tätigen erweitern sie, diese Aspekte um Kenntnisse über die frühkindliche Entwicklung und die Säuglingspflege. Neuere Untersuchungen belegen überwiegend positive Einschätzungen der eigenen Tätigkeit, wie der Krippe als Einrichtung, die nicht als Aufbewahrungsanstalt, sondern als Institution mit Bildungsauftrag eingestuft wird (im Überblick Dippelhofer-Stiem, 2003).

Zum fachlichen Selbstkonzept der Erzieherinnen gehört überdies die Sicht auf das Profil und den *Auftrag des Kindergartens*. Hierzu liegen Daten aus mehreren Erhebungen mit umfangreichen Stichproben vor. Ihnen zufolge erscheinen den Fachkräften edukative, auf Erziehung, Unterstützung und Förderung gerichtete, kompensatorische, die Defizite der Familie ausgleichende sowie präventive, auf Schulvorbereitung setzende Aufgaben nahezu gleichrangig. Je ambitionierter das berufliche Bild, je größer die Zufriedenheit mit der Tätigkeit, desto günstiger gestaltet sich die Beurteilung des Elementarbereichs (Dippelhofer-Stiem & Kahle, 1995). Dies bestätigt sich in einer neueren Untersuchung, in der über 2000 Probandinnen aus Rheinland-Pfalz zu Wort kamen (Honig, Joos & Schreiber, 2004). Gleichwohl sind die Erkenntnisse über den Auftrag, auf die Schule vorzubereiten, widersprüchlich. So beurteilen die von Tietze u.a. (1998) in einer mehrperspektivischen Studie befragten ost- und westdeutschen Erzieherinnen diesen Aspekt eher als nachrangig. Eine weitere Studie, die den langfristigen Effekt der modellhaften Einführung des Situationsansatzes in den neuen Bundesländern testen will, differenziert dies: Erzieherinnen, die nicht an dem Vorhaben teilnehmen, gewichten die Hinführung zur nächsten Etappe des Bildungsweges stärker (Wolf, Hippchen & Stuck, 2001). Möglicherweise resultieren diese Widersprüche aus den eingesetzten Instrumenten, die den Begriff Schulvorbereitung jeweils unterschiedlich präzisiert haben.

Auch die *Erziehungsziele* für Vorschulkinder wurden in den genannten Untersuchungen in unterschiedlichen Skalen erfasst. Dennoch sind die Ergebnisse übereinstimmend. Soziabilität und Personalität der Jungen und Mädchen sollen nach Ansicht der Fachkräfte gefördert, Autonomie und Verantwortlichkeit unterstützt, Kritikfähigkeit und Gemeinsinn vermittelt werden. Kaum ein Aspekt innerhalb dieses Spektrums findet nicht eine sehr hohe Befürwortung. Lediglich konventionelle Verhaltensmuster, wie gute Umgangsformen, Sauberkeit und Ordnung, aber auch Religiosität erhalten eine geringere Zustimmung, ohne unwichtig zu sein. Tietze u.a. (1998) haben zudem Entwicklungserwartungen erhoben, Urteile über das altersangemessen zu erreichende Niveau im kognitiven, selbständigkeitsbezogenen, sozialen, sprachlichen, motorischen Bereich. Die Aussagen der Erzieherinnen wurden mit Ergebnissen aus normierten Tests verglichen und für weitgehend realistisch befunden. Allerdings setzen die westdeutschen Befragten das Erreichen der verschiedenen Stufen im Durchschnitt später an als die ostdeutschen. Dabei ist strittig, ob solche Ziele in tägliches Handeln umgesetzt und Erwartungen an die Entwicklung der Kinder in pädagogisches Anleiten münden. Aus angloamerikanischen Untersuchungen sind allenfalls mäßige Korrelationen bekannt. Anhand des Vergleichs mit Repräsentativerhebungen zeigt sich, dass pädagogische Vorstellungen der Erzieherinnen auch immer mit dem gesellschaftlichen Werteklima verbunden sind. Zugleich dienen sie als ideelle Richtschnur des Handelns und sind im Laufe der Zeit wandelbar.

Das *pädagogische Handeln* als weiteres Segment der Professionalität birgt in der Außeneinschätzung Klischees, die sich aus der familienergänzenden Zielsetzung des Kindergartens wie aus der Stereotypisierung von Frauenberufen ergibt. Vordergründig scheint es, als seien die häuslichen Verhältnisse denen in der Institution äquivalent, Familienerfahrungen mithin leicht auf das Tätigkeitsfeld übertragbar. Die Persönlichkeit der Erzieherin scheint deshalb wichtiger als die in der Ausbildung erworbene Kompetenz. Dabei ist die Differenz zwischen familialem und institutionellem Setting offenkundig: Die Kindertagesstätte ist arbeitsweltlich organisiert und betriebsrechtlich gerahmt. Erzieherinnen sind, anders als Mütter, Arbeitnehmerinnen, ihre Arbeit wird nach genauen Regeln vergütet, der Arbeitstag ist auf bestimmte Zeiträume und Stunden begrenzt. Die Handlungspraktiken vor Ort sind vorstrukturiert und durch Reflexivität gestützt. Im Gegensatz zum privaten Bereich sind viele Kinder parallel, sowohl individuell als auch in Gruppen zu betreuen. Die Einrichtungen der Frühpädagogik und das Handeln des dortigen Kollegiums sind bisher kaum unter solchen theoretischen Perspektiven untersucht worden. Wohl aber liegen empirische Studien vor, die, von diversen Denkansätzen kommend, das erzieherische Verhalten und die Interaktionen mit den Kindern ins Visier nehmen.

Die frühen Analysen über Erziehungsstile (vgl. im Überblick Dippelhofer-Stiem, 2003) lassen auf eine mittlere bis gute Wertschätzung schließen, die die Fachkräfte den Kindern entgegenbringen. Die emotionale Akzeptanz durch die Erzieherin geht einher mit eher zurückhaltender Anregung, mit geringer Lenkung und wenigen Verboten, aber auch mit wenig Kreativität. Die konkreten Bedingungen der jeweiligen Einrichtung nehmen dabei stärkeren Einfluss auf das pädagogische Handeln als das jeweilige ideelle Konzept. Bezüglich des Interaktionsgeschehens scheinen sich Erzieherinnen gegenüber aggressiven Kindern restriktiver zu verhalten, sie bestrafen und dulden zugleich konflikthaftes Auftreten häufiger, bemühen sich weniger um die Festigung konstruktiven Sozialverhaltens. In eine ähnliche Richtung weisen die Ergebnisse über die Konfliktbearbeitung. Dabei tritt eine interaktive, produktive Strategie der Erzieherin selten auf. Zudem legen Beobachtungsstudien den Schluss nahe, dass die Fachkräfte in subtiler Weise stärker auf Jungen eingehen und die Beiträge von Mädchen weniger einbeziehen.

Die neueren Erhebungen von Tietze u.a. (1998) weisen in eine verwandte Richtung. Sie stützen sich auf 103 Gruppen aus Einrichtungen in verschiedener Trägerschaft und regionaler Verortung. Die Beobachtungen, die sich auf dreistündige Intervalle erstrecken, lassen erkennen, dass sich die Erzieherinnen etwa zwei Drittel der Zeit unmittelbar den Kindern widmen. Ihre Funktion besteht dabei am häufigsten darin, den Kindern Informationen zu vermitteln und sie zu beaufsichtigen. Ein Viertel der Zeit wird investiert in rein organisatorische Vorbereitungen. Während des Zusammenseins mit den Kindern gilt der Fokus der Fachkräfte öfter den Teilgruppen als der Gesamtgruppe, selten einem einzelnen Kind. Insgesamt planen, organisieren und leiten die Erzieherinnen wenig an, das Freispiel dominiert; in Peer-Interaktionen herrschen Parallelspiele vor. Im Gesamtvergleich schneiden die Halbtagsgruppen in Westdeutschland am günstigsten ab, die dortigen Ganztagsgruppen zeigen sich als ausgesprochen heterogen. Bezüglich der ostdeutschen Einrichtungen wird festgestellt, dass die Sensitivität und die Involviertheit gegenüber den Kindern geringer ausgeprägt, die reine Beaufsichtigung und die Orientierung an der Gesamtgruppe stärker ist. Insgesamt beurteilen die Autoren das pädagogische Handeln der Erzieherin als eher unzureichend. Sie sehen eine Tendenz zum »pädagogischen Rückzug«, in dessen Konsequenz die Kinder sich selbst überlassen sind. Damit stimmt der Befund von Fried (2002) überein, demzufolge Erzieherinnen solche Idealbilder bevorzugen, die es nahe legen, das Kind sich selber zu überlassen, weil es sich »von Natur aus« oder aus eigener Stärke selbst entwickeln wird. Allerdings relativiert sich die Erkenntnislage durch die Untersuchungen der Landauer Projektgruppe (Wolf, Hippchen & Stuck, 2001). Ostdeutsche, die dem Situationsansatz folgen, zeigen sich den Kindern gegenüber partnerschaftlicher und gewähren ihnen mehr Freiraum. Aber auch Fachkräfte aus den Kontrollgruppen zeigen fachliche Kompetenz, ermunternde Hinwendung zu den Kindern, verbunden mit einem mittleren Maß lenkenden Verhaltens. Das dabei eingesetzte Sprachniveau wird als kindgerecht eingeschätzt.

Bilanz: Ambivalente Professionalität, Belastungen und Zufriedenheit ■ Insgesamt gesehen sprechen die Befunde der diversen Untersuchungen für eine *ambivalente Professionalität* der Erzieherinnen: Einerseits entfalten sie auf der Ebene der fachlichen Orientierungen und pädagogischen Leitbilder einen überaus weiten und ambitionierten Horizont an beruflichen Werten und auf die Kinder gerichteten erzieherischen Prinzipien. Andererseits aber bleibt ihr praktisches Handeln deutlich – auch wegen des selbstgesetzten, hohen ideellen Maßstabes notgedrungen – hinter diesen Ansprüchen zurück. Das professionale Wollen scheint sich nur bedingt im praktischen Können, in der pädagogischen Arbeit mit den Jungen und Mädchen zu materialisieren. Freilich ist diese Widersprüchlichkeit kein individuelles Phänomen, auch wenn die einzelnen Fachkräfte sie persönlich austarieren müssen. Vielmehr scheint sie auch das Resultat vorgängiger Sozialisationsprozesse zu sein, die im Beruf verstärkt oder nicht nennenswert verändert werden. Für diese Interpretation spricht zudem die Sozialisationsumwelt, die sich auf allen Ebenen durch ein deutliches Übergewicht an normativen Setzungen und Erwartungen auszeichnet. Dieser breite Kranz von Zielen und Anforderungen wird offenbar von den Erzieherinnen internalisiert und als zentraler Teil des Berufskonzepts integriert. Die Reflexion über die praktischen Konsequenzen und die Überführung in konkrete Handlungsmuster scheint hingegen für alle Beteiligten nachgeordnet zu sein.

Gleichwohl mündet die ambivalente Professionalität nicht in verbreitete Demotivation und Berufsflucht. Belastungen aber sind erkennbar (vgl. im Überblick Dippelhofer-Stiem, 2003), auch wenn sie nur selten in Engagement in berufsständischen Organisationen oder den Gewerkschaften überführt werden. Vor allem drei Faktoren stehen dabei im Vordergrund: die großen Gruppen, die Bezahlung und das vermeintlich geringe Ansehen des Berufes in der Gesellschaft. Ein eher durchschnittliches Problemniveau wird mit der Elternarbeit, den Überstunden sowie den zu leistenden Putz- und Aufräumarbeiten in Verbindung gebracht, wenngleich namhafte Minoritäten auch hier Grund zur Klage haben. Selten hingegen bereitet der Träger Sorgen oder sind gar die Kolleginnen der Anlass für Probleme. Wenn aber mit ihnen Konflikte auftreten, werden sie allerorts als besonders unangenehm empfunden. In der Summe ist das Problemniveau von mittlerem

Grad, wobei Ganztagskräfte, nicht aber ältere Arbeitnehmerinnen, sich einer stärkeren Beanspruchung gegenübersehen. Dem Belastungserleben entsprechen Unsicherheiten in der konkreten Praxis, etwa im Umgang mit verhaltensauffälligen Mädchen und Jungen. Auch die Umsetzung neuer pädagogischer Konzepte bereitet Sorge; eine Position, die sich schon im Zusammenhang mit der Erprobung des Situationsansatzes offenbarte. Vor allem aber erweisen sich die Berührungspunkte mit anderen Erwachsenen – von den Kolleginnen abgesehen – für Berufsanfängerinnen als schwieriges Terrain. So ist der Kontakt mit den Vorgesetzten von gewisser Nervosität begleitet, ebenso das Auftreten gegenüber den Eltern und die Kooperation mit Behörden. Kompensiert werden diese Defizite durch ein ausgeprägtes Interesse an Fort- und Weiterbildung, die allerdings nicht immer im angestrebten Ausmaß absolviert wird.

Dennoch: Belastungen und Annehmlichkeiten des Berufes abwägend, ziehen die meisten eine positive Bilanz. Sie sind gerne in den Einrichtungen der Frühpädagogik, berichten von einem guten Betriebsklima und sind zufrieden mit der Tätigkeit (vgl. Fthenakis & Eirich, 1998; Dartsch, 2001; Waltz, 1998). Freilich ist zu berücksichtigen, dass diese Einschätzungen zumeist in quantitativ-empirischen Erhebungen ermittelt wurden. Möglicherweise sind die Stichproben verzerrt, weil viele im Beruf verortete und engagierte Personen teilgenommen haben, während sich die Resignierten verweigerten. Letztere sind vielleicht eher über persönliche Interviews erreichbar, was auch erklären könnte, weshalb qualitative Studien zu einer pessimistischeren Zeichnung des Berufsbildes gelangen. Solche Beschränkungen der Interpretation gelten auch hinsichtlich der Frage des Verbleibs im Elementarbereich. Die Trends zeugen von stabiler Verbundenheit und der verbreiteten Absicht, im Tätigkeitsfeld zu bleiben. Dies ist nicht selten konnotiert mit dem Wunsch nach weiterer Qualifizierung, etwa für eine leitende Position innerhalb des Tätigkeitsfeldes (Dippelhofer-Stiem & Kahle, 1995; Waltz, 1998). Allerdings ist, wie Kahle (2000) ausführt, von einem Anteil von bis zu einem Fünftel auszugehen, der sich mit Gedanken an einen Wechsel trägt, wobei hierzu auch die Unterbrechung aus privaten Gründen, etwa wegen der Erziehung eigener Kinder, zählt. Dieser Gruppe gehören Fachkräfte an, deren professionale Identifikation nicht ganz so ausgeprägt ist, die dem Lebensbereich Religion und Kirche ferner stehen und die mit den Rahmenbedingungen, dem Arbeitsalltag und insbesondere mit der Gruppengröße unzufriedener sind.

Sozialisationsverläufe ■ Die Theorie weist der vorberuflichen Sozialisation und der Statuspassage in die Arbeitswelt eine besondere Bedeutung zu (Heinz, 1995). In Schule und Ausbildung wird der Grundstein gelegt für das fachliche Wissen, die Orientierungen und Handlungskompetenzen. Insofern darf für die Herausbildung von Professionalität der Fachschule, die die angehenden Erzieherinnen mehrere Jahre lang besuchen, ein zentraler Stellenwert zugesprochen werden. Zugleich ist zu fragen, inwieweit sich die dort erworbene Fachlichkeit verfestigt hat. Als Gradmesser hierfür können Stabilität und Wandel im Übergang in die Erwerbstätigkeit und während der ersten Berufsjahre gelten. Es geht also darum, sozialisatorische Verläufe in den Blick zu nehmen und die Dynamik des Geschehens über Zeiträume hinweg zu beobachten. Längsschnittliche Analysen, die auf der Befragung identischer Personen über mehrere Jahre hinweg basieren, gestatten einen Einblick in solche Prozesse und ihre Determinanten. Im Rahmen einer solchen Studie waren mehrere hundert Absolventinnen in Niedersachsen und Brandenburg einbezogen. Sie wurden gegen Ende der Fachschulzeit bis in das zweite Berufsjahr hinein insgesamt drei Mal mit Hilfe eines schriftlichen Fragebogens um Auskunft gebeten. Die Befunde bestätigen zum einen die Relevanz der in der Ausbildung erworbenen Professionalität, sie belegen zum anderen aber auch die Elastizität und die unterschiedliche Entwicklung mancher Vorstellungen:

So ist das berufliche Selbstkonzept bereits gegen Ende der Fachschulzeit prägnant konturiert und sogar noch anspruchsvoller als bei den erwerbstätigen Kolleginnen. Wie bei jenen steht im Zentrum die Liebe zum Kind, arrondiert von Kenntnissen über Entwicklung und Förderung der Heranwachsenden. Als weitere Qualifikationen ihrer Fachlichkeit nennen die angehenden Erzieherinnen Kontaktfähigkeit und Zusammenarbeit mit Eltern. Weniger Bedeutung wird hingegen der Kenntnis und Anwendung pädagogischer Modelle sowie dem Wissen um die sozialen Hintergründe der Arbeit mit jungen Menschen zugemessen. Mit dem Übergang in das Arbeitsfeld kühlen diese, unmittelbar auf den Beruf gerichteten Wertorientierungen ab, und zwar kontinuierlich im Laufe des in der Untersuchung beobachteten Zeitraumes von drei Jahren (Kahle, 2000). Gleichwohl indiziert der abfallende Trend keinen Praxisschock, denn die Fachlichkeit bleibt immer noch ambitioniert. Vielmehr ist dies als Anzeichen einer Entwicklung hin zu »gesundem Realismus« zu deuten. Für diese Interpretation spricht auch, dass Einbrüche im Berufsbild umso seltener auftreten, je wirklichkeitsnäher die Antizipationen in der Statuspassage waren.

Einen anderen Verlauf nimmt hingegen die Entwicklung des Aufgabenspektrums, das die Erzieherinnen dem Kindergarten ansinnen (vgl. ausführlich Dippelhofer-Stiem, 2003). Dieses ist bei den Absolventinnen noch wenig ausgeprägt. Während der ersten beiden Jahre im Tätigkeitsfeld aber gewinnt es zunehmend an Profil und positiver Färbung. Die Erziehungsziele für Vorschulkinder hingegen sind zunächst klar, verschwimmen nach dem Übergang in die Praxis, um sich ein weiteres Jahr später zu konsolidieren. Fanden am Ende der Schulzeit traditionelle Erziehungsziele besondere Unterstützung von Absolventinnen der katholischen Ausbildungsstätten, revidieren diese ihr Urteil kontinuierlich und legen bereits nach dem Übergang in die Berufswelt geringen Wert auf Aspekte wie Folgsamkeit und gute Umgangsformen. Gleichzeitig steigern die vorher zurückhaltenden Probandinnen der evangelischen Schulen kontinuierlich ihre Sympathie für tradierte Leitbilder. In der Ausgestaltung der auf Personalität und Soziabilität der Kinder gerichteten Erziehungsziele erweisen sich die vormaligen Berufswerte, die Fortbildungsbereitschaft und insbesondere die Konzeptionen zur Elternarbeit als einflussreiches Element.

Diese unterschiedlichen Verläufe innerhalb der professionalen Vorstellungen – die stetige Abkühlung des Berufsbildes, die kontinuierlich wachsende Prägnanz in der Beurteilung der institutionellen Aufgaben, die Ab- und Aufwärtsbewegungen in den Einschätzungen der Erziehungsziele – spiegeln zweifelsohne die mit dem Berufsanfang einhergehenden persönlichen Verunsicherungen sowie die allmählich gewonnene Kompetenz wider. Sie sind aber auch Ausdruck von Defiziten der schulischen Vorbereitung. Solche liegen weniger in der Persönlichkeitsbildung oder in der fachlichen Kompetenz (dazu auch Frey, 1999), sondern vielmehr, die These von der ambivalenten Professionalität einmal mehr bestätigend, im praktischen Handeln. Planerische Aufgaben, der Umgang mit Eltern und Vorgesetzten, mit Behörden und anderen Institutionen bereiten den jungen Erzieherinnen Sorge, mehr noch fehlt es offenbar an der Anleitung für die Arbeit mit verhaltensauffälligen, ausländischen oder behinderten Kindern. Hinzu kommt ein abrupter Kontextwechsel. Denn die Sozialisationsumwelten der Fachschule und des Berufs unterscheiden sich in allen erhobenen Merkmalen stark voneinander. Insbesondere Reflexivität sowie die Theorie-Praxis-Beziehung spielen im Vergleich zur Schule kaum mehr eine Rolle (Jopp-Nakath, 2002).

Trotz solcher Verwerfungen gelingt die Eingewöhnung der jungen Fachkräfte in die Praxis; die antizipierten Schwierigkeiten haben sich als stark überhöht erwiesen (Dippelhofer-Stiem, 2001). Allerdings ist in Rechnung zu stellen, dass die Panelstichprobe Personen mit negativen Erfahrungen nur ungenügend repräsentiert. Die Statuspassage wird weitgehend unabhängig von der Trägerschaft der vormaligen Fachschule, den dortigen Anforderungen und ihrem Bildungsertrag bewältigt. Weder aus der damaligen Zufriedenheit mit der Ausbildung, den früheren

Ängsten um die Platzierung auf dem Arbeitsmarkt, dem einstigen Zukunftsoptimismus noch aus dem ehemaligen Selbstbild erwachsen signifikante Effekte auf das Integrationsgeschehen. Stets entfalten die aktuell waltenden Einflüsse stärkere Kraft. Je anspruchsvoller und reichhaltiger die Arbeitswelt erscheint, je kompetenter sich die jungen Frauen in der Auseinandersetzung mit ihr einschätzen, desto unproblematischer vollzieht sich die Einmündung in die berufliche Praxis. Mit zunehmender Verweildauer im Beruf verblasst der Einfluss der Fachschule weiter. Während bei Berufsanfängerinnen ein direkter Zusammenhang besteht zwischen einer als gut erlebten Bildung und Hinführung zum Beruf und einem ambitionierten und gefestigten Berufsbild, ist diese Beziehung bei erfahrenen, im evangelischen Kindergarten Niedersachsens tätigen Erzieherinnen nicht mehr nachzuweisen (Kahle, 2000). Offensichtlich wirkt die Praxis an sich, die »Sozialisation im Beruf« (Heinz, 1995) gewinnt die Oberhand.

Zukunftsperspektiven ■ Zwei unterschiedliche gesellschaftliche Strömungen lassen prognostizieren, dass die Bedeutung des frühpädagogischen Sektors weiter zunimmt und mit ihm der Beruf der Erzieherin: der anhaltende Geburtenrückgang sowie die Ergebnisse der PISA-Studien. Um die Entscheidung junger Menschen für Nachwuchs, ohne den schlechterdings die Zukunft der Gesellschaft auf dem Prüfstand steht, gerade dann zu erleichtern, wenn ihnen die Erwerbstätigkeit selbstverständlich ist, bedarf es des großzügigen Ausbaus der öffentlichen Kindertagesbetreuung. Zugleich fordert der internationale Bildungswettbewerb mehr denn je dazu heraus, alle kleinen Kinder gleichermaßen gezielt zu fördern. Die lange Jahrzehnte in Westdeutschland dominierenden privatistischen Lösungen sind dafür als nicht mehr hinreichend erkannt worden. Ein entscheidender Markstein für das Gelingen und die öffentliche Akzeptanz der anstehenden Veränderungen wird das professionale Denken und Handeln der Erzieherinnen sein, die im vorschulischen Bereich tätig sind. Mit Blick auf die Zukunft erscheint es deshalb notwendig, sowohl die vorliegenden wissenschaftlichen Erkenntnisse in die (fach-)politischen Diskurse zu tragen als auch die weitere Forschung voranzutreiben:

Zum einen wäre gegenüber der Öffentlichkeit zu vermitteln, dass dieser Beruf auf einer langjährigen, anspruchsvollen Ausbildung beruht und in der Praxis vielgestaltige Herausforderungen, auch Rollenkonflikte und manche Überlastungsphänomene bereithält. In diesen Themenhorizont einzufügen ist die Befassung mit den dem weltanschaulichen Auftrag entspringenden Ansprüchen an das Personal. Zugleich sollte es um die kontinuierliche Beobachtung und gegebenenfalls Korrektur der medial inszenierten Diagnosen gehen, die die in der Gesellschaft verbreiteten Vorstellungen über die Lebenslagen und Bedürfnisse kleiner Kinder mit konstituieren und – überhöhte – Ansprüche an das Wirken der Erzieherinnen hervorbringen. Zum zweiten ist das professionale Selbst- und Fremdbild vertiefend zur Kenntnis zu nehmen. Träger, Eltern und Kinder können grundsätzlich mit einer fachlichen, keineswegs auf »Mütterlichkeit« reduzierten ideellen Grundhaltung der Mitarbeiterinnen in den Einrichtungen rechnen. In Auseinandersetzung mit den Anforderungen in der Praxis verändern und festigen sich die Vorstellungen und Werte der jungen Fachkräfte in einem eher sanften Prozess. Doch bleibt das selbstattribuierte Profil des Berufes zu breit, zu vielgestaltig und überzeichnet. Entsprechend treten im alltäglichen Agieren in den Kindertagesstätten Defizite zutage. Die Umsetzung der fachlichen Werte und Ambitionen, die Überführung in planerische Gestaltung, Strukturierung und aktives Tun bereiten Schwierigkeiten, die konkrete Arbeit mit den Kindern entspricht nicht immer den selbstformulierten Ansprüchen und dem institutionellen Auftrag. Die Verantwortlichen in Ausbildung und Praxis sollten sich verstärkt dieses Problemhorizonts annehmen und auf empirischen Einsichten basierte Lösungen entwickeln und erproben.

Zum dritten schließlich gilt es auch weiterhin, Forschungslücken zu bearbeiten. Die mittlerweile profunden Erkenntnisse über die professionalen Wertorientierungen und ideellen Berufskonzepte bedürfen ergänzender Einsichten in die sozialisatorische Vermittlung, die Umweltbedingungen und Verläufe zwischen vorberuflichem Sektor und einer langjährigen Erwerbstätigkeit. Dabei sollte ein Augenmerk den detailreichen Transaktionsprozessen zwischen äußerem Kontext und der interpretierenden Auseinandersetzung der Fachkräfte gelten. Des weiteren ist der Zusammenhang zwischen fachlichen Leitbildern und dem Versuch, ihnen in konkreten Situationen gerecht zu werden, in längsschnittlichen Mikroanalysen zu ergründen. Weitere Beobachtungsstudien zum beruflichen Handeln und dem darauf bezogenen Interaktionsgeschehen im Umgang mit den Kindern, zu den Grundstrukturen des pädagogischen Tuns innerhalb konkreter Kontexte sind wünschenswert. Hierbei wäre auch zu fragen, ob und wie sich Handlungskompetenz aufbaut, inwieweit sie sich auf theoretische Reflexion der Fachkräfte stützt und unter welchen Bedingungen der Rekurs auf Alltagstheorien erfolgt. Die Kombination von aufwändigen Befragungs- und Beobachtungstechniken erscheint hierbei hilfreich. Und schließlich hätten künftige Untersuchungen bei einem breiten Bildungsbegriff ansetzend, jene Auswirkungen auf die Kinder zu prüfen, die das professionale Handeln der pädagogischen Akteurinnen intendiert. Die berufliche Sozialisation der Erzieherin würde somit gespiegelt in ihrer überaus wichtigen Funktion, Sozialisationsinstanz für die junge Generation zu sein.

■ Literatur

Dartsch, M. (2001). Erzieherinnen in Beruf und Freizeit. Eine Regionalstudie zur Situation von Fachkräften in Tageseinrichtungen für Kinder. Opladen: Leske & Budrich.

Dewe, B., Ferchhoff, W. & F.-O. Radtke (1992). Auf dem Wege zu einer aufgabenzentrierten Professionstheorie pädagogischen Handelns. In: B. Dewe, W. Ferchhoff & F.-O. Radtke (Hrsg.), Erziehen als Profession. Zur Logik professionellen Handelns in pädagogischen Feldern (S. 7–20). Opladen: Leske & Budrich.

Dippelhofer-Stiem, B. (2001). Antizipatorische Sozialisation: Prozesse und Folgen für die -Einmündung in den Beruf. Zeitschrift für Soziologie der Erziehung und Sozialisation, 21 (4), 417–431.

Dippelhofer-Stiem, B. (2003). Beruf und Professionalisierung. In: L. Fried, B. Dippelhofer-Stiem, M.-S. Honig & L. Liegle (Hrsg.), Einführung in die Pädagogik der frühen Kindheit (S. 122–153). Weinheim: Beltz.

Dippelhofer-Stiem, B. & Kahle, I. (1995). Die Erzieherin im evangelischen Kindergarten. Analysen zum professionellen Selbstbild des pädagogischen Personals, zur Sicht der Kirche und zu den Erwartungen der Eltern. Bielefeld: Kleine.

Frey, A. (1999). Erzieherinnenausbildung gestern – heute – morgen. Konzepte und Modelle zur Ausbildungsevaluation. Landau: Empirische Pädagogik.

Fried, L. (2002). Qualität von Kindergärten aus der Perspektive von Erzieherinnen: Eine Pilotuntersuchung. Empirische Pädagogik, 16, (2), 191–209.

Fthenakis, W.E. & Eirich, H. (Hrsg.).(1998). Erziehungsqualität im Kindergarten. Forschungsergebnisse und Erfahrungen. Freiburg: Lambertus.

Heinz, W. (1995). Arbeit, Beruf, Lebenslauf. Eine Einführung in die berufliche Sozialisation. Weinheim. Juventa.

Honig, M.-S., Joos, M. & Schreiber, N. (2004). Was ist ein guter Kindergarten? Theoretische und empirische Analysen zum Qualitätsbegriff in der Pädagogik. Weinheim: Juventa.

Jopp-Nakath, J. (2002). Die Sicht der beruflichen Umwelt als kohortenspezifisches und individuelles Phänomen. Empirische Pädagogik, 16 (2), 157–174.

Kahle, I. (2000). Das professionelle Selbst- und Fremdbild im Erzieherinnenberuf. Am Beispiel der Erzieherin im evangelischen Kindergarten. Aachen: Shaker.

Tietze, W., Meischner, T., Gänsfuß, R., Grenner, K., Schuster, K.-M., Völkel, P. & Roßbach, H.-G. (1998). Wie gut sind unsere Kindergärten? Eine Untersuchung zur pädagogischen Qualität in deutschen Kindergärten. Neuwied: Luchterhand.

Waltz, C. (1998). Berufsmotivation und Arbeitszufriedenheit des pädagogischen Personals in Kindertageseinrichtungen. In D. Sturzbecher (Hrsg.), Kindertagesbetreuung in Deutschland. Bilanzen und Perspektiven (S. 105–127). Freiburg: Lambertus.

Wolf, B., Hippchen, G. & Stuck, A. (2001). Und sie haben sich doch etwas bewegt. Auswirkungen von »Kindersituationen« vier Jahre danach. Empirische Pädagogik, 15 (3), 429–454.

Zur Reform der Erzieherinnen- und Erzieher(aus)bildung im internationalen Vergleich

Pamela Oberhuemer

Die OECD-Analyse des Systems der frühkindlichen Betreuung, Bildung und Erziehung in Deutschland stellte aus externer Perspektive fest, dass das Ausbildungsniveau und die Investitionen in die Weiterbildung und in die professionellen Stützsysteme für das Fachpersonal hinter internationalen Standards zurückbleiben (OECD, 2004). Dieser Beitrag verortet die Erzieherinnen- und Erzieher(aus)bildung in Deutschland in diesem international vergleichenden Rahmen und bezieht sich auf Professionalisierungsansätze für das Arbeitsfeld der Tageseinrichtungen für Kinder vor der Pflichteinschulung.

Kritik am bisherigen Aus- und Weiterbildungssystem ■ Bereits seit vielen Jahren kommen fachwissenschaftliche Beiträge über die Aus- und Weiterbildung der Erzieherinnen und Erzieher in Deutschland zu einer ähnlichen Schlussfolgerung: Das Qualifizierungssystem entspricht nicht modernen Qualitätsansprüchen. Analysen der Ausbildung bemängelten unter anderem den schwachen Status der Berufsgruppe innerhalb des Bildungssystems und des beruflichen Schulwesens, die fehlende Durchlässigkeit des Systems, die schulähnlichen Strukturen sowie die unzureichende Orientierung an den Tätigkeitsfeldern der Erzieherinnen und Erzieher (Rauschenbach, Beher & Knauer, 1995). Eine vom Bundesministerium für Familie, Senioren, Frauen und Jugend geförderte Studie über die Ausbildungsgänge in den (damals) fünfzehn Ländern der Europäischen Union verwies ferner auf das vergleichsweise niedrige formale Niveau der Ausbildung in Deutschland für die Arbeit mit Drei- bis Sechsjährigen und die damit einhergehende Einschränkung der Mobilitätschancen für Erzieherinnen und Erzieher am europäischen Arbeitsmarkt (Oberhuemer & Ulich, 1997). Eine Neukonzeptualisierung der theoretischen Grundlagen der Ausbildung wurde angemahnt (Fthenakis, 2002) sowie eine stärkere curriculare Berücksichtigung der europäischen Dimension u.a. durch Auslandspraktika. Als grundsätzliches Manko des Systems – mit negativen Konsequenzen für die innovative Weiterentwicklung im Praxisfeld – wurde die fehlende Verknüpfung zwischen Ausbildung und Forschung hervorgehoben (Oberhuemer, 2000, S. 43; Rauschenbach, 2005, S. 21).

Im Rahmen der Einführung von Bildungsplänen (seit 2003) und vielfach auch von Sprachprogrammen für den Elementarbereich – deutlich vorangetrieben durch die bildungspolitischen Auswirkungen der ersten PISA-Studie (2001) – wurde zudem die professionstheoretische Vorbereitung auf zentrale Bildungs- und Evaluationsfragen in Tageseinrichtungen für Kinder problematisiert und Fragen einer effektiveren, partnerschaftlichen Zusammenarbeit mit Familien thematisiert, insbesondere mit sogenannten bildungsfernen, sozial benachteiligten Familien.

Im Zusammenhang mit den fehlenden beruflichen Entwicklungs- und Aufstiegschancen im Erzieherinnen- und Erzieherberuf (vgl. z.B. Ebert u.a., 1994) kam das Fort- und Weiterbildungssystem ins Blickfeld fachlicher Kritik. Auch wenn zunehmend qualifizierte und zusammenhängend konzipierte Weiterbildungsmodule angeboten werden, bleiben diese doch noch weitgehend Einzelinitiativen innerhalb eines bestimmten Trägersystems oder eines spezifischen konzeptionellen Ansatzes (z.B. »Fachkraft für den Situationsansatz«). Bislang gab es in Deutschland vorwiegend ein eher unübersichtliches Nebeneinander von verschiedenen Seminarangeboten, die wenig Bezug zueinander und wenig Auswirkungen auf die berufliche Laufbahn hatten. Wolfgang Becker (2002, S. 240) spricht hier von einer »schon absurden Partikularisierung und strukturellen Beliebigkeit«. Bundesweit und trägerübergreifend anerkannte Standards für die Fort- und Weiterbildung gibt es nicht.

Die Jugendminister der Länder, zuletzt im Jahr 2005, sämtliche Fachorganisationen und Berufsverbände und seit neuestem auch die Wirtschaft (Kluge, 2005) haben sich für ein verändertes Qualifizierungskonzept ausgesprochen. Auch die Expertisen des Forum Bildung und des Bundesjugendkuratoriums im Jahr 2001 mahnten eine verbesserte Ausbildung und ein reformiertes Stützsystem für den Erzieherinnen- und Erzieherberuf an. Während in anderen europäischen Ländern die Ausbildungssysteme – zum Teil auch die Weiterbildungssysteme – für den Elementarbereich sukzessive seit den 1970-er Jahren strukturell und konzeptionell neu geordnet wurden, kam es bisher in Deutschland zu keiner nachhaltigen Reformstrategie.

Vergleichbare Ausbildungen in den EU-Ländern im Überblick ■

Formales Ausbildungsniveau der Kernfachkräfte in Institutionen der Elementarbildung ■ Der Begriff Kernfachkraft bezieht sich hier auf diejenigen Pädagoginnen und Pädagogen, die die Funktion der Gruppenleitung bzw. Leitung in Institutionen der Elementarbildung innehaben. In nahezu der Hälfte der 25 EU-Länder gibt es grundständige Ausbildungen für diese Fachkräfte an der Universität. Die Studiendauer liegt zwischen drei und vier Jahren. In Estland, Finnland, Litauen, Spanien und Schweden orientieren sich diese Ausbildungsgänge an der Arbeit mit Kindern vom ersten Lebensjahr bis zur Einschulung (in Schweden darüber hinaus). In Griechenland, Italien, Ungarn und Zypern liegt der Schwerpunkt der Ausbildung auf der Altersgruppe der Drei- bis Sechsjährigen. In Frankreich gibt es keine grundständige, sondern eine zweijährige postgraduale professionelle Ausbildung als Vor- und Grundschullehrkraft, die nach Abschluss eines dreijährigen, fachspezifischen Universitätsstudiums absolviert wird.

In Griechenland und Zypern – auch in Estland – gibt es parallel laufende Ausbildungsgänge an nicht-universitären Hochschulen, die für die Altersgruppe bis sechs Jahre ausbilden. Auch in Belgien, Dänemark, Lettland, Luxemburg, den Niederlanden und Portugal findet die Ausbildung für die Arbeit im Elementarbereich (in Dänemark darüber hinaus) an berufsqualifizierenden Hochschulen statt.

Nur in fünf EU-Staaten findet die Hauptausbildung für die Kernfachkräfte im Elementarbereich nicht auf Hochschulniveau statt: in Deutschland, Malta, Österreich sowie in der Slowakischen und der Tschechischen Republik. Allerdings unterscheiden sich diese Ausbildungsgänge bezüglich der Länge und des Eintrittsalters. Während die Regelausbildung in Deutschland mit einem Eingangsalter von 18 Jahren drei Jahre dauert, liegt die Ausbildungsdauer in Malta bei nur zwei Jahren (post-16), in Österreich bei fünf Jahren (post-14) oder zwei Jahren (post-18) und in der Slowakischen und der Tschechischen Republik bei vier Jahren (post-15), wobei es in den beiden letztgenannten Ländern *auch* einen Ausbildungsgang auf Hochschulniveau für die Arbeit in den Kindergärten für Zwei- bis Sechsjährige gibt.

Besonders divergent sind die Ausbildungsanforderungen für die Arbeit mit unter Dreijährigen. Während in Dänemark, Estland, Finnland, Lettland, Litauen, Schweden und Spanien die Ausbildung auf Hochschulniveau und mit (sozial-)pädagogischer Ausrichtung erfolgt, sind die Ausbildungsgänge beispielsweise in Belgien, Frankreich, Großbritannien, Malta, den Niederlanden und Ungarn auf formal niedrigerem Niveau angesiedelt mit einer eher paramedizinischen (Belgien, Frankreich) oder sozialpflegerischen Ausrichtung (Großbritannien, Malta, den Niederlanden). Was das formale Niveau betrifft, liegt die deutsche Fachschulausbildung im Mittelfeld.

Ausbildungsprofile bei getrennt organisierten Kita-Systemen ■ Spezifische Ausbildungsprofile haben sich im Rahmen unterschiedlich organisierter Kita-Systeme entwickelt. In etwa der Hälfte der 25 EU-Länder wird die politisch-administrative Verantwortung für Kindertageseinrichtungen in zwei Zuständigkeitsbereiche aufgeteilt. Der Betreuungssektor (meist dem Familien-, Gesundheits- oder Sozialressort zugeordnet) reguliert die Angebote für die Kinder von unter drei bzw. vier Jahren, der Bildungssektor die vorschulischen Bildungseinrichtungen für Kinder ab drei bzw. vier Jahre bis zur Einschulung. Die Systeme in Belgien, Frankreich, Griechenland, Irland, Italien, Malta, Luxemburg, den Niederlanden, Polen, Portugal, der Tschechischen Republik und Ungarn sind nach diesem Modell organisiert.

Dies hat zu getrennten und unterschiedlich regulierten Ausbildungssystemen sowie zu unterschiedlichen Qualitätsanforderungen in den beiden Sektoren geführt. Die Qualitätsunterschiede sind besonders markant in den Ländern mit einem vorwiegend privat organisierten Betreuungssektor. In Irland beispielsweise arbeiten staatlich ausgebildete Grundschullehrkräfte mit einer dreijährigen Universitätsausbildung mit denjenigen Vier- und Fünfjährigen, die die (nichtpflichtigen) Vorschulklassen an Grundschulen besuchen, während die Angestellten im Betreuungssektor für die Null- bis Vierjährigen eine Vielzahl unterschiedlicher, eher kurzfristiger Qualifizierungskurse auf vorwiegend formal niedrigem Niveau absolvieren. Auch wenn ein national geregeltes Verfahren der Anerkennung und Einstufung dieser Abschlüsse innerhalb einer vereinbarten Qualifikationsleiter einen deutlichen Reformschritt darstellt, ist dies noch kein Ausbildungskonzept, das auf eine grundsätzliche Gleichstellung der Qualifikationsprofile für den gesamten frühkindlichen Bereich abzielt.

Ausbildungsprofile bei integriert organisierten Kita-Systemen ■ Erkennbarer Trend in den EU-Ländern ist die Bestrebung zur besseren Integration und Koordination der Kindertagesbetreuung und Elementarbildung für Kinder von Geburt bis zur Einschulung. In Dänemark und Finnland (auch in den Nicht-EU-Ländern Island und Norwegen) sind die Tageseinrichtungen für Kinder bis sechs oder sieben Jahren administrativ integriert innerhalb des Wohlfahrtssystems. Dies ist auch in Deutschland (Jugendhilfesystem) und Österreich der Fall, wobei die föderalen und trägerspezifischen Strukturen in diesen beiden Ländern deutlich schwierigere Ausgangsbedingungen für Koordinierungsbestrebungen darstellen.

Mit der EU-Erweiterung wächst die Anzahl der integrierten (bzw. in Großbritannien koordinierten) Strukturmodelle innerhalb des Bildungssystems. Neben Schweden, Schottland und England sind auch in Estland, Lettland, Litauen und Slowenien die Tageseinrichtungen für Kinder bis sechs oder sieben Jahren dem Bildungssystem zugeordnet. Auffallend ist, dass in diesen Ländern – mit Ausnahme von England und Schottland – auch die Ausbildung der Fachkräfte sich an

	Dänemark	Schweden
Berufsprofil	Arbeitsfeldübergreifendes Berufsprofil *außerhalb* des Bildungssystems (Ausbildung eingeführt 1992)	Institutionsübergreifendes Berufsprofil *innerhalb* des Bildungssystems (Ausbildung eingeführt 2001)
Berufsbezeichnung	Paedagog (Pädagoge/Pädagogin)	Lärare (Lehrerin/Lehrer)
Ausbildungsort	Nicht-universitäre Hochschule	Universität
Ausbildungsdauer	Dreieinhalb Jahre	Dreieinhalb Jahre
Altersgruppe	Alle Altersgruppen	Ein bis elf Jahre
Arbeitsfelder	Tageseinrichtungen (Null- bis Fünfjährige)	Tageseinrichtungen (Ein- bis Fünfjährige)
	Vorschulklassen an Grundschulen (Sechsjährige)	Vorschulklassen an Grundschulen (Sechsjährige)
	Schulkinder-Betreuung	Schulkinder-Betreuung
	Kinder- und Jugendheim	Die ersten vier Schuljahre in der Grundschule (Sieben- bis Elfjährige)
	Settings für Jugendliche und Erwachsene mit besonderem Unterstützungsbedarf	

Tab. 10 Ausbildungs- und Berufsprofile der Kernfachkräfte in Dänemark und Schweden (Oberhuemer, im Druck)

einem integrierten Konzept für die Altersgruppe bis etwa sieben Jahre (in Schweden bis elf Jahre) orientiert. Auch in England, wo bisher die überwiegende Mehrzahl der Fachkräfte, die mit unter Fünfjährigen arbeiten, nicht auf Hochschulniveau ausgebildet war, entstehen neue Abschlüsse auf formal höherem Niveau, die einer integrierten Sichtweise verpflichtet sind – wie zum Beispiel eine Berufsqualifikation mit der Bezeichnung *senior practitioner*, die nach zwei Jahren Hochschulstudium absolviert werden kann.

Dänemark und Schweden sind die einzigen Länder, die bisher eine konsequente Integration der Ausbildung für die Arbeit mit Kindern vom ersten Lebensjahr bis zur Einschulung mit einer weitergehenden beruflichen Perspektive verknüpfen. Allerdings unterscheiden sich die zwei angestrebten Berufsprofile deutlich – wie aus der Gegenüberstellung in Tabelle 10 hervorgeht.

Nationale Evaluationsstudien ■ Derzeit sind keine vergleichenden Studien bekannt, die die Qualität der frühpädagogischen Ausbildungen in Europa systematisch evaluiert haben. Allerdings geben einzelne Studien in einem bestimmten nationalen Kontext Hinweise über Zusammenhänge zwischen dem Qualifikationsniveau des Fachpersonals und der Bildungsqualität sowie den Bildungseffekten im sozialen und kognitiven Bereich. Eine Längsschnittstudie in England und Wales mit rund 3.000 Kindern im Alter von drei bis sieben Jahren stellt beispielsweise fest: Fachkräfte mit Hochschulbildung unterstützen nachhaltige Lernprozesse bei Kindern nicht nur wesentlich effektiver, auch das weniger qualifizierte Begleitpersonal profitiert von der Zusammenarbeit mit gut ausgebildeten Kolleginnen und Kollegen (Sylva u. a., 2004).

In einzelnen Ländern verweisen nationale Evaluationsstudien auf den Veränderungsbedarf in der Ausbildung. Zwölf Jahre nach der Einführung der Ausbildung zum *paedagog* in Dänemark legte die Regierung eine Reihe von Reformempfehlungen vor, die auf der Grundlage einer nationalen Evaluation der Ausbildung erfolgten. Während diese Empfehlungen keine grundsätzliche Kritik der radikalen Form der Breitbandausbildung für die Arbeit mit Kindern, Jugendlichen und Erwachsenen enthielten, wurden die Ausbildungsstätten aufgefordert, (1) eine Spezialisierungsphase mit einer spezifischen Nutzergruppe anzubieten, (2) die Wissensbasis der Studierenden durch die zusätzlichen Fachrichtungen Pädagogische Soziologie und Pädagogische Anthropologie zu erweitern und (3) die 16-monatigen Praktika zu kürzen.

Noch gibt es keine abschließende Evaluation über die Auswirkung der Ausbildungsreform in Schweden. Allerdings zeigen erste Auswertungen an einzelnen Hochschulen, dass Studenten sich tendenziell eher für das Arbeitsfeld Grundschule als für das Arbeitsfeld Tageseinrichtung entscheiden. Die noch bestehenden Unterschiede in Vergütung und Arbeitsbedingungen wirken sich hier vermutlich negativ auf eine Entscheidung für die Berufsarbeit mit jüngeren Kindern aus. Dies ist – auch für andere Länder – eine noch zu lösende Frage für die Zukunft.

Fort- und Weiterbildung in vergleichender Perspektive ■

Wissenskonzepte und pädagogisches Handeln ■ Handlungssicherheit und Entscheidungsfähigkeit in der beruflichen Arbeit mit Kindern und Familien setzen ein reflektiertes Professionsverständnis und eine fundierte Wissensbasis auf unterschiedlichen Ebenen voraus. In Anlehnung an ein Erklärungsmodell von Cochrane-Smith und Lytle (1999; zitiert in Day & Sachs, 2004, S. 8) lassen sich vier Wissensebenen unterscheiden (vgl. Tab. 11).

Formen der Kompetenzerweiterung – Beteiligungschancen – Reforminitiativen ■ Diese unterschiedlichen Wissenskonzepte setzen einen Zugang zu vielfältigen Ansätzen der professionellen Bildung und Kompetenzerweiterung voraus. Dazu gehören Fortbildung (als Einzelmaßnahme der beruflichen Weiterqualifizierung), Weiterbildung (als formale, abschlussbezogene Form der Professionalisierung) sowie zielgruppenspezifische (Funktions-)Schulungen, insbesondere für

Wissensebenen	
Wissen für Praxis	Wissen, das außerhalb des pädagogischen Arbeitsfeldes generiert wird, d.h. grundlegende und berufsfeldspezifische theoretische und empirische Erkenntnisse aus den entsprechenden Bezugswissenschaften zu Schlüsselthemen des pädagogischen Handelns.
Wissen über Praxis	Wissen, das durch die kritische Reflexion eigener und einrichtungsspezifischer Praxis entsteht. Wie werden gesellschaftlich und pädagogisch relevante Themen wie z. B. Chancengerechtigkeit, Mehrsprachigkeit oder soziale Integration konkret interpretiert und umgesetzt?
Wissen innerhalb von Praxis	Erfahrungswissen, das durch die systematische Forschung der eigenen Handlungskompetenz im Arbeitsfeld generiert wird – nach einem Verständnis von Fachkräften als Fragenden, Lernenden und Praxisforschenden.
Wissen über die eigene Person	Das Wissen, das aus der selbstkritischen Reflexion eigener Wertorientierungen, Zielsetzungen, Emotionen und Beziehungen entsteht.

Tab. 11 Wissenskonzepte und pädagogisches Handeln (vgl. Cochrane-Smith & Lytle, 1999; zit. nach Day & Sachs, 2004, S. 8; eigene Übersetzung)

Leitungskräfte. Kompetenzzuwachs findet aber nicht nur im Rahmen von Seminaren oder formalen Studiengängen statt, sondern ganz wesentlich auch am Arbeitsplatz. Voraussetzungen dafür sind personelle, zeitliche und materielle Ressourcen – und ein Leitungs- und Teamverständnis, das kollegiales Lernen stärkt. Entscheidend für die pädagogischen Fachkräfte ist der Zugang zu und Partizipation in verschiedenen qualifizierten Formen der Fort- und Weiterbildung.

Fortbildungsanbieter in den EU-Ländern richten sich nach dem national praktizierten Organisationsmodell beruflicher Bildung. Es können Anstellungsträger sein, staatliche oder private Fortbildungsinstitute, Hochschulen und andere Ausbildungsstätten, Fachorganisationen oder freiberufliche Trainer und Berater. Aufgrund dieser Vielfalt – und weil die Gelder für Fort- und Weiterbildung oft auf die Ebene der regionalen Behörden oder auch an die einzelnen Tageseinrichtungen übertragen werden – ist es in vielen Ländern wie auch in Deutschland nicht einfach, zuverlässige Daten über die Beteiligungschancen oder die tatsächliche Beteiligung frühpädagogischer Fachkräfte an Fortbildungsangeboten zu erhalten. Eines scheint aber sicher zu sein: wie auch in anderen Berufssektoren hat das eher niedrig qualifizierte Begleitpersonal generell auch niedrigere Partizipationschancen (OECD, 2001, S. 21).

Bezüglich des »Marktwertes« absolvierter Fortbildungsseminare in Deutschland bestehen offene Fragen. Haben sie einen kumulativen Wert? Werden sie anerkannt, wenn eine Erzieherin oder ein Erzieher in eine andere Region zieht oder den Anstellungsträger wechselt? Auch in anderen Ländern mit vielfältigen Trägerschaften im Kita-System stellen sich ähnliche Fragen. In England, Schottland und Irland wurden in den letzten Jahren im Rahmen nationaler Reforminitiativen konkrete Schritte unternommen, um kohärente Qualifizierungssysteme und Anerkennungsverfahren zu schaffen, um eben mehr Transparenz und Durchlässigkeit zu gewährleisten.

In Ländern mit einer längeren Tradition von universitären Ausbildungsgängen für die Arbeit in bestimmten Einrichtungen des frühpädagogischen Sektors (z.B. England und Schottland) gibt es auch postgraduale Studiengänge (mit einem Magister-Abschluss) und Promotionsmöglichkeiten für diejenigen, die die Grundausbildung mit guten Noten abgeschlossen haben. In anderen Ländern mussten diese Strukturen erst etabliert werden. So wurde zum Beispiel in Dänemark im Jahr 2000 eine bestehende erziehungswissenschaftliche Hochschule in eine Universität umgewandelt, die sich eigens auf postgraduale Studiengänge für die Fachkräfte in Tageseinrichtungen und anderen sozialpädagogischen Arbeitsfeldern sowie auf Forschung in diesem Bereich spezialisiert. Damit entstehen neue Verbindungen zwischen Forschung, Praxis, Weiterbildung und Ausbildung, aber auch eine neue Generation von Hochschullehrkräften, die selbst einen berufsbiographischen Bezug zum Praxisfeld haben und damit eine Sensibilität für praxisrelevante Forschungsfragen und für Handlungsforschung als Methode der Selbstevaluation und reflexiven Praxis.

Im Rahmen der nationalen Evaluation der bereits europaweit bekannten Early Excellence Centres in England wurde deutlich, dass dieser integrierte und multiprofessionelle Netzwerkansatz besondere Anforderungen an die Leitungskräfte stellt und dass hier ein funktionsspezifischer Qualifizierungsbedarf besteht (Pascal & Bertram, 2004). Weil diese Zentren ein wichtiger Eckstein in einer 2004 von der Regierung verabschiedeten und mit erheblichen Investitionen konzipierten Zehn-Jahre-Strategie zum Ausbau und zur Qualifizierung der Kindertagesbetreuung sind, wird auch in die Aus- und Fortbildung der Fachkräfte investiert. Zu einer neuen Workforce Strategy gehört unter anderem die Einführung einer national anerkannten Berufsqualifikation für diese Gruppe von Fachkräften mit Leitungsfunktion 2004 wurde ein Pilotkurs im Pen Green Research, Development and Training Base erprobt. Ab 2005 wurde diese Leitungsqualifikation an mehreren Orten in England eingeführt. Die erworbenen Credits (Leistungspunkte) können beim Abschluss eines Diploms (Diploma) oder eines Magisters angerechnet werden.

Neue Initiativen der Erzieherinnen- und Erzieherbildung in Deutschland ■

Die Argumente für eine Anhebung des formalen Niveaus der Ausbildung sind vielschichtig. Dazu gehören:

- Fachwissenschaftliche Argumente (neue Kenntnisse über Bildungsverläufe und Lernen in der frühen Kindheit)
- Gesellschaftliche Argumente (die zunehmend komplexen und anspruchsvollen Erwartungen und Anforderungen an die Tageseinrichtungen für Kinder und die Zusammenarbeit mit Familien)
- Europapolitische Argumente (Freizügigkeit der Berufsausübung ohne Nachteile für die in Deutschland ausgebildeten Fachkräfte)
- Berufspolitische Argumente (die verdiente gesellschaftliche Aufwertung des Berufsstatus).

Im Rahmen des so genannten Bologna-Prozesses zur Internationalisierung und Modularisierung von Studiengängen entstehen seit 2003 erste Initiativen und Ansätze mit dem Ziel, Aus- und Weiterbildungsgänge für Erzieherinnen und Erzieher an Hochschulen zu verankern. Dabei handelt es sich bisher hauptsächlich um grundständige Studiengänge an Fachhochschulen (z. B. in Berlin, Hannover, Emden, Freiburg, Neubrandenburg) mit einem Bachelor-Abschluss. An der Fachhochschule Koblenz/Remagen läuft seit 2004 der erste berufsbegleitende Fernstudiengang ausschließlich für Leitungskräfte mit dem Schwerpunkt Bildungs- und Sozialmanagement (Weltzien, 2005). In Bremen wurde ein Weiterbildungsstudium (mit Zertifikat-Abschluss) an der Universität etabliert. Außerdem entstehen neue Kooperationsbündnisse zwischen Fachschulen/Fachakademien, Hochschulen und Praxiseinrichtungen. Derartige Kooperationsmodelle werden in einer Professionalisierungsinitiative der Robert-Bosch-Stiftung »Innovationswerkstatt für die inhaltliche Reform von Aus- und Weiterbildungsangeboten für Frühpädagogen« gefördert (www.bosch-stiftung.de) und an Hochschulen in Berlin (Alice-Salomon-Fachhochschule), Bremen (Universität), Dresden (Technische Universität), Freiburg (Ev. Fachhochschule) und Koblenz/Remagen (Fachhochschule) erprobt. In den nächsten Jahren wird es darum gehen, diese verschiedenen Modelle und Erfahrungen in einer längerfristigen Perspektive zu evaluieren. Entscheidender Erfolgs-

Ausbildungsmodelle	
Reformiertes Status Quo-Modell	Inhaltliche Optimierung der gegenwärtigen Ausbildung auf Fachschulniveau ohne Anhebung
Upgrading Modell	Statusaufwertung der Fachschulausbildung durch Kooperation mit einer Fachhochschule
Fahrstuhl-Modell	Anhebung und Umwandlung der gegenwärtigen Fachschulen zu (Fach-)Hochschulen eigener Art
FH-Transformationsmodell	Einrichtung neuer profilanaloger Berufsakademie (BA)-Studiengänge an Fachhochschulen
Uni-Transformationsmodell L	Einrichtung neuer profilanaloger BA-Studiengänge an Universitäten in Anlehnung an das Lehramtsstudium für die Primarstufe
Uni-Transformationsmodell D	Einrichtung neuer profilanaloger BA-Studiengänge an Universitäten in Anlehnung an existierende Diplomstudiengänge
FH-Substitutionsmodell	Ausbau und Ausdifferenzierung bestehender Fachhochschul-Studiengänge
Uni-Substitionsmodell	Ausbau und Ausdifferenzierung bestehender universitärer Studiengänge

Tab. 12 Mögliche Szenarien zukünftiger Erzieherinnen- und Erzieherausbildung (vgl. Rauschenbach, 2005, S. 29)

faktor wird sein, inwieweit die notwendige Wissenschaftlichkeit mit der erforderlichen Berufsfeldorientierung effektiv verknüpft werden kann.

Rauschenbach (2005, S. 29) unterscheidet zwischen acht möglichen Szenarien zukünftiger Erzieherinnen- und Erzieherausbildung (→ Tab. 12): Im Rahmen der Einführung von Bildungsplänen in den einzelnen Bundesländern entstehen auch neue Formen der trägerübergreifenden Kooperation in der Fortbildung von pädagogischen Fachkräften, insbesondere von Leitungskräften.

Ein Beispiel ist die landesweite Kampagne *Startchance Bildung* in Bayern. Zielgruppe sind die Leitungskräfte von Tageseinrichtungen bis zur Einschulung (rd. 7000 Personen). Das Kampagnen-Programm, bestehend aus einem zweitägigen Einführungsseminar, einer mehrwöchigen Praxisphase und einem eintägigen Abschluss-Seminar, wurde von den Verbänden der freien Wohlfahrtspflege und der Bayerischen Verwaltungsschule, dem Sozialministerium und dem Staatsinstitut für Frühpädagogik (IFP) gemeinsam entwickelt. Die erste Evaluation für das Jahr 2004 zeigt eine überaus positive Bewertung seitens der Teilnehmerinnen und Teilnehmer (www.ifp-bayern.de/umsetzung des bildungsplans). Die Kampagne wird staatlich gefördert. Für die Leitungskräfte ist die Teilnahme kostenlos. Die Initiative zeigt, dass es durchaus möglich ist, eine neue Systematik und Ressourcenbündelung in der bisherigen Fortbildungslandschaft zu etablieren.

Frühpädagogische Zukunftsperspektiven ■ Die Bandbreite europäischer Strukturmodelle kann durchaus Impulse für ein kritisches Nachdenken über die grundsätzliche Richtung eines reformierten Aus- und Weiterbildungskonzepts geben. Das angestrebte Berufsprofil ist dabei noch zu klären. Im Hinblick auf die Ausbildung stellen sich die folgenden relevanten Fragen (vgl. Oberhuemer, im Druck):
■ Soll die bisherige sozialpädagogisch orientierte Breitbandausbildung beibehalten bzw. erweitert werden (Beispiel: Dänemark)?

- Soll eine Neufokussierung auf die Jahre von Geburt bis zur Einschulung gesetzt werden (Beispiele: Estland, Finnland, Lettland, Litauen, Slowenien, Tschechische Republik)?
- Soll eine gemeinsame Ausbildung für den Elementar- und Primarbereich drei bzw. vier bis elf Jahre angestrebt werden (Beispiele: Frankreich, die Niederlande, die vierjährige Ausbildung mit zweijähriger Arbeitsfeldspezialisierung in Italien/Südtirol)?
- Oder soll ein übergreifendes Konzept für das gesamte System der öffentlichen Bildung und Erziehung (ein bis achtzehn Jahre) das Ziel sein, wie – als einziges Beispiel – in Schweden?

Die Wahl eines spezifischen Ausbildungsmodells kann nur im Kontext von weitergehenden Klärungen bezüglich der Arbeitsmarktsituation der Erzieherinnen und Erzieher, der Argumente für und gegen ein zu eng an den Erfordernissen des frühpädagogischen Arbeitsfeldes angestrebtes Berufsprofil (vgl. Oberhuemer, 2005) sowie der gesamtgesellschaftlichen Stellung von Tageseinrichtungen und den dort Beschäftigten erörtert werden.

Aus der Perspektive der pädagogischen Fachkräfte sind Fort- und Weiterbildung eine Bildungschance, eine Chance der professionellen Entwicklung, der individuellen, inhaltlichen und kompetenzbezogenen Weiterqualifizierung. Aus der Perspektive der Anstellungsträger oder der verantwortlichen Kinder- und Jugendbehörden ist Fortbildung ein Steuerungsinstrument, eine Maßnahme der Qualitätssicherung durch Personalentwicklung, auch ein Instrument zur effektiveren Umsetzung bildungspolitischer Reforminitiativen. Eine Schlüsselfrage in diesem Zusammenhang heißt: Soll es (wie zum Beispiel in Griechenland und Italien) eine Fortbildungspflicht geben, zumindest in einem bestimmten Umfang oder zu einem bestimmten Zweck, wie bereits 1990 von der Sachverständigenkommission zum Achten Jugendbericht vorgeschlagen?

Trotz der europaweit unterschiedlichen Ausbildungs- und Beschäftigungssysteme für die Bildungs- und Erziehungsarbeit vor der Pflichteinschulung ähneln sich die Herausforderungen bezüglich einer Erweiterung und Aktualisierung der Aus- und Weiterbildungscurricula in vielen Ländern. Nach den OECD-Analysen in diversen Ländern besteht Qualifizierungsbedarf insbesondere in den folgenden Aufgabenbereichen:

- Leitungs-, Management- und betriebswirtschaftliche Aufgaben (Organisationsentwicklung, Personalführung, Bildungsmanagement)
- Formative Evaluationsaufgaben (Bildungs- und Lernprozesse einschätzen und dokumentieren, Selbstevaluation des pädagogischen Handelns, Zielvereinbarungen und Controlling auf Einrichtungsebene)
- Bildungs- und Betreuungsarbeit mit unter Dreijährigen
- Unterstützung von Kindern mit besonderem Förderbedarf, wie zum Beispiel mehrsprachig aufwachsenden Kindern
- Familienorientierung, insbesondere Strategien für eine partnerschaftliche Zusammenarbeit mit benachteiligten und »bildungsfernen« Familien (vgl. hierzu Siraj-Blatchford, 2004).

Auch in der Erzieherinnen- und Erzieherbildung in Deutschland besteht ein erheblicher Qualifizierungsbedarf in diesen Themenfeldern.

Zum Schluss ein optimistisch stimmender Ausblick: Auf Grund einer bildungsökonomischen Analyse der Kosten einer Akademisierung der Erzieherinnen-Ausbildung kommen Pasternack und Schildberg (2005) zu dem Schluss, dass auch aus finanzieller Sicht die Zeit für einen Systemwechsel vergleichsweise günstig ist!

Literatur

Becker, W. (2002). Fortbildungskonzepte im Zeichen des Innovationsdrucks. In: W.E. Fthenakis & P. Oberhuemer (Hrsg.), Ausbildungsqualität. Strategiekonzepte zur Weiterentwicklung der Ausbildung von Erzieherinnen und Erziehern (S. 225–244). Weinheim & Basel: Beltz.

Cochrane-Smith, M. & Lytle, S. L. (1999). Relationships of knowledge and practice: teacher learning in communities. Review of Research in Education, 24, 2, 251–307.

Day, C. & Sachs, J. (2004). Professionalism, performativity and empowerment: discourses in the politics, policies and purposes of continuing professional development. In: C. Day & J. Sachs (Hrsg.), International Handbook on the Continuing Professional Development of Teachers (S. 3–32). Glasgow: Bell & Bain.

Ebert, S., Fatke, R., Külb, R. Lost, C., Oberhuemer, P. & Troppa, P. (1994). Zur beruflichen Situation der Erzieherinnen in Deutschland: Bestandsaufnahme und Perspektiven. Eine Denkschrift des Pestalozzi-Fröbel-Verbandes. München: Profil.

Fthenakis, W. E. (2002). Die Ausbildung von Erzieherinnen und Erziehern: Strategiekonzepte zur Weiterentwicklung von Ausbildungsqualität. In: W. E. Fthenakis & P. Oberhuemer (Hrsg.), Ausbildungsqualität. Strategiekonzepte zur Weiterentwicklung der Ausbildung von Erzieherinnen und Erziehern (S. 15–38). Weinheim: Beltz.

Kluge, J. (2005). Frühkindliche Bildung. Rede auf dem zweiten McKinsey-Bildungskongress in Berlin, 27. Oktober 2005.

Oberhuemer, P. (im Druck). Nach der EU-Erweiterung: Ausbildungs- und Personalstrukturen in vorschulischen Bildungs- und Betreuungssystemen. In: Th. Rauschenbach, H.- R. Leu & A. Diller (Hrsg.), Reform oder Ende der Erzieherinnenausbildung? München: DJI-Verlag.

Oberhuemer, P. (2005). Conceptualising the early childhood pedagogue: Policy approaches and issues of professionalism. European Early Childhood Research Journal, 13, 1, 5–16.

Oberhuemer, P. (2000). Lernkulturen – Berufskulturen: Entwicklungstendenzen in europäischen Kindertageseinrichtungen. In: H. Colberg-Schrader & P. Oberhuemer (Hrsg.), Qualifizieren für Europa. Praxiskulturen, Ausbildungskonzepte, Initiativen (S. 28–45). Baltmannsweiler: Schneider Hohengehren.

Oberhuemer, P. & Ulich, M. (1997). Working with Young Children in Europe. London: Paul Chapman.

OECD (2001). Starting Strong. Early Childhood Education and Care. Paris: Organisation for Economic Co-operation and Development.

OECD (2004). Die Politik der frühkindlichen Betreuung, Bildung und Erziehung in der Bundesrepublik Deutschland. Paris: Organisation for Economic Co-operation and Development.

Pascal, C. & Bertram, T. (2004). Responding to the Challenges of Leading and Managing Integrated Children's Centres: Next Steps. Paper presented at EECERA conference in Malta, September 2004.

Pasternack, P. & Schildberg, A. (2005). Unbezahlbar? Die Kosten einer Akademisierung der Erzieher/innen-Ausbildung. die hochschule. journal für wissenschaft und bildung, 2, 154–187.

Rauschenbach, Th. (2005). Erzieherinnen in neuer Höhenlage. Unbeabsichtigte Nebenwirkungen einer beabsichtigten Ausbildungsreform. Erziehungswissenschaft, 16, 31, 18–35.

Rauschenbach, Th., Beher, K. & Knauer, D. (1995). Die Erzieherin. Ausbildung und Arbeitsmarkt. Weinheim: Juventa.

Siraj-Blatchford, I. (2004). Educational Disadvantage in the Early Years: How do we overcome it? Some Lessons from Research. European Early Childhood Education Research Journal, 12, 2, 5–20.

Sylva, K., Melhuish, E., Sammons, P., Siraj-Blatchford, I. & Taggart, B. (2004). The Effective Provision of Pre-School Education (EPPE) Project: Final Report. A Longitudinal Study funded by the DfES 1997–2004.

Weltzien, D. (2005). Qualifizierung der Spitze. Der berufsbegleitende Fernstudiengang »Bildungs- und Sozialmanagement mit Schwerpunkt frühe Kindheit« (B.A.). In: E. Hammes-Di Bernardo & S. Hebenstreit-Müller (Hrsg.), Innovationsprojekt Frühpädagogik. Professionalität im Verbund von Praxis, Forschung, Aus- und Weiterbildung (S. 167–181). Baltmannsweiler: Schneider Hohengehren

VII Ausblick

Zur Pädagogik der frühen Kindheit im 21. Jahrhundert – Desiderata

Lilian Fried & Susanna Roux

Vor dem Hintergrund des vorliegenden Handbuchs wird deutlich, dass die Pädagogik der frühen Kindheit einerseits auf eine bedeutende Entwicklungsgeschichte zurückblicken kann, die weit über die deutschsprachigen Grenzen hinaus Wirkungen gezeigt hat. Auch hat sie sich als Teildisziplin der Erziehungswissenschaft im Zuge der Bildungsreform zumindest ansatzweise etabliert. Andererseits zeigt sie sich aber zu Beginn des 21. Jahrhunderts noch immer nicht breit konsolidiert (vgl. auch Bundesministerium für Familie, Senioren, Frauen & Jugend, 2003). Dazu fehlt bislang eine nennenswerte Infrastruktur auf allen Ebenen (u.a. in Bezug auf Forschung, Sozialdaten, institutionelles Netz, Ausbildungsverbund zwischen Fach- und Praxisausbildung) sowie ein elaboriertes eigenständiges fachtheoretisches Grundverständnis. Dies alles hängt – vermutlich zirkulär – mit der fehlenden gesellschaftlichen Anerkennung zusammen.

Die Lektüre der einzelnen Beiträge des Handbuchs lässt eine Vielfalt von Theorie- und Forschungs-Desiderata erkennen. Abschließend sollen einige wenige davon kurz beleuchtet werden.

Kind/Kindheit ■ Im ersten Teil des Bandes wird die Entwicklung von Kindern in ihren Kontexten betrachtet. Wie verläuft die kindliche Entwicklung in unterschiedlichen Bereichen (z.B. auf der körperlichen, geistigen, emotionalen Ebene)? Wie konstituieren sich Entwicklungschancen und -risiken? Inwiefern wirken erzieherische Maßnahmen darauf förderlich ein?, lauten die dort aufgeworfenen Fragen. Antworten darauf setzen voraus, dass bestehende Theorie- und Forschungsansätze so (weiter-)entwickelt werden, dass eine differenzierte *entwicklungspädagogische Konzeptualisierung* des Zusammenspiels von entwicklungspsychologischen und frühpädagogischen Bedingungsgrößen möglich wird. Solch eine Betrachtungsweise könnte den Blick für das Wechselspiel zwischen biologischer, sozialer und selbstbezogener Determiniertheit (vgl. Liegle, 1999, S. 202 ff.) unter pädagogischen, rechtlichen, gesellschaftlichen Kontextbedingungen und/oder Einflussmöglichkeiten (u.a. Familienkonstellation, Prävention, Förderung, Unterstützung) schärfen bzw. den Blickwinkel verbreitern, so dass neue Möglichkeiten zielgerichteter Beschreibung und Erforschung des frühpädagogischen Aufgaben- und Themenspektrums sichtbar würden, weit über in erster Linie individuelle Entwicklungsbeschreibungen und -verläufe hinaus.

Programmatik ■ Der zweite Teil durchleuchtet den recht umfangreichen Bereich frühpädagogischer *Programmatik* von der Vergangenheit bis zur Gegenwart. Welche *elementardidaktischen* Schnittstellen lassen sich finden? Hier wird u.a gefragt: Welche Ansatzpunkte zur methodisch-didaktischen Gestaltung frühpädagogischer Lehr- bzw. Lernprozesse sind in unterschiedlichen Konzepten erkennbar? Welche Inhalte und Methoden versprechen eine adäquate Begleitung der Kinder bei der Exploration und Aneignung ihrer Kontexte? Die Antworten darauf fallen spärlich aus, weil diese Sichtweise in der frühpädagogischen Forschung nahezu durchgängig vernachlässigt worden ist. Ob sich das wesentlich ändert, ist noch offen. Denn auch die neuen Bildungsrahmenpläne scheinen in erster Linie als steuerungspolitische Instrumente angesehen zu werden und nur in zweiter Linie als konkrete elementardidaktische Ressourcen.

Die von wissenschaftlicher Seite vorgebrachte Forderung nach fundierter Begleitforschung, u.a. in Form von Evaluations- oder Implementationsstudien, wird jedenfalls noch nicht so ernst genommen, wie es erforderlich wäre. Dabei könnten solche Ansätze wesentlich dazu beitragen, die Wirkungen politischer und pädagogischer Maßnahmen zu steigern. Denn ein Blick auf die wenigen empirischen Studien über bisherige frühpädagogische Programme (im Überblick Fried, 2003b) zeigt, dass sich deren Ziele nur bedingt im Alltag bzw. den Verhaltensweisen der Kinder niederschlagen. Die Gestaltung des frühpädagogischen Alltags scheint auch durch andere einflussreiche Faktoren bedingt zu sein. Dazu zählen beispielsweise die subjektiven Orientierungen der Erzieherinnen oder ihre alltäglichen Vermittlungs- und Handlungsstrategien im Umgang mit den Kindern. Deshalb werden zukünftig Evaluationsstrategien benötigt, die das komplexe Zusammenspiel all dieser Faktoren zu erfassen und aufzuklären vermögen.

Besondere Aufmerksamkeit muss der Frage der Effektivität des Handelns der Erzieherin bzw. der Gestaltung der frühkindlichen (Lern-)Umgebung gelten. Diese im Rahmen einer Elementardidaktik zu beantwortende Frage sucht nach langfristigen Effekten, die eindeutig bestimmten Methoden, Strategien usw. zuzuschreiben sind. Das erfordert allerdings empirisch fundierte Längsschnittstudien. So verstandene elementardidaktische Forschung könnte helfen, mehr über die Rolle der Erwachsenen im Entwicklungsprozess von Kindern zu entdecken bzw. näheres über den Einfluss ihrer bewusst oder unbewusst eingesetzten Lernkonzepte bzw. Lernstrategien herauszufinden. Auf diese Weise geraten u.a. frühpädagogische Interaktions- oder Instruktionsstrategien, aber auch die Raumgestaltung und das Materialangebot ins nähere Blickfeld (u.a. Fried, 2005, S. 63) und zwar jeweils mit Bezug auf die spezifische Entwicklung und Situation der Kinder (z.B. emotionale Entwicklung und Beziehung, Sozialentwicklung und Herausforderung).

Konzepte zu speziellen Entwicklungsbereichen/professionelle Hilfen ■ Der dritte und vierte Teil legt Grundlagen für eine professionelle domänenspezifische Bildung junger Kinder. In Bezug auf die Konzepte wird dabei deutlich, dass zwar eine Fülle wissenschaftlicher Einsichten in die domänenspezifische Entwicklung von Kindern bereit steht, es aber an frühpädagogischen Ansätzen mangelt, wie man auf diese Entwicklungstatbestände fein abgestimmt bzw. adaptiv reagieren kann. Denn domänenspezifische Bildungsarbeit heißt, sich nicht nur auf kognitive Fragestellungen (z.B. Intelligenzförderung) bzw. eine eingeschränkte Auswahl von Themenfeldern zu beschränken (z.B. naturwissenschaftliche Bildung, mathematische Förderung), sondern zentrale Entwicklungsbereiche möglichst breit in den Blick zu nehmen: u.a. Sprachentwicklung, Persönlichkeitsentwicklung, Bewegungsentwicklung, kognitive Entwicklung, Identitätsentwicklung.

Die Wirkkraft von solchen kombinierten Ansätzen ließe sich vor allem dann ausloten, wenn es gelänge, die jeweiligen Bildungsvoraussetzungen der Kinder einzubeziehen. Das hieße, u.a. Fragen einer Förderung von kindlichen Interessen, kindlicher Neugier an der Lebenswelt zu erforschen. Zudem gälte es, die Rolle des sozialen Netzes (Familie, Kindergruppe, Peergruppe) im Rahmen der Unterstützung von Lernprozessen abzuwägen sowie die Bedeutung personaler Ressourcen (Selbstkonzept, Selbstwirksamkeit, Kommunikationsfähigkeiten). Aber auch materiell-physikalische sowie kontextuelle Bedingungen wären zu reflektieren.

Da die vielversprechendsten Ansätze internationalen Vorbildern abgeschaut sind, ohne dass mögliche kulturelle Schranken bzw. Probleme hinreichend reflektiert worden wären, ergeben sich für die Forschung noch weitere Herausforderungen. Zum einen gilt es zu explorieren, ob und inwiefern nicht auch tradierte nationale Angebote modifiziert, kombiniert bzw. ergänzt werden könnten und zwar so, dass sie domänenspezifische Bildungsprozesse angemessen stützen und herausfordern könnten. Zum anderen ist zu prüfen, ob und wieweit sich internationale Ansätze zur domänenspezifischen Förderung tatsächlich im deutschen Alltag bewähren, also mit anderen programmatischen Orientierungen verknüpfen lassen und bei den Kindern Wirkung entfalten.

Ein weiterer Teil des Bandes beschäftigt sich mit professionellen Hilfen, die für diagnostische oder evaluatorische Zwecke entwickelt wurden. Diese haben – nicht zuletzt durch entsprechende Empfehlungen in den meisten Bildungsrahmenplänen – in jüngster Zeit an Bedeutung gewonnen. Dessen ungeachtet zeigen die Überblicke, dass – abgesehen von älteren normativen Ansätzen – kaum je theoretisch und methodisch fundierte Unterstützungshilfen für die frühpädagogische Arbeit entwickelt wurden (z. B. systematische Beobachtungsverfahren für Erzieherinnen, elaborierte Beratungsansätze für Erzieherinnen). Das hängt vermutlich mit dem konfliktträchtigen Theorie-Praxis-Verhältnis, der nicht favorisierten Position der Frühpädagogik im deutschen Bildungssystem und der daraus resultierenden desolaten Forschungsinfrastruktur zusammen. Da sich solche professionellen Hilfen nach der internationalen Literatur (vgl. Fried, 2004) als hilfreich und wirksam erwiesen haben, weil sie es Pädagogen und Politikern erleichtern, ihre Maßnahmen zielgenau zu planen sowie realitätsgerecht zu modifizieren, ist hier die Forschung gefordert, zukünftig mehr wissenschaftlich fundierte praxistaugliche Instrumente zu entwickeln, als dies in der Vergangenheit der Fall war.

Allerdings besteht immer die Gefahr, dass z. B. Konzepte oder Beobachtungsinstrumente nicht bestimmungsgemäß bzw. reflektiert eingesetzt werden. Deshalb dürfte es auch wichtig sein, die Nutzer solcher Instrumente forschend zu begleiten, um z. B. mit Hilfe von Befragungen und Beobachtungen herauszufinden, was die Praxis noch braucht, um auch tatsächlich Nutzen aus den professionellen Hilfen ziehen zu können.

Institutionen ■ Der fünfte Teil des Bandes befasst sich mit frühpädagogischen Institutionen. Diese präsentieren sich heute in großer Vielfalt. Neben Fach- und Sozialdiensten (z. B. Beratung), nehmen die klassischen Kinderbetreuungseinrichtungen, wie etwa Kindergarten, kombinierte Einrichtungen, u. a. aufgrund der breiten Akzeptanz durch Eltern sowie dem Ausbau von Plätzen in Einrichtungen der Frühpädagogik eine herausragende Rolle ein. All diese Einrichtungen sehen sich zunehmend mit einer Erweiterung ihrer strukturell-inhaltlichen bzw. funktionalen Bestimmungen konfrontiert (u. a. Bundesministerium für Familie, Senioren, Frauen & Jugend, 2003; OECD, 2004; Roßbach, 2003, S. 283 ff.). Beispiele dafür sind neben dem verstärkten Ausbau der Ganztagsangebote im Kindergartenbereich auch die gesetzlichen Maßnahmen zum »bedarfsgerechten« Ausbau der Tagesbetreuung durch die Aufnahme unter dreijähriger Kinder von Berufstätigen bzw. in Ausbildung Befindlichen (Tagesbetreuungsausbaugesetz [TAG], das am 01.01.2005 in Kraft trat).

Auch inhaltliche Weiterentwicklungen werden verstärkt in den Blick genommen. Diese betreffen eine Veränderung des Verhältnisses zwischen Familie und Tageseinrichtung u. a. über die Verwirklichung ganzheitlicher Konzepte zur Familienförderung in so genannten Familienzentren, die teilweise in Stadtteilen mit besonderem Entwicklungsbedarf (»Quartiere«) gegründet werden (Deutsches Jugendinstitut, 2002, S. 17 f. sowie S. 205 ff.; Fthenakis, 2004). Solche Zentren schließen z. B. auch unter Dreijährige sowie schulpflichtige Kinder mit ein, vermitteln Tagesmütter, verstärken die Bemühungen um Sprachförderung sowie das Beratungsangebot für Familien.

Ausbaubedürftig scheint ebenso der Bereich der inhaltlichen bzw. themenbezogenen Zusammenarbeit zwischen Kindergarten und Grundschule zu sein und zwar über die bisher – mehr auf dem Papier als tatsächlich – realisierten Kooperationsformen hinaus.

Angesichts der hier herrschenden Unübersichtlichkeit scheint u. a. Forschung vonnöten, die erste Lösungsversuche bzw. Entwicklungsschritte begleitet und die dabei zutage tretenden Erfolge und Schwierigkeiten nicht nur detailliert dokumentiert, sondern auch zu erklären trachtet, wie z. B. durch das Aufdecken von Widerständen bei den beteiligten Professionsgruppen. Des Weiteren scheint Forschung wichtig, welche den Effekten (bislang nur geforderter) politisch-administrativer bzw. struktureller Weichenstellungen nachgeht (u.a. OECD, 2004, S. 66 ff.).

Beruf/Professionalisierung ■ Der letzte Teil greift das Thema Beruf und Professionalisierung auf. Diesbezüglich hat die internationale Qualitäts- und Effektivitätsforschung (Erzieherinnenbildung, Schule, LehrerInnenbildung) zahlreiche Belege erbracht, dass die Art und Weise, wie praktische Pädagogen qualifiziert werden, einen bedeutsamen Unterschied macht. So hat z. B. die Ausbildung mittel- und langfristigen Einfluss auf die Berufszufriedenheit, die Professionalität, das Engagement im Beruf, die Verweildauer im Beruf, die Art und Weise, wie mit beruflichen Herausforderungen umgegangen wird, die Qualität der Einrichtungen sowie auf die Entwicklungs- und Bildungsverläufe der Kinder (insbesondere in den Bereichen, die für den Schulerfolg bzw. die Bildungslaufbahn entscheidend sind).

In Bezug auf den Beruf bzw. die Professionalisierung im Bereich der Frühpädagogik ist man derzeit uneins darüber, welches die richtigen Qualifizierungskonzepte und die besten Ausbildungsstrukturen sind. Hier steht in erster Linie der Bereich der Erzieherinnenausbildung (nicht nur im nationalen Kontext) im Zentrum früh- und bildungspolitischer Diskussionen (u.a. Rauschenbach, 2005). Vor dem Hintergrund des im europäischen Vergleich niedrigen Ausbildungsniveaus für Erzieherinnen in der Bundesrepublik sind in der jüngeren Vergangenheit bereits mehrere praxisorientierte Studiengänge an Fachhochschulen zur Erlangung eines BA-Abschlusses in Elementarpädagogik eingerichtet worden. Ob diese Maßnahmen zu einer Erhöhung des nach wie vor niedrigen Anteils von Personal mit Hochschulabschluss in den frühpädagogischen Einrichtungen führen, bleibt abzuwarten. Noch stellen die Beispiele erste zaghafte Versuche einer Anhebung des Ausbildungsniveaus dar, die sich in erster Linie auf die Einstiegsvoraussetzungen (Abitur oder abgeschlossene Berufsausbildung) sowie den Ausbildungsort beziehen.

Wie genau Qualifizierungskonzepte aussehen müssen, um die in sie gesetzten Erwartungen tatsächlich erfüllen zu können, lässt sich nicht allein mit wissenschaftlichen Mitteln entscheiden, sondern muss im gesellschaftlichen Diskurs ausgehandelt werden. Man kann aber verschiedene konzeptuelle Vorschläge und Begründungen mit Hilfe wissenschaftlicher Erkenntnisse auf ihre Realitätsangemessenheit, also ihre Tragfähigkeit hin prüfen. Da internationale Forschungen belegen, dass der Erfolg jeder Ausbildung wesentlich von den konkreten Angeboten und Lehr-Lern-Prozessen abhängt, sollte zukünftig verstärkt evaluiert werden, welche Adressaten innerhalb welcher Rahmenbedingungen mit welchen Angeboten wie genau qualifiziert werden.

Ein in der Diskussion und von der Forschung vernachlässigtes Thema ist schließlich die berufsbegleitende Fortbildung von Erzieherinnen. Dabei haben uns Forschungen zur Entwicklung des pädagogischen Personals in verschiedenen Einrichtungen gelehrt, dass Professionalität bzw. Expertise erst im Verlauf von Praxis ausgebildet werden kann. In der Ausbildung kann man also berufliche Handlungskompetenz bestenfalls anbahnen. Ausdifferenzieren kann sie sich jedoch erst im Verlauf von reflektierter Erfahrung. Qualifizierungskonzepte, die dem gerecht werden sollen, müssen sowohl Ausbildungs- als auch Fort- und Weiterbildungskonzepte beinhalten.

Es ist also nicht zu übersehen, dass die Pädagogik der frühen Kindheit vor gewaltigen Forschungsherausforderungen steht. Diese wird sie nur »stemmen« können, wenn ihre Forschungsinfrastruktur weiter ausgebaut wird. Es wäre schön, wenn sich vereinzelte Ereignisse, wie z.B. die Einrichtung neuer Professuren mit dem Schwerpunkt Pädagogik der frühen Kindheit an Universitäten und Fachhochschulen, als Frühindikatoren einer Entwicklung in diese Richtung erweisen würden.

■ Literatur

Bundesministerium für Familie, Senioren, Frauen und Jugend (Hrsg.) (2003). Auf den Anfang kommt es an! Perspektiven zur Weiterentwicklung des Systems der Tageseinrichtungen für Kinder in Deutschland. Weinheim: Beltz.

Deutsches Jugendinstitut (2002). Zahlenspiegel. Daten zu Tageseinrichtungen für Kinder. Kindertageseinrichtungen in Stadtteilen mit besonderem Entwicklungsbedarf. München: DJI.

Fried, L. (2003a). Einleitung. In: L. Fried, S. Roux, A. Frey & B. Wolf (Hrsg.), Vorschulpädagogik (S. 1–15). Baltmannsweiler: Schneider Hohengehren.

Fried, L. (2003b). Vorschulprogramme. In: L. Fried, S. Roux, A. Frey & B. Wolf (Hrsg.), Vorschulpädagogik (S. 121–147). Baltmannsweiler: Schneider Hohengehren.

Fried, L. (2004). Expertise zu Sprachstandserhebungen für Kindergartenkinder und Schulanfänger – Eine kritische Betrachtung (www.dji.de/bibs/271_2232_ExpertiseFried.pdf; letzter Zugriff: 21.4.2006).

Fried, L. (2005). Wissen als wesentliche Konstituente der Lerndisposition junger Kinder. Theorie, Empirie und pädagogische Schlussfolgerungen. Expertise im Auftrag des deutschen Jugendinstituts. Http://cgi.dji.de/bibs/320_5488_Fried.pdf (16.02.2006).

Fthenakis, W.E. (2004). Implikationen und Impulse für die Weiterentwicklung von Bildungsqualität in Deutschland. In: W.E. Fthenakis & P. Oberhuemer (Hrsg.), Frühpädagogik international. Bildungsqualität im Blickpunkt (S. 387–402). Wiesbaden: VS Verlag für Sozialwissenschaften.

Liegle, L. (1999). Erziehung als Reaktion auf die Entwicklung des Kindes und als Entwicklungshilfe. In: Neue Sammlung, 39, 2, 199–212.

OECD (2004). Die Politik der frühkindlichen Betreuung, Bildung und Erziehung in der Bundesrepublik Deutschland. Ein Länderbericht der Organisation für wirtschaftliche Zusammenarbeit und Entwicklung (OECD). http://www.bmfsfj.de/RedaktionBMFSFJ/Abteilung5/Pdf-Anlagen/oecd-l_C3_A4nderbericht,property=pdf.pdf (19.04.2006).

Rauschenbach, T. (2005). Erzieherinnen in neuer Höhenlage. Unbeabsichtigte Nebenwirkungen einer beabsichtigten Ausbildungsreform. In: Deutsche Gesellschaft für Erziehungswissenschaft (Hrsg.), Erziehungswissenschaft, 16, 31, 18–35.

Roßbach, H.-G. (2003). Vorschulische Erziehung. In: K. S. Cortina, J. Baumert, A. Leschinsky, K.U. Mayer & L. Trommer (Hrsg.), Das Bildungswesen in der Bundesrepublik Deutschland. Strukturen und Entwicklungen im Überblick (S. 252–284). Reinbek: Rowohlt.

Personenregister

A
Abel
 Andreas 294
Abel-Struth
 Sigrid 199
Aden-Grossmann
 Wilma 316
Aebli
 Hans 178
Ahnert
 Lieselotte 18, 75, 302
Ainscow
 Mel 215
Alleman-Ghionda
 Christina 219
Anastasi
 Anne 87
Andres
 Beate 96, 149, 239, 290, 307
Arnold
 Cath 239
Asendorpf
 Jens B. 75
Athey
 Cath 238
Auernheimer
 Georg 219

B
Bailey
 Don 331
Bak
 Maren 55
Barres
 Egon 16, 168, 174
Barth
 Karlheinz 255
Barz
 Heiner 115
Baumert
 Jürgen 161
Baumrind
 Diana 89
Becker
 Petra 149

Becker-Textor
 Ingeborg 125
Beetz
 Otto 85
Beher
 Karin 312, 357, 368
Behr
 Isabel 211, 323
Beller
 Kuno E. 290, 307
Belsky
 Jay 60
Bensel
 Joachim 232
Berger
 Manfred 285, 315
Berk
 Laura 85, 180
Bernitzke
 Fred 157
Bertolaso
 Yolanda 296
Bertram
 Hans 58, 373
 Heike 142
Best
 Petra 176
Betz
 Tanja 321
Bien
 Walter 45
Bilsky
 Wolfgang 247
Bittner
 Antje 141
 Günther 116
Blank-Mathieu
 Margarete 223
Bliesener
 Thomas 140
Blochmann
 Elisabeth 174, 349
Blumenstock
 Leonhard 255
Blumenthal
 Ekkehard 192

Bock-Famulla
 Kathrin 51
Boeser
 Christian 339
Boh
 Katja 55
Böhm
 Winfried 112
Böhme
 Gernot 184
Bollnow
 Otto Friedrich 286
Booth
 Toni 215
Bordihn 210
 Andrea 208
Borkenau
 Peter 87
Bortz
 Jürgen 132
Bos
 Wilfried 320
Bostelmann
 Antje 136
Bowlby
 John 303
Brähler
 Elmar 254
Brandt
 Ingeborg 29
Brandtstädter
 Jochen 88
Brauer
 Jörg-Peter 136
Breuer
 Helmut 260
Briedigkeit
 Eva 175
Bronfenbrenner
 Urie 57, 78, 132, 214, 324
Bruce
 Tina 103
Bruner
 Jerome 99, 123, 193
Brunner
 Monika 260

Personenregister

Buber
 Martin 214
Buer
 Ferdinand 298
Bühler
 Charlotte 31, 66
Bullock
 Merry 181
Burgener-Woeffray
 Andrea 261
Busch-Rossnagel
 Nancy 87
Buss
 David M. 87
Bütow
 Barbara 343
Büttner
 Christian 357

C

Cann
 Arnie 143
Caplan
 Gerald 141
Carr
 Margaret 103, 240
Christiane
 Papastefanou 334
Christie
 James F. 182
Cierpka
 Manfred 143, 171
Clason
 Christine 55
Claussen
 Marret 199
Comenius
 Johann Amos 108, 195
Conrad
 Susanna 130, 149
Corsaro
 William A. 66
Cryer
 Deborah 249

D

Dalcroze
 Emile-Jaques 195
Dammann
 Elisabeth 271
Danzer
 Bernhard 298

Dartsch
 Michael 364
Davy
 Humphrey 201
Day
 Christopher 371
 Peter 201
Deegener
 Günther 300
de Galgóczy
 Viola 209
Demandewitz
 Helga 232
Derksen
 Bärbel 343
Derschau
 Dietrich 315
Dettling
 Warnfried 81
Dewe
 Bernd 359
Dewey
 John 114, 120, 210
Dichans
 Wolfgang 213
Diem
 Liselott 192
Diesterweg
 Adolf 270
Diller
 Angelika 47, 136
Dippelhofer-Stiem
 Barbara 163, 358
Diskowski
 Detlef 156
Dittmann
 Mara 357
Dittrich
 Gisela 227, 329
Doise
 Willem 171
Dollase
 Rainer 85
Dollinger
 Bernd 292
Donaldson
 Margaret 210
Dörfler
 Mechthild 227
Döring
 Nicola 132
Dreier
 Annette 122

Dunlop
 Aline-Wendy 286

E

Ebert
 Sigrid 368
Eder
 Donna 66
Eichhoff
 Gottfried 334
Einsiedler
 Wolfgang 182
Eirich
 Peter 364
Eisner
 Manuel 144
Erich
 Blechschmidt 28
Erikson
 Erik H. 171
Erning
 Günter 281
Esser
 Günther 139
Ewert
 Otto 91

F

Fabian
 Hilary 286
Faraday
 Michael 201
Faulstich-Wieland
 Hannelore 223
Faust
 Gabriele 282
Faust-Siehl
 Gabriele 253
Fegert
 Jörg M. 80
Feuser
 Georg 212
Filtzinger
 Otto 216
Fingerle
 Michael 139
Fischer-Köhler
 Gislinde 334
Flaig
 Martin 247
Flatau
 Ella 126

Flender
    Judith   234, 246
Fliedner
    Theodor   270, 348
Flitner
    Andreas   148
Fölsing
    Johannes   270
Forster
    Maria   258
Förster
    Charis   252
Freire
    Paulo   120
Freud
    Sigmund   115
Freudenberg
    Ingrid   78
Frey
    Andreas   315, 359
Fried
    Lilian   13, 71, 101, 119,
    155, 173, 179, 224, 234,
    244, 259, 360, 378
Friedrich
    Gerhard   208, 210
Fries
    Maurie   343
Fritz
    Jöde   195
Fröbel
    Friedrich   25, 110, 173,
    184, 206, 269, 281, 315,
    348
    Johanna   271
    Karl   271
Fröse
    Sigrun   256
Fthenakis
    Wassilios E.   44, 119, 130,
    150, 168, 354, 364, 368
Fuchs
    Kirsten   319, 337
Fuhrer
    Urs   61, 87
Furian
    Martin   158

G

Gagné
    Francoys   195
Gänsfuß
    Rüdiger   102, 132, 174

Gardner
    Howard   105, 248
Garlichs
    Ariane   253
Garmezy
    Norman   77
Gaspard Itard
    Jean-Marc   213
Gebhard
    Ulrich   204
Gembris
    Heiner   198
Gisbert
    Kristin   180, 357
Gloger-Tippelt
    Gabriele   78
Göhlich
    Michael   122
Goldschmidt
    Henriette   349
Gomm
    Berthold   258
Gordon
    Edwin   196
    Thomas   25
Götze
    Carl   25
Grammer
    Karl   88
Grenner
    Katja   102, 132, 174, 215,
    321
Greve
    Werner   244
Griebel
    Wilfried   286
Grimm
    Hannelore   173, 260
Groot-Wilken
    Bernd   332
Großmann
    Heidrun   171
Gruhn
    Wilfried   198, 199
Guadatiello
    Angela   176
Guralnick
    Michael J.   330

H

Haeberlin
    Urs   325

Haeckel
    Ernst   27
Haefele
    Bettina   289
Haffner
    Johann   139
Hamre
    Bridget   141
Hansel
    Toni   153
Hartup
    Williard W.   66
Hasemann
    Klaus   208, 259
Hasselhorn
    Marcus   179
Hassler
    Marianne   195
Haucke
    Karl   170
Haug-Schnabel
    Gabriele   232
Havighurst
    Robert J.   86
Hebenstreit-Müller
    Sabine   239
Hédervári
    Eva   290, 307
Heerwart
    Eleonore   349
Heid
    Helmut   135
Heiland
    Helmut   111
Heimlich
    Ulrich   211, 323
Heinz
    Walter   364
Hellbrügge
    Theodor   213
Helm
    Ludger   13
Hensen
    Gregor   299
Herrmann
    Ulrich   108
Hess
    Markus   171
Hetherington
    Esther N.   76
Hetzer
    Hildegard   66

Heubach
    Joachim 109
Hielscher
    Hans 168
Hippchen
    Gisela 363
Hoffmann
    Erika 173, 348
    Hilmar 357
Holler
    Doris 176
Holling
    Heinz 254
Höltershinken
    Dieter 324
Honig
    Michael-Sebastian 135, 321, 360
Hoof
    Dietmar 206
Hörmann
    Georg 292
Howe
    George W. 76
Howes
    Carollee 70
Hoyer
    Kirsten 338
Hübner
    Sigrid 181
Hundertmarck
    Gisela 168

Hundsalz
    Andreas 300
Hurrelmann
    Klaus 75, 87
Hüther
    Gerald 76

I
Ingenkamp
    Karlheinz 255

J
Jacklin
    Carol 72
Jäger
    Reinhold 262
Jampert
    Karin 176
Jansen
    Frank 158

Heiner 257
Janssen
    Edda 334
Jenny-Fuchs
    Elisabeth 325
Johnson
    James E. 182
Joos
    Magdalena 135, 321, 360
Jopp-Nakath
    Jörg 361
Joppien
    Heinz-Jürgen 26
Junge
    Juliane 141
Jurczyk
    Karin 54
Jürgen
    Reyer 268

K
Kagel
    Maurizio 195
Kahle
    Irene 163, 360
Kammermeyer
    Gisela 178, 253
Kautter
    Hansjörg 324
Kazemi-Veisari
    Erika 125, 356
Kern
    Artur 254
Kestenberg
    Leo 195
Key
    Ellen 273
King
    Monica 258
Klafki
    Wolfgang 27, 355
Klauer
    Karl Josef 181
Klees-Möller
    Renate 224
Klein
    Gabriele 212
    Gerhard 324
Kleinen
    Günter 195
Kluge
    Jürgen 368
    Norbert 22

Knauer
    Detlef 368
Knauf
    Tassilo 118
Knußmann
    Rainer 31
Kobelt Neuhaus
    Daniela 330
Köhler
    August 271
Kollmuß
    Sabine 192
Kolvenbach
    Franz-Josef 48
Korczak
    Janusz 25
Körner
    Wilhelm 292
Koslowski
    Birgit 175
Krajewski
    Kristin 257
Krapp
    Andreas 253
Kreie
    Gisela 212
Krens
    Inge 76
Kreutz
    Gunter 194
Krieg
    Elsbeth 124
Kron
    Maria 212
Kühnel
    Barbara 239
Kuntz
    Thorsten 192
Kunz
    Lioba 334
Küspert
    Petra 181

L
Laevers
    Ferre 238
Laewen
    Hans-Joachim 96, 149, 236, 246, 288, 307
Lamb
    Michael E. 304
Langeveld
    Martinus Jan 26

Laucht
    Martin   139
Laupheimer
    Werner   324
Lee
    Hee-Jeong   285, 288
Lenzen
    Dieter   44
Leu
    Hans Rudolf   47, 75, 103, 232
Leutner
    Detlev   244, 254
Liegle
    Ludwig   15, 102, 148
Lingenauber
    Sabine   122
Lipinski
    Heike   339
Lipski
    Jens   330
Lösel
    Friedrich   140
Lück
    Gisela   200
Lueger
    Dagmar   235
Luhmann
    Niklas   13

M

Maccoby
    Eleanor   72
Mader
    Johann   283
Mähler
    Claudia   179, 204
Maier
    Sabine   78
Malaguzzi
    Loris   122
Mandl
    Heinz   253
Mannhaupt
    Gerd   257
Marbeau
    Jean Baptiste   302
Marcon
    Rebecca   92
Marenholtz-Bülow
    Bertha   349
Markefka
    Manfred   78

Markie-Dadds
    Carol   143
Martin
    Ernst   232
Marx
    Harald   255
Mayr
    Toni   236, 261
Mazurowicz
    Ulrich   195
Mead
    George Herbert   73
Meier
    Uta   228
Meier-Gräwe
    Uta   228
Meiers
    Kurt   286
Meis
    Rudolf   254
Meischner
    Tatjana   102, 132, 174
Meister
    Hans   214
Melitta
    Walter   225
Merker
    Helga   325
Metheson
    Catherine C.   70
Metternich
    Tanja   144
Metze
    Thomas   136
Metzinger
    Adalbert   348
Michaelis
    Richard   101
Miklitz
    Ingrid   126
Mildebrandt
    Nicole   143
Minsel
    Beate   73, 334
Mölders
    Ruth   256
Montada
    Leo   86
Montessori
    Maria   25, 125, 184, 206, 275, 351
Moreau
    Donna   80

Morris
    Henry   120
Morrow
    Lesley M.   182
Moser Opitz
    Elisabeth   325
Mugny
    Gabriel   171
Mühler
    Ursula   126
Müller
    Gerhard N.   209
Münder
    Johannes   96
Musiol
    Marion   225

N

Näslund
    Jan   257
Nauck
    Bernhard   78
Nave-Herz
    Rosemarie   59
Neill
    Alexander Sutherland   25
Nestmann
    Frank   299
Neuman
    Michelle   285
Neumann
    Karl   107, 168
    Ursula   320
Nickel
    Horst   256
Niebank
    Kay   77
Niedermann
    Albin   259
Nieke
    Wolfgang   216
Niemann
    Gerhard   101
Niermann
    Jochen   143
    Monika   148
Niesel
    Renate   286
Noam
    Gil   73
Nohl
    Herman   26

O

Oberhuemer
  Pamela   45, 58, 150, 285, 354, 367
Odom
  Samuel L.   331
Oertel
  Frithjof   168
Oerter
  Rolf   73, 182
Ohrem
  Sandra   228
Olofson
  Mark   80
Orem
  Reginald Calvert   351
Orff
  Carl   195
Osterwalder
  Fritz   110
Otto
  Berthold   25

P

Pack
  Irene   332
Pankratowa
  Maja   55
Papastefanou
  Christiane   334
Papoušek
  Hanuš   31
  Mechthild   25, 77
Parten
  Mildred B.   69, 170
Pascal
  C.   373
Pasternack
  Peer   375
Penthin
  Rüdiger   143
Pesch
  Ludger   239
Pestalozzi
  Johann Heinrich   109, 195, 270
Peterander
  Franz   142
Petermann
  Franz   77, 254
Petzold
  Matthias   55

Pfitzenmaier
  Eva   337
Piaget
  Jean   31, 72, 123, 179, 206, 238
Plomin
  Ross   76
Plume
  Ellen   181
Portmann
  Adolf   28
Pramling
  Ingrid   180
Preiß
  Gerhard   208
Preissing
  Christa   149, 224
Preuss-Lausitz
  Ulf   332
Prott
  Roger   45
Prüser
  Helga   271
Puhani
  Patrick   92

R

Rabe-Kleberg
  Ursula   71, 316
Radtke
  Frank-Olaf   359
Raithel
  Jürgen   292
Ramseger
  Jörg   253
Rapkowitz
  Ingrid   78
Rapold
  Monika   301
Rauh
  Hellgard   69
Rauschenbach
  Thomas   18, 44, 357, 368
Regel
  Gerhard   125, 193
Regine
  Jolberg   270
Reich
  Hans H.   219, 261
Reineke
  Dirk   246
Reinert
  Günther   87

Reinken
  Lothar   29
Reiser
  Helmut   212, 213
Reiss
  David   76
Remsperger
  Regina   240
Reyer
  Jürgen   268
Ribeaud
  Denis   144
Ribke
  Ribke   199
Riedel
  Birgit   329
Riemann
  Ilka   73
Rimm-Kaufman
  Sara E.   286
Robinsohn
  Saul B.   120, 147
Rohrmann
  Sabine   76
  Tim   76, 224
Roßbach
  Hans-Günther   16, 102, 132, 174, 215, 280, 321, 331
Rost
  Detlef H.   17
Roth
  Hans-Joachim   219, 261
Rousseau
  Jean-Jacques   107
Roux
  Susanna   13, 129, 219, 285, 378
Rüfner
  Wolfgang   56

S

Sachs
  Judith   371
Sanders
  Matthew R.   143
Sassenroth
  Martin   259
Schäfer
  Gerd E.   33, 44, 98, 154, 184, 211, 237, 306
Schaffner
  Karin   192

Schaller
    Klaus 108
Scheithauer
    Herbert 77
Schick
    Andreas 171
Schieche
    Michael 77
Schiersmann
    Christiane 337
Schildberg
    Arne 375
Schilling
    Matthias 18, 44
Schlegel
    Peter 157
Schmerkotte
    Hans 91
Schmidt
    Ernst A. F. 91
    Manfred H. 139
    Renate 32
Schmidt-Denter
    Ulrich 16, 81, 168
Schneewind
    Klaus A. 56, 78
Schneider
    Kornelia 227
    Wolfgang 181, 257
Schnurrer
    Hertha 302
Schöler
    Hermann 260
Schopp
    Johannes 343
Schrader
    Claudia 143
Schrader-Breymann
    Henriette 272, 349
Schreiber
    Norbert 135, 321, 360
Schuster
    Käthe-Maria 102, 132, 145, 174, 215, 331
Schwarz
    Hermann 253
Séguin
    Éduard 213
Selman
    Robert 70
Selter
    Christoph 207

Siegler
    Robert S. 180
Sigel
    Irving 183
Singer
    Wolf 98
Siraj-Blatchford
    Iram 250
Skowronek
    Helmut 257
Sodian
    Beate 181
Speck
    Otto 212
Spiegel
    Hartmut 207
Spieß
    C. Katharina 133
Spitzer
    Manfred 29, 87
Spuhl
    Sarah E. 180
Stadler Elmer
    Stefanie 196
Stange
    Waldemar 170
Steiner
    Rudolf 114
Stenger
    Ursula 122
Stern
    Elsbeth 179
Stippler
    Renate 195
Stotz
    Siegfried 192
Strätz
    Rainer 91, 168, 232
Stuck
    Andrea 160, 363
Stuhlman
    Megan 141
Sturzbecher
    Dietmar 171
Süss-Burghardt
    Heinz 139
Süssmuth
    Rita 56
Süvern
    Johann Wilhelm 270
Sylva
    Kathy 250, 371

T
Taggart
    Brenda 250
Tarullo
    Louisa B. 177
Tausch
    Anne-Marie 168
    Reinhard 168
Tenorth
    Heinz-Elmar 107
Textor
    Martin R. 73, 125, 157, 335, 341, 343
Thiel
    Heinz-Ulrich 337
Thierau
    Heike 244
Thoma
    Peter 224
Tietze
    Wolfgang 16, 96, 119, 132, 153, 174, 215, 243, 290, 320, 331, 360
Trautner
    Martin 19
Treinies
    Gerd 181
Tröster
    Heinrich 234, 246
Tschöpe-Scheffler
    Sigrid 77, 143, 344

U
Ulich
    Dieter 26
    Michaela 45, 58, 261, 354, 368

V
van den Heuvel-Panhuizen
    Marja 208
Van de Rijt
    Bernadette 259
van Kuyk
    Jef J 183
Van Luit
    Johannes 259
Vaskovics
    Lazlo 336
Verlinden
    Martin 170, 224

Viernickel
  Susanne 65, 96, 149, 153, 176, 232, 246, 285, 332
Vogt-Sitzler
  Franziska 301
Völkel
  Petra 72, 102, 132, 174, 232, 246
von Hentig
  Hartmut 98
von Humboldt
  Wilhelm 98, 122, 146, 270
von Marenholtz-Bülow
  Berta 270
Voss
  Hans-Georg 58
Vygotskij
  Lev S. 212

W

Wallace
  Belle 180
Wallrodt
  Wiebke 256
Walter
  Melitta 224
Waltz
  Christine 364
Warm
  Ute 253
Warner
  Virginia 80
Wawrinowski
  Uwe 232
Weber
  Andrea 92
  Christine 306
  Martina 228

Weissman
  Myrna 80
Wekerle
  Dunja 176
Welsch
  Wolfgang 184
Weltzien
  D. 373
Wentura
  Dirk 244
Wenzel
  Peter 158
Weuffen
  Maria 260
Whitehead
  Marian 177
Whitehurst
  Grover 183
Whites
  Robert 123
Wickramaratne
  Priya 80
Wiegand
  Hans 324
Wieland
  Axel 125, 193
Wieneke
  Jeanette 19
Wiesner
  Reinhard 46
Willems
  Katharina 228
Winter
  Heinrich 207
Wittmann
  Erich Ch. 205
Wolf
  Bernhard 16, 130, 149, 157, 174, 244, 363

Wolf-Filsinger
  Maria 289
Wolffheim
  Nelly 275
Wörz
  Thomas 286
Wottawa
  Heinrich 244
Wurmser
  Harald 77
Wüstenberg
  Wiebke 73
Wustmann
  Corina 172, 240
Wygotski
  Lew 179

Y

Yawkey
  Thomas D. 182
Youniss
  James 66, 171

Z

Zehnbauer
  Anne 121, 176
Zentner
  Marcel 88
Zetkin
  Klara 350
Ziegenhain
  Ute 80, 343
Zimmer
  Jürgen 88, 120, 147, 168
  Renate 189
Zygowski
  Hans 292

Sachregister

A
absorbierender Geist 36, 113
Access 332
Adaptationsprogramme 307
Aisthesis 184
Akkulturation 196
Alleinerziehende 79
Alleinspiel 69
Altersmischung 73
Analogie 203
Androgynitätsvorstellung 227
Angebotsstruktur 319
angewandte Forschung 15
Animismus 204
Anlage-Umwelt-Debatte 87
Ansatz
    institutionentheoretischer 135
Anthropologie 36, 110, 190
    biologisch-theologische 112
Anthroposophie 114
antiautoritäre Bewegung 278
antirassistische Arbeit 218
Arbeitsgedächtnis 179, 180
Arbeitshilfen zur Planung der Arbeit im Kindergarten 148
Armut 81, 219
Assimilation 196, 217
assoziatives Spiel 69
Ästhetik 40
ästhetische Bildung 184
ästhetische Botschaften 185
ästhetisches Urteil 184
Aufklärung 107
Augsburger Längsschnittstudie 254
Aus- und Fortbildung 163
Aus- und Weiterbildungssystem 368
Ausbildung 205, 270, 274, 368
Ausbildungsprofil 369

Ausdrucksfähigkeit
    sprachliche 203
Ausgabenentwicklung 50
Ausländerpädagogik 217, 218

B
Bachelor-Abschluss 373
Bayerischer Bildungs- und Erziehungsplan 154
Bedarfsorientierung 314
BEDS 255
Bedürfnisorientierung 126
begleitende Bildungsdiagnose 247
Benachteiligung 219
Beobachtung 100, 232, 233, 235, 237, 239, 241
    prozessorientierte 237
    ressourcenorientierte 236
    systematische 152, 232
Beobachtungsbogen 234
Beobachtungsverfahren 244, 256
    standardisierte 234
Berliner Eingewöhnungsmodell 290
Beschäftigungsmittel 111
Beteiligung 162
Betreuung 97, 150, 159, 304
Betreuungsangebot 302
Betreuungsauftrag
    nebenfamilialer 271
Betreuungsmodelle 306
Betreuungsmuster 79
    dyadische 310
    gruppenorientierte 310, 311
Betreuungsquote 319
Betreuungssektor 369
Betriebsklima 364
Beurteilungsbogen zur Diagnose der Schulfähigkeit 255
Bewahranstalt 269

Bewegung 189
Bewegungsarmut 191
Bewegungsauffälligkeiten 191
Bewegungserziehung 189
Bewegungskindergarten 126, 192
Beziehungen
    intergenerationelle 59
Beziehungsfähigkeit
    kindliche 77
Beziehungskontext 77
Beziehungsmuster 79
Beziehungsqualität 141
Bielefelder Screening 257
Bildung 34, 98, 159, 304
    mathematische 205, 207, 209
    naturwissenschaftliche 200
Bildungsarbeit 151
Bildungsauftrag 279
    vorschulischer 271
Bildungsdokumentation 248
Bildungsgeschichten 240, 268
Bildungsmittel 111
Bildungsplan 97, 155, 282, 356, 368
    Bayerischer 204
    Nordrheinwestfälischer 204
Bildungsprogramm 146
    schematisch-kategoriales 110
Bildungsprozesse 98
    frühkindliche 103
Bildungsreform 147, 224, 278, 282
Bildungssektor 369
Bildungssystem 146, 280
    sozialistisches 146, 277
Bildungsverständnis
    integratives 211
Bindung 150
Bindungsbeziehung 77

Bindungsforschung 79, 117
Bindungsqualität 58
Bindungstheorie 303
Bindungsverhalten 303
biogenetisches Grundgesetz 27

C

Chancengleichheit 222, 316
Chemie 201
Child Behavior Checklist 247
child effect Forschung 88
child initiated-Ansatz 92
Chronosystem 57
Community Education 120
Curriculum 147, 155
Curriculum Elementare Sozialerziehung 148
Curriculum Soziales Lernen 120, 148

D

DDR 146, 170, 276, 282, 316
DDR-Kindergartenpädagogik 160
Dekontextualisierung 182
Denken
 kausales 180
DES 255
Deutscher Bildungsrat 96, 147, 169, 278, 352
Deutsches Jugendinstitut 327
Developmental and Social Outcomes 332
Diagnostik 298
Diagnostische Einschätzskalen zur Beurteilung des Entwicklungsstandes und der Schulfähigkeit 255
Diakonissenanstalten 350
dialogic reading 183
Didaktik 15, 108
Didaktisierung 92
Dienstleistungsunternehmen 158
Differenzierungsprobe 260
direct instruction-Ansatz 92
Diskriminierung 220
distale Fähigkeiten 254
Distancing-Theorie 183
doing gender 71, 228

Dokumentation 100, 123, 152, 181
Duisburger Vor- und Einschulungstest 254
Dyade 60
dyadische Beziehungen 69

E

Early Excellence Centres 103, 344, 373
Ehebildung 335
Ehegemeinschaft 56
Ehevorbereitung 335
Eingangsstufe 282, 283
Eingewöhnung 281
Eingewöhnungsphase 290
Eingliederungshilfe 329
Einkind-Familie 56
Einrichtung
 inklusive 332
Einschätzbögen 235
Einschätzskalen 255
Einschulung 148
Einzelintegration 325
Eltern 124
Eltern-Chat 299
Eltern-Kind-Beziehung 307
Eltern-Kind-Zentren 54
Elternarbeit 157, 220
Elternbildung 335
Elternkompetenzen 334
Elternpersönlichkeit 60
Elternschulen 334
Elternverlust 80
emanzipatorische Erziehung 218
Empathie 170
Empowerment 298, 342
Engagiertheit 238
Engagiertheitsskala 248
Enttraditionalisierung 334
Entwicklung
 kognitive 309
 sprachliche 309
Entwicklungsaufgaben 86
entwicklungsorientierter Ansatz 213
Entwicklungsorientierung 213
Entwicklungsposter 246
Entwicklungsprozess 86, 232
Entwicklungspsychologie 85, 191, 275

Entwicklungsrisiko 75, 139, 236, 247, 306
Entwicklungsscreening 246
Entwicklungstabelle 248
Entwicklungstest 246
epistemic authorities 88
Ereignisrepräsentationen 42, 187
Erfahrung
 materiale 190
 personale 190
 soziale 190
Erfahrungsmuster 187
Erleben 85
Erwachsenen-Kind-Interaktion 182
Erwachsenenbildung 335
Erzieherin 124, 324
Erzieherinnenausbildung 348
Erzieherpersönlichkeit 60
Erziehung 34, 99, 150, 159, 304
 ganzheitlich 127
 integrative 211
 kompensatorische 220
 sozial-emotionale 170
Erziehungsberatung 292
Erziehungseinstellung 60
Erziehungsplan 109
Erziehungsstil 60, 362
 autoritativ-partizipativer 293
 demokratischer 168
 repressiver 293
Erziehungsstilforschung 61
Erziehungsziele 361
Europäisches Sprachenportfolio 223
Evaluation 301
Evaluations- und Erfassungsinstrumente 243
Exosystem 57, 78
Experiment 202
 naturwissenschaftliches 202
experimentelle Studien 86
Experimentierangebote 202
Exploration 311

F

Fachschule für Sozialpädagogik 352

Fachschulen 205
Fachteam
    multidisziplinäres 296
Fahrstuhl-Modell 374
familiale Lebensformen 334
Familie 55, 78
Familienbildung 334
    informelle 337
    institutionelle 337
    männerorientierte 339
    mediale 337
Familienbildungsstätten 336
familienergänzende Angebote 45
Familienhilfe
    sozialpädagogische 62
Familienkonferenz 64
Familienpsychologie 58
Familienselbsthilfe 338
Familiensoziologie 58
Faustlos 143
Feasibility 332
FH-Substitutionsmodell 374
FH-Transformationsmodell 374
Föderalismus 304
Förderkonzepte 324
Förderung
    individuelle 324
    kognitive 178
Forschung
    experimentelle 86
    mathematikdidaktische 206
    quantitativ-empirische 131
Forschungsmethode 17
Fortbildung 205
Forum Bildung 368
Frauenbewegung 224, 269, 350
    bürgerliche 271
Frauenbild 355
Frauenschule 350
freies Spiel 32
Fremdspracherwerb 174
Fröbel-Materialien 206
Frühförderung
    musikalische 199
Funktionsansatz 119, 174
funktionsorientierter Ansatz 148, 178
Funktionsräume 125
Funktionsspiel 31

G

Gendersensibilität 228
General Event Repräsentations 42, 185
Generationenvertrag 58
geschlechterdifferentes Verhalten 225
geschlechterdifferenzierende Pädagogik 225
Geschlechterrolle 71
Geschlechtersegregation 72
geschlechtsbewusste Erziehung 223
Geschlechtsidentität 71
Geschlechtsstereotyp 227
Gesundheitspädagogik 191
gewaltfreie Erziehung 335
Gewaltprävention 143
Gleichwertigkeit 26
Grenzstein-Instrument 105
Großfamilie 56
Grundgesetz 46, 158
Grundlagenforschung 15
Grundleistungstest 254
Gruppen
    integrative 325
Gütekriterien 234

H

Habituationsexperimente 195
Hamburger Verfahren zur Analyse des Sprachstandes 261
Handeln
    berufliches 232
    pädagogisches 362, 371
Handlungsforschung 133, 373
Handlungsschemata 186
HAVAS 261
Head Start Program 244
Heterosexualität 56
Heuristik 86
Hilfsmittel
    sprachdiagnostische 175
Hochschulbildung 371
HUGS 249
Hyperaktivitätsstörung 139

I

Identitätsaufbau 122
IGLU-Studie 17, 320
Imitationsspiel 32
Immigration 217
inclusive education 325
Individualisierung 55
Individuationspozess 78
Industrialisierung 268, 315, 348
infans-Konzept 103
infans-Projekt 239
inklusive Pädagogik 212, 215
inneres Sprechen 180
Institut für angewandte Sozialisationsforschung 149
institutionelle Betreuung 82
Instruktion 204
Integration 212, 217, 218
Integrationsplätze 327
integrative Erziehung 323
integrative Gruppen 323
integrative Institutionen 323, 325, 327, 329, 331, 333
Intelligenz
    multiple 105
interaktional-prozessorientierter Ansatz 213
Interaktionen
    dyadische 310
Interaktionsmodell 26
Interaktionsprozesse
    frühe 308
Interesse 181
interkulturelle Bildung 216
interkulturelle Erziehung 216
interkulturelle Kompetenz 216
interkulturelle Pädagogik 216
Intervention
    psychotherapeutische 298

J

Joint-Attention-Prozesse 310
Jugendamt 274, 293
Jugendhilfe
    präventive 335
Jugendwohlfahrtsbehörden 274
Jugendwohlfahrtsgesetz 96, 147
Jungenarbeit 225

Sachregister

K

Kernfachkraft 369
Kernfamilie 55
KES-R 249
Kieler Einschulungsverfahren 256
Kind-Umwelt-Passung 75, 76
Kindbild 22
Kinder- und Familienhilfe 268
Kinder- und Jugendbericht, 12. 45
Kinder- und Jugendhilfe 45, 304, 313
Kinder- und Jugendhilfeentwicklungsgesetz 46
Kinder- und Jugendhilfegesetz 96, 149, 158, 279, 293, 305, 316, 335
Kinder- und Jugendhilfestatistik 317, 327
Kinder- und Jugendhilfeweiterentwicklungsgesetz 313
Kinderbetreuung 338
 öffentliche 303
Kindergarten 312
Kindergarten-/Vorschulalter 30
Kindergarten-Einschätz-Skala 133
Kindergarten-Skala 249
Kindergarten Gütesiegel 251
Kindergartenpädagogik 111
 traditionelle 174
Kindergartenplätze 319
Kindergartenrechtsanspruch 44
Kinderkultur 66, 67
Kinderladenbewegung 37, 168
Kinder mit besonderen Bedürfnissen 211, 323
Kinder mit Migrationshintergrund 283
Kinderrechte 223
Kindertageseinrichtungen integrative 213
Kindertagesstätten 304
Kindheit 22
Kindheitskonstruktion 87
Kindheitsmuster 78
Kindheitssoziologie 78

Klassiker der Pädagogik 107
Kleinkindalter 29
Kleinkindererziehung
 öffentliche 268
Kleinkinderschulen 281
Kleinkindpädagogik 348
Ko-Konstruktion 52, 67, 70, 171, 182
Koedukationsansatz 225
kommunikative Kompetenz 220
Kompetenz
 diagnostische 325
 lernmethodische 180
 pro-soziale 168
 soziale 168, 203
Konditonierungsexperiment 195
Konfliktlösungsverhalten 170
Konstruktionsspiel 32
Konstruktivismus 66, 179, 207
konstruktivistische Entwicklungstheorien 70
Konzeption 275
 pädagogische 324
Kooperation 289
kooperatives Spiel 69
Körpererfahrung 190
Krippe 302
Krippen-Skala 249
KRIPS-R 249
kritisches Lebensereignis 82
Kronberger Kreis 133
Kultur 216
Kultusministerkonferenz 353
Kundenorientierung 158

L

Landesausführungsgesetze 46
Lebenstrieb 116
Lehrplan 208
Leitbild
 pädagogisches 325
Lernbegleitprozesse 181
Lerndispositionen 240
Lernen 122, 212
 entdeckendes 208
 interkulturelles 222
 kollegiales 372
 selbstentdeckendes 204

 selbstgesteuertes 151
 soziales 169
Lernformen
 erfahrungsorientierte 341
 ergebnisorientierte 341
 prozessorientierte 341
Lerngeschichten 103, 240
Lernkultur 285
Lernprozess 255
Lernpsychologie 191
Libido 116
Literacy 257, 291
Living-apart-together 58
logische Blöcke 207

M

Mädchenschulwesen 350
Makrobereich 360
Makrosystem 57, 78
Massenarmut 268
Materialien
 didaktische 171
mathe 2000 209
Medien 185
Medienerziehung 185
Mehrheitskultur 220
Mehrsprachigkeit 219
Melodietranspositionen 197
Mengenlehre 207
Menschenbild 110
Mesoebene 360
Mesosystem 57, 78
Messgüte 243
Messverfahren
 nichtreaktive 86
 reaktive 86
Metakognition 180
Metakommunikation 71, 182
Metaphysik
 panentheistische 110
Migranteneltern 220
Migrantenfamilie 217
Migrantenkinder 218
Migrantenkultur 220
Migration 218
Migrationshintergrund 175
Mikroebene 360
Mikrosystem 57, 78
Mikrozensus 56, 319
Misshandlung 301
Modell
 humanökologisches 130

Monotropy 303
Montessori-Kindergarten 201
Montessori-Kinderhaus-Pädagogik 279
Montessori-Kinderhäuser 275
Montessori-Material 213
Montessori-Materialien 206
Montessori-Pädagogik 213
Moral
    autonome 72
    heteronome 72
Multikultur 216
multikulturelle Teams 222
multiprofessionelle Teams 324
Musikalität 195
Musikerziehung 194, 195, 197, 199
Mutter-Kind-Beziehung 303
Muttermythos 303
Mutterrolle 351
Mütterschulen 334

N

Nachahmungsspiel 32
Nationale Qualitätsoffensive 129, 149
Nationalsozialismus 275, 351
Naturerfahrung 127
Naturphänomene 202
Nebule 36
nested arrangements 78
Netzwerkansatz 373
Netzwerke 338
Neue Mathematik 206
Neugeborenenalter 29
Neurobiologie 113, 185
Neurologie 117
Neurophysiologie 191
Neuroplastizität 30

O

Oberlin-Verein 270
offener Kindergarten 125
offenes Curriculum 155
ökologisch-systemisches Schulfähigkeitsverständnis 256
ökologischer Ansatz 214
ökologisches Mehrebenenmodell 323

ökopsychologisches Modell 57
Online-Beratung 299
Ontogenese 27
Orientierungsqualität 120
Osnabrücker Test zur Zahlbegriffsentwicklung 259

P

Paarbeziehung 58
Pädagogik
    experimentelle 15
pädagogischer Ansatz 118
Parallelspiel 69, 93
Partizipation 157, 170, 171, 372
PATHS-Programm 144
Peer-Gruppe 66, 309, 324
Peer-Interaktionen 68
peer-tutoring-Modell 331
Peers 66
PEP 144
Persönlichkeitsbildung 146
Persönlichkeitsmodell
    Freudsches 116
Persönlichkeitstheorie
    psychoanalytische 116
Pflegekinder 274
Phantasie- und Rollenspiel 182
Philosophie der Sphären 35
phonologische Bewusstheit 179, 181, 257
Phylogenese 27
Physik 201
PISA-Schock 179
PISA-Studie 17, 44, 97, 146, 160, 205, 219, 320, 354, 368
Planung
    offene 125
Pluralisierung 55
Polarisation der Aufmerksamkeit 36
Portfolio 241
post-partum Depression 80
Präskriptionsgrenzen 90
Prävention 101, 192
    frühpädagogische 139
    primäre 141
    sekundäre 141
    tertiäre 141
    universalistische 141

zielgruppenspezifische 142
Präventionsansätze 142
Praxisschock 365
Primärprävention 154
Professionalität 361
    ambivalente 363
Professionswissenschaft 14
progressive education 120
Projekt 123
Projektdokumentation 187
Projektion 24
    narzisstische 24
protektive Faktoren 140
psychischer Apparat 116
psychoanalytische Theorie 115
Psychomotorik 126
Psychotherapeutengesetz 292

Q

Qualifizierungssystem 368
Qualität
    pädagogische 129, 215
Qualitätsdiskussion 357
Qualitätsentwicklung 324, 325, 332
Qualitätsmanagement 131

R

Raumkonzept 124
Realisierungsgrenzen 90
Rechtsanspruch 47, 149, 295, 314
reformiertes Status Quo-Modell 374
Reformpädagogik 112, 114, 125, 195, 351
reformpädagogische Bewegung 119
Regelkindergärten 325
Regelspiel 32
Reggio-Pädagogik 39, 101, 122, 179, 187, 201, 279
Rehabilitation 154
Reichsgesetz für Jugendwohlfahrt 274
Reichsschulkonferenz 281
Reinkarnationslehre 115
Reliabilität 245
Reportverfahren 244
Resilienz 76, 77, 298

Sachregister

Resilienzfaktoren 77
Resilienzforschung 139
Responsivität 182
Ressourcenorientierung 342
retroaktive Sozialisation 88
Rhythmus 197
Rollenkonflikt 62

S

Säuglingsalter 29
Scheidung 80
Schemata 238
Schlüsselkompetenzen 336
Schlüsselsituationen 122
Schriftsprache 173
Schriftspracherwerb 174, 179
Schulbereitschaft 255
Schuleingangsdiagnostik 253, 254
Schuleintrittsalter 284
Schulfähigkeit 255
Schulfähigkeitskonstrukt 256
Schulfähigkeitstest 254
Schulreifetest 254
Schulvorbereitung 160
Schutzfaktor 140, 343
Script-Ansatz 182
Sekundärprävention 154
Selbstbestimmung 211
Selbstbestimmungsrechte 324
Selbstbildung 201
Selbstbildungsprozess 154
Selbsterkundung 311
Selbstevaluation 373
Selbsthilfe 36
Selbstkonstruktion 39
Selbsttätigkeit 34, 35, 109, 207
Selbstverständnis
  fachliches 361
SELDAK 261
sensible Periode 36, 113
sensible Phasen 36
Sensitivität 182
Setting
  integratives 330
Sicherheitserziehung 192
Sieben-Jahres-Schritte 114
Sing- und Sprechentwicklung 196

Sinnesmaterial 184
sinnliche Erfahrungen 184
SISMIK 261
Situationsansatz 38, 96, 120, 153, 174, 207, 279, 316, 321
situationsorientierter Ansatz 148, 179, 213
Sitzkindergärten 192
Skala für Hort- und Ganztagsschulangebote 249
Skripts 71
Social Integration 332
Sondereinrichtungen 325
Sonderkindergärten 325
soziale Konstruktion 40
Sozialentwicklung 308
Sozialerziehung 168
soziales Spiel 70
soziale Teilhabe 211
Sozialgesetzbuch 45
Sozialisation 23, 75, 194
  berufliche 358
  vorberufliche 364
Sozialisationsbedingungen 76
  suboptimale 75, 79
Sozialisationsrisiko 75
Sozialisationstheorie 359
Sozialisationsumwelt 360
sozialistische Grundbildung 276
sozialkonstruktivistischer Ansatz 180
Sozialökologie 191
Sozialverhalten 168, 226
sozio-ökonomisches Panel 18
Soziometrie 67
Spiel 111, 181, 189, 324
Spielformen 31
Spielmittel 111
Spielpflege 111
Spielschule 269
Spielsituationen
  Integrative 324
Sprachbildung 173
Sprachentwicklung 173, 193
Spracherziehung 173
Sprachfördereffekte 176
  institutionelle 176
Sprachförderprogramme 175
Sprachfördertools 175

Sprachförderung 173
  allgemeine 173
  funktionale 174
  ganzheitliche 173
  professionelle 175
  situationale 175
  spezielle 173
Sprachlernvoraussetzungen 177
Sprachscreening für das Vorschulalter 260
Sprachtherapie 173
sprechende Wände 123
Sprechentwicklung 198
Sputnikschock 37, 147, 178, 201, 207
Staatsinstitut für Frühpädagogik 154
Stammgruppenprinzip 125
Starke Eltern – Starke Kinder 143
Statuspassage 364
STEP-Elterntraining 64, 342
Stereotype 217
Störungsgrenzen 90
Strukturplan des Deutschen Bildungsrats 316
Subsidiarität 304
Suzuki-Methode 195
symmetrische Reziprozität 66
Synchronizität 197

T

tabula rasa 87
Tagesbetreuungsausbaugesetz 46, 305, 313
Tagespflege-Skala 249
TAS 249
Tätigkeitsmuster 238
Teambesprechung 324
Temperamentenlehre 114
Temperamentskonstellation 76
Theorien
  intuitive 179
theory of mind 182
TIMSS 17, 205
Todestrieb 116
Tonhöhenunterscheidung 197
Träger 295, 325

Träger der öffentlichen Jugendhilfe 46
Trainingsprogramme 181
Transaktion 157
Transition 280
Transitionsansatz 280, 286
Transitionsbegleitung 287
Transitionskompetenz 287
Triade 60
Triple-P 65, 143, 342
Tun-als-ob-Spiel 69

U

Übergang 205, 280, 314
Übertragung 24
Übungsspiel 31
Unfallprävention 192
Uni-Substitionsmodell 374
Uni-Transformationsmodell
    D 374
    L 374
Unterstützungsfaktoren 77
Unterstützungssystem 79
Upgrading Modell 374

V

Validität 245

Verband der Kleinkinderanstalten Deutschlands 270
Vereinigung evangelischer Kinderpflegeverbände und Mutterhäuser 270
Verhalten 85
Vernetzung 298
Volkskindergarten 272
volkswirtschaftlicher Nutzen 51
Vorklasse 282
Vorläuferfähigkeiten 253, 257, 288, 291
    mathematische 259
    schriftsprachliche 257
Vorschulerziehung 146
Vorschulklassen 148
Vorstellungswelt 186
Vorurteile 217
Vulnerabilität 75, 76

W

Wahrnehmung 184
    emotionale 185
    taktile 202
Waldkindergarten 126
Waldorf-Kindergarten 275
Warteschule 269

Weimarer Republik 351
Weltkonstruktion 40
Wertepluralismus 334
Wirklichkeitsverstehen 179
Wirkungsgrenzen 90
Wissen
    bereichsspezifisches 179
Wissenserwerb 179
Wissenskonzept 371
Wissensstrukturen 179
Wohl des Kindes 159
wohlverstandene Mathematik 209
Workforce Strategy 373
Würzburger Training 181

Z

Zahlbegriffsentwicklung 259
Zahlenland 208
Zentralverband katholischer Kinderhorte und Kleinkinderanstalten Deutschlands 270
Zone der nächsten Entwicklung 179, 213, 311
Zweisprachigkeit 219
Zweitspracherwerb 174

Autorenverzeichnis

Ahnert, Lieselotte, Prof. Dr. habil. ■ Dipl.-Psych., Professorin für Entwicklungspsychologie an der Hochschule Magdeburg-Stendal. Arbeitsschwerpunkte: Sozial-kognitive Kompetenzentwicklung, Bindungsentwicklung, Interaktionsmechanismen in Eltern-Kind- und Peer-Beziehungen, Entwicklungskonsequenzen unterschiedlicher Betreuungsbedingungen und Stressreaktivität bei Kleinkindern.

Beher, Karin, Dipl.-Soz.Wiss. ■ wissenschaftliche Angestellte an der Universität Dortmund im Rahmen des Forschungsverbundes Deutsches Jugendinstitut e.V./Universität Dortmund. Arbeitsschwerpunkte: Kinder- und Jugendhilfe, Ganztagsschule, soziale Berufe, bürgerschaftliches Engagement.

Behr, Isabel, M.A. ■ Sonderpädagogin, wissenschaftliche Mitarbeiterin im Fachbereich Lernbehindertenpädagogik an der Ludwig-Maximilians-Universität München. Arbeitsschwerpunkte: Qualität in Kindertageseinrichtungen, integrative Pädagogik, Lerntherapie, integrative Erwachsenenbildung.

Dippelhofer-Stiem, Barbara, Prof. Dr. ■ Professorin für Soziologie an der Universität Magdeburg. Arbeitsschwerpunkte: Methoden der empirischen Sozialforschung, Bildungs- und Sozialisationsforschung.

Dollase, Rainer, Prof. Dr. ■ Dipl.-Psych., Universität Bielefeld, Abt. Psychologie und Institut für interdisziplinäre Konflikt- und Gewaltforschung. Arbeitsschwerpunkte: Vorschulerziehung, Entwicklung und Erziehung, Unterrichtspsychologie und Fremdenfeindlichkeit in der Schule.

Faulstich-Wieland, Hannelore, Prof. Dr. ■ Dipl.-Psych., Universitätsprofessorin für Erziehungswissenschaft mit dem Schwerpunkt Schulpädagogik unter besonderer Berücksichtigung von Sozialisationsforschung an der Universität Hamburg. Arbeitsschwerpunkte: Schulische Sozialisation, Geschlechterverhältnisse im Bildungssystem, Frauen/Mädchen und Naturwissenschaften.

Filtzinger, Otto, Prof. ■ Theologie- und Pädagogikstudium (M.A.). Leiter des Instituts für Interkulturelle Pädagogik im Elementarbereich (IPE) Mainz e.V. Dozent für Interkulturelle Pädagogik und Vergleichende Erziehungswissenschaften an der Freien Universität Bozen (I). Arbeitsschwerpunkte: Frühe Mehrsprachigkeit und Förderung der Ausbildung von MigrantInnen zu Fachkräften für den Elementarbereich.

Fingerle, Michael, Prof. Dr. ■ Dipl.-Psych., Professur für Sonderpädagogische Diagnostik und Evaluation an der Johann Wolfgang Goethe Universität Frankfurt a/Main. Arbeitsschwerpunkte: Sozial-emotionale Entwicklung, Entwicklung von diagnostischen Verfahren, schulische Selektion.

Fried, Lilian, Prof. Dr. habil. ■ Dipl.-Päd., Lehrerin an Grund- und Hauptschulen, Lehrstuhl für Pädagogik der frühen Kindheit an der Universität Dortmund. Arbeitsschwerpunkte: Kindheitsforschung, Professionsforschung, Sprachpädagogik, Pädagogische Diagnostik.

Heimlich, Ulrich, Universitätsprofessor, Dr. paed. habil. ■ Lehrstuhl Lernbehindertenpädagogik an der Ludwig-Maximilians-Universität München. Arbeitsschwerpunkte: Präventions- und Integrationsforschung bei Lernschwierigkeiten, Spielpädagogik.

Hörmann, Georg, Prof. Dr. med. Dr. phil., Dipl.Psych. ■ Lehrstuhl Pädagogik an der Universität Bamberg. Arbeitsschwerpunkte. Gesundheitspädagogik, psychosoziale Beratung, Pädagogik und Therapie, künstlerische Therapien.

Kammermeyer, Gisela, Prof. Dr. ■ Professorin für Pädagogik der frühen Kindheit am Institut für Bildung im Kindes- und Jugendalter an der Universität Koblenz-Landau, Campus Landau. Arbeitsschwerpunkte: Bildungsprozesse in der frühen Kindheit, Übergänge.

Kluge, Norbert, Univ.-Prof. em., Dr. phil. ■ 1. u. 2. Staatsprüfung für das Lehramt, Universität Koblenz-Landau, Abteilung Landau. Arbeitsschwerpunkte: Allgemeine/Systematische Pädagogik, Pädagogik der frühen Kindheit, Sexualpädagogik, Sexualanthropologie, Sexualwissenschaft.

Knauf, Tassilo, Prof. Dr. ■ Hochschullehrer für Erziehungswissenschaft mit dem Schwerpunkt Elementarerziehung und Grundschulpädagogik an der Universität Duisburg – Essen. Arbeitsschwerpunkte: Didaktik, pädagogische Konzepte, Schnittstellen zwischen Elementar- und Primarbereich.

Kreutz, Gunter, PD Dr. ■ Musikwissenschaftler, Research Fellow am Royal Northern College of Music in Manchester, UK. Arbeitsschwerpunkte: Systematische Musikwissenschaften (Musikpsychologie), musikpädagogische Forschung.

Laewen, Hans-Joachim, Dipl. Soz. ■ Wissenschaftlicher Leiter des Instituts für angewandte Sozialisationsforschung/Frühe Kindheit (infans) e.V. in Berlin. Arbeitsschwerpunkte: Frühe Bildung und ihre Rahmenbedingungen, Entwicklung, Erprobung und Implementierung frühpädagogischer Konzepte.

Leu, Hans Rudolf, Dr. phil., M.A. ■ Leiter der Abteilung »Kinder und Kinderbetreuung« beim Deutschen Jugendinstitut e.V. in München. Arbeitsschwerpunkte: Kindertagesbetreuung, Bildung in der frühen Kindheit, Kindheitsforschung, Sozialberichterstattung.

Lück, Gisela, Prof. Dr. phil. ■ Hochschullehrerin für Didaktik der Chemie an der Universität Bielefeld. Arbeitsschwerpunkte: Naturwissenschaftliche Bildung im frühen Kindesalter, Sprache und naturwissenschaftliche Vermittlungsprozesse, außerschulische Medien.

Metzinger, Adalbert, Dr. M.A. ■ Lehrer an der Fachschule für Sozialpädagogik Bühl. Arbeitsschwerpunkte: Geschichte der Erzieherinnenausbildung und Gruppenpädagogik.

Neumann, Karl, Prof. Dr. ■ Universitätsprofessor für Schulpädagogik an der Technischen Universität Braunschweig. Arbeitsschwerpunkte: Allgemeine Didaktik, Grundschul- und Vorschulpädagogik.

Oberhuemer, Pamela ■ Studium der Erziehungswissenschaft und Germanistik in London, wissenschaftliche Referentin am Staatsinstitut für Frühpädagogik (IFP), München. Arbeitsschwerpunkte: Vergleichende Bildungsforschung, Pädagogik der frühen Kindheit, Personalqualifizierung, Qualitätsmanagement bei Kita-Trägern.

Papastefanou, Christiane, PD Dr. phil. ■ Dipl.-Psych., Privatdozentin an der Universität Mannheim. Arbeitsschwerpunkte: Entwicklungs- und Familienpsychologie, insbesondere frühkindliche Sozialisation, Jugend und frühes Erwachsenenalter, Scheidungsfolgen und Entwicklungspsychopathologie.

Petzold, Matthias, Prof. Dr. phil. ■ Dipl-Psych., selbstständig in eigener Praxis für Angewandte Familienpsychologie in Köln, apl. Prof. an der Heinrich-Heine-Universität Düsseldorf. Arbeitsschwerpunkte: Familienpsychologie, Medienpsychologie, Beratung, Gutachten und Expertisen.

Rauschenbach, Thomas, Prof. Dr. rer. soc. ■ Dipl.-Päd., Professor für Sozialpädagogik an der Universität Dortmund, Direktor und Vorstandsvorsitzender des Deutschen Jugendinstituts in München. Arbeitsschwerpunkte: Soziale Dienste und soziale Organisationen, Ehrenamt und Freiwilligendienste, Sozialberichterstattung der Kinder- und Jugendhilfe, Bildung in Tageseinrichtungen für Kinder, Theorie der Sozialen Arbeit.

Reyer, Jürgen, Prof. Dr. habil., Dipl.-Päd. ■ Professor für Sozialpädagogik und Erziehung in früher Kindheit an der Universität Erfurt. Arbeitsschwerpunkte: Geschichte der Sozialpädagogik und des Vorschulbereichs, Bildungsprozesse in der frühen Kindheit, Pädagogik und Bio-Wissenschaft, historisch-systematische Pädagogik.

Roßbach, Hans-Günther, Prof. Dr. ■ Dipl.-Päd., Inhaber des Lehrstuhls für Elementar-

und Familienpädagogik, Otto-Friedrich-Universität Bamberg. Arbeitsschwerpunkte: Bildung in der frühen Kindheit, Modellversuche, Längsschnittforschung.

Roux, Susanna, Dr. phil. ■ Dipl.-Päd., Vertretungsprofessorin für Erziehungswissenschaft mit dem Schwerpunkt Pädagogik und Didaktik des Elementarbereichs und der frühen Kindheit, Justus-Liebig-Universität Gießen. Arbeitsschwerpunkte u.a.: Pädagogische Qualität, Übergänge im Kindesalter, psycho-soziale Entwicklung.

Schäfer, Gerd E., Prof. Dr. ■ Universitätsprofessor für Erziehungswissenschaft mit besonderer Berücksichtigung der Pädagogik der frühen Kindheit, Familie, Jugend an der Universität zu Köln. Arbeitsschwerpunkte. Frühkindliche Bildungsforschung, Spiel, Ästhetik, naturwissenschaftliche Bildung in der frühen Kindheit.

Schilling, Matthias, Dr. phil. ■ Dipl.-Päd., wissenschaftlicher Mitarbeiter im Forschungsverbund DJI/Uni Dortmund am Fachbereich 12 der Universität Dortmund in der »Arbeitsstelle Kinder- und Jugendhilfestatistik«. Arbeitsschwerpunkte: Kinder- und Jugendhilfe, amtliche Statistik, Finanzierung der Jugendhilfe, soziale Berufe, Tageseinrichtungen für Kinder.

Schnurrer, Hertha ■ Dipl.-Volkswirtin, wissenschaftliche Mitarbeiterin an der Hochschule Magdeburg-Stendal (FH), Koordinatorin des Studiengangs »Angewandte Kindheitswissenschaften«, Arbeitsschwerpunkte: Vorschulische und schulische Bildung und Erziehung im europäischen Vergleich.

Schuster, Käthe-Maria, Dr. sc. ■ Dipl.-Päd., Privatdozentin, Lehrbeauftragte an der Hochschule Magdeburg-Stendal (FH), zuvor mehrere Jahre Gastprofessorin am Arbeitsbereich Kleinkindpädagogik der Freien Universität Berlin. Arbeitsschwerpunkte: Sprachheilpädagogik, Rehabilitationspädagogik und Kleinkindpädagogik.

Strätz, Rainer, Dr. ■ Dipl.-Psych., stellv. Leiter des Sozialpädagogischen Instituts NRW (SPI) – zentrale wissenschaftliche Einrichtung der FH Köln. Arbeitsschwerpunkte: Elementarpädagogik, Qualitätsmanagement in Tageseinrichtungen für Kinder.

Tietze, Wolfgang, Prof. Dr. ■ Dipl.-Päd., Professor für Erziehungswissenschaft (Schwerpunkt: Kleinkindpädagogik) an der Freien Universität Berlin. Arbeitsschwerpunkte: Qualitätsentwicklung und Evaluation, empirische Bildungsforschung im Bereich Pädagogik der frühen Kindheit, internationaler Vergleich.

Viernickel, Susanne, Prof. Dr. ■ Dipl.-Päd., Hochschullehrerin für Bildungsmanagement/Frühe Kindheit an der Fachhochschule Koblenz. Arbeitsschwerpunkte: Bildung und Entwicklung im frühen Kindesalter, Qualitätsmanagement und Qualitätsentwicklung in Institutionen der Frühpädagogik.

Wittmann, Erich Ch., Prof. em., Dr. rer. nat., Dr. sc. paed. h.c. ■ Hochschullehrer für Elementarmathematik und Didaktik der Mathematik am Fachbereich Mathematik der Universität Dortmund. Arbeitsschwerpunkte: Grundlagen der Mathematikdidaktik, Design von Lernumgebungen für das Mathematiklernen aller Stufen, Elementargeometrie.

Wolf, Bernhard, Prof. Dr. habil. ■ Dipl.-Psych., Institut für Erziehungswissenschaft der Universität Koblenz-Landau, Campus Landau. Arbeitsschwerpunkte: Pädagogik der frühen Kindheit, Entwicklungspsychologie und Pädagogische Psychologie; ökologische Perspektiven in den Sozialwissenschaften; empirische quantitative Forschungsmethoden und Statistik der Sozialwissenschaften.

Zimmer, Renate, Prof. Dr. phil. ■ Dipl.-Päd., Professorin für Sportwissenschaft an der Universität Osnabrück. Fachbereich Erziehungs- und Kulturwissenschaften. Arbeitsschwerpunkte: Frühkindliche Entwicklung, Bewegungserziehung im Elementar- und Primarbereich, Psychomotorik, Motodiagnostik.